国家社科基金一般项目

"种族和解之路——澳大利亚原住民问题研究"

（项目编号：09BSS018）结项成果

澳大利亚土著问题研究

THE PROBLEMS OF
ABORIGINAL AUSTRALIANS

以 种 族 和 解 为 线 索

A History of Racial Reconciliation

汪诗明◎著

社会科学文献出版社
SOCIAL SCIENCES ACADEMIC PRESS (CHINA)

内容简介

　　这是国内首部运用多种文献资料且以"种族和解"为线索对澳大利亚土著问题进行系统探讨的学术著作。

　　澳大利亚土著问题是因英国的殖民入侵和殖民统治而产生的，而"白澳政策"的推行又加剧了土著澳大利亚人对白人政府的不信任感及其与非土著澳大利亚人主要是白人之间的对立情绪或状态。在这个意义上说，种族和解在本质上就是一个去殖民化、重新界定新型种族关系以及建构澳大利亚民族国家属性的进程。基于这种认识，澳大利亚种族和解进程应开启于 20 世纪 70 年代初多元文化主义理念的引进与试验时期。经过四十余年的探索与实践，澳大利亚的种族和解进程见证了土著政策领域党派共识的日益凝聚、土著自决或自治能力的不断提升、人民和解运动的持续推进以及种族和解模式的渐趋形成等。然而，种族和解是一项撬动传统观念、重新解读历史以及平衡种族地位及其权益的复杂的政治和社会工程。这就使得暴露土著澳大利亚人与非土著澳大利亚人主要是白人关系中的敏感问题如土著土地权、土著在联邦宪法中的地位以及土著要求与联邦国家缔结条约等，成为一种不可避免的现象。如何在这些重要且棘手的问题上寻求妥协与共识，不仅是有关各方不得不面对的巨大挑战，也在根本上决定了澳大利亚种族和解的前景。

目　录
CONTENTS

第一章

绪　论

一　选题背景及意义

（一）选题背景

选择一个课题作为自己的研究方向，或者更加准确地说，作为某一阶段自己主攻的一个研究目标，是由很多种因素共同推动的。当然，不可否认的是，在综合各种因素之后而做出这样的决定还是需要一定勇气的，尤其当这样的选题与你前期的研究方向或兴趣有一定的偏离时，你就得更加小心翼翼。

在关注澳大利亚种族关系或曰种族和解问题之前，我的研究旨趣是在澳大利亚外交（史）方面，并著有《20 世纪澳大利亚外交史》和《1951年〈澳新美同盟条约〉研究》。[①]《20 世纪澳大利亚外交史》让我对澳大利亚外交的源起、发展历程及其特点有了一个比较清晰的整体认识，并因此在很大程度上坚定了我对澳大利亚外交史上一些具有重要影响的事件做专题研究的决心。这便有了《1951 年〈澳新美同盟条约〉研究》的问世。其间，我在中国大陆、台湾地区的一些学术杂志上发表了几十篇有关澳大利亚外交史以及当代外交战略的专题论文。通过面上的全面梳理以及点上的深入研究，我对澳大利亚外交史以及澳大利亚外交现状有较为深刻的认识。令人欣喜的是，国内同期同领域的研究不断升温，这一方面是因为这一时期中澳关系出现了全方位发展，而且这种关系是亚太地区重要的

---

① 汪诗明：《20 世纪澳大利亚外交史》，北京：北京大学出版社，2003；《1951 年〈澳新美同盟条约〉研究》，北京：世界知识出版社，2008。

双边关系之一，另一方面得益于高等院校扩招后的"外溢"效应。搜索中国知网发现，近十年内已有数十篇有关澳大利亚外交（史）的硕（博）士论文问世。研究的人多了，学术水准自然"水涨船高"。但与此同时，也出现了其他学科或研究领域常常遇到的境况：学术空间受到挤压，重复研究或无意撞车等现象。在这种情况下，如果有一部分人从传统的研究领域走出来，去开拓新的研究天地，那么这对于相关学科或研究领域的良性发展会有助益的。这就是我权且放下澳大利亚外交（史）转而探讨原住民问题的一个客观学术背景。

确立某一个课题作为自己的专攻方向，与这一课题本身的价值存在根本关联。众所周知，澳大利亚是一个幸运的国家，甚至可以说是极其幸运的国家。澳大利亚著名记者、学者和作家唐纳德·霍恩（Donald Horne, 1921 –）就曾以《澳大利亚人——幸运之邦的国民》为题来著书立说。[①]说它幸运，美国记者约翰·根室的感受颇具代表性。他说："澳大利亚让人们能纵情地享乐——不仅是一般的玩耍和户外消遣，而且它给人们提供了自由、繁荣和稳定这些更为广泛的安适的生活条件，并且对于遥远的、苦恼重重的世界上其他地方所陷入的困境也不承担多大责任。澳大利亚人喜欢把澳大利亚想成是为了澳大利亚人的幸福而存在的，而不是相反。"[②]那么，何谓澳大利亚人？这里的澳大利亚人是指澳大利亚白人，或是指包括有色人种移民、原住民在内的所有澳大利亚人？如果是前者，那么"喜欢把澳大利亚想成是为了澳大利亚人的幸福而存在的，而不是相反"就毋庸置疑了；如果是后者，那么原住民甚至有色人种移民恐怕是不予认可的。因为事实是，无论在殖民时期还是在联邦阶段，土著民族从未放弃过争取自身权益的斗争，并且取得了一些阶段性的胜利，但一个不争的事实是：土著民族仍是澳大利亚政治地位最为低下、经济上最贫困、社会上最受歧视的群体。土著澳大利亚人与澳大利亚政府以及非土著澳大利亚人之间的关系有时处于较为紧张的状态，如澳大利亚白人庆祝的"建国日"在原住民那里就变成了"哀悼日"（Day of Mourning）[③]，澳大利亚联邦成

---

① 〔澳大利亚〕唐纳德·霍恩：《澳大利亚人——幸运之邦的国民》，徐维源译，上海：上海译文出版社，2000。

② 〔美〕约翰·根室：《澳新内幕》，符良琼译，上海：上海译文出版社，1979，第47页。

③ J. Horner and M. Langton, "The Day of Mourning", in B. Gammage and P. Spearitt (eds.), *Australians 1938*, Sydney：Fairfax, Syme & Weldon, 1987, pp. 29 – 35.

立周年纪念活动常常伴随着原住民的抗议浪潮，等等。这种政治生态在发达资本主义国家是不多见的。那么，导致这种局面的原因是什么？对此做一个学理上的追问也许能提供一个思考的路径。

2008 年 2 月，陆克文总理在联邦议会首次以政府的名义向土著民族特别是"被偷的一代"（Stolen Generations）表示正式道歉。这次道歉在当时引起广泛的社会反响，国际社会也给予积极评价，因为它被普遍视为新时期澳大利亚种族和解事业的重启。当土著民族为得到政府的一句道歉而苦苦等待几十年直至觉得无望时，陆克文政府的真诚致歉打开了原住民心中许久的心结，架起了土著澳大利亚人与政府以及非土著澳大利亚人之间沟通的桥梁。自那以后，无论是工党执政还是自由党联盟上台，种族和解都被澳大利亚政府视为在处理原住民问题时应坚持的一个基本方略。这种新的政治生态使得本课题的学术探讨建立在一个充分的理据之上，即种族和解是考察土著澳大利亚人与非土著澳大利亚人关系的一条重要线索。

最后，不得不提及的是，我们身处一个从事科研工作十分便利以及一位自信的学者须有一份担当的时代。改革开放前甚至二十多年前，像澳大利亚原住民这样的冷僻选题很难跃入中国的学术视野，即便是大胆的学者也可能囿于资料的匮乏而心存畏惧。如今，科研条件有了迥异的变化，不仅国家提供了较为充分的资金支持，而且全球化、信息化和网络化社会为人们认识陌生的世界以及从事一些冷门课题的研究提供了便利条件。今天，你只要动一动鼠标，就可以瞬间了解某一论题的最新研究动态，还能够查阅相关文献资料。这无疑为人们进行创新性研究提供了更为广阔的空间。除此之外，中国作为一个新兴大国的崛起备受世人瞩目。作为软实力的一部分，学术研究与国际社会接轨以及与国际同行对话，不再是一个遥不可及的目标。中国学者必须建立起自己的学术自信，尤其在社会科学领域，因为社会科学的价值除具有一些普世价值外，更多的是为本位民族和国家提供精神与文化滋养，因此，不同国别或民族的社会科学无所谓"先进"与"落后"之分，而其延伸的价值在于相互间的交流与借鉴。况且，中国学者所擅长的缜密的逻辑分析与概括以及对研究体系建构的重视，有助于他们在一些系统性较强的研究课题中有所建树。

（二）选题意义

纵览社会科学，有些课题只有学术价值而没有或鲜有现实意义；有些课题具有现实意义而无学术价值或者学术价值不大；还有些课题则既有学术价值，又蕴含现实意义。澳大利亚原住民问题就属后一种类型。

1. 学术价值

首先，以种族和解为视角来观察原住民问题，有利于对这一问题的全面和客观的认识。

从已经面世的国内外研究成果来看，澳大利亚原住民问题的研究还是跳不出传统的研究思路和研究路径，即揭示土著澳大利亚人与政府以及非澳大利亚人关系的对立或消极面。这种研究视角确实反映了大部分历史时期内澳大利亚原住民问题的本质，也是大多数读者在关注这一问题时希望了解的基本内容。但是，这种观察视角难以将原住民问题全面、客观地反映出来，比如，如何评价原住民争取自身权益的斗争及其所取得的成果，这些成果对政府的原住民政策以及澳大利亚白人主流社会的价值观产生何种影响？如果对这些问题视而不见或轻描淡写，那就无法理解原住民问题的历史延续性、独特性和复杂性等诸多特点。如果遵循种族和解的研究思路，那么对一些与原住民有关的历史事件包括一些重要的法律和政策的解读和认识，将会更加全面、立体和客观。

其次，原住民问题研究将导致对一些相关概念或理论问题的进一步思考，又可以让一些较为陌生的概念进入人们的认知和研究视阈。

原住民问题本应是现代化研究中的一个重要议题，但现有的研究成果表明，原住民问题很少作为专题而成为研究对象的；只是在涉及现代化背景下如何对传统文化予以保护时，原住民文化才有可能被提及。这样的研究态势难以让一些相关概念的内涵发展成为人们感兴趣的话题，如"种族歧视"、"种族和解"等概念，更遑论对一些较为陌生的概念加以界定与解读，如"原住民"（Indigenous People）、"土著"（Aborigine）、"第一民族"（First People/ First Nations）等。而在对澳大利亚原住民问题做专题研究时，这些较为熟悉或陌生的概念都将被纳入与本课题相关的历史与现实语境下进行新的认识，有的甚至成为本课题研究的一个主要线索，如"种族和解"。

最后，引发对相关问题的深入研究，以推动国内澳研水平的不断提升。

原住民问题贯穿澳大利亚历史的始终，且与不同历史时期的澳大利亚国家发展战略有着密切关联。以种族和解为线索来探讨澳大利亚原住民问题，不仅涉及澳大利亚研究的惯常议题，如殖民化、"白澳政策"等，还有像党派共识、矿产开发与环境保护、司法公正、宪法承认等一些在种族和解进程中被提及且日益受到重视的新的议题。对这些新的议题进行学术追问，必将拓宽澳大利亚研究的课题领域，对提升国内澳研水平是有积极意义的。

2. 现实意义

一项研究课题尤其是人文社会科学的研究课题的现实意义，可以从两个层面去分析。一是认知层面。一项课题研究首先呈现的就是它的基础知识层面。这种研究层次不仅是课题研究本身的需要，也是读者有意识接触或认识一个新事物的首要动机。二是借鉴层面。对于同一个问题，不同的人站在不同的角度，会有不同的看法。局中人可能会受到民族、种族、阶层、党派、利益等各种因素的影响，而做出有利于自己以及自己所属的那个群体或阵营的判断。相比较而言，不受这些因素牵制的局外人，大多会得出一个较为公允的结论，且这些结论往往直击问题的关键。此外，当事者的做法对局外人的影响。应予承认的是，有些历史问题或社会问题迟迟得不到解决，并不是有关各方不想或不愿去解决，而是这些问题的复杂性决定了有关各方做出妥协的难度，从而使任何解决方案在拟定的过程中都有可能胎死腹中或在执行的过程中节外生枝而有前功尽弃之虞。但是，不可否认的是，事物的发展主流是积极的一面远大于消极的一面。这是历史唯物主义对历史进程的一种基本认识。在这一进程中，会出现一些积极向上的因素，也会遇到一些阻碍或倒退的因素，但无论是哪一种情形，都会对局外人或具有相同情势的事物的发展产生不可轻视的影响。

既然如此，那就不妨从上述这两个层面来考察澳大利亚原住民问题所产生的现实意义。

在基本的认知层面，原住民问题是阅读澳大利亚的一个独特窗口。

澳大利亚是一个高度发达的资本主义国家，人口不多，自然资源富饶且开发前景诱人。在很多人看来，这是一个绝少受到环境污染且无可持续性发展之虞的国家，是世界上少有的最适宜人居的国度之一。然而，在这样一个神话般令人称羡的国度，却有着极其复杂而又敏感的种族关系问题。所以，有人认为，土著或原住民是澳大利亚的一个显著符号。认识和解读这样的符号，是认知澳大利亚的一种独特路径。

澳大利亚在处理种族关系方面进行了不懈的探索，这理应存在一些值得反思或借鉴之处。

在世界现代化进程以及全球化浪潮中，原住民问题已然成为一个全球性问题。学者的关注也是全球性的。学者之间的相互交流，其观点与立场的互鉴，也是一个随时随地都可能出现的现象。由于原住民问题是一个非常现实的政治或社会问题，所以，学界的研究成果无疑会对决策者对这一问题的深入认知以及相关问题的决策产生不可轻视的影响。就本课题而言，澳大利亚的种族和解虽然没有取得预期成果，但 20 世纪 70 年代，澳大利亚联邦政府对不同历史阶段的土著政策进行审视和反思后做出的将土著问题纳入多元文化发展轨道的决定，被实践证明是一个具有远见的战略抉择。它不仅反映了土著文化作为澳大利亚民族文化不可分割的一部分的重要价值，而且预示着原住民作为澳大利亚民族的一分子将对国家的整体发展做出贡献的前景。而对澳大利亚历届政府在诠释多元文化主义的内涵以及付诸实践而采取的不同政策进行理性的评析，对具有相似种族问题或致力于构建多元文化社会的国家来说，无论是成功的经验还是受挫的教训，都是应该加以审视或予以借鉴的。

二 学术史梳理及研究动态

（一）国外学术史梳理及研究动态

由于受白人主流社会的意识形态、价值观念的影响，自联邦成立直至 20 世纪 70 年代前，原住民在澳大利亚社会一直被边缘化，其问题自然也得不到人们的关注。学术研究的一个原动力是"问题"本身的存在。没有了问题，或者退一步说，问题得不到应有的重视，那么源于问题的学理之究就如同无源之水。70 年代后，澳大利亚的政治生态发生了变化，多元文化主义开始取代"白澳政策"成为立国之本。受益于良好的政治生态，澳大利亚乃至国际的学术生态也趋于正常化了。四十多年过去了，有关澳大利亚土著问题的研究成果可谓与日俱增。比较起来看，自殖民入侵直至多元文化主义路线的确立，这一期间的土著问题吸引了众多学者的目光，而对多元文化主义路线确立以来的土著现状研究则相对较少，对种族和解做专题研究的就更少了。

1. 对殖民入侵前的土著研究

殖民入侵前和殖民时期土著社会的组织形态、生活状况以及宗教信仰差不多是澳大利亚通史类著作以及专门探讨土著问题的论著都要述及的话题。

梦幻时代是土著的创世纪。几乎所有的著作在提及这一时期土著状况时都会借用这一术语。在梦幻时代，土著在这片贫瘠的土地上游来荡去，并从事各种活动。这一时期出现了山川、河流、水洞、植物和动物等，土著被任命为他们周围世界的守护者。为确保人类与其他形态的生物与非生物之间的平衡，统治者及其行为规则都不可或缺。可以说，澳大利亚的土著是世界上第一批真正的环境主义者。梦幻时代诞生了歌曲、感官表现、政治诉求（包括土地权）、社会秩序、法律概念以及环境伦理。鉴于白人殖民以来两百年的压迫与抵抗的历史，梦幻时代实际上也起到了为土著属性构建基础的作用。[①] 理查德·布罗默（Richard Broome）的《土著澳大利亚人——黑人对白人统治的回应（1788～1980年）》就对澳洲土著的起源和分布情况、种族属性、亲缘关系、社会组织、宗教状况、生活方式等进行了较为细致的描述和分析。在谈到土著生活方式时，作者说："土著的生活是由他们的梦幻时代的故事塑造的，这些故事解释了世界是如何演化的，以及人们如何指导其行为和社会关系的。所有人都笃信宗教。……梦幻时代的存在意味着土著尊重传统甚于其他。土著社会存在变化，但是连续性大于变化。"[②] 在谈到土著男人与女人之间的关系时，作者指出，土著社会的男女关系并不是统治与从属的关系。相反，它体现的是一种伙伴关系。男人和女人视他们自己为独立的个体。在这个社会中，任何事情都属于一个整体，每一个因素都依附于另一个因素，男性和女性的先祖英雄在梦幻时代的某一个时期都曾发挥过作用。[③]

除了土著生活方式以及社会关系外，另一个常见的话题是：殖民入侵前土著人口有多少？目前见诸各种文献的统计差别很大。确实，要对殖民入侵前土著人口做一个精确度量几乎是件不可能完成的事情。1930年，

---

① Jennifer Sabbioni, Kay Schaffer and Sidonie Smith（eds.）, *Indigenous Australian Voices: A Reader*, New Jersey: Rutgers Unversity Press, 1998, pp. xx – xxi.

② Richard Broome, *Aboriginal Australians-Black Response to White Dominance 1788 – 1980*, Sydney: Allen & Unwin, 1982, p. 15.

③ Richard Broome, *Aboriginal Australians-Black Response to White Dominance 1788 – 1980*, p. 19.

悉尼大学的拉德克里夫—布朗（Radcliffe-Brown）教授运用历史学、人类学和地理学等学科知识对这一问题进行了周密的考察，得出的结论是：殖民入侵时土著人口至少有 251000 人，很可能超过 300000 人。而 300000 这一数字现在被普遍认为是最乐观的估计。[1] 1963 年，"澳大利亚社会科学研究委员会"（Social Science Research Council of Australia）批准了一个最富有抱负的研究项目——"澳大利亚社会的土著"。该项目的一个基本目标就是揭示土著与非土著关系中所出现的种种问题以及从这些问题中明确表达其政策含义。该项目计划在三年内完成，F. 兰开斯特·琼斯（F. Lancaster Jones）成为这一项目的负责人。[2] 根据琼斯的考证，土著人口在 1788 年不会超过 150000 人。[3] 此后，很多学者在谈到这一时期的土著人口时，基本上都套用这一区间的人口数据。

2. 对殖民时期的土著研究

殖民化是一个不可避免地动用武力以及一系列政治战略来胁迫其他民族或种族服从的进程；是一个表明剥削、暴力以及文化统治的进程；也是一个被剥夺政治权利和被没收财产的民族或种族予以抵制的进程。这些进程破坏了已有的经济、政治、宗教制度和文化。

澳洲早期的殖民情况在很多著作中都有粗线条的描述。其中詹姆斯·库克（James Cook）船长在大洋洲的探险活动被很多研究者视为对澳洲早期历史研究的起点，而他本人则是很多研究者笔下的神话人物。在英国海外扩张中，英国王权拥有授权个人或公司去从事殖民冒险事业的权威。詹姆斯·库克就曾得到了对澳大利亚大陆主张权利的指示。在土著较为集中的北部领地，有关詹姆斯·库克一行探险的传说与故事流传甚广。居住在北部领地亚拉林（Yarralin）土著居住区的霍布勒斯·达奈亚里（Hobbles Danaiyarri），就是一位对澳洲早期历史、种族关系以及社会道德痴迷的哲学人士。在德博拉·伯德·罗斯（Deborah Bird Rose）于 1980 年前往那里搜罗博士论文资料时，霍布勒斯·达奈亚里就向他讲述了很多有关库克船长的故事与传说。在德博拉·伯德·罗斯看来，"库克船长的故事成为霍布勒斯·达奈亚里分析欧洲政治经济的工具，因为它影响到土著、殖民

---

[1] F. Lancaster Jones, *The Structure and Growth of Australia's Aboriginal Population*, Canberra: Australian National University Press, 1970, p. 2.

[2] 该项目于 1966 年 9 月完成。

[3] F. Lancaster Jones, *The Structure and Growth of Australia's Aboriginal Population*, p. 2.

主义的原因及其后果。这种传说把詹姆斯·库克视为所有早期欧洲人的原型。作为第一人，他有责任草拟和框定土著与'白'人之间关系的法律。有关库克船长本人的传说要少于有关殖民关系的传说。存在两类人——欧洲人与土著，库克船长与他的继承者是侵略者，土著是拥有土地的当地人。他们之间的关系呈现为不公平和非道德的。欧洲人起初统治并企图消灭土著人民；后来他们企图统治并消灭土著文化。在亚拉林人的生活中，库克船长的传说故事是对欧洲人与土著这种统治与消灭关系的最简明的概述。"① 很显然，在这些早期的传说和故事中，库克本人充当了反映当地居民与欧洲白人之间关系的一种道具。近年来，《澳洲拓殖记》越来越多地见诸一些论著的参考文献之中。因为有关澳洲早期拓殖的外文文献本来就凤毛麟角，而翻译成中文的更是稀有之物。《澳洲拓殖记》是英国人沃特金·坦奇（Watkin Tench）的作品。它那游记式的描述不由得把当今的人们带到那个蛮荒的年代。该著作记述了英国"第一舰队"在太平洋航行的过程以及到达澳洲后前四年在悉尼的殖民拓展情况，铺展在广大读者面前的是一幅欧洲殖民者和澳大利亚原住民之间交往和冲突的清晰画面。这部著作的意义不在于向读者呈现了什么样的观点，而在于提供同类著作中鲜见的航海日志。所以，有人认为该著"叙述真实、严谨，现实感很强。"②

　　《澳大利亚史》是斯图亚特·麦金泰尔（Stuart Macintyre）较有影响的著作之一。作者在书中用相当的篇幅揭示了殖民时期殖民者与土著之间的关系：殖民者不仅强占了土著的土地，而且给他们带去了疾病、酒精和犯罪。书中列举了很多殖民者对土著的屠杀事件。不过，作者也指出，土著对于入侵者的反抗亦十分常见，"但这并不是土著唯一的一种反应。他们还分享有关土地的知识，用食品和原材料交换英国物品，接受新来者在草原边疆地区存在的现实。但要建立更为可持续的经济联系，就需要他们放弃自己的生活方式，需要入侵者承认他们对于资源的财产权，或将他们纳入生产过程之中。但双方都没有打算作这样的调整。"③ 麦金泰尔的这

① Deborah Bird Rose, "The Saga of Captain Cook Remembrance and Morality", in Bain Attwood and Fiona Magowan（eds.）, *Telling Stories-Indigenous History and Memory in Australia and New Zealand*, Sydney: Allen & Unwin, 2001, pp. 61 - 62.
② 〔英〕沃特金·坦奇：《澳洲拓殖记》，刘秉仁译，北京：商务印书馆，2008，第 1 页。
③ 〔澳大利亚〕斯图亚特·麦金泰尔：《澳大利亚史》，潘兴明译，上海：东方出版中心，2009，第 36 页。

一观点的意义在于：它避免了在谈论这一时期入侵者与原住民关系时所出现的一种简单化的程式。它提供的一个信息是，在某些地方，入侵者与当地居民之间的关系有时是较为复杂的。

谈到殖民时期的土著，就不能不提塔斯马尼亚人。1642 年，荷兰人阿贝尔·塔斯曼（Abel Tasman）在沿着澳洲与南极之间时称"南洋"（Southern Ocean）的地方航行期间，偶然发现一个森林覆盖的多石之岛，他称之为"范迪门地"（Van Diemen's Land）（现名为塔斯马尼亚岛）①。生活在该岛上的土著，像新几内亚的土著一样，相信这个世界上只有他们自己，别无他人。有关他们起源的传说不胜枚举。由于长期与世隔绝，他们的社会几无进步，他们所需要的一切都在自己的周围。因此，对于 19 世纪的欧洲人来说，塔斯马尼亚人是这个世界上最野蛮的人。那么，这个不与外界往来的部族其命运如何呢？大卫·戴维斯（David Davies）的《最后的塔斯马尼亚人》可谓这个群体的悲怆命运的挽歌。作者认为，不能把塔斯马尼亚人人口数量的下降与欧洲人的不期而至割裂开来。正是由于不愿与欧洲殖民者合并，又无法抵御殖民者的入侵，塔斯马尼亚人最终消失了。作者还提到了一个重要信息：早在 1830 年，英国的国务大臣就写信给副总督（Lieutenant-Governor）乔治·阿瑟（George Arthur）（1784 ~ 1854 年）。信中说，根据收到的电文，这一点似乎很明显，塔斯马尼亚土著不久就将绝迹于世。② 这至少能够说明一点：英国殖民官方对塔斯马尼亚人的消亡抱着听之任之的态度。

马丁·克罗蒂（Martin Crotty）、大卫·安德鲁·罗伯兹（David Andrew Roberts）以《澳大利亚历史上的重大错误》为题编辑了一本反思性的学术著作。书的打头文章就是大卫·安德鲁·罗伯兹撰写的有关土著与白人殖民者早期关系的研究成果。作者指出，在殖民澳大利亚的过程中，英国并没有解决好有关土著地位与权利的重要问题。由于英国政府的不作为或故意为之，有关土著的一贯看法是：他们没有能力拥有任何先前存在的或残留的可能被承认为合法的习惯法。殖民政府以此为其所犯的错误寻找根据或借口。这里的错误并不是指英国人来到澳大利亚，或者说征

---

① 塔斯马尼亚初为新南威尔士的一部分，名为范迪门地。后逐渐分离出去，直至 1825 年成为一个单独的殖民地。

② David Davies, *The Last of the Tasmanians*, London：Frederick Muller Limited, 1973, p. 213.

服包含残暴行为以及土著人口的减少，而是他们不公正地对待土著。我们国家的缔造者把一个在其他方面值得赞美和成功的事业给玷污了，这些包罗万象的后果包括把土著的利益视为某种形式的边缘和非法的普遍趋势，一种周期性出现的心神不安和糟糕的信仰，发展到不再确信我们的错误能够通过道歉、赔偿或宪法上的机制来减少种族主义和歧视，我们是我们历史的俘虏，留下一个苟延残喘、自以为是的冷漠和自我怀疑的手段。① 罗伯兹的上述观点并非他所仅有，在包括澳大利亚在内的一些西方国家的学者看来，殖民本身并没有什么过错，真正的错误在于不公正地对待土著，并且拒绝承认曾经犯下的错误以及做出某些补救，这才是澳大利亚历史上所犯的重大错误之一。

3. 对联邦土著政策几乎一致的批评与谴责

英国在澳洲殖民统治的建立意味着原住民的命运从此被根本改变。在殖民统治建立后至20世纪70年代，殖民地政府以及后来的澳大利亚联邦政府相继对土著实施了包括屠杀和驱赶在内的各种歧视政策。但无论是哪一种政策，其根本目的就是消灭或最大程度地压制土著，维护白人的最大利益。因此，对于多元文化主义前的土著政策，学界几乎是异口同声地予以抨击，其中唐纳德·霍恩的观点最具代表性。他认为，"在殖民时代的早期，尽管偶尔也有所改革，对待土著最坏的做法，是把他们当成'危险的野兽'，或者毫不在乎地把他们的原始文化扔在一边，任意践踏；对待土著最好的，也只是把他们看成是需要保护的人种，因而把他们隔离开来。"②

除了这种泛泛意义上对殖民政府以及联邦政府的土著政策进行谴责外，还有一类著作以某一特殊事件或特殊政策为研究视角，如关注"被偷的一代"。

殖民化带来了很多消极的后果，其中一个最为深刻的后果就是土著孩子被强行从他们的父母身边带走。1997年，有关"被偷的一代"的调查报告——《带他们回家》（*Bringing Them Home*）公之于世。这一报告的发表，不仅引起澳大利亚朝野上下一片惊愕和公众的愤怒，而且吸引了一

---

① David Andrew Roberts, "They would Speedily Abandon the Country to the New Comers", in Martin Crotty and David Andrew Roberts (eds.), *The Great Mistakes of Australian History*, Sydney: University of New South Wales Press Ltd., 2006, pp. 30 – 31.

② 〔澳大利亚〕唐纳德·霍恩：《澳大利亚人——幸运之邦的国民》，第116页。

些学者的关注。两年后，皮特·里德（Peter Read）就出版了他的研究成果。其实，皮特·里德很早就在追踪这一事件。正如作者所言："在20世纪70年代，我就会见了很多曾经被分离的土著，但在听他们讲述时，我是把他们当作个人而没有思考这一事件对土著作为一个整体的影响。"[1]作者持续多年的关注与潜心研究，使得这部著作的学术价值卓然于其他著作：那就是该著收集了大量有关"被偷的一代"的口述资料。通过一个个辛酸故事的讲述，与这一事件有关的政府、机构或组织的责任便昭然若揭。在作者看来，对"被偷的一代"及其土著社会最大的伤害是心灵创伤。为医治这种创伤，需要来自包括政府在内的各方道歉、赔偿以及为土著社会提供各种服务。[2]偷走土著孩子的政策是不是如白人所狡辩的那样，是为了土著的福利以及提高土著孩子的教育和生活水准？安·卡索斯（Ann Curthoys）考察后指出，"二战"后，澳大利亚对待土著及非欧洲移民的政策发生了重要变化。凡是几十年前就被宣称为"石器时代的幸存者"和"一个即将逝去的种族"，现在在官方政策中被认为是能够被同化的。同化政策有两个维度：一方面是一种生物政策，幻想通过联姻和混血种族孩子来消除有色人种的物理属性；另一方面是一项社会和宗教政策，让土著按照与白人一样的方式去思考、行动和崇拜，进而消除他们作为一个特征显著的种族的社会属性。将孩子偷走就是企图将土著转化为非土著人的最著名的方式，这是一种目的在于（与其他事情一道）通过在白人机构和收养家庭对孩子进行再教育的方式来消除土著属性的政策。[3] A. 赫比希（A. Haebich）对澳大利亚全境土著孩子被偷走的现象进行了全面研究。他认为，土著孩子被偷走并不是一个孤立的事件，而是从殖民化延伸至今的一个进程。这一进程及其后果是土著属性的一部分。只是到了最近，这一行为才得到官方的承认。[4]

4. 对土著争取自身权益斗争的研究

在殖民者的暴戾统治之下，土著的生活境况可想而知。但是，处于社

---

[1] Peter Read, *A Rape of the Soul so Profound-The Return of the Stolen Generation*, Sydney: Allen & Unwin, 1999, p.46.

[2] Peter Read, *A Rape of the Soul so Profound-The Return of the Stolen Generation*, pp.71–208.

[3] John Docker and Gerhard Fisher (eds.), *Race, Colour and Identity in Australia and New Zealand*, Sydney: University of New South Wales Press Ltd., 2000, pp.25–26.

[4] A. Haebich, *Broken Circles: Fragmenting Indigenous Families 1800–2000*, Perth: Fremantle Arts Centre Press, 2000.

会最底层的土著居民并没有就此屈服，他们通过各种组织与殖民者展开了形式多样的斗争。

由贝恩·阿特伍德（Bain Attwood）、安德鲁·马库斯（Andrew Markus）合著的《为土著权利而斗争——一部记录史》对19世纪30年代至20世纪90年代土著争取自身权益的进程给予了全景式的记录。[①] 严格来说，这不是一部论述性著作，但它为学术界对这一课题的系统研究提供了难得一见的基础性材料。类似的著作还有珍妮弗·萨比奥妮（Jennifer Sabbioni）、凯·谢弗（Kay Schaffer）、西德列·史密斯（Sidonie Smith）等人合作编辑的《澳大利亚土著之声：一部读物》。这是一本研究澳大利亚土著不可或缺的参考文献。书中不仅列举了土著大事年表，而且通过很多当事人的自述以及诗歌的形式再现了土著民族为争取自身权益而与白人斗争的历史场景。[②] 与上面不同的是，理查德·布罗默不仅对土著与白人之间近两个世纪的斗争进行了细致的梳理，并在著作的末尾对土著争取自治运动展开了论述，涉及的内容有"土著大使馆"（Aboriginal Embassy）[③] 及其历史意义、土著争取土地权运动及其成果、土著争取社会福利等。[④]

土著争取自身权益的斗争经历了一个从自发到自觉、从无组织到有组织领导、从要求得到某些具体利益到追求最高目标如自治（self-government）等方面的转变。在这一转变中，需要一种激进的政治思想去引领和统合。那么，土著激进的政治思想产生于何时？约翰·梅纳德（John Maynard）的研究为我们解开了这一谜团。他的研究表明："黑人民族主义之父"马库斯·加维（Marcus Garvey）的政治见解对一些澳大利亚土著政治家产生了强烈影响，并且指出了马库斯·加维的理论和思想被弗雷德·梅纳德（Fred Maynard）等人所采纳并应用到澳大利亚具体环境中去的途径。该著还揭示了早在1907年澳大利亚土著活动家与美国黑人政治组织之间一些先前鲜为人知的联系。一个例证是，当时世界著名的美国黑人拳击手杰克·约翰逊

---

① Bain Attwood and Andrew Markus, *The Struggles for Aboriginal Rigths-A Documentary History*, Sydney：Allen &Unwin, 1999, p. 4.

② Jennifer Sabbioni, Kay Schaffer and Sidonie Smith（eds.）, *Indigenous Australian Voices：A Reader*, pp. 1 – 70.

③ 亦被称为"帐篷大使馆"（Tent Embassy）。

④ Richard Broome, *Aboriginal Australians-Black Response to White Dominance 1788 – 1980*, pp. 184 – 201.

(Jack Johnson) 与弗雷德·梅纳德等人进行了会晤。作者对弗雷德·梅纳德本人以及他所领导的早期反抗斗争给予了很高的评价，认为弗雷德是一位伟大的被遗忘的土著爱国者和一位政治激进主义的组织者，他在组建第一个统一的和持久存在的土著政治运动组织方面发挥了指导性的作用。"他被证明是一位与众不同之人，一位鼓舞人心的领袖和代言人，一位挺身而出捍卫其人民权利的富有同情心的梦想者。"作者还认为，弗雷德的个人经历与土著饱尝的悲剧以及20世纪初有组织的土著政治激进主义的起源与发展深深地缠绕在一起。约翰·梅纳德的研究工作得到了学界很高的评价。① 加里·福莱 (Gary Foley) 于2007年为本书作序时毫不吝惜溢美之词，称约翰·梅纳德对我们所了解的现代土著政治运动的早期历史进行了重写，此举是对澳大利亚历史的重要贡献。这项工作是过去80年非常重要的历史研究项目之一，因为他推翻了人们长期持有的观点，即早期土著政治组织是受到非土著的基督教和人道主义组织的影响的。②

尼考拉斯·皮特森 (Nicolas Peterson)、威尔·桑德斯 (Will Sanders) 主编的《公民权与土著澳大利亚人》③ 收录了一些著名学者如玛里琳·伍德 (Marilyn Wood)、蒂姆·罗塞 (Tim Rowse)、贝恩·阿特伍德、安德鲁·马库斯、大卫·特里格 (David Trigger) 等人以及两作者本人在公民权方面的研究成果。蒂姆·罗塞在《土著公民权与自决：共担责任问题》一文中对土著争取公民权的成果感到相当乐观。他认为，在某种程度上，土著人民作为一个民族的权利在一些机构——社团、协会以及受到政府资助的法定代表机构中得到了体现。这些机构证明了在自决 (self-determination) 政策下所主张的超越个人主义的主权。通过这样的机制，土著社会秩序的重建在政治、法律和财政方面得到了支持，土著权威的当代构成因而随着国家的发展进程而得以清晰地呈现出来。④ 在澳大利亚土

---

① John Maynard, *Fight for Liberty and Freedom-The Origins of Australian Aboriginal Activism*, Canberra: Aboriginal Studies Press, 2007, pp. 1 – 2.

② John Maynard, *Fight for Liberty and Freedom-The Origins of Australian Aboriginal Activism*, Foreword.

③ Nicolas Peterson and Will Sanders (eds.), *Citizenship and Indigenous Australians-Changing Conceptions and Possibilities*, Cambridge: Cambridge University Press, 1998.

④ Tim Rowse, "Indigenous Citizenship and Self-determination: The Problem of Shared Responsibilities", in Nicolas Peterson and Will Sanders (eds.), *Citizenship and Indigenous Australians-Changing Conceptions and Possibilities*, p. 98.

著争取公民权的斗争中，1967 年全民公决无疑是一个具有标志性意义的事件。学者们从不同的角度对这次全民公决的历史影响进行了较为深入的剖析。如贝恩·阿特伍德和安德鲁·马库斯两位学者就以《代表权事件：1967 年全民公决与公民权》为题对这次全民公决的来龙去脉以及澳大利亚社会各阶层的反响进行了全面论述。作者们在肯定这次全民公决给土著带来理论上公民权的同时，也对它的实际意义提出了质疑，认为全民公决并没有从根本上改变土著低人一等的社会地位。[①]

土地权是公民权的一项重要内容。土著对土地有着无法割舍的依恋。自殖民入侵的那一刻起，土著就誓死保卫自己足下的这片热土，虽然当时并不清楚公民权对他们意味着什么，但当 20 世纪 60 年代争取土地权成为一项政治运动时，土地权与公民权就不可分割地联系在一起。

理查德·布罗默对维多利亚土著为抗拒政府关闭保留地而采取多种形式的斗争给予了详细的论述。[②] 弗兰克·G. 恩格尔（Frank G. Engel）探讨了北部领地的白人开矿对土著土地权的损害，指出白人资本家出于一己之利，在土著的传统家园肆无忌惮地进行矿产开发，既不与土著进行任何形式的磋商，也未给予对方合理的利益分配。[③] 关于白人在土著传统土地上进行矿产开发的合法性的争论始于这一时期。当矿产开发成为澳大利亚经济增长点或增长动力时，当有关土著土地权的立法成为一项政治议程时，政治家的争执与学术界的争论可谓交相辉映。面对澳大利亚政府在土著土地权问题上顽固不化的立场，很多学者表达了心中的不满。佩吉·布鲁克（Peggy Brook）在其编辑的《话语与沉默——土著妇女、政治与土地》一书中对下列问题进行了思考：即在这种跨文化环境中，谁能够说话并且让别人听到？谁被迫保持沉默？作者认为，20 世纪 60 年代以前，很少有白人去思考殖民化以及对土著既定权利剥夺的含义。只是到了 60 年代，土著的土地权问题才成为澳大利亚主流政治中的一个议题。在 60

① Bain Attwood and Andrew Markus, "Representation Matters: The 1967 Referendum and Citizenship", in Nicolas Peterson and Will Sanders (eds.), *Citizenship and Indigenous Australians-Changing Conceptions and Possibilities*, pp. 118 – 135.

② Richard Broome, *Aboriginal Australians-Black Response to White Dominance 1788 – 1980*, pp. 175 – 176.

③ Frank G. Engel, "Australia: Its Aborigines and Its Mission Boards", *International Review of Mission*, July 1970, p. 300, quoted in Dominic O'Sullivan, *Faith, Politics and Reconciliation-Catholicism and the Politics of Indigeneity*, New Zealand: Huia Publishers, 2005.

年代之后的 30～35 年间，联邦、州与领地等各级政府在主流政治和法律体制内尝试各种各样的努力去承认土著土地权。当这些努力反映出公众对土著权利认知的一个重要转变时，它们需要土著人民在文化上认同于一个在不同层面进行运作的制度，土著人民也因此占有并且获得了一些土地的控制权，但是，他们的土地诉求也催生了与强大的主流经济和政治利益集团之间的冲突。在各种不同的土地权法下，土著土地的所有者在努力实现其需求时也不得不做出一定的妥协。①

5. 关于种族和解问题

"种族和解"的含义是什么？学者们对此有不同的理解。有人甚至对"土著和解"（'Aboriginal Reconciliation'）的概念表示怀疑，因为它意味着正是土著民族在其已经失去太多的情况下不得不发起这一妥协倡议。②除了对"和解"这一概念进行解读外，更多的学者和政治家还试图筹划澳大利亚种族和解的路径。

作为一名政治新闻记者，米歇尔·戈登（Michael Gordon）在报道各种政治和社会问题时有很多机会接触土著领袖。为迎接 2000 年悉尼奥运会的召开，他决定去土著社区采风。1999 年，他曾赴新南威尔士一乡村旅行过。尽管有这样的亲身体验，但作者坦陈，这样的经历仍然是狭隘和有限的。于是，在悉尼举行"2000 年庆典"（'Corroboree 2000'）之前，米歇尔·戈登决定再赴土著社区进行实地采访，并撰写与土著和解有关的系列文章。在他看来，此举的目的就是敦促"土著和解委员会"（Council for Aboriginal Reconciliation）在最终的文件和建议中要正视和解决这些问题。③该著不仅包括作者对土著社区的采访记录，而且阐发了他本人对悉尼奥运会与种族和解的关系、"土著和解委员会"有关《和解路线图》（*Roadmap for Reconciliation*）的原则等方面的看法和见解，其中有些观点颇有见地。

没有人怀疑种族和解的主题与宗教的社会功能存在一种内在的关联

---

① Peggy Brook（ed.），*Words and Silences-Aboriginal Women，Politics and Land*，Sydney：Allen & Unwin，2001，pp. 1 - 2.

② H. Reynolds，"A Crossroads of Conscience"，in M. Grattan（ed.），*Essays on Australian Reconciliation*，Melbourne：Black Inc.，2000，p. 53.

③ Michael Gordon，*Reconciliation-A Journey*，Sydney：University of New South Wales Press Ltd.，2001，pp. vii - viii.

性。在现代社会，宗教组织与宗教领袖往往在化解种族冲突、民族冲突甚至国家冲突中发挥独特的建设性作用。在澳大利亚，种族和解需要得到国内方方面面的理解与大力支持，而宗教在其中所发挥的作用亦不容低估。多米尼克·奥沙利文（Dominic O'Sullivan）怀着浓厚的兴趣对此进行了探讨。他认为，澳大利亚宗教激进主义在 20 世纪八九十年代达到高潮，而它的起源则是在六七十年代。1968 年，澳大利亚主教会议就建立了"天主教正义与和平委员会"（Catholic Commission for Justice and Peace）。该委员会对土著在澳大利亚社会所遭受的不公正待遇表示关注，并且倡导种族和解。在多米尼克·奥沙利文看来，"对于教会来说，虽然和解是一个宗教概念，但其一般原则作为可能的政治方案的基础已经变得重要起来。"① 与此同时，作者指出，由于得到了教会方面的大力支持，种族和解在 20 世纪 90 年代取得了重要进展。② 达缅恩·肖特（Damien Short）从解决土著土地所有权、有关"被偷的一代"、非土著澳大利亚人以及土著澳大利亚人等角度探讨了种族和解的途径问题。在谈到土著土地权与种族和解的关系时，作者不仅谈到了"无主地"（terra nullius）概念的源起以及在澳洲的应用情况，而且对澳大利亚历史上重要的土著土地权事件如土著土地权立法及其修正案、马宝裁定（Mabo Judgement）、威克裁定（Wik Judgement）等事件进行了十分详尽的分析，认为这些事件的发生及其处理过程和结果对澳大利亚种族和解进程起到了一定的推动作用。③ 在谈到"被偷的一代"与种族和解关系时，作者强调了两者之间有着不可分割的关联性。

6. 土著其他问题研究

斯考特·本内特（Scott Bennett）的《白人政治与澳大利亚黑人》用了相当篇幅谈到了澳大利亚几大主要党派的土著政策特色。澳大利亚三个主要党派即工党、自由党、国家党在土著政策问题上的态度有着明显的区别。虽然各个党派的土著政策并不是一成不变的，但其基本理念与路线还

---

① Dominic O'Sullivan, *Faith*, *Politics and Reconciliation-Catholicism and the Politics of Indigeneity*, p. 143.

② Dominic O'Sullivan, *Faith*, *Politics and Reconciliation-Catholicism and the Politics of Indigeneity*, pp. 147 – 148.

③ Damien Short, *Reconciliation and Colonial Power-Indigenous Rights in Australia*, Aldershot: Ashgate Publishing Limited, 2008, pp. 31 – 86.

是大体稳定的。相比较而言，工党对土著奉行较为同情的政策，而自由党和国家党则坚持不太友好的路线。^① 斯考特·本内特还对土著咨询与管理机构进行了一定的探讨，认为这样的机构之所以未能发挥应有的作用，既有白人政府的不信任导致信息沟通不畅，又有土著自身的原因。^② 费伊·盖尔（Fay Gale）则关注土著人口的流动问题。人口在地理上的变迁是城市化和现代化进程中必然伴随的一个现象。作者认为，城里的土著是澳大利亚城市人口的一个新的成分。直到最近，土著基本是乡村居民。他们居住在比较偏僻的地方，事实上与其他澳大利亚人相分离。但现在的情况有所改变。有越来越多的土著正在向城市和乡镇移动。他们试图成为——如果不是在社会上那么就在地域上——澳大利亚总体社会的一部分。作者注意到，当人们从一个环境转移至另一个环境时，社会变化就不可避免地发生。但是，比起在乡村居住的土著来说，那些在城镇生活的土著则被迫承受更大的社会变化，因为他们的社会和文化从一开始就与城市社会有很大差别。土著群体作为澳大利亚城市人口新的组成部分的出现是重要的，因为它反映了土著社会经济和社会的变化，并且导致了土著与其他澳大利亚人之间的冲突。这种冲突引发了积极的社会反响：如越来越多的媒体对土著的观点进行了报道与反映；立法的变化；公众对土著住房、就业、健康、教育状况的日益关注；以及旨在为土著争取土地权与社会平等的运动的不断兴起等。城市中土著与欧洲人的冲突使得后者更加意识到，土著作为人的需求与他们自己的需求是相类似的。^③ 大卫·迈克奈特（David McKnight）曾是伦敦经济学院的一位教师，致力于澳大利亚土著问题研究达35年之久。作为一位人类学家，他对远离昆士兰北部海岸的莫林顿岛（Mornington Island）居民的酗酒现象进行了长期观察，得出的结论是：酒精对该岛社区造成了毁灭性的后果，已严重影响到居民生活的各个方面——当地政治、婚姻、抚养子女的习惯、性别关系、就业、法律、住房和教育。作者认为，饮酒已成为今天该岛居民的主要社会活动，每天的饮酒量高得惊人，自杀和杀人比例较高。人们饮酒之多，以

---

① Scott Bennett, *White Politics and Black Australians*, Sydney: Allen & Unwin, 1999, pp. 57 – 75.

② Scott Bennett, *White Politics and Black Australians*, pp. 93 – 99.

③ Fay Gale, *Urban Aborigines*, Canberra: Australian National University Press, 1972, Introduction, pp. 1 – 2.

致与酒精有关的疾病相当流行。在分析当地居民嗜酒的原因时，作者指出，这与19世纪末殖民主义政策导致土著的土地被剥夺而无以为生的窘境有关。[①]

从上述研究可以看出，国外学术界对澳大利亚土著问题给予了多角度多层次的关注，这充分反映了土著问题在学术界尤其在澳大利亚学界所占有的重要地位。同样，不难看出，这些研究成果大多聚焦土著的过去，且用一种批判或谴责的目光去审视澳大利亚历届政府的土著政策，并对土著在历史上所遭遇的种种不幸寄予同情。这是研究土著问题所遵从的基本价值取向或学术伦理。然而不可否认的是，在种族平等已成世界共识的语境下，尽管土著澳大利亚人与非土著澳大利亚人以及政府之间隔阂颇深，但似乎没有人怀疑种族和解是化解历史积怨的必然之道。这正是一部分学者开始关注种族和解问题的原因或动力所在。目前，这方面的研究成果还非常有限，但随着澳大利亚种族和解进程的不断推进，这方面的学术探讨必将成为土著问题研究中的一个热点。

（二）国内学术史梳理及研究动态

改革开放至今，国内澳大利亚土著研究从无到有，从依附于其他课题到如今已形成自己独特而鲜明的主题研究体系；从少数人的研究副业到如今已成为一批人研究的专业方向；由初期单纯从人种学或人类学角度来对土著进行考察到今天运用多学科方法去研究土著；研究主题由传统常规性话题扩展到今天与土著相关的各种问题；研究的旨趣从偶发性、零散性到自觉性以及申报各类项目的团队性的转变；参考文献资料由初期借鉴一般性外文著作到现在各种与土著有关的珍贵文献资料包括档案资料的使用；学术成果由初期的译介别人的成果发展到现在的专题研究论文的大量涌现以及学术著作的问世；等等。这些都说明，澳大利亚土著研究正受到国内学界的日益关注。

1. 20世纪七八十年代

20世纪七八十年代是国内澳大利亚土著研究的起步阶段。这一阶段

---

① David McKnight, *From Hunting to Drinking-The Devastating Effects of Alcohol on an Australian Aboriginal Community*, London：Routledge，2002，p. 23.

以翻译澳洲史或大洋洲民族史著作为主，从业人员主要是从事民族学研究的学者。可以说，这一时期有关澳大利亚的学术著作较为稀少，甚至连通俗读物都难得一见，译介成为一道独特的学术风景。

颇令人感到意外的是，1960 年我国就翻译出版了澳大利亚史学家戈登·格林伍德（Gordon Greenwood）的《澳大利亚政治社会史》。① 这部著作仍是国内学界了解和研究澳大利亚政治和社会史时舍弃不得的文献。1973 年，中山大学翻译组的老师们翻译了曼宁·克拉克的《澳大利亚简史》。② 曼宁·克拉克是澳大利亚享有盛誉的史学家，著有多卷本的《澳大利亚史》，而被中国学界所熟知的则是他撰写的简史。这是一本真正的简史，很多历史事件的演进过程被简化，甚至一些重要历史事件也被人为地"忘掉"。尽管如此，它在中国读者中的影响仍是其他著作所无法取代的，因为该著线索清晰、语言优美、观点鲜明，仅此几点就足以令人印象深刻。改革开放后，西学东渐之风日盛。约翰·根室的《澳新内幕》③、C. A. 托卡列夫等著的《澳大利亚和大洋洲各族人民》④ 相继被介绍给中国读者。这两部译著并不是专论土著问题的，甚至土著问题在其中不占显著地位，但无人否认它们对中国早期从事澳大利亚土著问题研究的人所产生的重要影响。

除了译介有份量的著作外，一些与土著有关的论文或文章也被翻译成中文，刊登在一些有影响的学术刊物上。

1982 年，《民族译丛》杂志发表了田虹的译作《澳大利亚土著为土地所有权而进行斗争》。这篇文章阐述了对一些历史问题的认识和看法，认为澳大利亚本应是澳大利亚土著居民的家园，土著五万年前就生活在这块土地上，而两百年前欧洲殖民者却霸占了他们的土地，但土著反抗殖民化的斗争从未停止过。⑤ 1983 年，《民族译丛》刊发了澳大利亚土著事务部长 P. 鲍·魏治臻撰写的题为《澳大利亚土著民族的起源和欧洲人定居澳

---

① 〔澳大利亚〕戈登·格林伍德：《澳大利亚政治社会史》，北京编译社译，北京：商务印书馆，1960。

② 〔澳大利亚〕曼宁·克拉克：《澳大利亚简史》，中山大学翻译组译，广州：广东人民出版社，1973。

③ 〔美〕约翰·根室：《澳新内幕》，符良琼译，上海：上海译文出版社，1979。

④ 〔苏〕C. A. 托卡列夫等：《澳大利亚和大洋洲各族人民》，李毅夫等译，北京：三联书店，1980。

⑤ 《澳大利亚土著为土地所有权而进行斗争》，田虹译，《世界民族》1982 年第 1 期。

大利亚二百年》的文章。作者对澳大利亚土著起源的看法算是一家之言，指出澳大利亚土著民族在这里已经生活了4万年之久，他们可能来源于东南亚大陆的某些地方或其南面的一些岛屿，是在很长一段时间内几次成群成队地迁移过来的。① 可以说，这两篇文章加深了中国读者对澳大利亚土著起源以及欧洲殖民性质的认识。1984年，《民族译丛》发表了题为《澳大利亚土著人的生活习俗与宗教礼仪》的文章。文章认为，生活在不同环境下的土著适应不同的工作和职业，生活环境对他们的生产活动起着重要影响。采集食物是男人最主要的任务之一。在中部沙漠地带，男人把大部分时间都用在狩猎上；在沿海地区和江河流域，由于食物供应更有规律，男人有更多时间去从事其他活动。② 1987年5月，《民族译丛》发表了莫兰的译作《1984年澳大利亚土著人情况》。③ 尽管这是一篇介绍性的文章，但其考察点是当时的澳大利亚土著现状，这对学界的参鉴价值是不容否认的。

在任何一门涉外学科处于初始阶段时，译作是一个必不可少的资源或研究途径。通过接触、翻译和解读相关领域著名学者的研究成果，人们不仅可以感受到这些著名学者的学术敏锐性、学术自觉和学术使命，而且对相关学科的历史沿革和发展趋势也有一个宏观的把握。但任何一门科学或学科的发展，如果只是借鉴别人的研究成果，不仅话语权成为一个问题，而且对这门科学或学科的发展也是不利的。所以，借鉴的意义在于学习和提高，即挖掘自己的研究课题、形成自己的研究风格、方法，成就自己的创见，构建富有特色的学科研究体系。所以，在译介国外同行著作的同时，国内学者也开始涉足澳大利亚土著问题的研究。

陈克进从民俗学的角度对澳大利亚土著婚姻制度进行了考察，得出的结论是：19世纪澳大利亚土著中存在级别婚姻制度，这是群婚的一种形式，"也可以成为氏族的出发点"，从而在原则上否定了摩尔根所谓有一个"以性为基础的社会组织"的结论。④ 张小华的《中国历史上的太平洋人种》一文对太平洋人种进行了明确界定。在作者看来，所谓太平洋人

---

① P.鲍·魏治臻：《澳大利亚土著民族的起源和欧洲人定居澳大利亚二百年》，《民族译丛》1983年第4期。

② F. D.麦卡锡：《澳大利亚土著人的生活习俗与宗教礼仪》，《民族译丛》1984年第1期。

③ 《1984年澳大利亚土著人情况》，莫岚译，《世界民族》1987年第2期。

④ 陈克进：《澳大利亚的级别婚试析》，中国民族学会第三届学术讨论会论文集——《民族学研究》第七辑。

种，主要是指现今分布在澳大利亚、美拉尼西亚的黑色人种（有学者称为澳大利亚-尼格罗人种）和分布在波利尼西亚的棕色人种。前两地的黑色人种一般中等身材或矮小、肤色黝黑、波发或卷发、鼻宽、鼻根低矮或中等。鼻孔横径较大、凸唇、口宽度大、唇厚。① 类似的研究成果还有吴新智、魏锡云合作的论文《中国人与澳大利亚人的颏孔高度》。作者意在通过对两地人种的比较，来说明下颌骨颏孔的相对高度在人类进化上有着一定的意义。②

这里需特别提及的是，中国科学院民族研究所的阮西湖先生在国内澳大利亚土著研究领域做出了很多奠基性的工作。20 世纪 50 年代，阮先生曾在中央民族学院工作，后到中国科学院民族研究所（2002 年改名为民族学与人类学研究所）任职，并且担任《民族译丛》杂志的副主编。80年代初，阮先生赴澳大利亚从事多元文化主义、土著民族以及都市人类学研究。1987 年，阮先生发表了《澳大利亚土著居民考察记》③ 和《澳大利亚联邦政府土著居民的政策》④ 两篇文章。同年，他又把多年的研究成果整理成册，命名为《澳大利亚民族志》。⑤ 从著作的名称上来看，阮先生是希望从多元文化主义的角度对澳大利亚民族做全景式的探讨，但由于作者对澳大利亚土著民族有着浓厚的兴趣，所以，土著问题研究无疑是本著的一大亮点。

由上可知，翻译澳大利亚通史类著作以及与土著有关的专题文章是这一阶段学界认识澳大利亚土著问题的主要途径。后来虽出现一些研究性文章或论文，但选题较为单一，且描述多于议论，所以，此时的国内澳大利亚土著研究尚处于初步认知与探索阶段。

2. 20 世纪 90 年代

90 年代是我国对外文化交流迅速发展的时期。中澳友好交往无疑是中国对外开放最积极的成果之一。良好的双边关系为两国学者之间的学术交流提供了合宜的氛围。在这种背景下，中国的澳大利亚研究取得了显著进展，表现为从业者的学历越来越高并且多数有海外留学背景；在国内召

---

① 张小华：《中国历史上的太平洋人种》，《学术研究》1984 年第 4 期。
② 吴新智、魏锡云：《中国人与澳大利亚人的颏孔高度》，《人类学学报》1986 年第 2 期。
③ 阮西湖：《澳大利亚土著居民考察记》，《社会科学战线》1987 年第 4 期。
④ 阮西湖：《澳大利亚联邦政府土著居民的政策》，《民族研究》1987 年第 4 期。
⑤ 阮西湖：《澳大利亚民族志》，西宁：青海人民出版社，1987。

开的两年一度的澳大利亚研究国际学术研讨会亦越来越规范化和制度化。随之而来的是，土著问题开始进入人们的研究视野，而且这方面的研究成果亦与日俱增。

其一，涵盖土著问题的通史类著作相继推出。

与前一阶段以译介澳研著作为主不同的是，进入 90 年代，国内一些学者开始系统研究澳大利亚历史与文化，一批通史类研究成果接二连三地问世。就学术史而言，这是一个不小的进步。当然必须承认的是，这些研究成果的问世时间虽然是在 90 年代，但学者们的研究此前很早就启动了。在这些成果中，土著问题通常是作为著作中的一章或一节来安排的。从研究内容来看，大家都不约而同地将土著的起源、社会组织形式、经济生活、宗教信仰、语言文化、人口变迁等作为研讨对象，如黄源深、陈弘的《当代澳大利亚社会》①、骆介子的《澳大利亚建国史》②、郑寅达、费佩君的《澳大利亚史》③、倪卫红、沈江帆的《澳大利亚历史 1788～1942 年》④ 张天的《澳洲史》、⑤ 刘丽君的《澳大利亚文化史稿》⑥、田森的《大洋洲探秘——澳新社会透视》等⑦。

坦率地说，这些著作有关土著的内容主要以常识性的介绍或解读为主，搜索原始文献甚至展开实地调查的研究少之又少。但是，在这些基础性研究的著作中，存在一些谈之不倦的话题，如土著的图腾崇拜以及土著与非土著之间的关系，其中不乏一些颇有启发性的观点，如在谈到土著的宗教信仰时，上述著作都不同程度地阐释了图腾崇拜在土著社会日常生活中的重要意义。郑寅达、费佩君认为，"图腾崇拜是澳大利亚土著居民原始狩猎生活的鲜明反映，并把社会生活中的血亲关系无意识地扩展到周围的自然界中。澳大利亚土著居民图腾崇拜的发达程度是世界上其他地方所罕见的，故有'图腾崇拜古典地域'之称。"⑧ 这一观点在给读者深刻印象的同时，也让读者不免对世界其他地方的图腾崇拜产生联想。中国社会

①　黄源深、陈弘：《当代澳大利亚社会》，上海：华东师范大学出版社，1991。
②　骆介子：《澳大利亚建国史》，北京：商务印书馆，1991。
③　郑寅达、费佩君：《澳大利亚史》，上海：华东师范大学，1991。
④　倪卫红、沈江帆：《澳大利亚历史 1788～1942 年》，北京：北京出版社，1992。
⑤　张天：《澳洲史》，北京：社会科学文献出版社，1996。
⑥　刘丽君：《澳大利亚文化史稿》，汕头：汕头大学出版社，1998。
⑦　田森：《大洋洲探秘——澳新社会透视》，杭州：浙江人民出版社，1998。
⑧　郑寅达、费佩君：《澳大利亚史》，第 12 页。

科学院长期从事社会学、人类学研究的知名专家田森先生擅长将土著历史与现实问题结合起来考察。田森教授多次造访澳大利亚，与那里的政界领袖、社会名流、学者、新闻记者以及民间人士有着广泛的接触。这种非凡的经历奠定了他在国内澳研学界的重要地位。1998 年，田森教授出版了《大洋洲探秘——澳新社会透视》一著。该著篇幅不大，但作者阅读了大量文献和第一手材料，并结合自己的实际观察，所以，他对一些问题的看法较为客观和深邃。作者认为，"澳大利亚的民族问题，说到底，就是澳大利亚移民同土著人之间的关系问题，它不仅表现在政治、经济、语言、文化上，而且渗透到整个社会的发展上。应当说，澳大利亚移民同土著人之间的差别是相当大的。民族之间的团结、如何对待土著人的文化、如何帮助土著人更好地发展，都存在着许多问题；而土著文化对澳大利亚的影响已日益淡化。如何正确处理和改善同土著人的关系以促进这个多元文化社会更健康地发展，是摆在澳大利亚国家面前的一项严峻任务。现今，人们对民族问题严重性的认识不是没有，但似过于淡薄，在土著人中间的不满情绪是相当普遍的。"①

其二，出现了一定数量的专题性文章或研究论文。

80 年代出现过一些探讨土著问题的文章，但除阮西湖先生的著作外，其他的文章选题基本上限于土著人种学以及民俗学方面。到了 90 年代，上述选题的文章较为鲜见，取而代之的则是与土著历史有关的选题。由于对外交流的日益扩大和深入，接触有价值的外文文献资料不再是件困难的事情。一些年青学子开始关注澳大利亚土著问题。敏捷的思维能力、对外语的熟练掌握以及多元的研究途径，使得他们对土著某一问题的研究颇有心得。

多数人对澳大利亚土著的命运倾注了关怀，如唐嘉燕的《澳大利亚土著人的悲惨命运》②、张秋生的《艰难的里程——澳大利亚土著人的历史与现状》③、刘晓燕的《澳大利亚土著人，历史变迁与发展》。④ 这些文章毫无例外地把土著视为一个整体来分析，对殖民时期殖民者的种族屠杀

① 田森：《大洋洲探秘——澳新社会透视》，第 24 页。
② 唐嘉燕：《澳大利亚土著人的悲惨命运》，《国际展望》1992 年第 2 期。
③ 张秋生：《艰难的里程——澳大利亚土著人的历史与现状》，《世界知识》1993 年第 13 期。
④ 刘晓燕：《澳大利亚土著人：历史变迁与发展》，《内蒙古大学学报》（人文社会科学版）1998 年第 5 期。

政策以及联邦时期澳大利亚政府所推行的种族歧视政策进行了一定的论述并加以谴责。

相比较而言,下面几篇文章的学术性更强。刘丽君的《澳大利亚土著文化及其滞后原因》主要从广义文化概念来讨论澳大利亚土著文化的起源、发展与现状,并分析其滞后的基本原因。① 周学军的《澳大利亚对土著居民政策的演变》一文对澳大利亚土著政策的演变进行了系统的梳理,并将其发展过程分为种族灭绝、种族隔离、种族同化和种族结合四个阶段。② 而张建新的《澳洲土著社会非行政性秩序的建构》则试图分析澳洲土著前氏族发展阶段社会秩序的建构。作者研究后发现,在这个阶段,土著社会显然缺乏正规的行政性管理机构,因而通过一系列非行政性的律法和观念系统在社群内外建构起必要的秩序,从而使宗教、婚姻、禁忌、层级结构乃至亲属制度都具有了社群管理的职能。③

显而易见,就国内澳大利亚土著研究而言,这是一个承前启后的阶段。学人们从一些较易把握的话题入手,或以介绍或以论述的方式来阐述对某一问题的认识。这些努力为国内学界加深对澳大利亚土著问题的全面认识提供了帮助,同时为日后这一领域的全面和深入研究打下了必要的基础。

3. 21 世纪至今

21 世纪初至今,国内澳大利亚土著研究呈现全方位发展的态势。主要体现在以下几个方面。

其一,有关澳大利亚通史类或文化类著作不断涌现,且学术水平也在不断提升。这些著作在涉及土著问题时不再一味地平铺直叙,而是有所阐发,甚至在某些问题上能够自信地表达出自己的见解。如姜天明的《澳大利亚联邦史略》④、王宇博的《澳大利亚——在移植中再生》⑤、杜学增的《澳大利亚语言与文化》⑥、沈永兴、张秋生、高国荣的《澳大利亚》⑦ 等。

---

① 刘丽君:《澳大利亚土著文化及其滞后原因》,《汕头大学学报》(人文科学版)1997 年第 6 期。
② 周学军:《澳大利亚对土著居民政策的演变》,《世界历史》1993 年第 6 期。
③ 张建新:《澳洲土著社会非行政性秩序的建构》,《湛江师范学院学报》1998 年第 1 期。
④ 姜天明:《澳大利亚联邦史略》,沈阳:辽宁大学出版社,2000。
⑤ 王宇博:《澳大利亚——在移植中再生》,成都:四川人民出版社,2000。
⑥ 杜学增:《澳大利亚语言与文化》,北京:外语教学与研究出版社,2000。
⑦ 沈永兴、张秋生、高国荣编著《澳大利亚》,北京:社会科学文献出版社,2003。

与以往著作有所不同的是，这些著作对土著问题的关注已不再局限于传统的论题诸如土著的起源、社会组织等，而是增添了新的内容。北京外国语大学英语系的杜学增教授长期从事社会语言学研究。1993 年，他作为访问学者到格里菲斯大学进修，主研"澳大利亚语言与文化"。回国后在北京外国语大学英语系澳大利亚研究中心为研究生开设了关于澳大利亚语言与文化的课程，成就了《澳大利亚语言与文化》一书。该著第二章"澳大利亚的文化模式"以"土著文化"与"多元文化"为题，探讨了土著文化的特点、表现形式及其重要性，认为土著的传统文化"不同于欧洲的文化，但就其本身来说是复杂、多样、精妙的。它无疑是一种文明方式，并极大地丰富了澳洲的整体文化。"① 还有学者对"被偷的一代"表示关注。列国志丛书之《澳大利亚》用一定的篇幅对"被偷的一代"的生活境遇尤其是精神上的失落做了一定的解析，认为"他们被隔绝在自己的种族之外，丧失了本族的语言、文化和传统，而又不能融入白人社会。他们孤悬在两种文化之外，精神上无所依归，使土著文化的传承造成了后继乏人的危机。从这个意义上说，它不啻为一种文化意义上的种族灭绝。"②

其二，出现了以土著为主要研究对象或专题研究的学术性著作。

专题性学术著作的出现，是学术研究专业化、精细化发展的一种必然结果。阮西湖先生早在 1987 年就出版了澳大利亚民族学研究著作，但该著的出版并没有让作者停止对澳大利亚民族学的继续深究，反而使他在这方面的研究有了更多的担当。正如作者所言，最近二十年，澳大利亚民族一直是他研究的重点。在澳大利亚社会科学院、澳大利亚人文科学院和澳大利亚联邦政府土著民族事务部的安排下，阮西湖先生先后访问了联邦政府土著民族事务部、澳大利亚国立大学、澳大利亚土著民族研究所、悉尼大学人类学系、悉尼市土著居民居住区、澳大利亚多元文化事务研究所、澳大利亚中部丛林地带土著民族居住点、珀斯（Perth）附近的土著民族聚居点。③ 这种学术体验使得阮西湖先生的新作《澳大利亚民族志》受到了学界的格外关注。该著的最大优点是：（1）提供了很多调查研究的案例，这是学术研究尤其民族学研究中的一个重要方法；（2）提出了一些

① 杜学增：《澳大利亚语言与文化》，第 31 页。
② 沈永兴、张秋生、高国荣编著《澳大利亚》，第 38～39 页。
③ 阮西湖：《澳大利亚民族志》，北京：民族出版社，2004，前言部分第 2 页。

很有见地的观点。如作者在书中不仅阐述了图腾崇拜的概念源起及其含义，而且凭借他多年的实际考察对澳洲土著的多种图腾崇拜给予了令人信服的诠释。在澳大利亚民族学界，对在土著的宗教中使用"图腾主义"一词存在着不同看法，认为使用"图腾"一词没有准确地反映土著居民的宗教信仰；也有人认为使用"图腾"一词不恰当。但阮西湖教授的观点是，"处于氏族阶段的土著人，他们的宗教信仰主要表现在崇拜上。因此，图腾崇拜是澳大利亚土著人宗教信仰的一个组成部分，但不是像苏联学者所说的那样，'图腾崇拜是澳大利亚人的独特宗教的主要形式'，因为土著人的宗教是一个多种崇拜混合体……"① 当然，《澳大利亚民族志》也存在一些令人遗憾的地方，如对澳大利亚土著土地权的考察就不够系统和全面，作者对七八十年代的土地权运动及其成果给予了较为翔实的论述，但对于 80 年代末 90 年代初的土地权立法进程却没有给予应有的关注。②

如果说《澳大利亚民族志》是朝着系统研究土著问题而迈出的重要一步，那么石发林撰写的《澳大利亚土著人研究》则填补了国内澳大利亚土著研究学术专著的空白。该著参考了大量的外文资料，从而成就了该著两大显著特点。正如国内澳大利亚研究资深学者黄源深先生所点评的那样："一是全面性。它从土著人的历史、宗教、神话、社会组织、语言、文学，澳大利亚政府对土著人的政策，土著人的现状、自主之路和走向和解等各个方面，介绍了澳大利亚土著人的情况，力图让读者多角度认识澳大利亚土著人。二是重历史渊源……。本书对澳大利亚土著人的历史描述给予了一定的篇幅，对历史事件都尽可能地追本溯源，提供详尽的资料。这样可以使读者对澳大利亚土著人的历史有一个总体的把握。同时，本书的一些章节还配了图片，使其显得更加直观。"③ 然而，从某种意义上说，上述优点使得该著的一些不足之处难以避免，全面性弱化了对土著研究领域一些重要命题的深入探讨，而过多的描述又使得这部著作在学术性方面显得差强人意。

其三，专题性研究论文层出不穷。这方面的成果可以细分为以下几类。

（ⅰ）有关澳大利亚土著的宗教与文化。王艳芬在《澳大利亚宗教的

---

① 阮西湖：《澳大利亚民族志》，第 52 页。
② 阮西湖：《澳大利亚民族志》，第 84～91 页。
③ 石发林：《澳大利亚土著人研究》，成都：四川大学出版社，2010，序言第 3 页。

特征》一文中对图腾的特征及其内涵做了形象的揭示，认为"土著宗教是澳大利亚的原始宗教或曰本土宗教"；"在土著民族的一系列极富特色的信仰中，图腾崇拜是最普遍和最具影响力的形式之一"；"在图腾制度中，每一个氏族成员都被赋予一种神圣性，之所以产生这种人格的神圣性，是因为人们认为自己不仅是通常意义上的人，而且也是属于一个图腾物种的动物或植物。如袋鼠氏族的成员把自己称为一只袋鼠，在某种意义上，他就是属于这一物种的动物。换言之，人动物化与动物人化是图腾的基本特征。"[1] 刘雪英的《澳大利亚土著人的宗教文化》则指出了澳大利亚土著宗教的与众不同之处，即这种宗教不相信神派遣先知，也没有宗教典籍。[2] 类似主题的文章还有王建平的《澳大利亚的宗教信仰与礼仪概貌》[3] 等。

相比较而言，对土著语言文化进行研究的人较多，力量较强。房建军的《澳洲土著语言政策规划研析》在宏观层面聚焦澳洲语言恢复重建项目、联邦政府及新南威尔士州的土著语言政策及规划等。[4] 杜学增教授则对多元文化背景下的多语言形象产生了浓厚的兴趣。他在一篇论文中指出，澳大利亚是一个由不同民族组成的多元文化社会，多元文化反映到语言上的一个明显特征就是多语现象。澳大利亚语言有土著语言、洋泾浜语和克里奥耳语、社区语言、澳大利亚英语四大类。在澳大利亚历史上，多语有时被忽视或被视为违法，甚至遭到禁止，但有时也得到承认，甚至受到鼓励，澳大利亚历史上这种单语与多语之争实际上反映了一元文化与多元文化的矛盾和冲突。[5] 韩蕾在《澳大利亚英语中土著借词的文化解析》中运用了比较研究的方法，来强调澳大利亚英语与土著语言之间的重要关联。作者认为，正如美国英语借用美洲印第安语、新西兰英语借用了毛利语一样，澳大利亚英语借用了土著词汇，后者现在已经成为澳大利亚英语词汇的一部分。[6] 而刘丽君在《澳大利亚英语的地域特征》一文中的研究则更加细致入微。该文主要解析澳大利亚英语的地域特征，其中包括澳大

① 王艳芬：《澳大利亚宗教的特征》，《苏州铁道师范学院学报》（社会科学版）2001 年第 3 期。

② 刘雪英：《澳大利亚土著人的宗教文化》，《兰州交通大学学报》2009 年第 2 期。

③ 王建平：《澳大利亚的宗教信仰与礼仪概貌》，《世界宗教文化》2005 年第 3 期。

④ 房建军：《澳洲土著语言政策规划研析》，《语言学刊》2012 年第 7 期。

⑤ 杜学增：《澳大利亚语言的多样性》，《西华大学学报》（哲学社会科学版）2009 年第 1 期。

⑥ 韩蕾：《澳大利亚英语中土著借词的文化解析》，《科技信息》2011 年第 3 期。

利亚土著语言、地域环境带来的种种影响以及由此引起的澳大利亚英语与英美英语的异同。① 类似的文章还有陆怀武的《澳大利亚英语的特点》② 和顾维琳的《澳大利亚土著文化与艺术》③ 等。值得注意的是，这一时期出现了从土著文学作品中去挖掘研究素材的现象。陈正发教授的《澳大利亚土著文学创作中的政治》将土著文学创作与严肃甚至沉重的政治话题放在一起来考察。文章认为，20 世纪下半叶，澳大利亚土著英语文学创作勃然兴起。它的一个突出特点在于其鲜明的政治倾向。具体表现在对白人殖民的斗争、对土著传统文化的坚守以及对话语权的争夺等三个方面。④ 武竞的《发出自己的声音——澳大利亚土著女作家创作发展历程》在肯定土著文学作为澳大利亚民族文学重要组成部分的同时，对土著文学女作家的创作对土著文学的贡献给予了高度评价。⑤ 王振宇、袁静的《从小说〈库娜图〉探究澳洲土著文化》⑥ 则提供了另一种研究土著文化的路径。

（ⅱ）对"被偷的一代"⑦ 的研究。

同化政策是一项颇受争议的土著政策，也被证明是一项失败的种族政策。杨洪贵教授的《论澳大利亚土著人的同化政策》一文道出了同化政策的实质。他认为，在同化政策下，澳大利亚政府试图在给予土著人生存权的前提下消灭他们的种族文化身份，以实现种族、文化同质的"理想社会"。⑧ 罗文彦的《从"被偷走的一代"看澳大利亚同化政策的失败》则从一个具体的事件来透视联邦政府的种族同化政策。在作者看来，"被偷的一代"是澳大利亚同化政策的产物和实现同化澳大利亚土著的重要内容。从其源起、发展和结束可以看出，建立在白人种族思想上的同化政策有其失败的必然性。⑨ 汪诗明的《多元文化政策前的澳大利亚土著政

① 刘丽君：《澳大利亚英语的地域特征》，《汕头大学学报》2001 年第 1 期。

② 陆怀武：《澳大利亚英语的特点》，《常州信息职业技术学院学报》2002 年第 2 期。

③ 顾维琳：《澳大利亚土著文化与艺术》，《南通大学学报》2011 年第 5 期。

④ 陈正发：《澳大利亚土著文学创作中的政治》，《外国文学》2007 年第 4 期。

⑤ 武竞：《发出自己的声音——澳大利亚土著女作家创作发展历程》，《理论界》2011 年第 9 期。

⑥ 王振宇、袁静：《从小说〈库娜图〉探究澳洲土著文化》，《商丘职业技术学院学报》2008 年第 4 期。

⑦ 也有人翻译为"被偷走的一代"。

⑧ 杨洪贵：《论澳大利亚土著人的同化政策》，《世界民族》2003 年第 6 期。

⑨ 罗文彦：《从"被偷走的一代"看澳大利亚同化政策的失败》，《西华大学学报》（哲学社会科学版）2009 年第 4 期。

策》对偷走土著孩子的政策的来龙去脉进行了细致的梳理，并阐明了这一政策的实质所在。[1]

《漫漫回家路》（有人译为《沿着防兔篱笆》）是当代澳大利亚土著女作家多丽丝·皮金顿的代表作。它以"被偷的一代"为主题，讲述了三个土著小女孩徒步千里逃回家的故事。该小说广受关注，改编成电影后获得无数好评。这部作品受到中国学界的及时关注，并被给予了多视角的解读。如果说刘萍的《多丽丝·皮金顿的〈沿着防兔篱笆〉之解读》一文对原作的解读属中规中矩的话[2]，那么褚颖的《文学背后：〈漫漫回家路〉的文化教育目的》则从一个独特的视角肯定了这部作品所肩负的文化传播使命。作者认为，无论是文笔还是谋篇布局，这部作品的文学价值均不突出，其成功源于作品所承载的文化。作者希望借此唤醒土著的民族意识，也让白人和更广大的外部世界更多地了解土著文化。[3] 张海榕、杨金才的《〈漫漫回家路〉的互文性解读》则对作品的叙事方式进行细致入微的比照分析。作者认为，《漫漫回家路》打破了传统的叙事方式，采用互文性手法，穿插使用大量剪报、画刊、澳大利亚土著事务局卷宗、档案材料、日记、信件、官方备忘录等不同文体形式的文字材料，构成了一个文本的狂欢世界。互文性的叙事策略起到质疑甚至颠覆宏大叙事的白人官方文本的作用，重述了澳大利亚土著人的历史，使土著的历史呈现多元性。[4]

（iii）对澳大利亚土著现状问题的关注。

近几年，种族和解问题又被提上议事日程。特别是陆克文 2007 年成为联邦政府总理后，澳大利亚出现了人们期待已久的种族和解的趋势。2008 年 2 月 13 日，陆克文总理在联邦议会发表讲话，代表联邦政府向"被偷的一代"表示道歉。学术界对此反响热烈。前自由党联合政府为何拒不向土著居民表示道歉，而工党却向土著居民尤其是"被偷的一代"敞开了心扉？陆克文政府政治道歉的目的或意义是什么？澳大利亚种族和解进程的前景如何？这些问题自然成为学术界热议的话题。汪诗明的

---

① 汪诗明：《多元文化政策前的澳大利亚土著政策》，《淮阴师范学院学报》2011 年第 5 期。

② 刘萍：《多丽丝·皮金顿的〈沿着防兔篱笆〉之解读》，《长春师范学院学报》（人文社会科学版）2008 年第 11 期。

③ 褚颖：《文学背后：〈漫漫回家路〉的文化教育目的》，《时代文学》（下半月）2010 年第 1 期。

④ 张海榕、杨金才：《〈漫漫回家路〉的互文性解读》，《外语与外语教学》2007 年第 4 期。

《澳大利亚陆克文政府向土著居民致歉的原因探析》从土著居民维权意识的不断高涨、旨在弘扬工党的民族和解政策、构建和谐社会的需要以及树立澳大利亚在国际舞台上的崭新形象等四个方面对道歉的原因做了具体分析。① 关于陆克文政治道歉的历史影响，汪诗明在《澳大利亚政府的政治道歉与种族和解进程》一文中指出，陆克文总理的政治道歉是在各主要党派形成共识的基础上做出的，因而它对日后土著政策的制定与落实必将产生积极影响。陆克文的政治道歉不仅得到了澳大利亚主流社会的支持，也被土著社会所接受，这就为种族和解进程既创造了良好的氛围，又提供了强劲的动力。当然，作者也指出，陆克文的政治道歉所带来的诸多挑战又意味着种族和解之路并非坦途。② 类似的文章还有于秀艳的《澳大利亚政府向澳土著族群道歉》③、贺淑娟的《试析陆克文向土著人道歉的原因及其历史影响》④ 等。

2009 年 4 月 3 日，澳大利亚政府宣布支持 2007 年 9 月 13 日由联大会议通过的《土著人民权利宣言》(*Declaration on the Rights of Indigenous Peoples*)。⑤ 在四个反对《土著人民权利宣言》的国家中，澳大利亚为何率先做出支持的决定？汪诗明认为，澳政府做出这一重要决定既是工党政治水到渠成的结果，也是新政府审时度势后的明智之举。从执政党的角度来看，这首先是陆克文工党政府兑现竞选期间对选民许下的承诺。其次，保持对土著问题的持续性关注以及对土著居民各项权利进行立法保护，需要澳大利亚承认《土著人民权利宣言》。最后，支持《土著人民权利宣言》有利于澳大利亚重新树立在国际人权领域的形象，为其竞选 2013 ~ 2014 年联合国安理会非常任理事国做准备。⑥ 有关澳大利亚支持《土著人民权利宣言》的历史影响，汪诗明撰文说，这是一个具有广泛历史影响的

---

① 汪诗明：《澳大利亚陆克文政府向土著居民致歉的原因探析》，《徐州师范大学学报》2009 年第 1 期。

② 汪诗明：《澳大利亚政府的政治道歉与种族和解进程》，《华东师范大学学报》（哲学社会科学版）2011 年第 4 期。

③ 于秀艳：《澳大利亚政府向澳土著族群道歉》，《法制资讯》2008 年第 2 期。

④ 贺淑娟：《试析陆克文向土著人道歉的原因及其历史影响》，《黑龙江社会科学》2009 年第 4 期。

⑤ 也有翻译成《原住民权利宣言》的。

⑥ 汪诗明：《陆克文政府支持〈土著人民权利宣言〉原因探析》，《太平洋学报》2009 年第 9 期。

决定。它对强化工党的改革者形象必将产生积极影响，对澳大利亚土著权益的保护以及种族和解进程的推动不无裨益；同时，此举还有利于改善澳大利亚在国际人权领域的形象，为实现其外交政策创造有利条件。[①]

当然，还有人关注土著经济、教育及其他方面，比如何琳琳的《澳大利亚土著人经济发展现状与发展空间》。该文将视线转向有特点的区域来说明土著人群经济发展状况、经济活动参与程度以及今后发展与参与的方向等；[②] 刘丽莉关注澳大利亚土著高等教育战略计划；[③] 黎海波、魏晓燕则对澳大利亚土著教育措施进行了探讨。[④]

总之，国内澳大利亚土著问题研究起步较晚，虽然借助改革开放带来的有利时机而取得了较快发展，但存在的问题仍然不少，如与土著有关的很多问题还没有被挖掘出来；文献资料不够丰富；从业者的急功近利导致学术水平不高等。这些问题应引起澳研学界的高度重视。

三　研究理路与方法

（一）研究理路

从某种程度上说，研究的内容决定了研究理路。土著问题非常复杂，可以从很多层面进行探讨。如果把开启种族和解之路视为一定历史阶段的产物，那么对此前土著政策进行一定程度的梳理就显得非常有必要。基于这一方面的考虑，本书的首要任务就是对与种族和解相关的重要概念进行解读，如"原住民"、"土著"和"第一民族"，"种族歧视"、"种族主义"和"种族和解"等。概念是反映客观事物的一般和本质属性的思维方式，概念的内涵是对事物特有属性的反映，是一事物区别于另一事物的标志。而概念的外延是指具有概念所反映的特有属性的全部事物，即概念确指的对象范围。本课题不仅要界定相关概念的一般性内涵，而且要考察它们在特定语境下的含义及其与本课题的相关议题的关联度。其次，本书

---

① 汪诗明：《论澳大利亚支持〈土著人民权利宣言〉的历史影响》《学海》2010 年第 4 期。
② 何琳琳：《澳大利亚土著人经济发展现状与发展空间》，《东方企业文化》2011 年第 12 期。
③ 刘丽莉：《澳大利亚土著民族高等教育战略计划概述》，《世界教育信息》2010 年第 7 期。
④ 黎海波、魏晓燕：《澳大利亚的土著教育措施》，《贵州教育》2007 年第 10 期。

拟对多元文化政策实施前的各个历史时期的土著政策以及土著状况进行考察，以此来推演种族和解政策的出台是土著不断斗争以及政府当局对以往的土著政策进行反思的一种结果。在进入种族和解政策考察阶段后，撷取对种族和解进程有重要影响的一些历史事件进行深入解读就是一种非常有效的研究思路。在此基础上，厘定澳大利亚种族和解进程的阶段性特点并给予系统性论述。结束语部分是研究成果不可或缺的一部分。在这一部分将研究者的一种学术思考较为完整地呈现出来，这恐怕是一个具有挑战性的研究设想。结束语部分拟对澳大利亚种族和解进程的特点、焦点问题及其前景进行总结、透视和前瞻。

（二）研究方法

如果说课题的研究思路是一种宏观架构或线索的话，那么要将一种研究思路变成一种学术实践，就需要一定的研究方法。好的研究方法对于具体课题的科学研究能起到助推作用。种族和解既是一个与历史有关的概念，又是一个面向未来的政治议题。这就决定了对这一主题的研究万万不能局限于某一种研究途径或方法。

首先，无论从种族和解的宏观进程还是从具体事件的演绎过程来看，这均属于历史学的范畴。因此，把土著问题放到具体的时空环境下解读，这是本课题研究最基本的方法。

其次，种族和解属于一个长时段的话题，其在不同的历史时期呈现不同的状况。因此，运用比较研究方法，找出不同历史时期的种族和解政策及其后果的共性与差异性，以此来说明两个问题，即种族和解是大势所趋、人心所向，同时又不可能一蹴而就。此外，种族和解又是一个世界性的话题。种族问题并非澳大利亚一国所独有，其他国家也不同程度地存在，如新西兰、加拿大和美国等国。[①] 运用比较研究方法，找出它们之间的相似性和特殊性，对于深入研究澳大利亚种族问题是有意义的。

最后，土著问题研究是一门多学科的学问。运用历史学、民族学、人口学、社会学、政治学、宗教学等多学科、跨学科的研究方法对剖析澳大利亚现代化进程中土著问题的复杂性是有帮助的。

---

① Simon Young, *The Trouble with Tradition-Native Title and Cultural Change*, Sydney: The Federation Press, 2008, p. 36.

四　相关概念的界定与阐释

（一）　原住民、土著和"第一民族"

种族问题无疑是西方政治学、社会学甚至人类学研究中的一个热点话题。种族问题研究中不可避免地涉及"原住民"、"土著"、"第一民族"等概念。但不难发现，在无以计数的种族研究的著作中，很少有对上述概念做出明确界定或展开论述的。究其原因，很可能是大家经常使用这些概念，以至于有意无意地忽视对它们的源流及其内涵的深究。

1. 原住民

所谓原住民，通常是指最早栖息在某一区域的居民。与最早生活在某一区域的居民相比，后来者则被称为移民。原住民分为两种情形：一是自创世以来，某一群体就生活在这里，这里就是这一群体的出生地；二是某一群体最早不是诞生在这里，是出于各种原因在很久以前就迁徙至此的，而且来的时候这里属蛮荒之地。

"原住民"一词在英语中的使用最晚是在17世纪。"原住民"英文的形容词"Indigenous"来源于拉丁语，意思是"土生土长的"（native）或"在……范围内出生的"（born within）。根据其英文释义，任何特定的民族、族群或社区，鉴于他们视一些特殊的地区或地方为其传统的部落领地，他们都可以被称为"原住民。"

在国际法或有关国家的国内法中，"原住民"被定义为那些与一个特殊的领地存在历史联系、与在政治上处于垄断地位的其他族群之间存在文化或历史的差异而拥有一系列特定权利的人。[①] 所谓特定的权利，这里恐怕不能理解为原住民拥有超出作为一个族群所拥有的基本权利的权利，而是作为一种补偿机制或安慰的形式，有关国家的政府给予根本就没有什么基本权利的原住民以一些特定的权利。这些权利也许是其他族群尤其是主体民族所享受不到的，但对于他们而言，这些权利简直是微不足道，甚至是毫无意义的。比如一些国家给予原住民拥有某些海滩的所有权或经营

---

① "Indigenous peoples", http：//en. wikipedia. org/wiki/indigenous_ peoples. 2014－05－14.

权。这就意味着如果不经原住民同意，外人是不得随意出入或免费使用这些海滩的。这种对他人有所限制的权利可以理解为一种特定的权利。然而，这种限定不会对非原住民的基本权利产生影响，因为非原住民本来就拥有足够的生活和休闲娱乐空间。

20世纪末，"原住民"一词逐渐演化成一个法律范畴，指那些由于殖民化进程而受到影响的有着显著文化特征的群体。考虑到世界范围内原住民的多元性，"原住民"的所谓官方定义并没有被联合国及其属下的任何机构所采信。相反，联合国体制基于下列原则而发展了该术语的现代含义：（1）在个体层次上自我界定为原住民，并被社区接纳为其成员；（2）与殖民前或前定居者社会存在历史上的渊源关系；（3）与其生活的区域以及周围的自然资源有着紧密的联系；（4）拥有显著的社会、经济或政治制度；（5）有着独特的语言、文化和信仰；（6）成为一个社会的非主流群体；（7）决心作为一个特征显著的民族和社会去维护和重建他们祖先的生活环境和制度。[①]

根据"原住民人口工作组"（Working Group on Indigenous Populations）的解释，目前在国际舞台为原住民相关权利代言的组织、机构或公约如下：（1）"联合国原住民问题永久论坛"（UN Permanent Forum on Indigenous Issues）；（2）"联合国原住民权利专家工作机制"（UN Expert Mechanism on the Rights of Indigenous Peoples）；（3）"联合国原住民权利特别报告员"（UN Special Rapporteur on the Rights of Indigenous Peoples）；（4）"普遍定期审议机制"（Universal Periodic Review）[②]；（5）《生物多样性公约》（*Convention on Biological Diversity*）；（6）"非洲人权与人民权利委员会"（African Commission on Human and People's Rights）；（7）"北极理事会"（Arctic Council）。[③]

在上述为原住民群体代言的组织、机构或公约中，有的存在功能是专一的，比如"联合国原住民问题永久论坛"、"联合国原住民权利专家工作机制"和"联合国原住民权利特别报告员"，而其他组织或机构则有着较为广泛的职责范围，而对原住民权利以及生存状态的关注只是其中的一

---

① J. Anaya, *Indigenous Peoples in International Law*, New York：Oxford University Press, 1996, p. 3.

② 这里指的是联合国人权委员会的普遍定期审议机制。

③ "Indigenous peoples", http：//en. wikipedia. org/wiki/indigenous_ peoples. 2014 - 05 - 14.

部分甚至是一小部分，比如《生物多样性公约》、"北极理事会"等，但绝不能因此而忽视或低估它们在保护原住民利益以及重视原住民诉求方面所产生的重要影响。例如，《生物多样性公约》就是一项具有法律约束力的国际公约，旨在保护濒临灭绝的植物和动物，最大限度地保护地球上多种多样的生物资源，以造福于子孙后代。众所周知，原住民所在的区域多是生物资源极其丰富的地区，又是生态系统相对脆弱之地。经济开发的前景诱惑以及原住民对自然资源掌控的弱势预示着这些地方的生态系统和生态环境的前景堪忧。这已引起全世界的高度关注。[①]《生物多样性公约》的出台就有这方面的背景和考虑，其意义亦在于此。

如果仅仅从面上去阐释"原住民"这一概念，读者留下的印象不仅未必深刻，还可能更加模糊；如果我们把目光投放到一个原住民问题极为典型的国家——澳大利亚，也许更能具体而自信地领会"原住民"这一指称的源起及其内涵。

"原住民"一词被用来描写澳大利亚土著居民最早要追溯到1798年。[②] 这比英国正式殖民新南威尔士晚了整整十年。澳大利亚原住民，是指最早居住在澳洲大陆、塔斯马尼亚岛、离岸岛屿以及托雷斯海峡群岛上的部落群体。他们是澳大利亚被入侵前的居民的后裔，是一个在文化上有着显著特征的群体。他们不是一个单一的民族，而是分为许多部落。每个部落都有自己的领地、历史、语言或方言以及文化。[③] 但是，每当土著被问及已在澳洲待了多久时，他们总是回答道："自世纪之初。"基督教徒都坚信，上帝在世纪之初创造了万事万物，土著则执着地认为世界造化于他们的梦幻时代。那时动物、植物都被创造出来，大陆上也开始有人居住，这就是他们自己。[④] 越来越多的证据表明，这些部落群体的祖先可能在几万年前来自亚洲大陆或太平洋上的某些岛屿。[⑤] 但无论如何，在西方

---

① 约翰·R. 麦克尼尔：《人鼠之间：太平洋群岛的简要环境史》，夏继果、〔美〕杰里·H. 本特利主编《全球史读本》，北京：北京大学出版社，2010，第206~239页。

② Jesse Russell, Ronald Cohn, *Aboriginal Tent Embassy*, Edinburgh：Lennex Corp Press, 2012, p. 56.

③ Chris Cunneen, *Conflict, Politics and Crime-Aboriginal Communities and the Police*, Sydney：Allen & Unwin, 2001, p. 6.

④ 戈登·福斯主编《当代澳大利亚社会》，赵曙明主译，南京：南京大学出版社，1993，第8页。

⑤ 戈登·福斯主编《当代澳大利亚社会》，第7页。

殖民者践踏这片土地之前，这些部落群体已在这里久居了几万年，拥有自己独特的历史、语言、文化习俗、生活方式和传统土地所有权观念，因而无可争议地是澳大利亚的原住民。正因为如此，20世纪80年代后，"原住民"一词更经常性地被澳大利亚政府以及一些非政府组织用来描述土著澳大利亚人。但有意思的是，即便在原住民社会，也并非所有人都认可或喜欢这一称谓。土著社会活动家路易斯·奥多诺霍（Lois O'Donoghue）在评价澳大利亚宪法可能的修正案的前景时就表明了这样的态度："我确实无法告诉你们'原住民'一词何时变得流行起来，但是，我个人反对使用这个术语，就像很多其他土著及托雷斯海峡岛民一样。［……］这确实是悄悄降临到我们头上……就像夜间的小偷。［……］我们非常高兴在国际论坛上我们被包含在世界范围内的原住民当中［……］因为他们是我们的兄弟姊妹。但是，我们真的反对在澳大利亚使用这个称谓。"①

谈到澳大利亚原住民，就不能不提托雷斯海峡岛民。② 托雷斯海峡岛民不同于澳洲大陆的土著，他们有自己独特的历史与文化，尤其是东部的托雷斯海峡岛民与新几内亚的巴布亚人是有关联的。他们说一种巴布亚语言。相应地，他们一般不被包括在"土著澳大利亚人"的名下。这就是提倡使用"澳大利亚原住民"（Indigenous Australians）这一更具包容性术语的另一个原因。③ 不过，现在仍有6%的澳大利亚原住民认定自己既是托雷斯海峡岛民，又是土著的后裔，故很多原住民组织越来越倾向于使用"土著及托雷斯海峡岛民"（Aboriginal and Torres Strait Islander）这一联称，以此来强调托雷斯海峡岛民在澳大利亚原住民社会中的独特性和重要性。

2. 土著

英文"aboriginal"（意即"土著"）来自拉丁语"ab"（从）和"origo"（起源，开始）的组合，它的使用至迟始于16世纪，意即"第一或最早知道的原住民"。从严格意义上讲，"aborigine"是一个名词，而"aboriginal"则是形容词。然而，后者常常被当作名词来使用。④ 19世纪

① "Aboriginal Australians", http：//en. wikipedia. org/wiki/Aboriginal_ Australians. 2014 – 05 – 14.
② 托雷斯海峡群岛由100多座岛屿组成，1879年被昆士兰吞并。
③ 土著及托雷斯海峡岛民是澳大利亚两个主要的原住民群体。当提及这两个群体时，常常使用"indigenous"；而在指代澳大利亚大陆原住民群体时，"aboriginal"则取代了"indigenous"。参见 Robert J. Miller, et al. , *Discovering Indigenous Lands-The Doctrine of Discovery in the English Colonies*, Oxford：Oxford University Press, 2010, p. 171, note 3.
④ "Indigenous Australians", http：//en. wikipedia. org/wiki/Indigenous_ Australians. 2014 – 05 –14.

是西方世界对外部世界进行殖民扩张的鼎盛时期。在殖民语境之下，这一时期的很多文献都不再使用"原住民"称呼，而是使用"土著"（'native'）或"黑人"（'black'），或"土著"（'aboriginal'）等概念。[①] 后三种称谓均为贬称，带有一种赤裸裸的种族歧视。

无论是作为一个种族还是作为一个社会等级的指称[②]，"土著"都是西方殖民时代的产物，是西方人认同于"自我"而否定"他者"的称谓。西方殖民者自诩为文明人，而视原住民为野蛮、粗野之人。[③] "土著"就成了野蛮、落后和愚昧的代名词。从词源学上讲，"野蛮人"（barbarian）一词源于希腊语，是用来描述那些说话不能为希腊人所理解的外国人。"野蛮人"不能用希腊语交谈，而希腊语是逻辑、哲学和政治的基础——因此，野蛮人不能融入希腊人社会。亚里士多德把野蛮人刻画成"天生的奴隶"，他们"应该被希腊人所统治"。[④] 亚里士多德用臆想的生物学和地理学的事实来证明他的这一发现。他说，"一般而言，生活在寒冷地带的民族特别是欧洲民族，精神饱满，但在技能和智力方面略显不足。"出于这个缘故，他们是比较自由的，不过，他们没有能力统治其他民族。"亚洲民族在技能和智力方面有天赋，但在精神方面稍逊一筹。"因此，他们继续处在被奴役的状态。希腊人介于两者之间，因此能够将精神与智力统合起来。他们能够自由地生活，在政治发展方面取得很高的成就。一旦将精神与智力统合起来，希腊人就能统治任何其他民族。[⑤] "这种以地理和气候为基础来解释不同文化的特征，只不过是偏爱自身而编造出来的，既包含迷人的内容，又包含了成见的政治、文化辩解。这种看法在很大程度上是为了用以对付来自东方的经常威胁，维护希腊的独立。"[⑥]

因此，野蛮人的比喻从一开始就是与自我、民族和帝国等概念相参照

---

① John Docker and Gerhard Fisher（eds.），*Race, Colour and Identity in Australia and New Zealand*, p. 22.

② Bain Attwood, *The Making of the Aborigines*, Sydney：Allen & Unwin, 1989, p. 83.

③ 〔英〕马克·B. 索尔特：《国际关系中的野蛮与文明》，肖欢容等译，北京：新华出版社，2004，第20页。

④ Aristotle, *Politics*, translated by Ernest Barker, Oxford：Oxford University Press, 1995, p. 9.

⑤ Aristotle, *Politics*, p. xvi.

⑥ 〔荷兰〕彼得·李伯庚：《欧洲文化史》，赵复三译，上海：上海社会科学院出版社，2004，第38~39页。

的。到了 19 世纪，有关文明与野蛮的争论就一直持续着，而"国际关系"被理解为发生在欧洲国家大家庭内部，或者是文明的欧洲国家与"野蛮"他者和未开化大陆之间的关系。这一时期，哲学家、人类学家、生物学家、地质学家以及其他一些领域的学者开始把非欧洲世界作为研究对象，这并非出于好奇或自我批评的目的，而是所谓的"文明的教化使命"使然。"文明的教化使命"当时正受到若干话语如种族理论、达尔文社会进化论、帝国主义经济理论、关于拯救的宗教理念以及教育自由理论的孵化。① 而文学家也开始把笔触伸向土著群体。"尽管表现边缘的非欧洲环境包罗一切的文化形式是细致的、周密的，它们对土著的表现仍然明显的是具有意识形态的、有选择的，甚至是压迫性的。正像 19 世纪殖民主义绘画，尽管是现实主义的，却充满了意识形态和压迫性。它有效地使对方沉默，把差别重新塑造成属性；它统治并表现由占领国而不是无所作为的土著居民塑造的世界。"②

　　目前，国际上尚无公认的有关"土著"的定义。联合国有关机构以及国际法通常用一些共同的属性或特征为土著贴上标签，其中包括：拥有独特地理表征的传统居住地、祖传地域以及自然资源；保持自己鲜明的文化和社会特征，其社会、经济、文化和政治制度与主流社会和文化相脱离；族群后裔居住在一个特定的地区，通常在建立现代国家或领地以及在勘定当前的边界之前业已存在；自身独特性成为土著文化群体的一部分并有保护其独特文化的期盼。③ 鉴于土著或土著社会的独特属性以及他们在所在的社会属于弱势群体，联合国这一全球性主权国家组织就有责任去保护独特的土著文化。1990 年第 45 届联合国大会通过决议，将 1993 年定为"世界土著民族国际年"（International Year of the World's Indigenous Peoples）（又称"国际土著年"），其宗旨是为解决土著面临的问题而加强国际合作，并通过各种活动增加公众对土著权利和文化的认知。

　　为了加深对"土著"这一称谓的理解，我们不妨再援引澳大利亚土著为例来做进一步的诠释。

　　"土著澳大利亚人"（Aboriginal Australians）或"澳大利亚土著"的

---

① 〔英〕马克・B. 索尔特：《国际关系中的野蛮与文明》，第 39～40 页。
② 〔美〕爱德华・W. 萨义德：《文化与帝国主义》，李琨译，北京：三联书店，2003，第 236 页。
③ "土著人"，http://baike.baidu.com/View/90528.htm.2014 - 06 - 17。

概念是由英国人于 1788 年殖民澳大利亚后创造的，是集体地指代他们所发现的已经居住在那片大陆的所有人及其后裔。其实，不管英国人"发现"与否，土著澳大利亚人曾经或当时生活在那里都是一个不争的事实。这就使得英国殖民者所谓澳洲属"无主地"的论调不攻自破。[①] 那么，澳大利亚原住民是如何看待"土著"或"黑人"这一蔑称的呢？坦率地说，澳大利亚原住民并不在意外界尤其是白人定居者是如何称呼他们的。相反，由于为争取自身权益而不得不与白人作长期艰苦的斗争，原住民需要一种共同认可的符号或称号把分散于各地、分属于不同部落的人联合起来。于是，白人创造的"土著"和"黑人"这些不敬之称就成了原住民可资利用的工具。因为正是"土著"、"黑人"这些蔑称才让各自为政的原住民部落第一次真正意识到他们是一个利益共同体，有着相似的不堪遭遇，并且肩负着共同的历史使命。

抛开任何功能性的词义比附，澳大利亚一位名叫伊夫·费思尔（Eve Fesl）的土著妇女对"土著"概念的解释可谓简单明了，其坦荡与自信溢于言表。她在《土著法律公报》（*Aboriginal Law Bulletin*）上撰文说："'土著'一词意指任何国家的原住民。如果它被用来表示我们是一个特殊的群体，那么它就应该被拼写成大写字母'A'，如'Aborigine'。"[②]

由于此前学术界对原住民的研究较为薄弱，西方的很多文献都使用"土著"的概念，所以，"土著"渐成"原住民"的代名词。如今，很多学者仍惯用"土著"来称呼各地的原住民。根据历史叙述场景的不同，本文采用交互使用这两个概念的手法，旨在使概念与语境自洽。

3. "第一民族"

"第一民族"原来是加拿大的一个种族名称，与印第安人（Indian）同义，指的是在当今加拿大境内的北美洲原住民及其后裔。不过，因纽特人（Inuit）和梅提斯人（Métis）被排除在外。

大约在公元前 40000 年至公元前 10000 年，"第一民族"已遍布加拿大境内，它们有几百个部落，每个部落有自己的文化、风俗习惯、传说以及自己的特性。加拿大的土著与欧洲人的相互影响发生在公元 1000 年，

---

① Robert J. Miller, et al., *Discovering Indigenous Lands-The Doctrine of Discovery in the English Colonies*, p. 191.

② "Aboriginal Australians"，http://en. wikipedia. org/wiki/Aboriginal_ Australians. 2014 – 05 – 14.

而持续的多方联系则出现在 17～18 世纪欧洲人建立永久定居地之后。在英国于 1760 年战胜法国后，加拿大就出现了英国独霸天下的局面。英国人开始把天花、麻疹以及疟疾等疾病带到北美，缺乏抵抗力的原住民因此伤亡惨重。据文献记载，由于殖民活动、种族冲突和疾病流行，加拿大西部 98% 的印第安人口消亡，许多部落从此消失。1867 年的加拿大宪法并没有给予印第安人以公民权，宪法制定者没有视土著民族为"联邦的伙伴"，而只视其为新联邦中央立法机关的管控对象。① 此后，加拿大联邦当局开始出台一系列法律，试图同化印第安人。1876 年的《印第安人法》（Indian Act）是加拿大联邦管控土著生活的一次最全面的努力。这部法律在统治那些被视为从属的和低人一等的民族方面充满了欧洲帝国主义的道德说教。"废除部落制度，在所有方面将印第安人同化到自治领居民中去，尽快让他们适应变化。"加拿大第一位联邦总理约翰·A. 麦克唐纳（John A. Macdonald）这一政策性的讲话就是对欧洲帝国主义的道德说教意图的一种注脚。② 在这样的政策框定之下，印第安人的选择余地很小，要么成为一个孩子，要么成为一个白人。经过多次修改，《印第安人法》赋予在渥太华的联邦官员以及在全国范围内的代理人对印第安人方方面面的生活进行实际控制包括对其身份进行界定的权力。当这部法律在所有的省份实施时，它把历史上的印第安民族分隔成众多人数不等的"帮"（'band'），并把他们限制在地处边缘的保留地内。③

印第安人中有的有身份，有的无身份。④ 有身份的印第安人是指那些在官方登记处注册过的、在印第安人法令管理下的印第安人，他们自称为"第一民族"，以表明自己是最早居住在美洲大陆的主人。从文化人类学的视角来看，有身份的印第安人与无身份的印第安人在文化上是没有任何

---

① Peter H. Russell, *Recognizing Aboriginal Title-The Mabo Case and Indigenous Resistance to English-Settler Colonialism*, Toronto：University of Toronto Press, 2005, p. 101.

② S. John Milloy, *A National Crime：The Canadian Government and the Residental School System*, *1879 - 1986*, Winnipeg：University of Manitoba Press, 1999, p. 6.

③ Peter H. Russell, *Recognizing Aboriginal Title-The Mabo Case and Indigenous Resistance to English-Settler Colonialism*, pp. 103 - 104.

④ 有很多印第安人不在《印第安人法》管理之下。联邦官员对此解释说，这些人没有纯粹的印第安人血统，或者是因为在拟定帮派成员名单或条约受益方时，联邦官员没有与他们取得联系。这些人因此就成为加拿大"没有地位"（'non-status'）的印第安人，不享受有关条约或《印第安人法》下的任何权益。

区别的。

在加拿大，现有超过 630 个得到承认的印第安人政府或邦，其中约一半是在安大略省（Ontario）和不列颠哥伦比亚省（British Columbia），总人数近 700000。在《就业平等法》（*Employment Equity Act*）下，"第一民族"是一个"被指定的群体"（designated group）。这一群体还包括妇女、人数上处于明显少数的群体、有身体残疾或精神疾病的人。20 世纪 80 年代，"第一民族"开始取代"印第安人帮"（Indian band）一词而渐受青睐。因为在一些人看来，"印第安人"一词有冒犯之意。很显然，"第一民族"的法定定义是不存在的。不过在加拿大，一些土著民族也以他们社区的名义使用"第一民族"来取代"帮"一词。① 有趣的是，美国政府和其他政府使用的"土著美洲人"（Native Americans）之称在加拿大并不流行。在如今的加拿大，人们常用"第一民族"泛指所有的印第安人，偶尔也有人使用"第一民族"泛指所有土著民族。而在其他国家，如澳大利亚和新西兰，使用"第一民族"来主张原住民权益的场景也越来越多，甚至在澳大利亚出现了要求修改宪法来承认原住民为"第一民族"的呼声。那么，应该如何理解"第一民族"的内涵呢？

所谓民族的次序，即第一、二、三……民族之称，是民族或种族不平等环境下的产物。通常情况下，这是被歧视的或处于弱势地位的民族或种族的一种自我肯定、自我主张和自我证明的方式，是对所谓的主体民族所拥有的主导地位的一种怀疑、否定与反讽。显然，这种现象又往往存在于原住民问题比较突出的国家。这样一来，"第一民族"的内涵就比局外人想象的要丰富得多。首先，必须明确的是，"第一民族"不是一个数量词概念，与人口数量的多寡没有对应关系。相反，"第一民族"往往在人数上处于劣势，甚至在一些国家还不被视为公民而纳入人口统计范畴，如在 1967 年之前的澳大利亚，作为"第一民族"的原住民，就不在联邦人口的统计之列。其次，"第一民族"是一个历史文化概念。任何一个民族都有其历史渊源，这种渊源是基于一定的地理范围来界定的。相对于不期而至的入侵者或外来定居者，无论是祖祖辈辈生于斯、长于斯和死于斯的原住民还是较早时期迁徙于此的原住民（在西方定居者之前），站在历史的角度，他们无疑是这个区域或国家的"第

---

① "First Nations"，http：//en. wikipedia. org/wiki/First_ Nations. 2014 – 05 – 14.

一民族"。[1] 他们拥有自己独特而多样的族群文化，尤其是图腾信仰之兴盛以及他们与自然之间保持一种神秘而又和谐的关系是其他族群文化所望尘莫及的。[2] 最后，"第一民族"也是一个政治概念。这里的政治概念绝不是凭空臆造的抽象词语，而是与历史最紧密相连且有特定内涵的。政治学意义上的"第一民族"要求获得与其名称相称的地位、权利或义务。这主要体现在以下几个方面：（1）在国家宪法层面，原住民或土著往往要求白人政府在国家宪法中明确他们作为"第一民族"的地位；（2）在最基本的政治或社会层面，要求获得与所谓的主体民族同等的权利与义务，比如土地权、财产权、受教育权、享受社会福利权、自治权以及参与国家管理的权利等等；（3）在某些特殊或优惠层面，即在拥有基本公民权的基础上，享有某些特殊权益，比如高度自治。虽然西方有关权利的观点认为每个人的权利与所有其他人的权利是要同等对待的，但土著将他们的"第一民族"的地位视为需要与所有其他人有所区别的（*different*）待遇，因为西方的法律制度对土著民族的集体权利没有提供充分的保护。[3] 这可以视为一种法律意义上的补偿。为实现上述目标，"第一民族"往往组建自己的议会以及其他政治和公民社会组织，借此向政府施压甚至寻求国际社会的声援。从结果来看，有些目标得到不同程度的实现，有的目标却渐行渐远。

综上所述，"原住民"、"土著"和"第一民族"是种族问题研究中经常遇到的三个基本概念或术语。这三个指称之间有重合、有交叉，也有一定的区别。在某些国家或某些场合，它们可以是对某一特定群体的称呼，但在另外一些国家或另外一些场合，它们指代的对象又不尽相同。从对这三个基本概念的界定与阐释中可以窥见，这些概念的出现不仅反映了特定时代人们的思想认识状况，而且折射出那个时代的种族关系甚至国际文化关系。正如彼得·华莱士·普雷斯顿所言："在欧洲人缓慢征服世界其他民族的过程中，他们对非欧洲人的认识反映了一种文化对于另一种文

---

① Peter H. Russell, *Recognizing Aboriginal Title-The Mabo Case and Indigenous Resistance to English-Settler Colonialism*, p. 136.

② 爱弥尔·涂尔干：《宗教生活的基本形式》，渠东、汲喆译，上海：上海人民出版社，1999，第 113~217 页。

③ Scott Bennett, *White Politics and Black Australians*, p. 10; Jane Robbins and John Summers, "Aboriginal Affairs Policy", in Dennis Woodward, Andrew Parkin and John Summers (eds.), *Government Politics Power & Policy in Australia*, Melbourne: Longman, 1997, p. 6.

化的解读与构造。"① 当然，时势变迁以及人们认识的不断变化尤其是种族偏见的式微也会对上述概念的内涵与外延产生一定程度的影响。以上的诸多特点似乎在提醒我们，在界定与阐释这些概念时，既要站在历史的角度，也要运用发展的眼光；既要深入洞察某些种族的独特性，又要全面考量弱势种族的普遍性。唯有如此，才能准确地界定与阐释这些概念，并且恰当地使用它们。

（二）种族歧视、种族主义与种族和解

"种族"这一概念的界定以及种族的具体划分一直聚讼未决。在不同的时代和不同的文化背景下，人们对此有着不同的认识。一般而言，种族是指在体质形态上具有某些共同遗传特征的人群，又称人种。本书无意亦无力探讨种族的概念，只是努力去对一些与种族有关的概念如"种族歧视"、"种族主义"和"种族和解"进行界定与阐释。诚然，现有的诸如百科全书、辞海等工具书不乏对"种族歧视"、"种族主义"这两个概念的定义，但限于编纂性质，这些定义不得不止于抽象与概括层面，缺乏对这些抽象概念源起的历史钩沉及其内涵的深度挖掘。而我们在从事与种族问题相关的研究中，鲜有人对这两个概念的内涵进行慎思与甄别，以致在使用这两个概念时常常出现颠来倒去的现象。至于种族和解，这是一个与时俱进的概念。如果不是20世纪90年代南非实现了种族和解，那么这个概念能否成为当下一个较为时髦的政治术语，还是难以确知的。可能因为这个概念出现的时间不长，在目前所能见到的工具书以及一些网络文献中，我们仍未发现对这个概念的任何定义与解释。

1. 种族歧视

由于遗传基因以及生存环境等因素的影响，种族之间有着一定的甚至是显著的物理特征上的差异。这些差异是可以继承的，比如人的肤色、头发形质以及面部其他特征等。种族歧视就是一种根据种族的生理特征而予以区别对待的行为。在国际社会层面，1965年12月21日联合国大会通过的《消除所有形式的种族歧视国际公约》（*International Convention on the Elimination of All Forms of Racial Discrimination*）对"种族歧视"概念做了如

---

① 〔英〕彼得·华莱士·普雷斯顿：《发展理论导论》，李小云、齐顾波、徐秀丽译，北京：社会科学文献出版社，2011，第134页。

下界定："基于种族、肤色、世系，或民族或人种而施行的任何区别、排斥、限制或优惠，其目的或效果是取消或损害政治、经济、社会或公共生活任何其他方面的人权及基本自由在平等地位上的承认、享受或行使。"[①]

种族歧视古已有之，最初的种族歧视与部落主义（Tribalism）有一定的渊源关系。部落主义意味着拥有一种把一个群体与另一个群体分隔开的强烈的文化与族群认同，它的基础无疑是血缘纽带及其产生的各种交往关系。具有强烈统一与认同意识的族群为此就能够从亲缘选择行为如共同财产和共同资源中受益，这就必然产生对自己所属部落忠诚的思维和行为方式，而对其他部落难免会有一种偏见甚至敌对情绪。[②] 这就是种族偏见或种族歧视的最初形态。后来，随着文明的不断发展，文明的地域扩散逾越了部落的血缘纽带。发展较快的地区被称为中心地区，发展较慢的或经年不发展的地区就只能叫边缘地区甚至蛮夷之地。居住在中心地区的人一般自称或被称为文明人，而在边缘地区的人就有了各种各样的不雅之称，如（野）蛮人、夷人等。这种雅俗之别就是种族歧视。早期的世界彼此分隔，互不相属，但种族歧视在世界范围内是一个较为普遍的现象。如希罗多德在其《希腊波斯战争史》中就把生活在希腊周边地区的人称为"异邦人"、"外邦人"等，意为不开化、落后等。[③] 罗马的马库斯·T. 西塞罗（Marcus T. Cicero）（106～43BC）就曾建议提图斯·P. 阿提库斯（Titus P. Atticus）（110～32BC）不要从不列颠获得奴隶，"因为他们是如此愚钝，如此难以被教化，以至于他们不适合成为雅典人家庭的一部分。"[④] 在罗马帝国时代，罗马人常用"野蛮"一词称呼诸如日耳曼人、克尔特人和伊比里亚人。

随着人类居住范围的扩大与交往的增多，代表某类文明的种族的地域界限变得越来越模糊，种族歧视的地域特征如"中心"与"外围"逐渐让位于"文明"与"野蛮"之分。如11～13世纪的"十字军东征"尽管

① A. T. Yarwood, M. J. Knowling, *Race Relations in Australia-A History*, Melbourne： Methuen Australia Pty Ltd. , 1982, p. 257.

② "Tribalism", http： //en. wikipedia. org/wiki/Tribalism. 2015 - 04 - 20.

③ 〔古希腊〕希罗多德：《历史》，周永祥译，西安：陕西师范大学出版社，2008，第111页、第339页、第373页。

④ W. E. H. Stanner, "Australia and Racialism", in F. S. Stevens （ed. ）, *Racism： The Australian Experience-A Study of Race Prejudice in Australia*, Vol. 1, *Prejudice and Xenophobia*, Sydney： Australia and New Zealand Book Company, 1971, p. 9.

"看起来好像是一场纯粹的宗教战争"①，但这场旷日持久的战争可以从很多方面来认知，其中种族歧视就是一个欲盖弥彰的因素，因为在十字军东征进程中，"西方也掀起了一场轰轰烈烈的宣传运动，颂扬天主教会和东征贵族的荣光。现存的西方文献大都带有偏见，丑化敌人形象，歌颂十字军东征。"② 地理大发现之后，种族歧视成为西方世界对新大陆殖民征服与掠夺的原动力之一。在西方殖民者眼中，这些地方的原住民或土著不仅相貌怪异，而且智力低下，与自然界的动物并无本质差异。

在现代民族国家形成之后，出于历史、文化与现实政治需要等原因，种族歧视逐渐演变成一国内部某些特权种族对无权种族的一种统治手段，表现为少数白人对多数黑人的颐指气使，也反映在人数上处于优势的白人对有色人种的绝对统治。

种族歧视源于种族偏见，这几无争议。那么问题是，种族偏见又缘何而来？这一问题在 20 世纪二三十年代开始跃入一些研究者的学术视野。西格蒙德·弗洛伊德（Sigmund Freud）（1856～1939）在精神心理学方面的创造性贡献启发并引导相关领域的学者对种族偏见这一新课题做筚路蓝缕的探讨，当时的研究兴趣聚焦在人们是如何逐渐拥有这种非理性的认识及其背后的成因方面。艾里希·弗洛姆（Erich Fromm）（1900～1980）③和 J. 道拉德（J. Dollard）在此方面可谓捷足先登。他们把弗洛伊德的精神病理学原理应用到种族偏见的分析当中。J. 道拉德在弗洛伊德的基础上，视种族偏见为人在幼年时代遭受挫折的一种非理性的表达，抱有偏见的个人的敌意和暴力行为被看作个人心理和精神上受到压抑的结果。种族偏见逐渐被视为一个心理—社会的、病态的问题，一种疾病、一种理性的人的疾病。④

精神心理学的研究成果的确为人们认识种族偏见打开了一扇窗户，但

① 〔英〕海伦·尼科尔森：《十字军》，刘晶波译，上海：上海社会科学院出版社，2013，第 1～22 页。

② 〔荷〕维姆·布洛克曼、彼得·霍彭布劳沃：《中世纪欧洲史》，乔修峰、卢伟译，广州：花城出版社，2012，第 186 页。

③ 艾里希·弗洛姆是德国社会心理学家、精神分析学家、人文主义哲学家以及民主社会主义者，精神分析思想新弗洛伊德学派成员。

④ S. O. D'Alton, M. Bittman, "The Sociology of Race Prejudice", in F. S. Stevens (ed.), *Racism: The Australian Experience-A Study of Race Prejudice in Australia*, Vol. 1, *Prejudice and Xenophobia*, p. 17.

种族偏见的社会行为特质决定了社会学从业人员也大有用武之地。美国社会学家、芝加哥学派的主要代表之一罗伯特·E. 帕克（Robert E. Park）（1864～1944）相信种族偏见应有其社会学的解释。他为此提出了表示个人间、团体间密切程度的"社会距离"（social distance）概念。密切程度测量的是一方对另一方的影响。个人间和团体间的社会距离越大，他们之间的相互影响就越小。帕克以此概念来观照美国社会，认为相较于其他地方，美国社会很可能种族偏见少，但种族冲突与对抗比其他社会多，这是因为美国社会变化多、进步快，人与人之间、团体与团体之间、种族与种族之间的"社会距离"易发生变动。也就是说，黑人种族对传统的不平等秩序表示不满意和不顺从。① 另一位美国社会心理学家 E.S. 鲍格达斯（E. S. Bogardus）在罗伯特·E. 帕克研究的基础上于 1925 年创建了社会距离量表（social distance scale）。该量表用来经验性地测量人们与关系程度不同的社会群体比如种族进行社会交往的意愿和程度。量表设有 1：00、2：00……7：00 七个不等的分值。分值越小，亲密度越高，交往的意愿和程度就越深；分值越大，亲密度越低，交往的意愿和程度就越弱，甚至有排斥和歧视现象。②

罗伯特·E. 帕克后来发展了一种包括从接触、冲突、和解到同化在内的组群关系理论。在帕克看来，个人的自我概念、目标和地位有助于产生不同形式的社会。个人对种族偏见没有责任。种族偏见被简单地视为自发的和无名的社会力量的结果。而在另一个极端，T.W. 阿道诺（T. W. Adorno）（1903～1969）等人从一个纯粹个人的观点来分析种族偏见。在1950 年出版的《独裁个性》一书中，作者们创立了一个数值来度量人们对法西斯意识形态的接受度，并且试图去描述高度偏见化的人的一般人格特征。③ 这项研究关注一个社会中的个人差异，但并没有付出持续性的努力去认识社会条件对个人行为的影响。因此，无论是社会距离理论还是关注个人的人格差异，都不足以解释种族偏见。

在各种理论或概念粉墨登场之际，来自快速发展的社会学的概念亦被

① "Robert Ezra Park: Social Distance", http://www.bdenderinitiatives.com/sociology/robert - ezra - park -1864 - 1944/robert - ezra - park - social - distance. 2015 - 04 - 22.

② "Bogardus social distance scale", http://en.wikipedia.org/wiki/Bogardus_ social_ distance_ scale. 2015 - 04 - 21.

③ T. W. Adorno, et al., *The Authoritarian Personality*, New York: Harper, 1950.

借用来解析种族偏见产生的源头。作为传播学史上具有重要影响的学者之一，沃尔特·李普曼（Walter Lippman）（1889～1974）在1922年出版的《公众舆论》一书中系统地阐述了他的"刻板成见"（stereotype）理论。刻板成见指的是人们对特定的事物所持有的固定化、简单化的观念和印象，它通常伴随着对该事物的价值评价和好恶情感。刻板成见能够为人们认识事物提供方便的参考标准，但对新事物的接受起到阻碍作用。在李普曼看来，每个人都有刻板成见。刻板成见与人们所处的外部环境以及观察习惯或观念有关。他说："我们每个人都是生活、工作在这个地球的一隅，在一个小圈子活动，只有寥寥无几的知交。我们对具有广泛影响的公共事件充其量只能了解某个方面或某一片断。和那些起草条约、制定法律、颁布命令的显要人物一样，被要求接受条约的约束、法律的规范和执行命令的人们，也是些实实在在的人。我们的见解不可避免地涵盖着要比我们的直接观察更为广泛的空间、更为漫长的时间和更为庞杂的事物。因此，这些见解是由别人的报道和我们自己的想象拼合在一起的。"① 在现实生活中，人们倾向于接受现成的形式，这并不是问题的真正所在，"问题出在成见的性质和我们运用成见时的那种轻信。"② 因此，李普曼强调通过教育、宣传和灌输等方式来改变众人的"刻板成见"。那么，"刻板成见"与"种族偏见"或"种族歧视"有着怎样的关联？在认识层面上，"刻板成见"、"种族偏见"和"种族歧视"被理解为相关但含义不同的概念。"刻板成见"被认为是最富有认知性的元素，且常常是在无意识状态下产生的；"种族偏见"是"刻板成见"表达情感的成分，通常是指代偏离正常情感中的那部分；"种族歧视"是指带有偏见反应的行为因素。③ 所以，李普曼的"刻板成见"理论甫一问世，即被用于种族偏见的分析当中。后来，B. 贝特尔海姆（B. Bettelheim）（1903～1990）接受了李普曼的刻板成见的概念，并且有了更加专业的用途。贝特尔海姆将刻板成见视为对无助的一种反映，这在本质上是一种心理防御机制。不过，从社会现实的观点来看，在我们之外的世界，没有一个预先存在的固有含义。正是我们自己命令我们的感知摄入，用这种方式来向我们传输含义。因此，

---

① 〔美〕沃尔特·李普曼：《公众舆论》，阎克文、江红译，上海：上海世纪出版集团，2006，第61页。

② 〔美〕沃尔特·李普曼：《公众舆论》，第68页。

③ "Stereotype"，http://en.wikipedia.org/wiki/Stereotype. 2015 – 04 – 18.

我们是基于自己对这个世界的构建来行动的，实际上是根据我们比附的含义来指导自己的行动。不过，社会却为我们及其行动提供了背景或舞台。①

艾里希·弗洛姆和让－保罗·萨特（Jean-Paul Sartre）（1905～1980）分享了类似的一系列认识论的假设。他们都认为现实是一个过程而非一个静止的存在。这种定位意味着不存在等待人们去发现的永恒的绝对存在，表明他们是基于一个相对现实的观点来开展工作的。也就是说，他们皆相信人是自己行动的唯一指令者，因而就有了"存在先于本质"、"人才是真正的存在"的结论。② 这种"存在"的相对主义体现的是我"主"他"辅"或我"主"他"从"的思维和认知模式。例如，在欧内斯特·威尔伯福斯（Ernest Wilberforce）（1840～1907）时代，对英国人来说，现实是他们的文化处于优势地位。很显然，社会现实并不是一个静止的现实，它的存在有赖于组建这个社会的人的信仰。因此，社会现实可以被视为一种投射，社会现实是我们自己的创造，它的存在取决于我们对作为真实的事物的一种状态的肯定。西方社会的优越性因此也只是一种社会事实，只要我们继续相信并按这种信仰来行动的话。③ 斯图克利·卡米歇尔（Stokely Carmichael）（1941～1998）举例来证明信仰或认识与真实之间的相互依存关系。他说："哥伦布并没有发现美洲。哥伦布可能是第一个被记录下来的踏进美洲的白人。仅此而已。在哥伦布之前就有人到过那里了。不幸的是，这些人不是白人——对西方白人来说，这是不幸的，对我们来说，这是不幸的，他们并不是白人。但是，那里发生的是西方的白人无论是有意识地或是潜意识地都从不承认非白人的存在。因此，在全世界，第三世界的民族在一些白人出现前从不做任何事情……"④

---

① S. O. D'Alton, M. Bittman, "The Sociology of Race Prejudice", in F. S. Stevens（ed.），*Racism：The Australian Experience-A Study of Race Prejudice in Australia*，*Vol. 1*，*Prejudice and Xenophobia*，p. 18.

② 〔法〕让－保罗·萨特：《存在主义是一种人道主义》，周煦良、汤永宽译，上海：上海译文出版社，2012，第1～36页。

③ S. O. D'Alton, M. Bittman, "The Sociology of Race Prejudice", in F. S. Stevens（ed.），*Racism：The Australian Experience-A Study of Race Prejudice in Australia*，*Vol. 1*，*Prejudice and Xenophobia*，p. 18.

④ D. Cooper（ed.），*Dialectics of Liberation*，Harmondsworth：Penguin，1968，p. 154.

社会心理学家是根据一个人的态度来描述其对待社会其他成员的看法和情感的。一般而言，态度"可以是积极的或消极的，也就是说，一个人对其认识对象既可以怀有好感，也可以不怀好感。"① 一个人所持的态度是其世界观或者也被称作"意识形态"的一部分。毫无疑问，每个人都有自己独特的世界观或意识形态。这种独特的立场会产生下列重要功能：帮助我们去"解释"（to explain）这个世界为何是现在这个样子；为我们提供了一种能够"评估"（to evaluate）周围正在发生的一切的工具；给予我们一种认同意识，这种意识帮助我们在事情的整体方案中去定位自己的立场，并且规划了我们或我们的代表将要去做的事情。② 由于意识是如此多地与思想和信仰联系在一起，所以，它在逻辑上并不总是一致的。墨尔本大学心理学家罗纳德·塔夫特（Ronald Taft）就是这样认为的。他注意到，我们拥有的所有态度中的"共同因素"（common element）相互之间可能并不一定存在一致性。③ 这种不一致性或分歧就有可能产生种族偏见或种族歧视。

精神心理学、社会学以及社会心理学在探讨种族歧视的根源时都有各自学科的独特优势。但正如 M. C. 弗莱姆（M. C. Frame）所总结的那样，从科学的观点来研判，在迄今为止所提出的支撑存在一些低等种族和一些优等种族的各种观点或说法的论据中似乎永远都存在瑕疵或错误。④ 心理的、社会的、文化的等一系列复杂的因素，在不同的时期、不同的个人和社会中有不同程度的体现。没有单一的因素能够解释这种现象。⑤ 故而，种族偏见或种族歧视是特定时期诸多因素复合的结果，孤立地看待某一种因素会导致只见树木、不见森林，难以领会种族偏见或种族歧视生成的根源。

---

① David Krech, Richard S. Crutchfield, *Elements of Psychology*, New York: Knopf, 1958, p. 692.

② Terence Ball and Richard Dagger, *Political Ideologies and the Democratic Ideal*, New York: Harper Collins, 1995, pp. 9 – 11.

③ Ronald Taft, "Attitudes of Western Australian towards Aborigines", in Ronald Taft, John L. M. Dawson and Pamela Beasley (eds.), *Attitudes and Social Conditions*, Canberra: ANUP, 1975, p. 7.

④ W. E. H. Stanner, "Australia and Racialism", in F. S. Stevens (ed.), *Racism: The Australian Experience-A Study of Race Prejudice in Australia*, Vol. 1, *Prejudice and Xenophobia*, p. 7.

⑤ M. C. Frame, "Psychology of Race Prejudice", in F. S. Stevens (ed.), *Racism: The Australian Experience-A Study of Race Prejudice in Australia*, Vol. 1, *Prejudice and Xenophobia*, p. 24.

2. 种族主义

种族歧视的含义更多地定格在社会的实践层面，既可以视为单个人的行为，也可以理解为一个集体的行为；种族主义是基于种族歧视行为但又不等同于种族歧视。对种族主义的认识应基于以下三个维度：一、它应被理解为一种社会集体意识；二、它是一种制度化的产物；三、它也是一种社会实践活动。

在 20 世纪对种族主义的形式及其内涵进行实证研究方面，美国无可替代地成为很多研究者"掘金"的对象。大卫·T. 韦尔曼（David T. Wellman）长期致力于种族以及种族社会的研究。在他看来，"种族主义大大超出带有偏见的信仰。种族主义的根本特征不是敌意或错觉，而是对基于种族而衍生的优势制度的捍卫。表达捍卫的方式——无论是带有敌意或出于微妙的考量——远比不上它确保了一种特权关系的事实重要。因此，有必要将种族主义的定义扩大到超越种族偏见的情感，而这种情感即便不是其意图上支持种族歧视的现状。"韦尔曼演绎的这种结论的参照系就是美国。他认为，种族是美国民族认同的一个根本要素，种族主义植根于美国社会的结构之中，而非源于有缺陷的和带有偏见的个人的心智。种族主义只包括个人思想偏见的概念是不成立的，它是维护白人在美国社会取得优势的一整套文化上可接受的信仰。[1] 韦尔曼鲜明地将种族偏见与种族主义区分开来，并从种族的制度性优势以及维护这种既得优势的情感来解读种族主义。

社会学家诺埃尔·卡泽拉夫（Noel Cazenave）把城市理论、种族主义理论以及国家理论嫁接到一起，建构了一个新的解读种族主义的多学科路径。在他看来，美国是一个城市国家。城市政府以及附属管理机构的主要功能就是在它们的地理政治域界内对种族关系进行管束。[2] 在这样的种族主义国家内，政治家们一般不倾向于诉诸野蛮暴力，而是动员高度集中的文化意识和影像来维护他们自己的权益、白人公众的混合的种族利益以及他们在竞选活动中高度依赖其资金支持的那些富裕阶层的经济利益。[3] 诺

---

[1] David T. Wellman, *Portraits of White Racism*, Cambridge：Cambridge University Press, 1993, pp. 2 - 8；pp. 57 - 58；pp. 210 - 211.

[2] Noel Gazenave, *The Urban Racial State：Managing Relations in American Cities*, Lanham：Rowmon & Lifflefield Publishers, 2011, p. 1.

[3] Noel Gazenave, *The Urban Racial State：Managing Relations in American Cities*, pp. 19 - 20.

埃尔·卡泽拉夫还与另一位社会学家达琳·阿瓦雷兹·玛登（Darlene Alvarez Maddem）一道来界定种族主义，认为"每个社会阶层皆运用了这种根据种族所设定的族群特权的高度组织系统，并伴随着肤色种族优越的高度发展意识形态。种族主义系统包含了（但并非局限于）盲从的成分。"① 在这一定义中，我们看到了族群权利与其肤色之间建构了一种关联。这是种族歧视用以自证的必然逻辑。前美国社会学会主席乔·费金（Joe Feagin）认为，美国可以称为"全种族主义社会"，因为每个社会机构都是用种族主义的观念来组织的，白人对黑人的压迫是制度上的，并且持续了数个世纪。他还对美国社会学研究种族和族群关系的主导范式感到不满，因为这种范式缺乏把种族压迫视为一个高度组织化和持久现象的"大画面"（'big picture'）的"全景式"视角，因此，他主张采用"系统化的种族主义视角"来透视美国的种族主义现象。②

不难看出，种族主义是一种以自我为中心的态度，认为种族之间不仅有物理特征之别，更存在智力和能力上的差异；这些差异决定了人类社会历史和文化发展的进程及其水平，而且自己所属的团体如人种、民族或国家，要明显优越于其他团体。

前文已有交代，种族歧视的出现几乎与人类文明的出现同步，那么，作为一种对种族歧视行为系统化的认识与归纳，种族主义究竟在何时生成？由于种族主义是对一种集体行为的自辨意识，它需要借力传播并期望产生广泛的影响，所以，学界普遍认为，种族主义是近代资本原始积累的产物，它的策源地或温床是在欧洲。

在地理大发现之后以及资本主义刚刚出现时，"欧洲人将与其他地区的接触看作是与其他族群进行较量的机会，而不是彼此之间平等的交流。"③ 其结果是，"文明之间断断续续的或有限的多方向的碰撞，让位于西方对所有其他文明持续的、不可抗拒的和单方向的冲击。"④ 当落后的地区成为西方世界肆虐的对象时，殖民者的优越感便油然而生，种族主义的滋生就是顺理成章之事。当种族主义思想在那里找到知音并被自然和社

---

① Noel Cazenave & D. A. Maddern, "Defending the White Race: White Male Faculty Opposition to a 'White Racism' Course", *Race & Society*, 1999, 2 (1), p. 42.

② Noel Gazenave, *The Urban Racial State: Managing Relations in American Cities*, p. 20.

③ 〔英〕彼得·华莱士·普雷斯顿：《发展理论导论》，第134页。

④ 〔美〕塞缪尔·亨廷顿：《文明的冲突》，周琪等译，北京：新华出版社，2013，第29页。

会哲学家传播多年后，所谓的"科学种族主义"（scientific racism）① 近似一种"发明"受到了殖民者的追捧。这是 18 世纪的事情。19 世纪中叶，"科学社会主义"获得了更加广泛的认同。这一思潮的推动者就是科姆特·德·戈比略（Comte de Gobineau）② 和查尔斯·罗伯特·达尔文③。前者在《论人类种族的不平等》（*An Essay on the Inequality of the Human Race*）（1853～1855）一书中根据人的生理特征将人类划分成黑人、黄种人和白种人三大类，并抛出了种族成分决定文化命运的理论。在这种理论框架之下，雅利安人是优等种族，其文化繁荣只有在没有黑人和黄种人血缘时才能保持，而且一个种族的特征越是经过混血而变得愈发不明显，那么其文明就越容易失去生命力和创造力，并陷入腐败和道德败坏之中。④ 而达尔文在其 1859 年的名著《物种起源》中较为自信地建立了自己的观点——自然选择和适者生存的过程决定着进化和新物种的形成。达尔文及其支持者把这种论点扩展到人类的自身演进和社会变迁方面，追溯发现人类起源于类人猿。这在当时是一个引起巨大轰动的结论。19 世纪末，当西方文明在世界各地建立其霸权优势时，这在根本上迎合了一些人的心理想像需求，达尔文的进化论观点遂被应用于对社会诸多野蛮与悲惨现象的解释。⑤ 按照社会达尔文主义最早的拥护者赫伯特·斯宾塞的观点，百万富翁和欧洲人，尤其是北方的白人的存在，可以用自然选择来解释："无能者的贫穷，鲁莽者的不幸，懒惰者的饥饿，以及强者排挤弱者，使许多人处于艰难和痛苦的境地，都是伟大而远见卓识的上帝的旨意。"因此，对于社会达尔文主义者来说，穷人、亚洲人、非洲人和一些地方

---

① 科学种族主义意指利用科学的或表面上科学的发现和方法去支持或证实种族主义的态度和世界观。它是基于对种族类别的存在及其重要性的信仰，然而将其扩大到种族之间的等级，来支持种族优越论的政治或意识形态的立场。

② 科姆特·德·戈比略（1816～1882），法国外交官、作家、人种学者和社会思想家。

③ 查尔斯·罗伯特·达尔文（1809～1882），英国生物学家、进化论的奠基人，著有《物种起源》等作品。

④ 《简明不列颠百科全书》编辑部译编《简明不列颠百科全书》，第 3 卷，北京：中国大百科全书出版社，1985，第 309 页；"Racialism"，http://rationalwiki.org/wiki/Racialism. 2014 - 05 - 14.

⑤ 鉴于 19 世纪中叶以来科学的发展、用马克沁机枪杀死苏丹人的轻而易举、几百万亚洲人死于饥荒等事实，一些欧洲人认为他们当时找到了西方兴起而亚洲、非洲和拉丁美洲"落后"的科学解释：社会达尔文主义和优生学，或科学的种族主义。参见〔美〕罗伯特·B. 马克斯：《现代世界的起源——全球的、生态的述说》，夏继果译，北京：商务印书馆，2006，第 201 页。

的土著或原住民的凄凉的命运是命中注定的，是一种"自然的"结果。① 在近现代世界史上，"科学种族主义"思想较为泛滥，其危害极大而且深远。在国内治理方面，当种族主义思想上升到意识形态的高度且成为一种治国理念时，那么它很可能成为一种欺凌甚至弹压少数种族的工具；当这种狭隘的种族主义变得甚嚣尘上且无法被遏制时，那么对外侵略与扩张就是它的合乎逻辑的发展。20 世纪三四十年代希特勒对欧洲各地犹太人的大肆屠杀就是所谓的"科学种族主义"理论的畸形发展和极端体现。

然而，我们还注意到，到了 20 世纪初，种族主义的科学外衣渐露破绽。有越来越多的科学证据表明，人类的行为主要不是由生理、体质等因素决定的，而是由社会和文化的因素来决定的。② 美国著名人类学家罗伯特·路威（1883 ~ 1957）坚信："纵然种族之间真有心理上的差异，也只能解释我们的问题的微乎其微的一小部分。因为文化的历史常常指示我们，在人种的基础完全相同的地方也会产生文化上的差异。马萨诸塞和南方诸州的科学家之多寡悬殊，这是一例。还有英国文化史上的大变动。难道伊丽莎白时代的人的生殖细胞里特别多带一点血气，到清教徒时代便被一阵阴风吹到爪哇国里去，赶查理第二一复辟又一招就回来的吗？再还有日本，1867 年那一年并没有突如其来的新种族加入，只因为让新思想往里一跑，文化上便起了突变。"③ 这种诙谐甚至带有调侃的方式使得种族主义的理论或意识不堪一击。英国历史学家阿诺德·汤因比也坚持用批判的眼光来看待科学种族主义的观点，他说："在今天的西方世界，以'种族'原因来解释社会现象的做法相当流行。人类在体质上的种族差异，不仅被看成是不可改变的，而且还被当成人类心理方面的、永恒的种族差异的论据。人们以为，这些差异是我们亲身见到的各人类社会具有不同的命运和成就的原因。然而，目前西方流行的种族主义，与现有的科学假设风马牛不相及。像这样如此强烈的偏见不能用如此理智的原因来解释。现代西方的种族偏见既是对西方科学思想的一种歪曲，又是对西方种族感情的一种虚伪的思想反映。这种感情，正像我们现在所见到的，是自从公元

---

① 〔美〕罗伯特·B. 马克斯：《现代世界的起源——全球的、生态的述说》，第 202 页。

② 《简明不列颠百科全书》编辑部译编《简明不列颠百科全书》，第 9 卷，北京：中国大百科全书出版社，1986，第 503 页。

③ 〔美〕罗伯特·路威：《文明与野蛮》，吕叔湘泽，北京：三联书店，2013，第 32 ~ 33 页。

15 世纪最后 25 年以来，我们西方文明在地球表面扩张的结果。"①

种族主义是源于种族歧视的。当种族歧视行为有所谓的生物学上的优生学来作证时，种族主义思想便心安理得地盘踞在一些人的脑海中。在这些人看来，优等种族和低等种族本来就是存在的。② 为了避免其他种族的不甘或反抗，种族主义者便用"天命论"来做挡箭牌，认为这是造物主或上帝的安排，后天的努力不仅有违上帝的旨意，也无法改变种族的二分法。除了所谓的优生学的证据外，种族主义者最为得意的就是他们在文化方面自诩的先天优势，因此主张其他文化应从属于他们的文化；当自身文化难以自觉地改造或有效地统治其他文化时，种族主义者便恃其先于其他种族建立的经济和军事力量，通过经济奴役和军事征服来压制当地的部族主义或民族主义，从而巩固和输出带有殖民色彩的种族主义。

3. 种族和解

"种族和解"这一概念的出现是晚于"种族歧视"和"种族主义"的。也就是说，如果没有"种族歧视"和"种族主义"或种族冲突，那就肯定不会有"种族和解"的概念及其实践活动。种族歧视和种族主义不仅给被歧视的一方带来无穷无尽的痛苦和灾难，对加害方来说也未必是件幸事，更不用说对整个社会的和谐发展所造成的危害。因此，对文明发展和社会进步而言，必须避免种族冲突或战争。

种族冲突或战争离不开种族仇恨，而种族仇恨往往是由种族歧视演变而来。英国《1986 年公共秩序法》（*Public Order Act 1986*）对种族仇恨是这样定义的："在联合王国，种族仇恨被定义为对凭借肤色、种族、民族——包括公民权或族群或民族起源而界定的一群人所抱的仇视。"③ 种族仇恨常常被一些别有用心的政客所利用，甚至被煽动起来。比如，他们呼吁大家团结一致来反对一个共同的敌人（真实的或想像的），来服务于他们企图巩固国家的目的或赢得更多的选票。当种族仇恨积聚或被煽动到一定程度时，种族之间的对立就会加剧，甚至有爆发冲突或战争的危险与可能。种族纠纷或冲突不限于一国的内部事务，还可能涉及两个或两个以

---

① 〔英〕阿诺德·汤因比：《历史研究》，刘北成、郭小凌译，上海：上海人民出版社，2000，第 64 页。

② 〔美〕柯娇燕：《什么是全球史》，刘文明译，北京：北京大学出版社，2009，第 32 页。

③ "Your Rights"，http：//www. yourrights. org. uk/yourrights/right - of - free - expression/criminal - law - restricti…2014 - 05 - 14.

上的民族国家或国际关系行为体。不过，后一种情形不属于本课题研讨的范畴。从历史上看，凡是存在种族问题的国家，在寻求解决种族纠纷、实现种族和解方面，都程度不等地遇到了一些问题与挑战，或者说，这些国家在推进种族和解方面并未取得预期结果。造成这一局面的原因无疑是多方面的，需要政治家和有关组织去总结与分析，同时也在提醒学术界，种族和解仍是今后一段时期甚至很长时期内国际政治的一个热点议题，需要学术界对一些相关问题做深入细致的探讨，比如种族和解的内涵是什么？实现种族和解的路径有哪些？

从形式上看，和解意味着讲和，摒弃对抗；从内涵上来说，和解意味着建立一种相互尊重、平等相待、利益共享、共同发展的新型种族关系。英国学者安德鲁·瑞格比在《暴力之后的正义与和解》一著中曾对"和解"做出如下解释："很显然，创建和解已经超过了任何个人的能力，和解也许是一个渴望的终点，但首先是一个过程。它不是一个事件，当然也不是我们在电视屏幕上看到的事件。和解不能是上层的立法和声明，它是一个极其痛苦的过程，它发生在人们试图超越过去的怨恨、割裂与迈向共同未来之间。人民在思想上有了准备，开始考虑与那些曾经的敌人一起创建人类的共同体，这是和解过程的核心。"① 由于种族歧视的表现形式不同，种族冲突的程度有别，种族冲突的历史长短不一，所以，在不同的国度，种族和解的内涵就不尽一致。如在澳大利亚，和解是土著澳大利亚人与非土著澳大利亚人主要是白人之间关系的核心话题。海伦·沙姆－赫（Helen Sham-Ho）认为，在澳大利亚，"和解是一项人民运动。它事关每一个人，为了建立良好关系、促进谅解、承认并纠正过去的错误，而去做力所能及的事情。和解是一个持续的进程，需要通过广泛的参与来不断增强对问题以及用以改善这种局面的愿望的意识。"② 而在马尔科姆·弗雷泽（Malcolm Fraser）的理解中，"和解包含我们直面过去以及接受其现实的能力。"③ 比尔·赫林斯沃思（Bill Hollingsworth）却认为，"和解有治

---

① 〔英国〕安德鲁·瑞格比：《暴力之后的正义与和解》，刘成译，南京：译林出版社，2003，第148页。

② Helen Sham-Ho, "Reconciliation Multicultural Australia", *Migration Action*, Vol. xx, No. 2, 1998, p. 38.

③ Malcolm Fraser, *Common Ground-Issues That Should Bind and Not Divide Us*, Toronto: Penguin Books, 2003, p. 211.

愈创伤、解决纠纷以及在根本和深刻的层次上达成谅解的含义。"[1] 当然，还有人从宪法高度来认识种族和解，认为对一些人来说，如果不恢复土著民族作为一个宪法伙伴应有的地位的话，那么种族和解就无从谈起。[2] 由上可知，"和解"无论被赋予何种含义，它已经成为纠正历史错误的一个核心术语。[3]

和解的起因在于一方出于种种原因或背景而受到的不公正对待，甚至连正常的生存状态都难以保证，于是，受到歧视的一方吁请公权力机关或非政府组织寻找或还原历史真相，在渴望公平与正义的动机推动下，要求加害方（政府往往是行为主体）承认错误并承诺给予赔偿或补偿。只有在上述诉求得到满足或基本满足的前提下，种族和解才有可能成为一个待议的目标。

首先是确认"真相"的问题。

在和解进程的背景下，和解机构和司法机关对造成有关各方矛盾与冲突的一些事件负有稽查与核实的责任和义务。用于法庭辩论的事实即"真相"（truth）很明显地关注先前对弱势一方的人权被侵犯的问题。然而，这一工作的推进存在较大难度，因为和解进程寻求的不仅是对相关事实的"了解"（knowledge），还有对相关事实予以"确认"（acknowledge）的适当方式。这二者之间是有差异的。托马斯·纳格尔（Thomas Nagel）观察到，这种差别包含真相的两个不同的含义：一是事实上的真相。阿历克斯·博雷奈（Alex Boraine）[4] 将此定义为"用于法庭辩护的真相"（forensic truth）。该定义提供了如下信息：哪些道德或法律权利受到了侵犯？被谁、以何种方式、何时、何地以及为何遭到了侵犯？[5] 二是"作为

---

① Bill Hollingsworth, "Self-Determination and Reconciliation", in Christine Fletcher（ed.）, *Aboriginal Self-Determination in Australia*, Canberra: Aboriginal Studies Press, 1994, p. 57.

② Ian McIntosh, "Australia at the Crossroads", *Cultural Survival Quarterly*, 1999, 24（4）: pp. 43 – 51.

③ Roger Maaka and Augie Fleras, *The Politics of Indigeneity-Challenging the State in Canada and Aotearoa New Zealand*, Dunedin: University of Otago Press, 2005, p. 289.

④ 阿历克斯·博雷奈，南非政治家，生于开普敦。曾在南非当地、英国和美国接受教育。1986～1995 年担任两个有关结束种族分离的非营利性组织的负责人，是"南非真相与和解委员会"（South Africa's Truth and Reconciliaiton Commission）的主要设计师之一。1996～1998 年被纳尔尔逊·曼德拉（Nelson Mandela）总统任命为该委员会副主席。著有《撕下面具的国家》（*A Country Unmasked*）和《转变中的生活》（*A Life in Transition*）等。

⑤ D. A. Crocker, "Truth Commissions, Transitional Justice, and Civil Society", in R. I. Roteberg and D. Thompson（eds.）, *Truth v Justice: The Morality of Truth Commissions*, Princeton: Princeton University Press, 2000, p. 99; p. 121.

确认的真相"(truth as acknowledgement)。在某种层面上，有关政治暴行或违反人权的事实已是众人皆知。[1] 然而，这些违反人权的事件又常常被明确地否定。例如，纳尔逊·曼德拉统治前的南非白人政府，常常声称本国根本没有政治犯，更不用说承认在押犯人遭到了严刑拷打或虐待，犯人拘押期间致死通常被解释为自然或其他原因作用的结果。但是，公众并不相信政府的解释。于是我们看到，当和解在追求人权的进程中成为一个有强有力的论题时，在20世纪的最后20年间，有超过30个"真相与和解委员会"（Truth and Reconciliation Commissions）在世界各地纷纷建立。

在找到并确认了"真相"后，接下来就是有关各方对寻找到的"真相"所做的反应。

施暴者或加害一方的反应是多种多样的，但大多是消极的。有的会自始至终地以沉默示人，希望在沉默中消解受害方心中的愤怒；有的会保持短暂的缄默，希望借此找到一个回应的方式，从被动接受中寻求主动回应的策略；有的则干脆不承认错误，任凭受害方百般谴责与痛骂。当然也不乏这样的情况：承认受害方所经历的不公，但往往认为这是前人的过错，与当下人毫无干系。上述反应无一例外地对和解进程产生不利影响。和解需要加害方以诚实的心态积极面对，并做出任何可能的补偿努力。

补偿努力包括相关的权威或责任部门做出公开的道歉、归还受害者的财产以及给予其他形式的补偿等。[2] 补偿的目的在于求得受害者的宽恕并构建一种有别于过去的新型关系。

道歉首先是一种认错态度，它有助于迈向宽恕之路。"只要作恶者意识到他们所犯下的罪行，并表达出与受害者建立新型关系的渴望；如果作恶者准备承认其罪行，那么他们就会将现实的自我与有罪的历史自我拉开清晰的距离。"[3] 道歉的意义还在于它所唤醒和加强的社会关系。道歉不仅仅体现在文字上，这里最关键的是道歉程序所昭示的社会属性。道歉并不是某一个个体的独白，它需要有关各方的主动参与，从而烘托并构建一

① S. Cohen, *States of Denial: Knowing about Atrocities and Suffering*, Cambridge: Polity, 2001, pp. 109–111.

② M. Minow, *Between Vengeance and Forgiveness: Facing History after Genocide and Mass Violence*, Boston: Beacon Press, 1998, p. 93.

③ 〔英国〕安德鲁·瑞格比：《暴力之后的正义与和解》，中文版序言第4页。

个道德社会。① 尼考拉斯·塔乌奇斯（Nicholas Tavuchis）认为，"道歉就等于自愿地宣布一方不会为其行为（或不作为）寻找借口，不会去维护、辩护或给予解释。"任何不承担责任的道歉都不能算是道歉。施恶者完全承担责任是真诚道歉的一个特征。② 尼考拉斯·塔乌奇斯还突出了道歉所产生的几乎是魔力般的品质："非常简单，因为一个道歉，不论是多么真诚和有效，都不会且不能取消曾经的所作所为。然而，在一个不可思议的方式上并且依其自身的逻辑，这恰恰是尽力要去做的。"③ 道歉最好是以正式的和官方的名义来体现。④ 官方的道歉能够匡正历史谬误、校正公众视听、确定相关责任以及重申道德边界。然而，除非伴之以直接和间接的行动（如支付赔偿）来表明侵犯之过，否则官方道歉似乎是应景之作、不真诚且无意义。A. 钱塞勒（A. Chancellor）就曾有过这样的精辟言论。他说："现在，道歉在世界范围内变得很流行，尤其在美国，道歉很长时期以来成为一种标准的赢得支持而没有为自己的错误付出任何真正代价的手段。"⑤ 没有付出真正代价的道歉是很难得到受害者的宽恕的，因为拒绝给予宽恕仍然是幸存者的权利。的确，不管谁以什么样的方式表达了歉意，都不能要求或强迫受害者给予宽恕。正如汉纳·阿伦特（Hannah Arendt）所声称的，"宽恕本身是而且必须保持其不可预知性。"⑥ 这就意味着道歉是一件极其严肃而又务求实效的事情，给予受害者包括返还土地、经济补偿等在内的赔偿无疑是一种有效路径或手段。

综上所述，种族歧视、种族主义以及种族和解不仅是与种族有关的三个重要概念，也是种族问题研究中的三个重要议题。从概念产生的时间轴来看，种族歧视是起点，种族和解为终点，而种族主义介于其中。从概念的内涵来看，三个概念之间似乎在某一层面呈现原因与结果、基础与前景的逻辑关联。种族歧视应被视为问题的原点，是问题之因；如果没有种族歧视，何来种族主义？更遑论种族和解了。可见，种族歧视是产生与种族

---

① Nicholas Tavuchis, Mea Culpa, *A Sociology of Apology and Reconciliation*, Standford：Standford University Press, 1991, p. 121.

② Nicholas Tavuchis, Mea Culpa, *A Sociology of Apology and Reconciliation*, p. 17.

③ Nicholas Tavuchis, Mea Culpa, *A Sociology of Apology and Reconciliation*, p. 5；p. 77.

④ Nicholas Tavuchis, Mea Culpa, *A Sociology of Apology and Reconciliation*, p. 104.

⑤ A. Chancellor, "Pride and Prejudice：Easier Said Than Done", *The Guardian*, 17 January, 1998, p. 8.

⑥ H. Arendt, *The Human Condition*, Chicago：University of Chicago Press, 1958, p. 241.

有关的一系列概念或问题的源头。种族歧视是否一定演变成为种族主义，这得依具体情势而定。但种族歧视一旦发展到种族主义，那么它所带来的害处将是巨大而深远的。这就是当下国际环境下以及一国内部倡导种族和解的背景和初衷。由于种族问题的复杂性以及种族主义的流毒犹在，所以，种族和解在一些地区和一些国家的推进显得磕磕绊绊。但我们相信，只要"真相与仁慈结伴，正义与和平相连"①，那么种族和解在任何地区、任何国家都不会是一个遥不可及的目标。如果说种族歧视和种族主义是一定历史阶段出现的一种狭隘的种族观或民族观的话，那么种族和解则展现了人类在当下或未来所追求的开放的、民主的、和而不同的世界观。

---

① 〔英国〕安德鲁·瑞格比：《暴力之后的正义与和解》，第 15 页。

第二章
多元文化政策前澳大利亚
土著政策的历史嬗变

　　澳洲大陆与世隔绝的程度超过了南美洲南端和非洲南端，是世界上最孤立的一块大陆。这种孤立使得某些古代形态的生命得以幸存到现代，其中包括桉属植物和诸如单孔目动物和有袋动物的哺乳动物。18 世纪后期，最初的一批英国移民到达时，澳洲还幸存着仍处于旧石器时代阶段的古代类型的人。① 然而，处在大变革前夜的西欧拥有向外猛冲的推动力——宗教动力、思想骚动、经济活力、技术进步和有效地动员人力和物力的民族君主国。当追逐财富成为一种现实需求，当传播基督教思想乃至西方文明成为一种冠冕堂皇的口号甚至被赋予一种神圣使命时，对外面世界全然不知的土著就在西方的坚船利炮之下，成为一群待宰的羔羊。正如唐纳德·弗里曼所言："期望从辽阔的太平洋的土地和人民那里攫取得数不清的财富是帝国主义国家在必要时使用武力的强烈动机之一，目的是从其先前的所有人那里夺取富饶的领土，保护具有战略意义的贸易路线不受竞争者的侵扰。其结果是持续的系列斗争，对整个太平洋区域造成了深远的影响。"②

　　殖民入侵产生了澳洲土著问题。白人殖民者对待土著的态度是较为复杂的。虽然视土著为野蛮的、粗俗的、低人一等的这一总的看法在不同的历史时期未发生本质性改变，但他们对待土著的态度还是有了微妙的变化。这种变化必然对其土著政策产生重要影响，由此形成了具有特定内容且有鲜明阶段性特征的土著政策。这概括起来分为三个历史时期：第一个

---

① 〔美〕斯塔夫里阿诺斯：《全球通史——1500 年以后的世界》，吴象婴、梁赤民译，上海：上海社会科学院出版社，2004，第 109 页。
② 唐纳德·弗里曼：《太平洋史》，王成至译，上海：东方出版中心，2011，第 196 页。

时期是从殖民入侵至 19 世纪中叶，殖民者对土著实施屠杀和驱赶政策，致使土著几近灭绝；第二个时期，自 19 世纪中叶至 20 世纪初澳大利亚联邦建立前后，殖民政府对土著实行了保护与分离政策；第三个时期，始于联邦成立前后止于白澳政策被废除前夕，澳大利亚联邦政府对土著实行了同化政策。[①] 然而，无论采取何种形式的政策，其目的或本质并无二致，那就是在根本上消灭土著作为一个民族的存在，或将其同化到白人主流社会之中，使其成为一个依附于白人的民族。

一 屠杀和驱赶政策

（一）原住民的"梦幻时代"

有些学者根据其外形特征认为，澳洲的土著来自东南亚，其肤色一般呈棕色，头发漆黑、卷曲且浓密，面部以眼睛深凹、眉毛浓重、下巴较宽、鼻子扁大为特征。关于原住民生活在这块古老而神奇的大陆的时间，难有定说。F. 克拉克（F. Clark）等人认为，土著生活在澳洲大陆约有 40000 ~ 70000 年，当时至少有 250 ~ 300 个不同的语言和文化部落。[②] 考古学家们把澳洲大陆最早有人居住的时间推定在 60000 年或 120000 年前。最近的研究又把这一时间向前推进了一步，认为土著在这块大陆的时间达 175000 年。1989 年，约瑟芬·弗勒德（Josephine Flood）在其著作《梦幻时代的考古》（*Archeology of the Dreamtime*）中声称土著文化是这个世界上历史最久远的文化。然而，有意思的是，面对外界对其起源的种种推测，土著却不以为然。他们认为，"梦幻时代"就是他们的起源年代。在这个时期，神话人物开始出现在陆地、水中和大气里，并且呈现各种不同的形态和属性。那么，梦幻时代究竟是一个什么样的时间或历史概念？它对土著为何如此重要？

---

① 也有学者将这一时期的土著政策分为两个阶段，即屠杀和驱赶政策、同化政策。参见石发林《澳大利亚土著人研究》，第 210 页。

② M. Clark, *The History of Australia*, Westport: Greenwood Press, 2002, pp. 10 – 12; P. Clark, *Where the Ancestors Walked: Australia as an Aboriginal Landscape*, Sydney: Allen & Unwin, 2003, pp. 39 – 40.

在澳大利亚的广袤大地，不同的土著部落既有相似性又有各自的特点。比如，居住在沙漠地带的部落，其生活方式与生活在沿海地带的部落就有很大的差异。但在世界观方面，整个大陆的治理结构和哲学认识具有很强的一致性，比如，所有的部落群体都有一个叫作万物被创造的梦幻时期。

梦幻既是神圣的知识，又是道德真理。一般而言，梦幻的概念源于一个由无形让位于有形的时期。在开创时期，梦幻时代的先人们从地球下面站出来，给一个已经存在的但尚未定形的世界以定形。这些先人们是自创的和富有创造精神的，拥有既能够行善也可以作恶的特殊权力。当他们在大地上旅行时，他们使自己的一部分变成一些环境的特征，或者把他们自己刻在洞墙上，或变成仪式性的物体。在先人们流过血的地方，赭石矿就出现了；在他们挖坑的地方，水就汩汩地流出，泉水就出现了；在他们吹倒树的地方，山谷就形成了。他们不仅给无形以有形，制定了部落的法律、习俗和仪式，而且在一些地方和用于仪式的物体上留下了他们自己的一个重要部分即本质。当这些工作完成后，他们便返回开始出现的地方。然而，他们的权力在回归后并没有受到削减。先人们曾经而且继续是他们移动之地固有的一部分，而且是不可分割的。在整个大陆的几乎每一地，都遍布先人们旅行的足迹，所有事物因此都渗透着梦幻时代先人们的精神本质，所有人因而分享一种被视为神圣的共同生活力量。[①]

在传统的土著及托雷斯海峡岛民社会，每个人都被赋予他或她自己的梦幻（或创造）故事，且与一个图腾和亲属关系联系在一起。每个人也被赋予对那种特殊梦幻故事的责任，通过仪式、歌曲、故事、舞蹈、图案以及图腾物体持续地让这种故事充满活力。这样一来，在传统的土著及岛民文化中，人人都是艺术家，他们参与到各种仪式中，对人与自然以及精神世界的关系进行了重构。在各种仪式场合和表演中，参与者把这个世界嵌入自己的躯体、歌声和行动中。当然，在成百上千的土著及托雷斯海峡岛民组织中，礼仪习惯和故事是有一定差异的。梦幻时代不仅决定了价值、信仰、行为模式，而且把人类、自然界、陆地、精神世界带进一个相

---

① Lynne Hume, *Ancestral Power-The Dreaming, Consciousness, and Aboriginal Australians*, Melbourne: Melbourne University Press, 2002, p. 25.

互联系的整体制度中。①

在接受西方文明之前，整个大陆的土著居民由于完全与世隔绝，仍都处于旧石器时代的食物采集阶段。除了出于装饰上的目的外，他们一般不穿衣服。他们在干燥地区的住房是由露天的防风林构成；在潮湿地带则由低矮的圆顶棚屋组成。他们的主要武器为木制的长矛、掷矛杆和飞镖等。他们不知道陶器，所用的器皿只是一些编织而成的袋子和篮子，偶尔还有用树皮和木头制作的碗。作为食物的采集者和狩猎者，他们具有高超的技能且足智多谋。他们以范围广泛的植物和动物为食物，对动植物的种类、习性和特征了如指掌。②

像大多数处于食物采集阶段的民族一样，土著居民通常以群体和家族集团的形式生活、居住在一起，并转徙于一定的地区。他们没有真正的部落，只有以不同的语言和文化为标志的区域划分；他们没有酋长、朝廷或其他正式的政府机构；他们笃信宗教，并且通过图腾去认识他们与其他人和宇宙的关系。土著有三种图腾：把一个人与其他人联系起来的氏族图腾，把一个人与自然界联系起来的家庭图腾（一个人认为他或她本人是从家庭图腾中降生的）以及把一个人与宇宙联系起来的神灵图腾。通过这些图腾，土著认识到他们与土地以及土地上的万物之间存在关联。

殖民入侵前，这里的土著居民过着一种安逸和有规律的生活。1770年，詹姆斯·库克做了如下描述："他们过着一种平静的生活，这种生活没有被生活条件的不平等所扰乱。陆地和海洋慷慨地赐予他们生活所需的一切。他们并不垂涎于豪华的房子、家用物品等，他们在一种温暖和舒适的气候环境下生活，享受每一缕清新的空气……"③ 然而，英国殖民者的入侵以及随后的殖民化意味着土著及托雷斯海峡岛民生活方式开始遭到毁灭性的破坏。

（二）殖民入侵的开始

欧洲列强在太平洋的好战活动始于 16 世纪。在对"南方大陆"的殖民

---

① Jennifer Sabbioni, Kay Schaffer and Sidonie Smith（eds.）, *Indigenous Australian Voices：A Reader*, p. xxi.

② 〔美〕斯塔夫里阿诺斯：《全球通史——1500 年以后的世界》，第 110 页。

③ Richard Broome, *Aboriginal Australians-Black Response to White Dominance 1788 – 1980*, p. 21.

探险中，英国并不是开拓者，西班牙、葡萄牙和荷兰均先于英国来到这个多岛海区，但英国在这一地区持续地扩充势力，并最终成为这一地区的主宰。

1567 年，西班牙派遣一支探险队前往所罗门群岛（Solomon Islands）寻找黄金，但以屠杀和反屠杀告终。1595 年和 1605 年，西班牙又两度派探险队前往所罗门群岛和瓦努阿图（Vanuatu），远征的结局与第一次并无区别。1606 年，另一名西班牙探险家路易斯·瓦兹·德·托雷斯（Luis Vaez de Torres）驾船驶过澳洲与新几内亚之间的海峡。与此同时，葡萄牙人从印度向南推进到帝汶岛（Timor），也许到过澳洲海岸。之后是荷兰。1602 年，荷兰人以现在的雅加达为基地，建立"荷兰东印度公司"（Dutch East Indian Company）。[1] 1606 年，威廉姆·詹森（William Janszoon）向东驶过托雷斯海峡，无意中沿着澳洲东北角航行了一段。第一次记录欧洲人登陆澳洲的是一位名叫德克·哈托格（Dirk Hartog）的船长，1616 年 10 月他是在澳大利亚西海岸现在叫作碑铭岬（Cape Inscription）上岸的。1642 年，阿贝尔·塔斯曼（Abel Tasman）率一支探险队绘制了一个岛屿的南半部地图，现在这个岛屿以他的名字来命名。此外，他还绘制了新西兰东隅的地图。至于这些海岸是否一个单一地块的组成部分，当时尚不清楚。唯一清楚的是，这片广袤的南方大地与南极洲分开，而且横跨印度洋和太平洋。[2] 到 17 世纪中叶，荷兰人测绘了澳洲西半部的地图，称之为"新荷兰"（New Holland）。

对于早期欧洲航海家来说，澳洲就是一块"未知的南方大陆"。这是一个长期存在于人们想像之中的充满珍禽异兽和各种宝藏的地方。然而，正如到过所罗门群岛的西班牙探险者所发现的那样，这里"根本没有香料植物，也没有黄金白银，而所有人都是赤身裸体的野蛮人"。塔斯曼在有关他命名的"范迪门地"的报告中也表达了同样的看法。他称此地"并无可牟利之处，只有贫穷的裸体人在海滩上行走；没有稻谷，水果很少，这些人很穷，脾气也不好。"[3]

17 世纪中叶后，英国人开始粉墨登场。威廉姆·丹皮尔（William

---

[1] Robert J. Miller, et al, *Discovering Indigenous Lands-The Doctrine of Discovery in the English Colonies*, p. 171.

[2] 〔澳大利亚〕斯图亚特·麦金泰尔：《澳大利亚史》，第 19~21 页。

[3] 〔澳大利亚〕斯图亚特·麦金泰尔：《澳大利亚史》，第 22 页；Vanessa Collingridge, *Documents of Australian History*, Scoresby: Five Mile Press, 2008, p. 13.

Dampier）是第一个探寻"新荷兰"的英国人。1688 年，他来到澳大利亚的北部海岸。第二年，他故地重游。他对土著的印象是："这个国家的居民是这个世界上最悲惨的人。撇开他们的人的体形外，他们与畜生没有什么不同。"①

18 世纪中叶，带着对控制这个区域的可能性的憧憬，英法两国对这里进行新的探索。两国派往该区域的许多船只的名称就表明了其目的性，如"地理号"（*Le Geographe*）、"自然号"（*Le Naturaliste*）、"努力号"（*Endeavour*）、"发现号"（*Discovery*）、"考察号"（*Investigator*）等等。随行的有自然史学家、天文学家、地貌画家、生物画师，他们对植物区系和动物区系进行测量、描述、收集和分类，寻找那些可以培植和利用的植物。在这些探索者当中，最著名的是詹姆斯·库克。库克曾是一名水手，早年加入英国皇家海军，先后三次率队对太平洋进行远洋探险。在第一次航行（1768～1771 年）中②，库克航行到塔希提（Tahiti），观察金星凌日的天象，然后向西环绕新西兰南北两岛航行，再沿澳洲东海岸北上，穿过托雷斯海峡。在这次航行中，库克测绘了 8000 公里以上的海岸线，确定了澳洲岛屿和大陆的界限。库克曾得到指示就取得澳洲大陆的土地而采取两种途径。在 1768 年 7 月 30 日英国官方致库克的信中说，如果发现有人居住的土地，就"通过所有合适的手段与他们建立友谊并缔结同盟"，"在征得土著的同意下，以大不列颠国王的名义去占领这个国家的有利位置"；库克还被告知，"如果你发现无人居住的地方，就树立适当的标记和刻下题词作为首个发现者和拥有者的证据。"③ 在植物湾登陆后，库克继续向北航行到达托雷斯海峡的占领岛（Possession Island）。1770 年 8 月 22 日，他在那里又一次主张英国对他所声称的无人居住的土地拥有所有权。通过这些行动，库克声称英国王权占领了澳大利亚的整个东部海岸。返回伦敦后，他在报告中说，澳大利亚人烟稀少。与库克一同而来的约瑟夫·班克斯亦说道："这个比全欧洲还大得多的巨大大陆，人烟稀少。"

---

① Vanessa Collingridge, *Documents of Australian History*, p. 11.
② 值得一提的是，在第一次航行中，同行的还有一位叫约瑟夫·班克斯（Joseph Banks）的科学家。1770 年 4 月 28 日，"努力号"驶入一个宽阔的海湾，岸边满是"从未见过的优良牧场"。班克斯与另一位生物学家丹尼尔·索兰德（Daniel Solander）花了一周时间采集那些欧洲科学界所未闻的植物、鸟类和动物标本。他们因此将这个海湾命名为"植物湾"。
③ Vanessa Collingridge, *Documents of Australian History*, pp. 16–17.

然而，班克斯的结论是建立在他的假设之上：内地无人居住，因为那里没有足够的鱼，"土地上的收成"似乎不足以养活人口。他们当然都错了，整个大陆都有人居住。① 在第二次航行（1772～1774年）中，库克向南驶入南极海，比其他人到过的海区更加偏南。他试用新的航海钟，通过参照月球位置来确定海上的经度。在第三次航行（1777～1779年）中，库克在夏威夷为岛民所杀。

在库克和班克斯回国呈交有关新南威尔士报告的15年之后，英国政府做出了正式殖民澳洲的决定。此时，英国已经失去了北美殖民地，向那里押解流放犯已再无可能，必须寻找一个替代之地。最初看中的地方是非洲，但因没有找到合适的地点以及考虑到它距离英国并不遥远而担心罪犯逃回而弃之。于是，当时主管殖民事务的内政大臣悉尼勋爵（Lord Sydney）向内阁提交了有关殖民的《计划要点》，并于1786年获批。该计划的核心内容就是向澳洲输送罪犯。负责起草计划的英国官员考虑到了在那里殖民可能带来的两个好处：一是能够获取亚麻和木材；二是可以"清除本国最为可怕的匪徒"。但在学者眼中，在澳洲殖民有其更深远的意义。"那些认为澳洲作为罪犯处理场的学者，视这种捉摸不定的起源为一种新的开端。那些坚持地缘政治的学者认为，这是具有帝国远见的、更具有肯定意义的一种延续。"②

1787年5月13日，被任命为澳大利亚第一任总督兼驻军总司令的英国海军军官阿瑟·菲利普（Arthur Philip）率领由11艘船组成的"第一舰队"从朴次茅斯港起航，沿英吉利海峡南下，进入公海，驶向南大西洋。8月7日抵达里约热内卢。稍停几日后启程经过麦哲伦海峡横渡南太平洋。1788年1月26日，船队在今天悉尼歌剧院附近的一个港湾下锚登陆，升起一面米字旗，并以悉尼勋爵的名字命名其为"悉尼港"。菲利普随后宣布这块神秘的南方大陆归大英帝国所有，由此正式拉开了英国在大洋洲殖民的帷幕。③ 2月7日，阿瑟·菲利普宣誓就任新南威尔士总督兼驻军司令官。也就是说，英国当时既没有得到土著居民的允许，也未与对

---

① Robert J. Miller, et al. , *Discovering Indigenous Lands-The Doctrine of Discovery in the English Colonies*, p. 175.

② 〔澳大利亚〕斯图亚特·麦金泰尔：《澳大利亚史》，第26～27页。

③ 此后每年的1月26日，当地英国人都要举行庆祝活动。1946年，这一天成为澳大利亚国庆日。但在土著那里，这一天就是他们的"国耻日"。

方进行过任何形式的谈判，就占领了新南威尔士这片广大的地区。澳大利亚当代著名学者罗伯特·休斯（Robert Hughes）① 对这一历史情节做了如下描述：

> 1787 年，也是乔治国王三世统治的第 28 个年头，英国政府派遣了第一支舰队，前来澳大利亚。

> 以前从未有一座殖民地建立在离母国如此遥远的地方，建立之时也没有对其所占国土达到如此无知的地步。在此之前，从未有人对该地区进行过军事侦察。1770 年，詹姆斯·库克船长曾在这座绝对神秘莫测的大陆无人探索的东海岸登陆，在一个名叫植物湾的地方稍事停留，然后又向北驶去。自从那时以来，再也无船来此：整整 17 年，没有片言只语，没有任何观察，每一年都与之前的几千年一模一样，锁定在无边无涯的历史之中，只有炎热的蓝天、丛林、砂石和太平洋上清澈如镜的滚滚波涛发出缓慢而有节奏的轰响。

> 这一年，这道海岸就要目睹一场从未尝试过，以后也不会重复的崭新的殖民实验。一座未曾探索的大陆即将成为一座巨牢。这座牢狱周围的空间，囚于其中的空气和大海，以及整个透明的南太平洋迷宫，都即将成为一道厚达 14000 英里的牢墙。②

依靠罪犯创建殖民地是一个富有胆略的作为。由于没有人购买罪犯的劳力，所以罪犯就要成为自给自足社会的农业业主。在 759 名被选中的罪犯中，男性与女性的比例为 3∶1。③ 因为罪犯需要看管，英国政府就派了 4 个连的水兵一同前往。④

阿瑟·菲利普在悉尼湾登陆后，见到了这一地区的伽玛瑞戈土著居民。当地土著对那些穿着奇装异服、皮肤苍白的人感到迷惑不解。他们带着愤怒、恐惧和好奇的心理跑到海边，尖叫着，挥舞着手中的长矛，看着这批

---

① 罗伯特·休斯（1938～2012），当代澳大利亚著名艺术评论家、作家、历史学家以及电视纪录片制作人。
② 〔澳大利亚〕罗伯特·休斯：《致命的海滩：澳大利亚流犯流放史（1787～1868）》，欧阳昱译，南京：南京大学出版社，2014，第 1 页。
③ 从 1788 年 1 月至 1868 年 12 月间，从英国流放到澳大利亚的罪犯人数达 11.5 万人。
④ 〔澳大利亚〕斯图亚特·麦金泰尔：《澳大利亚史》，第 27～28 页。

陌生人从船上卸下那些奇形怪状的东西。随后，他们看到这些入侵者强占了他们的土地。这些人随后便伐掉了树木，清除了丛林，挖起了壕沟，搭起了一顶顶奇怪的帆布帐篷。在接下来的几个月里，土著目睹了看守差役鞭打犯人，甚至绞死了几个犯人。他们对此感到困惑不已。殖民者甚至厚颜无耻地挖开土著的坟墓，取出了死人的骨头。伽玛瑞戈人认为，他们遇到了野蛮人。① 在菲利普总督早期发给伦敦的一份电报中说："土著的数量比我们想象的要多得多。"在白人定居地的周围，土著的数量就多达15000人。其他的船只靠岸后也发现，这个国家的人口比库克想象的要稠密。② 不仅如此，欧洲人很快就感受到了土著对土地所有权的表达。英国的第一支侦察小分队在与土著遭遇时就听到"瓦拉，瓦拉，瓦拉"（'Warra, warra, warra'）的叫喊声，意思是"滚开"（'begone'）。菲利普并没有料到这样一群粗野之人对土地和资源有如此明晰的权利，他本人就有过一次痛苦的教训。当时在曼利湾（Manly Cove），他的肩曾被土著的矛刺伤。后来，当土著威胁到白人的生命和财产时，菲利普就动用所有手段予以镇压。③

（三）对土著的屠杀和驱赶

科林·塔兹（Colin Tatz）认为，对土著的种族屠杀发生在十八九世纪。④ 起初，土著民族与定居者基本上保持着非暴力的关系，但殖民者的牧场边疆的迅速扩张却扼杀了这种可能性，因为扩张导致了一系列创伤巨大的遭遇战。在殖民扩张下，土著失去了打猎和捕鱼的场所，没有了食物，有时不得不偷捕殖民者的绵羊为生，再加上从殖民者那里逃跑的罪犯，有的躲在土著当中，这就为殖民者搜捕罪犯以及大规模屠杀土著提供了借口。

1824年，欧洲殖民者与土著的冲突不断升级。有超过100名土著在新南威尔士的巴瑟斯特（Bathurst）被屠杀。1825年，英国政府下令：有必要以暴制暴。殖民者把土著当作打猎的对象，用步枪射杀他们，并引以

---

① 石发林：《澳大利亚土著人研究》，第20页。

② David B. MacDonald, *Idenity Politics in the Age of Genocide-The Holocaust and Historical Representation*, New York: Routledge, 2008, p. 66.

③ David Andrew Roberts, "They would Speedily Abandon the Country to the New Comers", in Martin Crotty and David Andrew Roberts (eds.), *The Great Mistakes of Australian History*, pp. 22 – 23.

④ David B. MacDonald, *Idenity Politics in the Age of Genocide-The Holocaust and Historical Representation*, p. 66.

为乐。一位名叫梅杰的牧场主甚至说，土著已经使用这块土地无数个世纪了，他们应该像灭绝的化石一样让路。1834 年，刚刚成立的西澳大利亚殖民地总督率领当地驻军的一个分队在平贾拉（Pinjarra）与农戛人（Nyungar）交锋，约 30 名农戛人在这场战斗中毙命。[1]

在细数 19 世纪白人在澳洲犯下的种族屠杀暴行时，塔斯马尼亚和昆士兰是人们最容易想到的两个殖民地。19 世纪 20 年代，塔斯马尼亚就发生了边界战争。殖民者受到了土著的攻击，而后者遭到了前者的血腥报复。乔治·阿瑟（George Arthur）总督起初拒绝白人定居者提出的消灭或驱逐土著的要求，而开始尝试把土著安置在小块农田中。但是，到了 1828 年，这个计划显然没有获得成功。于是，他下令土著离开原住地，而迁至保留地。这样，整个岛屿就出现了大肆抓捕土著的现象。[2] 尽管殖民当局声称此举存有善意，即让土著在塔斯马尼亚存活下去，但一个铁的事实是，被安置在弗林德斯岛（Flinders Island）上的 200 余名土著后因那里的生活条件恶劣而多人死亡。在昆士兰，白人对土著犯有种族屠杀的罪行更容易得到证实。从 19 世纪三四十年代起，白人就屠杀那里的达哈努格人（Dharug people）。由白人官员领导的土著警察被当作屠杀的主要工具。1824～1908 年，大约有 10000 名土著在昆士兰被杀害。[3]

殖民者在海外对待当地土著的暴行不时传到伦敦，这引起了一些宗教人士以及人道主义者的关注、忧虑甚至谴责。

1836 年，伦敦的基督教福音派教徒创立了英国与外国土著保护协会。[4] 该协会在英国议会进行游说，敦促成立一个调查原住民问题的委员会。下院的一个调查委员会于 1837 年发现，南非、澳大利亚和北美的殖民化给土著带来了灾难性的后果：土著"明确的、神圣的权利"以及"对他们自己土地毫无争议的权利"受到了漠视。[5] 该调查委员会还向议会递交了一份有关澳洲土著也即英国殖民的报告。1838 年 1 月 31 日，"陆军及殖民地国务大臣"（Secretary of State for War and the Colonies）格

---

① 〔澳大利亚〕斯图亚特·麦金泰尔：《澳大利亚史》，第 55～56 页。

② Henry Reynolds, *An Indelible Stain?* London：Viking，2001，pp. 54 – 85.

③ David B. MacDonald, *Identity Politics in the Age of Genocide-The Holocaust and Historical Representation*，p. 67.

④ 悉尼当地的人权主义者受到激励，于 1838 年成立了该协会分会。

⑤ 〔澳大利亚〕斯图亚特·麦金泰尔：《澳大利亚史》，第 59 页。

伦埃格（Glenelg）爵士向乔治·吉普斯（George Gipps）总督递交了这份报告。报告建议在澳洲设立"土著保护官"（Protector of Aborigines）。"土著保护官"被要求学习土著语言，其职责就是保护土著权利，反对剥夺土著财产，保护他们免遭残酷暴行、压迫和非正义行为。"菲利普港保护者站"（Port Phillip Protectorate）因此建立起来。乔治·奥古斯都·罗宾逊（George Augustus Robinson）被任命为首席保护官，还有四名全日制的保护官，他们是罗宾逊的工作助手。[①] 在殖民氛围下，区区几个土著保护官的作用极其有限，或者说他们根本保护不了当地土著。如在"土著保护官"设置以后，残杀土著事件仍屡见不鲜。1838年，新南威尔士北部的利物浦平原地区见证了一系列对土著的屠杀事件。为替几名被杀的牧羊人报仇，努恩（Nunn）上尉和他旗下的23名士兵在劳米河（Naomi River）边的醋山（Vinegar Hill）杀死至少100名（很可能是这一数字的三倍）土著。六个月后，在迈耶尔克瑞克站（Myall Creek station），约有30名土著遭到12名牧场主的侮辱和枪杀，尸体被焚烧。这些牧场主中有11人是罪犯或有犯罪前科的，其中7人后来被判绞刑。这是澳大利亚历史上第一次对犯法的殖民者进行惩罚。就在此次屠杀后不久，有200名土著在格莱伍森德（Gravesend）附近被杀。[②] 1840年在朗拉贡（Long Lagoon）就发生了对土著的种族屠杀，整个土著社区的人口被屠杀殆尽。[③]

为了对付土著，殖民者可谓机关算尽。在新南威尔士，总督部署了骑警部队来对付土著。后来还征召土著加盟。这种武装部队的机动性和火力令土著无力抵抗，而征召土著入伍是大英帝国的一贯伎俩，即利用被征服民族去打击那些不肯就范的部落。[④] 1837～1853年间，殖民当局在维多利亚组建了一支"土著警察"，用收买、拉拢和欺骗的手段唆使青年土著屠杀与他们对立的土著部落。19世纪60年代，为了控制土著居民，昆士兰殖民地政府专门训练了一支"土著骑兵警察"。与枪杀相比，白人认为毒

① Graeme Aplin, S. G. Foster and Michael Mckernan（eds.），*Australians*：*Events and Places*，Broadway：Fairfax, Syme and Weldon Associate, 1987, pp. 47 – 48；A. T. Yarwood and M. J. Knowling, *Race Relations in Australia*：*A History*, pp. 88 – 89.

② Richard Broome, *Aboriginal Australians-Black Response to White Dominance 1788 – 1980*, p. 42.

③ Alias Notator, "A History of Reconciliation", http：//perth. indymedia. org/？action：newswire & parentview = 10716. 2009 – 10 – 01.

④ 〔澳大利亚〕斯图亚特·麦金泰尔：《澳大利亚史》，第56页。

死土著更安全。殖民者在土著的饮水中放毒，给他们吃混有砒霜的食物。[①] 很多土著因此饮恨离世。尽管如此，在 18～19 世纪，最大的杀手无疑是白人给毫无免疫力的土著带来的诸多疾病，如水痘、天花、性病、流感以及麻疹等。1789 年，在植物湾的土著中就出现了被医学确认的天花流行疾病。约在1829～1831 年，这种疾病在澳大利亚东部变得流行起来。包括淋病和梅毒在内的性病，一开始出现在罪犯当中，随即在植物湾的土著中出现，1800 年就传播到范迪门地；19 世纪 20 年代末至 50 年代，这种疾病传播到整个新南威尔士和维多利亚。1820 年、1826 年和1838 年，殖民地出现了流感。[②] 据估计，土著人口下降的90% 是由疾病造成的。[③]

关于这一桩桩血腥残忍的历史事件，澳大利亚的历史学家们一直讳莫如深。美国记者约翰·根室在《澳新内幕》一书中愤怒地写道："白人得寸进尺，为攫取更多的土地开始实行'驱散'，这是大屠杀的一个委婉说法。他们四处'猎取土巴佬'取乐，这是他们周末的一种快活的游戏。"[④] 更加令人气愤的是，一些欧洲人声称土著不仅仅是野蛮人，甚至不算是人，"是一种没有尾巴的猴子。"在殖民者那里，杀死土著不比杀死野狗更加糟糕。[⑤] 唐纳德·弗里曼在其著作中对殖民者的肆意妄为做了如下描写："几乎毫无例外，在整个探险时期和殖民地开拓的初期，欧洲的闯入者的作为就好像他们遇到的原住民对土地、财产甚至他们自己的社会或个人自主权毫无权利可言那样。一次又一次，对其土地的被盗和主权、自治权的丧失，岛民成为不能理解的见证人：那常常伴随着他们难以理解的仪式，例如升旗、竖立十字架或堆石界标，滑膛枪或加农炮的开火，还有宗教仪式，为当时的欧洲宗主国干杯。"[⑥]

---

① Richard Broome, *Aboriginal Australians-Black Response to White Dominance 1788 – 1980*, p. 42.

② N. G. Butlin, *Economics and the Dreamtime-A Hypothetical History*, Cambridge：The University of Cambridge, pp. 215 –217.

③ 达缅恩·肖特（Damien Short）认为，在 1788～1884 年间，土著在与白人冲突中的死亡人数约为20000 人。根据亨利·雷诺兹（Henry Reynolds）的研究，在他称之为对土著的屠杀时期，约有 2000～2500 名非土著人丧命，而土著中有近 20000 人失去了生命。参见 Henry Reynolds, *The Other Side of the Frontier*, Ringwood：Penguin, 1982, p. 99.

④ 〔美〕约翰·根室：《澳新内幕》，第 102 页。

⑤ Henry Reynolds, "Racial Thought in Early Colonial Australia", *Australian Journal of Politics and History*, Vol. 20, No. 1, April 1974, p. 48.

⑥ 唐纳德·弗里曼：《太平洋史》，第 197 页。

二　保护与分离政策

（一）"人道主义者"的呼吁

19世纪20～40年代，澳大利亚东南部的牧场主及其支持者认为，作为"优等种族"，他们的利益应该高于土著，但是，这一利己的看法受到了一个在福音派教会人士以及人道主义慈善家所支持的相反评估的挑战。这一观点认为，欧洲人没有权利去忽视土著的利益，而应该优待并且帮助后者。像其他欧洲人一样，人道主义者也相信他们比土著优越，"人类的较高级种族"，"尤其是盎格鲁——撒克逊种族"有义务去"拓殖地球的荒废之地"，比如澳大利亚；去开发土著从未利用过的"重要资源"。在相信"白人的开拓步伐不应受到阻止"的同时，与其他殖民者不同的是，这些人道主义者却承认这样一个"重要事实"（'great fact'），即土著是这块土地的"最初所有者"（original possessors），欧洲人"毫无羞耻地偷走"土著"与生俱来的土地"，是"入侵者"，并且强调欧洲人的"带有敌意的入侵"剥夺了当地人"以前的生活方式"，甚至差不多要铲除他们。因此，在获取"生活必需品以及幸福生活方面"，土著拥有"不可剥夺的"权利，并且有权向殖民者提出"索赔要求"。他们还认为，殖民地政府所要承担的"首要责任"应该是对土著进行"合适的赔偿或提供适当的生活所需。"①

19世纪50年代初，"淘金热"的到来使得生活在维多利亚的土著的处境更加艰难。1853年，维多利亚女王时代的一位移民在以下这番颇具代表性的讲话中，暗示了澳大利亚土著的遭遇："澳大利亚土著种族同莫希坎人以及其他许多已知的部落一样，由于天意，似乎注定要在文明的进步面前从其本土消失。"② 作为一种回应，维多利亚议会于1858年成立了一个"特别委员会"，目的是"调查该殖民地土著现状，寻找最佳办法减轻他们的绝对贫困"。③ 在给议会的报告中，委员会建议政府在有较多土

---

① Bain Attwood, *The Making of the Aborigines*, p. 82.
② 〔美〕斯塔夫里阿诺斯：《全球通史——1500年以后的世界》，第111页。
③ Bain Attwood and Andrew Markus, *The Struggle for Aboriginal Rights-A Documentary History*, p. 32.

著居住的地区划出一片地作为保留地,强迫土著去那儿生活,其目的是帮助他们成为文明人和基督徒。[①]

到了19世纪60年代,人道主义者的激进意识开始对土著问题产生较大影响。这时候,"种族"概念的含义是模糊不清的,并且正在经历一个重新定义的过程,就像"等级"(class)和"民族"(nation)一样。土著常常被视为一个种族或一个等级。人道主义者以一种类似于视土著为"他者"(other)的方式来看待他们。当一位殖民者认为"如果有必要的话,黑人应该受到强制管理,就像我们强制管理那些不能照料自己的孩子和疯子一样",那么他就清晰地表达了这种思想。受此影响,人道主义者赞成种族分离政策。他们意识到较早时期殖民政府的政策是基于如下信仰,即通过与欧洲人的密切接触,土著是可以被"文明化"的,但这一尝试被证明是徒劳无功的。因此,他们建议把土著与欧洲社会相分离,并把他们集中在由政府资助的保留地居住,由传教士和政府官员对其进行教育和监管。若如此,土著就变得对国家有用,对他们自己也有好处。不过,人道主义者仍然期望土著将最终融入欧洲人社会。[②]

(二)土著保留地的纷纷建立

按照当时的设想,在保留地内,欧洲人将教会土著读书习字、照料牲口、看护庄稼;教妇女缝制衣服;教男人建造欧式房子。1860年,这种保留地首先在维多利亚试点,后来其他各殖民地亦纷纷效仿。南澳大利亚于1880年、昆士兰于1897年、西澳大利亚于1905年、新南威尔士于1909年、北部领地于1911年相继建立了土著保留地。可以说,分离政策在19世纪60年代后表现了其连续性特征。教会机构、传教士以及"土著保护局"(Aboriginal Protection Board)共同推动了这一政策的实施。

从政府设置保留地的初衷来看,这是缓和土著与白人之间矛盾的一个暂时性举措,目的是通过欧化教育来同化土著,即使同化目的没有达到,

---

[①] 澳大利亚的保留地与北美印第安人的保留地在属性上有所不同。澳大利亚保留地是指政府拨出一块土地给土著居住和从事相关活动,但所有权仍归政府所有,土著无权占有。政府可以随时缩小、扩大或取消保留地。

[②] Bain Attwood, *The Making of the Aborigines*, p. 83.

生活在偏远地区保留地的土著也不会对白人利益构成威胁，甚至还可能出现这样一种结果：生活在保留地的土著很可能因不适应改变了的环境而逐步消亡。而且，保留地并非土著所有，这就埋下了伏笔：如果土著不服殖民管理，那么政府就可以收回或缩小保留地；如果保留地具有商业开发价值，那么政府就可以"国家利益"之名对外出租或进行矿产开发，土著就不得不面对被政府随意迁往他处的命运。

在与其他殖民地有着显著差异的维多利亚，具有不同经济或政治利益的人们既缺乏动力又欠缺手法去同这种分离政策作斗争。"土著保护局"最终劝说政府通过立法来加快对土著的保护与限制目标的实现。《1869年条例》（1869'Act）是迄今为止维多利亚殖民地所颁布的为当地土著提供保护和管理最全面的立法。从理论上讲，它赋予了重组的"土著保护局"管理土著的相当大的权力——管控他们的就业条件、居住场所，对儿童的关心和监护，甚至把对伤害土著的雇主、政客或任何其他人进行惩罚的条款也写进条例之中。在这部条例中，对土著并不是从种族上而是从文化上根据一个共同的"生活方式"来定义的。澳大利亚的每一位纯血统土著，每一位混血土著或混血土著的孩子（因为他们习惯上与土著有联系并且与土著居住在一起）应该被认定为土著。然而，这种定义并不意味着决策者实际上视土著为一个统一的群体，他们有时还会根据土著对欧洲文化的熟悉程度来划分土著。[1]

在维多利亚，管理土著的机构也在不断地建立与调整。1886年，对殖民地事务的管理由殖民地大臣（Colonial Secretary）转移至"土著保护局"。"土著保护局"由6人组成，所有成员均由总督任命，其职责就是监督"土著保护官"的行动。"土著保护官"是由总督或"土著保护局"来任命的，其职责是向"土著保护局"汇报土著待遇事宜，并被授权颁布法庭程序和代表土著执行法庭裁决。土著保护官通常由驻地治安官（Resident Magistrates）、监狱长（Warden）、巡官（Inspectors of Police）、治安法官（Justices of the Peace）以及在某些情况下由宗教负责人来担任。[2]

在实施分离政策时期，这些人道主义者通过宣传这项政策的成功以及他们对土著未来的自信而寻求这一政策的合法性。如1871年，他们就宣

---

[1]　Bain Attwood, *The Making of the Aborigines*, p. 85.

[2]　1898年，"土著保护局"被"土著部"（Aborigines Department）所取代。

称，"有关土著种族很快消失的陈词滥调与事实绝不相符"，在不到十年的时间内，他们已让"土著的生活习惯和方式发生了一个彻底的革命"。他们视自己为专家，把他们的政策吹捧为其他殖民地应予以效仿的一个典范。① 然而，这种目的性很强的宣传并非没遇到挑战。例如，有自由主义倾向的媒体就没有完全分享人道主义者的乐观看法。更为重要的是，一些有影响的殖民者亦对这种政策的重点表示怀疑，如爱德华·M.柯尔（Edward M. Curr）、克里斯蒂安·奥格尔维（Christian Ogilvie）、詹姆斯·道森（James Dawson）等牧场主或人类学家们。与绝大多数传教士以及城市的慈善家们不同的是，这些人与土著有一定的交往，对土著文化较为了解，并且发现土著是有用的劳动者。出于上述原因以及其他方面的考虑，这些人对"传教体制"持批评态度，并且认为，虽然把土著置于"文明的范围之内"是有益的，但是，像对待孩子一样对待他们，并在鼓励他们自我依靠方面无所作为，也没有向他们提供使之成为社会有用成员所必需的品质，相反，希望保留地成为融入更加广泛社会的跳板，但结果是，每个保留地正在成为像一个能使自身永久存在的贫民窟。②

19 世纪末，昆士兰南部和中部的很多土著部落被消灭殆尽，幸存的少量土著已不再是一个威胁。他们遭到嘲笑、讥讽，被批评不能去狩猎以及照看好自己。然而，当土地被剥夺以及大部分的传统活动被取消时，土著还能靠什么生存下去呢？他们明白在丛林地带与白人对抗是件危险的事情，因此只得在城镇和畜牧站闲荡，以打一些零工和乞讨为生。一些土著甚至以酗酒和吸食鸦片来麻醉自己。土著们的悲惨处境触动了牧师们同情的心弦。一些政府官员甚至一些牧场主也觉得应该在"土著问题"（'Aboriginal Problem'）上有所作为。1894 年被任命为警察特别专员的阿奇博尔德·梅斯通（Archibald Meston）奉命写一篇有关昆士兰土著人口急剧下降的报告。报告认为，土著人口下降的主要原因包括外来的疾病、殖民化以及边界暴力等。报告还就减缓人口下降以及土著其他事务提出了很多建议。这些建议对州管理当局出台相关管理政策产生了重要影响。1897 年，《土著保护与鸦片销售限制条例（昆士兰）》[*Aboriginal Protection and*

---

① Bain Attwood, *The Making of the Aborigines*, p. 84.

② Bain Attwood, *The Making of the Aborigines*, pp. 85 – 86.

Restriction of the Sale of Opium Act（Qld）] 颁布。① 这一条例规定将向某些地方指派"土著保护官"，其职责就是保护土著免遭暴力侵害，帮助他们寻找工作。同时对向土著销售鸦片进行限制。该条例生效后，土著将从城镇附近和定居地迁至保留地。绝大多数保留地位于最北部的约克角半岛以及卡彭塔里亚湾（Gulf of Carpentaria）的部分地区。保留地负责向土著提供食物、住房、衣服以及医疗救助。对此做法，众人看法不一。有人认为，此举会让土著变得懒惰和不工作②；也有人认为，此举是种族主义的做法。管理者能够通过大量管理规定而掌控土著事务，这些规定仅仅因为一纸公告而变得合法化。③《土著保护与鸦片销售限制条例（昆士兰）》的问世标志着该州土著政策朝着对土著人口的保护、分离以及加强管制方面的重要转移。

在保留地，土著不能自由流动。如果要到保留地外就业，他们就必须得到土著保护官的同意。该条例还赋予保护官控制土著婚姻的权力。其他的立法给予政府官员把任何土著孩子从其父母身边带走以及把无人抚养的孩子带到牧畜站作为一般劳动力或家庭佣人的权力。④ 任何拒绝接受这些管制的土著个人将被贴上麻烦制造者的标签。他们可能被立刻转移至距家几百英里的传教站或政府设立的保留地。昆士兰的棕榈岛（Palm Island）常常被作为转移土著的目的地，至今仍被伊萨山（Mount Isa）地区的年长土著称为"惩罚岛"（'punishment island'）。⑤

19 世纪末 20 世纪初，土著大多远离其他澳洲人而居住在保留地内。塔斯马尼亚岛屿是个例外。1803 年，大约有 5000 名土著居住在该岛。而到 1830 年，这个岛上的土著居民只剩下 50 人。⑥ 1869 年 3 月 3 日，该岛最后一位男性土著威廉姆·朗勒（William Lanné）因患急性痢疾死亡，而

---

① 这是澳大利亚第一部此类法律。不久之后，其他州以及后来的联邦也效仿昆士兰去研究土著问题，并出台相关政策或法律。

② D. May, *Aboriginal Labor and the Cattle Industry：Queensland from White Settlement to the Present*, Cambridge：Cambridge University Press, 1994, pp. 62 - 63.

③ "Aboriginal Protection and Restriction of the Salr of Opium Act 1897", http：//en. wikipedia. org/Aboriginals_ Protection_ and_ Restriction_ of_ the_ Sale_ of_ Opium_ Act_ .... 2016 - 02 - 28.

④ R. Kidd, *The Way We Civilise*, St Lucia：University of Queensland Press, 1997, pp. 20 - 21.

⑤ C. D. Rowley, *Destruction of Aboriginal Society*, Sydney：Penguin, 1970, pp. 183 - 186.

⑥ Jennifer Sabbioni, Kay Schaffer and Sidonie Smith (eds.), *Indigenous Australian Voices：A Reader*, p. xxii.

最后一位女性土著拉纳·洛克（Lalla Rookh）也于 1876 年辞世。在英国殖民的 70 余年时间内，塔斯马尼亚岛上的原住民就完全绝迹了。尽管他们留下了很多石制工具，但是，很少有人知道它们作何用途以及如何使用。他们本可以在这块神奇的土地上繁衍不息，但殖民者的残忍让这一种族从此在地球上消失了，并给后世留下了永久的哀叹。

当土著人口下降，传统的生活方式以及文化遭到破坏时，土著及托雷斯海峡岛民就变得边缘化了。很多人被强迫带入宗教站或政府设立的保留地，一些人成为城郊边缘地区的居民，还有一些人则努力在乡村和澳大利亚内地充当季节性劳动力，借以糊口度日。迁入保留地的政策旨在保护土著不再遭受白人的剥削，并保证向土著提供物质帮助。但对土著来说，这一政策存在许多弊端。在保留地，土著被迫学习欧洲人的语言，思维和行动也要与欧洲人保持一致。传教士们和保留地管理当局禁止土著举行传统的宗教仪式，竭力破坏土著的传统生活方式。除此之外，未经允许，土著不得离开保留地，朋友也无法进入；未经许可，土著甚至不得嫁娶等。殖民当局把进入保留地作为土著与其传统生活方式分开的一种方法，虽然暂时避开了土著与白人的正面冲突，但两个种族之间的矛盾并没有因此得到缓和或消除，土著也没有显露出快速灭绝之兆。在这种情况下，澳大利亚联邦政府不得不对土著民族祭起歧视和同化政策的大旗。

三　同化政策

（一）帕拉马塔中心的创建

土著孩子常常在边界冲突中被绑架并被白人当作劳动力而受到剥削。"年轻土著佣人的最大好处就是廉价，除了给他们提供一些食物和衣服之外，从不支付任何报酬。因此，在边界或边界附近的欧洲人，不管其情况如何，都能得到并拥有一名私人佣人。"① 然而，随着殖民扩张步伐的加快，土著的命运何去何从就成为殖民者不得不考量的一个政治或社会问题。在关注土著命运的那些传教士和管理者当中，很多人得出这样的结论：

---

① Henry Reynolds, *With the White People*, Ringwood: Penguin Books, 1990, p. 169.

对于土著孩子来说，寄宿学校或孤儿院是让他们基督教化和文明化的最有效的途径。其实，这类学校或孤儿院——有时被称为"土著人机构"（Native Institution）——在七个殖民地建立初期就已建立。

在帕拉马塔（Parramatta）和阿尔巴尼（Albany）的土著人机构是在白人殖民早期建立的，它们是福音派教会和殖民管理者共同努力的结果。在新南威尔士，帕拉马塔土著人机构的创始人是"伦敦传道会"（London Missionary Society）① 前传教士威廉姆·谢利（William Shelley）夫妇。在他们1807年搬到悉尼之前，威廉姆·谢利的妻子伊丽莎白（Elizabeth）曾在塔希提传教。1810年，具有改革思想的拉克伦·麦考瑞（Lachlan Macquarie）受命统治新南威尔士殖民地。四年后，谢利在写给麦考瑞的信中谈到了有关土著居民福利的一些建议。这些建议的中心思想就是如何使土著文明化。信首是这样写的："这个大陆土著的文明化……常常占据我的思想，我斗胆在阁下您面前就这个重要的主题谈谈我的一些看法。"与欧洲定居者所抱的偏见不同，谢利认为，土著与其他人一样是能够"接受教育"和"文明化的"。然而，他又认为，先前同化土著的努力被那些希望有一个婚姻伴侣的"文明化的"土著所面临的问题所挫败。"年轻的男性土著生活在婚姻的预期中，他们有抱负，以在自己的社会受到尊重而自豪。然而，除非一些人放弃恣意挥霍的生活，否则就没有欧洲妇女愿意嫁给一位土著。对于一度被欧洲人所接受的土著妇女而言同样如此。一个单独的个人，无论是女人还是男人，从婴儿期就在欧洲人中接受教育，甚至是很好的教育，一般而言，当他们长大成人时，他们会被欧洲人的异性所拒绝，从而必须进入丛林地带寻找伴侣。"谢利提示说，为了获得成功，让土著文明化的任何努力必须包括提供适合的婚姻伴侣。谢利的方案是提供包括性别隔离宿舍的"一个公共机构"（a Public Establishment）。在那里，土著孩子将被传授"阅读、写作、宗教教育；男孩从事体力劳

---

① 18世纪80年代末，被誉为"现代传教之父"的威廉姆·克里（William Carey）在其著作《基督徒利用各种手段使异教徒皈依的责任研究》（*An Enquiry into the Obligations of Christians, to Use Means for the Conversion of the Heathen*）中，对于开展海外传教活动提出了一些建设性意见。克里认为，将福音传播给所有人是每一个基督徒的使命，而这一使命的完成需集众人之力。他建议成立一个类似于公司组织的团体——传道会。1795年9月22日，成立一个拓展海外传教事业的协会的会议在伦敦召开。此次会议决定成立海外传道会。为了与后来成立的一些传道会相区分，"传道会"于1818年更名为"伦敦传道会"。

动、农业、手工工艺，女孩从事缝纫、编织、纺纱或者其他适合她们做的有益的劳动。"在这个机构完成教育之后，"让他们在一个合适的年龄结婚，并且安排有稳定宗教信仰的人来监督他们。"麦考瑞对谢利的建议给予了热情的回应。到1814年底，一系列关于拟议中的"土著人机构"的规划和规定以政府和一般命令的形式被刊载出来。①

为了使这一设想变为现实，谢利夫妇身体力行，建立了帕拉马塔土著人机构。一些已经与谢利夫妇一道生活的土著孩子就成为该机构的第一批体验者。当时，4~7岁的土著儿童没有经过其父母的同意就被强行带走。②此举的目的就是"让新南威尔士的土著文明化，使他们变得更有教养和勤奋"，希望改善他们的条件，最终不仅让他们感到更加快乐，而且在某种程度上对土著社会也有益。该机构包括"一个教育土著男女孩子的学校"，还有在附近留出一块供成年土著居住和耕种的土地。③1814年晚期，在写给"伦敦传道会"董事会成员的信中，谢利宣称他对孩子的能力充满自信，并希望自己去学习当地语言，以便更好地与他们进行交流。然而，谢利并没有机会去完成这一愿望。次年7月，他因病辞世，其妻继任为该机构的负责人。在一对白人夫妇的帮助下，伊丽莎白经营这一机构，直至1823年关闭。在这八年的时间内，该机构在麦考瑞推动当地土著缔结姻缘的努力中发挥着重要作用。每年，在一个所有当地土著受邀参加的集会上，学校的孩子们身着白色服装，在谢利夫人的带领下参加游行。麦考瑞相信，当看到他们的孩子处在一个如此文明的状态时，现场的土著父母将受到鼓舞，并愿意把更多的孩子送来接受白人方式的教育。

然而，不管麦考瑞总督寄予何种希望并付出何种努力，该机构对很多土著孩子并无吸引力。1818年，在此居住的孩子只有9人。不过，麦考瑞一次在写给巴瑟斯特爵士（Lord Bathurst）的信中仍然相信，该机构所取得的成功远远超出他最乐观的期望，"孩子们在所学方面取得了

① J. Brook and J. Kohen, *The Parramatta Native Institution and the Black Town: A History*, Sydney: University of New South Wales Press Ltd., 1991, p. 61.
② J. Brook and J. Kohen, *The Parramatta Native Institution and the Black Town: A History*, p. 70; p. 263.
③ Peter Read, "Shelley's Mistake: The Parramatta Native Institution and the Stolen Generations", in Martin Crotty and David Andrew Roberts (eds.), *The Great Mistakes of Australian History*, p. 32.

非常大的进步。"后来，该机构一个名叫玛丽亚（Maria）的学生在一次新南威尔士殖民地公共考试中获得了头名。这在当时是一个不小的新闻。①②

1821年，该机构两名年龄稍大的女孩与被认为已充分文明化的土著男人结了婚，其中一人是当地的土著警察。这两对夫妇得到了麦考瑞所赐予的土地和物品，继续居住在被称作"黑镇"（Black Town）的里士满路（Richmond Road）地区。同年晚些时候，这个学校又有三名以上的女孩结了婚。③

与此同时，该机构遭遇了一波疾病的侵袭。四个孩子因病而亡，另外三个染病的孩子被其父母接走。学校的学生人数急剧下降，因为土著父母们拒绝把他们的孩子交给一个对生命毫无保障的机构。1822年，麦考瑞总督被召回英国接受质询，土著机构失去了强有力的支持者。次年，伊丽莎白把剩余的孩子送到黑镇，那里有一个在基督传教士监管下的苟延残喘的小型土著机构。④到了1828年，该机构彻底关闭。

威廉姆·谢利在创建这一机构之初就相信，一个旨在为文明化的土著提供合适的婚姻伴侣的土著机构，将为土著的永久转变提供基础。然而，这一目的似乎没有达到。1838年，就在该机构关闭十年后，"土著问题委员会"（Committee on the Aboriginal Question）对其影响进行了评估。该委员会与伊丽莎白进行了会谈，后者也无奈地坦陈："有几个女孩与黑人结了婚，但没有取得当初设想的改造她们的效果。在丢弃和销毁政府为她们提供的所有生活物品后，她们最终追随她们的丈夫进了丛林。自那以后，她们中的一些人偶尔回来看看我，我发现她们又退回到未开化的所有不好的习惯中。"从文中可以看出，威廉姆·谢利夫妇一手建立的土著人机构并没有取得预期的效果，这是可以得出的结论。然而，这一开创性的实践活动还是对土著的命运产生了不可忽视的消极影响，虽然这对夫妇的初衷

---

① J. Brook and J. Kohen, *The Parramatta Native Institution and the Black Town: A History*, pp. 78 – 79.

② 玛丽亚后来与一个有犯罪前科的名叫罗伯特·洛克（Robert Lock）的人结了婚，并成为悉尼的一名土地所有者。

③ J. Brook and J. Kohen, *The Parramatta Native Institution and the Black Town: A History*, pp. 83 – 84.

④ J. J. Fletcher, *Clean, Clad and Courteous: A History of Aboriginal Education in New South Wales*, Sydney: Southwood Press, 1989, pp. 19 – 24.

并无恶意，但以后历代教会和州管理者对他们俩拟定的规则的恶劣和不人道的使用，致使土著儿童遭到肉体与精神上的双重折磨。①

（二）"被偷的一代"的产生

19 世纪 30 年代，詹姆斯·斯特林（James Stirling）总督就宣称，规划未来土著的关键在于对儿童而非成人的隔离教育。要实现对土著儿童的教化，就应该确保土著儿童与成人分离，切断儿童与土著社会的联系，包括与其父母的联系。19 世纪末 20 世纪初，混血土著儿童人数日益增多，并成为白人社会关注的焦点。一方面，人们害怕混血土著儿童留在土著社会抚养，会沾染土著社会的不良习惯，从而对白人社会构成威胁；另一方面，人们认为，混血土著儿童身上有白种人的血液，把他们留在土著家庭和社会是不公正的。出于对混血土著儿童既恐惧又歉疚的复杂心态，各殖民地政府在把纯血统土著限制在保留地的同时，把混血土著挑选出来，并对混血土著儿童实行强制的分离政策。

在采取这种令人恐惧的措施时，政府援引了有关种族遗传类别的学说。如果土著被认定无法依靠自己繁衍下去，那么双亲分别为土著和欧洲人的儿童就具有更强的繁衍和生存能力。一旦土著失去了救助并从保留地迁出，他们就有可能养活自己，甚至在几代人之内就能生出不再具有土著生理特征的后代。这样，随着保留地内居民人口的减少，保留地的范围可以缩减甚至完全关闭。在做出这些判断时，保留地官员使用了诸如"完全土著血统"、"二分之一血统"、"四分之一血统"、"八分之一血统"这样的术语。更常见的是通过"白"的程度来作出评估，所使用的方法是同时评估其能力和可接受度。这样的政府计划充斥着种种矛盾：表面上是实行保护，但建立保留地的前提却是区内居民的日渐消亡。另外，其他土著被强迫驱离。所有这一切的前提就是土著的消亡，土著语言、习俗、礼仪的遗弃，以及血族关系的割断。这样对土著的吸纳就能够完成。②

昆士兰是最早确立对土著儿童实行隔离的殖民地。根据《1865 年工

---

① Peter Read, "Shelley's Mistake: The Parramatta Native Institution and the Stolen Generations", in Martin Crotty and David Andrew Roberts（eds.）, *The Great Mistakes of Australian History*, p. 32.

② 〔澳大利亚〕斯图亚特·麦金泰尔：《澳大利亚史》，第 136 页。

读和教养学校法》的有关规定，土著母亲所生的孩子注定是被"遗弃"的对象，地方法官有权把他们送往教养院进行最长达 7 年的教养，年满12 岁后才可以送出参加服务工作。只要得到地方法官的批准，昆士兰警察就有权以他们的母亲是土著为由对任何土著或混血土著儿童实施隔离，把他们安置在教养院或工读学校进行管教。《1897 年昆士兰土著法》规定，无须法庭审理，土著保护官有权对任何 16 岁以下的土著和混血土著儿童实施隔离教养。后来受到隔离的对象扩大到所有土著儿童。① 其他殖民地亦纷纷效仿。

从 1899 年起，在珀斯的"土著部"就做出了解决日渐发展的混血种族问题的决定。1901 年，土著首席保护官报告说，一方面很多混血人口从事与白人同等的工作，另一方面常常在社区发现混血种族的人逐渐变得懒惰并染上各种恶习。因此，"不允许这些有一半英国血统的孩子成长为流浪者和无家可归者，就像他们的母亲现在这个样子。"② 1902 年，澳大利亚众议院议员金·奥马雷（King O'Malley）在众议院发表讲话称："土著不如毛利人聪明。土著是人这一判断一点科学根据都没有。"③

联邦成立后，在"白澳政策"指引下，种族纯洁成为澳大利亚国家共同体的核心价值观念。在这项政策下，土著居民与那些来自海外的有色人种一道备受社会歧视。由于经历了残酷的殖民屠杀时期，土著人口已所剩不多。④ 于是，纯血统土著不久将从地球上消失的言论便不绝于耳。1906 年，弗罗德沙姆（Frodsham）主教就自信地认为："土著正在消失。最多只需一、二代的时间，最后一位澳洲土著就将把他的脸埋在温暖的大地，并把其灵魂交还给予其灵魂的上帝。那时候，传教士的工作就只能是为即将逝去的种族抚平枕头。"⑤ 但是，当土著民族并未像白人所断言的那样从这个地球上消失时，当混血土著人口呈现不断增长的态势时，为了

---

① 杨洪贵：《澳大利亚对混血土著的"血统改造"》，《历史研究》2013 年第 3 期。

② Christine Choo, *Mission Girls-Aboriginal Women on Catholic Missions in the Kimberley*, *Western Australia*, *1900 – 1950*, Crawley: University of Western Australia Press, 2001, p. 4.

③ Scott Bennett, *White Politics and Black Australians*, p. 17.

④ 有人说，20 世纪初，幸存的土著人口只有 1788 年的四分之一。参见 Richard Broome, *Aboriginal Australians-Black Response to White Dominance 1788 – 1980*, p. 87.

⑤ K. Cole, "A Critical Appraisal of Anglican Mission Policy and Practice in Arnhem Land, 1908 – 1939", in R. M. Berndt (ed.), *Aborigines and Change*, New Jersey: Humanities Press, 1977, p. 181.

保持澳大利亚社会的纯洁性，联邦政府遂决定通过同化政策来实现澳大利亚社会统一性的目的。在这一背景下，所有州政府均承担了为土著设立定居地的任务，将土著居住区变为州政府管辖下的地区。新的政府机构——土著保护局有权指定居住地点、确定工作条件、主管婚姻和同居以及掌管儿童监护权等。

1909 年，新南威尔士出台了第一部保护土著的法律，即《1909 年土著保护法（新南威尔士）》［*Aborigines Protection Act 1909*（*NSW*）］。[①] 这部法律为土著保护局提供了保护和关照土著的合法权力。它适用于所有的土著，而且包含了对土著儿童的特殊条款：土著保护局拥有让年龄在 14～21 岁之间的任何土著孩子或被遗弃的带有明显混血特征的孩子做学徒的权力。除此之外，土著保护局有权把土著青年从保留地迁走并让他们从事生产或服务性劳动。[②]

随着 1911 年年度报告的出台，土著保护局认为，土著孩子"唯一的机会就是从他们父母的环境中离开并得到训练……在完成学徒之前，一旦离开土著保留地，他们将永久不许返回保留地"。这里不存在妥协：保护局的目标就是最终使得土著营地的人口消亡，土著营地和保留地最终不得不关闭。这种做法和指令被认为是精心策划的种族和文化屠杀。因为随着时间的流逝，那些被强行带走的土著孩子将毫无征兆地被更加广泛的澳大利亚白人社会所吞噬。设计这种政策的意图就是按照欧洲人的方式来训练土著孩子，准备让他们做一些低贱的工作，并且切断他们与其家庭和社区之间的所有联系。一位新南威尔士偷走政策的设计师毫不隐讳地说，这种做法"将一劳永逸地解决土著问题"。

然而，即使在统治阶级内部，也并不是所有人都赞成这种政策。1915 年新南威尔士土著保护法修正案在提交州议会审议时就出现了质疑的声音。殖民地大臣 J. H. 坎（J. H. Cann）声称，修正案背后的主要原则就是"授权土著保护局替代土著孩子的父母"，但后座议员 P. 迈克盖瑞（P. McGarry）却怀疑说，此举难道不"意味着把孩子从其父母身边偷走？" J. H. 坎回答说：这"不是偷走孩子的问题，而是从邪恶的土著

---

① 这部法律在 1915、1918、1936、1940、1943、1963 年经过了多次修改。1969 年，这部法律被取消。

② State of New South Wales, "Aboriginies Protection Act 1909 (1909 - 1969)", http：//www. findandconnect. gov. au/ref/nsw/blogs/NE000106. htm#tab5. 2015 - 08 - 28.

妇女手中拯救他们。"P. 迈克盖瑞反驳说，土著父母就像任何其他人一样爱护他们的孩子。"我们蹂躏了他们的国家，攫取了他们的地产。我们现在难道又要把孩子与其父母分离的残酷政策施加于他们?"但是，在种族偏见和种族优越论的一片声浪中，P. 迈克盖瑞的声音显得微弱不堪。

玛格丽特·塔克（Margaret Tucker）是 1917 年在新南威尔士穆纳库拉赫（Moonahcullah）土著保留地被从其母亲身边强行带走的。20 世纪 30 年代末，她对当时的情景仍记忆犹新："在库梅鲁甘加（Cummeroogunga）（一个附近的保留地）的人们一直生活在担心他们的孩子被土著保护局从他们身边带走并被放在白人家中的恐惧中。就在几年前，传教站发生了大规模的绑架（几乎等同于）。当时传教站的管理者打发土著男人远征猎兔去了。一旦土著男人离开传教站，满车的警察（他们伺机等待）就急速赶来，俘虏了所有他们能够抓到的孩子。这些孩子被捆绑到车上，然后带走，交由土著保护局处置。他们中的很多人从此再没有见到他们的父母。"[1] 而几十年之后，玛格丽特·塔克的母亲特里萨·克莱门茨（Theresa Clements）简短地回忆起了她的两个女儿被偷走的画面："一天，来了几个［新南威尔士］土著保护局的人。他们说他们希望带走我的孩子。我说，'我的孩子得到了很好的照料。'据说，他们要把所有聪明的孩子都带走，以便教育他们。他们带走我的两个女儿，这是发生在我身上最可怕的事情。与此同时，他们还从库迈拉（Cummera）围捕了一些女孩……我听说此事发生后，一名在库梅鲁甘加的警察辞职了。他说，如果从哭啼的母亲手中带走她们的孩子是警察的职责，那他不想那样做。"[2]

传教士、教师、政府官员都相信，让黑人拥有像白人那样的言谈举止的最佳途径就是抓住那些还没有学会土著生活方式的孩子。1921 年土著保护局的年度报告称："这项把土著孩子与营地生活相分离的政策的继续实施一定能够最终解决土著问题。"1926 年的报告将土著保护局的种种企图更加清晰地表露出来：当土著孩子被安置在"一等的私人家庭中"，优

---

[1] Bain Attwood and Andrew Markus, *The Struggles for Aboriginal Rigths-A Documentary History*, p. 160.

[2] Bain Attwood and Fiona Magowan (eds.), *Telling Stories-Indigenous History and Memory in Australia and New Zealand*, Sydney：Allen & Unwin, 2001, pp. 184 – 185.

越的生活方式将"为这些人同化到白人社会铺平道路"。①

"把土著及托雷斯海峡岛民的孩子从他们的家庭强行带走的显著目的就是通过种族混合把这些孩子吸纳或同化到非土著人社会"。正如 1937 年《布里斯班电讯报》(*Brisbane's Telegraph*) 所报道的,"在百年之内,纯黑人将消失。但是,混血土著问题将与年俱增。因此,他们的想法就是把纯黑人隔离起来,并把混血土著吸纳进白人人口中。也许这将需要一百年的时间,甚至更长,但是,土著终将走向消亡"。② 同年,西澳大利亚土著首席保护官 A. O. 内维尔 (A. O. Neville) 也说道:"我们要么有 100 万的黑人……要么将他们融入我们的白人社会中,并且最终忘记澳大利亚存在过土著。"③

1938 年,在 A. O. 内维尔的鼓动下,澳大利亚召开了联邦政府与州政府有关土著事务的第一次联席会议,试图通过一项名为《种族的命运》(*The Destiny of the Race*) 的议案。该议案呼吁将所有混血土著儿童彻底同化到白人社会。④ 与会者认为,纯血统的土著居民终究要消失,问题是土著混血后代问题。为了使土著后代接受白人文化,混血儿童不能再由他们的母亲来抚养,而应该放在欧洲人居住区的孤儿院或白人家中抚养。⑤ 这场同化运动的另一面就是积极阻止纯血统土著与混血土著之间通婚,而支持混血土著女性与其同样肤色的男人或白人结婚,作为在人工繁殖中消除肤色的一种手段。

(三)对所有土著的同化

对混血土著儿童进行隔离教养是一种着眼于未来的强制同化政策,是从根本上消除土著民族的存在。但现实是,土著问题并未因混血土著儿童被强制隔离而得到解决,而且隔离政策在道德层面受到了越来越多的谴责。

很显然,到了 20 世纪 30 年代,以前出台的一系列针对土著的所谓保护性立法不得不加以修改。在种族主义的臆断和自我利益的驱使下,各州

---

① Peter Read, *A Rape of the Soul so Profound-The Return of the Stolen Generation*, pp. 49 – 50.

② "Far Too Enthusiastic", http://theinternets.com.au/blog/2008/02/11/Kevin – Rudd – government – says – sorry – to – aboriginal – australian – why – and – what – does – it – mean/. 2009 – 03 – 15.

③ David B. MacDonald, *Identity Politics in the Age of Genocide-The Holocaust and Historical Representation*, p. 92.

④ P. Knightley, *Australia: A Biography of a Nation*, London: Jonathan Cape, 2000, p. 112.

⑤ Scott Bennett, *White Politics and Black Australians*, p. 59.

或地区政府以人道主义关怀为幌子，开始吹嘘同化是一种理想的目标。然而，土著社会强烈地反对这项政策。出于完全不同的考虑，白人以及乡镇居民也反对这项政策。他们不希望以任何方式同化土著，反而想方设法在学校、医院、游泳池以及其他地方排除土著。[①]

1951 年，保罗·哈斯鲁克（Paul Hasluck）被任命为领地部长。上任后，他立刻号召各州注意土著问题。而在一年前还是后座议员时，他就在联邦议会呼吁向管控土著事务的州政府提供权力，目的是推进土著与所有澳大利亚人的平等。他在议会发言时警告说："在整个大陆，由于蜷缩在垃圾堆上成千上万生活堕落以及意志消沉的［土著］的存在，澳大利亚对国际人权的保护受到了别人的挖苦。"[②] 接管领地部不久，哈斯鲁克就召集各州磋商土著事务会议，即"土著福利会议"（Native Welfare Conference）。这次会议采纳了同化政策。在向议会汇报时，哈斯鲁克把这项政策解释为"经过一段时间后，在实际意义上，人们希望澳大利亚的所有纯血统土著或混血土著将像澳大利亚白人那样生活"。哈斯鲁克对同化等同于文化（和种族）消灭的看法并不认可："同化并不意味着压迫土著文化，因为几代以后，文化是会调整的。"然而，哈斯鲁克有着强烈的暗示，即澳大利亚是一个民主的和相对来说没有等级差别的单一社会。更为重要的是，哈斯鲁克视同化为"一个机遇性的政策。它给予纯血统土著以及混血土著塑造自己生活的一个机遇"。[③]

其实，同化政策意味着纯血统土著以及混血土著将放弃他们独特的生活方式和价值观念，而去过白人那样的生活。这就等于承认土著比白人低等，是没有社会存在价值与意义的；两种不同文化的民族不可能友善地相处下去，除非一个民族被另一个民族所同化。[④]

这一时期，澳大利亚社会传递的一个信息是：成功的土著就是欧洲化的土著。事实上，哈斯鲁克有关土著有机会去塑造他们自己的生活方式并保持他们的某些文化的同化概念很快就成为白人管理土著的一种政策。这

---

① John Docker and Gerhard Fisher (eds.), *Race, Colour and Identity in Australia and New Zealand*, p. 26.

② S. Stone (ed.), *Aborigines in White Australia*, Melbourne: Heinemann Educational Books, 1974, p. 192.

③ S. Stone (ed.), *Aborigines in White Australia*, p. 196.

④ Craig McGregor, *Profile of Australia*, London: Hodder and Stoughton, 1966, p. 299.

一概念在 1961 年的"土著福利会议"上得到了进一步的阐明:"在所有澳大利亚政府看来,同化政策意味着纯血统土著和混血土著被期望最终与其他澳大利亚人有着同样的生活方式,作为澳大利亚单一社会的成员而生活,享有同样的权利和特权,负有相同的义务,遵循同样的习惯并受同样信仰的影响,与其他澳大利亚人一道拥有同样的抱负和忠诚。因此,任何针对纯血统土著和混血土著的特殊举措均被视为不是基于肤色的暂时政策,而是试图帮助他们免遭突然变化而带来的不利影响,满足他们对特殊关心和援助的需求,并且以一个有利于他们未来的社会、经济和政治发展的方式来帮助他们从一个阶段到另一个阶段的转化。"① 四年之后,1965年举行的"土著福利会议"② 再次讨论了"同化"一词的定义。与会者认为:"同化政策寻求所有土著后裔将选择与其他澳大利亚人类似的和标准的生活方式,并作为澳大利亚单一社会的成员而生活。"③ 这个定义保留了政府建立单一社会的目的,但委婉地把"同样的生活方式"易为"类似的生活方式",并加上让土著"选择"的概念。"同化"政策定义的这种微妙变化反映了澳大利亚社会结构的变化。由于战后欧洲移民的大量移入,澳大利亚社会的民族构成发生了较大变化,此时澳大利亚社会已经不再是以英裔民族占绝对优势地位的社会了。

总之,在殖民时代的早期,对待土著最坏的做法就是把他们当成"危险的野兽",或者毫不在乎地把他们的原始文化扔在一边,任意践踏;在殖民时代的中晚期,对待土著最好的政策也只是把他们看成需要保护的人种,因而将其隔离起来。而当这一切举措均无济于事时,同化土著便成了最简单也最实用的政策逻辑。但无论采取何种形态的土著政策,只要白人不放弃种族优越论,坚信他们负有教化和救赎土著的使命,那么这些政策在剥去伪装之后露出来的都是种族歧视与种族灭绝的同一本性。正如彼得·科尔曼在《观察家》杂志上指出的:"不管官方说的是什么,我们对土著的政策根本上从来没有过变化。从前的想法是把他们全给杀了;接着比较仁慈的方案是让他们平静地死去,而我们则在他们闭眼之际为他们抚

① Scott Bennett, *White Politics and Black Australians*, pp. 59 – 60.

② 这次会议的名称由原来的"Native Welfare Conference"改为"Aboriginal Welfare Conference",主要是避免使用带有殖民主义色彩的用词"Native"。

③ G. F. Gale and A. Brookman (eds.), *Race Relations in Australia-The Aborigines*, Sydney: McGraw-Hill, 1975, p. 72.

平枕头；如今的政策是同化他们。但是对土著自身来说，所有这些的结果全是一回事。同化最终意味着被彻底消化，也就是意味着绝种。作为一个具有自己的生活方式的'民族'，甚至作为一个种族，土著还是注定要消失。……这是我们的历史上充满讽刺意味的怪事之一：似乎为我们对这个种族所犯下的一切罪孽，我们唯一能给予的赔偿，就是帮助它消失。"①②

_____

① 〔澳〕唐纳德·霍恩：《澳大利亚人——幸运之邦的国民》，第116～117页。
② "似乎为我们对这个种族所犯下的一切罪孽，我们唯一能给予的赔偿，就是帮助它消失"
　　这一段译文翻译得不顺畅，不如改为"对于我们对这个种族所犯下的一切罪孽，我们似乎能够给予的唯一赔偿，就是帮助它消失。"

第三章

土著争取自身权益的斗争

　　自英国殖民征服之日起，土著的反抗斗争就一直持续着，迫使殖民者不断地调整统治政策。到了 20 世纪二三十年代，由于土著政治组织的兴起，土著政治斗争由自发进入一个较为自觉的阶段，其政治目标也较为明确。但是，白人社会根深蒂固的种族歧视观念、土著政治组织的松散性以及土著群体本身固有的政治劣势，使得原住民的维权之路相当坎坷。第二次世界大战后，以联合国为代表的国际组织对世界人权状况给予了普遍的和持续的关注，土著居民的社会地位问题日益成为国际政治论坛的主要议程之一，这就给包括澳大利亚在内的有关国家施加了不小的压力；而澳大利亚土著在第二次世界大战中的无私奉献也为他们赢得了主流社会所给予的一定的同情与尊重。当然不可否认的是，联邦建立以来一直被奉为金科玉律的"白澳政策"的日渐松动为土著争取自身权利提供了一定的政治空间。从世界范围来看，20 世纪 60 年代美国黑人掀起的民权运动为澳大利亚土著争取自身权益既树立了榜样，又提供了动力。澳大利亚土著民族为维护自身权益而与白人统治者进行的斗争可谓形式多样，争取自身权益的内容也相当丰富，但对土著民族社会地位影响最大的莫过于争取公民权、要求归还土地以及争取其他社会福利的运动。这一时期不仅见证了在城镇生活的土著要求获得与其他澳大利亚人在住房与教育方面同等的机会，而且是一个争取同工同酬以及生活在偏远地区的土著争取矿产权益的重要时期。[①]

---

　　① Fay Gale, *Urban Aborigines*, p. 2.

一 公民权运动风起云涌

何谓公民权？公民权是指一国公民在法律上所具有的一种能力或资格，是国家规定的本国公民在国家和社会中所处地位的法律表现，也是公民的基本权利和基本义务，又称宪法权利和宪法义务。公民权包括身份权、生存权、发展权和话语权。在英国殖民时期，公民权是殖民者的特权。尽管土著是英王的臣民以及"事实上"的澳大利亚公民，但对他们而言，公民权是受到法律约束和管理限制的。1901 年的联邦宪法是一部在不同时期所产生的偏见——仇外情感、性别主义以及种族主义影响下而制定的文献。① 该宪法并没有视土著为澳大利亚公民，因此，当其他澳大利亚人行使公民权时，土著却只能充当看客。为了获得公民权，土著从未停止过斗争，并在 20 世纪 60 年代取得了一个阶段性的胜利——1967 年全民公决的如期举行。

（一）土著政治组织的相继出现

在导致联邦成立的十多年的公开辩论中，土著及托雷斯海峡岛民并没有参与任何形式的磋商，他们在很大程度上被忽视了，俨然是局外人。人口普查数据似乎也验证了这一结论。1901 年土著人口的官方数据为 67000 人。② 这是一个并不精确的数据。而州政府也没有将相当比例已融入现代社会的土著人口统计在内。事实上，州政府认定这些土著已不复存在，意在证明土著正在消亡的说法。③

1901 年 1 月 1 日颁布的为澳大利亚联邦奠基的宪法并不是一个公民权利法案，而是一个主要涉及政府结构以及联邦体制的文件。在这些方面，它是模仿美国宪法的产物。联邦宪法只在两处涉及土著：（1）宪法第 51 条第 26 款规定："为了维护澳大利亚联邦的和平、秩序以及良好的

① Robert J. Miller, et al. , *Discovering Indigenous Lands-The Doctrine of Discovery in the English Colonies*, p. 187.

② 有几个州未能逐一盘点土著居民人数，联邦宪法遂将他们排除在全国人口普查范围之外。土著居民的人数因此就不会用于选举事宜。

③ 〔澳大利亚〕斯图亚特·麦金泰尔：《澳大利亚史》，第 134 页。

管理，联邦议会将依据宪法拥有对各州除土著以外的任何种族的居民制定特别法律的权利，而这被认为是有必要的"；（2）宪法第127条规定："在统计联邦或州或联邦其他地方的人口时，土著居民不得计算在内。"①这些规定反映了土著及托雷斯海峡岛民被澳大利亚联邦社会整体排斥在外的状态，土著得不到澳大利亚人所应拥有的权利、承担的责任以及享受的福祉，因而实际上成为在澳洲土地上生活的没有公民权的居民，甚至还不能理直气壮地称为"澳大利亚人"。

联邦宪法对土著权益特别是公民权的忽视，是该社会白人价值观念的根本体现，又是导致土著政治意识酝酿、发展的重要因素。当土著日渐意识到公民权对于其生存和发展具有非同寻常的意义时，那么争取公民权不仅成为一种不可逆之势，而且须纳入有组织的领导之下。

第一个抗议政府实施同化政策的团体产生于1924~1928年的悉尼，被称为"澳大利亚土著进步协会"（Australian Aborigines Progressive Association）。据说，1903年在悉尼成立的"有色人种进步协会"（Coloured Progressive Association）就对后来的土著政治动员产生了一定的影响。"澳大利亚土著进步协会"与该组织的名称有一定的关联。有证据显示土著参与到"有色人种进步协会"，不过，该协会的主要成员仍是非洲裔美国人和西印度人。②"澳大利亚土著进步协会"是"在一个广泛地区内的社区之间建立正式联系的首个土著政治组织"。由于在播撒政治种子方面所起的作用，而且"这些政治种子在澳大利亚东南部未来几代土著政治领袖那里开花结果，"所以，这是一个重要的土著政治组织。③ 在成立后的前两年，该组织发展很快，且主要关注土著孩子从其父母身边被带走、土著保留地的前途以及取消新南威尔士土著保护局等问题。④ 后来由于当地警察的干预，该团体于1928年解散。在西澳大利亚，一位名叫威廉姆·哈里斯（William Harris）的农民于1926年发起了一场争取土著权利的运动。1928年，哈里斯率代表团向该州总理提交取消《土著法》的声明，抗议政府在土著行使公民

① Nicolas Peterson and Will Sanders（eds.），*Citizenship and Indigenous Australians-Changing Conceptions and Possibilities*，p. 120.

② John Maynard，*Fight for Liberty and Freedom-The Origins of Australian Aboriginal Activism*，p. 3.

③ "History Fact Sheet"，http：//reconciliation. org. au/nsw/education – kit/history/. 2012 – 08 – 16.

④ Bain Attwood and Andrew Markus，*The Struggle for Aboriginal Rights-A Documentary History*，pp. 58 – 59.

权、进入公共场所以及让他们的孩子在州立学校接受教育等方面所奉行的种族歧视政策。此外，他们还攻击土著首席保护官 A. O. 内维尔所建立的控制土著的蛮横制度。[1] 1932 年，威廉姆·库珀（William Cooper）从库梅鲁甘加保留地逃到墨尔本，与艾贝内泽尔·拉法特（Ebenezer Lovett）一道组建了"澳大利亚土著联盟"（Australian Aborigines League）。该联盟是这一时期最重要的土著组织之一，它不仅存在的时间较长，而且影响的区域亦广。"澳大利亚土著联盟"与"澳大利亚土著进步协会"在强调土著权利以及土著属性方面有很多共同语言。1935 年，"澳大利亚土著联盟"向英王乔治五世陈书，提议在联邦议会设立土著代表以及建立联邦"土著事务部"（Native Affairs Department），因为自联邦成立后不久，他们就对州政府尊重土著权利的意愿及能力失去信任，而不得不转向联邦政府寻求公正。1937 年，"土著进步协会"（Aborigines Progressive Association）在杜宝（Dubbo）成立。土著著名领导人威廉姆·弗格森（William Ferguson）为该组织秘书，杰克·帕特恩（Jack Patten）担任主席。该组织的目标就是：改善处在土著保护局管制下居住在保留地的土著的生活条件；给予土著完全的公民权；重建土著保护局，使得土著占其成员的一半；取消种族歧视法律等。1938 年 1 月 26 日阿瑟·菲利普总督在悉尼湾登陆 150 周年纪念日那天，"土著进步协会"与"澳大利亚土著联盟"一道组织了"哀悼日"活动以示抗议。会上，土著第一次在如此备受瞩目的场合公开表达了公民权问题，要求取得完全的公民权和种族平等，并且通过了下列决议：

> 我们，代表澳大利亚土著，于 1938 年 1 月 26 日即白人侵占我们国家 150 周年纪念日在悉尼市政厅举行会议，以此方式来表达对过去 150 年中白人残酷对待我们的人民的抗议。我们呼吁今天的澳大利亚国家应为土著的教育和福利制定新的法律，我们请求制定一个能给我们的人民在这个社会中以完全公民地位和平等的政策。[2]

---

[1] Bain Attwood and Andrew Markus, *The Struggle for Aboriginal Rights-A Documentary History*, pp. 61 – 62.

[2] Nicolas Peterson and Will Sanders（eds.）, *Citizenship and Indigenous Australians-Changing Conceptions and Possibilities*, p. 55.

就在此次活动五天后，杰克·帕特恩率领一个代表团去晋见约瑟夫·莱昂斯（Joseph Lyons）总理，并向对方呈交了一个包括联邦要对土著事务承担责任的十点国家计划。[①] 莱昂斯后来给予的答复颇具折中意味。一方面认为，联邦政府对土著事务的掌控在 1936 年召开的州和联邦官员的会议上就已讨论过，但被认为是"不适当的和不切实际的"；另一方面又指出，如果不修改联邦宪法第 51 条第 26 款，那么联邦对土著事务的控制几无可能。[②] 这种不置可否的回复肯定不是土著政治组织所期望的，但也不完全是一个消极的或毫无意义的答案，它可以被解读为多年来被奉为正统的歧视土著政策的一种松动。这就预设一种变化的可能或前景：如果联邦政府承担其作为一个全民政府的责任，那么继续让州政府包揽土著事务将是不现实的；如果联邦政府欲在土著事务方面有所作为，就必须对限制其发挥影响的联邦宪法中的相关条款进行删改。

也许有人会问：为什么 20 世纪二三十年代会陆续涌现以争取自身权益为目标的土著政治组织？其实，回答这样的问题并不难。土著政治组织产生的原因既有一般意义上原住民对白人长期的殖民统治的抗拒，又有对现实不满的因素。很显然，联邦建立后系统化推行的种族歧视政策令土著处境维艰，而偷走孩子的政策又让他们备受欺侮。这一政策在初始阶段基本上是在较为秘密的状态下进行的，但当越来越多的人知道事情的真相并了解到被偷走孩子的处境时，那么有组织的抗争就会风起云涌。

这一时期出现的土著政治组织，从一个方面大体反映了土著人口的地理分布情况。这些土著政治组织首先是地方性的，但经过一段时间的发展，多数组织对土著问题的广泛性甚至全局性给予了应有的关注，如新南威尔士中北部海岸的"澳大利亚土著进步协会"等。正是有了这样的大局意识，一些组织在其功能方面体现得更像是一个州范围甚至带有全国性色彩的组织，如"澳大利亚土著联盟"就为生活在中心和偏远地区的土著制定了不同的政策，并且试图与全澳境内的其他组织和土著建立适当联系。[③] 这些组织关注与自身权益攸关的诸多问题，不过，反对种族歧视以及要求获得公民权则成为一个共同的主题和目标。

---

① Robert Tickner, *Taking a Stand: Land Rights to Reconciliation*, Sydney: Allen & Unwin, 2001, p. 5.

② *The Commonwealth Parliamentary Debates*, Vol. 160, 8－9 June 1939, p. 1571.

③ Bain Attwood and Andrew Markus, *The Struggle for Aboriginal Rights-A Documentary History*, p. 11.

（二）对全民公决的呼吁

第二次世界大战后至 50 年代，土著争取公民权的运动迎来了一个较为有利的客观环境。第二次世界大战的影响、国际社会对普遍人权的关注、土著坚持不懈的努力以及白人社会一些有识之士所给予的宝贵支持，使得土著争取公民权的事业有了一个越来越清晰的目标，突出体现在他们要求政府取消所有歧视性的法律，呼吁联邦政府对土著社会承担起立法责任以及在全国人口统计中将土著包括进去而举行全民公决等。

第二次世界大战是一个在很多方面改变人类进程的重要事件。在澳大利亚，第二次世界大战的影响不仅带来了国家安全意识的提升，还有对国内人权状况的日益关注。

首先，土著积极参与反法西斯战争，不仅为澳大利亚赢得战争的最终胜利做出了不可磨灭的贡献，也为战后争取自身权益特别是公民权增添了一定的砝码。1939 年，英国与日本的外交关系变得紧张起来，与日发生战争的可能性很快变成了现实。澳大利亚为截获敌方船只以及保卫北方主要人口中心而在做一系列的战争准备。起初，在皇家澳大利亚空军和陆军制定对日作战计划中，土著战士是作为反击日军的游击部队来使用的，因为当时军方人士都认为日本人有可能在北部海岸偷袭。太平洋战争期间，土著通过各种方式参与抗战，如提供后勤保障；1000 余名有土著血统的人参军，有的甚至当上了指挥官等。[①] 然而，值得一提的是，澳大利亚为第二次世界大战所做的准备以及"外部敌人"对北部可能的入侵突出了政府最高层决策中所潜藏的种族主义。如 1942 年 5 月，"战争咨询委员会"（Advisory War Council）就表达了对土著与日军联合作战的可能性的严肃关注。在听取 P. C. 斯彭达（P. C. Spender）的建议后，"战争咨询委员会"承认了土著与在布鲁姆（Broome）、温德哈姆（Wyndham）和达尔文附近的日本捕珍珠船队的船员有着长期的联系。该委员会因此担心在敌军登陆澳洲北部海岸的情况

[①] Richard Broome, *Aboriginal Australians-Black Response to White Dominance 1788 – 1980*, p. 169；汪诗明、王艳芬：《论西南太平洋战场在二战中的历史地位》，《探索与争鸣》2006 年第 11 期。

下，土著有可能为日本人提供帮助。① 也许是澳大利亚政府开始敏锐地意识到土著在他们的欧洲主子统治下所遭受的不公正对待，并且意识到土著有可能指望日本人把他们从欧洲人的迫害下解放出来，正如日本在东南亚所做的战争宣传一样。② 不过，"战争咨询委员会"所担心的事情并没有发生。因此，战后土著争取自身权益的斗争得到了主流社会越来越多的同情与支持。

其次，以联合国为代表的国际组织不仅关注殖民地、半殖民地人民的民族解放运动，而且对世界范围内的公民权运动给予了政治上的声援和法律上的支持。这一时期，反对种族歧视以及主张所有人在法律上一律平等已成为国际社会的共识。当然，国际社会在保护土著民族权利方面也不乏相关法律文件。如 1948 年 12 月 10 日联合国大会表决通过的《普遍人权宣言》（Universal Declaration of the Human Rights）就重申："人人有资格享有本宣言所载的一切权利和自由，不分种族、肤色、性别、语言、宗教、政治或其他见解、国籍或社会出身、财产、出生或其他身份等任何区别。"③ 为顺时应势，1949 年 3 月，澳大利亚联邦政府通过了新的《联邦选举权条例》。其中规定："根据他所居住的州的法律而有资格参与联邦议会投票的，或者现在是或曾经是国防军一员的澳大利亚土著，均有资格将其名字置于选举名册上。"④ 这样一来，新南威尔士、维多利亚、南澳大利亚和塔斯马尼亚的一些土著就享有了联邦议会选举权，而昆士兰、西澳大利亚和北部领地的土著则不享有此项公民权。但是，政府在对这种变化的宣传方面做得不多，其结果是，长期被告知不能参与投票的绝大多数土著对政策的这一变化却浑然不知。

20 世纪 50 年代中后期，一位名叫杰西·斯特里特（Jessie Street）（1889～1970 年）的澳大利亚白人妇女活动家，开始为在澳大利亚人口统计中将土著人口包括进去而举行全民公决一事四处忙碌。她赴土著社

---

① "Evacuation of Aborigines from Operational Areas in Northern Australia, 1942–1942", A5954 460/13, National Archives of Australia (NAA).

② Christine Choo, *Mission Girls-Aboriginal Women on Catholic Missions in the Kimberley*, *Western Australia*, *1900–1950*, pp. 246–247.

③ 联合国网站："世界人权宣言"，http://www.un.org/zh/documents/udhr/. 2012–10–07.

④ Nicolas Peterson and Will Sanders (eds.), *Citizenship and Indigenous Australians-Changing Conceptions and Possibilities*, p. 63.

区进行大量走访，并撰写调查报告。她呼吁举行全民公决的请愿书后来在众议院被宣读。在土著争取公民权的进程中，此举的首创意义不言自明。前面屡有提及，土著政治组织在不同的场合曾多次呼吁政府给予土著以公民权，但并未明确提出实现这一目标的具体途径或手段，而杰西·斯特里特的洞见则有意无意地为未来土著争取公民权运动描绘了一幅蓝图。

1958年2月14日，"土著进步联邦委员会"（Federal Council for Aboriginal Advancement）在阿德莱德宣告成立。澳洲大陆五个州均派代表与会。这个新成立的机构首先要实现的两个目标就是取消所有歧视土著的法律，修改联邦宪法以给予联邦政府为土著立法的权力。从该机构的属性、目标以及与会代表的广泛性来看，它呈现了一个领导澳洲土著争取公民权的全国性机构的特质。该委员会把下面五个原则作为推动联邦范围内土著事业进步的一个共同政策的基础。（1）为土著争取与其他澳大利亚人同等的公民权；（2）所有土著与其他澳大利亚人一样拥有充分的健康和福利生活水准，包括食物、衣服、住房以及医疗关护等；（3）所有土著应享有同工同酬以及得到像其他澳大利亚人一样的工业保护；（4）让那些去部落化的土著接受免费和义务教育；（5）所有剩下的土著保留地都应绝对地予以保留。[①] 值得注意的是，12名代表中，3人是土著，其他皆为白人。越来越多的白人同情土著不能不说是社会的一大进步。为了向议会递交请愿书，该委员会成员走街串巷，争取尽可能多的人签名，以作为是否举行全民公决的一个依据。

从战后国际社会对普遍人权前所未有的关注到澳大利亚联邦选举权条例以及有涉土著福利政策的陆续出台，从杰西·斯特里特向议会呈交举行全民公决的请愿书到"土著进步联邦委员会"的成立，这些都表明争取土著公民权有了越来越广泛的舆论和公众基础。在通过举行全民公决来实现土著公民权已成为必要途径的情况下，如何动员更多的土著参与，以及如何唤起非土著澳大利亚社会给予更加广泛的支持就成为争取公民权运动下一阶段的奋斗指向。

---

① Bain Attwood and Andrew Markus, *The Struggle for Aboriginal Rights-A Documentary History*, pp. 176 – 177.

（三）1967年全民公决的顺利举行

到了 20 世纪 60 年代，土著争取公民权的目标已经非常明确：这就是适时举行一次全民公决，对联邦宪法中有关歧视土著的条款进行修改，从而在国家根本大法中体现土著与其他澳大利亚人一样，是这个国家的公民，并享有与其公民身份相称的权利。在多方共同努力下，这一愿望于 1967 年 5 月终成现实。

1962 年，金·E. 比兹利（Kim E. Beazley）就提出对宪法第 127 条和第 51 条进行修改的建议。他是"支持变化终究会发生的第一批政治家之一"。除了对宪法修改表示首肯外，比兹利还主张，为了让土著成为"澳大利亚全权公民"，他们的宪法地位不得不显示他们像"其他公民"一样，接受州和联邦法律的统治。作为工党政治家，金·E. 比兹利的这一提议的重要性是不能低估的，因为在他的提议中，有两个基本内容得到了确认：一是宪法中有关土著的条款无疑是歧视性的；二是歧视土著的法律必须得到纠正且肯定会发生改变。

在诸多因素的推动下，土著人权有了一定程度的改观。从 1960 年开始，政府设立了土著事务机构，承认土著是澳大利亚原住民，并把部分土地归还给了他们。1962 年，《选举权法》（*Voting Rights Act*）获得通过，所有土著因此获得联邦选举权。[①] 这与 1949 年《联邦选举条例》将选举权给予部分土著相比是一个大的进步。同年，西澳大利亚给予土著以选举权。1965 年，当昆士兰作为最后一个州向土著提供选举权时，所有的州都向土著提供了选举权。然而，给予行使选举权的机会并不意味着土著享有充分的公民权。除了生活在城市的少数土著以外，绝大部分土著还是被迫在控制他们自由流动以及限制他们行使公民权的一系列保护政策或措施下生活和工作。

1965 年 2 月，土著社会活动家查尔斯·珀金斯（Charles Perkins）等人与来自"支持土著的学生运动"（Student Action for Aborigines）组织的 30 名悉尼大学白人学生一道组织了一次"自由之驾"（'Freedom Ride'）活动。巴士穿越新南威尔士最臭名昭著的西北部城镇。此举意在向国内外

---

① John Docker and Gerhard Fischer（eds.），*Race，Colour and Identity in Australia and New Zealand*，p. 27.

宣传土著澳大利亚人所遭受的不公正待遇。[1] 在"自由之驾"中，他们发现"土著不准进入商店购物，在电影院被限定于划定的位置，不得入住宾馆和进入俱乐部，不准去市政游泳池游泳，禁止参加社交活动"。这些形形色色的限制事实上置土著于白人社会的"边民"（"fringe dwellers"）地位。[2] 在"自由之驾"后，查尔斯·珀金斯与奇卡·迪克逊（Chicka Dixon）携手在悉尼建立了"土著事务基金会"（Foundation for Aboriginal Affairs）。该基金会为查尔斯·珀金斯、奇卡·迪克逊等人争取土著公民权的斗争提供了一个政治平台。[3]

澳大利亚国内争取土著公民权的运动在持续地推进，其影响也越来越大，并且取得了一些阶段性成果。与此同时，国际社会如美国和南非等国兴起的反种族歧视的民权运动也刺激了澳大利亚人去检视自己的行为。一些人甚至认为，这一现象得到了美国黑人民权运动的帮助。[4]

1965 年 12 月 21 日，联合国大会通过的《消除所有形式的种族歧视国际公约》在保护土著人民权益方面就更加具有指导意义。第二年，澳大利亚政府在这一公约上签了字。唐·邓斯坦（Don Dunstan）与他的南澳大利亚工党政府率先于当年 12 月 1 日制定州的法律，禁止基于种族、肤色或来源地的种族歧视。[5]

事已至此，无论是消除种族歧视的国际公约的生效，还是澳大利亚国内争取土著公民权运动的持续有效开展，甚至还有澳大利亚工党由于革命性的思维而使多元文化政策的曙光初露，所有这些因素都指向一点：即举行一次有关土著公民权的全民公决已是箭在弦上。

那么，联邦政府是如何看待正在兴起的受到公众欢迎的宪法改革浪潮呢？1964 年，当反对党工党领袖阿瑟·卡尔维尔（Arthur Calwell）提出

---

[1]　Scott Bennett, *White Politics and Black Australians*, pp. 21 – 22; Bain Attwood and Andrew Markus, *The Struggle for Aboriginal Rights-A Documentary History*, pp. 215 – 219.

[2]　Race Discrimination Commissioner, Human Rights and Equal Opportunity Commission, *Battles Small and Great-The First Twenty Years of the Racial Discrimination Act*, Canberra: Australian Government Publishing Service, 1995, pp. 1 – 2.

[3]　"History Fact Sheet", http://reconciliation.org.au/nsw/education – kit/history/ 2012 – 08 – 16.

[4]　Margaret Ann, *Black and White Australians*, Melbourne: Heinemann, 1976, pp. 202 – 203.

[5]　Race Discrimination Commissioner, Human Rights and Equal Opportunity Commission, *Battles Small and Great-The First Twenty Years of the Racial Discrimination Act*, p. 4.

与后来被采用的相一致的宪法修正案时，罗伯特·孟席斯（Robert Menzies）总理只同意删除宪法第 127 条，即把土著人口排除出人口统计。在孟席斯看来，完全同化土著澳大利亚人就意味着不再考虑视他们为一个需要通过特殊法律而加以保护的群体。"一言以蔽之，对土著的最佳保护就是视他们为澳大利亚公民"。① 孟席斯及其自由党政府无意从州政府手中接管土著事务，相反，土著澳大利亚人作为人口的特殊分类将径自消失。然而，哈罗德·霍尔特（Harold Holt）继任总理后，有人劝说内阁应支持得到工党赞同的更广泛的建议。因此，在 1967 年霍尔特政府最终提交给议会讨论的全民公决的方案中就包括了删除联邦政府为土著事务进行立法的禁令。不过，应予澄清的是，霍尔特政府提议删除宪法第 51 条的目的并不是赋予联邦在土著事务方面担负领导角色的权利。恰恰相反，政府的这一决定是基于"土著事务管理仍保留在州政府手中的一个内阁协定"。② 但是，联邦政府清晰地认识到，一个基础广泛的民权运动正在把土著从联邦的"种族权力"（'race power'）中排除出去的做法描绘成种族歧视主义。正是这种从根本上避免种族歧视的指控以及对其宪法改革建议给予更加坚定的政治支持的基础，使得霍尔特政府采纳了由工党支持的建议。霍尔特政府立场的这一转变在展现宪法建议的前景方面是至关重要的，因为在澳大利亚宪法政治中，一个只得到一党支持的方案事实上没有执行下去的希望。

土著及其支持者的斗争终于导致了一次改变土著命运的全民行动——1967 年全民公决。是年 5 月 27 日，除澳大利亚首都区和北部领地之外，所有登记的选民均有义务参与全民公决。令人欣喜的是，澳大利亚人给予了宪法修正案迄今为止最高的支持率，有近 90% 的人投票支持修改宪法。当然，全民公决的数据也表明，仍有一些人坚持顽固的种族歧视立场。这种不情愿支持全民公决的态度似乎在那些拥有最多土著的社区最为明显，土著人口比例最高的三个州也是投否决票比例最高的三个州（见表 1）。

---

① John Chesterman and Brian Galligan, *Citizens Without Rights: Aborigines and Australian Citizenship*, Cambridge: Cambridge University Press, 1997, p. 185.

② Nicolas Peterson and Will Sanders (eds.), *Citizenship and Indigenous Australians-Changing Conceptions and Possibilities*, p. 124.

表 1　州全民公决的结果（否决权）

州	否决票（百分比）	州	否决票（百分比）
西澳大利亚	19.1	塔斯马尼亚	9.8
南澳大利亚	13.8	新南威尔士	8.5
昆 士 兰	10.8	维 多 利 亚	5.3

资料来源：澳大利亚选举委员会（Australian Electoral Commission），转引自 Scott Bennett, *White Politics and Black Australians*, p. 23.

此次全民公决产生了一个超乎寻常的结果。在此次全民公决前后，澳大利亚人就消除宪法中的某些条款对土著澳大利亚人造成的消极影响方面从未达到如此的一致。众所周知，澳大利亚宪法只有通过全民公决的程序才能修改。全民公决要求所有合格的选民必须投票。在公决中，一个有效的结果需要全国投赞成票的人数占多数，而且还需要多数州（例如六个州中的四个州）中的多数合格选民投赞成票。自联邦建立一个多世纪以来，在 34 次全民公决中，澳大利亚公民只有 8 次投了多数赞成票。在已通过的几次全民公决中，没有哪一次的支持率能够接近 1967 年的水准。①

作为此次全民公决的一个重要结果，联邦宪法中有关土著的歧视性条款必须摒弃。这就带来了两个方面的积极变化：一是土著居民在人口普查中将被统计进去。从那时起，越来越多的澳大利亚人不再回避土著身份问题。一些人重新恢复了曾遭歧视的土著身份，而另一些人则发现了被遮掩的土著血统。② 正如一位土著活动家所评论的那样："猪被统计进去，鸸鹋被统计进去——但土著却不能。我们真的不得不努力工作。我们有一群人走出去，与社区交流，并且求助于公众。我们说，'我们在这里，我们在这里已有很长时间了。感谢上帝，有人看着我们，接受我们的肤色与众不同。我们是人，我们希望自我管理。'"③ 二是土著事务被视为联邦与州的一项共同责任。这就意味着联邦政府不再因为土著问题的特殊性而回避

---

① John Chesterman and Brian Galligan, *Citizens Without Rights*: *Aborigines and Australian Citizenship*, pp. 185 – 186.

② 〔澳大利亚〕斯图亚特·麦金泰尔：《澳大利亚史》，第 252 页。

③ Christobel Mattingley and Ken Hampton（eds.），*Survival in Our Own Land*, 2nd edition, Sydney：Hodder and Stoughton，1992, p. 55.

自己应该承担的责任；当联邦政府制定一项土著政策时，它必须通盘考虑各州和地区的土著的具体情况；而各州在制定具体的土著政策时也不能违逆联邦政府有关土著政策的原则精神。

1967年的全民公决的意义和历史影响受到了多方肯定。土著活动家加里·福莱认为，"1967年前，这个国家存在种族隔离制度"[①]；而历史学家格雷戈里·迈留斯（Gregory Melleuish）和杰夫·斯托克斯（Geoff Stokes）则坚信，"也许除了南非，种族优越论的意识形态在澳大利亚的发展和影响很可能比任何可比的殖民国家都要强大"。[②] 不过在全民公决后，这种局面不得不有所改变。1967年的全民公决反映了"澳大利亚的"原则，比如法律面前人人平等；"一个民族、一个国家"的理想以及对一个多元文化主义未来的展望。因为在人口统计中，将土著人口包括进去所反映的远不是一个统计机构如何操作的问题。有人认为，此举将会产生一个富有想象力的社会。就其本身而论，这将是国家建设的一次实践，一次富有象征意义的民族携手以及一个体现包容性的国家建设的时刻。如果联邦政府被给予权力去制定与土著及托雷斯海峡岛民有关的法律，那么联邦政府就会利用这些权力为土著社会谋求福利。因此，对宪法第51条"种族权力"的修改，允许联邦政府为土著立法将开启一个对土著民族非歧视的时代。[③] 进而，有些人提议将5月27日定为"澳大利亚日"，其理由是"在1967年举行全民公决的那一天，所有澳大利亚公民，无论是土著还是其他人，均成为宪法规定的具有相同权利和责任的公民。真正的国民地位就在那一天诞生"。[④] 很显然，土著不再被视为低人一等，因为他们现在将要享受与澳大利亚社会所有其他成员同等的地位。工党领袖戈夫·威特拉姆（Gough Whitlam）用"从我们的宪法中消除这个污点"来

---

① G. Foley, "Teaching Whites a Lesson" in V. Burgmann and J. Lee (eds.), *Staining the Wattle: A People's History of Australia since 1788*, Fitzroy: Penguin/McPhee Gribble, 1988, p. 202.

② G. Melleuish and G. Stokes, "Australian Political Thought", in W. Hudson and G. Bolton (eds.), *Creating Australia: Changing Australian History*, St. Leonards: Allen & Unwin, 1997, p. 113.

③ Robert J. Miller, et al, *Discovering Indigenous Lands-The Doctrine of Discovery in the English Colonies*, p. 189.

④ Nicolas Peterson and Will Sanders (eds.), *Citizenship and Indigenous Australians-Changing Conceptions and Possibilities*, p. 132.

肯定此次全民公决的历史意义。一家地方报纸发表评论文章认为，宪法中伤人情感的部分"在当今时代是过时的和不妥当的"。阿米德里（Armidale）的天主教和安立甘主教们发表共同声明称：一个给予肯定的投票将消除"种族偏见的任何征象，并且……显示我们对黑人同胞公民的真正关心"。正因为这次全民公决在理论上可能带来的上述积极变化，所以，人们用"历史性的"、"重大影响的"、"转折点"等含义丰富的术语予以褒奖或肯定。

　　不难看出，围绕着全民公决而展开的有关土著公民权的讨论使得已经给予的但没有落到实处的、已经错误执行的但须予以纠正的、未曾考虑但必须给予的一切与土著公民权相关的问题，统统进入政治家和公众的视线和思维之中。其结果是，全民公决第一次在全国范围内、在联邦宪法的最高层次上再次确认了这样的事实：土著是澳大利亚公民，他们应该与其他澳大利亚人一样受到公正和公平的对待。然而，要在实践中实现土著澳大利亚人与非土著澳大利亚人之间的真正平等，仅靠一次全民公决是难以完成的。虽然此次全民公决获得了很高的支持率，但是，出现这样的结果似乎并不令人感到意外。坦率地说，全民公决的通过是相对容易的，因为它不仅被视为公正的，而且它也是不附带任何政策内容的。当这种场合的一般性意义被具体的政策或措施所取代时，人们逐渐地认识到，土著的很多目标与其他利益群体的目标和需求将不可避免地发生冲突。在一些注定比福利待遇具有更大政治影响的事务方面，土著开始发现他们不得不与试图反对其目标的其他利益群体作长期艰苦的斗争。

二　土地权运动初见成效

　　自古以来，对一个民族所占有土地的权利以及他们长期以来所拥有的一种归属意识的承认被理解为人类正义的一种原则。这也是罗马法的一个根本原则。在地理大发现时代的开端，一些基督教的神学家如弗朗西斯科·德·维托尼亚（Franciscus de Vitonia）就曾规劝欧洲的统治者，作为自由和理性的民族，对新世界的土著不能"以他们不是真正的所有者为由而剥夺他们的财产"。西方殖民国家对土著对其土地和水源拥有所有权的否定是后者遭受不公正的根本原因，所以，皮特·H. 拉塞尔（Peter H. Russell）断言："寻求对土地权的承认是现代土著人民运动的中心内容。"① 对澳大利亚土著来说，自"第一舰队"于 1788 年驶入杰克逊港以来，土地权问题虽然被殖民者竭力地隐藏起来，但它一直是黑人与白人关系的焦点。

如前所述，兴起于 20 世纪二三十年代的土著争取公民权运动有着丰富的内涵，土地权就是其中一项重要内容。如 20 世纪 20 年代末的"澳大利亚土著进步协会"就把争取土地权视为一个"首要问题"。②

白人政府对待土地权的态度在 20 世纪 60 年代开始有所转变。在美国黑人反对种族歧视斗争的激励下，澳洲土著的抗议示威活动此起彼伏，斗争的焦点很快从反对种族歧视和争取平等权转向了索还土地等现实要求，土著喊出了"我们不要施舍，我们要土地"的口号。1960 年，道格·尼考尔斯（Doug Nicholls）③ 以及"土著进步联盟"（Aboriginal Advancement League）开始为把 690 公顷被出租的库梅鲁甘加土地返还给继续靠剩下的为数不多的土地为生的土著而斗争。1962 年，新南威尔士州政府被迫做出妥协，取消了 80 公顷土地的租约，"土著进步联盟"很快把这块地用来饲养牛群。在由道格·尼考尔斯领导的代表团游说并给政府进一步施压之后，其余出租给欧洲农场主的土地亦于 1964 年返还给了当地土著。至此，土著占有的库梅鲁甘加的土地面积接近"土著保护局"将其出租之前的规模。

1963 年，道格·尼考尔斯和"土著进步联盟"开始为收回特莱斯湖保留地（Lake Tyres Reserves）而斗争。"维多利亚土著福利局"（Victorian Aboriginal Welfare Board）为了追求其同化政策而希望关闭这块保留地。5 月 22 日，"土著进步联盟"主席乔·迈克吉尼斯（Joe McGinness）在墨尔本召开的主题为"拯救特莱斯湖"（Save Lake Tyers）的会议上致辞时说：

> 本次会议的目的是就他们在特莱斯湖未来的福利应采取什么样的

---

① Peter H. Russell, *Recognizing Aboriginal Title-The Mabo Case and Indigenous Resistance to English-Settler Colonialism*, p. 155.

② Bain Attwood and Andrew Markus, *The Struggles for Aboriginal Rigths-A Documentary History*, p. 5.

③ 道格·尼考尔斯（1906. 12. 09 ~ 1988. 06. 04），出生于新南威尔士的库梅鲁甘加保留地，是澳大利亚著名的土著活动家。

措施而表达自己的看法。

这是一次非常难得的机会，我们被充分地组织起来，来公开地表达这些观点。

现在政府的同化政策否定了全澳境内的土著规划他们自己认同的权利。

在联邦限制性法律运转的所有的州，土著都受到保护条例的管制。

在涉及土著的这些条例的管理下，我们发现有专员、主任、保护者、主席以及其他拥有级别稍低官员头衔的人。

……

我们当然认识到有一些土著准备接受同化，但是，我们反对的是"强制同化"（'forced assimilation'）。[①]

6月26日，"土著进步联盟"给联合国发去电报，敦请国际社会就澳大利亚政府声称的"进一步转让土著保留地"展开调查。电文称："澳大利亚政府正在忽视土著少数民族权利。自1959年以来，已转让了200万英亩的保留地，还有50万英亩的土地正受到威胁。居民们未经同意或未获得任何赔偿就被赶走。请求联合国对此展开调查。"道格·尼考尔斯也表达了如下立场："我们希望看到像在吉普斯兰（Gippsland）的特莱斯湖等保留地由土著自己以社区为基础来进行开发。"[②] 经过长达七年的斗争，1970年，维多利亚州政府颁布《土著土地权条例》（Aboriginal Lands Act），同意将特莱斯湖和弗拉姆林汉姆（Framlingham）的保留地归还给土著居民。这是保留地的土地所有权第一次被给予它的原住民。但令人遗憾的是，在维多利亚，土著提出的返还其他土地的要求则不予讨论。

争取土地权运动也波及北部领地。1966年，居住在北部领地瓦维山（Wave Hill）畜牧站的100名操古里恩德贾语（Gurindji）的土著要求返回他们原来的住地，而不愿搬到较大的牧场。8月，由于对恶劣的工作条

---

① Bain Attwood and Andrew Markus, *The Struggles for Aboriginal Rigths-A Documentary History*, pp. 197 – 198.

② "Aborigine's Cable Seeks U. N. Inquiry", *The Age*, 27 June, 1963.

件以及不平等待遇的不满,瓦维山的土著农场工人开始罢工。① 翌年,他们来到瓦提埃克里克(Wattie Creek),并在此竖立了一块写有"古里恩德贾"的标牌。意思是说,这是属于古里恩德贾人的土地。这次罢工表面上是为了提高工资和改善生活条件,但古里恩德贾人更加渴望回到传统的居住地。"古里恩德贾人的罢工是非常重要的,因为它不仅是一场反对不公平事件的斗争,而且是一个要求获得土地所有权的声明"。古里恩德贾人的这一诉求是有其历史根据的,因为他们从未放弃与传统土地之间的联系,这些传统土地作为王权土地已被一个有影响的英国家族公司维斯蒂(Vestey)租用,并且辟为牧场。"对很多澳大利亚人来说,土著民族与其土地的关系很可能是这一阶段的一个新概念;这种概念常常被那些传统土著出身的罢工领袖们用他们自己的语言有效地呈现出来"。② 结果,在文森特·林吉阿里(Vincent Lingiari)的领导下,古里恩德贾人在瓦提埃克里克建立了新的住宅区。1967 年 4 月 19 日,他们向政府申请租赁 1290 平方公里的土地来建立自己的牧场。他们在写给 R. G. 凯西(R. G. Casey)总督的请愿书中说:"我们,古里恩德贾人的领袖们,给您写信,表达我们收回在北部领地瓦维山—尼姆波亚(Wave Hill-Limbunya)地区我们的部落土地占有权的最热切的希望,我们在这里的土地曾被剥夺,我们没有得到任何赔偿。我们的人民自远古时代起就居住在这里,我们的文化、神话、梦幻以及圣地都是在这块土地上发展的。我们祖辈中的很多人在早期努力保卫这片土地时就被杀害。因此,我们认为这块土地在道义上是属于我们的,应该归还给我们。……"③

但是,总督根据政府的建议拒绝了这一请求,并在回信中警告土著不要以任何方式破坏法律或者干涉牧场租用法。

---

① 第二次世界大战后,北部领地曾建议土著居民应该得到工资待遇,但比欧洲人要低。从 20 世纪 60 年代开始,出现了土著要求实现工资待遇平等的运动。1965 年,"仲裁委员会"拟定了有关平等工资的立法,但增加了土著工作效率低下的条款。意思是说,土著比非土著人的工作效率要低,工资待遇相应也低。1968 年,同工同酬终于实现。参见 Jennifer Sabbioni, Kay Schaffer and Sidonie Smith(eds.), *Indigenous Australian Voices: A Reader*, p. xxiv.

② Race Discrimination Commissioner, Human Rights and Equal Opportunity Commission, *Battles Small and Great-The First Twenty Years of the Racial Discrimination Act*, p. 3.

③ Bain Attwood and Andrew Markus, *The Struggles for Aboriginal Rigths-A Documentary History*, p. 224.

在 20 世纪 60 年代的土地权运动中，一个新的变化就是土著人民主张所有权所使用的路径与以往有所不同。他们不仅声称"所有权"是一种权利，而且努力寻求殖民者的立法机构对这种权利的认可。

生活在昆士兰州约克角西部的威克人（Wik）①是最早与欧洲人接触的原住民部族之一。他们的传统土地是以阿彻河（Archer River）和爱德华河（Edward River）为中心而向外延展的。在不屈不挠地保卫家乡土地方面，威克人与梅里阿姆人（Meriam）②很相似。当荷兰人于 17 世纪早期在威克人领土上登陆时，他们遭遇了几百名武装卫士的抵抗。在 20 世纪铝土矿发现之前，威克人努力在不受殖民者的干扰下求生。巧合的是，他们生活的地方正是世界上铝土矿蕴藏最丰富的地区之一。然而，不幸随之降临，因为"这个发现促使昆士兰政府竭尽全力把威克人从他们的土地上驱赶出去"。③ 到了 1957 年，昆士兰政府通过了一个特殊的议会条例——《科马尔考条例》（Comalco Act），借此成功地将奥鲁昆（Aurukun）土著保留地以一个长达 110 年的租约给予了矿业巨头——联邦铝业有限公司（亦称作"科马尔考"）（Commonwealth Aluminium Coporation Pty Ltd.）（Comalco）。该租约包括了几乎所有威克人的保留地，面积超过 60 万公顷。1959 年，长老会派斯威特（Sweet）牧师造访马普恩（Mapoon）传教站。④ 斯威特对集会的土著说，传教站即将关闭，他们不得不迁往异地安置。当地土著委员会发言人以及教会长老阿伦·帕里（Allan Parry）说，他的人民需要一个让他们离开的理由，"没有这样让我们离开此地的法律"。尽管后来有像土著事务部长詹姆斯·诺布尔（James Noble）博士那样的高官陆续造访马普恩，但当地人拒绝服从。为此，政府当局威胁要关闭教会、学校和商店，切断来自星期四岛（Thursday Island）的船供。而且，如果当地人仍然拒绝离开，那么，

---

① "威克"一词在该地土著语言中是"讲话"（'speech'）或"语言"（'language'）的意思。

② 自远古以来，梅尔、达瓦尔（Dawar）和韦耶尔（Wajer）等托雷斯海峡岛屿及其周围海洋、海床、边缘暗礁、毗邻小岛一直被梅里阿姆人所居住和拥有，他们说自己独特的语言（梅里阿姆语），被叫作墨累岛民，是一般被称为托雷斯海峡岛民的一部分。

③ Henry Reynolds, *Dispossession-Black Australians and White Invaders*, Sydney：Allen & Unwin, 1989, p. 88.

④ 马普恩是 1891 年由英国长老会传教派建立的一个传教站。这个传教区域一度覆盖 3345 平方英里。

"开矿的人将运来推土机……。"①

1963 年 11 月 15 日晚，昆士兰警察接到要将威克人从马普恩居住地转移至当地传教站的命令。在那里，土著在武装卫兵的看管下熬过一宿。第二天，他们被赶到小船上，准备前往几百英里之外的巴马伽（Bamaga）②。随后，土著家园被毁之一炬，包括房屋及其他财产、学校、工场、屠宰店和商店。土著饲养的狗也未能幸免。③ 面对这一局面，"土著进步联邦委员会"秘书长 S. 戴维斯（S. Davies）感到非常失望。他说："我们对未能阻止对昆士兰约克角的马普恩殖民地的强行抛弃而感到羞愧。"该委员会决定通过法律手段来起诉昆士兰土著事务部的非人道行径。④ 后来，威克人就主张土地所有权向昆士兰州最高法院提出申诉，该法院支持了威克人的诉求。但昆士兰州政府不服裁定，遂向在伦敦的枢密院（Privy Council）提出上诉，结果是昆州最高法院的裁定被推翻。

无独有偶。1963 年，当澳大利亚联邦政府为了铝土矿业私人利益而征收北部领地一块名叫安赫姆（Arnhem）保留地的大部分土地（约 300 平方公里）时，土地权立即成为一个敏感的政治议题。居住在戈夫半岛（Gove Peninsula）⑤ 伊瑞卡拉（Yirrkala）的约隆古人（Yolngu）相信，政府做出这一决定时并没有与他们进行充分的磋商，而是政府的一厢情愿。于是，他们用传统的树皮画的形式向联邦众议院递交了一份请愿书，抗议政府擅自做出在他们传统土地上开采铝土矿的决定，要求对方尊重他们的土地权。这个树皮画的请愿书在表达土著人民通过澳大利亚立法机构来获取其权益方面极富象征意义，但实际效果有限。⑥ 用加拉努伍·尤努平古（Galarrwuy Yunupingu）的话来说，"这是我的人民为他们的土地而斗争的

① Bain Attwood and Andrew Markus, *The Struggles for Aboriginal Rigths-A Documentary History*, pp. 190 – 192.

② 巴马伽，距离昆士兰北部约克角最北端约 25 公里，面积 152 平方英里，包括巴马伽村以及附近的卫星村科沃尔·克里克（Cowal Creek）和红岛点（Red Island Point）。在土著及岛民中，这里还是一个臭名昭著的罪犯流放殖民地。

③ M. Meadows, "A 10 – Point Plan and a Treaty" in B. Mckay（ed.）, *Unmasking Whiteness: Race Relations and Reconciliation*, Brisbane: Queensland Studies Centre Griffith University, 1999, p. 95.

④ "Shameful Story of Mapoon", *The Tribune*, 8 April, 1964.

⑤ 戈夫半岛，位于北部领地安赫姆地（Arnhem Land）的东北角。

⑥ 这个树皮画的请愿书至今仍挂在堪培拉新国会大厦内。

一个自豪但悲哀的象征。"① 弗兰克·G. 恩格尔对这一事件做出了这样的评价："一个具有实质意义的公众呐喊"出现了，"它凸显了这样一个事实：即使在偏远地区，土著的未来仍由居住在 2000 英里之遥的白人任意决定，而不用事先与利益攸关的人进行充分磋商。这一事件标志着政府与教会一道对土著及其未来做出最终决定的体制终结的开始，要求得到磋商和获取土地的权利开始成为主要的公共议题。"②

1963 年 8 月 12 日，"土著进步联邦委员会"决定代表戈夫半岛的土著通过法律途径来反对铝业公司的租地申请。他们提出反对的理由是：（1）无论是北部领地行政当局还是"矿长法院"（Mine Warden Court）都无权受理此项申请；（2）矿产法和相关规定并没有得到遵守；（3）准备申请的土地并不是王室之地；（4）这块土地属于在那里定居的土著居民；（5）此项申请不公正、不平等；（6）听任租地行为与公共政策相背离；（7）这块土地是土著保留地的一部分。③

1964 年，"昆士兰土著及托雷斯海峡岛民进步委员会"（Queensland Council for the Advancement of Aborigines and Torres Strait Islander）呼吁对现有的土著保护法进行修改，其中就包括土地和财产方面的法律，要求获得充分的土地权和财产权；不要再转让保留地、定居地或传教站的土地。该委员会之所以发出如此呼吁，是因为该州的土著现在不允许拥有自己的财产，包括不动产或个人财产。他们对赖以为生的土地或家园没有所有权。④

1967 年，"澳大利亚教会委员会"（Australian Council of Churches）采纳了这样的观点：即首先占有是取得土地所有权的合法基础。这是一个联邦政府无论如何都不会接受的观点。约翰·戈登（John Gorton）政府的立场是："鼓励土著认为，因为祖先与一块特殊的土地有很长时间的联系，

①　Galarrwuy Yunupingu（ed.）, *Our Land is Our Life*：*Land Rights*, *Past*, *Present and Future*, St Lucia：University of Queensland Press, 1997, introduction, p. 4.

②　Frank G. Engel, "Australia：Its Aborigines and Its Mission Boards", *International Review of Mission*, July 1970, p. 300, quoted in Dominic O'Sullivan, *Faith*, *Politics and Reconciliation-Catholicism and the Politics of Indigeneity*, pp. 87 – 88.

③　Bain Attwood and Andrew Markus, *The Struggles for Aboriginal Rigths-A Documentary History*, pp. 200 – 201.

④　Bain Attwood and Andrew Markus, *The Struggles for Aboriginal Rigths-A Documentary History*, pp. 206 – 207.

今天的土著就有权利要求所有权，这是完全错误的。"① 很显然，联邦政府不接受先前占有或继承权是允许黑人取得土地所有权的充分理由。将这种观点加以延伸，联邦政府似乎在暗示：澳大利亚黑人的独特的土地权不仅在政治上不受欢迎，也不符合白人社会的法律。

土著社会强烈的抗议换来了政府的调查，但结果令人失望。在政治舞台失利之后，戈夫半岛的米里卢普姆（Milirrpum）人和其他约隆古人遂求助于法院。1969 年，他们在向北部领地最高法院即联邦高等法院呈交的诉状中声称，他们对土地的所有权并不对王权权威构成挑战，"在习惯法下，假如这些权利是清晰明了的并且能够被习惯法所承认，那么按照土著法或习惯，土著社会在由王权取得的领地内的土地权是持续存在的，并且必须得到王权本身以及它的从事殖民的臣民的尊重，除非和直到它们被有效地消灭"。② 当然，被有效地消灭需要得到土著人民的同意以及也许还有明确的立法为证。在米里卢普姆诉纳巴尔科有限公司（Nabalco Pty Ltd）和联邦政府的案件中，原告声称，他们有权利不受干扰地占有土地，联邦无权将土地租给纳巴尔科有限公司。1971 年 4 月 27 日，联邦法院做出裁决，不承认土著对澳大利亚土地拥有所有权。理查德·布莱克布恩（Richard Blackburn）法官对此解释说，约隆古人与土地的联系是精神上而非经济上的；即便约隆古人对土地拥有权益，当王权取得对那片土地的根本权益时，约隆古人的权益也就不复存在。③

理查德·布莱克布恩法官深知这一裁定必然招致土著社会的口诛笔伐，所以，他用了 150 页的材料来解释并证明他的这一必然引起争议的裁定。④ 在理查德·布莱克布恩看来，澳大利亚是在完全和平状态下成为英国殖民地的。根据由欧洲扩张主义国家法学家所奠基的国际法学说，一个被认为通过和平殖民而非凭借征服或割让而取得殖民地的领土，在欧洲定居者到来时就被认定是未被任何有组织的社会所占有的。在这些地方，很可能早已存在人类居民，但欧洲的法学家认为，他们是处在社会和政治发

---

① P. J. Nixon, *Land and the Aborigines of the Northern Territory*, Canberra: Department of the Interior, 1971, p. 1.

② Peter H. Russell, *Recognizing Aboriginal Title-The Mabo Case and Indigenous Resistance to English-Settler Colonialism*, pp. 62 – 63.

③ Graeme Neate, *Aboriginal Land Rights Law in the Northern Territory*, Vol. 1, Chippendale: Alternative Publishing Cooperative Ltd., 1989, p. 35.

④ 就这一点来说，这是由澳大利亚一名法官所撰写的有关土著人权利篇幅最长的结论。

展如此低级的阶段，不足以保证对他们政治权威或法律的认可。澳大利亚就是这样的殖民地。作为一名受理案件的法官，理查德·布莱克布恩自然也要兼听原告的声音。他从人类学家和土著证人那里听取了很多有关约隆古人的组织和法律方面的证据。用他的话来说，"原告的社会规则和习惯不可能被简单地处理为位于一个不可逾越鸿沟的另一边。证据表明有一个高度适应这个国家需要的微妙的和细致的制度，人们在此制度下生活，它为社会提供了稳定的秩序，人们显而易见地不会受到个人奇想或影响的约束。如果曾经有一个能够被称为'法的而非人的政府'，那么呈现在我面前的证据就显示有这样的政府"。但是，理查德·布莱克布恩对此辩解说，"问题不是事实而是法的问题"。[①] 这里的"事实"是抹杀不掉的，而所谓的法指的是被澳大利亚移植过来的一系列维护白人殖民利益的英国法律制度。

米里卢普姆案件在澳大利亚历史上是史无前例的。在过去的很多场合，法院的很多裁定都涉及澳大利亚土著民族的合法地位，但是，先前的很多案例是由定居者及其白人政府所发起或鼓动的。在米里卢普姆案件中，这是土著社区第一次采取主动行动并且试图通过澳大利亚法院对其权利予以确认。

从这场运动的进程来看，土著社会索取土地权所面临的困难与挑战来自很多方面：既有白人社会根深蒂固的价值观念的影响，又有其一整套维护白人社会利益的制度和机制的强力抵制，更有司法领域存在对土著居民的种族歧视。尽管如此，澳大利亚土著在坚持自己是土地最初所有者的前提下，诉诸各种途径或手段与白人统治者进行周旋，在收复土地权方面还是取得了一些进展，特别是在维护保留地上的权益方面，土著不仅收回了一些保留地，也释放一条重要信息：白人统治者日后在做出有关收回保留地或改变保留地用途的决策方面，必须三思而后行。这一时期的土地权运动还产生了两个意想不到的结果：一是澳大利亚第一部土地权立法于1966 年在南澳大利亚获得通过。这是澳大利亚唯一一州在创建时期就承诺将奉行英国在北美的土地政策原则：由土著占据和拥有的土地在割让给王权之前不应卖给定居者，而且被割让的土地将保留给土著使用。该州总

① Peter H. Russell, *Recognizing Aboriginal Title-The Mabo Case and Indigenous Resistance to English-Settler Colonialism*, p. 63.

理唐·邓斯坦承认，这些承诺从未得到尊重，他的政府因此出台了
《1966年土著土地信托条例》（*Aboriginal Lands Trust Act 1966*）。该条例将
为土著提供"某种形式的可能补偿"。在该条例下，由土著组成的信托机
构将与非土著顾问一道对无人占领的保留地的土地以及那些域内居民希望
其土地由信托机构掌管的且已有人使用的保留地行使控制。该条例还规
定，在征得该州土著事务部长同意后，土著信托机构就能卖出或出租土
地，并使用基金向开发信托土地的土著发放贷款。① 二是从政治影响的层
面来看，争取土地所有权的运动起因于对保留地的保护，但很快就搅动了
土著的维权意识，助推了土著及托雷斯海峡岛民争取自身权益的现代运动
的开展，并且让土地权问题置于70年代澳大利亚联邦的政治议程之中，
甚至一度成为焦点。这恐怕是白人政治家所始料未及的。

三　其他社会福利的争取

西方殖民者入侵之前，土著社会是在一个由较为复杂的社会责任
及其信仰所建构的体制下运转的。这种始于梦幻时代并历代承袭的社
会体制考虑到族群生活的每个方面——从人到动物到土地。每个方面
都被视为生活的中心，每个人都有责任确保生活的每个方面能得到保
护和维持。土著的社会组织和福利正是基于氏族这种高度复杂的个人
和家庭责任体制中的合作与分担来构建和发展的，而英国人强加在他
们身上的社会组织和所谓福利制度显然与这种传统的生活方式及其价
值观念背道而驰。②

（一）土著福利组织的建立

"二战"后，各国都重视公民福利社会的建设，这是战争带给人们巨
大创伤的同时，也赐予人类一种积极的生活启示。众所周知，一个人所享
受的社会福利与其公民权身份是不可分割地联系在一起的。澳大利亚联邦

---

① Peter H. Russell, *Recognizing Aboriginal Title-The Mabo Case and Indigenous Resistance to English-Settler Colonialism*, p. 162.

② Eileen Baldry and Sue Green, "Indigenous Welfare in Australia", *Journal of Societal & Social Policy*, Vol. 1, 2002, p. 2.

宪法中只有两处提及土著，但均是歧视性条款。这些歧视性条款有效地保证了过去视土著澳大利亚人的福利为各个州责任的政策的延续。如此一来，联邦成立后至40年代，联邦政府陆续出台的一系列社会福利立法所惠及的人群就不包括土著居民，如《1902年联邦公民权法》、《1908年养老金条例》和《1912年的产妇津贴条例》等。①

在20世纪30年代土著有意识地争取广泛的公民权的进程中，获取某些社会福利和其他利益也是他们的斗争目标。在土著社会所给予的压力下，各州都在修改体现种族隔离政策的保护法。如1943年，新南威尔士土著保护局就被"土著福利局"（Aborigines Welfare Board）取代。由于土著的不懈努力，从1941年起，那些不是游牧的或者其孩子不是"完全或主要依赖于联邦或州的资助"的土著就能享受到儿童津贴。从1942年起，土著也能领取产妇津贴以及伤残补助。从1944年起，土著中有一些人能够申请失业和医疗补助。尽管如此，由于受制于一些形形色色的规定，能够享受上述社会福利的土著还是少数，因为当时一个总的原则仍然是将土著排除在广泛的社会福利体系之外。②

1951年，联邦政府高调推出同化政策。在此背景下，一些州政府开始陆续取消种族歧视性法律，土著开始获得母亲津贴、养老金以及其他社会福利等。1952年，应西澳大利亚土著事务部长的请求而成立了"土著福利委员会"（Native Welfare Council）。当时，出现了一些代表土著利益的组织或机构。西澳大利亚州土著事务部长和这些组织或机构都看到了让一个联合的委员会与政府进行磋商的价值。于是，有16个组织参加了"土著福利委员会"的成立会议。西里尔·加勒（Cyril Gare）担任该委员会主席。"土著福利委员会"在其成立之后努力经营"阿拉瓦格罗弗项目"（Allawah Grove Project）。这是一个社区组织项目，其目的是为土著儿童提供幼儿园服务，并且鼓励土著成年人参与社会和经济活动。③ 而在土著较为集中的北部领地，联邦政府对土著事务的掌控并没有放松。1946

---

① Eileen Baldry and Sue Green, "Indigenous Welfare in Australia", *Journal of Societal & Social Policy*, p. 5.

② Nicolas Peterson and Will Sanders（eds.）, *Citizenship and Indigenous Australians-Changing Conceptions and Possibilities*, p. 64.

③ "Native Welfare Council", http：//indigenousrights. net. au/organisation. asp？oID = 16. 2012 – 08 – 08.

年，联邦政府就在艾利斯·斯普林斯（Alice Springs）设立了土著事务分部。在全国其他地方开始重视土著福利事业的影响下，土著事务分部也被改组成福利委员会分支机构。①

在土著争取自身权益斗争的过程中，给予土著事业支持的非土著组织也适时兴起。这类组织通常被称作"土著进步联盟"。成立于1957年的"土著进步联盟（维多利亚）"是这类联盟中最著名的一个。该组织主要成员是白人专家或白领工人，其中很多是清教徒或犹太人。该联盟成员在诸如就业、奖学金、住房等问题上向维多利亚土著提供实际援助。该组织还披露了生活在沃布尔顿山脉（Warburton Ranges）地区的土著部落极其困顿的生活状况。

1956年，澳大利亚两名妇女皮尔·吉布斯（Pearl Gibbs）和费斯·班德勒（Faith Bandler）在悉尼发起成立了"土著澳大利亚人友谊会"（Aboriginal-Australian Fellowship）。这是战后致力于为土著和非土著谋求权益而倡导社会和立法改革的新组织之一，其成员包括澳大利亚共产党成员、艺术家、作家、犹太社区成员以及基督教会成员等。之所以成立这样一个基础广泛的组织，吉布斯认为，在对新南威尔士土著福利局进行改革以及改善土著生活条件方面，白人的支持是不可或缺的。公众对这一组织的关注始于1957年4月27日。当时该组织在悉尼市政厅举行会议。在那次会议上，著名土著领袖道格·尼考尔斯、哈罗德·布莱尔（Harold Blair）、贝特·格罗菲斯（Bert Groves）、比尔·奥努斯（Bill Onus）均在会议上致辞。会议呼吁就修改澳大利亚联邦宪法而举行全民公决。1969年，当土著准备建立自己的组织时，该组织遂告解体。②

很多这样的组织起初是由欧洲人来主导的，这就使得这些组织在功能行使方面既有优势，也存在某些不足。比如"土著进步联邦委员会"在1958年成立时仅有3名土著代表，最初的三任主席都是清一色的欧洲人。然而在1960年的年会上，土著成员请求安排一个小时的时间来专门讨论土著问题。这不能不说是一个重要的变化。1961年，乔·迈克吉勒斯成为该组织第一位土著主席，直到70年代末。1964年，为了承认岛民是一个具

---

① "District Welfare Office, Giles District［Alice Springs］", CA2842, NAA.

② "Aboriginal-Australian Fellowship", http：//www. indigenousrights. net. au/organization. asp? OID = 1. 2012 – 08 – 08.

有独特属性的群体，"土著进步联邦委员会"更名为"土著及托雷斯海峡岛民进步联邦委员会"（Federal Council for the Advancement of Aborigines-and Torres Strait Islanders）（FCAATSI）。此后，土著社会活动家在政治策略上就体现了更大的智慧，尤其是他们开始利用媒体来扩大自己的影响，这是早期土著组织所欠缺的。"土著及托雷斯海峡岛民进步联邦委员会"还加强与一些有影响的组织如工会、教会的联系，使其政治影响日渐扩大。此后，"土著及托雷斯海峡岛民进步联邦委员会"在运作方面变得更具有目的性，比如呼吁北部领地进行立法改革，并且威胁说，如果不立即付诸行动，它将向联合国呼吁。[1] 到 20 世纪 60 年代末，当有能力的土著迅速将其命运掌握在自己手中时，绝大多数土著组织由欧洲人控制的局面就成了过去时。[2]

在为土著争取社会福利的进程中，成立于 1964 年 8 月的"土著进步协会"（Aboriginal Progress Association）功不可没。该组织的宗旨就是推进土著进步和社会福利。它的创始人之一劳里埃·布赖恩（Laurie Bryan）认为，"南澳大利亚土著进步联盟"（South Australian Aborigines' Advancement League）是由非土著成员主导的，需要建立一个新的组织以便让正在成长的土著政治活动家能够发出自己的声音。他从"南澳大利亚土著进步联盟"退出后，便邀集了一些受过良好教育的土著活动家，如约翰·莫里亚蒂（John Moriarty）、温尼·布兰逊（Winnie Branson）、文斯·科普利（Vince Copley）和马尔科姆·库珀（Malcolm Cooper）组建了"土著进步协会"。规定只有土著血统的人才享有完全投票权，马尔科姆·库珀荣任该组织的第一任主席。该组织所取得的成就之一就是成立了"土著教育基金会"（Aboriginal Education Foundation），用来支持土著教育的发展。[3]

（二）土著福利法律的问世

前有所述，在同化政策下，土著相继获得了一些社会福利。这些社会福利的取得与有关土著社会福利组织的呼吁是分不开的。但是，社会福利

---

[1]　1971 年，"土著进步联盟（维多利亚）"呼吁联合国支持它提出的土地和矿山所有权归土著所有以及澳大利亚政府应给予土著 60 亿美元赔偿的主张。

[2]　Richard Broome, *Aboriginal Australians-Black Response to White Dominance 1788 – 1980*, pp. 174 – 175.

[3]　"Aboriginal Progress Association", http：//indigenousrights. net. au/organisation. asp? Oid = 36. 2012 – 08 – 08.

作为公民享有的一项基本权利，仅靠政府的某一项具体政策或某些组织的呼吁是很难维系的，必须依赖于法律的支撑。

1948 年，当土著澳大利亚人与其他澳大利亚人一道成为"澳大利亚公民"时，在选举权以及社会安全领域，其公民权仍然受到限制。根据《1947 年社会服务加强条例》（*Social Services Consolidation Act 1947*），土著如果免于州法律保护，就只能接受联邦给予的权利。[①]

20 世纪 50 年代由"维多利亚土著权利委员会"（Victorian Council for Aboriginal Rights）以及后来的"土著进步联邦委员会"倡导的争取土著权益运动，导致了《1959 年社会服务法》（*Social Services Act 1959*）修正案的诞生。新法中有关排斥"土著民族"的复杂条款在很大程度上被删除了，而增加了 137a 条款。该条款规定："根据局长的意见，遵循游牧的（'nomadic'）或原始的（'primitive'）生活方式的澳大利亚土著在该法律下无权享受退休金、津贴、捐赠或救济金。"[②] 这部法律文献并没有就所谓的"游牧的"、"原始的"含义做出明确的界定，但雪莉·安德鲁斯（Shirley Andrews）很快向政府当局指出，游牧的或流动的（itinerant）生活方式不会阻止其他澳大利亚人有资格享受社会提供的各种服务。安德鲁斯将这一条款视为已受到公开谴责的父权主义的进一步体现。对于那些现在能够享受社会福利并且在保留地生活的土著来说，生活津贴并不是直接交给他们，而是交给保留地的监管人，其中一部分被存放在一个信托账户上，在提取时还要受到监管。[③]

随着修正案的通过，争取土著权益运动的焦点呈现两个方向：其一就是向土著提供如何申请老人退休金或他们现在有资格得到的任何其他福利的信息。雪莉·安德鲁斯和罗德尼·豪尔（Rodney Hall）（后来成为小说家）出版了《伊吉里宣传手册：土著社会福利》（*A Yinjilli Leaflet*：*Social Services for Aborigines*）。这个散页的印刷品向土著及托雷斯海峡岛民的读者宣传说："你们拥有与其他澳大利亚人同等的要求得到社会福利的权利。"宣传册还告知读

① John Chesterman and Brian Galligan, *Citizens Without Rights*：*Aborigines and Australian Citizenship*, p. 163.

② Tim Rowse, *Indigenous and Other Australians since 1901*, Sydney：University of New South Wales Press Ltd, 2017, p. 233.

③ John Chesterman and Brian Galligan, *Citizens Without Rights*：*Aborigines and Australian Citizenship*, p. 165.

者能够申请什么样的福利，如何以及在哪里办理相关手续。其二提醒澳大利亚公众这样一个事实：绝大多数领取养老金的土著并没有得到他们应该享受的福利。他们的福利支出已被传教站和保留地的政府管理人员领走。《伊吉里宣传手册：土著社会福利》是写给土著及托雷斯海峡岛民的，而《土著仍然得不到的社会福利》（*Social Service Benefits Still Denied to Aborigines*）是面向非土著澳大利亚人的。雪莉·安德鲁斯指出，改变法律是远远不够的，那些有资格取得养老金但仍然生活在传教站或政府保留地的人却没有得到直接支付。相反，钱却到了机构那里。这种制度应该受到谴责。①

在北部领地，《1953 年福利法》（*Welfare Ordinance 1953*）见证了对土著管理策略上的一种变化。该法撤销了以前的土著法，并且把土著视为"受监护者"。到了 1961 年，北部领地约 95% 的土著被宣布为"受监护者"。监护主管对"受监护者"行使重要控制，包括他们可以居住在什么地方、与谁结婚、就业以及是否被拘留等。而在劳动报酬方面，在牧场工作的"受监护者"的报酬约相当于白人工人的五分之一。土著的受监管地位以及备受歧视的劳动报酬激起了土著社会的强烈不满。1964 年 8 月，联邦议会通过了新的法令，对《1953 年福利法》进行了修正。修正后的法律称之为《北部领地福利法》（*Northern Territory Welfare Ordinance*）。土著身份由"受监护者"易为"需要帮助的人"。② 根据新法，任命一位负责社会福利的主任（director）和代理主任（acting director），其职责就是为那些需要的人提供帮助，包括法律援助，特别是（1）为北部领地的人安排尽可能有益的培训，包括职业培训；（2）提高他们的物质待遇；（3）教育他们养成适当的生活卫生和环境卫生的习惯；（4）改善他们的生活营养和提高住房水准；（5）帮助他们找到合适的工作；（6）对那些影响他们福利的事务给予普遍关注；（7）与联邦健康部（Commonwealth Department of Health）合作，采取必要和合适的步骤，确保在保留地修建基础设施和配备管理人员来保护和改善生活在那里的人们的健康等。③

---

① "Campaigning for Social Service Benefits"，http：//indigenousrights. net. au/subsection. asp？ssID＝4. 2012－08－08.

② John Chesterman and Brian Galligan，*Citizens Without Rights：Aborigines and Australian Citizenship*，pp. 174－176.

③ "Northern Territory Welfare Ordinance 1953－1960"，http：//indigenousrights. net. au/document. asp？ Iid＝582. 2012－08－08.

在土著争取社会福利的过程中，相关法律的通过有其积极意义，它至少为土著争取属于自己的社会福利提供了一定的法理依据，同时在一定程度上唤起全社会都来关注土著社会福利事业。这一时期，为那些有资格享受养老金的土著争取属于他们的正当权益成为有识之士的奋斗目标之一。

诺曼·比尔逊（Norman Bilson）于 1893 年出生在旺吉族（Wongi people）的土地上。当他于 1960 年寻求玛丽·本内特（Mary Bennett）的帮助时，已是一位患有白内障的老人了。第一次世界大战结束后，他过着牧民生活。他不确信自己确切的出生年月。他向玛丽·本内特口述一封信，并送给地区土著福利官（District Officer for Native Welfare）去申请养老金。信的结尾是这样写的："我现在已无法工作了。我的年龄是 70 岁。我相信我是 70 岁，因为第一次世界大战爆发时，我已是成人了。"

《1959 年社会服务法》修正案的通过使得土著澳大利亚人申请养老金成为可能，但诺曼·比尔逊提供不了年龄方面的证据。他出生在传统的部落世界里，其出生日期在白人档案中是没有记录的。作为对这份申请的回复，地区官员教条地认为："诺曼·比尔逊并不是如本内特女士所说的 70 岁，他的年龄不足以领取养老金。"第二年，由于视力继续恶化，诺曼无法继续工作。玛丽·本内特和诺曼·比尔逊只得想方设法搜集有关可以申请领取养老金资格的证据。一位白人牧场主支持诺曼所说的年龄，而一位大夫证实诺曼的确患有白内障。在这种情况下，本内特代表比尔逊给土著福利官员不断写信。最终，在无数信件往来以及出示大量医疗证据之后，诺曼·比尔逊获准领取伤残抚恤金。可以想象，如果没有玛丽·本内特的支持，诺曼·比尔逊领取伤残抚恤金将会是困难重重。玛丽·本内特曾经是一位在靠近拉夫顿（Laverton）的玛格丽特山传教站（Mount Margaret Mission）的教师。1960 年，她本人已是 70 多岁的老人了，但她继续与法律的不公正和歧视性的解读作斗争，因为正是这些曲解阻止了向那些失业、年事已高以及挨饿的人提供资助。①

（三）土著社会福利基金的诞生

对土著社会福利进行立法，为土著社会福利的实现提供了一定的保

---

① "The Older Generation of Bilsons: Workers on Pastoral Stations", http://indigenousrights.net.au/subsection.asp? ssID = 1. 2012 - 08 - 08.

障。但是，土著社会福利是一项长期被忽视的系统工程，因此，做好这项工作不仅需要法律来鸣锣开道，而且需要社会资源提供支持。

1964 年，悉尼大学教授比尔·盖迪斯（Bill Geddes）、查尔斯·珀金斯、奇卡·迪克逊等人在悉尼建立了"土著事务基金会"。该基金会的宗旨就是试图帮助移居悉尼的土著寻找工作和住房。"土著事务基金会"常常更为有效地从新南威尔士州政府那里取得财政支持。为了开源集资，他们在悉尼的乔治大街（George Street）建立了一个文化中心。该中心出售来自北部领地和其他地区中心的人工制品和艺术品。它也资助在悉尼的土著艺术家，布莱克·莱西（Black Lace）、杰米·利特尔（Jimmy Little）、科尔·哈迪（Col Hardy）、坎迪·威廉姆斯（Candy Williams）和马克斯·席尔瓦（Max Silva）等人就曾得到该基金会的帮助。该基金会的工作焦点就是为实现土著与非土著之间的平等而努力。

土著参与社会活动被认为是社会融入以及被社会接纳的一种途径。1965 年，查尔斯·珀金斯成为该基金会经理。他积极与商界人物磋商，为那些渴望找到一份工作但又没有必需技能的土著寻找就业机会。到了1967 年，有超过 400 人接受了该基金会提供的各种服务。① 该基金会的影响在于它有能力在土著中产生自豪感。奇卡·迪克逊说："它教会人们站起来，并且值得信赖……以作为土著而自豪。"该基金会反对同化政策，认为这种政策让土著文化边缘化并且试图铲除土著文化。1977 年，由于资金缺乏以及差不多所有组织都转向由土著来操控和管理，该组织的历史告一段落。②

向土著群体提供一定的医疗服务是这一时期争取土著福利或权益的一项重要内容。土著澳大利亚人比非土著澳大利亚人有更多的健康问题。土著婴儿死亡率高、发育不良；成年土著的健康状况也令人担忧。

由于幻想的破灭以及对主流医疗机构未能很好地医治土著疾病的愤怒，同时受到1970 年 6 月在新南威尔士雷迪芬（Redfern）开业的"土著法律服务中心"（Aboriginal Legal Service）的鼓舞，戈登·布里斯科（Gordon Briscoe）、雪莉·史密斯（Shirley Smith）、林·克雷吉（Lyn Craigie）、诺马·威廉姆斯（Norma Williams）、索尔·贝勒尔（Sol Bellear）以及其他社

---

① "Foundation for Aboriginal Affairs", http：//indigenousrights. net. au/organization. asp？ oID = 35. 2012 - 08 - 08.

② Zoe Pollock, "Foundation for Aboriginal Affairs", http：//dictionaryofsydney. org/entry/foundation_ for_ aboriginal_ affairs. 2012 - 08 - 08.

区活动家决定为改善土著健康状况做一点贡献。"土著法律服务中心"的成功建立让这些活动家确信，用极少的政府资金或资源，就有可能为土著社会提供独立的、免费的和专业的医疗服务。而且，这些活动家看到了"土著法律服务中心"是如何在确保土著对该组织控制和指导的情况下，去赢得白人专业人士同情的。1971年中期，第一个土著医疗服务机构在雷迪芬成立。该医疗中心起初的资助来自费里·格伦塞特（Ferry Grunseit）和弗雷德·霍洛斯（Fred Hollows）两位博士的慷慨解囊。①

20世纪70年代以前，有关土著各方面的可靠数据是相当缺乏的。1966年开展过对土著人口的普查工作，但那次普查只涵盖那些被确定拥有50%或以上土著血缘的人。② 尽管如此，20世纪60年代晚期以来所有可以得到的文件和资料均清晰地表明，土著健康状况不佳、教育水平低、失业率高、住房条件差以及在整体上处于社会的边缘地位。1967年的澳大利亚宪法改革有效地将管理土著及托雷斯海峡岛民的责任由州转移至联邦政府。这是一个重要且具有象征意义的胜利，但是，它在改变生活在澳大利亚城镇地区、乡村城镇的郊区或乡村定居地的大多数土著的处境方面却效果不显。虽然联邦政府为土著提供了失业和其他福利救济的支持，但这一时期惠及土著的总体方针政策仍是殖民时代福利机制的继续，土著澳大利亚人仍然被视为一个单独的种族，白人社会仍抱着将他们同化到非土著社会的期望。

四　自由党联合政府对土著政策的反省

20世纪60年代末，从社会发展来看，多元文化政策已经成为国际政治的一个时尚话语，澳大利亚推行多年的"白澳政策"已危机四伏。从土著政策来看，一方面，自殖民权威建立以来所推行的无数土著政策虽然维系了白人作为澳大利亚社会的主导民族的价值观，但从很多方面来评估，这可以说是一个失败的政策。白人主流价值观的存在决定了澳大利亚

---

① 到了20世纪90年代，澳大利亚全境有超过60家土著医疗服务机构，并且通过土著咨询与管理机构而获得了联邦政府的资助。

② L. Broom and F. L. Jones, *A Blanket A Year*, Canberra：Australian National University Press，1973，pp. 13－14.

当局在土著政策改革方面不可能走得太远。另一方面，土著社会以及国际社会所给予的压力却与日俱增。从执政党情况来看，自1949年以来，自由党及其联盟一直稳居执政宝座，但执政的基础已摇摇欲坠。该党传统的政治口号对日益迫近的各种社会问题已无能为力，整个社会充满一种期待或情绪：即一场温和但有明显目的的变革将势在必行。[①] 与此同时，在野的工党已蓄势待发，并早已放出要正视土著问题的风声。诸多因素促使自由党政府不得不对现有的土著政策进行一定的反省。

（一）"土著事务委员会"的设立

对土著澳大利亚人最初的土地所有权的承认以及对由于这种承认而产生的特殊权利的认可并不在导致1967年全民公决胜利的土著改革运动的日程上，也不是自由党联合政府所追求的政策目标。哈罗德·霍尔特（1966.1～1967.12）、约翰·戈登（1968.1～1971.3）以及威廉姆·麦克马洪（William McMahon）（1971.3～1972.12）政府并没有把1967年全民公决视为联邦将在土著政策方面担当领导角色的一个强有力的授权。但是，作为对这次全民公决的一种反应，哈罗德·霍尔特政府于1967年晚期设立了"土著事务委员会"（Council for Aboriginal Affairs）。这是一个小型的秘书处，其职能就是向总理以及与土著事务有关的部门提供政策建议。[②]

作为政府的主要政策顾问，"土著事务委员会"并不是一个由普通公务员组成的咨询机构。该机构是由 H. C. 库姆斯（H. C. Coombs）博士领衔的。H. C. 库姆斯被认为是20世纪澳大利亚最著名的政治家之一。他在澳大利亚经济和社会政策方面一直担当主要角色，包括1943～1948年任澳大利亚战后重建局局长，1949～1968年任联邦银行行长。在任"土著事务委员会"主管期间，他还兼任"澳大利亚艺术委员会"（Australian Council of the Arts）主席以及澳大利亚国立大学校长。H. C. 库姆斯在该委员会的两个同事也非等闲之辈。巴里·德克斯特（Barrie Dexter）是一位职业外交家，曾任澳大利亚驻泰国大使，熟谙非殖民化时代的第三世界事务，并对在联合国倡导下的国际人权标准有着清晰的理解和坚定的信

---

① John Molony, *History of Australia-The Story of 200 Years*, Ringwood: Penguin Books Australia Ltd., 1987, pp. 352 – 353.

② Peter H. Russell, *Recognizing Aboriginal Title-The Mabo Case and Indigenous Resistance to English-Settler Colonialism*, p. 157.

仰。威廉姆·斯坦内（William Stanner）教授是一位受人尊敬的人类学家，并在公共管理方面富有经验。他对非洲被殖民化的民族、南太平洋地区以及澳大利亚北部领地的形势有着更多的了解。这些人的显著身份表明，霍尔特打算让这个在土著事务方面向政府提供建议的机构拥有某些影响力。事实也证明，从 1967 年成立至 1976 年被解散，这个常常得到当时研究土著民族殖民化的著名学者查尔斯·罗伊（Charles Rowley）帮助的令人敬畏的"三人组"，对这一时期澳大利亚的土著政策产生了超出其人数或法律地位的影响。[1]

H. C. 库姆斯和他的同事把相当一部分精力放在让土著社区产生相互影响方面。事实上，他们在正在兴起的土著民族运动与澳大利亚政府之间扮演调停者角色。尽管在如何发展与土著关系方面没有一个单一的或成型的理论，但比起他们的政治雇主，这三人在把土著融入主流社会的可能性方面持更加开放的姿态。1968 年，威廉姆·斯坦内在一次讲话中说，他从土著的行动中发现了"一个与我们的生活进行某种联合的含蓄的提议，以及对在这种联合内构建新的认同的一个含蓄的呼吁"。[2] 就土地权而言，由"土著事务委员会"推动自由党联合政府所做的最大让步就是允许土著集体地把保留地的部分土地出租出去。

"土著事务委员会"有自己的办公室，但从未升格为一个法定机构。这种地位上的软肋决定了它对土著政策的影响难以赓续，但该委员会还是通过各种不同方式鼓励土著拥有领导地位并且对保护土著文化持赞成态度。

（二）威廉姆·麦克马洪政府对土著事务的反省

威廉姆·麦克马洪于 1971 年 3 月至 1972 年 12 月任联邦政府总理。这是一个较为独特的时期。从时间上看，威廉姆·麦克马洪政府刚刚履职又面临下届大选的压力；从土著事务来看，一些悬而未决的土著土地权纠纷又将掀起新的波澜。

1971 年 4 月在凯恩斯（Cairns）召开的州土著事务部长会议上，麦克马洪总理相信，澳大利亚土著"在保存和发展他们的文化——他们的语

---

① Peter H. Russell, *Recognizing Aboriginal Title-The Mabo Case and Indigenous Resistance to English-Settler Colonialism*, p. 158.

② W. Stanner, *White Man Got No Dreaming: Essays, 1938 – 1973*, Canberra: Australian National University Press, 1979, p. 241.

言、传统和艺术"方面，无论是作为个人还是集体都应得到资助。当巴里亚·德克斯特在一次公共演讲中重复这一主题时，社论撰稿人则断言，这意味着联邦政府对把土著融合或同化到主流社会的政策或做法持怀疑态度。[①] 而澳大利亚联邦最高法院就戈夫半岛土地权案件做出的裁定引起了土著社会的极大不满。在这种情况下，自由党联合政府决定对土著政策予以重新审视。5月6日，麦克马洪宣布任命一个委员会就此展开调查。这项调查的一个很重要的内容就是在总体上对土著政策进行评估，特别是对偏远地区的土著现状进行调查。次年"澳大利亚日"，麦克马洪就现政府的土著政策以及近年来的土著状况发表了重要讲话。

　　麦克马洪在讲话中首先谈到了联邦政府土著政策的宏观目标，即（1）联邦有关土著澳大利亚人的政策的根本目标就是他们作为个人应该得到援助；如果他们希望作为一个群体，那么在当地社会层次上以及在澳大利亚社会内部，他们就理应拥有实际的和受到尊重的地位，平等地拥有澳大利亚社会提供的权利和机遇，且对这个社会承担责任。与此同时，应该鼓励和资助他们去保存和发展自己的文化、语言、传统和艺术。（2）政府承认土著拥有个人有效选择其逐步认同澳大利亚社会的程度和步骤的权利；当他们被自愿吸引以及作为这个社会的一员而去维护并以自己的属性、传统和文化而自豪时，他们就会更加乐意和愉快地去这样做。作为一个长期目标来说，单独发展的概念与这些目标完全是背离的。（3）围绕这项政策而实施的诸多项目必须考虑其效果以及时代的需求。这些项目必须考虑到土著澳大利亚人本身的清晰展望。的确，除非土著澳大利亚人自愿参与，否则这些目标将被证明是无效的。各级政府的作用就是逐步地帮助土著通过自身的努力去实现其目标。（4）针对很多有土著血统的人所面临的根本问题的平衡战略，联邦需要与各州合作来拟定一个行动方案。这就需要鼓励和加强土著逐步地管理自己事务的能力——作为个人、群体、地方层次的社会；增强他们的经济独立；减少他们在医疗、住房、教育、职业培训方面所面临的社会和其他方面的障碍；促进他们享受通常的公民自由，消除歧视他们的法律条款。（5）在克服土著现在所面临的很多困难方面需要采取特殊举措。在实现我们的根本目标的进程中，这些

---

① Tim Rowse, *Obliged to be Difficult: Nugget Coombs' Legacy in Indigenous Affairs*, Cambridge: Cambridge University Press, 2000, p. 54.

特殊举措应被适当地视为暂时性的和过渡性的，特殊举措应该基于对土著个人或群体给予特殊关照和帮助的必要。

麦克马洪的上述讲话不仅谈到了土著澳大利亚人融入广泛的澳大利亚社会的重要性，而且承认了土著澳大利亚人与非土著澳大利亚人之间在政治、经济和社会等权益方面存在的差距，并表示要采取一些符合需要的举措甚至特殊措施来消除这些差距。当然，麦克马洪也认识到，无论是土著澳大利亚人融入主流社会还是让政府的土著政策行之有效，土著社会的自愿和积极参与都是至关重要的，否则这些目标就不可能实现。应该说，相比自由党一贯保守的土著政策，麦克马洪的这番讲话是对澳大利亚土著现状进行反省的产物，也是对未来澳大利亚社会发展在种族关系调整方面所做的一种展望。正因为如此，在探讨这段历史时，有人认为，"后同化时期"（'post-assimilation'）的政策并不是始于威特拉姆。这种看法并非没有依据。麦克马洪总理的"澳大利亚日"的讲话表明了现政府将执行一种与同化政策有所不同的政策。在对土著政策进行反省的同时，作为自由党领袖，麦克马洪并没有忘记前自由党政府以及现政府在土著事务方面所付出的努力及其取得的成效。

麦克马洪说，自1967年11月第一次任命土著事务部长以及建立"土著事务委员会"以来，联邦政府制定了一个富有活力的方案，并做了相关研究。麦克马洪强调说，对联邦领地内的土著负有责任的内政部长和内政部，也在做同样的工作。他们正在制定和执行范围更加广泛的方案。在北部领地内土地的使用和开发以及总体福利政策方面，他们都取得了重要进展。麦克马洪谈到了联邦政府用于土著社会进步方面的财政支出情况。他说，除了土著作为一般社会的一分子所需要的正常的服务支出外，专门用于土著社会进步方面的直接的国家支出现在每财政年度已达到4400万美元。在过去四年间，通过"土著进步信托账户"（Aboriginal Advancement Trust Account），联邦拨付资金达4179万美元，其中2526万美元用于各州有关土著社会发展的支出，特别是在住房、健康、教育和就业方面，包括特殊的工作以及地区工程。另外，向昆士兰州提供了计35万美元的有偿贷款，用于巴马伽灌溉工程建设。在讲话中，麦克马洪还谈到了一些具体领域所取得的成就。如1968年，政府通过了一项成立"土著企业联邦资本基金"（Commonwealth Capital Fund for Aboriginal Enterprises）的法律。

建立该基金的目的就是帮助土著澳大利亚人去经商，并希望他们取得成功。该基金最初为465万美元。自1968年10月以来，已向土著发放了计131笔总额为1760685美元的贷款。在教育方面，政府出台了两套教育方案，即"土著助学金方案"（Aboriginal Study Grants Scheme）和"土著中学助学金方案"（Aboriginal Secondary Grants Scheme）。这两套方案资助了成千上万名土著学生在中学和大学继续学习。在就业方面，1969年，劳动和国家服务部部长宣布了一项"土著就业培训方案"。该方案主要帮助年轻的土著工人去城市中心寻找工作。这项方案还为雇主提供一定的用工补贴。在该方案下，大约2000名土著接受了岗前培训。在地区研究方面，土著事务部和内政部都选取了特定的地区进行专门研究。比如，土著事务部对新南威尔士南部海岸以及瓦尔格特（Walgett）展开研究，联邦和州政府在这两个地方的一个地区项目的具体方案方面进行了合作。这个方案旨在同时从经济和社会等不同的角度来解决土著所遇到的问题。"南澳大利亚土地信托"（South Australian Lands Trust）展开了多项研究，特别关注皮尔斯角土著保留地（Point Pearce Aboriginal Reserve）、西澳大利亚中部保留地、金伯利（Kimberley）、南澳大利亚西北部土著保留地和内帕布纳（Nepabunna）等地的土著状况。这些研究为联邦和州政府采取进一步行动提供了较为可靠的基础。由内政部主导的几项特殊研究业已完成，如对北部领地土著的牧业财产状况、安赫姆土著的牧业状况以及戈夫地区的发展状况的调查等。在福利方面，在对联邦土著政策进行考察期间，联邦给私人组织直接拨款超过300万美元，用于建立安置学生和组织的旅馆、为土著提供法律和医疗救助服务、开展学前教育以及提供一般社会福利等。"全国体育基金会"（National Sports Foundation）和"土著老人家园信托"（Aboriginal Aged Persons Homes Trust）也在这一期间成立。这些组织或机构旨在帮助土著参与各个领域的活动。除此之外，联邦政府还对由一个土著合作协会建立的"土著出版基金"（Aboriginal Publications Foundation）给予资助。土著事务部还资助大学以及其他研究机构在健康、教育、社会和心理领域开展研究工作，其目的是为联邦政府提供决策依据。[1]

---

① "Council for Aboriginal Affairs", http：//indigenousrights. net. au/organisation. asp？Oid = 29. 2012 - 08 - 08.

威廉姆·麦克马洪的讲话反映了自由党政府在土著问题上一个较为矛盾的心态。一方面，不断变化的形势促使麦克马洪政府不得不对问题丛生的土著政策进行反省，暗示土著政策需做与时俱进的调整与变革，以期平抑土著社会的不满情绪；另一方面，如果厉行改革，那么这不仅与自由党联盟一贯的稳健、保守的执政风格不相匹配，而且有否定前几届政府的土著政策之嫌。鉴于此，麦克马洪在讲话中细数 1967 年全民公决以来自由党联盟政府在土著事务方面所取得的诸多成就。自由党联盟这种矛盾的心态也以别样的形式体现在主流社会公众层面。随着土地权运动的兴起，土著对土地权利的要求很快在一些白人中引发不满。以往对土著的不平等状况漠不关心的人尤为强烈地表达了这样的观点："我们所有人都是平等的，土著不应该拥有特殊权利"；"他们不应该拥有我们所没有的东西。"在昆士兰和西澳大利亚，持上述观点的大有人在。不过，在联邦层次上，无论是在联邦财政基金的安排，还是在鼓励土著从事商业活动、增加土著教育和就业机会以及重视土著地区发展等方面，自由党政府还是考虑到了土著这个群体的特殊性及其社会发展的需求情形。如 1972 年，第一位联邦土著事务部长皮特·豪森（Peter Howson）在有关预算的讲话中，首次谈到了将提供联邦基金用于为土著购买土地、发展土著文化组织、加强土著医疗和法律服务等。在威廉姆·斯坦内和巴里·德克斯特等政府顾问的影响下，新的政策视土著的积极参与为改善土著境况的根本。然而，土著是一个长期被忽视甚至被遗忘的群体，积贫累弱，所以，尽管自由党政府这几年来在土著政策的某些方面做了一些调整，但惯性的思维、僵化的机制、保守的执政理念以及对土著的偏见决定了该党在土著政策领域难有大的作为。

五 "土著大使馆"的建立及其历史意义

（一）"土著大使馆"建立的背景

土著提出的土地所有权问题得不到州与联邦政府应有的重视，而且后者还找出各种各样的理由予以辩解或搪塞。这的确并不出乎人的意料。土著也非常清楚，通过游说和示威游行等常规抗议手段让对方接受自己的主张无疑是痴人说梦；要想让政府在土地权问题上做出一定的让步，就必须采取让政府感到有压力的行动。威廉姆·麦克马洪在"澳大利亚日"的演讲无疑是土著青年采取激进行动的催化剂。麦克马洪在演讲中谈到了政府的土地权政策。他明白无误地表示，北部领地的土著将要得到的土地租约不是一项权利，也不是以传统的联系为基础的，而是显示一个群体能够表明其对土地进行合理的经济和政治之用的意图和能力。① 麦克马洪的这一番表态等于回绝了土著对土地权的要求，这让后者难以释怀，决心铤而走险来捍卫自身权益。

为了吸引更多的人对土著土地权问题的关注，1 月 25 日夜，土著激进分子诺埃尔·哈扎德（Noel Hazzard）驱车离开悉尼，向堪培拉进发。同行的还有比利·克雷吉（Billy Craigie）、加里·威廉姆斯（Gary Williams）、托尼·库瑞（Tony Coorey）和米歇尔·安德森（Michael Anderson）。② 由于诺埃尔·哈扎德主要负责与当地一些学者和政党人士联络，因而没有参与第二天的使馆搭建活动。其他四人则在黎明前几小时就来到堪培拉国会大厦，并在大厦门前的草坪上竖立了一把沙滩伞，作为宿营的帐篷。帐篷旁边还张贴了一张醒目的海报，上面写道：

> 土地权，现在还是其他时候
> 从法律上讲，这块土地是属于我们的
> 如果有必要的话，我们将接收它
> 现在的土地明天不再租出去③

托尼·库瑞将这个类似于帐篷的建筑称为"土著大使馆"。这是一个带有讽刺意味的创意，因为麦克马洪关于土著事务的讲话让土著觉得自己是"在本国领土上的外国人"；作为"外国人"，他们"就应该有自己的大使馆"。选择"使馆"一词就是想表明，"只要他们对澳大利亚任何地

---

① Tim Rowse, *Obliged to be Difficult*: *Nugget Coombs' Legacy in Indigenous Affairs*, p. 67.

② 来自新南威尔士瓦尔格特的米歇尔·安德森，是一个由全部黑人组成的"新南威尔士土著土地董事会"（NSW Aboriginal Lands Board）的副主席。该董事会致力于为土著争取保留地的土地所有权而斗争。

③ Heather Goodall, *Invasion to Embassy*: *Land in Aboriginal Politics in New South Wales*, *1770 – 1972*, Sydney: Allen & Unwin, 1996, p. 339.

方没有法律所有权，那么在自己的国家里，他们就等同'外国人'
（'*foreigner*'）"。① "土著大使馆"外写道："为何使用我们自己的土地还要付钱？"，"你选择什么——土地权还是流血？"次日，米歇尔·安德森说，他们计划"无限期地"待在那里。"我们认为这是交易，我们一直待在那里，直到政府听取我们的声音"。米歇尔·安德森还说，土著将磋商一个政策意见，然后提交给联邦政府。他预测，政府在土地权方面的决定将引发暴力活动。"如果我们毁坏一座教堂，我们会被投入监狱，但当白人毁坏像安赫姆地一样的圣灵之所时，我们却不能把对方送进监狱"；"我将安赫姆地视为一个我们能够寻根问祖以及恢复土著文化自豪感的地方。如果他们毁坏它，我们就无立锥之地"。土著应该得到那些在保留地之外所有被白人攫取的土地的赔偿。赔偿将被用来建立一个托管基金，这样土著就能够回购他们想要的土地。②

"土著大使馆"的支持者们认为，一个作为国家主权象征的"大使馆"应当拥有自己的重要标识。于是，使馆的工作人员设计出代表不同含义的不同颜色的旗帜。"土著大使馆"悬挂起来的第一面旗帜是一面黑、黄、红三色旗。黑色代表土著，黄色代表太阳，红色则象征着土地。虽然这面旗帜并非名家设计③，但它反映了土著的朴实情感和最迫切的要求。

如上所述，建立土著使馆的主要动因就是争取土著土地权。土著使馆为此提出了有关土地权的"五点政策"（5 Point Policy）：（1）在土著取得对矿产等所有权和控制的前提下，给予北部领地充分的州的权利；（2）除拥有矿产所有权和开发权外，还应取得全澳境内所有其他自然资源以及居住地的所有权；（3）保留没有包括在（1）、（2）点之内的所有圣地；（4）拥有某些城市内的某些土地的所有权，并且拥有那里的矿产所有权和开发权；（5）作为补偿，首先对全澳境内的所有其他土地偿付60亿美元，外加每年1%的国民总收入。④ "五点政策"涉及土著的经济

① Race Discrimination Commissioner, Human Rights and Equal Opportunity Commission, *Battles Small and Great-The First Twenty Years of the Racial Discrimination Act*, p. 5.
② "Native Open 'Embassy' of Their Own", *The Age*, 28 January 1972.
③ 它是由哈罗德·托马斯（Harold Thomas）设计的。此人来自中部澳大利亚，毕业于南澳大利亚一所艺术学校。1971年，这面旗帜在阿德莱德维多利亚广场（Adelaide's Victoria Square）首次飘扬，随后被帐篷使馆选中。如今它已被认可为土著旗帜。
④ Bain Attwood and Andrew Markus, *The Struggle for Aboriginal Rights-A Documentary History*, pp. 257–258.

与政治利益。与以往更多地关注北部领地的土著土地权有所不同的是，"五点政策"具有普遍意义：全澳境内的土著居民的传统土地所有权必须得到承认，他们的传统文化权利必须得到尊重等。由此可见，土著使馆提出的"五点政策"搅动的是一个对白人既得利益产生根本威胁的敏感话题，预示着澳大利亚白人政府将不得不严肃地予以对待。

（二）"土著大使馆"建立后的反响

堪培拉国会大厦是国家立法机关的所在地，是一个对国家事务产生重要影响的人物经常光顾甚至办公的地方，也是接待外国政要访问的严肃场所，当然也是世界各地游客的驻足观光之处。这里发生的有影响的事件必然受到媒体以及公众的格外关注。

"土著大使馆"建立后，就有来自澳大利亚其他地方的土著加入其中。一两天内，示威者实际上占领了国会大厦前的草坪。国内外游客、外国记者以及外交官也不期而至。很多非土著澳大利亚人，包括反对党工党成员纷纷前来助阵，一些工党成员甚至在土著的请愿书上签字，承诺以血肉之躯保卫土著使馆。在此情况下，"土著事务委员会"成员出面与"帐篷大使馆"人员进行了交流。据报道，H. C. 库姆斯对抗议者提出的要求表示"完全同情"。尽管土著提出的要求在细节上是模糊的，但它们反映了土著对其土地控制权的强烈愿望。[①]

澳大利亚国内的一些主要媒体对此事进行了跟踪报道。"土著大使馆"建立的第二天，《时代报》（Age）、《澳大利亚人报》（Australian）、《堪培拉新闻报》（Canberra News）、《悉尼先驱晨报》（Sydney Morning Herald）等多家媒体大多在头版予以报道。1月28日的《时代报》就刊发了一篇题为"当地人为自己建的'大使馆'"的评论文章。该文在为土著这一过激行为给予辩护的同时，也对联邦政府的施政不力进行了指责。

"土著大使馆"的建立让威廉姆·麦克马洪政府处境狼狈。由于没有现成的法律，拆除这样的建筑无法可依，但听任土著使馆继续存在下去，又是澳大利亚现政府所不能接受的。在亲身感受六个月如芒在背的示威活动后，联邦政府通过一项条例，授权联邦警察强行拆除所有帐篷。7月18

---

① Peter H. Russell, *Recognizing Aboriginal Title-The Mabo Case and Indigenous Resistance to English-Settler Colonialism*, p. 160.

日，当一个由 150 名警察组成的方阵作为准军事力量开赴旧国会大厦门口的草坪时，他们遭遇到手拉手并唱着抗议歌曲"我们将取胜"（we shall overcome）的人群的阻拦。[①] 接着爆发了冲突，使馆被推倒。当参与者重新建起大使馆时，警察又使用了同样的手段。

7 月 20 日上午 10：40，身穿制服的警察来到土著使馆前，要求土著立即拆除使馆建筑。但是，土著和学生们手拉手围住了上面挂着两面土著旗帜的帐篷。土著使馆发言人加里·福莱对警官大声喊话："你们有谁胆敢来碰这顶帐篷必遭重击。"加里·福莱的声色俱厉还是让警察有所忌惮，他们只得推倒其他三座帐篷，并把帐篷、毛毯、睡袋和衣服搬到停在路边的卡车上。接着，警察包围了使馆的主要帐篷。检查官 J. 约翰逊（J. Johnson）通过高音喇叭威胁说："如果你们不离开，你们可能因阻挠警察执法而被捕。"土著和学生坚决不从，并且说："我们不应被赶走。"于是冲突又一次爆发。整个过程持续了约十分钟，有 8 人被捕，有 4 名警察受伤并被送往医院治疗。数百名旁观者——游客以及公务员——目睹了此次冲突。[②]

7 月 23 日，大约 250 名警察与 200 多名在土著使馆周围的示威人群再起冲突。有 18 人被捕，数人受伤。此次冲突的起因是联邦政府颁布了一个条例，规定在澳大利亚首都区未租出的土地上建立营地是非法的。[③] 政府从土著使馆事件中得到了深刻教训，希望通过法令禁止此类现象在其他地方出现。不过在这一过程中，政府并没有准备与使馆的居住者进行严肃的谈判。[④] 9 月 12 日，土著使馆最后一次重建。此后，围绕着使馆立废的斗争与冲突并没有停止。土著使馆自建立后，虽历经风雨，但迄今屹立不倒，成为澳大利亚首都区一道别样的风景。

（三）"土著大使馆"建立的历史意义

土著使馆的建立并不是一个孤立的事件。在土著争取自身权益的斗争中，土著使馆的建立意义非凡，影响深远。

首先，土著使馆的建立是 20 世纪 70 年代泛土著情感形成的反映。

①　Scott Robinson, "The Aboriginal Embassy: An Account of the Protest", *Aboriginal History*, 18 (1), 1994, p. 55.

②　"Fight at Black 'Embassy' Policy Rip out Tents", *The Herald*, 20 July 1972.

③　"Tent Embassy Sparks Brawl", *The Age*, 24 July 1972.

④　Scott Bennett, *White Politics and Black Australians*, p. 40.

奇卡·迪克逊在 1972 年坦言："只要我能够呼吸，我就是黑人……当然，如果我们屈服，我们就没有我们的文化，没有我们的语言，但是，我们有属于澳大利亚黑人的情感。"① 这个棉布帐篷是黑人社会抗议白人主宰国家一切资源和权力的一个戏剧性象征。来自全国各地的土著前来充当土著使馆的工作人员，表明土著群体的空前团结以及对争取自身权益所采取的斗争策略和手段的认可。1972 年 8 月 12 日，一个由土著代表参加的全国性会议在堪培拉召开，大家就由联邦政府控制全澳土著事务达成一致。与会代表们呼吁建立一个由土著领袖担任雇员并管理的全权土著事务部。来自维多利亚的"土著进步联盟"前副主席大卫·安德森（David Anderson）说："政府不让我们管理自己的事务，这是犯罪。如果新几内亚（New Guinea）的土著能够组建议会（House of Assembly），那么肯定地说，我们就能够管控我们自己的部门。所有的州土著事务部门应被取消；联邦控制将比州控制要好得多。州总是说它们没有钱。"会议呼吁在国会大厦的草坪上再次建立土著使馆。这似乎再次肯定了一个有组织的统一的土著政治运动的到来。这次会议达成的另一项提议就是呼吁成立一支从土著中选拔并对土著社会负责的警察队伍。这类似于新西兰毛利人的看守人。此项提议是由来自西澳大利亚的土著代表杰克·戴维斯（Jack Davis）提出的。他说，设立土著法律执行官员是非常必要的，特别是在西北部。在那里，有很多开矿的白人工人，他们身边没有自己的女人。很多年轻的姑娘遭到了强奸，她们的年龄在 11～15 岁。白人警察只保护白人妇女，但不会保护土著妇女。② 同年，保罗·科（Paul Coe）指出："澳大利亚的黑人势力是一个自信和自我认同的群体。至少就居住于城市的我们而言…只要有可能，我们就尽力鼓励黑人文化，重新学习和恢复黑人文化，这就是我们的政策……对在悉尼的大多数黑人来说，美国黑人文化就是很多黑人问题的答案，因为这是黑人的国际文化。"③

其次，土著使馆建立的直接动因是白人社会无视土著土地权的诉求，而它的出现使得土地权成为土著问题中的一个中心议题。

---

① C. Tatz（ed.），*Black Viewpoints：The Aboriginal Experience*，Sydney：Australia & New Zealand Book Co.，1975，p. 49.

② "Aboriginal Leaders Want Federal Control"，*The West Australian*，12 August 1972.

③ John Maynard，*Fight for Liberty and Freedom-The Origins of Australian Aboriginal Activism*，p. 3.

建立帐篷使馆的目的就是对政府拒绝承认土著在土地权方面的诉求表示抗议，土著使馆的建立标志着土著斗争向更加直接的抗议方式转变。如果政府仍像以前那样忽视土著的正当合理要求，情况只会变得更糟。正如土著发言人查尔斯·珀金斯在1972年11月25日所言，更多的麻烦有望来自富有战斗性的土著。"问题已经累积一段时间了。很显然，如果他们得不到一个更好的［交易］，那么这是这部分土著所剩下的唯一资源了。土著事务处在一个糟糕的状态，你不能责备他们采取自己的行动"。珀金斯说，黑人期盼政府和白人的行动，但已等得心力交瘁。"甚至对一个盲人来说，这都是显而易见的，即昆士兰是实行种族歧视法和措施最糟糕的州之一，我不会宽恕暴力，但是，当我们的同胞为改善其处境而无计可施时，只能采取这样的方式"。联邦政府在可耻地对待土著方面并不显得清白。"北部领地在很多方面比昆士兰更加糟糕。婴儿高死亡率以及糟糕的健康状态就证明了这一点"。① 1972年，墨尔本《时代报》驻堪培拉记者米歇尔·格拉坦（Michelle Grattan）写道："让议会大厦对面的'使馆'保留六个月的时间，这本身就是一件壮举。它让澳大利亚白人深切地感受到土地权问题是与绝大多数土著相伴随的。"② 抗议者要求在澳大利亚全境获取大规模的保留地以及王室土地，要求获得60亿美元的经济赔偿等。在20世纪60年代，土著提出的这些要求曾遭到很多澳大利亚人的嘲笑，但在70年代，它们却被严肃地讨论过。就在1972年2月与"土著大使馆"的土著代表会晤后，工党领袖戈夫·威特拉姆就承诺他的党派将坚持土著的"自决"政策。③ 在接下来的联邦议会辩论中，威特拉姆呼吁成立一个委员会，来讨论"整个联邦……不只是北部领地"的土地权。1972年12月，以威特拉姆为首的工党在联邦大选中击败了自由党联盟。虽然土著土地权问题不是选举中的一个中心议题，但麦克马洪政府在土著使馆问题上的应对不力很可能拖了竞选的后腿。④

最后，土著使馆的建立，使得澳大利亚的土著问题日渐成为国际社会关注的一个话题。

---

① "Violence Coming: Perkins", *The Canberra News*, 26 November, 1972.

② M. Grattan, "Aborigines Embassy? Down but Their Flag Flying High", *The Age*, 22nd July, 1972.

③ Scott Bennett, *White Politics and Black Australians*, p. 61.

④ Margaret Ann, *Black and White Australians*, p. 209.

帐篷使馆的财务主管帕特·埃陶克（Pat Eatock）在全国土著会议上说，帐篷使馆问题的焦点是土地所有权主张。"这是向世界说明土著生活方式的一种途径，我们出现在纽约和英国报纸的头版。当帐篷矗立在那里时，外界对我们进行了解比在今天这个会议上更加有效"。① 1974 年 1 月 16 日，土著一行 10 人启程前往中国，作为争取土著土地权运动的一部分。作为访问中国代表团的团长，加里·福莱在悉尼机场接受记者采访时说，政府"忽视"土著，"我们现在所处的形势是，我们不再有我们能够依赖的任何理性的反抗手段，政府正在忽视我们，因此，我们下一步的战略必须鲜明地将整个土著土地权事件呈现在国际舞台上，以这种方式让澳大利亚感到难堪"。加里·福莱强调指出，他的代表团将给中国带去土著使馆遭到毁坏以及"政府如何对待澳大利亚少数群体的证据"。福莱还希望此行能够说服中国派一支代表团作为土著的贵宾访问澳大利亚。②

"土著大使馆"兴起于黑人运动期间，起初是一个呼吁对土著土地主权和自治权力予以承认的手段。此后，一些著名的土著社会活动家对此不断地呼吁，时任政府给出的答复是在澳大利亚政治体制内制定土著政策。

"哪里有压迫，哪里就有反抗"。这一时期土著争取自身权益的运动经历了一个从自发到自觉、由分散到组织、由温和到激进、由反对同化政策到争取包括土地权在内的广泛权利的转变。在这一进程中，其标志性事件无疑是一个全国性组织——"土著及托雷斯海峡岛民进步联邦委员会"的成立、1967 年公民公决的顺利举行以及"土著大使馆"的建立。"土著及托雷斯海峡岛民进步联邦委员会"的建立，使得土著争取自身权益运动进入到一个不仅有组织领导而且讲究策略与战略的阶段。这也是有关取消宪法中歧视土著条款的全民公决能够在 1967 年顺利举行的原因之一。这次全民公决所取得的成果不仅是对土著过去维权之路的一个积极肯定，而且对日后争取自身权益的斗争是一个很大的鼓舞。从国家的土著政策层面来看，这次全民公决的结果促使自由党联盟政府不得不对其僵化的土著政策及其行为进行反省。这一时期的土著维权之路让土著领导人更加清醒地认识到，土著社会只有被组织起来，采取让政府感到有很大压力的抗议活动，他们的权利才有可能得到主流社会一定的认可。

---

① "Aboriginal Leaders Want Federal Control".
② "Blacks to Tell China", *The Age*, 17 January 1974.

第四章
种族和解进程的开启

——戈夫·威特拉姆时期

　　戈夫·威特拉姆（1972.12～1975.11）是澳大利亚历史上著名的政治家和外交家。[①] 他在位时间不长，甚至连一届的任期都未满，就被约翰·克尔（John Kerr）总督代行英国女王之权解除了总理职务[②]，成为澳大利亚历史上第一位也是迄今为止被万里之遥的国家元首解除职务而结束其政治生涯的唯一一位总理。[③] 可是，他给澳大利亚政治或澳大利亚历史留下了很多宝贵的遗产。[④] 比如在外交方面，1972年上台后不久，威特拉姆领导的工党政府就跨过了重重障碍，与中华人民共和国建立了正式外交关系。这被认为很可能是澳大利亚外交领域发生的最激进的变化。[⑤] 在内政治理方面，威特拉姆政府废除了自1901年联邦成立以来就被视为立国

---

① 2014年10月21日，戈夫·威特拉姆先生与世长辞，享年98岁。中国外交部发言人华春莹在当日的新闻发布会上说，威特拉姆是杰出政治家，是中国人民的老朋友，为促进中澳关系发展做出了重要贡献。中方对他的去世表示哀悼，并向其家属表示慰问。中国澳大利亚研究会也在网站发表了悼文，国内一些高校的澳大利亚研究中心也举办了多场学术纪念活动。一位外国政治家的逝世，在国内引起如此大的反响，这是比较少见的。

② 很多澳大利亚人没有认识到英国国家元首又是澳大利亚联邦国家元首，并且有权解除澳大利亚总理职务。解职事件在澳激起众怒，并且成为澳大利亚政治史上最受争议的事件之一。

③ Harry Gordon, *An Eyewitness History of Australia*, Sydney：Rigby Limited, 1976, p. 441.

④ Hugh V. Emy, "A Political Overview：From Social Democracy to the Social Market Economy", in Hugh Emy, Owen Hughes and Race Mathews (eds.), *Whitlam Re-visited：Policy Development, Policies and Outcomes*, Leichhardt：Pluto Press Australia Limited, 1993, p. 16.

⑤ Nicholas Thomas (ed.), *Re-orienting Australia-China Relations 1972 to the Present*, Aldershot：Ashgate Publishing Company, 2004, p. 17; H. A. Dunn and S. K. Fung, *Sino-Australian Relations：The Record 1972 – 1985*, Brisbane：Griffith University, 1985, pp. 19 – 118.

之本的"白澳政策"。这项主要针对外来移民的改革之举不仅令澳大利亚走上了多元文化的发展道路，也在根本价值观上朝着重塑澳大利亚国家属性方面而迈出的具有根本意义的一步。对澳大利亚稍有了解的人都清楚，这两项成就或历史遗产均在相当程度上决定了这个被"错放位置"的国家的命运和发展前途。然而，我们在谈到这个国家的命运和发展前途时，又怎能抛开或忽视它的土著或原住民问题？毫无疑问，土著或土著文化是澳大利亚的显著符号之一。那么疑问或问题便接踵而至：作为一位具有改革精神的政治家，面对澳大利亚另一重要且最具挑战性的社会问题之一——土著问题①，他领导的工党政府又是如何作为的呢？是延续"白澳政策"时期两党在土著领域形成的共识还是分道扬镳、构建一党新的执政理念？如果是后者，那么这种新的理念会不会成为日后联邦政府土著政策的基础以及土著澳大利亚人与非土著澳大利亚人（主要是白人）关系的转折点？

威特拉姆虽然任职时间不长，但在土著领域却看点颇多，如建立了由三名非土著人士组成的"土著事务委员会"和隶属于总理部的一个小型的"土著事务办公室"；废除了"白澳政策"，将土著问题置于多元文化背景之下来审视；在澳大利亚历史上首次将土著土地所有权问题纳入联邦议事日程，拟定了《土著土地权提案》（*Aboriginal Land Rights Bill*），并成立了以 R. W. 弗克斯（R. W. Fox）为首的调查委员会，就铀矿开发对土著权益的影响展开调查；提议并组建第一个经选举产生的完全由土著代表组成的咨询机构——"全国土著咨询委员会"（National Aboriginal Consultative Committee）；为使土著在其社会发展中承担起真正有效的责任而制定了土著自决政策；拟定并颁布了澳大利亚第一部人权法案——《种族歧视法》（*Racial Discrimination Act*）；重视土著文教卫生事业的发展，改善土著福利待遇；等等。上述举措产生了深远的历史影响，使得土著问题史无前例地受到联邦政府的高度重视，而且实质性地提升了土著澳大利亚人的社会地位，开创了土著澳大利亚人与非土著澳大利亚人关系的新局面，使得种族和解的理念逐步深入人心。

---

① Pat Turner, "Administration and Self-Determination", in Christine Fletcher (ed.), *Aboriginal Self-Determination in Australia*, p. 53.

一 "白澳政策"的废除

联邦成立时,所有的主要党派都鼓吹以建立"一个白色的澳大利亚"
为其党纲的第一要务。当时的人口政策是建立在对有色人口的恐惧之上
的。为了保卫这个年轻而人烟稀少的国家,联邦政府决定,首先必须努力
把"黄种人"赶出去,然后建立由盎格鲁—撒克逊人主导的白人国家。①
在1901年澳大利亚联邦宪法被批准后,旨在形成"白澳政策"的一系列
立法陆续获得通过,如1901年就颁布了三部限制有色人种移民的法律或
条例,即《移民限制法》(*Immigration Restriction Act*)、《太平洋岛民劳工
条例》(*Pacific Islander Labourers Act*) 和《邮政与电报条例》(*Post and
Telegraph Act*)。②

"白澳政策"被联邦政府视为治国之圭臬,澳大利亚白人社会的主流
价值观念是这种政策指导和影响下的产物。③ 正如贾宁·韦伯(Janeen
Webb)和安德鲁·恩斯提塞(Andrew Enstice)所评论的那样:"澳大利
亚联邦和纯英吉利血统的白色澳大利亚这对孪生的概念在大众的想像中已
不可分割地联系在一起。"④ 的确,种族的同源性和文化的同质性被视为

---

① Doug Cocks, *People Policy-Australia's Population Choices*, Sydney: University of New South
Wales Press Ltd 1996, p. 2.

② 《移民限制法》规定任何想进入澳大利亚的移民,必须参加由政府官员主持的一门欧洲
语言测试。从1932年直至1966年,这项测试可以对五年以内的移民随时进行。《太平
洋岛民劳工条例》使得联邦政府从1906年起能够将大量的太平洋岛民 [或称为卡纳卡
人(kanakas)] 驱逐出境。这些太平洋岛民是在昆士兰和新南威尔士的甘蔗种植园和珍
珠钻探矿业做活,工作条件极其艰苦,处在事实上的奴役状态。《邮政与电报条例》第
15条有效地将"不受欢迎的"('undesirable')的移民主要是华人以及太平洋岛民挡在
澳大利亚大门之外,即使是已经在那里定居的上述两地移民也要被遣返原地。该条例还
规定,载运澳大利亚的邮件的船只能雇佣白人劳工。这些法律所体现出来的"白澳政
策"已浸透在联邦国家的政治生活中。其中《移民限制法》、《太平洋岛民劳工条例》、
《国籍与公民身份条例》(1948年)、《战时难民迁移条例》(1949年) 和《移民法》
(*Migration Act*)(1958年) 被认为是澳大利亚历史上最重要的五部移民法。

③ A. T. Yarwood, *Attitudes to Non-European Immigration*, Melbourne: Cassell Australia Limited,
1968, pp. 70 – 101.

④ Janeen Webb and Andrew Enstice, *Aliens and Savages*, *Fiction*, *Politics and Prejudice in Australia*,
Sydney: Harper Collins, 1998, p. 140.

新设想的澳大利亚民族共同体的一个必需的先决条件，对同源性和同质性的憧憬及其政策规划决定了对来自母邦白人移民的青睐和对有色人种移民的拒斥，且反对对"白澳政策"做任何形式的变革或调整。[①] 一般而言，对变化的抵制既有可能来自个人，也有可能源于制度，而制度的抵制则表现力更强，也更为持久，因为制度是连续性的工具；制度是基于稳定性和可预测性而非变化来发挥其功能的；制度倾向于对个体甚至集团施加压力，使之遵从已有的价值、态度和习惯。正是通过这种压力，个人的态度和价值包括对变化的抵制就成为制度性的，并且成为社会文化的一部分。[②] "白澳政策"时期，澳大利亚的很多法律、政策都在维护旨在体现白人利益的既定社会架构或秩序，连续性不仅成为党派的执政理念，而且是社会价值判断的一种向度。正因为如此，"白澳政策"自执行之初就遭受质疑。批评家认为，这种政策强调了白人文化至上的概念，不仅蔑视外来的有色人种文化的独特性及其价值，而且否定了土著文化的历史渊源及其独特性。斯图亚特·麦金泰尔（Stuart Macintyre）对此亦直言不讳："白澳政策是对这个国家土著居民的一种否定。"[③]

然而，随着时间的推移，这项鼓励白人进入而反对或限制有色人种的移民政策已危机四伏。首先，这种旨在维护白人种族认同的理念显然违背了澳大利亚作为一个西方国家所信奉的自由民主价值原则，如选择的自由、言论自由、结社自由和迁徙的自由等；[④] 其次，这项带有明显种族歧视的政策在实践中越来越难以执行下去。"二战"结束时，为了战后国家重建，澳大利亚出台了大规模的国家移民方案。当时的想法是从英国移民。如果英国移民失败，那么欧洲大陆的移民最有可能被同化到澳大利亚社会。亚洲人以及犹太人是不可能被同化的，因此，他们的移民是受到严格限制的。然而，作为向英联邦国家输出移民的一个"蓄水池"，英国的"水源"储备并不充裕且日渐枯竭，所以，依赖于英国和爱尔兰的移民来支持澳大利亚的人口增长指标被认为是画饼充饥。而 20 世纪 50 年代和

---

① Mark Lopez, *The Origins of Multiculturalism in Australian Politics 1945 – 1975*, Melbourne: Melbourne University Press, 2000, p. 43.

② Adam Jamrozik, et al, *Social Change and Cultural Transformation in Australia*, Cambridge: Cambridge University Press, 1995, p. 181.

③ Stuart Macintyre, *A Concise History of Australia*, Cambridge: Cambridge University Press, 2004, p. 144.

④ Mark Lopez, *The Origins of Multiculturalism in Australian Politics 1945 – 1975*, p. 74.

60 年代早期，欧洲的经济发展和社会重建开始阻止"合意的"（'acceptable'）移民的流出。在这种情况下，澳大利亚移民当局开始寻找其他替代路径。1956 年，移民部长哈罗德·霍尔特宣布，澳大利亚公民中非欧洲人的妻子或丈夫将有资格申请澳大利亚国籍。对有色人种来说，这或多或少是一个福音。1958 年，新通过的《移民法》就取消了针对有色人种移民的听写测试。移民许可因此成为移民部长手中自由裁量的权力。

50 年代末，要求废除"白澳政策"以及放宽对有色人种移民限制的呼声越来越高（见表 2）。1959 年，在墨尔本大学一些知识分子的参与和推动下，"移民改革小组"（Immigration Reform Group）成立。1960 年，"移民改革小组"印刷了一本宣传手册，后经扩版并以书的形式出版，题为《移民：控制或强化对有色人种的歧视》（*Immigration：Control or Colour Bar?*）。书中提出了与非欧洲国家进行谈判以及拒绝移民强制配额的主张。[①] 为扩大移民改革影响，"维多利亚移民改革协会"（Victorian Association for Immigration Reform）在"移民改革小组"的基础上组建起来。这一源于墨尔本的移民改革运动很快波及其他各州。这些州相继成立了移民改革协会。对于这些移民改革协会的历史作用，戈登·格林伍德是这样评价的："他们的人数并不多，但在努力影响一般公众态度及更加重要的诸如商会和教会，尤其政党方面，他们表现得相当积极。"[②]

表 2　有关移民问题的民意测验

单位：%

年份	主张禁止有色人种入境	主张允许有色人种入境	无意见
1954	61	31	8
1956	51	42	7
1957	55	36	9
1958	45	44	11
1959	34	55	11

资料来源：Gordon Greenwood, *Approches to Asia：Australian Postwar Policies and Attitudes*, Sydney：Mcgram-Hill Book Company, 1974, p. 153.

----

① The Immigration Reform Group, *Immigration：Control or Bar? – The Backround to 'White Australia' and A Proposal for Change*, Melbourne：Melbourne University Press, 1960.

② "Academia and the Immigration Reform Groups", http：//ironbarkresources. com/demise/demise06. htm. 2015 – 07 – 02.

与此同时，澳大利亚与东南亚国家关系在逐步得到改善。一项新的"好邻居"（good neighbourlines）外交政策以及澳大利亚越来越认识到帮助亚洲邻国发展的责任，导致了诸如"科伦坡计划"（Colombo Plan）的出台。这一计划见证了成百上千的亚洲学生赴澳留学深造。澳大利亚的白人学生也有缘结识有色人种学生。学校的这种开放的格局以及学生之间的平等交流氛围很容易在社会上产生良好的反响。

1959年，"杰出的和高品质的亚洲人"将获准在澳永久居住。先前禁止配偶和未成年子女成为澳大利亚公民的规定亦有所放松。这是移民政策的又一变化。当时涉及的人数并不多，1965年为700人，不久之后每年达1000人。在1965年8月澳大利亚工党会议上，在强调有必要避免可能因为"不同的生活水准、传统和文化"的移民的流入而产生一系列问题的同时，工党正式删除了移民政策中有关维护白色澳大利亚的相关表述。①在野党在移民政策上的这一变化的确给自由党执政联盟带来了不小的压力与挑战，迫使它对移民政策做出一定的调整。1966年3月，移民部长休伯特·奥普曼（Hubert Opperman）宣布了一项经过修改的移民政策。这项政策为经过挑选的非欧洲移民进入澳大利亚打开了大门。此后，那些具有特殊技能或者对澳大利亚有价值的移民将被允许在澳定居。这位移民部长总结出的一个具有重要意义的结论是："政策以及由此而产生的规则和程序不能保持静止状态，必须被不断地加以审视。"②

就在1967年全民公决的前一年，当罗伯特·孟席斯总理被哈罗德·霍尔特取代时，带有歧视性的移民政策就受到了全面检省。随后，一个显著变化是澳大利亚经济发展所需要的非欧洲技术移民经筛选后就可以成为澳大利亚人。受益于这项政策，土耳其人和黎巴嫩人开始少量移居澳大利亚。一些亚洲人得到临时许可被允许待在澳大利亚，那些经过甄选并被认定具有有用品质的人被允许与他们的家庭成员一道进入澳大利亚，并在五年之后可以选择继续留下。③这样一来，来自亚洲的有色人种移民就成为澳大利亚廉价劳动力的重要来源之一。

---

① 1965年，澳大利亚工党在其党纲中正式废除了"白澳政策"。参见 Peter J. Brain, Rhonda L. Smith, Gerard P. Schuyers, *Population, Immigration and the Australian Economy*, London: Croom Helm, 1979, p. 41.

② A. T. Yarwood（ed.）, *Attitudes to Non-European Immigration*, p. 143.

③ John Molony, *History of Australia-The Story of 200 Years*, p. 345.

从"二战"后到 60 年代末，澳大利亚共吸收了 250 万移民，人口由战后的 700 万增长到约 1200 万，而非英裔人口占到总人口的 1/5。[1] 1971 年澳大利亚人口统计显示，在 12755638 总人口中，有 20.22% 在海外出生，另有 19.43% 的人其父母双方或一方出生于海外，这就意味着有 39.65% 的人要么出生在海外，要么父母双方或一方在海外出生。[2]

当移民仍是澳大利亚人口增长最重要的途径之一，且移民来源地呈现多元化和移民种族结构发生显著变化时，要求那些海外出生的非英语世界的移民去认同盎格鲁—撒克逊人所信奉的白人"单一文化主义"（'monoculturalism'）既不现实，也无可能。[3] 所以，到了 70 年代初，澳大利亚面临两种选择：要么继续让一些人陷入种族优越论的孤立状态而让整个社会变得支离破碎；要么把所有不同的种族、族群联系起来，建构一个其文化与传统相互借鉴的具有澳大利亚认同的统一社会。[4]

1971 年，约翰·戈登总理祝贺新加坡成为一个多种族社会，并且坚信澳大利亚将会出现同样的命运。1972 年 5 月，澳大利亚海关部长唐纳德·奇普（Donald Chipp）发表了类似声明：澳大利亚将不费力气地每年吸收 10000 名非欧洲和有部分欧洲血统的移民。[5] 然而，自由党联合政府仍然宣称其基本目标是维护澳大利亚成为一个同质化社会，澳大利亚社会的主流观念不支持建立一个多元文化或多种族的社会，[6] 因为在这个社会里，白人的价值观念仍是其各项政策或决定的基础或前提。所以，要想在本质上实现包括土著在内的有色种族与白人种族享有同等的权利，就需要在政府层面破除"白澳政策"的魔咒。

1972 年 12 月在联邦大选获胜后举行的第一次记者会上，威特拉姆宣布，工党承诺新政府将全面消除种族主义。对于新上任的移民部长阿尔·格拉斯比（Al Grassby）来说，一下子推翻前任政府的移民政策肯定

---

[1] F. K. Crowley（ed.），*Modern Australia in Documents 1939 – 1970*，Vol. 2，Melbourne：Wren Publishing Pty Ltd，1973，p. 540.

[2] Mark Lopez，*The Origins of Multiculturalism in Australian Politics 1945 – 1975*，pp. 74 – 75.

[3] Lois Foster and Anne Seitz， "The OMA Survey on Issues in Multicultural Australia"，*The Australian Quarterly*，Vol. 62，No. 3，Spring 1990，p. 277.

[4] A. J. Grassby， "Community Relations Means Us All"，in Margarita Bowen（ed.），*Australia 2000：The Ethnic Impact*，Armidale：The University of New England，1976，p. 7.

[5] A. T. Yarwood，M. J. Knowling，*Race Relations in Australia-A History*，p. 288.

[6] David Day，*Claiming a Continent*，Sydney：Angus & Robertson，1996，p. 416.

是不可能的。但移民部坚定地重申，在考虑移民申请时，未来移民的种族背景将被忽视；移民在三年居住期满后就可以申请公民权，欧洲人和非欧洲人的差异将被消除。1973 年 1 月，阿尔·格拉斯比在谈到新移民政策时表示，在应用移民评估体系来消除绝大多数主观因素方面，澳大利亚将效仿加拿大。评估表格将注意到职业技能、英语知识、创造性、相貌、个人卫生、言谈举止，而不考虑种族或宗教背景。[1] 这表明工党政府正式取消了对移民的种族限制，针对有色人种的"白澳政策"自此退出官方政治舞台。[2]

二　多元文化视阈下的土著问题

"白澳政策"的废除不仅直接影响到移民政策的调整，而且对包括土著在内的多元文化社会建设意义重大。

首先，"白澳政策"的废除，虽然不会在一夜之间动摇澳大利亚社会的主流价值观念或让种族主义销声匿迹，却在理论上承认了其他非主流文化存在的合法性、社会价值及其影响。[3] 这就为包括土著文化在内的其他非主流文化的存在与发展提供了一定的空间。

"白澳政策"的废除究竟对一个社会的种族观念以及其他价值观念的重构产生什么样的影响？要想弄明白这一问题，一个前提条件是要认识种族主义是如何在文化和制度层面运作的。

像很多前殖民国家一样，澳大利亚有着很长历史的种族主义遗产。每个人都受到这种遗产的影响，尽管在影响的方式上有着显著的不同。这里主要分析文化种族主义和制度种族主义的影响方式。文化种族主义是指被一个社会的绝大多数成员或所有成员所分享的既定的"共识"。文化包括

---

[1] A. T. Yarwood, M. J. Knowling, *Race Relations in Australia-A History*, pp. 288 – 289.

[2] Sean Brawley, "The Department of Immigration and Abolition of the 'White Australia' Policy Reflected Through the Private Diaries of Sir Peter Heydon", *The Australian Journal of Politics and History*, Vol. 41, No. 3, 1995, p. 430.

[3] 新的多元文化政策开始向"澳大利亚人"的传统概念发起挑战。少数人反对多元文化主义，他们相信允许各种文化群体保留自己的属性将导致社会分裂。然而，绝大多数人相信，多元文化主义将对澳大利亚人的生活产生积极影响——让人们去分享音乐、食物和宗教等文化传统，从而丰富澳大利亚人的经历。

所有的思想、价值、信仰等。这些因素使得一种文化内的成员相互交往而不必去做解释，这被视为理所当然的事情。因此，文化种族主义"包含种族化世界观的累积效果，种族化的世界观是基于赞同处于主导地位的种族与其他种族之间存在根本的差异。这些后果通过文化中的制度结构、意识上的信仰以及个人的日常活动而弥漫在整个文化中，而且这些后果是代代相传的。"① 而制度化的种族主义更多地涉及一个社会制度的习惯和结构。按照 J. 琼斯（J. Jones）的解释，"它们是那些既定的法律、习惯、惯例，……如果种族主义的后果归因于制度上的法律、习惯或惯例，无论维护这些习惯的个人是否有种族主义的意图，这种制度都是种族主义的。制度上的种族主义可以是公然的，也可以是隐蔽的……既可以是蓄意的，也可以是无意识的"。②

由此可见，文化种族主义与制度种族主义既有相互联系的一面，又有各自不同的解释维度。相比较而言，文化种族主义酝酿在先，而制度种族主义出现在后；文化种族主义是基础，而制度种族主义是发展；文化种族主义既可以是集体的，也可以是个人的，但制度种族主义则呈现集体的特征。一个社会不需要任何个人都成为种族主义者，仅一项制度就能够实践种族主义的习惯。在任何制度范围内，任何个人在缺乏故意为之意识的情况下，一项制度的法律上的和实际的规则、个人行为的集聚以及制度文化就能够取得种族主义的结果。而制度种族主义的存在与发展又能够维护和推动文化种族主义的发展，使之更加深入人心。制度种族主义呈现的上述特性决定了种族主义的褪色与消失只能从制度变革入手。如果保留带有种族歧视思想和目的的法律、制度、习惯或惯例，而吁请人们舍弃已成为一种信仰的种族主义的思想或观念，并从内心深处去接纳某个长期以来被自己所鄙夷的种族或族群，这是一种幻想。

"白澳政策"所维护的是澳大利亚作为一个白人移民国家的纯洁性以及作为一个主导民族所拥有的各种垄断性权益或优势。"白澳政策"的废除则意味着白人种族的各种绝对权益不能再依赖某部法律来强行维护，而其他种族的生存与发展权利也不再因为某种排他性的法律而失去任何机遇。"白澳政策"的废除还意味着作为一种主导文化，基督教文化是占澳

---

① J. Jones, *Prejudice and Racism*, 2nd Edition, New York: McGraw-Hill, 1997, p. 472.

② J. Jones, *Prejudice and Racism*, p. 438.

大利亚人口绝大多数的白人种族文化，但绝不是所有澳大利亚人的文化，至少不能强行要求非白人种族放弃他们原先的祖居文化，而去接受这种将自己排除在外的异族文化。一个越来越明显的趋势是：当"白澳政策"不再成为澳大利亚社会发展的指导方针时，当移民种族结构因为有色人种的大量移入而出现显著变化时①，澳大利亚就需要制定一个与正在变化的社会现实相切合的文化发展路线，以此来反映"白澳政策"已经退出历史舞台的现实以及引导国家走向未来的一种战略预期。这种战略预示着澳大利亚将奉行多元文化主义路线。

何谓"多元文化主义"（Multiculturalism）？"多元文化主义"的概念是从加拿大借用过来的。20世纪60年代，加拿大的"多元文化主义"是作为一个整合三个种群和文化社会的意识形态而提出来的。②"澳大利亚的'多元文化主义'与其本意无关，而且受美国注重移民宪法权利的定义影响很小。澳大利亚对这个术语的定义，是将语言作为族裔身份的标志（这样，'非英语背景'就成了少数族裔的同义词，即指那些非英国来源的移民），而且与移民定居地相关联"。③不过，在当时一般人的认知、学者的著书立说以及政府政策的官方定义中，"多元文化主义"的内涵是众口难调的。在马克·洛佩兹（Mark Lopez）看来，"'多元文化主义'一词具有互换的两个含义。它可以用来指代一个经验主义的人口统计学和社会学的事实：澳大利亚是一个种族多源、文化多源、语言多样的社会。它也可以用来表示澳大利亚社会被组织或应该被组织的方式的一个意识形态的/规范化的概念。如果有意把客观事实的重要性注入意识形态/规范化的概念中去，那么它常常被用来指代上述两个方面的含义"。④不过，在很多人的理解中，"多元文化主义"仍然意味着"所有人分享所有的事情"。⑤

对土著种族来说，他们经历了较长时期的"同化"政策之痛。"同

---

① 从1966年至1970年，平均每年有6500名亚洲人被允许移民澳大利亚。参见Andrew Jakubowicz, "The End of White Australia", http://www.multiculturalaustralia.edu.an/library/media/Timeline - Commentary/id/13. The - end - of - White - Australia. 2015 - 08 - 19。

② 即英语种群、法语种群以及包括土著在内的其他种群。

③ Stuart Macintyre, *A Concise History of Australia*, p. 237.

④ Mark Lopez, *The Origins of Multiculturalism in Australian Politics 1945 - 1975*, p. 3.

⑤ Adam Jamrozik, et al, *Social Change and Cultural Transformation in Australia*, pp. 103 - 104.

化"政策意味着种族灭绝。因此，"同化"政策面临的压力越来越大，要求出台一个少些自大和更加现实的土著政策的呼声就越来越高。如在学术界，悉尼大学人类学教授 W. R. 盖迪斯（W. R. Geddes）、管理层如"太平洋管理学院"（School of Pacific Administration）前院长查尔斯·罗伊、来自自由党和工党的政治家以及领地部的一些公务员开始提倡向一体化政策（policy of integration）转变。这种政策允许土著有自己的社会组织，帮助土著过上与白人同等但有自己特色的生活。他们指出美国在处理它的印第安人口①、新西兰在处理与毛利人关系时都倾向于一体化政策，而放弃"同化"政策。一体化主义者们（integrationists）主张，土著在形成他们自己的社区、发展他们自己形式的自治、利用他们自己的土地、塑造适应他们周围环境的生活方式方面，应该得到鼓励。这就需要官方思维有一个重要转变，但更需要得到普通澳大利亚白人的支持。因此，澳大利亚人将不得不接受这样的事实：从根本上看，土著不希望变成白人，也不想被同化。就像在澳大利亚的希腊人和华人一样，他们是一个将继续在白人社会中构建一个显著社区的永久的少数种族。正是基于这样的认知，威特拉姆政府坚持认为，所有的种群及其文化都应该受到平等对待。澳大利亚理应是一个土著文化占有一席之地的多元文化社会。

其次，在多元文化政策背景下，土著问题将受到前所未有的关注。

应予承认的是，如同理论界或学术界对"多元文化主义"概念的界定与解读仍处在一个初步阶段一样，工党此时奉行的"多元文化主义"的政策理念亦处在一个试验阶段，其着眼点并非用来解决长期积存的土著问题，而是针对当时处在风口浪尖的移民问题，即如何有效地帮助其他种族的移民尽快融入澳大利亚主流社会。② 但当"多元文化主义"的概念不再停留在人们的初始认知阶段时，当政府认识到所有的种群及其文化都应该被平等对待时，当政府为构建一个多元文化社会而采取一系列惠民政策或措施不再受到主流社会质疑时，土著社会就应该成为多元文化社会建设不可或缺的一部分。

从实际情况来看，移民来到一个陌生的国家，如果说他们寻求的是一

---

① 美国于 1939 年放弃了"同化"政策。

② Mark Lopez, *The Origins of Multiculturalism in Australian Politics 1945 – 1975*, pp. 233 – 235.

种安全感以及归属于他们自己的民族或族群的意识，那么作为这块土地上的"第一民族"，原住民寻求的不仅有尊严，还有作为澳大利亚公民所应享有的各种权利。但殖民化所产生的一个显而易见的结果就是他们不仅失去了家园，而且丧失了各种发展的机遇。尽管在第二次世界大战后，土著政策在朝着人性化的方向不断调整，土著也争取到了名义上的公民权，一些土著甚至能享受到某些方面的福利待遇，但其公民权仍缺乏相应的实质内容，某些方面的福利待遇的附加条件或歧视性条款让多数土著被挡在福利大门之外。生活在保留地的土著成了与世隔绝的一个特殊群体，他们的出入自由受到了限制，物质条件匮乏；生活在城市里的土著常常失业，处处受到歧视，居住的区域如同贫民窟；而那些居住在最偏远地区的土著，生活环境非常糟糕，成了被人遗忘的边民。

多元文化社会的建设是事关全社会的一项系统工程。这项政策推出的背景之一就是对处于弱势地位的少数种族或民族或族群的同情，进而通过一些政策上的修正或出台一些新的举措来维护和促进这些群体的利益，使之与处于主体地位的种族或民族地位平等、利益均享。土著无疑是澳大利亚社会地位最为低下与最受歧视的种群，土著在生存与发展中面临很多的问题，如失业率居高不下、平均工资低、拘押与蹲监的比例高、受教育水平低、健康状况普遍不佳、平均寿命低等。这些问题在"白澳政策"时期是不受重视的，甚至被漠视。如今在多元文化建设的历史语境中，重视并有效地解决土著所面临的一些问题，不仅是多元文化建设的应有之义，而且能在一个较短的时间内体现多元文化建设的成果，这是任何一个执政党派所乐意而为的事情，也不易遭到在野党的反对。70年代初的工党政府就是遵循这样的执政思路，不仅将处理土著问题纳入多元文化建设范畴，而且出台了范围广泛的福利项目。在优先考虑的项目中，资助土著被置于首选位置。[1] 因此，工党政府首先大幅增加土著事务项目支出。如1972~1973年度，联邦政府用于土著事业的拨款就达5300万美元；1973~1974年度为1.17亿美元，是上一年度的两倍多。[2] 除此之外，另拨款2200万美元用于发展土著健康、住房和教育事业。

---

[1]　Gough Whitlam, *The Whitlam Government*, *1972 - 1975*, Melbourne: Penguin Books of Australia Ltd, 1985, p. 472.

[2]　Keith McConnochie, David Hollinsworth and Jan Pettman, *Race and Racism in Australia*, Wentworth Falls: Social Science Press Australia, 1988, p. 143.

三 土著土地所有权被纳入联邦政治议程

多元文化战略解决的是一个国家选择什么样的发展道路问题，它涉及的不仅有白人种族，还有土著群体以及其他移民种族。当这一战略被社会广泛接受并成为一种价值评判标准或政策工具时，少数族群的生存与发展就成为一个非常现实的考量。种族和解意味着土著澳大利亚人与非土著澳大利亚人拥有平等的生存与发展权，而生存与发展的首要前提便是拥有土地所有权或使用权，因为"自然理性告诉我们，人一生出来就享有维持自己生存的权利，因此也就享有使用肉类和饮料，以及自然提供的维持其生存的其他物品的权利……"[①]

在 1972 年的大选中，澳大利亚工党坚信土著土地权问题将置自由党于不利之境。在发起竞选活动时，身为工党领袖的威特拉姆毫不掩饰其在土著土地权问题上的鲜明立场。11 月 13 日，他在一次讲话中就阐述了以他为首的工党对土著澳大利亚人的承诺。他说："我们试图设立一个单独的土著事务部长，在所有法庭所有诉讼程序中，为土著支付所有法律费用；为联邦管辖的领地内的土地进行立法，联邦管辖的领地是保留给土著使用的，并且对建立在传统的氏族以及其他部落组织权利之上的土著占有制度是有益的，根据这项立法，把这块土地给予土著社会；将为重要的持续存在的土著社会建立'土著土地基金'（Aboriginal Land Fund）以及在未来十年内每年为该基金拨款 500 万美元；禁止种族歧视，批准所有重要的联合国和国际劳工组织（International Labor Organisation）的协定，制定和解程序来推动土著与其他澳大利亚人之间的谅解和合作；使得土著社会能够为了他们自己的社会和经济目的进行联合。"[②] 威特拉姆的此番言论并非政治家取悦选民的说辞，而是基于历史事实以及对现实发展的筹谋而做出的一种情理皆合的承诺。因为忽视原住民在历史中的独特地位并且听任其处于社会的边缘地位，既不能避免原住民通过各种方式开展维权行动，也让澳大利亚背负着沉重的历史包袱和道义责任，必将给它在国际社

---

① 〔英〕约翰·洛克：《政府论》，杨思派译，北京：中国社会科学出版社，2009，第 162 页。
② Gough Whitlam, *The Whitlam Government, 1972 – 1975*, p. 466.

会中的形象与地位带来不利影响。① 值得注意的是，威特拉姆在讲话中首次提到了和解程序问题。这说明在威特拉姆那里，种族和解不再只是一个政治学的概念，还是工党政府破解土著问题困局的良策以及为之奋斗的一个目标。

在威特拉姆政府所设想的和解程序中，处理土著土地所有权处在一个优先考虑的位置。而威廉姆·麦克马洪政府在戈夫土地权案件中所持的立场在土著社会尤其是北部领地所引起的反响加快了威特拉姆政府有关土著土地权政策的出台。1972年12月15日，威特拉姆政府就职一星期后就对这一事件做出回应，即任命一个皇家委员会对给予土著群体土地权以及北部领地的土著要求获得土地权的程序进行调查。次年2月，"伍德华德调查土著土地权皇家委员会"（Woodward Royal Commission into Aboriginal Land Rights）成立。该委员会的使命不是确定土著与土地之间是否存在传统关联，而是探讨如何给予土著土地权的问题。②

爱德华·伍德华德（Edward Woodward）法官临危受命，他的调查范围被限定在北部领地，因为联邦政府在那里拥有直接管辖权。但在回答众议院提问时，威特拉姆声称，伍德华德的调查将是"联邦政府不仅在北部领地……而且在那些土著仍然行使土地权的州进行立法的基础"。③ 这说明威特拉姆政府已有在全国范围内进行土地权立法的愿望和打算。这在当时是一个较为激进的想法和展望。

1973年7月19日，就在伍德华德履职五个月后，他就呈交了第一份调查报告。报告呼吁建立让土著反映其观点的土地委员会。联邦政府立即建立了两个土地委员会表示回应。一个是位于达尔文的代表北部领地北半部土著社区的"北部土地委员会"（Northern Land Council）；另一个是在艾利斯·斯普林斯的代表北领剩余地方的"中部土地委员会"（Central Land Council）。这两个委员会成为伍德华德就如何更好地承认和确立北部领地土著对土地的权益而与他们进行磋商的渠道。委员会原则上将由整个

---

① Paul Keating, *Engagement: Australia Faces the Aisa-Pacific*, Sydney: Pan Macmillan Australia Pty Ltd. , 2000, pp. 264 – 266.

② Max Griffiths, *Aboriginal Affairs-A Short History*, Kenthurst: Kangaroo Press Pty Ltd, 1995, p. 127.

③ *Commonwealth Parliamentary Debates（House of Representatives）*, *Hansard*, Vol. 82, February 27, 1973, p. 540.

地区的社区选举的土著代表组成。这些代表被要求去思考第一份报告中所关注的各种问题，并提出他们所希望的任何其他相关问题。①

在1974年年初联邦议会开幕式上，澳大利亚联邦总督保罗·哈斯拉克致辞时说："根据政府已经昭示的政策，我的政府将承担1967年全民公决赋予国家政府对土著及托雷斯海峡岛民的宪法责任。它准备消除州对土著的歧视性法律的任何残余。在收到伍德华德报告后，我的政府将通过立法来落实其将土地权给予北部领地土著的政策。"② 就在第一份报告提交后不到一年，即1974年5月3日，伍德华德提交了他的第二份也是最终报告。

伍德华德在报告中谈到了确认土著土地权的目的：

（1）是把公平正义给予那些未经其同意以及没有给予补偿就被剥夺了土地的人们的一种举措；（2）通过尽可能地消除澳大利亚社会中一个重要的少数种族所抱怨的法律因素来促进一个更加广泛的澳大利亚社会的和谐与稳定；（3）把向那些经济上贫困以及现在尚无缘获得一个澳大利亚人通常生活水准的人们提供土地财产视为一项要务；（4）只要有可能，就必须维护土著与其土地之间的精神联系，这将给予每位土著深深扎根于其精神信仰中心的认同意识；（5）通过明确地给予少数民族公正的待遇来维护或提高澳大利亚在国际社会中的地位。③

在谈到通过何种途径或方法去实现上述目的时，该报告建议：

（1）保留并加强土著在土地上的所有利益以及今天仍然存在的土地上的所有权利，特别是所有有着神圣重要性的土地；（2）确保如果不经同意土著就没有什么利益会受到进一步的损害，除非在国家利益绝对需要而且只能是在给予合理赔偿的前提下；（3）以土地的形式向那些不可挽回地被剥夺了的权利和利益——这些权力和利益是土著通过其他方式从其祖先手中继承的，以及那些没有得到白人社会充分赔偿的土著提供赔偿；（4）更加广泛的社会要向土著社会尽可能多地提供土地。在这些提供更

---

① Gough Whitlam, *The Whitlam Government*, *1972 – 1975*, p. 469.

② *Commonwealth Parliamentary Debates*（*House of Representatives*）, *Hansard*, Vol. 88, 1974, p. 6.

③ Central Land Council, Australia, "The History of the Land Rights Act", http：//www.clc.org.au/articles/info/the – history – of – the – land – rights – act. 2015 – 03 – 29.

多土地的地方，要向绝大多数土著提供最大的利益，特别是在经济层面。①

在谈到一些具体的措施时，该报告建议：（1）保留地应交给土著民族，让他们集体地和自由地保有。这就意味着土地将由集体所有，个人不能出卖任何土地；（2）土著所主张的王室土地（由联邦政府所有）如果未曾使用过，并且能够证明与这块土地的传统联系，那么土著就有权得到它；（3）应建立两个土地委员会来管理土著所有的土地以及为争取土地的法律主张提供资助；（4）商业公司和旅游者若进入土著所有的土地，就应该受到由地方土地委员会管理的许可证的约束；（5）矿业公司如需在土著土地上开矿就应向对方支付矿区使用费；（6）土著能够直接与矿业公司就矿区使用费进行交涉等；（7）如果是基于国家利益，那么联邦政府就可以推翻土著在矿产开发方面的决定权；（8）所有未占用的王室土地的交易应冻结三年，允许土著主张对这类土地的所有权；（9）动用"土著土地基金"为土著社会购买牧场租约。②

鉴于过去的种族关系，调查报告的用语可以说是革命性的。调查报告并不涉及是否（whether）给予土著土地权，而涉及应如何（how）给予的问题。

1974年7月2日，威特拉姆宣布，联邦政府原则上接受伍德华德第二份报告所提的建议，并且授权有关部门进行立法。③ 政府还任命一位北部领地临时土地专员，来查明该地区的土著作为个人或社区对已有的保留地之外的土地的需求情况。④ 1975年，根据伍德华德报告拟定的《土著土地权提案》由土著事务部长莱斯·约翰逊（Les Johnson）提交给联邦议会讨论。莱斯·约翰逊阐明了这份提案的目的，认为这份提案"将给予土著以土地权。它将为土著提供所有保留地以及被给予土著所有权的某些其他土地的自由持有权益，让土著获得对矿产开发的控制。与土地有关的土著传统法律的内容将在拟定的法律中得到确认，而理查德·布莱克布恩法官在戈夫〔伊

---

① Gough Whitlam, *The Whitlam Government*, *1972 – 1975*, pp. 469 – 470.

② "The History of Land Rights Act", http://www.clc.org.au/articles/info/the – history – of – the – land – rights – act/. 2012 – 08 – 11.

③ *Commonwealth Parliamentary Debates*（*House of Representatives*），*Hansard*，Vol. 89，1974，p. 21.

④ Max Griffiths, *Aboriginal Affairs-A Short History*, p. 135.

瑞卡拉]① 土地权案件中并不支持这一点。这份提案为土著确立了对土地的财产利益以及集体所有权，并使这种权利变得不能让与。"②

虽然该提案在众议院引起激烈辩论，反对党乘机提出了一些质询和反对意见，但该提案在众议院获得通过似乎并不令人担心，因为反对党议员 R. J. 埃利科特（R. J. Ellicott）在带有总结性的发言中已表明了这样的立场："反对党接受这样的原则，即在保留地内土地的传统土著所有者的权益应该得到承认。"③ 1975 年 11 月 5 日，该提案二读在没有遇到真正挑战的情况下获议会多数支持。这就预示着该提案获参议院最终通过的前景一片光明。然而，就在众议院讨论并通过该提案时，参议院却在进行另一场更为激烈和胶着的有关下一财政年度预算的辩论。反对党领袖马尔科姆·弗雷泽突然向议会呈交一份对工党政府的不信任提案。这样，所有提交给联邦议会的提案都将束之高阁。

事已至此，从戈夫土地权案件的裁定引发土著社会的不满，到威特拉姆政府为此而设立专门机构予以核查，再到《土著土地权提案》的拟定以及联邦议会参议院讨论的搁浅，可以说，威特拉姆政府把解决北部领地的土著土地权问题当作一项重要工作来做。在威特拉姆政府的工作计划中，北部领地只是一个先行试验区，这项工作最终被推广到全国，这才是他的政府的理想目标。虽然此项工作的实效最终未能以法律条文的形式呈现，但它受到持续的关注，且离最后的成功只欠"临门一脚"，这充分说明威特拉姆政府对此有着坚定的信念和明确的规划。要知道，这是联邦成立以来历届政府从未给予重视的一个问题，更遑论从法律层面来保障土著群体的基本权益。从这个意义上说，为土著土地权立法是一个既激进又务实的举措，以致让接替他的马尔科姆·弗雷泽在大选中不得不做出相应承诺：将继续这项由工党开启的土著土地权的立法工作。这恰恰是威特拉姆政府所开创的土著土地权立法工作的历史影响与现实意义之所在。

---

① 莱斯·约翰逊在讲话中并没有提到伊瑞卡拉，编者在整理出版联邦议会辩论集时将其补进。

② *Commonwealth Parliamentary Debates（House of Representatives）*，*Hansard*，Vol. 95，1975，p. 2222.

③ *Commonwealth Parliamentary Debates（House of Representatives）*，*Hansard*，Vol. 95，1975，p. 2755.

四　铀矿开发与对土著权益的保护

铀是一种矿产资源，又是一种特殊的能源材料。在澳大利亚，铀矿发现于 19 世纪末，但直到 20 世纪 50 年代因向英美两国提供核原料，这种矿产才得以规模开采和有计划地出口。虽然因此卷入国际核竞赛的漩涡中，但铀在当时并没有成为澳国内政治中的一个重要议题。到了 60 年代末期，国际能源市场动荡不宁，铀作为一种潜力无限的能源替代材料一跃成为国际市场上的香饽饽。这给富藏铀矿且以矿产经济为抓手的澳大利亚带来了摆脱经济低迷的希望。恰如艾利斯·考特（Alice Cawte）所刻画的那样：陆续发现的铀矿"刺激了澳大利亚反复无常的证券交易进入一种疯狂状态。铀矿再次成为一种新的有魔力的矿产"。[1] 但在当时，这一战略能否顺利实施，不仅取决于澳大利亚以什么样的姿态看待和履行《不扩散核武器条约》[2]，也取决于澳大利亚国内土著土地权运动的走向以及澳政府在此问题上持何立场，因为铀矿主要分布在土著较为集中的北部领地。如果满足了土著对传统土地所有权的要求，那就意味着土著对地下矿藏拥有所有权，而联邦政府和矿业公司若想开发铀矿，就必须征得土著社会的同意。当时的总体形势是：一方面，土著争取土地权的运动已到了一个关键时期，是否给予北部领地的土著以土地所有权已成为澳国内政治的一个敏感议题；另一方面，作为院外势力的矿业公司对铀矿开采正翘首以盼，欲通过各种方式给联邦政府施加压力，希望政府站在它们一边，尽快做出允许开矿的决定。

1894 年在新南威尔士的卡考（Carcoar），铀矿被首次发现，随后在其他地方也陆续发现了铀矿。这些地方包括南澳大利亚的镭山（Radium Hill）（1906 年）以及画家山（Mount Painter）（1910 年）。第一个被开采的铀矿在镭山。1948 年，澳大利亚政府许诺：如有人发现铀矿，将给予

---

[1]　Alice Cawte, *Atomic Australia 1944 - 1990*, Sydney：University of New South Wales Press Ltd，1992，p. 137.

[2]　又称《防止核扩散条约》或《核不扩散条约》。该条约的主要宗旨是防止核武器技术的扩散，促进和平利用核能的国际合作，推动核裁军以及全面和彻底的裁军。该条约于 1968 年开始签署，1970 年正式生效。

25000 英镑的免税奖励。1952 年 4 月 1 日，镭山开采出的铀被出口到英国。在专门纪念这一事件的一次讲话中，时任总理罗伯特·孟席斯说，在未来的十年，澳大利亚工业对原子能的使用是不可能的，但他补充说："与此同时，美国和联合王国承担了自由世界防务的主要责任，把第一批铀矿将提供给它们，这肯定是我们的首要责任。"①

1953 年，位于北部领地朗姆丛林（Rum Jungle）的另一铀矿得到开采。这批铀矿的出口对象是美国。同年，英国科学家在南澳大利亚内陆的沃迈拉（Woomera）的火箭山脉成功试爆了两颗氢弹，这让澳大利亚自觉不自觉地成为原子能竞赛链中的一环。翌年，在昆士兰的玛丽·凯瑟琳（Mary Kathleen）发现了另一大型铀矿，英国随后与澳方签订了第二份供货合同。②

铀矿的发现及其带来的经济效益令政治家兴奋不已，公众却是另一番心态：在沃迈拉的氢弹爆炸所产生的放射性尘埃的威胁以及对附近地区居民生活可能造成的危害令他们感到担心和疑虑。1956 年，英国在远离西澳大利亚海岸的芒特·贝劳群岛（Monte Bello Islands）又进行了两次大的原子弹试验，这让公众疑惧倍增。60 年代初，用于核武器制造的铀矿需求不断下降，其价格也直线下跌。上面所提的三大铀矿的开采遂逐渐停止。但到了 60 年代末期，铀矿市场出现转机。这一前景在 1973 年的石油危机中更趋明朗。③ 石油危机使得铀作为一种能源的竞争力陡然提升。④

1969～1971 年，在北部领地的阿里盖特河谷地区发现了大面积铀矿。起初，这一发现并没有引起公众太多的注意，因为在五六十年代，澳大利亚就已陆续发现了一些主要矿产，这一铀矿的发现只不过是在主要矿产名录上多了一个矿种而已。当时，所有政治派别的联邦政治家都同意这样的假设：铀矿资源将会得到充分开发。⑤ 然而，议会反对派工党于 1970 年

① *Commonwealth Parliamentary Debates*（*House of Representatives*），*Hansard*，Vol. 81，1972，p. 1890.

② Max Griffiths，*Aboriginal Affairs-A Short History*，p. 138.

③ 1973～1974 年第四次中东战争期间，为打击以色列及其支持者，阿拉伯世界的产油国采取了石油减产、禁运、提价等措施，使得国际原油市场价格暴涨。这就是震撼世界的石油危机或能源危机。

④ Ciaran O'Faircheallaigh，*A New Approach to Policy Evaluation-Mining and Indigenous People*，Aldershot：Ashgate Publishing Limited，2002，p. 47.

⑤ *Commonwealth Parliamentary Debates*（*House of Representatives*），*Hansard*，18 February 1971，pp. 257 – 259；4 November 1971，pp. 3007 – 3008.

就表达过对与铀矿相关问题的担心：如铀矿资源开发与出口的条件特别是铀矿的国内加工、铀矿出口的核控制以及开矿对生活在阿里盖特河谷地区土著的影响等。[①] 而自由国家党联盟政府却认为，铀矿将以与澳大利亚其他主要矿产资源相类似的方式得到开发，即在私营企业的控制之下，私营企业负责探明矿床或准备在开发中注入资本。不过从一开始，联邦政府就明确表示要对矿产资源开发予以干预，以确保铀矿以令人满意的价格出口以及铀矿将只用于和平目的。[②]

1972 年工党在联邦大选中获胜的信息被宣布后，国家发展部部长 R. 斯瓦兹（R. Swartz）就急不可耐地把在北部领地的铀矿开采许可证颁发给几家公司。时任工党政府总理的戈夫·威特拉姆对此举有些微词。他说，这是一个突然之举，因为政府在大选获胜后并没有立马做出任何政策决定或任命，他的政府因此并不赞成斯瓦兹所做的这一匆促决定。尽管如此，工党政府还是承诺将开发铀矿资源，但强调有必要对相关政策进行改革，目的是让国家从铀矿开发中大获其益。工党政府的设想是：在根本上加强本国对铀矿资源的所有权以及对铀矿产业的控制，以取得出口价格的大幅上升以及使铀矿的国内加工最大化。鉴于此，威特拉姆政府暂时中止了铀矿出口并宣布准备就新的铀矿销售合同进行谈判。1973 年 10 月，政府宣布了它的有关北部领地铀矿的基本政策。根据《1953 年原子能条例》（*Atomic Energy Act 1953*），这一地区的铀矿所有权归属联邦政府。[③] "澳大利亚原子能委员会"（Australian Atomic Energy Commission）[④] 作为联邦政府的代理机构将参与北部领地铀矿资源的开发与管控工作，包括收回已被私营企业探明的矿产。在这一政策指导下，10 月 30 日，联邦政府与兰杰工程的合作伙伴签署协定，通过"澳大利亚原子能委员会"而在该工程中占有 50% 的股份。[⑤]

当联邦政府和公众还在讨论爱德华·伍德华德提交的报告时，对安赫姆保留地的欧恩派利（Oenpelli）地区的铀矿开采已迫在眉睫。但面对土

---

① *Commonwealth Parliamentary Debates*（*House of Representatives*），*Hansard*，2 September 1970，p. 833；1 October 1970，pp. 1952 – 1955；18 February 1971，pp. 257 – 259.

② *Commonwealth Parliamentary Debates*（*House of Representatives*），*Hansard*，18 February 1971，p. 257.

③ Max Griffiths，*Aboriginal Affairs-A Short History*，p. 139.

④ 该机构于 1952 年建立。

⑤ Ciaran O'Faircheallaigh，*A New Approach to Policy Evaluation-Mining and Indigenous People*，p. 50.

著要求土地所有权、自治以及对铀矿开采所带来的环境问题的日渐关注，威特拉姆政府也不敢贸然行事。1975 年 7 月 16 日，威特拉姆总理任命了由 R. W. 弗克斯法官领衔的一个调查委员会①，负责就兰杰铀矿有限公司（Ranger Uranium Mines Pty Ltd）提出的在欧恩派利地区的亚必卢（Jabiru）开矿的建议进行公开调查。②

据披露，对仍按传统方式生活的欧恩派利居民来说，矿产开发可能产生令人惊悚的影响。爆炸威胁到他们的圣地，特别是在布洛克曼山（Mt Brockman）上的迪吉迪比迪吉迪比（Djidbidjidbi）和达贝（Dadbe）两处圣地。这两处圣地距离兰杰公司所命名的一口矿井仅有三公里，离另一个可能的未来矿井也只有几百米之隔。有人认为，爆炸不会在物理上损毁这些圣地，但生活在这里的土著无疑会受到侵扰，因为噪音和矿工们的活动将对居住在布洛克曼山的彩虹蛇（Rainbow Snake）的神灵（spirit）产生影响。委员们还对该公司声称开矿将给欧恩派利人带来就业、健康和教育等方面的利好前景表示怀疑。这些怀疑出于以下原因：首先，当地土著本来就有权利得到这样的好处而不必以牺牲土地上的矿产为代价；其次，肯定地说，土著并不想通过开矿或利用开矿来获得就业。鉴于过去矿产公司的记录，最终得到工作的人很可能寥寥无几。也有证据显示，一个大的欧洲人社区的存在给其附近的土著社区的影响通常是消极的，如酗酒人数的显著增加，对土著妇女的欺侮以及本地区种族关系的总体恶化等。③ 因此，土著强烈反对在他们的土地上进行矿产开发。这就使得弗克斯调查委员会的成立不仅有必要，而且将面临不小的挑战。

---

① R. W. 弗克斯是澳大利亚首都区最高法院高级法官，其他两名成员分别是环境部第一助理部长格雷姆·克勒赫尔（Graeme Kelleher）和悉尼大学预防与社会医学教授查尔斯·克尔（Charles Kerr）。

② 兰杰公司最初的建议是从亚必卢的两个明挖的矿井来开采铀矿。第一个矿井直径 700 米、深 175 米，占地 46 公顷之多，而另一个矿井深达 190 米，占地 55 公顷。铀矿石将被碾碎并通过硫磺酸来溶解，铀将从溶解液中被提炼出来。废弃的泥浆被抽到一个占地达 125 公顷的巨大的残渣坑中，周围筑起高达 30 米的土墙。其他辅助工序包括从运到这里的硫磺中提取硫磺酸，进口石灰来中和残渣，运输大量的燃料、化学材料、用于爆破和建筑的材料，从当地或从达尔文输送高达 700 万瓦特的电力等。开矿将产生高 100 米、方圆达 100 公顷的废弃的岩石垃圾。参见 Richard Broome, *Aboriginal Australians-Black Response to White Dominance 1788 – 1980*, p. 187.

③ Richard Broome, *Aboriginal Australians-Black Response to White Dominance 1788 – 1980*, p. 188.

五　"全国土著咨询委员会"的组建

土著的社会地位低下，土著问题一直处于被忽视的状态，其原因是多方面的，其中之一就是土著社会没有一个具有广泛代表性的并且受到政府认可与重视的议事机构。这种缺失导致了如下结果：一方面政府有关土著的政策往往只能基于政府的相关机构或顾问的建议与判断，而非取自土著民意，另一方面土著社会精英对他们所属群体利益的关注意识日渐觉醒和增强，他们希望白人政府能够倾听来自土著社会的声音。因此，威特拉姆政府在重视土著土地权问题的同时，希望在土著社会与政府之间架起一座沟通的桥梁，以便了解相关信息并为政府决策提供咨询服务。"全国土著咨询委员会"就是在这样的背景下成立的。①

（一）"全国土著咨询委员会"组建的背景

20世纪60年代中期后，保守的自由党的土著政策传统仍在延续，但松动在所难免。无论是哈罗德·霍尔特政府建立"土著事务部"和设立土著事务部长还是威廉姆·麦克马洪政府对土著政策所做的反省，都表明了自由党的传统政策面临越来越严峻的考验。"土著事务部"努力践行作为一个咨询机构的职责，但受制于主客观条件，该办公室的建议不大可能对土著民族所期盼的政策变化产生实质性影响，这就决定了该机构的实际作用有限，而土著事务部长是为政府说话的，土著民族对其抱有期望是不现实的。可以说，现有的有关土著事务的管理与服务机制都是政府主导型的，既缺乏与土著民族的坦诚和有效磋商，又不可能真切反映土著民意。诸多因素决定了政府授意下的由土著自己组建的管理或咨询机构的成立势在必行。

1972年12月19日，威特拉姆政府成立了"土著事务部"（Department of Aboriginal Affairs）。② 如同哈罗德·霍尔特政府一样，"土著事务部"的

---

① Bain Attwood and Andrew Markus, *The Struggle for Aboriginal Rights-A Documentary History*, p. 22.
② 除昆士兰州外，其他各州都欣然同意：为了便于国家对土著提供援助，它们将其决策计划和行政管理的功能移交给联邦政府。而昆士兰州政府的反对则导致1975年1月在汤斯维尔建立了"土著事务联邦办公室"。

建立是对 1967 年全民公决赋予联邦政府承担对土著立法责任的一种反应。该部门的建立旨在倾听土著的呼声并为他们提供服务。该机构建立后，很多与土著社会有关的项目开始付诸实施。这些项目见证了土著个人积极参与联邦官僚机构或很多地方机构的活动。但是很快，当威特拉姆政府第一任土著事务部部长戈登·布莱恩特（Gordon Bryant）被证明与 20 世纪 60 年代末 70 年代初涌现的土著领导人打交道显得差强人意时，土著社会的期望就破灭了。作为"土著及托雷斯海峡岛民进步联邦委员会"的一名"老卫士"（old gurard），戈登·布莱恩特是该委员会 1970 年复活节年会上反对土著试图控制该组织的白人之一。为实现这一目的，布莱恩特不仅玩弄挑拨离间的权术，还疏远他自己的部门官员巴里·德克斯特，因为他不相信后者，[①] 由此注定了他不会在其位子上待得很久。布莱恩特于 1973 年 10 月就被参议员吉姆·卡瓦那（Jim Cavanagh）取代。在不到两年的时间内，威特拉姆任命了两任土著事务部长。这足以说明政府在处理土著事务方面缺少有效办法，同时反映了工党政府在人事任命上的草率与短视，因为新任部长又在重蹈前任的覆辙——卡瓦那无时无刻不与他的部门内最有影响的公务员查尔斯·珀金斯发生冲突。罗伯特·蒂克纳（Robert Tickner）写道："珀金斯先生与他的部长之间发生激烈争吵，他被指控违反公共部门纪律，只是最终由于威特拉姆总理的坚持而被取消。"[②] "土著事务部"领导层的不和暴露了工党政府在土著政策方面的分歧难以消弭。但无论如何，"土著事务部"是政府管理土著的机构，这种不和更多地体现在土著政策制定的技术层面甚至不排除政治家个人之间的权力之争。鉴于此，土著需要自己的代言机构。

（二）"全国土著咨询委员会"的建立

工党上台后不久，就酝酿建立有关土著事务的咨询机构。1973 年 2 月，戈登·布莱恩特邀请约 80 名土著作为"个人"参加在堪培拉举行的磋商会，目的是组建一个在政策方面向土著事务部长建言献策的代表机构——"全国土著咨询委员会"。[③] 布莱恩特说，咨询委员会成员应从土著以及混

---

① Peter Read, *Charles Perkins: A Biography*, Ringwood: Penguin, 2001, pp. 169 – 170.
② Robert Tickner, *Taking a Stand: Land Rights to Reconciliation*, p. 15.
③ Gough Whitlam, *The Whitlam Government 1972 – 1975*, pp. 467 – 468.

血土著中选举产生。与之前由白人组成的类似的咨询机构相比，这是一个重要的变化。6月，成立咨询委员会的组织工作开始启动，而且这项工作与内维尔·伯克（Neville Burke）的努力是分不开的。① 应土著的请求，内维尔·伯克先生被暂时从"澳大利亚选举办公室"（Australian Electoral Office）抽调到"土著事务部"工作。在四个月的时间里，他不知疲倦地向土著投票人宣讲选举事宜。由于土著那时被允许参与投票仅有两年的时间，他们对投票的相关知识知之甚少，所以，伯克的绝大部分工作就是向土著宣讲什么叫民主，以及如何行使手中的投票权等知识。

选民登记工作拟定于1973年9月29日结束，11月10日举行正式选举。在土著的要求下，"澳大利亚选举办公室"的白人官员将负责计票工作。

在此次选举中，大约有40000名土著与托雷斯海峡岛民登记，将在约270个土著人口中心和保留地进行投票。土著候选人为195人，将在其中产生41名正式代表。被选举的候选人将在"全国土著咨询委员会"代表他们的选区，每人每年将有6000美元的薪俸，外加城市之间的旅行补贴2000美元，去乡村的旅行补贴3000美元。② 另外，联邦政府内阁同意拨付50万美元用于该委员会的成立，以后的运作支出可能需要增加2~3倍。一些联邦议员反对这样的投入，认为有更需要支出的地方。③

如前所述，选举是由布赖恩特发起，但其组织工作还是由土著自己负责，他们与土著事务部进行磋商。此次选举的全国协调人约翰·莫里亚蒂（John Moriarty）就是一位土著。约翰·莫里亚蒂希望"全国土著咨询委员会"最终拥有自己的秘书处，并获得政府提供的专门预算。如此一来，它就能够作为一个独立的机构来运作。约翰·莫里亚蒂重视"全国土著咨询委员会"规章的拟定。他说，委员会的章程将由一个31人组成的指导委员会制定，并由被选举的代表组成的委员会来批准。约翰·莫里亚蒂还对即将成立的土著咨询机构的社会功能寄予厚望。他相信，"全国土著咨询委员会"将能够使土著为了他们自己的利益说话和行动。④ 这也是多

---

① 内维尔·伯克曾在昆士兰和堪培拉工作。1964年，他成为北部领地第一位负责选举的全职官员。

② Helen Arizell, "Aborigines Get a Foot in Canberra's Door", *The Sydney Morning Herald*, 24th November 1973.

③ "Aboriginal Body Gaining Support", *The News*, 7th November 1973.

④ Tony O'Leary, "Aborigines to Elect own National Body", *The Canberra Times*, 5th October 1973.

数土著的心声。

由于距离较远以及考虑到很多选民无法前往投票站投票，11 月 10～24 日，澳全境设立了很多流动投票箱。预计 11 月 16 日将迎来投票活动的高潮，因为当天威特拉姆总理以及南澳大利亚州总理唐·邓斯坦将应邀出席投票活动。西澳大利亚是土著居民较为集中的州。该州有资格参与投票的土著约 10000 到 15000 名，大约 8000 人有望行使其权利。为方便土著投票，该州分 8 个选区，设 40 个投票站。除此之外，有 11 个土著小组将带着流动票箱去该州的一些从经济上讲难以设立一个固定投票站的地方，比如西澳大利亚西北部的监狱。在新南威尔士，登记投票的土著约 6000 人，有约 200 名在监狱服刑的土著参与了投票，这是该州第一次给予犯人投票的机会。① 11 月 23 日，威特拉姆总理发表了全国电视讲话，同意建立"全国土著咨询委员会"。威特拉姆说："我想告诉你们明天将要举行一次非常重要的前所未有的选举。澳大利亚所有土著都有资格参与投票。你们将投票选举全国土著咨询委员会的成员。该委员会——全国土著咨询委员会——将在推进土著及托雷斯海峡岛屿澳大利亚人的事业中发挥重要作用。我希望所有土著将行使他们的权利和责任，参与到这个历史性的和民主化的进程中。"② 12 月，在堪培拉举行了"全国土著咨询委员会"的成立会议。

从政府的立场来看，土著政策变化的一个具体体现就是允许甚至支持土著建立一个凝聚共识以便上呈下达的咨询机构。然而，"全国土著咨询委员会"成立不久就发现，该机构的咨询性质决定了土著的心声大多停留在土著代表内部的交流与磋商层面，很难对政府的土著政策产生实质性影响。于是，代表土著的"全国土著咨询委员会"与替政府说话的土著事务部之间就咨询机构的性质、权力和功能等问题展开了激烈的讨价还价。

（三）"全国土著咨询委员会"的运作

土著事务部内部在土著问题上的意见也并不一致。土著事务部助理秘书查尔斯·珀金斯就对他自己部门的长官进行了猛烈的攻击，理由是对方没有认识到自己的职责所在。珀金斯说，参议员卡瓦那在落实土著项目方

---

① Helen Arizell, "Aborigines Get a Foot in Canberra's Door".

② Gough Whitlam, *The Whitlam Government 1972 – 1975*, p. 468.

面行动迟缓，"我不认为他拥有能够了解我们希望达到的满意程度的经验或深厚的知识"。[①] 言外之意，吉姆·卡瓦那不堪其任。

1974 年 2 月 5 日，"全国土著咨询委员会"投票赞成将其名称改为"全国土著会议"（National Aboriginal Congress）以及拥有执行地位。[②] 拥有执行地位意味着它不再是一个在土著事务方面仅仅提供咨询业务的机构。政府很快做出了反应，因为如此机构的存在势必会对土著事务部以及政府相关部门的功能及其权威构成挑战。吉姆·卡瓦那率先表态。他说，他没有权力为这样一个机构支付资金，并且威胁要取消每位委员每年6000 美元的津贴。[③] 14 日，"全国土著咨询委员会"也不示弱，其代理主席埃迪·贝内尔（Eddie Bennell）说："我们希望卡瓦那下台"；"我们仍然准备请求威特拉姆先生撤换卡瓦那先生，他已经表明他对土著人民的困境一无所知，且对待会议[④]的态度缺乏理性。我们希望成为一个与国会的权力相当的会议，这是一个主要原因。如果我们只是一个委员会的话，假如工党政府在下届选举中败北，我们亦将不复存在。"但在一个临时性的协议中，委员会同意回到它的咨询功能的角色，同时准备组建一个拥有更多权力的机构，上报内阁。[⑤]

让卡瓦那始料未及的是，他发出的威胁让自己进退两难。他本人不仅给外界留下了对土著事务一无所知的印象，还可能从部长的位子上拍屁股走人。27 日，在国家新闻俱乐部（National Press Club）的演讲中，吉姆·卡瓦那最终承认，对工党的土著事务政策而言，过去的一年简直是一场"灾难"，并且再次威胁要取消"全国土著咨询委员会"。而后者则针锋相对。3 月 27 日，该委员会提出一项动议，要求获得对土著事务深远的控制，寻求在政策制定、经费支出、自然资源控制以及影响土著的立法方面拥有权力。根据拟议中的设想，绝大部分控制权力将由"全国土著会议"中的 9 人组成的委员会来行使。这份提议将肯定遭到卡瓦那的反对。卡瓦那已经对委员会提出的拥有执行地位表示过异议，反对该委员会拥有双重角色——即向

---

① "PS Man Hits at Ministers"，*The Advertiser*，17 January 1974.

② "全国土著咨询委员会"于 1974 年 2 月和 3 月在堪培拉、5 月在达尔文、10 月在珀斯、1975 年 3 月在汤斯维尔、6 月在堪培拉分别召开了会议。

③ "Aborigines Seek Wide Power"，*The Herald*，28th March 1974.

④ 此处指全国土著会议。——作者注

⑤ "Sack Cavanagh, Say Aboriginals"，*The Sun*，15th February 1974.

政府提供建议的咨询委员会以及拥有某些财政独立地位的执行机构。①

卡瓦那与"全国土著咨询委员会"的分歧还体现在其他方面。如在对待"土著大使馆"问题上，双方的看法大相径庭。卡瓦那视"土著大使馆"为"一件不悦目的事情"。面对卡瓦那的指责，"全国土著咨询委员会"在堪培拉通过一项动议，要求卡瓦那收回其发表的声明。这项动议让卡瓦那不得不改变其策略。在与"全国土著咨询委员会"41名成员对话时，卡瓦那说，如果帐篷使馆被拆除的话，那么他们将会有一个更好的机会修建一个永久性的总部建筑。卡瓦那算不上承诺的承诺并没有产生效果。"全国土著咨询委员会"通过的决议案说，"全国土著会议"并不希望干预个别土著组织的行动。"如果没有这些土著组织的行动，我们今天就不会坐在这里"；"多年来有很多为土著事业而奋斗的组织，没有这些组织，就不会有'土著大使馆'，以及肯定没有全国土著会议。"② 眼看谈判无果，卡瓦那又故伎重施，对"全国土著咨询委员会"发出如下警告：除非对方削减其执行委员会的权力，否则就将在内阁反对它的组成。③

事已至此，"全国土著咨询委员会"与代表政府的土著事务部之间的分歧与争执难以化解，因为前者想突破限制的地方恰恰是后者最为敏感之处。但是，在这看似不可调和的现象背后，仍可看到双方关系缓和的征象。这是因为，成立"全国土著咨询委员会"是工党上台后土著政策调整与变革的成果之一，是执政党质疑在野党在土著问题上消极和不作为的有力证据。而在土著社会那里，"全国土著咨询委员会"虽是一个咨询机构，但取得这样的成果已实属不易。如果双方各持己见、不肯妥协，那么结果只能是分道扬镳："全国土著咨询委员会"将不得不面临被解散的命运，而卡瓦那则官位不保。如果双方都后退一步，就可以求得一个双赢的方案。所以，"全国土著咨询委员会""原则上"同意对其构成即9人委员会进行改组，避免诉诸投票一较高下。值得一提的是，卡瓦那在有关"全国土著咨询委员会"未来作用的争执方面以取消委员们的薪水相威胁，这种姿态对双方均会产生一定的影响。卡瓦那本人就是这

① "Aborigines Seek Wide Power".
② "'Unsightly Thing'-Cavanagh Asked to Retract Comment", *The Canberra Times*, 30th March 1974.
③ Peter Rees, "Aboriginal Council Looks at Its Power", *The Sun*, 28th March 1974.

么认为的。他说："很可能，作为先前冲突的一种结果，我们双方都认识到，在土著社会进步和地位改善方面，我们有着共同的目标。由于目的如此一致，我们必须达成共识。"对"全国土著咨询委员会"来说，这意味着土著不再需要卡瓦那立即辞职。他们感觉到他现在更愿意听取别人的意见，并愿意交流。来自维多利亚的"全国土著咨询委员会"著名发言人布鲁斯·麦吉尼斯（Bruce McGuinness）也承认，他不再相信卡瓦那是一个对土著事务"无知的"人，相反，他对土著事务有"较好的洞见"。他的有关土著饮酒的评论现在"差不多能够被接受。"卡瓦那本人也向"全国土著咨询委员会"做了相当的让步。他说他并不反对"全国土著咨询委员会"对其每年 150 万美元的预算经费支出进行掌控，也不再反对将该机构的名称改为"全国土著会议"的提议，或有关扩大其权力的声明。不过，卡瓦那又表示，在这个阶段，这样的要求是一种"期望"，推动建立由 9 位"部长"组成的执行机构将会面临严重的挫败。这一建议可能导致 41 名代表把权力转让给一个"小集团"（'junta'）。在一番沟通与磋商之后，"全国土著咨询委员会"最终还是接受了卡瓦那的某些观点，原则上同意进行一些修改，如部长委员会很可能由 9 人增加到 11 人，支票签字由原来的 1 人改为现在的 3 人，其他一些防范措施也在考虑之列。[1]

尽管一些土著代表对政府的约束与打压行为颇有怨言，但在初期显示高调之后，"全国土著咨询委员会"开始在一个政治框架内认真对待其工作的复杂性。其结果是，公开发布的会议声明在语调方面变得较为温和，在含义方面也变得具有和解性。由 9 人组成的分委员会向土著事务部长提出的绝大多数建议被视为适中和可以接受的抱负而被很好地采纳，比如有如下建议：报纸、广播每天应该宣传一个土著词语；应该建立一个土著合作建筑协会；应该在所有土著工作站（Station）定居地任命社会工作者；应该设立一个研究项目来探讨酒精对土著社会的影响。但是，该委员会呼吁对乡村和城市的失地土著进行充分赔偿的建议并没有得到政府的积极回应。[2] 在当时的情况下，这一结果虽令人遗憾，却在意料之中。

---

[1] Tony Hill, "A Bold, Black Experiment-Canberra Talks Plant Seeds of Success", *The Herald*, 1st April 1974.

[2] Tony Hill, "A Bold, Black Experiment-Canberra Talks Plant Seeds of Success".

（四）对"全国土著咨询委员会"的历史评价

当威特拉姆为首的工党政府扛起改革大旗时，人们有理由相信土著将迎来一个改变命运的历史机遇。然而，"全国土著咨询委员会"的建立和改组并不顺利，甚至可以说是一波三折。个中原因应该是多方面的，但下述两点必然在其中起着主导作用。

首先，作为反映澳大利亚社会价值观念的"白澳政策"的影响难以通过一纸文件而被根除。白人享有主导国家命运的权利，而"白澳政策"更是为这种权利提供了理论武装。当白人习惯于这种利己的政治安排和社会秩序时，任何有可能危及其权利、地位与利益的政策或安排，都必然遭到强烈的抵触和反对，即便像"全国土著咨询委员会"这样一个咨询性质的土著机构，政府也不会放松对它的管束。"全国土著咨询委员会"最终之所以没有完成拟议中的改组，原因很可能就在于此。

其次，土著群体力量的软弱以及对政府的失信，使得一些土著对咨询机构的建立兴趣不大甚至持反对立场。白人社会的长期压制导致土著社会地位极其低下，社会政治力量分散、发展迟缓，很难形成一种政治合力。而在历史上，政府的多次言行不一令土著社会对政府失去信任，产生麻木感。所以，成立由土著自己组成的咨询机构，虽然得到了土著社会较为广泛的支持和参与，但反对之声亦不绝于耳。也就是说，在土著社会，并不是所有的机构或个人都关心和支持这项工作。有些土著对成立这样的机构并不热心，甚至对选举持抵制立场，如生活在雷迪芬的贝勒（Bellear）兄弟俩就对选举持反对态度，他们甚至制作了宣传小册子，上面写道："抵制全国土著咨询委员会，为了所有黑人的最佳利益请不要去投票。在这个社区，我们不需要任何被选举的领袖。"贝勒兄弟俩还认为，土著"处在黑暗之中"，"全国土著咨询委员会"将会是"土著事务部"的傀儡。①

贝勒兄弟俩的担心与抱怨不无道理。"全国土著咨询委员会"在功能行使方面的确存在几个潜在的不利因素。首先，它只是一个咨询机构，其功能的发挥在本质上取决于政府的执政理念；其次，"全国土著咨询委员会"可能面临内部的不团结，之前就曾出现这样的情况；最后，没有稳定和足够的经费支持。因此，期望该委员会去解决土著所面临的成堆问题

---

① Helen Arizell, "Aborigines Get a Foot in Canberra's Door".

是荒唐的。① 但是，无论如何，经过磋商与妥协而产生的土著咨询机构，其意义和影响还是值得肯定的。

尽管"全国土著咨询委员会"在功能行使方面的确存在一些不利因素，但无论如何，经过磋商与妥协而产生的土著咨询机构，必然对政府的土著政策产生一定的影响，其对澳大利亚种族和解进程的意义和影响亦不容小觑。

（1）该机构将承担向联邦政府提供与土著事务有关的咨询功能。"全国土著咨询委员会"在堪培拉设立总部。这些土著代表的任务就是为土著事务部长提供有关土著需求的信息。正如一位土著所言，作为一个政治游说机构，"全国土著咨询委员会"将表达土著的愿望，并让土著事务部走在正确的轨道上。② 很长时期以来，多数土著认为那些在堪培拉代表他们利益的人要么不了解他们的问题，要么只是政府的"应声虫"（'yes-men'）。为改变这一局面，人们期待该委员会在影响土著事务方面提供建设性建议。正如威特拉姆所言："……我希望该委员会成为土著表达意见的一个平台。我们希望在土著和联邦政府之间建立一个健康的双向联系。"③ 除此之外，人们还希望该委员会在处理与土著有关的事务方面处在一个有影响力的地位。该委员会建立后，政府会发现忽视它的需求将是困难的。④

（2）此次选举的组织与协调工作主要是由土著来承担的。负责投票的土著官员能够在短短的 18 天之内让约 40000 名土著同胞走到投票箱前，这是件了不起的工作。自联邦建立以来，投票文件第一次印有候选者的照片和地址；候选者的简历在一个单独的小册里就可以查到。内维尔·伯克对此不无得意地说："我们在投票文件上印有照片，附有每位候选人的简介，人们因此能够了解候选者的背景。"⑤ 以上特征所呈现的意义绝不限于诸多的首创，而更多地在于它们反映了土著出色的智慧、能力与才干，这是对白人种族优越论的有力回击。这就用事实证明，白人社会能够做到的事情，土著社会同样能够做到。这有利于消除白人社会对土著社会的一

---

① "The Aborigines' Voice", *The Advertiser*, 23rd November, 1973.

② Helen Arizell, "Aborigines Get a Foot in Canberra's Door".

③ Gough Whitlam, *The Whitlam Government 1972 – 1975*, p. 468.

④ "The Aborigines' Voice".

⑤ "For Aborigines, by Aborigines", *The Telegraphy*, 19th November 1973.

贯偏见，从而有利于种族和解。

最后，这是澳大利亚第一次举行有全部土著参加的选举。换句话说，这是土著第一次有机会投票选举用一个声音为他们说话的全国性土著机构。在20世纪二三十年代至60年代土著争取自身权益的进程中，也曾出现各种各样的组织，但多数组织是由非土著来支配的，即便有土著自己的组织，也呈现地方性特点。而由政府倡议并由土著精英参与组建的具有广泛代表性的土著咨询机构，这在澳大利亚历史上还是首创。内维尔·伯克对此不无自豪地说："这是一次由土著为土著的选举，整个过程完全是按照土著所希望的方式来完成的。"[1]《广告人》(*Advertiser*) 发表评论称："对土著来说，明天为成立全国土著咨询委员会而举行的选举，将和这个国家迄今所举行的任何一次选举同等重要。"[2]"全国土著咨询委员会"的成立所产生的非凡影响令一些白人政治家感到失望和不满。参议员内维尔·邦纳（Neville Bonner）[3] 对成立这样一个纯粹由土著组成的机构就表示不解和难以接受。他说："在我看来，如果只允许土著成为候选者和投票人，那么这就是种族隔离。我希望看到被选举的土著走上责任岗位，但在他们处理社区所有事务的地方，不是只有他们自己的种族。"他的结论是，把土著孤立于澳大利亚社会其他种族的建议是危险的。[4] 那么，我们是否可以得出这样的结论，凭借种族优越论而将白人置于澳大利亚社会其他种族之上的做法不也同样存在危险吗？土著在此次选举中所显示出来的作为一股政治势力的崛起令白人政治家不得不予以正视与反思，这有利于纠正他们对土著群体的偏见。

"全国土著咨询委员会"是澳大利亚开始奉行多元文化政策的一个产物，它与以威特拉姆为首的工党所坚持的所有民族一律平等的原则是分不开的。对于长期依附于白人的土著来说，它的成立虽不能立马改变听命于人的状态，但能发出自己的心声并且让政府当局有所视听，这本身就是一件具有历史意义的事件，而且它在这方面的努力与尝试对于后来为推进种

---

① John Fraser, "Black Australia Votes", *The Sun*, 21st November 1973.

② "The Aborigines' Voice".

③ 1971年，自由党任命内维尔·邦纳来填补昆士兰州在联邦参议院中的一个议席空缺，邦纳因而成为澳大利亚首位土著议员，任期从1971年至1983年。参见 William W. Bostock, *Alternatives of Ethnicity-Immigrants and Aborigines in Anglo-Saxon Australia*, Melbourne: Corvus Publishers, 1977, p. 94.

④ "Aboriginal Body Called Apartheid", *The Sunday Mail*, 15th July 1973.

族和解事业而建立的诸多由土著参与的咨询或其他功能机构而言,既树立了榜样,又提供了动力。

六 土著自决政策的出台

在澳大利亚被殖民前,土著及托雷斯海峡岛民占领了整个大陆,他们有自己的政治和法律制度。然而,土著及托雷斯海峡岛民从来没有机会参与围绕联邦的国家建构。对于他们来说,磋商这种关系的必要性是他们的一个核心期望,并且常常是以"自决"的名义被提及的。

第二次世界大战后,自决无论在理论和实践层面都获得了新的发展,并且得到了《联合国宪章》、《经济、社会和文化权利国际公约》[①](International Covenant on Economic, Social and Cultural Rights)和《普遍人权宣言》等文件的肯定。不过,现代政治意义上的自决产生于国际法的人权框架,自决在其范围上是普遍的,它关注的是人权而非主权实体,如在国际法中,自决是指"所有民族自主决定他们的政治地位以及追求其经济、社会和文化发展的权利"。显然,这里的自决权被视为国际人权的一项根本原则。当然,自决还关注国家的治理以及政府结构的特征,因为这是一个衡量管理制度合法性的标准。[②]

在澳大利亚,维持社会治安以及界定刑事审判权都不可避免地与主权、土著要求的自决权和自治权联系在一起。土著民族中流行这样的观点:即他们在澳大利亚的主权从未被消灭。亨利·雷诺兹等历史学家研究后发现,19 世纪当殖民者对土著的认知越来越多时,这样的事实就清晰可辨:土著社会对整个国家行使了政治和法律的主权,他们通过独特的政治制度和道义原则来管理自己的事务。

当土地权运动初见成效以及全民公决如期举行时,对土著的同化政策就不可避免地走向终结。1971 年,"土著事务部"呼吁基于特殊的地方性而建立地方联合委员会,因为大家认识到,只有通过这种方式,才有可能在更广泛的政治体制内见证土著自治有价值的发展。成为总理后,威特拉

---

① 1966 年 12 月 16 日联合国大会通过。

② J. Anaya, *Indigenous Peoples in International Law*, pp. 76 – 77.

姆在联邦议会的一次讲话中谈到了恢复土著"在经济、社会和政治事务方面失去的权力",希望土著最终能够"决定他们未来发展步伐的性质",将要"对他们自己的事务承担起真正和有效的责任"。[1] 1973 年,威特拉姆政府正式宣布一项土著的自决政策。

自决之所以成为工党政府决策中优先考虑的问题,原因有两个方面:一是威特拉姆领导下的联邦新政府正在着手进行一场重要的政治和社会变革。在土著问题方面,自决是一个最能表达工党改革思维的主题。二是这一时期来自东南亚的大量难民的涌入意味着同化政策难以行得通。虽然执政之初,工党的土著政策还没有体制化和系统化,但不难看出,工党执政理念下的"自决"政策体现了一种权利与义务的平衡,即土著一方面在他们的社会发展方面拥有决定权,另一方面作为澳大利亚社会的一分子,土著也要承担相应的社会责任。于是我们就看到,在伍德华德有关北部领地土著土地权的第二份调查报告中,选择和认可是该报告的基石。伍德华德在报告中强调了给予土著社会尽可能多的自治以及不要强迫他们去采用与其传统相异的政治组织形式的重要性,主张土著应该自由地选择自己的生活方式。[2]

自决意味着土著在他们的事务中拥有更多的发言权,在事关他们社会的法律和政策方面有更多的影响,他们将有更多的自由去过他们想过的生活。耶稣会牧师弗兰克·布伦南(Frank Brennan)认为,对于澳大利亚土著来说,自决建立了以"尽可能自治"的方式在其土地上管理他们社会的权利。正如"土著法律服务中心"主任保罗·科在悉尼所言:"我们从没有成为澳大利亚白人主流社会的一部分。每一次我们都努力参与,但是,我们都被挡了出来。我们能够参与其中的唯一途径就是仿效白人。我认为,如果一个人为了参与某事而几乎不得不出卖自己,那么还是不参与并且保持他自己的单独地位更好。人们应该处在制定、执行并按照自己的法律来生活而不受其他法律所逼迫的境地。"[3]

在土著那里,自决政策应为他们的福利和幸福之本。为了与土著自决

---

[1] Scott Bennett, *White Politics and Black Australians*, p. 62.

[2] Peter H. Russell, *Recognizing Aboriginal Title-The Mabo Case and Indigenous Resistance to English-Settler Colonialism*, p. 169.

[3] Kevin Gilbert, *Because A White Man'll Never Do It*, Sydney: Angus and Robertson, 1973, p. 188.

政策相一致，澳政府通过了使土著组织公司化以及接受政府资助的法律。土著自白人入侵以来第一次有了一种尊严感，这是对土著作为一个民族所拥有的生存权、文化权以及信仰制度权利的承认。自决还意味着朝着土著与澳大利亚白人拥有同等的权利和自由而迈出的一个重要步骤。很多土著福利组织在增强土著自信和独立方面起到了一定的作用。在 1972 年"土著促进协会"（Aboriginal Advancement Association）形成之后，伯克土著（Bourke Aboriginal）社区迎来了一些重要的变化。社区组织了野餐、电影之夜、编写简讯等活动。与此同时，家庭互助组织也开始建立起来。尽管这两个组织在工作中特别是与政府有关部门建立沟通与合作方面遇到了一些困难，但还是取得了一些进展。有人这样评价："土著促进协会成为伯克土著争取权利的基础，他们由此能够接近联邦和州政府，并且通过它们接触地方政府机构……他们的建议得到了倾听，而不是被忽视或嘲笑，偶尔还能获得成功而非总是失败，这就使得在土著社会里个人的地位有了逐步提高……。除此以外，管理他们自己事务的事实让一些成员认识到，要想在一个白人世界中获得成功，就有必要去学习磋商、妥协以及承受压力的技巧。"① 这或许是土著由自决走向自治的必需条件。

然而，在一个民主的、多元种族的民族国家，人数上处于劣势的土著群体，其自决的机遇总是受到代表所有公民、共同利益需求以及将社会视为由个人而非群体所组成的整体的民主倾向来统治的国家权力的限制。② 而且，对土著民族来说，自治权必须有一定的物质依托。这种物质依托的基础形态是土地。他们希望决定其未来的集体的自我属性源自与地球上某个独特地方的历史联系，只有当他们有权决定如何在那块地方生活以及看护它的责任得到认可时，他们所主张的自决权才有可能实现。③ 所以，土著的自决权概念的一个重要内涵就是取得土地的主权。这就注定了土著自决的政治目标在澳大利亚政治中绝不是一个轻松的话题。

---

① Richard Broome, *Aboriginal Australians-Black Response to White Dominance 1788 - 1980*, p. 200.

② Richard Mulgan, *Democracy and Power in New Zealand*, Aucland：Oxford University Press, 1999, p. 50.

③ Peter H. Russell, *Recognizing Aboriginal Title-The Mabo Case and Indigenous Resistance to English-Settler Colonialism*, p. 155.

七 《种族歧视法》的颁布

在"白澳政策"语境下,种族歧视无处不在,无时不有。对种族歧视进行道义上的谴责是最基本的反应方式,但这种方式往往是脆弱的,对散布种族歧视言论以及制造种族歧视行为的人起不到由表及里的震慑作用。"白澳政策"的废除在理论上消除了建立种族平等社会的一大观念障碍,但只破不立难以剪除旧的不平等观念并树立新的平等意识。因此,从法律和制度层面来对种族歧视言论和行为进行约束和惩罚就必须成为一种治理常态,从而为由种族平等走向种族和解创造有利条件。

(一)《种族歧视法》的拟定背景

澳大利亚是联合国创始成员之一。遵从国际规范、承担相应的国际义务是一个负责任政府应该做的事情。1975 年 9 月 30 日,澳大利亚正式批准了《消除所有形式的种族歧视国际公约》。此举不仅意味着澳大利亚从此再也不能从事任何针对个人、集体或机构的种族歧视行为,而且使其国内反种族歧视立法带有履行国际义务的色彩,从而为尽快出台一部反对种族歧视的法律创造了更为有利的条件。关于《消除所有形式的种族歧视国际公约》与澳大利亚国内反种族歧视立法的关系,戈夫·威特拉姆似乎是最有发言权的。他说:"作为总理,我对澳大利亚没有批准《消除所有形式的种族歧视国际公约》表示深切关注……1969 年 1 月 4 日,由于有 27 个国家同意或批准,该公约开始生效。当我的政府执政时,已有 87 个国家批准了公约,但澳大利亚不在其列。"公约第 7 条有这样的承诺:"立即采取有效措施以打击尤其在讲授、教育、文化及新闻方面导致种族歧视之偏见,以增进国家间及种族或民族团体间的谅解、宽恕与睦谊,同时宣扬联合国宪章之宗旨与原则、世界人权宣言、联合国消除一切形式种族歧视宣言及本公约";"我的政府决定澳大利亚将加入使种族歧视成为非法的世界上大多数国家之列……我已任命〔阿尔〕格拉斯比为政府有关社会关系特别顾问,并特别给他一个简要的指示,在拟定使种族歧视成为不合法行为以及澳大利亚批准该公约的法案时要他与司法部长尼奥内尔·莫菲（Lionel Murphy）合作。"① 威特拉姆的这一番言论不仅对澳大利亚未能适时批准《消除所有形式的种族歧视国际公约》表示遗憾，而且表明了他的政府将通过立法手段来反对种族歧视的坚定立场。

工党政府反对种族歧视的立场是较为鲜明的，因为"对工党改革家来说，平等是一个具有中心意义的概念"。② 毫无疑问，戈夫·威特拉姆总理和司法部长尼奥内尔·莫菲是有关种族歧视立法的倡导者和践行者。在威特拉姆任职的头年，尼奥内尔·莫菲就受命草拟了《种族歧视法案》（*Racial Discrimination Bill*），并于1973年11月21日、1974年4月4日两次提交参议院讨论。但是，该议案在议会当年因选举而被解散前未被讨论。③ 10月31日，尼奥内尔·莫菲向参议院提交了重新拟定的议案，并在发言时重申："这份议案的目的就是使种族歧视在澳大利亚成为非法行为，并为反对这个国家的种族偏见提供一个有效手段……该议案将《消除所有形式的种族歧视国际公约》所涵盖的义务贯彻到澳大利亚法律之中……我相信，澳大利亚批准该公约是急切的和期待已久的"；"在反对人权领域的种族歧视方面，习惯法没有提供有效药方。因此，法律在消除种族歧视方面起着至关重要的作用。在法律上禁止种族歧视让人们更加意识到种族歧视的邪恶，使之更加成为众矢之的，……种族歧视不合法的事实使得人们更容易去抵制产生种族歧视的社会压力。"④

该议案期待行政机构来调查种族歧视行为，通过调解来化解纠纷，并且强调这样的观点："调解是处理种族歧视个案以及由个人纠纷而致紧张局面的一个更加有效的方式。"鉴于此，该议案建议有必要设立"社区关系专员"（Commissioner for Community Relations），并被赋予一些权力。⑤ 但是，这份议案因政府人事变动也没有在议会继续审读下去。1975年2月13日，一份完全一样的提案由凯普·恩德比（Kep Enderby）提交给众

---

① Gough Whitlam, *The Whitlam Government 1972 – 1975*, p. 505.

② Margaret Bowman & Michelle Grattan, *Reformers-Shaping Australian Society from the 60s to the 80s*, Melbourne：Collins Dove, 1989, p. 22.

③ 威特拉姆不久就任命阿尔·格拉斯比为政府社会关系特别顾问，并且委派他去协助尼奥内尔·莫菲重新起草种族歧视法，以便尽快提交议会审议。

④ *Commonwealth Parliamentary Debates*（*The Senate*）, *Hansard*, Vol. 562, 1974, p. 2192.

⑤ 这些权力包括：召集会议；如果调解失败，在法院开庭前可启动法律程序；向法官申请获取证据，协助调解程序（或阻止调解失败）；指导教育和研究项目等。

议院讨论。① 3 月 6 日、4 月 8～9 日，众议院对此展开了辩论并获通过。不过，此项议案若想在执政党缺乏多数的参议院过关，做一些重要的改动就在所难免了。在 5 月份参议院通过此项提案时，其中主要的修改如下：当社区关系专员无力影响经过调解达成的方案而授予其启动法律程序的权力被取消；社区关系专员向法官申请取得证据来支持调解进程以及阻止调解受挫的权力亦被取消；与煽动和助长种族仇恨有关的罪行不复存在。修正案还取消了雇主替代性地对其雇员行为负责的条款，并且授权高等法院和工业关系法院②依据该法律所规定的程序进行裁决。③ 6 月 4 日，这份经修改通过的议案被送回众议院讨论并获通过。1975 年 10 月 31 日，《种族歧视法》正式颁布。

（二）《种族歧视法》的主要内容

《种族歧视法》是落实多元文化战略的一个重要举措，因此，它的条款中既有对"种族歧视"概念的严格界定，又有对具体领域的种族歧视现象的清晰阐释，更授权建立维护法律生效所需的基本机制。

第一，对"种族歧视"概念的界定。

该法第 9 条（1）款是这样解释"种族歧视"概念的："当一个人基于种族、肤色、世系，或民族或人种而施行的任何区别、排斥、限制或优惠，其目的或效果就是取消或损害政治、经济、社会、文化或公共生活任何其他方面的人权及基本自由在平等地位上的承认、享受或行使，这是不合法的。"第 9 条（2）款对（1）款做了进一步的说明。（1）款中所提及的政治、经济、社会、文化或公共生活的任何其他方面的人权或基本自由应包括《消除所有形式的种族歧视国际公约》第 5 条所涉及的任何权利。④

---

① 尼奥内尔·莫菲不久被任命为澳大利亚高等法院法官，司法部长一职遂由凯普·恩德比接替。

② 澳大利亚的法院分为联邦法院和州法院两套系统。联邦高等法院是澳大利亚法律体系中的最高法院，设在堪培拉。联邦一级的法院还有家庭法院、工业关系法院等专门法院。联邦高等法院受理各州的上诉案件和涉及联邦事务的一审案件。州级法院分为州最高法院、地区法院和地方法院。此外，还有儿童法庭、赔偿法庭、租赁关系法庭等专门法庭。联邦法院与州法院之间同样没有领导和隶属关系。

③ *Commnwealth Parliamentary Debates*（*House of Representatives*），*Hansard*，Vol. 95，1975，p. 3248.

④ "Racial Discrimination Act 1975"，No. 52 of 1975，p. 4. NAA：A1559，1975/52.

由此可见，第9条（1）款对"种族歧视"的释义与《消除所有形式的种族歧视国际公约》对"种族歧视"的界定并无二致，体现了作为公约的签字国，澳大利亚对该公约精神的尊重。

第二，对具体领域的种族歧视现象的清晰阐释。

《种族歧视法》第二部分共计11条款，除第9～10条外，其余条款均指明具体领域的种族歧视。

第11条"使用公共场所和设施的权利"。该条款列举了如下情况：如因他人或他人亲属的种族、肤色、或民族或人种而出现以下情形就是不合法的：（a）拒绝允许他人进入或使用公众或一部分公众有权或被允许进入的公共场所和使用的交通工具；（b）拒绝允许他人使用面向公众或一部分公众的公共场所或交通工具上的设施，或者不许他人使用任何此类设施，除非他或她另许其使用的设施更好；（c）要求他人离开或停止使用任何这样的场所、交通工具或任何这样的设施。

第12条"土地、住房以及其他膳宿"。此条款规定：如因他人或他人亲属的种族、肤色或民族或人种而发生下列行为就是不合法的：（a）拒绝向他人处置任何财产或土地利益，或者提供任何商住之所；（b）处置这样的财产或利益，或者提供膳宿不以与其他人同等有利的条款和条件；（c）对待正试图取得或已经取得财产或利益或膳宿的他人，在同样的情况下，其取得的条件没有其他人有利；（d）拒绝允许他人拥有任何土地或任何商住之所；（e）终止他人拥有任何财产或土地上的利益，或占有任何土地，或拥有任何商住之所的权利。①

第13条"提供商品和服务"。任何人在向公众或一部分公众提供商品或服务时，如因他人或他人亲属的种族、肤色、民族或人种而出现下列情况即被视为不合法：（a）当场拒绝或未向他人提供商品或服务；（b）当场拒绝或未向他人提供商品或服务，除非他或她另许其得到这些商品或服务的条件更为有利。②

第15条"就业"。如因他人或他人亲属的种族、肤色、民族或人种而出现下列情形，这就是不合法的：（1）对于雇主或代表雇主的人来说，（a）拒绝或没有雇用他人去做任何可以得到的工作，而此人有能力

---

① "Racial Discrimination Act 1975"，No. 52 of 1975，pp. 5 - 6.. NAA：A1559，1975/52.

② "Racial Discrimination Act 1975"，No. 52 of 1975，p. 6. NAA：A1559，1975/52.

承担这样的工作；（b）拒绝或没有向此人提供与那些具有同样资质且在同等条件下做同样工作的人同等的就业条款、工作条件、培训与晋升的机会；（c）解雇其工作。（2）因为寻找工作的人或其亲属的种族、肤色、民族或人种，一个关注为其他人获得就业或为雇主寻找雇员的人在对待求职的人方面不提供与其他人同等有利的条件。（3）因为他人或他人亲属的种族、肤色、民族或人种而阻止或试图阻止他人就业或继续被聘用。[①]

在现实生活中，很多行为的发生都不是单纯的原因造成的，有的是有两个或以上的因素共同作用的结果，如果有一种因素与种族歧视有关，那么这种行为是否被认定为种族歧视呢？该法第 18 条对此做了清晰的说明：在两个或更多的原因下所发生的行为，其中之一是因为一个人的种族、肤色、民族或人种，并且是导致这种行为的主因，那么这种行为就可以被视为种族歧视。[②]

需要说明的是，《种族歧视法》第 8 条对"特殊举措"（'special measures'）进行了界定。该条款允许出于善意而使用不同的方式去对待独特的种族、民族或族群组织或个人，这样的行为就不被视为歧视行为。[③]

那么，"特殊举措"在哪些情况下可以被理解和接受呢？"特殊举措"是指旨在帮助那些受到不公正对待以及需要帮助才能够行使其人权的种族群体的措施。在多元文化背景下，澳大利亚已有一些体现"特殊举措"的例子，包括"特殊广播服务"（'Special Broadcasting Service'）[④]、向土著提供法律和医疗服务[⑤]等等。在"特殊举措"下，政府对这些群体的扶助是非歧视性的，因为它们能够促进少数群体去追求社会公正、享有文化表达以及拥有其他权利等。

第三，建立反对和防范种族歧视的有效运作机制。

在一个对种族歧视习以为常的社会里，拟制一部反种族歧视的法律实

---

① "Racial Discrimination Act 1975", No. 52 of 1975, pp. 6 – 7. NAA：A1559, 1975/52.

② "Racial Discrimination Act 1975", No. 52 of 1975, p. 7. NAA：A1559, 1975/52.

③ "Racial Discrimination Act 1975", No. 52 of 1975, p. 4. NAA：A1559, 1975/52.

④ Adam Jamrozik, et al, *Social Change and Cultural Transformation in Australia*, p. 96.

⑤ （澳大利亚）杰弗里·博尔顿：《澳大利亚历史》（1942～1988），李尧译，北京：北京出版社，1993，第 264 页；Gough Whitlam, *The Whitlam Government, 1972 – 1975*, p. 473.

属不易。为了不使这部法律流于形式而成为一纸空文，建立一个使《种族歧视法》付诸实施的有效运作机制，使其成为该法体系的一个重要组成部分，就成为立法者的主要考量之一。

《种族歧视法》第 19 条规定：出于执行这一法律的目的，将设立社区关系专员。

第 20 条"社区关系专员"。该条款对社区关系专员的职能明确如下：（a）调查违反该法第二部分被指控的种族歧视行为；根据第 21 条，努力找到这些被指控有种族歧视行为的解决方案；① （b）促进公众去了解、接受和遵守这部法律；（c）为了下述目的，设立、指导和推动研究和教育项目——（i）与种族歧视以及导致种族歧视的偏见作斗争；（ii）促进各种族和族群之间的谅解、容忍和睦谊；（iii）宣传《消除所有形式的种族歧视国际公约》的目的和原则。②

第 21 条是有关社区关系专员如何开展调查工作的。第 21 条（1）款之（a）项规定：写给社区关系专员述及某人违反了该法第二部分所规定的行为的投诉；或者之（b）项：在社区关系专员看来，某人做了该法第二部分所规定的不合法的行为，那么社区关系专员就应依据第 21 条（2）款来展开调查，并尽力拿出解决方案。

在现实生活中，违反相关规定的种族歧视行为很可能形形色色，社区关系专员是不是对所有指控都要启动调查或继续调查下去的程序？第 21 条（2）款明确了在下列情况下，社区关系专员可以自主决定不启动或终止调查程序：（a）种族歧视行为发生的时间超过 12 个月；（b）社区关系专员认为：（i）与种族歧视有关的行为并不重要；（ii）受到种族歧视侵害的一方并不希望发起或将调查继续下去；（c）在调查起因于向社区关系专员投诉的情况下，社区关系专员认为：（i）投诉是无聊的、无理纠缠的或者并不出于善意；（ii）原告在投诉的主题方面并无充分的利益；（iii）存在原告可以获得的其他修正措施。当然，一旦社区关系专员做出不予调查或终止调查程序的决定时，就得把这样的决定立即通知原告，并详解缘由。这就是第 21 条（3）款的内容。③

---

① "Racial Discrimination Act 1975"，No. 52 of 1975，p. 7. NAA：A1559，1975/52.

② "Racial Discrimination Act 1975"，No. 52 of 1975，p. 8. NAA：A1559，1975/52.

③ "Racial Discrimination Act 1975"，No. 52 of 1975，p. 8. NAA：A1559，1975/52.

从社区关系专员的职能范围以及履职的程序来看，这是一个落实《种族歧视法》不可或缺的机构。然而，种族歧视行为通常发生在日常生活、工作以及社会交往中，而且形态多样，作为处理或反对种族歧视行为的重要职能机构，社区关系专员不可能对种族歧视的具体行为做到事无巨细的了解，这就需要在社区关系专员与社区公众之间建立一个过渡性的中间机构。所以，《种族歧视法》第 28 条（1）款规定，出于执行这部法律的目的，将建立"社区关系委员会"（Community Relations Council）。[1]

就体例和条款内容来看，这部法律还算是较为完备的。然而，囿于当时的主客观条件，这部法律也存在一些盲区，如没有涉及基于性别定位的种族歧视、没有考虑到年龄层次的歧视现象、没有注意到对残疾人的歧视、没有对体制和机制层次的歧视进行审视等等。这就预示着两种可能性：一是在《种族歧视法》的实施过程中对其不断地进行审视、修改与完善；二是针对上述现象而制定专门性法律。后来的实践证明，澳大利亚在这两个方面都做了一定的努力。[2]

（三）《种族歧视法》对土著群体的影响

在一个种族歧视有着根深蒂固传统的社会中，诞生一部从根本上否定这种传统观念和文化的法律，其意义是显而易见的。

首先，《种族歧视法》是澳大利亚联邦第一部反对种族歧视的法律和第一部人权法案，是政府希望推动的对新的多元文化社会认可的一部分。它在理论上或原则上实现了土著澳大利亚人与非土著澳大利亚人之间的平等。

《种族歧视法》体现了把平等的公民权扩大到所有公民而不论其种族、肤色、族群或民族背景的自由和平等的原则。这部法律的颁布意味着以前任何种族歧视的法律就将自动失效，套在有色人种身上的枷锁被撬开了。这部法律不只是旨在改善土著的生活，威特拉姆还视它为一个对偏见

---

[1] "Racial Discrimination Act 1975", No. 52 of 1975, p. 11. NAA：A1559, 1975/52.

[2] 关于第一个方面，威特拉姆之后的马尔科姆·弗雷泽时期，澳大利亚联邦政府下令检查《种族歧视法》的落实情况。关于第二个方面，20 世纪 80 年代后，澳大利亚相继通过了相关法律，如《1984 年性别歧视法》（*Sex Discrimination Act of 1984*）的颁布。其他法律有《残疾人歧视法》（*Disability Discrimination Act 1992*）和《种族仇视法》（*Racial Hatred Act 1995*）、《年龄歧视法》（*Age Discrimination Act 2004*）等。

和歧视的胜利。就在《种族歧视法》颁布的当日，在司法部总部大楼举行社区关系专员①办公室揭牌的简短仪式上，威特拉姆重申了《种族歧视法》的意义。他说："新的法律条款将坚定地写进我们的法律体系之中，即澳大利亚事实上是一个多元文化国家，土著人民以及来自世界各地的民族的语言和文化遗产能够在此找到一个受人尊敬的位置。根据这部法律精神而制定的教育和发展项目将确保这种现实转化成影响我们国家生活方方面面的实际措施。"② 从威特拉姆的讲话可以看出，工党政府希望通过法律这一手段来保护弱势群体在多元文化社会中应有的地位。《种族歧视法》虽然不是专门针对土著这一特定对象，但土著是澳大利亚社会中最受歧视的一个群体，因此，它对土著人权的保障具有非凡的意义。

其次，在实践意义上，《种族歧视法》是推进澳大利亚种族和解事业最重要的法律之一。

《种族歧视法》并不只是一部有关某一领域的具体立法，还是反对种族歧视的各种原则精神的归纳与总结，是其他立法行动的基础与指南。因为"就人权、土著澳大利亚人权利、澳大利亚少数民族移民权利以及种族歧视等将被澳大利亚议会认定为不合法的激进概念而言，《种族歧视法》在澳大利亚是一个重大的立法进步。然而，这不是一个旨在提出来去赢得选民支持或迎合政治测验专家的孤立的条款；也非在这样的前提下提出：即'每个人'都给予同意，民意测验给予支持，它就因此能够成为法律；也不是基于这样的概念：一旦获得通过，它就只'待在那里'，作为'伟大与美德'的证明，而不付诸实践。"③ 齐塔·安东尼厄斯（Zita Antonios）对《种族歧视法》的评价是，"它成为戏剧性地重塑澳大利亚自我概念的具有标志意义的立法行动的基础"。④ 从这个角度来看，《种族歧视法》的意义绝不限于保护一般意义上的人权或人与人之间的平等相待，它还有着极为广泛的政策含义，比如在医疗、法律援助、教育、文化发展等社会福利制度领域，澳大利亚各级政府有责任和义务去舍弃对

---

① 阿尔·格拉西比成为澳大利亚第一任社区关系专员。

② Gough Whitlam, *The Whitlam Government 1972－1975*, pp. 505－506.

③ Jenny Hocking and Colleen Lewis（eds.）, *It's Time Again-Whitlam and Modern Labor*, Melbourne: Melbourne Publishing Group, 2003, p. 115－116.

④ Race Discrimination Commissioner, Human Rights and Equal Opportunity Commission, *Battles Small and Great-The First Twenty Years of the Racial Discrimination Act*, p. 31.

包括土著在内的有色人种的歧视政策。这一法律颁布的实际意义就在于给澳大利亚各级政府以如下提醒：种族的区别对待不再是任何政策决策的前提，社会公正则既是任何政策的出发点，又是其目的或归宿。

在肯定《种族歧视法》的积极意义与影响的同时，我们还必须清醒地认识到，任何一项法律包括《种族歧视法》，只要立法程序是经过众参两院批准的，就存在随时被终止的可能。在两党或多党制国家里，这种情况并不鲜见。某个党派或政治家为了推行歧视性法律，反对种族歧视的法律就相对容易被终止。在澳大利亚，出现这种情况部分是由于这样的事实：联邦宪法并没有具体的反对种族歧视的条款。这无疑给《种族歧视法》的法律地位带来损害。

八 土著文教艺术事业渐受重视

在推行多元文化战略前，澳大利亚联邦政府对文化艺术事业不是非常重视，土著社会的文化、教育、艺术事业更是处在被歧视、不被认可的地步。而在发展多元文化以及推行新的教育理念的背景下，土著的文教和艺术事业获得了千载难逢的发展机遇。

（一）土著文教事业被纳入政府规划

1972 年 12 月 12 日，新当选的威特拉姆政府任命了由皮特·H. 卡梅尔（Peter H. Kamel）任主席的"澳大利亚学校委员会临时委员会"（Interim Committee for the Australian Schools Commission）。该委员会的主要使命就是对澳全境的所有中小学状况进行全面考察，并就这些学校的财政需求以及满足这些需求而采取的措施提出具体政策建议。1973 年 5 月，该委员会发布了题为《澳大利亚的学校》（Schools in Australia）[①] 的调查报告。报告指出了目前学校经费划拨制度中存在的很多不平等现象，建议对其进行调整或修正，使不同类型（政府办的、非政府办的）、不同地区的学校能够均衡发展；对澳大利亚联邦在学校教育中的角色进行了界定，建议联邦政府向各州下拨一定的教育经费。如果这一建议得到落实的话，

---

① 亦称《卡梅尔报告》（Karmel Report）。

那这将是联邦政府第一次向州立学校提供经费支持。①

《卡梅尔报告》中有关机会均等、多元化、选择、参与的公民权等概念都给学校和政府留下了很深的影响。所以，有人认为它的出现是澳大利亚教育发展中一个重要的划时代事件。《卡梅尔报告》发布后引起了很好的社会反响。工党政府立即表示支持报告中所提的教育改革计划，所以上台一年后，工党政府就在教育方面增加了四倍财政投入，允许各州使用联邦资金来发展一些新的项目，特别是有关图书馆、贫困学校、特殊教育以及教师培训项目等方面，政府更是大力襄助。结果，全澳境内有 1000 多所学校接受了额外资助。② 威特拉姆政府也重视土著的教育和文化保护事业，因为普遍提高土著民族的受教育水平是实现其自身权利和自我管理的最佳途径，也是与白人社会进行平等交往的基石，而对土著文化的保护则是国家奉行多元文化主义路线的本质所在。为此，工党政府采取了下列举措。

第一，增加土著教育投入。

教育公平是社会公平价值在教育领域的延伸和体现。威特拉姆曾不无得意地说："我的政府是澳大利亚第一个为所有学校提供充分和平等标准教育而承担责任的政府。"③ 同化政策时期，土著与非土著之间最显著的不平等之一就是教育投入的巨大差距。为此，威特拉姆把增加对土著教育的投入作为一项首要工作来做。比如，1972～1973 财政年度用于土著基础教育的拨款为 1430 万美元；1973～1974 财政年度就增加到 2080 万美元；1974～1975 年度为 3120 万美元；1975～1976 年度达到 4140 万美元。④

第二，整合教育资源，明确权力归属。

1973 年 2 月 12 日，威特拉姆宣布，经过教育部长金·E. 比兹利与土著事务部部长戈登·布莱恩特的协商，从 2 月 13 日起，教育部将承担起北部领地所有特殊教育包括成人教育的责任；原属"土著事务部"管理的原住民教育划归教育部，两部门之间的协商将会继续，以确保"土著事务部"

---

① Simon Marginson, *Educating Australia*: *Government*, *Economy and Citizen Since 1960*, Cambridge: Cambridge University Press, 1997, pp. 46 – 70.

② Margarita Bowen（ed.）, *Australia 2000*: *The Ethnic Impact*, p. 2.

③ Gough Whitlam, *The Whitlam Government*, *1972 – 1975*, p. 315.

④ Gough Whitlam, *The Whitlam Government*, *1972 – 1975*, p. 327.

的所有政策在教育项目计划中都能得到体现。教育部将重点关注土著的特殊有时是多样的需求，包括师生比、用土著语言授课以及传播土著文化等。① 在联邦政府新政策的推动下，各州土著事务部和教育部等部门制定了大量土著教育发展计划项目——从师资培训到校舍修建维护，可谓名目繁多。

第三，关注土著学前教育、小学和初中教育，其中小学教育又是重中之重。

1969 年，处于在野地位的威特拉姆在一次演讲时就明确表示："现代政府的主要责任是为它的所有公民提供利用和开发国家资源的机会。这个国家的主要资源就是人力资源，而人力资源中最重要的是儿童。"② 土著小学辍学率长期居高不下，北部领地尤为严重。这与教育设施的落后以及土著父母阻挠孩子上学有关。如位于安赫姆保留地的伊瑞卡拉社区，有340 名学龄儿童，但入学的仅有 135 人。1973 年 12 月，北部领地议会（Northern Territory Assembly）修改了《北部领地教育条例》，正式宣布在这一地区推广强制性义务教育，所有年龄在 6～15 岁的儿童必须入校学习。针对北部领地入学率低等问题，教育部和"土著事务部"经过协商，提出了下列解决措施：（1）建立地方教育委员会，通过地方原住民理事会的积极参与，确保有较高的儿童入学率；（2）为远离伊瑞卡拉地区学校的伽萨拉拉（Garrthalala）居民区的儿童提供校车接送服务；（3）可以在伊瑞卡拉任命一名访问老师，以便在保留地之外辅助一名土著老师开展教学活动；（4）制定《土著小学拨款计划》，向所有入学土著儿童提供津贴。此外，通过《土著学习拨款计划》，向进入高等教育机构学习的土著学生提供资助。

第四，在政府制定的教育计划里，更多地融入土著的传统文化艺术，以保持土著的民族属性，维护澳大利亚的多元文化特性。

约翰·L. 舍夫伍德（John L. Shevwood）说，很长时期以来，学校的教育课程未把澳大利亚作为一个多元文化社会来呈现。在澳大利亚全境，只有五至六门课程提供土著研究的专业化知识。③ 而对工党政府来说，它

---

① Press Statement No. 51, 12 February 1973, "Responsibility for Aboriginal Education in the Northern Territory", http://pmtranscripts.dpmc.gov.au/preview.php? did = 2812. 2014 - 03 - 22.

② Gough Whitlam, *Election Policy Speech*, Sydney Town Hall, October 1, 1969.

③ H. Egerton, "Symposium on 'Training Teachers for Aboriginal Education'", *Education News*, Vol. 15, No. 9, 1976, p. 29.

的自决政策能否成功的一个关键就是教育。担任威特拉姆政府移民部长的阿尔·格拉斯比就曾这样说："首先，我们必须做的就是改变我们的教育制度，铲除种族主义以及抛弃殖民主义的残渣余孽，并给予所有澳大利亚人在教室会面以及在校园界定其为澳大利亚人的孩子以及一个由很多不同的背景、不同的第一语言、不同的口音但无论如何都是澳大利亚人所组建的民族之家成员的机会。"① 为此，工党政府出台了一个修缮包括土著校舍以及其他设施在内的五年规划。这些规划项目中的创新特征之一就是鼓励双语教育，即土著孩子在接受传统的西方文明教育的同时，需要学习他们自己的语言和文化。斯蒂芬·威德尔斯（Stephen Widders）在参加一次多元文化论坛的发言中就充分肯定了土著孩子学习本民族历史文化和语言的重要性。他说："我相信，对土著孩子来说，学习土著文化是至关重要的。不幸的是，我所知道的土著历史就是学校教给我的那么点儿。在我的教科书中土著只被提及一次，他们是作为'怀有敌意的黑人'以及'低等人类'而被提到的。也许，所有的历史教科书都应该重写，真正的事实应被记载下来。有多少人认为詹姆斯·库克发现了澳大利亚，这是多么有趣的事！学校应该讲授土著文化，就像讲授法语和德语一样，我认为对澳大利亚的了解比如何说一门外语要更加重要。"② 五年规划的另一个特征就是为土著接受中、高等教育提供越来越多的机会，如在达尔文和艾利斯·斯普林斯，将为土著孩子建立住宿学院，双语教学项目被纳入他们的课程体系当中。③

（二）土著艺术迎来发展机遇

财政拮据是困扰土著艺术组织生存的一个主要问题，而非土著艺术组织也不同程度地面临同一问题。在澳大利亚，联邦政府对艺术的资助始于1908年，当时这种资助只针对文学创作和视觉艺术。到了1972年，对表演艺术给予直接的体制援助还处在初始阶段。出现这种局面的一个直接原

---

① A. J. Glassby, "Community Relations Means Us All", in Margarita Bowen（ed.）, *Australia 2000：The Ethnic Impact*, p. 15.

② Stephen Widders, "Aboriginal in the Armidale Community", in Margarita Bowen（ed.）, *Australia 2000：The Ethnic Impact*, p. 37.

③ 仅土著居住较为集中的北部领地，差不多有130种语言和方言，所以，双语教育是一个令人敬畏的挑战。

因就是长期执政的孟席斯总理曾积极反对对表演艺术的资助。1967 年 11 月 1 日，作为对戈夫·威特拉姆所提有关艺术问题的回应，哈罗德·霍尔特总理宣布成立一个由 H. C. 库姆斯领衔的联邦艺术资助机构。1968 年，澳大利亚第一个获得体制直接援助的机构——"澳大利亚艺术委员会"成立。①

"土著事务办公室"一般被理解为对土著所有事务负责。这种认识在各级政府那里相当流行。正是在这样的背景下，有人主张，土著艺术家们应该通过这样的机构而非全国性的艺术机构来寻求资金支持。1970 年，作为"澳大利亚艺术委员会"的组成部分，"土著艺术咨询委员会"（Aboriginal Arts Advisory Committee）宣告建立。该委员会的关注焦点是视觉艺术。然而，在其运作的第一年，任何拟议中的向土著艺术公司包括传统舞蹈公司提供艺术资助均受到政府部长的质问，其理由是，资助是可以通过其他渠道获取的，而且土著表演艺术因缺乏专业人员而显得不成熟。②

1971 年，皮特·豪森宣誓就任威廉姆·麦克马洪政府的"艺术、土著和环境部长"。皮特·豪森主管的部门并没有为土著艺术资助申请提供一个更加支持的环境。总体来说，他对什么是艺术以及什么样的艺术应该得到资助持相当保守的态度。1972 年，"全国黑人剧院"（National Black Theatre）成立，并且得到了"澳大利亚艺术委员会"给予的 5500 美元的资金支持。该剧院成立的目的就是"为所有从事表演艺术的黑人艺术家创造机会，并向广大公众呈现土著在澳大利亚人生活的每个方面都能发挥作用的意识"。1972 年 2 月，威特拉姆向该党公开阐述了他的土著政策，其中就包括把土著及岛民的历史列入教育计划以及加大对土著艺术的资助力度等。③ 受到了工党在联邦大选中获胜之讯的激励，"全国黑人剧院"开始了在昆士兰的巡回演出。

工党赢得大选后，威特拉姆兑现了他竞选时所做的发展包括土著艺术在内的艺术的承诺。对艺术委员会的管理从总理部分离了出来，建立一个"临时"委员会，作为一个把联邦对艺术的所有资助统管起来的机构。到

---

① Maryrose Casey, *Creating Frames-Contemporary Indigenous Theatre 1967 – 1990*, St Lucia: University of Queensland Press, 2004, pp. 46 – 47.

② Justin Macdonnell, *Arts, Minister: Government Policy & the Arts*, Sydney: Currency Press, 1992, p. 23.

③ Maryrose Casey, *Creating Frames-Contemporary Indigenous Theatre 1967 – 1990*, pp. 52 – 57.

了 1973 年早期，这一过程业已完成。"澳大利亚艺术委员会"由于获得了自治权而变成一个法定机构。

1973 年 5 月 21～25 日，作为"澳大利亚艺术委员会"的一个重要研讨项目，第一次"全国土著艺术研讨会"（National Seminar on Aboriginal Arts）在堪培拉隆重举行。来自全国各地的土著及岛民艺术家和社区代表参加了此次研讨会。研讨会的任务之一就是制定反映社区需求和期望的艺术发展和资金分配的方案和政策。研讨会的目标是：（1）对在部落地区、边缘居住地以及城市的土著艺术项目的现有支持予以审查；（2）考察目前不同的政府部门在土著艺术发展中所扮演的角色；（3）对向边民以及城市居民提供一系列创造性经历和有利可图的就业方式进行考察；（4）就资助传统的和正在出现的土著艺术形式的最佳方式提出建议；（5）制定在传统文化方面培训土著儿童的方案。在研讨会上，与会者还就"黑人"剧院的未来形式及其发展战略进行了探讨。[①] 这次研讨会的召开对土著艺术的发展产生了积极的影响。它不仅规划了土著艺术的发展方向和路径，而且拓宽了支持这种艺术发展的融资渠道。更为重要的是，它为土著艺术的传承与发展提供了动力。就在讨论会后，"黑人剧团"（Black Theatre Group）在布里斯班建立。该剧团是从一个土著社区中心发展而来的，致力于创作一些短小精彩的剧目。

1973～1974 年，"澳大利亚艺术委员会"在其运作的头一年，其事业经费就几乎翻了一番。在各方努力之下，1974 年 7 月，"黑人戏剧艺术和文化中心"（Black Theatre Arts and Cultural Centre）以及它的固定演出公司正式开业。该中心工作的焦点就是面向土著社区，其目的首先是与土著社区加强往来，其次是与更加广泛的非土著澳大利亚社区建立联系。他们把戏剧视为一种"表达［他们的］人民的利益和情感的途径"。[②] 1975 年，"澳大利亚艺术委员会"更名为"澳大利亚理事会"（Australian Council），并在《1975 年澳大利亚理事会条例》（*Australian Council Act 1975*）指导下开展工作。不久，委员会的重组工作开始，一个包括七个专门董事会的新委员会正式亮相，其中"土著艺术董事会"（Aboriginal

---

① Maryrose Casey, *Creating Frames-Contemporary Indigenous Theatre 1967–1990*, pp. 95–97.

② Harold Love（ed.）*The Australian Stage*, Sydney：University of New South Wales Press Ltd, 1984, p. 268.

Arts Board）由 15 名土著成员组成，土著作家迪克·拉夫塞（Dick Roughsey）任该委员会主席。与其他艺术董事会只负责单一艺术种类不同的是，"土著艺术董事会"负责土著社会无论是传统的还是城市的所有艺术的发展。

九 土著社会福利有所改善

威特拉姆执政时期，当时被认定的澳大利亚土著人数有 16 万之众，其中绝大多数生活在澳大利亚北部和中部地区。他们要么在土地上劳动；要么居住在乡村城镇的边缘；其他人则生活在大城市，已经失去与其传统宗教与文化的联系。不过，无论土著生活在哪里，他们的处境相差无几。解决土著在生活、健康以及住房等方面所遇到的种种困难就成为摆在工党政府面前的一项艰巨任务。

1972 年 8 月，麦克马洪总理任命墨尔本大学应用经济学与社会研究所主任罗纳德·亨德森（Ronald Henderson）教授为"亨德森贫困调查委员会"（Henderson Commission of Inquiry into Poverty）的负责人，负责调查包括土著在内的所有社会阶层和族群的贫困状况。1973 年初，威特拉姆政府延长了该委员会的任期，同时任命其他四名调查委员并明确其职责分工。乔治·马丁（George Martin）教授负责医疗和社会方面，罗纳德·盖茨（Ronald Gates）教授调查经济问题，R. T. 费兹杰拉德（R. T. Fitzgerald）博士负责教育方面，罗纳德·萨克维尔（Ronald Sackville）教授则关注法律事项。自 1972 年 8 月以后的 18 个月里，该调查委员会陆续向政府递交了调查报告。罗纳德·亨德森教授采用了新的贫困线标准，即扩大了贫困线的调查指标，包括基本需求、收入、工资水平、价格以及生产力等要素。调查结果因此更加符合实际情况。调查报告显示：50% 以上的土著处于贫困线以下，不到 20% 的土著生活在贫困线以上。糟糕的健康状况、教育机会的缺乏、居高不下的失业率以及种族歧视等是土著所遭遇的一些主要问题。为解决上述问题，威特拉姆政府采取了下列措施。

（一）联邦财政拨款增幅显著

威特拉姆政府首先大幅增加土著事务项目支出。1972～1973 年度用于土著福利的财政支出为 6144 万美元，1975～1976 年度增加到 18579 万美元，实际增长了 105.8%。住房支出实际增长 103.7%，健康支出增长 234.6%，教育经费增幅 97.1%，就业支出增长 350.9%，法律援助增幅 254.6%。① 联邦财政支出主要通过以下三种渠道来改善土著的社会福利状况：一是通过土著事务部和其他相关政府部门，其中土著事务部掌管大部分资金并负责分配。二是州和地方政府。州依然是拨款的主要对象，地方政府的作用亦越来越大。三是非政府组织，包括志愿组织和土著自治性的理事会、企业公司。从 1974～1975 财政年度起，鉴于州政府在土著事务上存在资金浪费以及效率低下等问题，联邦政府遂把更多的资金直接划拨到志愿性组织和土著自治性的理事会和企业公司，以便更好发挥联邦财政拨款的作用。②

（二）土著医疗服务机制的逐步建立

土著健康状况是极其糟糕的。罗纳德·亨德森提交的报告说："与其他澳大利亚人相比，土著的婴儿死亡率较高，土著的寿命要短得多。他们易患一些澳大利亚人中很少见的疾病，且发病率很高。造成这种现象的因素很多，包括贫困、住房条件差、卫生设施不到位、水供应欠缺、营养不良以及种族歧视。现有的医疗服务无法满足土著的健康需求。"③ 为此，威特拉姆政府在增加地方医疗服务机构、培训医务人员以及改善医患关系等方面进行了多方尝试，希望降低土著婴儿死亡率，并把土著的健康状况提高到与社会其他人口相近的水准。④

联邦政府下拨给州政府用于改善土著医疗健康服务的资金由 1972～1973 财政年度的 440 万美元上升到 1975～1976 财政年度的 2150 万美元。为统领和推动全国土著医疗服务的开展，1973 年，威特拉姆政府在"联邦健康部"下设"土著健康局"（Aboriginal Health Branch），其职能就是为政府主要是为"土著事务部"提供专业的政策建议。《土著健康十年计划》（*Ten Year Plan for Aboriginal Health*）是"土著健康局"提出的首个

---

① Gough Whitlam, *The Whitlam Government*, *1972－1975*, p. 472.

② Gillian Cowlishaw, *Black*, *White or Brindle-Race in Rural Australia*, Cambridge: Cambridge University Press, 1988, pp. 203－210.

③ Gough Whitlam, *The Whitlam Government*, *1972－1975*, p. 472.

④ 〔澳大利亚〕杰弗里·博尔顿：《澳大利亚历史》（1942～1988），第 264 页。

政策建议。但出于种种原因，该计划未能付诸实施。12 月，工党政府向联邦议会递交了《国民健康法案》（*National Health Bill*），同时提出《国民健康计划》（*National Health Plan*），试图构建一个强制性的和基于税收的国民健康新体系。《国民健康法案》将赋予联邦政府与州政府就满足土著部落特别健康需求而进行协商的权力。1974 年 7 月 5 ~ 7 日，土著医疗服务大会在新南威尔士州阿尔伯里市召开，与会代表来自土著社区。会议就现存的土著医疗服务机构的运作和提供新的服务进行了讨论，目的是从国家层面提升土著的健康水平。这些建议得到了与会者和政府的认同。10 月 24 ~ 25 日，来自联邦与州相关部门的代表在霍巴特（Hobart）召开会议，就持续改善土著健康计划进行了激烈的讨论，并提出了完成和执行这些计划的具体措施和方法。

成立于 1974 年的"维多利亚土著健康服务中心"（Victorian Aboriginal Health Service）是落实土著健康计划的重要步骤。在该机构内，有四分之三的工作人员是土著。他们认为，健康和自信是互为关联的，所以，他们不仅要治愈顾客的医学病症，而且希望在强化土著的本体地位和政治自决方面发挥作用。这种机构在土著社会颇受欢迎。[①] 同年，威特拉姆政府进一步加快了非政府医疗服务组织的建设，"全国土著与岛民健康组织"（National Aboriginal and Islander Health Organisation）因此在堪培拉成立。该组织由白人主导，其功能是向政府提供政策建议，协调联邦与州在土著医疗健康服务方面的政策与行动，反映土著的真实健康状况和需求等。该机构的建立进一步推动了政府以及社会组织对土著健康状况的关注。

改善医患关系是威特拉姆政府努力的又一重要方面。长期以来，地方医疗服务机构人为设置障碍，对前来就诊的土著病人进行不必要的盘问。一些土著往往把医院与死亡联系起来，或者他们忍受不了医护人员的种族歧视行为及专横态度。这些因素导致了土著与白人医院关系紧张。为解决这一问题，威特拉姆政府建立了"土著医疗服务中心"（Aboriginal Medical Service）。该中心主要是为地方诊所和流动服务团队中的医务人员和

[①] 1979 年有超过 200 名土著出席了该机构年度大会。正如一位土著所评论的那样："这是一个远离家的家"；"这是一个众人关注的地方。这是一个人们坐下来交谈而不只是谈论疾病和医学的地方。这是一个社区的地方。"该机构还建立了葬礼基金、儿童中心和一个手工作坊室。参见 P. Nathan, *A Home Away from Home: A Study of the Aboriginal Health Service in Fitzroy, Victoria*, Bundoora: Preston Institute of Technology, 1980, p. 114.

社区工作者提供职业培训，并为社区医院提供服务。"澳大利亚社会服务委员会"（Australian Council of Social Service）曾向"土著医疗服务中心"报告说，"这类活动是由土著社会来经营的，在任何意义上不应与土著社会相分离"。①

受惠于工党政府的财政投入以及诸多医疗政策与措施，土著健康状况有了一定程度的改善。但是，土著健康状况与其他种族之间的差距非一日而形成的，也不囿于单一的原因，因此，实现工党所希望的各种族健康状况处于相近水平是一项短期内难以完成的任务。

（三）土著居住条件的初步改善

住房简陋，甚至居无定所，一直是困扰土著生活条件改善的一大难题。20 世纪 60 年中后期，自由乡村党联盟政府曾对改善土著居住条件给予过一定的关注，但对整个澳大利亚土著部落、社区的多样性需求却关注不够。不同地方的土著开化程度不同，对居住的需求也有差异。如昆士兰政府强制给土著居民修建现代砖石结构住房，但习惯于迁徙的土著过着随季节而动的生活，结果导致大量住房闲置浪费，实际得利的反而是白人投资者。鉴于自由党联合政府时期的教训，威特拉姆政府从实际出发，制定不同政策来改善土著居民的住房条件。

一是住房协会方案。该方案允许土著社区在花费部门拨款方面制定自己的预算。这对土著决定如何满足自己的住房需求是重要的。因为有的土著家庭把住房视为家庭活动的中心，而有的土著家庭仅仅把住房视为遮风挡雨之处。至 1975 年 6 月，全澳建立了 100 多个住房协会，共建成住房450 余栋。二是发放住房贷款。政府根据土著家庭的住房建设或修缮申请，给予一定的低息贷款。1974 年 12 月，成立了以优惠利率向土著提供个人和住房贷款的"土著贷款委员会"（Aboriginal Loans Commission）。此举意义有二：一方面打破了澳大利亚歧视土著群体的金融体系。之前，土著即使有稳定的职业和收入，也因为其种族出身而贷款无门；另一方面鼓励土著拥有自己的住房。三是土著旅社计划。主要是为土著学生、长途旅行者等提供必要和紧急的临时住所。1973 年 6 月，作为一项旨在满足土著紧急住房之需的公用事业，政府建立了"土著旅社有限公司"（Aboriginal

---

① Gough Whitlam, *The Whitlam Government*, *1972 – 1975*, p. 473.

Hostels Ltd)。至 1975 年末，该公司修建旅馆 74 个，提供床位 1677 个。①

威特拉姆政府在改善土著住房条件方面所做的一些新的尝试是值得肯定的。三种针对不同需求的方案，反映了工党政府在解决土著住房需求方面的务实态度。当然，住房问题并不是一个孤立的社会问题，它的有效解决需要与解决土著社会所面临的其他问题一并来考察和统筹。

无论在澳大利亚土著历史中还是在澳大利亚政治文明进程中，1972年均是一个标志性的年份。是年，"以戈夫·威特拉姆为首的澳大利亚工党赢得选举是土著政策的转折点，在这个意义上，它是接下来承诺在他们的土著政治途径中进行主要变革的连续几届联邦政府中的第一届"。② 然而，随着时间的流逝，威特拉姆的改革开始遇到财政问题。毫无疑问，资金是落实这些改革举措的必要保障之一。没有较为稳健的财政支持，很多改革就如同纸上谈兵。对一位政治家来说，三年多的任期是极其短暂的，但对于一位锐意改革的政治家来说，这三年的时间足以让他完成或启动一些影响深远的政治和社会改革。威特拉姆曾在 1973 年 2 月对土著代表重申："如果我的政府有一个高于一切的抱负，如果有一项我希望应该被铭记的成就，如果有一项未来的历史学家向我们致意的事业，那就是：我所领导的政府消除了我们国家荣誉的一个污点，还土著人民以公正与平等。"③ 显而易见，这是一个过于理想化的抱负。不过，戈夫·威特拉姆还是努力兑现了竞选期间所做的一些承诺，他的变革理念及其倡导的政策在下一个十年仍然在起作用。正如克莱姆·劳伊德（Clem Lloyd）所言："威特拉姆为日后十多年的澳大利亚联邦政府规划了政治和政策议程。"④ 这或许就是对一位充满争议的政治家所做的历史贡献最好的注脚，而具体到土著政策领域，威特拉姆政府留给后人的遗产不仅有他在执政期间所采取的诸多开创性或突破性举措，还有他在处理种族关系方面所秉持的平等与和解理念。

---

① Gough Whitlam, *The Whitlam Government*, 1972 – 1975, p. 473.
② Bain Attwood and Andrew Markus, *The Struggle for Aboriginal Rights*：*A Documentary History*, p. 276.
③ Gough Whitlam, *The Whitlam Government*, 1972 – 1975, p. 468.
④ Michelle Grattan（ed.）, *Australian Prime Ministers*, Chatswood：New Holland, 2000, p. 325.

第五章
种族和解理念的探索

——马尔科姆·弗雷泽时期

戈夫·威特拉姆的黯然离职成就了另一位政治家的长期执政。这就是马尔科姆·弗雷泽。这一前一后两位政治家政治命运的戏剧性变化至今仍是澳大利亚学界乃至政界所津津乐道的话题。但无论如何，有一点是确切无疑的，那就是威特拉姆政府时期的土著政策对弗雷泽政府处理土著问题产生了较为显著的影响。

1975年10月，身为反对党领袖的马尔科姆·弗雷泽发表讲话，首次阐释多元文化主义正成为两党政治中一个优先考虑的问题。^①弗雷泽的这一讲话寓意深远，它不仅表明自由党认可并支持工党的多元文化政策，而且预示着今后无论是哪个党派执政，多元文化主义路线都将是联邦政府所奉行的一项基本原则。

既然多元文化主义路线成为国家发展的一项战略，那么作为这一战略最重要的内涵之一，土著政策则是考验自由党智慧与执政能力的一项重要指标。尽管在竞选期间，自由党联盟信誓旦旦：对工党时期拟定的土著土地权的法案将会不加修改地予以通过。然而，屈服于矿业、畜牧业集团以及北部领地保守政治家的压力，重新上台的自由党联盟政府还是对原法案进行了大幅修改。由新产生的"土地委员会"发起的一场全国运动虽然拯救了原法案中的一些重要条款，但最终方案还是删除了基于需求的土地权主张，并且赋予北部领地立法会制定涵盖圣地保护、海洋封锁以及允许

---

① "Australian Multiculturalism for a New Century: Towards Inclusiveness", http://www.immi.gov.au/media/publications/multicultural/nmac/chapt... 2008 - 11 - 25.

进入土著土地的补充法律的权力。① 正因为有这样一部带有平衡性的土地法，所以，有条件地允许矿业公司在北部领地进行铀矿开采的《兰杰协定》（Ranger Agreement）就得以签署。与此同时，北部领地的土著也争取到属于自己的部分土地。在加强土著与政府联系方面，威特拉姆时期成立的"全国土著咨询委员会"显然已经不能适应新形势的需要，取而代之的则是"全国土著会议"。不管其实际运作效果如何，至少在形式上还是取得了一定的进步。由于北部领地是土著较为集中的地区，20 世纪 70 年代初以来联邦政府的很多土著政策大多是以这一地区作为实验对象的。为推动土著对其事务的自我管理，弗雷泽政府加快了北部领地自治条例的拟定进程。1978 年，《北部领地自治条例》（Northern Territory Self-Government Act）终于问世。在土著自我管理以及在澳大利亚国家体制内争取属于自己权利的进程中，这部法律的象征意义是值得肯定的。正如斯考特·本内特所评论的那样："毫无疑问，威特拉姆和弗雷泽政府均加快和保持了自治的步伐，比起前任，他们做出了更大程度的承诺，土著更多地参与已经建立的很多地方组织：经选举产生的理事会、社区住房协会、法律服务机构等等。出现了大量与这样的组织有关的问题。新的机构避不开国内政治的影响，有时会让它们的努力受到曲解。然而，这些机构存在的事实，以及白人政治家所给予的广泛支持，标志着黑人与白人的关系发生了革命性变化。"② 当种族歧视在法理上不再成立并在实践中受到有关政策掣肘时，人们有理由对实现种族平等抱有信心。在此背景下，弗雷泽政府对《种族歧视法》的执行情况进行了一定程度的审视，使得这部法律理所当然地成为土著维权的一种重要手段。1981 年，《人权委员会条例》（Human Rights Commission Act）获得联邦议会通过。这部条例对土著群体的意义不仅在于它第一次较为完整地诠释了"人权"的定义与内涵，使土著民族知晓他们拥有哪些基本的人权，而且通过"人权委员会"（Human Rights Commission）这一机制来反映对现行法律、政策中歧视土著这一现象的不满，从而给政府施加道义压力，促使其在法律或政策层面做出一些调整来满足土著社会的某些权益诉求。

---

① "Aboriginal Land Rights（Northern Territory）Act 1976"，http：//www. nlc. org. au/articles/info/aboriginal－land－rights－northern－territory－act－1976/. 2012－08－11.

② Scott Bennett，*Aborigines and Political Power*，p. 16.

一 《土著土地权（北部领地）法》的通过

工党政府在拟定《土著土地权（北部领地）法》［*Aboriginal Land Rights（Northern Territory）Act*］草案时，基本是遵从伍德华德在第二份报告中所提出的建议，但未等草案完成，工党政府便被提前解散。威特拉姆被英国女王解除总理一职不仅让这部重要的法律文件束之高阁，而且让人们对澳大利亚未来的土著政策充满疑虑。值得庆幸的是，重新执政的自由党在土著土地政策方面还是继承了工党的部分遗产。

1976 年 12 月 16 日，澳大利亚联邦总督正式签署了《土著土地权（北部领地）法》。次年 1 月 26 日，就在北部领地被给予自治前一年半之际，该法律正式生效。

《土著土地权（北部领地）法》共有七个部分组成。第一部分："序言"；第二部分：" '土著土地信托'（Aboriginal Land Trusts）掌管的土地"；第三部分："土著土地委员会"；第四部分："矿业利益与矿产开发"；第五部分："土著土地专员（Aboriginal Land Commissioner）"；第六部分："土著收益信托账户"；第七部分："其他"。

该法授权土著事务部长设立"土著土地信托"。该机构将对以前被宣布为土著保留地、不可剥夺的王室土地，或者由土著受益的被疏离的王室土地拥有不能让与的自由保有权；将代表土著拥有他们基于传统而有权利使用或占有的有关土地（第 4 条第 1 款）。据此规定，土著保留地（比如在安赫姆地的土著保留地）将立即转给"土著土地信托"。在有关几种类型的土地方面，该法规定应该设立"土著土地专员"（第 49 条），其职责就是确认要求取得土地权的土著是不是土地的传统所有者。如果确认如此的话，那么"土著土地专员"就向土著事务部长建议给土著以土地。（第 50 条）①

该法规定建立地区土地委员会②，来推动土著有关土地权立法方面的

---

① 根据此项规定，被土著要求获得所有权的土地超过北部领地的 40%，其中就包括阿里盖特河谷地带的大部。

② 根据伍德华德在第一次报告中的建议，1973 年成立了"临时土地委员会"（Interim Land Council）。

有效表达。根据土地权法规定，建立了旨在反映各土著社区的主张和权利的四个土地委员会。除前面提到的"中部土地委员会"和"北部土地委员会"外；另建立了"提维土地委员会"（Tiwi Land Council）和"阿林迪奥亚克瓦土地委员会"（Anindilyakwa Land Council）。前者包括达尔文北部的巴瑟斯特和迈尔维里岛（Melville Island）；后者负责卡彭塔里亚湾的格鲁特·伊兰特（Groote Eylandt）。① 这些土地委员会被授权代表当地土著去开发和管理他们的土地。土地委员会就土地使用以及如何解决土地纠纷与传统土地所有者以及其他土著进行磋商。在土著管理土地以及圣地保护方面，土地委员会也会提供帮助（第23条第1款）。在土地权给予土著的地方，如果没有土地委员会对相关地方的矿产开发予以同意的话，那么该地方的矿业利益是得不到承认的，除非总督发布公告宣布国家利益需要做出这样的承认（第40条第1款）。这样的规定实际上为土著提供了对在他们土地上进行矿产开发有条件的否决权。土地委员会在它自己负责的区域内可以与矿产开发申请者进行谈判。但这些条款并不适用于那些1976年6月4日前就已经取得某地探矿许可证的公司所寻求的矿业利益（第43条第1款）。

关于矿区使用费，该法规定40%的法定矿区使用费需交付给土地委员会，用以支付其管理费用，30%支付给矿产开发所在地的土地委员会，余下的30%可作为北部领地土著的一种福利进行分配（第64条）。②

关于进出土著土地的问题，该法规定，除非根据此法行使职能，或根据这部法律或北部领地的其他法律从事其他活动，任何人是不被允许进入或滞留在土著土地上。如有违反，将受到1000美元的罚款（第70条第1款）。圣地保护也得到《土著土地权（北部领地）法》的支持。该法规定，除了根据这部法律行使职能或根据这部法律或北部领地的法律从事其他方面的活动，任何人都不应进入北部领地的圣地或待在那里，违者将罚款1000美元（第69条第1款）；当然这不能阻止土著依其传统进入圣地或待在那里（第69条第2款）。

关于在土著所有的土地上修建道路的问题，该法明确规定，除非征得

---

① "Aboriginal Land Rights Act 1976", http：//en. wikipedia. org/wiki/Aboriginal _ Land _ Rights_ Act_ 1976. 2012 - 08 - 10.

② Ciaran O'Faircheallaigh, *A New Approach to Policy Evaluation-Mining and Indigenous People*, pp. 53 - 54.

土地所在的土地委员会的书面同意，否则不允许在土著所有的土地上修筑道路（第 68 条第 1 款）。

《土著土地权（北部领地）法》是联邦层次颁布的第一部土著土地权法律，其意义或影响可以从多个角度加以释读。

第一，联邦第一部土地权立法是由自由党联盟政府颁布的事实，意味着此时即使是澳大利亚政坛右翼阵营也已经放弃了对土著的同化政策，并且至少支持对土著民族独特权利的有限认可。确实，在 1975 年早些时候，所有党派都接受联邦议员内维尔·邦纳提出的动议。该动议的大意是土著及托雷斯海峡岛民"于 1788 年第一舰队在植物湾登陆前占有整个国家"。①

第二，当土地被视为土著的生命所系以及土著作为一个独特民族所拥有的诸多属性的渊源时，这部法律颁布的意义则不言自明。对土著来说，土地权法律尤为重要，因为在土著土地权被高等法院承认之前，这部法律就是土著取得土地所有权的唯一渠道或保证。这部法律使得土著获得了对领地内大部分土地所有权的承认。它在两个方面实现了这一目标：（1）如伍德华德所建议的，该法规定将在过去保护政策下留给土著使用的土地立即转归土著所有。据此条款，总计达 256680 平方公里的保留地以及传教站的租地不久将转归土著信托机构所有。②（2）该法律确立了"传统土地所有者"可以把土地权的要求呈交给土地专员而恢复其传统土地的一个程序。这样的主张不适用于城镇边界内的土地，只适用于已被土著或代表土著利益的人所购买的不可剥夺的王权土地。至 1982 年，土著通过上述两种路径被确认为北部领地 28.32% 的土地的所有者，还有 18.35% 的土地归属仍悬而未决。③

第三，通过法律程序来获取对土著土地所有权的承认，这一举措加强了参与其中的土著组织的政治力量和影响力。因为此前北部领地的土著借以表达他们集体利益的机构并不属于他们自己。而在这种立法架构中的参与无疑具有一定的变革作用。④ 对土著来说，通过有效利用殖民者的管理

---

① Peter H. Russell, *Recognizing Aboriginal Title-The Mabo Case and Indigenous Resistance to English-Settler Colonialism*, p. 170.

② Kenneth Maddock, *Your Land is Our Land*: *Aboriginal Land Rights*, Ringwood: Victoria Penguin Books, 1983, p. 65.

③ Kenneth Maddock, *Your Land is Our Land*: *Aboriginal Land Rights*, p. 69.

④ Peter H. Russell, *Recognizing Aboriginal Title-The Mabo Case and Indigenous Resistance to English-Settler Colonialism*, p. 174.

工具而取得了成功，由此而产生的与主流社会的和解或一体化不仅是政治的，也是经济的。这部法律在让土著土地权所有者与矿业企业之间达成的一系列协定中起到了基础性作用。这些协议给予了传统土地所有者在开发他们土地上的矿产资源时以一定的磋商权。在"北部土地委员会"主席加拉努伍·尤努平古看来，对土著土地权的承认与经济发展之间并不一定存在冲突。根本的一点在于土著人民应该能够选择如何在其传统土地上生活，一些人可能希望继续过一种"传统的生活方式"，其他人则希望利用国家的资源"来为他们的家庭和社区建立一个更加安全的经济基础"。①

第四，在《土著土地权（北部领地）法》中，澳大利亚政府首次在法律中承认土著土地所有制以及把不可分割的所有权概念写进法律。这就使得土著有权利也有条件保留并且在某些情况下重建他们的文化属性。

根据土地权法，土著拥有北部领地部分土地的所有权。如此一来，土著就可以在自己所有的土地上从事任何与生产和生活有关的文化活动。而在同化政策时期，即使是生活在保留地的土著，其传统文化和祭祀活动也受到限制。因为就其本质来说，保留地只是政府圈定下来供土著居住或工作的场所，并非土著所有的土地。《土著土地权（北部领地）法》有关土著圣地保护的条款，在某种程度上体现了联邦政府对土著文化遗产的重视。这些文化遗产是土著悠久的历史、丰富的精神世界以及独特的世界观的浓缩与体现。所以，土著拥有属于自己的土地，对于保留并发展其传统文化、彰显其作为一个独特群体的共同属性是有积极意义的。

在充分认识并肯定《土著土地权（北部领地）法》的价值与作用的同时，也应该看到，这部法律在很多地方仍受到人们的质疑和批评。《土著土地权（北部领地）法》在一些重要方面偏离了工党的立法议案，受到了工党的严厉攻击。工党对修改过的法案的攻击集中在以下三个方面：（1）法案现在给予北部领地在圣地保护、土著使用土地以及与土地毗邻的海洋方面的控制权。在这些事务方面，北部领地内的法律将不得不与联邦任何法律相一致的事实对于严肃对待土地权问题的工党或其他党派起不到任何安慰作用。北部领地议会的非土著多数在保护土著利益方面简直是不可信的第一道防线。（2）土地委员会的功能受到了削减。（3）具有讽

---

① Galarrwuy Yunupingu（ed.），*Our Land is Our Rights*：*Land Rights*，*Past*，*Present and Future*，p. 11.

刺意味的是，弗雷泽政府的立法并没有基于需求来考虑土著土地权主张。对越来越以艾利斯·斯普林斯郊区为生存空间的来自不同地方的约 1000 名土著来说，对基于需求主张的忽视是一个严重的打击。[①]

还有人对"国家利益"的条款进行了点评，认为这一条款有可能成为一种损害土著权益的护身符。在利益集团裹挟党派的政治环境下，所谓的"国家利益"会不会成为某些矿业集团和农牧场主阶层的利益？这种现象在历史上也曾出现，而且还言之凿凿。在"国家利益"成为公众不可抗拒的硬条件下，处于贫弱地位的土著就沦为待宰的羔羊。

该法案中甚至存在一些明显的不平等条款。《土著土地权（北部领地）法》虽建立了一个给予土著土地权的机制，但这一机制仅适用于北部领地的保留地或能够证明有着传统关联的未被占用的王权土地。如下列规定：在 1997 年最后期限前，只有依据"传统的所有权"才能对未被让渡的王室土地提出所有权要求。这里就出现了一个重要的概念——传统的土地所有者。谁是传统的土地所有者？据有关解释，传统的所有者是指那些在土地权利方面能够合法地证明与其传统土地存在不间断关系的土著，或者那些被认定在王权土地敕令下所保留的、在《土著土地权（北部领地）法》颁布后转交给土著土地信托机构的那些土地的传统所有者。[②]

殊不知，殖民的侵扰让那些能够提供有持续联系证据的土著处于十分不利的境地。这样一来，城市居民，即那些很长时间远离其传统土地而定居他处的，以及那些不能证明有传统联系的人们所提出的要求就无法得到满足。该法不允许土著人民对已经被他人使用的土地声称拥有所有权，比如已有房屋或其他建筑物占用的土地，这也包括那些被政府出租给矿业公司或农场主的土地。该法也禁止土著主张拥有城镇内或城市边界地带的土地的所有权。当北部领地于 1978 年获得自治时，该法扩大了一些城市的界限，比如达尔文市。土著在城镇地区的土地所有权就随之受到了进一步的限制。[③]

---

① Peter H. Russell, *Recognizing Aboriginal Title-The Mabo Case and Indigenous Resistance to English-Settler Colonialism*, p. 170.

② "Aboriginal Land Rights-Reconciliation Australia", http：//www. reconciliation. org. au/home/resources/factsheets/q－a－factsheets/aboriginal－1···2012－08－11.

③ 1985 年，高等法院认为城市界限的变化是不合法的，所以，这一现象很快被纠正过来。

该法还有其他一些缺陷。一个在北部领地的矿产开发项目——兰杰工程，就未受土著就矿产开发行使否决权的影响。这是因为，在 1976 年 6 月 4 日土地权法案第一次提交议会讨论之前，所有开发合同均已签发。而且，在土地委员会与矿业公司就开矿合同的条款磋商失败的情况下，北部领地的首席部长可以任命一名仲裁者并且强迫土地委员会接受其裁决。值得注意的是，一个更为根本的限制是这部法律使得土著所有权因殖民者政府的自由裁量权而出现不同的情况。它并不承认在欧洲人到来之前土著对土地的占有就产生了土地权，而这种土地权对王权声称拥有这些土地的主权是一种"负担"。①

《土著土地权（北部领地）法》的问世，是土著社会要求获得社会公正而不断施压的结果，也是保守党政府继续奉行多元文化政策的产物。虽然该法比起威特拉姆时期的法案退步了很多，并且把工党土地权法案和伍德华德报告中的限制性条款永久化了，但是，该法在朝着给予北部领地土著的公正待遇方面还是迈出了相当大的一步。它最实际的成就是北部领地的土著能够取得国家对他们土地权利承认的一个程序，所以无论如何，这部法律是 20 世纪下半叶澳大利亚土著进步的一个里程碑。

二　《兰杰协定》的签署

1975 年 11 月 11 日，威特拉姆政府因遭遇信任危机不得不提前交出权杖。不过，工党政府的黯然下台并不意味着弗克斯调查委员会的工作将止于半途，因为与环境保护有关的调查已超越党派的利益，而成为所有党派和公众共同关注的话题。

联盟党成为执政党后，一些高级阁员敦促政府就开发新的铀矿资源尽早做出决定。1976 年 1 月，兼管铀矿资源开发的联邦政府副总理道格·安东尼（Doug Anthony）为此向内阁提交了一份提案，但未获批准。不过，政府随即发表了一个声明：对因铀矿开发而引起的诸多问题将给予紧急磋商，并表达了政府将不直接参与铀矿开发的立场。此

---

① Peter H. Russell, *Recognizing Aboriginal Title-The Mabo Case and Indigenous Resistance to English-Settler Colonialism*, p. 173.

时，一些人希望尽快完成兰杰铀矿环境问题的调查报告，但弗克斯拒绝如此。这一立场得到了马尔科姆·弗雷泽总理本人的力挺。弗雷泽在议会发言时重申：内阁不会在兰杰铀矿环境问题调查报告出台前做出任何决定。[①] 这至少说明，政党的更替并没有给弗克斯调查委员会的工作带来不便。

1976 年 10 月 28 日，弗克斯调查委员会的第一份调查报告公开亮相。委员会在报告中建议：鉴于世界能源需求趋旺以及将采取某些强制性保护措施，澳大利亚的铀矿开采和出口将继续进行。委员们在对矿业公司提交的方案进行评估后认为，矿产开发，加上规划的 10000 名城镇市民，将给迄今为止尚未受到侵扰的地区生态环境带来负面影响，比如由于开矿、爆炸和碎石而产生的扬尘和硫磺酸厂释放的二氧化硫；受到核辐射污染的水从残渣坝中渗出的可能性等。调查委员会建议对兰杰公司的开矿方案做重要修改，即更加有效地管理水资源和管控残渣坝，以及矿产开发停止后填平矿坑等。[②]

在特别关注兰杰个案而非作为一个整体的澳大利亚铀矿产业时，调查委员会立足于一个广泛的视角，不仅谈及与兰杰工程方案有关联的当地问题，也提到由于铀矿开发和核工业发展而产生的一般性问题。该调查报告考察了原子能产业以及它在世界能源供应中的当下以及未来可能的作用；澳大利亚铀矿出口与否的经济成本和收益；核燃料循环、核扩散和核保护、核偷盗以及核破坏的种种危险。该报告最后的结论是：开采和加工铀矿以及运作核电站的危险是真实存在的，但是，如果对这些活动给予适当的监管，那么它们所带来的风险还不致成为不开采和不销售澳大利亚铀矿的理由。[③]

支持者和反对者均以调查报告的结论作为各自所持立场的依据，这就进一步加剧了铀矿开采的争论。联邦政府在接受第一份报告为临时性报告的同时，总体上对铀矿的开采持赞成态度，不过重申应将其置于严格的监督之下。就在弗克斯及其同事有条不紊地对环境问题展开调查的同时，伍

① Ciaran O'Faircheallaigh, *A New Approach to Policy Evaluation-Mining and Indigenous People*, pp. 55 – 56.

② Richard Broome, *Aboriginal Australians-Black Response to White Dominance 1788 – 1980*, p. 187.

③ Ciaran O'Faircheallaigh, *A New Approach to Policy Evaluation-Mining and Indigenous People*, p. 56.

德华德也在忙于北部领地土著土地权的调查工作。其结果是,弗克斯的第二阶段的调查深受伍德华德的报告以及据此报告而拟定的土地权法草案的影响。[1]

尽管面临来自矿业集团甚至一些政府人士的压力,弗克斯调查委员会并没有急于提交其调查报告。在历时 18 个月的调查中,调查委员会听取了 303 位证人的口述证据,收到了大量个人和组织提交的书面报告,其听证会材料多达 13525 页。调查工作不可谓不细致到位。1977 年 5 月 25 日,调查委员会的第二份报告正式发布。这份报告提供了阿里盖特河谷地区以及这一地区传统居民的基本信息;集中探讨了这一地区的兰杰工程提案可能产生的种种后果,如对自然环境的破坏以及对土著社会生活与文化的影响等。该报告认为,矿产公司提议的兰杰铀矿工程不宜开工,但是,在一系列的条件限制之下,经过修改的兰杰工程方案是可以被批准的。这些限制性条件包括:减少对自然环境的消极影响;在该地区建立一个国家公园——卡卡都(Kakadu)[2] 国家公园;给予土著在该地区一些土地的所有权,包括兰杰工程所在的地区;建立一个全面的环境监测和研究制度,并由一个代表各方且由一名负责监督的科学家任主席的协调委员会来加以监督。[3]

该报告还就在阿里盖特河谷地区进行铀矿勘探以及总体性经济发展提出了更为细致和可行的建议,认为兰杰工程项目和杰比卢卡(Jabiluka)项目不应同时开发,兰杰工程应该先行上马;安赫姆地保留地以西地区不再允许有其他开矿项目,尤其是库恩伽拉(Koongarra)不应被开发;建设用于容纳矿工的城镇应酌定其规模,人口宜限制在 3500 人左右,且不应包括旅游设施;应执行一个周密的和全面的方案来减少铀矿开采给当地土著社会带来负面影响;帮助当地居民利用与此相关的任何发展机遇。该报告承认,阿里盖特河谷地区的土著对开采这一地区的铀矿持强烈的反对

---

① Max Griffiths, *Aboriginal Affairs-A Short History*, p. 139.

② 卡卡都属于安赫姆地的一部分。在 1906 年一纸牧场租约被给予帕迪·卡希尔(Paddy Cahill)之前,这里与白人没有任何联系。1925 年,英国一传教会在欧恩派利为土著建立了一个传教站。像偏远地区的其他传教站一样,欧恩派利吸引了很多土著。1974 年,约有 600 名土著(有说约 1000 名土著)差不多常驻于此。参见 Max Griffiths, *Aboriginal Affairs-A Short History*, p. 137.

③ Ciaran O'Faircheallaigh, *A New Approach to Policy Evaluation-Mining and Indigenous People*, p. 57.

立场，如"北部土地委员会"主席希拉斯·罗伯兹（Silas Roberts）就曾对调查委员会说："在北部领地的我们似乎是唯一保持我们文化的人。我们担心我们的文化正一点点地消失，自始至终……我们都担心这种调查结果将为那些也希望在我们神圣的土地上开采铀矿的其他公司打开方便之门……我们认为，如果他们都涌进那里并且开始掘矿，在这块土地上将出现新的城镇，我们将被驱赶到海洋中去。我们希望有一个公正的发展。我们是人类，希望过适当的生活且变得强大起来。我们认为白人一贯压迫他人。"① 值得注意的是，在这本 415 页的报告中，希拉斯·罗伯兹的观点是唯一被引用的土著观点。调查委员会也承认，毗邻传统土著社会的欧洲人社区的快速发展将"导致传统文化的崩溃以及在土著中间产生紧张的社会关系和心理问题"。② 尽管顾虑重重，调查委员会最终还是建议：允许在亚必卢开采矿产，土著对开矿的反对"不应变得流行起来"，也不应成为铀矿开采的一个障碍。③

　　弗克斯的两份调查报告对于兰杰铀矿开采进程具有不同的意义。第一份报告涉及很多一般性问题，其最具实质意义的发现是：如果管控得当，那么，铀矿开采与加工所产生的危害就不足以作为澳大利亚不开发铀矿的决定依据。而第二份调查报告是在认可第一份调查报告结论的基础上，重点关注与铀矿开采有关的一些实际问题及其解决或预防方案。这份调查报告的发布表明兰杰铀矿的开发程序又向前迈了一步。而两份报告发布的共同意义在于为澳大利亚联邦政府酝酿和制定一个权威的和全面的铀矿政策提供了充分的参考依据。

　　70 年代中期后，铀在澳大利亚政治中的敏感度与重要性日益提升，这不仅是因为围绕北部领地的铀矿开采而展开的近两年的环境调查所引发的方方面面的反响，还因为其他因素的叠加作用，比如，澳大利亚的经济发展与铀矿资源开发的关联度越来越强；矿业公司对铀矿的兴趣与热度与日俱增；土著土地权问题越来越不容回避；联合国的一些成员国纷纷加入《核不扩散条约》对澳方形成的逼压态势；等等。在这些复杂的情势下，出台一个

①　Commonwealth of Australia, *Ranger Uranium Environmental Inquiry*, *Second Report*, Canberra: Australian Government Printing Service, 1977, p. 47.

②　Commonwealth of Australia, *Ranger Uranium Environmental Inquiry*, *Second Report*, p. 233.

③　Commonwealth of Australia, *Ranger Uranium Environmental Inquiry*, *Second Report*, pp. 325 – 335.

清晰的且具有普遍引领意义的铀矿政策，就成为澳大利亚联邦政府最紧迫也最现实的任务。事实证明，此举加快了有关铀矿开采协定的谈判进程。

弗雷泽政府内阁于 7 月 12～13 日、8 月 1～2 日、15～16 日对有关铀矿政策的各种方案和建议进行了审议。8 月 18 日，内阁拟定的草案被分发到五个主要政府部门传阅和讨论。23 日，内阁接受了经过修改的草案。两天后，澳大利亚联邦议会讨论并通过了该议案。至此，澳大利亚政府有关铀矿的政策《铀——澳大利亚的决定》（Uranium-Australia's Decision）正式颁布。这部政府文献的一个指导精神是铀矿公司可以自主决定开发进程，但前提是必须服从政府制定的旨在确保澳大利亚在《核不扩散条约》下应尽的义务以及铀矿市场须在一个"有序的"状态下运作的某些制度限定。弗雷泽总理在宣布这一决定时说："政府是在对国际责任深思熟虑后才做出该决定的……商业考虑不是我们做出这一决定的主导动机。就商业考虑本身而言，它们并不充分。"① 可以说，围绕铀矿问题而展开的激烈的政治争论，使得自由党联盟政府毫不含糊地做出这一艰难的决定。据因撰写弗雷泽政治传记而被允许公开接触内阁文件的帕特里克·韦勒（Patrick Weller）说，1977 年 8 月宣布的《铀——澳大利亚的决定》"是弗雷泽政府一次最小心和最漫长讨论的结果"。②

政府有关铀的政策为接下来"澳大利亚矿业委员会"与"北部土地委员会"就兰杰铀矿开采协定的谈判提供了导向。在《土著土地权（北部领地）法》下，欧恩派利人不能阻止在国家名义下的矿产开发，但被允许与矿业公司就协定条款进行谈判。为矿业公司代言的"澳大利亚矿业委员会"对这样的规定怨言颇多。当"北部土地委员会"于 1978 年 2月代表欧恩派利人要求获得 36% 的矿产开发利润时，"澳大利亚矿业委员会"表示难以接受。经过数月的艰难谈判，"北部土地委员会"于 1978年 8 月末拟定了一个协定初稿，提出给予土著 700 万美元的一次性补偿，外加 4.25% 的矿区开发使用费或当矿区完全投产时每年约 1300 万美元的分成。③ 但是，矿业公司和政府均表示不予接受。

---

① Malcolm Fraser, "Statement by the Prime Minister the Right Honorable Malcolm Fraser", in *Commonwealth of Australia*, *Uranium*：*Australia's Decision*, Canberra, 1980, p. 3.

② P. Weller, *Malcolm Fraser PM*：*A Study in Prime Ministerial Power in Australia*, Ringwood：Penguin, 1989, p. 356.

③ 美国的一些印第安人部落可获得 18%～25% 的矿区使用费。

就在双方谈判陷入僵局时，澳大利亚媒体发表了一些愚蠢的有关"石头时代的百万富翁"（'stone age millionaries'）的报道。这些报道不仅是一种极其典型的种族主义情绪的渲染，而且是完全错误的。弗雷泽总理在一次阐释《铀——澳大利亚的决定》的内容的讲话中指出："这一地区矿区使用费的绝大部分将被用于北部领地所有土著的社会福利，不只是当地受到开矿活动影响的那些人……。"基于当时铀的一般价格，一个更加精确的估计是欧恩派利人每人每年有可能得到6500美元的矿区使用费。然而，即便如此，与对他们的土地和文化造成的破坏与威胁相比，这样的赔偿实乃微不足道，况且土著居民主要关注的并不是经济赔偿，而是对他们遗产的保护。①

政府施加的压力还在持续，大有不成功不罢休之意。"北部土地委员会"主席加拉努伍·尤努平古于1978年9月9日无奈地声称："我们已被排除在外——现在正被拽回来签署文件。"此时，"北部土地委员会"内部的分歧开始显现且日益表面化。与此同时，六个土著社区均声称他们并没有得到充分的磋商。在面临被剥夺职位以及制造土著不和的压力下，尤努平古和"北部土地委员会"同意进一步磋商，而变得越来越不耐烦的弗雷泽政府却声称，工党以及反铀集团正在操纵"北部土地委员会"来瓦解谈判。土著事务部长伊恩·维耐尔（Ian Viner）甚至以任命一位谈判者来规避"北部土地委员会"的威胁。不过，在威胁面前，欧恩派利人还是拒绝了协定草案。他们相信，该协定对其土地和圣地没有提供充分的保护。然而会议结束时，在尤努平古施加的压力下，"北部土地委员会"的立场出现了一定的变化：如果欧恩派利人签署该协定的话，那么他们也将同意签署。后在欧恩派利举行的由伊恩·维耐尔、尤努平古和"北部土地委员会"参加的秘密会议上，据说只有3名传统的欧恩派利土地所有者出席，《兰杰协定》最终得以签署。②

根据《兰杰协定》的有关条款，"北部土地委员会"每年将得到20万美元的土地租金，以及从协定签署到铀矿全面开工之间的130万美元的预付款。这与"北部土地委员会"拟定的方案有较大差距。由于协定对这些资金的分配未做具体规定，"北部土地委员会"不得不根

---

① Richard Broome，*Aboriginal Australians-Black Response to White Dominance 1788 – 1980*，p. 191.

② Richard Broome，*Aboriginal Australians-Black Response to White Dominance 1788 – 1980*，pp. 191 – 192.

据《土著土地权（北部领地）法》第 35 条第 3 款来进行处理。然而在 1978 年，这一地区既没有土著委员会，也无联合的土著社区或组织，所以，"北部土地委员会"不得不建立一个接收资金的机构。[1] 至此，围绕兰杰工程的种种议论、环评调查以及有关方面的谈判以一纸协定而宣告终结。

作为澳大利亚历史上第一个在土著土地上进行铀矿开采的协定，《兰杰协定》由于受到诸多问题的牵制，其问世可谓一波三折。由于裹挟着澳大利亚的国家利益、矿业集团的商业利益以及土著的土地权等议题，所以，它的签署必将对相关方面产生广泛而深远的历史影响。

首先，在《兰杰协定》的缔结过程中，澳大利亚政府越来越将铀视为一个敏感的政治议题，并在铀的开采与出口方面逐步形成了自己的原则与立场，而这一协定的签署是将这一原则与立场付诸实践的产物。

"原子能的使用是受到争议的第二次世界大战的遗产之一。"原子能在核武器上的使用给日本的广岛和长崎造成了毁灭性的破坏并加快了太平洋战争的结束。然而，核战争的威胁并未随着"二战"的结束而消失，相反，冷战的兴起与加剧刺激了超级大国核竞赛时代的到来。当然，原子能也可用于和平的目的，比如核能发电。20 世纪 50 年代后，由于在边远地区尤其是土著地区陆续发现了大量铀矿，而且铀矿源源不断地出口到有核国家——英国和美国，这让澳大利亚发现自己身陷有关原子能的使用及其安全性的全球争议之中。[2]

铀矿之所以在澳大利亚国内成为一个焦点问题，不仅是因为铀矿在核燃料循环以及核武器制造中的独特作用，还因为铀矿勘探和开发引发了更加广泛的敏感的政治议题，包括外国公司对澳大利亚矿产资源的所有权、澳大利亚政府在矿产开发中的角色定位以及矿业发展对当地生态环境、土著社会与文化所带来的消极影响等。[3] 在这种情况下，无论是哪个党派执牛耳，都无法回避在这一敏感问题上表明自己的立场。

20 世纪五六十年代，澳大利亚向英美两国提供铀矿资源，虽然名为

① Ciaran O'Faircheallaigh, *A New Approach to Policy Evaluation-Mining and Indigenous People*, p. 138.

② Max Griffiths, *Aboriginal Affairs-A Short History*, pp. 137 – 138.

③ Ciaran O'Faircheallaigh, *A New Approach to Policy Evaluation-Mining and Indigenous People*, p. 68.

支持它们为保卫自由世界而尽一份责任，其实是澳大利亚在外交和防务领域奉行对英美依附战略的一个具体体现。可以说，这一阶段澳大利亚的铀政策就是将本国的铀矿资源纳入服务于英美全球战略利益的轨道。由于不是基于对铀这种特殊资源的属性以及国家的国际角色或国际义务的考量，因而这样的铀政策就不能算是一种具有战略性的、可持续性的和自主的政策。因为只要英美两国有战略需要，澳大利亚就没有选择的自由。[①] 1972年12月工党上台后，威特拉姆在内政和外交方面刮起了改革旋风。在铀政策方面，工党强烈反对其前任依附于人的做法，而坚持如下三原则，即核裁军、对环境的保护以及推进土著土地权的实现。[②] 为此，工党主张：铀矿开采必须实现国家利益最大化；铀矿开采与出口只用于和平目的；国家须对铀矿开采实行干预或监管；必须对环境采取保护措施以及对土著利益提供一定的保障等。由于这一政策体现了奉行国际主义原则与实现国家利益之间的平衡，所以，即使在后来的自由党联盟执政期间，澳大利亚国家的铀政策也没有发生大的改变，只不过自由党联盟倾向于支持由矿业公司来主导铀矿的开发，政府只给予适当的干预，而《铀——澳大利亚的决定》就体现了自由党联盟的上述意愿。这一文件实现了对铀的认识上的统一，为《兰杰协定》的谈判奠定了基础，甚至可以说，《兰杰协定》是澳大利亚政府的铀政策的产物，或一个缩影。

其次，作为澳大利亚历史上第一个在土著土地上进行铀矿开采的协定，《兰杰协定》的签订程序以及协定所反映的管理规程尤其对环境保护的重视对以后的案例起到了模板效应。

（1）它让有关政府部门和矿产开发公司至少有了这样的意识：他们再也不可能像从前一样随意开发和践踏土著的资源。在铀矿开采方面，除非以国家名义，否则土著有权阻止矿业公司在他们的土地上进行铀矿的勘探与开采行为。而在《土著土地权（北部领地）法》以及《兰杰协定》问世前，土著是不可能拥有这样的权利的，而政府有关部门和矿业公司也不可能有这样的尊重意识。

---

① Gregory Pemberton, *All the Way: Australia's Road to Vietnam*, Sydney: Allen & Unwin, 1987, p. 333; Richard W. Baker (ed.), *Australia, New Zealand and the United States-International Change and Alliance Relations in the ANZUS States*, New York: Praeger Publishers, 1991, p. 64.

② Max Griffiths, *Aboriginal Affairs-A Short History*, p. 139.

（2）任何一种矿业开发行为，特别是在土著土地上进行矿产开发，须经过严格规范的申报程序，环境调查是其中最关键的环节之一。

当时反对铀矿开采的阻力主要来自两部分人群：一部分人担心核扩散将给世界和平带来威胁；另一部分则担心铀矿开发将给自然环境带来消极影响。这后一种担心更具有现实意义。在澳大利亚，现代环境主义在这一时期的兴起似乎不是一个偶然现象。如 1965 年，"澳大利亚保护基金会"（Australian Conservation Foundation）和"地球之友"（Friends of the Earth）建立，它们纷纷向政府施压，要求完全禁止铀矿出口。[①] 针对矿业公司欲在北部领地的阿里盖特河谷地带进行铀矿开采，人们更加担心铀矿开采将导致放射性物质渗入河流中。为防止这一地区的环境受到破坏，联邦政府于 1974 年通过了《环境保护〈建议的影响〉条例》[*Environment Protection（Impact of Proposals）Act*]。[②] 据此条例，威特拉姆总理任命了弗克斯环境调查委员会。此外，1975 年 10 月 28 日，威特拉姆还与参与兰杰项目的两家公司的负责人就加快开矿协定的拟定进程签订了备忘录。双方同意，这些协定在政府确认前不宜生效。之前，政府须对下列事项进行审核与确认：(ⅰ)《兰杰铀矿环境调查报告》（*Report of the Ranger Uranium Environmental Inquiry*）；(ⅱ) 在兰杰区域生活的土著所提各种诉求的后果。[③] 由此可见，无论是公众的环境保护意识的提升，还是政府及时制定环境保护法律或条例，以及针对铀矿开发可能引起的环境污染而成立调查小组，这些举措都足以证明铀矿勘探与开发须纳入严格规范的环境评估程序。

（3）联邦政府强化环境保护的监管机制。这主要体现在两个方面：一是加强立法约束。在对兰杰铀矿环境调查报告进行审议后，联邦政府就制定了《1978 年环境保护（阿里盖特河谷地带）条例》[*Environment Protection（Alligator Rivers Region）Act 1978*]。除此之外，根据联邦与北部领地政府之间的协定，对在阿里盖特河谷地区进行铀矿开采的管理交由北部领地政府负责，而在环境管理方面依托的法律就是《1979 年铀矿开采

---

① J. M. Powell, "Strangers and Lovers: Disputing the Legacy of Environmental History", in Livio Dobrez (ed.), *Identifying Australia in Postmodern Times*, Canberra: Australian National University, 1994, p. 93.

② Max Griffiths, *Aboriginal Affairs-A Short History*, p. 139.

③ Gough Whitlam, *The Whitlam Government 1972 – 1975*, p. 544.

（环境管控）条例》［*Uranium Mining（Environmental Control）Act 1979*］。
这两部法律对该地区的环境保护起到了保驾护航的作用。二是设立环境研
究和监管机构。根据《兰杰协定》以及《1978 年环境保护（阿里盖特河
谷地带）条例》的精神，联邦设立了"阿里盖特河谷地带监管科学家"
（Supervising Scientist for the Alligator Rivers Region）。监管科学家属于联邦
环境部的一部分，其主要职能就是对环境状况进行调查与监督，具体如
下：（i）对于铀矿开采对该地区的环境影响进行调查；（ii）就保护该地
区环境不受铀矿开采影响而拟定相关标准；（iii）就保护该地区环境不受
铀矿开采影响以及对环境的修复提出具体措施。除上述功能外，监管科学
家还负责对下列事项进行审查、监督甚至参与其中：（i）对向北部领地政
府提出新的开矿程序的所有申请予以审查并提出建议；（ii）对铀矿开采
中所有与环境保护相关的数据和报告进行审查；（iii）对开矿活动中关注
环境后果与持续改善的环境保护措施的执行情况进行审查；（iv）参与技
术委员会的工作，技术委员会需详尽地考查环境保护的措施与程序；（v）通
过"阿里盖特河谷地带咨询委员会"（Alligator Rivers Region Advisory
Committee）的管理，确保利益攸关者群体之间进行高水平的信息交流。[①]
通过立法的规范与约束作用，以及诸如"监管科学家"等研究与审查机
构的科学引导、建议与督查，一个较为完备且行之有效的监管机制得以建
立起来。这就促使矿业开发公司在追求商业利益的同时，不得不把环境保
护等公共利益置于一个优先考虑的位置。

　　最后，《兰杰协定》的签署暴露了土著土地权的脆弱性和模糊性。

　　《土著土地权（北部领地）法》承认了北部领地的土著对其传统土地
的所有权；未经允许他人不得进入土著土地；阻止北部领地政府重新取得
任何土著土地等。[②]上述条款对土著拥有属于自己的土地提供了前景和一
定的法律保障，但在涉及矿产资源开发方面，土著对土地权掌控的脆弱性
和模糊性尽显无遗，因为如果是"国家利益"需要，那么土著就无权对
矿业公司的开发行为说"不"。这就给人留下很多想像的空间。何谓"国
家利益"？"国家利益"由谁来界定？众所周知，澳大利亚是一个政党制

---

① A. Johnston & S. Needham, *Protection of the Environment near the Ranger Uranium Mine*,
　　Canberra, 1998, p. 4.

② Jenny Hocking and Colleen Lewis（eds.），*It's Time Again-Whitlam and Modern Labor*,
　　p. 147.

国家。政党的存在与发展除了有一个相对固定的群众基础外，还必须有支持它日常运作以及参与联邦大选的利益集团。在澳大利亚，无论是农场主利益集团还是工矿主利益集团，他们与党派政治都有着千丝万缕的联系。这些利益集团奉行"利益至上"原则，反对土著拥有土地，因此，当州政府或联邦政府处于利益集团的操纵或影响下，"国家利益"很可能成为一个默认或支持利益集团进行铀矿开发的冠冕堂皇的借口。从《兰杰协定》的起草以及签署的进程来看，这是由联邦政府以及最终由矿业公司施加压力和操纵的结果。

综上所述，从铀矿问题的生成，到铀矿开采引发的环境调查，再到澳大利亚铀政策的出台，这些具有标志意义的事件在《兰杰协定》的形成过程中皆起到了重要且相互关联的作用。在这一过程中，我们看到了环境保护受到了政府前所未有的重视和公众的空前关注。我们还注意到，虽然政府和矿业公司采取了严格的环境保护措施，但矿山开发对自然环境的破坏以及对土著生活的消极影响仍是不容低估和不容忽视的。从这个意义上说，土著是铀矿开发的受害者，而矿业公司和政府无疑是受益者。① 这就是为什么在澳大利亚，矿产开发所引发的土著土地权问题以及对自然环境的破坏一直是种族关系或种族和解进程中一个既敏感又不容回避的议题。

三　部分土地所有权的回归

《土著土地权（北部领地）法》带来的直接影响就是生活在北部领地的土著要求取得属于他们自己的土地，并且取得了部分成功。

《土著土地权（北部领地）法》允许土著居民根据有关规定提出土地权申诉，时间截止到1997年。"土著土地专员"约翰·图希（John Toohey）法官负责对有关诉求做出评估。作为一名为土著代言的土地专员，图希的工作还是受到土著的欢迎与肯定的。他听取诉求者的意见，

---

① 协定的最大受益者是矿业公司。据估算，该项目将给投资者带来约5.74亿至35.91亿美元的高额利润回报。参见 Richard Broome, *Aboriginal Australians-Black Response to White Dominance 1788–1980*, p. 188.

并且陪同诉求者回到他们传统的土地上。在那里，他目睹了能证明土著与其土地有着强烈的宗教联系的载体，如唱歌、舞蹈和其他传统文化仪式。针对土著提出的艾利斯·斯普林斯与坦南特·克里克（Tennant Creek）之间斯图尔特高级公路以东阿亚瓦拉（Alyawarra）和凯提特亚（Kaititja）两地约 1540 平方公里的土地所有权主张时，图希做了如下评论："这些人对他们故乡的显著热情以及对重要之地和神圣之物的展示是引人注目的。"①

图希谈到了他对土地所有权问题的一些认识："存在一些客观的评估标准，但至最后，评估必须反映大部分主观因素，这是人们看待任何事物时都无法避免的倾向。"② 图希的上述认识大大增加了北部领地土著拥有土地的可能性。例如，在 1978 年 9 月，瓦尔比里人（Walbiri）和卡塔南伽努努—库林提吉人（Kartanangaruru-Kurintji Peoples）要求得到瓦维山以南 95000 平方公里的土地所有权，这一诉求得到了图希的批准。如此一来，自 1928 年欧洲人大屠杀之后土著从这片土地上纷纷离开的现象就此得到了扭转。尽管如此，土著的一些公正要求还是得不到理会与尊重。比如，1979 年，土著要求取得重要圣地——艾尔斯岩（Ayers Rock）和奥伽斯（Olgas）的所有权，但未获成功，原因是它们是在一个国家公园内。根据土地所有权法，土著是不能取得对它们的所有权的。拉纳基亚人（Larrakia）要求取得达尔文周围的土地所有权，这一要求也被达尔文城市委员会拒绝。1979 年，达尔文城市委员会将该市的边界范围扩大到相当于伦敦城大小的四倍。③

土著索回土地权的斗争在其他州和地区也取得了不同程度的进展。

在土地权法在北部领地生效后，新南威尔士、南澳大利亚也相继制定了土地权法律。《土著土地权（北部领地）法》意味着已经成为土著保留地的绝大部分土地以及能够证明有着传统联系且未被他人所有或使用的土地，都可以转入"土著土地信托"，并为传统所有者永久地掌管。但在新

---

① *Land Claims by Alyawarra and Kaititja*，*Report by the Aboriginal Land Commissioner*，*Mr Justice Toohey*，*to the Minister for Aboriginal Affairs*，Canberra：Australian Government Publishing Service，1979，p. 23.

② *Land Claims by Alyawarra and Kaititja*，*Report by the Aboriginal Land Commissioner*，*Mr Justice Toohey*，*to the Minister for Aboriginal Affairs*，p. 22.

③ 根据土地所有权法，土著不能取得对城市土地的所有权。所以，扩大城市占地规模实际上是对土著权益的一种侵害。

南威尔士，土著只拥有 3500 公顷或相当于该州 0.005% 的土地。1980 年，该州一个议会委员会建议，考虑到在欧洲殖民数代之后，土著要求获得传统土地所有权的确存在困难，他们应在城市区域内拥有土地的某些权利，特别是住房、社区中心和工程。① 8 月 13 日，在悉尼的土著从雷迪芬徒步游行至议会大厦，支持"新南威尔士议会土著特别委员会"（NSW Parliamentary Select Committee Upon Aborigines）有关土地权利的建议。1983 年，《新南威尔士土著土地权法》（*NSW Aboriginal Land Rights Act*）颁布。在该法的前言部分，土著被剥夺的土地权得到了承认。前言写道："新南威尔士州的土地在传统上由土著所有和占有；对土著来说，土地具有精神、社会、文化和经济意义；承认土地之于土著的重要性和必要性是适当的；大家形成这样的共识：由于过去政府的决定，留给土著的土地数量急剧减少，而他们却得不到任何赔偿。"② 根据此法而建立了州土地委员会——"新南威尔士土著土地委员会"（NSW Aboriginal Land Council）。该委员会由地区代表组成，下辖 121 个地方土著土地委员会。所有委员会都由经土著选举产生的董事会来管理。南澳大利亚在土著事务方面一直是较为激进的一个州。邓斯坦工党政府曾提出土地权法案，但工党在 1978 年的选举中折戟，这一法案也随之流产。1979 年 2 月，以大卫·汤金（David Tonkin）为首的自由党政府在未经磋商的情况下就宣布对皮特简贾贾拉人（Pitjantjatjara）拥有所有权的 30000 平方公里的土地进行矿产开发。土著及其支持者显然被政府的这一决定所激怒。他们施加的压力迫使汤金政府重新考虑这一决定。10 月，汤金政府宣布土地权提案将提交议会的下一届会议讨论。虽然这一提案并未包括土著拥有在自己土地上开矿的否决权，但它允许土著与矿业公司直接谈判以及有权取得矿区使用费。③ 1981 年，南澳大利亚政府通过了《皮特简贾贾拉土地权法》（*Pitjantjatjara Land Rights Act*）。据此法律，该州西北部约 102650 平方公里的土地被给予了皮特简贾贾拉人，他们可以不受限制地出入这片土地，而其他

---

① Richard Broome, *Aboriginal Australians-Black Response to White Dominance 1788 – 1980*, pp. 193 – 194.

② Robert J. Miller, et al, *Discovering Indigenous Lands-The Doctrine of Discovery in the English Colonies*, p. 197.

③ Richard Broome, *Aboriginal Australians-Black Response to White Dominance 1788 – 1980*, p. 193.

人则需得到许可方能进入。该法是"皮特简贾贾拉委员会"（Pitjantjatjara Council）① 的胜利。这部法律采用了对原住民有利的新的土地所有与控制的概念。对皮特简贾贾拉人来说，这部法律在争取土地权斗争中具有里程碑意义。汤金本人也承认，它是南澳大利亚州议会历史上通过的最重要的法律之一。1984 年，该州通过类似的法律将 76420 平方公里的土地返还给马拉林加人（Maralinga）。这些土地中的大部分因为 1953～1963 年英国在此进行核试验而成为不毛之地。② 这一时期，各种不同的"土著土地委员会"③ 在法律④和政治方面发挥着积极影响。

　　上述在北部领地、新南威尔士和南澳大利亚相类似的情况并没有出现在澳大利亚其他地方。昆士兰和西澳大利亚两个州的政府并不承认土著对无论是传统的还是其他属性的土地拥有所有权。1977 年，昆士兰土地部长就对联邦政府为奥鲁昆地区购买一份牧场租约投了否决票。这位部长所在的部门并不喜欢"看到曾经作为工作站而经营的一块有利可图的地产……转给各个不同的土著部落"。这种认为土著只会"浪费"土地而不是用白人农场主的方式去养护它的看法让读者很容易回想起约翰·洛克的观点。⑤ 1980 年，来自全澳境内的土著齐赴西澳大利亚的隆肯巴（Noonkenbah），声援扬诺高拉人（Yungnogora）阻止阿马克斯（Amax）矿业公司在他们的土地上的钻探行为。在理查德·考特（Richard Court）总理领导下的西澳政府，却对运送石油钻探设备的一支阿马克斯小分队提供了警察保护，而扬诺高拉人以及来自土著和非土著的支持者则组成人链予以抵挡。他们对在土著、联邦政府以及矿业公司达成协议之前这种先发制人的做法感到愤怒。"金伯利土地委员会"（Kimberley Land Council）主席达伊尔·基克特（Darryl Kickett）说，这个国家的所有土

---

① 这是一个成立于 1976 年的社区合作组织，其目的是保护所有说皮特简贾贾拉语的人的利益。皮特简贾贾拉人的家园跨越三个州和领地。

② David Horton（ed.），*Encyclopaedia of Aboriginal Australia*，Canberra：Aboriginal Studies Press，1994，p. 657.

③ 自 1973 年头两个土地委员会成立以来的二十年间，约有 150 个反映传统土地所有者利益的土地委员会相继成立。

④ 1977 年，时任联邦司法部长的 R. J. 埃利科特（R. J. Ellicott）要求刚刚成立的"法律改革委员会"（Law Reform Commission）去调查正式承认土著习惯法的可能性，但这被证明是一件困难的任务。在"法律改革委员会"提交其两卷本报告时，时间差不多又过去了十年。

⑤ Scott Bennett，*White Politics and Black Australians*，p. 21.

地委员会的代表星期三将在工作站举行抗议集会，并计划联合报复行动。但两天之后，州政府就掌控了钻探设备并开始钻探工作。① 这次冲突引起了国内外对澳大利亚土著人权的关注。石油钻探虽然继续进行，但扬诺高拉人的抗议活动却赢得了道义上的胜利。

在塔斯马尼亚，土著没有土地。在首都行政区，雷克湾（Wreck Bay）的土著现在拥有 51 公顷的土地。在维多利亚，土著掌控 1821 公顷或相当于该州 0.0008% 的土地，但他们仍在为索回在弗拉姆林汉姆的 1400 公顷前保留地的土地而斗争。"维多利亚土著土地委员会"（Victorian Aboriginal Land Council）也主张将乡村地区各式各样的其他前土著保留地归还给土著，但得不到政府的积极回应。

土地所有权问题仍悬而未决。但对土著来说，这场运动却在其他方面产生了积极影响。

首先，争取土地权已成为一种强大的政治力量，因为它在土著历史上第一次在国家层面把土著人民团结在一起。象征土地权以及太阳、土地与人民统一的印有一个金色圆盘的红黑旗在全国各地上空飘扬。

土地权运动增进了土著的自信，培养了他们的自豪感。来自澳大利亚各地的土著努力争取属于自己的权利。如格鲁特伊兰特人呼吁就 20 世纪 60 年代提供给土著的矿业合同重新谈判。1980 年 11 月末，维多利亚州的土著占领了规划中的波特兰（Portland）阿考亚（Alcoa）炼铝厂所在地。他们认为，这一开发将会亵渎古恩迪提马拉人（Gunditjmara）的传统圣地。为了土地权事业，土著委员会在各地纷纷成立。他们通过写简讯、向国会议员游说以及举行游行活动等方式向白人政府以及矿业公司施压；他们还与海外同情与支持他们的组织建立了联系。土著土地权抗议活动在 1980 年取得了显著的国际影响，当时来自"全国土著会议"的一个代表团在日内瓦会见了联合国有关少数民族权利的分委员会。同年 9 月，"全国土地委员会联盟"（National Federation of Land Council）成立。

其次，土地权运动在北部土著中间推动了传统文化的复兴。在争取土地权期间，大规模的文化庆典活动开始定期举行，这些活动常常具有政治含义。在兰杰工程的争议处于高潮时，有超过 1000 名土著于 1978 年 9 月在格鲁特伊兰特举行节庆活动。来自皮尔巴拉（Pilbara）和金伯利社区的

---

① "Ban-Breakers Drill Noonkanbah", *The Australian*, 30 August 1980.

土著于 1980 年 4 月聚集在隆肯巴，对保护高阿纳（Goanna）灵魂圣地免于矿产开采给予声援。① 政治和文化问题就这样被糅合在一起。正如班乔·伍隆穆拉（Banjo Woorunmurra）在隆肯巴所声明的："我们不想要钱，我们需要土地，我们的灵魂在土地中。我们这些老人仍然在这块土地、我们的祖先之地、我们的尘世之地上生活。"

四　"全国土著会议"的新使命

如前所述，"全国土著咨询委员会"成立不久，就有委员建议将其名称易为"全国土著会议"。但是，土著事务部的执意反对使得这一建议被悬置。

1975 年年底，弗雷泽政府成立了一个调查"全国土著咨询委员会"功能的委员会。随后，"全国土著咨询委员会"接受由 L. R. 希亚特（L. R. Hiatt）博士任主席的调查委员会的质询。希亚特的报告于次年 11 月提交给联邦议会讨论。报告称"全国土著咨询委员会"并没有作为一个咨询机构在发挥作用，在提供建议方面亦成效不显。调查委员会建议进行"全国土著会议"的选举，选举 46 名任期三年的委员。② 翌年 5 月，土著事务部长宣布，根据质询结果，"全国土著咨询委员会"将被"全国土著会议"所取代，其目的就是为土著表达观点提供一个论坛。与前面由"全国土著咨询委员会"内部提出改组不同的是，这次是在土著事务部主导下进行的调整。11 月 2 日，进行了"全国土著会议"成员的选举，有 35 名候选人成功当选，任期三年。"全国土著会议"的成员被限制在年龄超过 18 周岁、有永久居住地且参加所在地选举不少于六个月的土著。

"全国土著会议"成员的职责包括：（1）分析、解读以及表达他们所在选区的土著的真实需求和观点，在社区、州以及全国层次上代表他们的选民；（2）与政府各部门以及机构建立适当联系，并就援助等事宜向组织和个人提供建议；（3）参与社区、地方以及地区层次的资助项目的磋商；（4）向那些在理解政府政策和项目方面存在困难的土著做解释工作；（5）向选民

---

① Bain Attwood and Andrew Markus, *The Struggle for Aboriginal Rights—A Documentary History*, p. 293.

② Scott Bennett, *White Politics and Black Australians*, p. 94.

提供有关其权利的建议，引导他们诉诸合适的机构，监督政府有关健康、教育、就业、社会安全、土地权以及其他方面的政策进展。

为确保会议成员履行上述职责，该机构还对会议成员制定了较为严格的纪律。如每位成员每年至少参加州举行的不同范围选区的支部会议两次，须赴堪培拉参加每年一度的由所有成员参加的全国土著会议。如果某名成员被选举成为"全国执行委员会"（National Executive Committee）的代表，那么这名成员还被要求每年出席在堪培拉召开的四次会议。一年一度的全国土著会议的目的就是对一年来"全国执行委员会"的工作情况进行审议，讨论州支部（通过"全国执行委员会"）以及"全国执行委员会"提交的报告和建议。另外，一年一度的代表大会还设立了一些专门委员会，就收到的各种政策建议进行专门讨论。

由各州或地区选举的"全国土著会议"的成员组成一个州的支部（维多利亚州和塔斯马尼亚州组建一个支部）。各州支部成员数分配如下：昆士兰9人、西澳大利亚7人、北部领地7人、新南威尔士7人、南澳大利亚3人、维多利亚/塔斯马尼亚3人。州支部每年例会至少两次，并且每年选举一名支部主席和副主席。州支部的职能是：（1）选举参加"全国执行委员会"的代表；（2）提议用于全国层面讨论和付诸行动的事务；（3）构建并保持与其他土著组织、土著事务部地区官员以及州和联邦政府各部的工作关系；（4）讨论来自"全国执行委员会"的州代表的报告；（5）向土著事务部长就代表们通过州支部提交给他的事务提出建议。

"全国执行委员会"成员是由州支部从其成员中选出，具体人数如下：昆士兰3人（其中1人代表托雷斯海峡地区）、西澳大利亚2人（其中1人代表部落地区）、北部领地2人、新南威尔士2人、南澳大利亚1人、维多利亚/塔斯马尼亚1人。"全国执行委员会"的功能是：（1）指导"全国土著会议"秘书处的工作，包括财务管理以及工作人员的雇用；（2）向土著事务部长和其他有关组织和个人反映土著的观点和需求；（3）筹备"全国土著会议"的年度会议；（5）对"土著发展委员会"（Aboriginal Development Commission）的年度报告进行审议。

1978年早期，"全国土著会议"秘书处取代了在"土著事务部"内部开展工作的一个临时过渡机构。根据《1976年土著委员会与协会条例》（*Aboriginal Councils and Associations Act 1976*），"全国土著会议"于1978年

10 月 26 日实行公司化，登记的名称是"全国土著会议土著公司"（Aboriginal Corporation of the National Aboriginal Conference）。1980 年 10 月，由于一位塔斯马尼亚代表的当选，"全国土著会议"的成员数增加到 36 人。1981 年 10 月 17 日举行了第二次全面选举，成功当选的代表于 10 月 28 日就职。①

"全国土著会议"的成立为土著表达其观点提供了一个论坛。仅就此而言，现在比自 1788 年以来的任何时候都有更多的理由对澳大利亚的种族关系发展持乐观的态度。澳大利亚白人较之以前对土著有更多的了解，有很多心怀善意的欧洲裔澳大利亚人，自 20 世纪 30 年代以来尤其是最近十年对土著事务有更多的关注。从土著方面来看，他们现在已取得一些土地所有权，有一些能够帮助他们决定其未来的社区组织。政府发表的一些声明似乎也在提示该机构可以发挥更加重要的作用。1983 年的一份报告就谈到了与政府部门及机构合作的"全国土著会议"的功能：向土著委托人解释政府的政策和规划，并对"政府的决策进程"进行监督。事实上，"全国土著会议"的功能并不限于此，在寻求种族和解的路径方面，它的一些建议具有深远的历史影响。②

五　"土著条约委员会"的诞生

20 世纪 70 年代末，一场泛澳大利亚运动带来了土著澳大利亚人与澳大利亚国家之间缔结条约的概念。这场条约运动是由"土著条约委员会"（Aboriginal Treaty Committee）和"全国土著会议"共同推动的。"全国土著会议"成立后不久便把寻求和解的途径作为其一项重要工作来抓。

理查德·布罗默认为，澳大利亚人无论是选择对抗还是仲裁的道路往前走，最终在黑色澳大利亚人与白色澳大利亚人中间一定是种族和解，因为他们生活在同一个岛屿之上。有待完成的土地所有权的给予是实现这一目标的一种途径，经济补偿是另一种途径。但是，也许欧洲裔澳大利亚人须给土著澳大利亚人一个《权利法案》（*Bill of Rights*）或条约（Treaty）

---

① Gough Whitlam, *The Whitlam Government, 1972 - 1975*, p. 469.

② H. C. Coombs, *The Role of the National Aboriginal Conference*, Canberra: Australian Government Publishing Service, 1984, p. 168.

作为谢罪的象征和实质，这能够成为和解的基础。①

斯蒂沃特·哈里斯（Stewart Harris）是伦敦《时报》（*Times*）的一名记者。1976年，他在《堪培拉时报》（*Canberra Times*）上第一个提出"承诺的条约"（Treaty of Commitment）的概念。② 这一概念最初是指澳大利亚做出因在自己的领地上开采自然资源而付给土著澳大利亚人一定份额的矿区使用费的承诺。H. C. 库姆斯接受条约概念，并扩大其适用范围。1979年，他邀集包括查尔斯·罗伊、威廉姆·斯坦内以及著名诗人朱迪思·怀特（Judith Wright）在内的一些人士组成了"土著条约委员会"。该委员会的目标在于就缔结条约而形成公众压力，"为土著澳大利亚人与政府以及澳大利亚整体社会之间的关系提供一种宪法基础"。"土著条约委员会"提议缔结一个包括下列内容的条约：（1）保护土著属性、语言、法律和文化；（2）承认和恢复土著土地所有权；（3）对给土著传统生活方式及其传统土地造成的损失予以赔偿；（4）给予土著掌控自己事务的权利，并且为此目的而建立他们自己的组织。③ "土著条约委员会"所阐释的动机是双重的。首先，他们希望纠正过去所犯的错误以及重新审视基于近代历史和人类学知识而得出的诸如"无主地"的根本假设；其次，他们思考了一个适当的方案来解决过去不公正的遗产问题以及使土著与非土著社会关系非殖民化。1980年，布里斯班出版的《天主教领袖》（*Catholic Leader*）发表了H. C. 库姆斯撰写的一篇长文。该文赞成条约概念，主张对土著及托雷斯海峡岛民尤其需要"赋予他们一种能够掌控自己命运的尊严"。在天主教的思想体系中，对一个个人和集体命运的掌控是由人的尊严来诠释的。因此，库姆斯认为，条约赋予这种地位不应归于征服者的怜悯与善意，而是正义与公平之举。④ 《天主教领袖》支持这一目标意味着该教会从秉持家长制的慈善的传教习惯转向对土著合法"权利"的承认。

正当以H. C. 库姆斯为首的"土著条约委员会"开始通过报纸广告、

---

① Richard Broome, *Aboriginal Australians-Black Response to White Dominance 1788 – 1980*, p. 201.

② Tim Rowse, *Obliged to be Difficult: Nugget Coombs' Legacy in Indigenous Affairs*, p. 174.

③ Judith Wright, *We Call for a Treaty*, Sydney: Collins/Fontana, 1985, pp. 116 – 117.

④ H. C. Coombs, "Government Should Negotiate a Treaty as Quarantee of the Rights and Security of Aborigines", *The Catholic Leader*, July 13 1980, p. 3, quoted in Dominic O'Sullivan, *Faith, Politics and Reconciliation-Catholicism and the Politics of Indigeneity*, p. 95.

广播宣传以及公开会议等形式宣传条约思想时，1979 年 4 月，"全国土著会议"也站出来对政府与土著人民之间通过谈判来缔结一个条约或"马卡拉塔"（'makarrata'）①持赞成态度，并且认为，条约的拟定是现阶段"全国土著会议"的一项主要任务。该机构为拟议中的条约规划了下列一些主要内容：（1）土地：联邦政府自殖民化以来取得的所有原先属于土著专门使用的土地或附近那些被掠夺的土地，在不可剥夺的自由所有权下永久地交还给土著社会；（2）自治：每一个部落领地应被允许实行自治，以确保他们的政治、经济、社会和教育的进步，应被允许以他们自己的速度和方式来推动这种进步；（3）应建立一个在各州设有支行的"全国土著银行"（National Aboriginal Bank）；（4）在 195 年内，联邦应将每年国内生产总值的 5% 支付给土著社会，自该协定签订之日起生效；（5）所有的全国公园和森林应根据它们归属的领地管辖权回归所在的土著社区；（6）那些考古发掘出的存放在博物馆和艺术中心的所有人工艺术和美术作品应回归其取自的土著社区；（7）在联邦政府管理下，土著民族在所有陆地和水域的狩猎、捕鱼和采集的传统权利应得到保证；（8）永久性地给予土著民族的所有矿产、木材、航道、空域以及土地上其他财产的法律和管理权应由土著民族来掌控；（9）土著习惯法在他们居住的那些领地内应得到认可；（10）应在土著领地内建立土著学校；（11）应在土著领地内建立土著医疗中心；（12）应建立土著法律援助办公室；（13）土著土地、商业以及从国内生产总值中取得的现金补偿在 195 年内应免于各种税费；（14）土著拥有跨州边界流动的自由；（15）在联邦议会两院，每州应为土著及托雷斯海峡代表保留在议会的一个席位；（16）未得到所选择地区拥有领地管辖权的土著人民的完全同意，不得在那里从事人类学和考古学研究。②

"全国土著会议"对拟议中的条约做了较为周密的规划，内容涉及政治、经济、社会和文化等方面。有些提议颇有新意，如设立"全国土著银行"；有些提议较为激进，如有关土著土地权以及土著在联邦议会拥有

---

① "马卡拉塔"是一个约隆古语词，指的是"一个争端解决的仪式。在仪式上，受到冒犯的一方向冒犯者大腿猛刺一枝矛以结束争端"。参见 David Horton（ed.），*Encyclopaedia of Aboriginal Australia*，p. 643.

② Bain Attwood and Andrew Markus, *The Struggle for Aboriginal Rights-A Documentary History*, pp. 299 – 300.

固定议席等；有些内容涉及土著福利，如教育、医疗以及法律援助等。鉴于这一时期自由党政府的土著政策走势以及土著澳大利亚人与非土著澳大利亚人之间的关系现状，这份拟议中的条约规划显然得不到政府的积极回应。

同样，"马卡拉塔"这一形式也不被土著社会所普遍接受，因为它源于一个部落社会的文化，又因为它没有声称土著的主权，所以，有关"马卡拉塔"的建议无法做到使澳大利亚的土著民族运动统一起来。不过，在"土著条约委员会"和"全国土著会议"的共同努力下，"马卡拉塔"还是被置于1981年"参议院宪法和法律事务常务委员会"（Senate's Standing Committee on Constitutional and Legal Affairs）的议程之中。

1982年，"全国土著会议"向"参议院宪法和法律事务常务委员会"呈交了一份有关条约与土著主权关系的报告。报告称，尽管法律专家已经提供了建议，但我们坚持认为，我们欢迎一个条约的存在，我们的国家地位对我们讨价还价的立场具有本质意义。在追求条约方面，我们主张作为拥有主权的土著国家的基本权利。根据"国际法院"（International Court of Justice）在西撒哈拉案件中所支持的主权一贯存在于土著人民之手的原则，土著的政治地位与澳大利亚联邦是平等的。如果澳大利亚政府未能在这个议题上做出让步，那么根据澳全国范围内的条约论坛所形成的共识，"全国土著会议"就从它所代表的人民那里取得统治权。在这份报告的结尾，"全国土著会议"表达了一个以避免无谓的政治争吵的令人满意的方式来达成协议的愿望。"我们意识到澳大利亚有成为一个国家、一个民族的抱负。然而，根据与人民自决权有关的国际观点，如果我们的人民得不到公正的话，这样的抱负就不能实现……"。[1]

在接下来的一年半时间内，"参议院宪法和法律事务常务委员会"举行了由几个土著社区和组织参加的听证会，并且提交了有关报告。到了1983年，由于"土著条约委员会"的解散以及"全国土著会议"处于最后一年的有效运转期，所以，条约运动的第一波在看似没有任何具体成就的情况下偃旗息鼓。但是，条约运动显示澳大利亚的政治力量在重构土著民族与澳大利亚国家关系方面正在加强；作为和解的一个可能的模式，缔

---

[1]　Bain Attwood and Andrew Markus, *The Struggle for Aboriginal Rights-A Documentary History*, p. 294.

结条约已在知识阶层中形成一定范围的共识；在澳大利亚公众心目中，条约作为和解的一般原则亦日益受到关注。这些都是这一阶段种族和解所取得的令人欣喜的成果。

六　北部领地的自治进程

（一）南澳大利亚的依附属地

北部领地位于澳大利亚中北部，面积为 134.62 万平方公里，约占澳洲大陆的 1/6。这里约 4/5 的区域在南回归线以北，因此气候以热带为主，没有四季之别。受季风影响，全年可分为干湿两季。年降雨量从北部沿海地区约 1500 毫米减至南部内陆的 130 毫米。北部领地的地势由北向南逐渐升高，沿海地势平坦，为淤泥式海滩和沼泽地。北部领地海岸线长约 1650 公里，沿海有一些港湾。这一地区是澳大利亚原住民最为集中的地区，他们已在此生活了 60000 多年。

第一个记录看到北部领地海岸线的是 1606 年乘坐"杜伊夫肯号"（Duyfken）船的荷兰航海家威廉姆·詹森。阿贝尔·塔斯曼和一些法国航海家绘制了这一地区的海图，并给很多特征显著的地貌命了名。在 1788 年英国殖民澳大利亚后直至 1869 年在达尔文港建立殖民据点前，英国在北部领地的沿海地带曾有四次不太成功的殖民活动。1824 年 9 月 30 日，英国海军上尉詹姆斯·戈登·布雷默（James Gordon Bremer）在迈尔维里岛的邓达斯要塞（Fort Dundas）建立了第一个前哨，作为新南威尔士殖民地的一部分。这是英国在澳大利亚北部建立殖民据点的首次尝试。英国海军部二等秘书约翰·巴罗（John Barrow）是一个较为狂热的帝国主义者。他曾对在此殖民的重要性给予了很乐观的评价："从海军、商业和农业的角度来看，从来没有如此像迈尔维里岛和巴瑟斯特岛这两个岛屿以及介于中间的海峡那么诱人的地点。按照商业的观点，这将成为另一个新加坡。"[1] 当然，商业的动机是一个显而易见的原因，而在北部竖立英国旗

---

[1]　P. Statham（ed.），*The Origins of Australia's Capital Cities*，Melbourne：Cambridge University Press，1989，p. 276.

帜还有其清晰的战略意图。在 1824 年的英荷条约中，荷兰在先前对"新荷兰"的主权要求方面做了让步，这才有了英国在此进行广泛殖民的可能性。英国还希望借此将法国的殖民势力从这一地区赶出去。但是，邓达斯要塞所处位置不佳，远离主要运输通道以及海参捕捞水域。1826 年，一个叫作韦林顿要塞（Fort Wellington）的新殖民地在拉弗雷斯湾（Raffles Bay）的科布尔半岛（Cobourg Peninsula）建立。正是在这里，殖民者和海参捕捞舰队的关系才开始发展起来。在英国海军上尉科利特·巴克（Collet Barker）的领导下，这个殖民地渐渐受到了马来渔民的光顾。巴克期望该港口在捕鱼季节能够吸引越来越多的访问者。1829 年 3 月至 5 月，由超过 1000 人驾驭的 34 艘船停靠在拉弗雷斯湾。① 正当该殖民地有望成为马卡萨（Macassan）② 渔民在此休整的一个重要港口时，英国那边却传来了要求撤退的命令。8 月，这个兴盛一时的殖民地从此淡出了人们的视线。巴克与马卡萨人建立的友好关系因此遭到了背叛。当渔民于 1829 年晚期到达拉弗雷斯湾时，他们没有等来贸易和采购供应品的机会，却发现这里已无人驻守。

1838 年 10 月，英国海军部尝试在澳洲北部海岸线建立另一个殖民地。这一次，他们选择科布尔半岛的埃辛顿港（Port Essington）建立一个名叫维多利亚要塞（Fort Victoria）的殖民地。这个殖民地的建立同样是出于商业和战略利益的考量。就商业来说，预期到与马卡萨人的贸易发展，乔治·塞缪尔·温莎·厄尔（George Samuel Windsor Earl）被任命为翻译。厄尔在岛屿之间的贸易航行中学会了包括马卡萨语、荷兰语在内的几门语言。他还是一位醉心于扩张的人。然而，令人遗憾的是，与外来渔民的贸易并没有像殖民者所希望的那样繁荣起来。一场飓风于 1841 年袭击了此地。1849 年，埃辛顿港难逃被抛弃的命运。对于这两次在澳大利亚北部先建后弃殖民地的做法，澳大利亚学者马里昂·戴蒙德（Marion Diamond）进行了反思性的研究。她认为，现在回过头来看，1849 年放弃

---

① Alan Powell, *Far Country*, *A Short History of the Northern Territory*, Melbourne：Melbourne University Press, 1988, p. 51.

② 马卡萨位于西里伯斯岛（Celebes）[今天印度尼西亚的苏拉威西岛（Sulaweisi）]西南[今天印尼的乌戎潘当（Ujungpandang）]。几百年前也许更早些时候，马卡萨居民就曾光顾过澳大利亚北部，捕捞海参，并与土著进行交易。他们对澳洲北部土著的语言、艺术、经济以及遗传基因均有贡献。

埃辛顿港的做法与 1829 年放弃拉弗雷斯湾的决定一样，是一个很大的错误。在她看来，如果不放弃这两个殖民地而给予持续开发的话，那么也许会出现另一个新加坡。[①] 这一说法的确令人回味。

由于沿北部海岸线的文化和商业交换中心并没有建立起来，英国殖民者在 1849 年后失去了在此探索的勇气和耐心，从此由关注亚洲转向了澳洲大陆的南方，而南方大量金矿的发现则加速了这一转变。

由于不承认土著的劳动对乡村生产力的影响，所以，殖民者就把其注意力转向了与南澳大利亚人有关谁有权利来管理北方的争论。土地买卖建立了南部资产阶级投资者与实际上已向北移动的 "务工定居者"（'working settlers'）之间的不稳定关系。正如北部领地一位名叫艾伦·鲍威尔（Alan Powell）的历史学家所言，私人投资者无意在北方开拓。"支持这些公司的任何杰出公民有在北部领地开拓的意图，是万万不可能的。背景已被查明的绝大多数小土地购买者似乎亦无此意。他们在阿德莱德过得太舒服了"。[②]

因为几乎没有投资者梦想去北方开拓一番事业，所以，在探险队之后的殖民时期就出现了有关南部未在场物主负责北方大片有价值土地的权利的讨论。各种各样的观点充斥着北方的报纸以及南方的议会会议：什么样的组织对北方的广袤土地拥有更多的合法权利，是那些拥有金钱并在土地上投资的人还是那些有意愿去北方开拓的人？基于对此争论的反复考量，纽卡斯尔（Newcastle）公爵在 19 世纪 40 年代拒绝了南澳大利亚殖民地提出的合并北部领地的请求。他之所以这样做，是因为 "在不远的将来，一个无法远距离控制的独立殖民地将在北部沿海建立起来，这是肯定无疑的"。[③]

在 19 世纪中叶对北部领地的一系列实地勘探中，不同地貌的空间分布给了探险者与勘测者诸多的想像空间，如某些地方是最佳的捕鱼之地、某些地方是理想的居住场所、某些地方可能是潜在的矿产之地等。但是，这些早期的勘测地图中缺失的是已经拥有这片土地的原住民群体。鉴于当时在殖民管理者以及传教士中间存在一个共同的看法，即土著并没有给这

①　Marion Diamond, "'Another Singapore?'：Australia Turns Away From Asia", in Martin Crotty and David Andrew Roberts（eds.），*The Great Mistakes of Australian History*, pp. 64 – 65.

②　Alan Powell, *Far Country, A Short History of the Northern Territory*, p. 78.

③　Elizabeth A. Povinelli, *Labor's Lot-The Power, History, and Culture of Aboriginal Action*, Chicago：The University of Chicago Press, 1993, p. 214.

片土地增加任何价值,他们不生产任何产品,也没有大规模的交换网络,这种有意忽视的做法就不值得大惊小怪。①

欧洲探险者在 19 世纪下半叶进行了最后几次大的、常常是艰难的、有时是悲剧性地深入澳大利亚内陆的探险。在这些远征中,有一些得到了殖民当局的官方赞助,而另一些则受到私人投资者的支持。到 1850 年,澳洲内陆的大片地区仍不为欧洲人所知。1862 年,约翰·迈克杜尔·斯图尔特(John McDouall Stuart)成功地从澳洲南部穿越中部,最终到达北部。他的这次远征勘测了后来成为澳大利亚内陆电报线的路线。根据 1863 年英国王室颁布的《专利证》(*Letters Patent*),北部领地被合并到南澳大利亚。② 次年 3 月,英国又开始了在北部领地的第四次殖民尝试。殖民的地点是距离今天达尔文约 75 公里的遁崖(Escape Cliff)。英国海军上校博伊尔·特拉维斯·费尼斯(Boyle Travers Finniss)负责此次殖民活动。他们与当地一个名叫马拉南古(Marananggu)的原住民部落发生多次冲突。在 1867 年他回到阿德莱德时,这个殖民地就被解散了。同期,南澳大利亚殖民区政府也试图为建立其他定居地而寻找地点,且派遣探险者约翰·迈肯莱(John Mckinlay)赴阿德莱德河地区进行探查,但未获佳音。

1869 年 2 月 5 日,南澳大利亚的总勘探员乔治·高伊德(George Goyder)组织一次对北部领地的新勘查,其使命就是勘测未来的城镇布局。在不到一年的时间里,高伊德的团队就勘测了未来四个城市(达尔文以及其他三个)的方位及其大致地理范围,总面积达到 665886 英亩。③ 1886 年,一群基督教会传教士徒步来到达利河(Daly River),与当地人建立了联系,并试图给这一蛮荒之地带去文明。然而此时,达尔文内陆已经被各色文化背景的移民所占据。④ 在基督教会在达利河区域传教期间(1886~1899 年),土著来到这一地区,并且进入传教站(常常只有短暂

---

① Elizabeth A. Povinelli, *Labor's Lot-The Power, History, and Culture of Aboriginal Action*, p. 212.

② 1863 年 7 月 6 日被视为北部领地的建立日。

③ Margaret Kerr, *The Surveyors-the Story of the Founding of Darwin*, Adelaide: Rigby Ltd, 1971, p. 174.

④ 有国际商人;土地测量员和管理者;来自欧洲和中国的小型矿主;大型的采矿企业主;电报操作员以及政府派来的钻井员;农艺师;牧场主以及猎杀水牛者;华人园丁、警察以及流浪者;种植园主、商业渔民以及怀着各种动机的冒险者。

的时间）。[1] 1870 年，内陆电报的第一批电线杆在达尔文架设。内陆通信的建设导致了对北部领地内陆的更多勘查，而 80 年代派因·克里克（Pine Creek）一带金矿的发现则进一步加快了对这个年轻殖民地的开发。19 世纪晚期，北部领地被称作亚历山大里亚地（Alexandria Land）。

来自远方的统治在北方定居者中间激起了不同程度的憎恨。《北部领地时报和公报》（*Northern Territory Times and Gazette*）、《北方标准》（*Northern Standard*）、《北方矿工》（*Northern Miner*）采取了不同的意识形态立场，但都分享了一个类似的观点：在农村生产商品并且创造价值的定居者在管理北方土地方面拥有无与匹敌的权利。《北部领地时报和公报》是一份立场保守的报纸。该报开辟了反映北方殖民地处在进退两难境地的讨论专栏，一个较为流行的观点是：北方殖民地需要南方的经济支持，但它可能受到指导北方应该如何发展的南方法律的阻碍。但在不同时期，这份报纸所持的立场有所不同：南澳大利亚和昆士兰应该投资建设铁路线。这样一来，"富庶的［北方］土地就能够带来有利可图的收获"；应该通过法律，让定居者在城镇附近购买土地变得更加容易；来到北部领地生活和工作的私人定居者以及矿工应该受到称赞，而远离此地的投资者和所有者则理应受到责骂。[2]

北部领地的经济从没有从它的昆士兰邻居那里独立出来。在合并初期，金矿开采是它的主要工业，但不久金矿产量就持续下降，南澳大利亚在北方的投资者损失惨重。这种局面促使南澳大利亚做出尽快将管理北部领地的责任移交给联邦政府的决定。

（二）联邦直辖殖民地

1902 年，南澳大利亚决定与联邦政府进行磋商，准备把北部领地从该州剥离出去，转交给联邦政府。但直至 1907 年 12 月，双方才达成正式的移交协议。1910 年 11 月 16 日，联邦总督正式批准了《1910 年北部领地接受条例》（*Northern Territory Acceptance Act 1910*）。北部领地因此成为继巴布亚、联邦首都区之后第三个联邦直辖领地。根据该条例第 7 条，南

---

[1] John Docker and Gerhard Fisher（ed.），*Race, Colour and Identity in Australia and New Zealand*, pp. 67 – 68.

[2] Elizabeth A. Povinelli, *Labor's Lot-The Power, History, and Culture of Aboriginal Action*, pp. 214 – 215.

澳大利亚州的任何法律如果也是北部领地的法律，那么在服从总督所颁布的任何法律的前提下，在北部领地仍然有效。接受条例还规定此前联邦颁布的一些法律和条例同时在北部领地有效。① 为了加强对北部领地的管理，1910 年 11 月 25 日，联邦总督批准了《北部领地（管理）条例》（1910 年）［Northern Territory（Administration）Act 1910］。该条例计 13 条，内容包括"行政管理者"、"州法律的应用"、"联邦法律的应用"、"王室土地处置"、"法院审判权"等。在"行政管理者"方面，该条例第 4 条规定，联邦总督可以任命一位品行端正的人做这一地区的行政管理者，任期五年。管理者应根据他的委员会的旨意以及部长的指令行使属于自己的权力和职能。如果需要的话，联邦总督还可以任命或委托部长或北部领地的管理者去任命一些管理人员，以加强对这一地区的治理。第 6 ~ 10 条是有关"联邦法律的应用"的，其中规定了《1904 ~ 1910 年联邦调解与仲裁条例》（Commonwealth Conciliation and Arbitration Act 1904 – 1910）、《1906 ~ 1909 年澳大利亚工业保留条例》（Australian Industries Preservation Act 1906 – 1909）、《1905 年秘密委员会条例》（Secret Commission Act 1905）和《1906 年土地获取条例》（Lands Acquisition Act 1906）在北部领地应用的条件。从这部条例的内容来看，它的主要职能在于加强对过渡时期北部领地的管理，以体现联邦政府对直辖领地的管理权威。

1911 年 1 月 1 日，移交工作完成。北部领地因此正式成为联邦的一个直辖领地。表面上看，成为联邦的一个直辖领地是北部领地主体地位的一次提升，但实际上，这一地区从此更多地受控于联邦，并且失去了它在联邦一级的代表，因为它不再是南澳大利亚州的一部分。1922 年，联邦决定在众议院给予北部领地一个席位，但无表决权。

北部领地的经济衰退曾是导致管理责任由地方转移至联邦政府的主因之一，但移交之后，北部领地的经济并没有出现好转。到了 20 世纪 20 年代，白澳政治以及北部领地的经济衰退促使北方企业家解雇来自亚洲的工人。这又进一步加剧了北方的经济问题。② 1930 年，联邦议会曾考虑建立北部领地立法委员会（Legislative Council）的提议，但后来不了了之。1942 年日

---

① "Northern Territory Acceptance Act 1910", A1559/1, 1910/20, NAA.

② Elizabeth A. Povinelli, *Labor's Lot-The Power, History, and Culture of Aboriginal Action*, p. 217.

本对达尔文进行狂轰滥炸，居民纷纷撤离，北部领地随即进入军事管制阶段。随着"二战"的结束以及撤出的居民陆续返回，当地要求推进政治进步的压力与日俱增。本·奇夫利（Ben Chiefly）政府对此并非没有同情，但仍保持对北部领地强大的中央控制。1947 年，政府对《北部领地（管理）条例》（1910年）进行了修改。这就为北部领地立法机构的成立提供了依据。

同年，联邦建立了北部领地立法委员会。立法委员会的成员资格、投票程序以及立法限制确保了联邦权力的至高无上。在 13 名立法委员中，7名由官方任命，6 名为选举代表，行政管理者是主席。所有立法都得征求行政长官的同意，且在六个月内可以被否决。所有议案要留给联邦政府审查；所有包含财政条款的提案都必须征得行政长官的批准，联邦保留通过联邦议会批准有关北部领地事务的法律的权利。

1947～1974 年，北部领地立法方面的进步主要体现在增加立法委员会的人数以及改变其成员资格方面。从一开始，被选举的委员会成员就把推动北部领地的政治进步放在首位，政治忠诚次之。为此，他们发起请愿活动，要求建立一个拥有更大程度自治的特别委员会，但未能如愿。1958年 4 月，委员们集体请辞，但很快又在他们各自的选区重新当选。① 在这一插曲之后，北部领地部长保罗·哈斯拉克邀请委员会全体成员赴堪培拉磋商。在他们返回时，堪培拉给予了这样的承诺：建立一个新的委员会，委员会由 8 名被选举的代表、6 名官方任命的代表以及 3 名非官方代表组成。从 1958 年起，众议院中的北部领地代表被允许投票，但仅限于对领地有直接影响的法律。由于对这样的限定感到不满，被选举的代表继续抗议，并在 1962 年达到高潮。1965 年，北部领地的行政管理者离开立法委员会，由一名被选举的主席取而代之。1968 年，3 名被另外选举的代表取代了非官方代表。从 1968 年起，众议院的北部领地代表被给予在联邦议会讨论所有事务的完全表决权。可以看出，这是被选举的委员们不懈斗争的结果。

经过一系列法律上的修改，北部领地逐步获得了在联邦议会的代表权。根据 1973 年《参议院（领地代表）条例》［Senate（Representation of Territories）Act］，从 1974 年开始，北部领地在联邦议会拥有两个席位。同年，北部领地的立法议会（Legislative Assembly）建立。这是一个一院制议会，取代了之前经部分选举而产生的立法委员会。虽然它是完全由选

---

① "Documenting Democracy"，http：//foundingdocs. gov. au/item - did - 58. htm. 2012 - 08 - 17.

举产生的，但是，其 19 名成员起初缺乏权力，因为在 1978 年前北部领地尚未取得自治。每位成员任期四年。[1]

（三）自治地位的确立及其实质

在 1975 年的联邦大选中，在野党领袖马尔科姆·弗雷泽做出了一个惊人的决定：北部领地将在五年内被给予州的地位。[2] 1977 年，由政府不同部门组成的"北部领地宪法发展委员会"（Committee on Northern Territory Constitutional Development）在与北部领地政府内阁磋商后，做出了在该地区取得自治前推迟讨论州的地位问题的决定。这意味着弗雷泽在竞选中的承诺将难以兑现，转而将工作重心转到推动北部领地的自治进程方面。1978 年 7 月 1 日，《北部领地自治条例》正式颁布并生效。这部重要的文献由 7 部分组成，计 75 个条款。其中第三部分为"立法议会"，涉及立法议会的权限，立法议会成员的资格、任期、选举日期，立法表决程序等；第四部分"行政管理"就行政权力范围、行政长官的任期、执行委员会的组成及其职能、部长的任命及其宣誓等做了明文规定。[3]

自治权的给予见证了立法议会拥有对北部领地绝大部分社会与生活功能的控制权。尽管如此，联邦政府仍然保持对某些领域的控制，包括土著土地、工业关系、国家公园和铀矿资源。[4]

联邦政府同时保留对北部领地立法议会通过的法律的否决权。就像绝大多数州和领地一样，北部领地立法议会通过的法律需经领地行政长官同意并呈报英国王室批准后才能生效。当然，即使行政长官给予认可，澳大利亚总督也有权予以拒绝。然而，这两者大多是程式上的，因为很少有被拒绝的例子。[5]

受行政长官邀请，由立法议会拥有多数席位的党派或党派联盟来组建政府。该党领袖因此成为北部领地的首席部长（Chief Minister），其高级

---

① " Northern Territory Legislative Assembly ", http: //en. wikipedia. org/wiki/Northern _ Territory_ Legislative_ Assembly. 2012 – 08 – 17.

② A. Heatley, *Almost Australians: The Politics of Northern Territory Self-Government*, Canberra: Australian National University, 1990, p. 63.

③ "Northern Territory (Self-government) Act 1978", http: //www. austlii. edu. au/legis/cth/ consol_ act/nta1978425/. 2012 – 08 – 16.

④ Ciaran O'Faircheallaigh, *A New Approach to Policy Evaluation-Mining and Indigenous People*, p. 67.

⑤ "Northern Territory Legislative Assembly".

同僚就成为各部部长。由于澳大利亚政党传统上是按照党派系统来投票的，所以，由执政党提议的绝大多数法律都会在立法议会中表决通过。①

在 1978 年实现自治时，北部领地在其主要的城市区域有四个地方政府，即达尔文、艾利斯·斯普林斯、卡塞林（Katherine）以及坦南特·克里克。同年，由新立法议会通过的《地方政府条例》（*Local Government Act*）为未来提供了两种模式的地方政府——市政委员会（municipal councils）和社区政府委员会（community government councils）。市政委员会在本质上与已经存在的四个地方政府相类似，而社区政府委员会可能根据不同的选举协定而有更加多样的形式，有着潜在的更加广泛的功能。社区政府委员会是为边远地区较小的社区而设计的。这样的社区既可以是截然分开的土著社区，也可以是居住着更为复杂种族的开放城市。② 14 个社区都建立了社区政府，其中 5 个是在开放的城镇，9 个是在分开的土著社区。20 世纪 80 年代，在达尔文的郊区建立了两个新的市镇，在新出现的矿业和旅游业城镇亚必卢还建立了一个有着特殊目的的城镇委员会。③

在法理上，北部领地实行自治，但在实践中，这种自治的范围及其权限是有限的，且根本没有保障。这就是自 1978 年实行自治以来北部领地一直表示不满的原因。④ 因为自治与州的地位在很多方面存有差异，而且有些差异是本质性的。

首先，北部领地立法议会的立法权力有限。

立法议会由王权代表（即北部领地行政长官）和立法议会成员构成，行使与澳大利亚州议会差不多的权力，但它是在联邦政府的权力委派下行

---

① 从 1974 年立法议会成立至 2001 年，北部领地的立法议会均由保守的自由国家党控制。然而在 2001 年，澳大利亚工党以一个议席的优势首次赢得了政府选举。克莱尔·马丁（Clare Martin）成为北部领地第一位工党和第一位女性首席部长。2007 年，克莱尔·马丁辞职。

② Will Sanders, "Local Government and Indigenous Interests in Australia's Northern Territory: History, Demography, Areas and Finances", http://www.researchgate.net/publication/237288950_Local_Governments_and_Indigenous_ …2012-08-17.

③ 到 2000 年，北部领地有 68 个被认可的地方统治机构，包括 6 个市镇当局、32 个社区政府委员会、29 个社团委员会以及 1 个有着特殊目的的市镇委员会。自那以后，由于北部领地政府实行区域化政策，这些统治机构由于合并数量有所减少。

④ 1996 年，联邦政府总理和各州均表达了对北部领地的州的地位的"原则性"支持。1998 年，北部领地选民以 51.3% 的多数拒绝了有条件下的州的地位。2004 年，北部领地议会成立了"州地位指导委员会"（Statehood Steering Committee），就满足绝大多数领地人民的要求等事项进行考察。

使的，而非根据任何宪法赋予的权力。这就意味着联邦政府能够向澳大利亚总督建议，推翻由北部领地立法议会通过的任何法律，比如，联邦政府就曾否决了北部领地立法议会通过的有关安乐死法。[①]

其次，自治领与州的地位不同。

州的地位意味着辖地内的人民在有关自己的政府如何运作方面拥有决定权，州有权制定自己的宪法，有能力制定其他法律。州的地位意味着只要其法律符合澳大利亚宪法，那么它们就是有效的，不能被堪培拉所否决或改变。而自治意味着堪培拉的政治家能够在任何时候取消北部领地立法议会及其政府。

州的地位意味着外人不能改变辖地内人民治理的方式，只有他们自己有权这样做。自治意味着领地立法议会每通过一部新的法律，都不得不参照自治条例，看看它是否与制定有效法律的有限权力相符。

州的地位意味着当一部辖地法律通过时，它必须与州的宪法相一致。自治意味着堪培拉的政治家可以不同意北部领地制定的任何法律。

北部领地的管理者由联邦总督任命，而州的总督是由总理推荐并报王室核准。领地的行政权威是有限的，并且可随时被联邦所改变。

澳大利亚宪法保证所有初创的州在联邦议会拥有相同数量的参议员，如塔斯马尼亚州作为最初的州之一，有 12 名参议员，这一数字与人口众多的州如新南威尔士等同。1974 年，北部领地被给予 2 名参议员席位，但没有宪法确保北部领地的参议员席位会被永远保留。州的参议员任期为 6 年，而领地的参议员任期只有 3 年。

澳大利亚联邦众议院有 150 名议员。联邦宪法保证所有初创的州至少有 5 个众议员席位。除此之外，众议员人数取决于该州的人口数量。塔斯马尼亚有 5 位代表，而人口最多的新南威尔士则有 49 名代表。北部领地只有 2 名众议员。北部领地的众议员数量是基于人口，而且代表人数也没有宪法上的保证。[②]

北部领地有"土著家园"之称。这里所发生的事件差不多都与土著有关，而联邦议会或联邦政府有关北部领地的法律或政策不仅直接影响当

---

① "Government of the Northern Territory", http：//en. wikipedia. org/wiki/Government_ of_ the_ Northern_ Territory. 2012 – 08 – 16.

② "Self Government and Statehood", http：//www. ntstate7. com. au/sites/default/…/State7_ Factsheets. pdf. 2012 – 08 – 16.

地土著的命运，而且会成为全澳境内处理土著事务的风向标。从北部领地的自治进程来看，这是一段非常辛酸的历程。地理上的偏远虽能为土著继续保持传统的生活方式提供一定的条件，但不得不付出的代价是，居住在这里的土著往往淡出政治家和公众的视野，成为被政府和白人社会所忽视的群体。也正由于这个缘故，在澳大利亚的种族和解进程中，北部领地又往往成为政治焦点。《北部领地自治条例》的颁布就是全澳境内尤其是北部领地土著坚持不懈斗争所取得的成果。从这个意义上看，它部分实现了当地土著自我管理的愿望，并且至少在影响其政治命运以及日常生活的事务中能够发表自己的看法。但从自治与州的地位与功能来看，所谓的自治其实是一种弹性管理模式。它首先是一定程度、一定范围内的自治，超出条例限定的程度和范围是不允许的，即便是在自治的范畴之内也是不可以的。其次，它对联邦议会或联邦政府的相关权限没有做出硬性规定。这就为联邦议会或联邦政府干预北部领地自治埋下伏笔。正因为如此，北部领地自治只是土著争取自身权益进程中的一个阶段性成果。

七　《种族歧视法》的落实

当土著人民的政治自信日益增长时，他们就逐步认识到，政治目标不仅可以通过政治和管理程序而且能够诉诸法律程序来实现。在这个已经变化的环境中，土著及其法律顾问们不久就熟悉并且擅长使用两位白人法学家所声称的一个"新的诉讼世界"（'New World of Litigation'）来维护自身权益。[1]

《种族歧视法》是威特拉姆工党政府在国家多元文化建设中所取得的一项积极成果。为使《种族歧视法》得到有效落实，工党政府特设置社区关系专员一职。社区关系专员及其同事被赋予下述权力：从事田野调查并与社区在有关种族歧视申诉方面进行紧密合作，且以提交给联邦议会《年度报告》的形式让公众关注这些问题。通常情况是，他们帮助申诉者拟定申诉报告以及进行现场调解。仅 1976～1977 年，社区关系专员就对昆士兰、新南威尔士和维多利亚的 20 多个土著城镇和社区进行了调查。

---

[1]　Peter Hanks and Bryan Keon-Cohen（eds.），*Aborigines and the Law：Essays in Memory of Elizabeth Eggleston*，Sydney：Allen & Unwin，1984，p. xv.

土著对《种族歧视法》意识的增强可以从申诉者数量的增加中得到印证。在《种族歧视法》执行的头八个月里，正如第一份《年度报告》所反映的那样，有近 20% 的申诉（359 份中的 69 份）来自土著。1976 ~ 1977 年，土著申诉者占总申诉者数量的 27%，1977 ~ 1978 年差不多为 40%。申诉的内容多数与日常生活有关，如不向土著提供商品；酒馆老板和店主拒绝向土著提供服务；住房管理部门或中介机构拒绝向土著提供租赁服务等等。① 然而，正如社区关系专员阿尔·格拉斯比所指出的："申诉的数量并不能精确度量澳大利亚种族歧视存在的程度。种族歧视最盛行的形式是制度上的，这种方式在单个案例中是不明显的。"

1982 年，"全国土著会议"主席罗伊·尼科尔斯（Roy Nichols）出席了在加拿大举行的世界第一民族会议。他在致辞时就谈到了澳大利亚存在各种各样的种族歧视问题。在谈到选举权时，他说，每个公民都有权利和机会参与选举。他重点剖析了所谓的机会问题，"如果投票箱不放在土著社区容易接近的地方，投票的机会几乎是可以忽略的。在昆士兰，官员们很少有责任去鼓励土著去为选举而登记。在西澳大利亚，登记选举的程序如此之烦，以致土著事实上被排除在选民登记之外。人们抱怨说，一些社区在行使其投票权时每每遭到地方干预。例如，在选举的前夜，一个人提着一桶酒去社区，目的是让人成为宿醉者，而非第二天的选民"。在谈到个人自由受到损害时，罗伊·尼科尔斯说，已收到很多有关损害土著个人自由权的投诉。这些损害涉及立法上的种族歧视以及一些很明显并非歧视性却以歧视性的方式被执行的政策。大家关注的主要领域是社会治安、住房、健康关护、社会服务、教育、参与选举、公共场所的出入自由、旅行自由以及参与社会活动的自由。②

社区关系专员署没有固定的职员，需要时就向其他部门借调；也没有下拨的经费，甚至连一个固定的办公室也没有。在格拉斯比任社区关系专员的头一年就发生了《种族歧视法》下一个具有标志意义的案例——科瓦塔诉贝耶克－皮特森和其他人案（Koowarta v. Bjelke-Petersen and Others）。事情的缘起是："土著土地基金委员会"（Aboriginal Land Fund Commission）试图代表约翰·科瓦塔（John Koowarta）以及威尼查纳姆部落

---

① Race Discrimination Commissioner, Human Rights and Equal Opportunity Commission, *Battles Small and Great-The First Twenty Years of the Racial Discrimination Act*, pp. 15 – 16.

② Bain Attwood and Andrew Markus, *The Struggle for Aboriginal Rights-A Documentary History*, p. 298.

（Winychanam Group）的其他成员去购买昆士兰境内一块王室牧场租地。根据以往的做法，没有昆士兰州政府的同意，这块租地是不能转让的。当时的昆士兰州政府拒绝了这一提议，理由以时任土地部长的话说："在昆士兰，已经为土著保留了充足的土地，这些土地可以为土著所使用并且造福于他们。"在安排购买土地方面非常积极的约翰·科瓦塔，对昆士兰州政府的这一态度表示不满，决定赴联邦法院起诉对方。起诉的理由是：昆士兰州政府违反了《种族歧视法》，特别是违反了该法第9条和第12条的有关规定。被告一方也不示弱，其辩护的理由是，《种族歧视法》的制定超越了联邦权限，因而是无效的。1982年，联邦司法部长将这一富有挑战性的诉讼案件带到高等法院寻求裁定。5月11日，澳大利亚高等法院法官以4∶3的表决结果对《种族歧视法》的有效性给予了支持。裁定书认为，《种族歧视法》的通过是联邦对外权力的有效行使，是执行1966年的《消除所有形式的种族歧视国际公约》精神的一个结果，而澳大利亚又是该公约的一个签字国，支持原告的诉讼主张符合联邦宪法第51条所规定的联邦对外权力。①

　　然而，必须认清的是，这一案件的胜诉除了《种族歧视法》具有适度的法律权威外，还有一个非常重要的原因，那就是该案件的裁决结果将直接影响到联邦议会或联邦政府的权威问题。昆士兰州政府素有挑战联邦政府权威的传统，而在一些并非大是大非的问题上，联邦议会或联邦政府或许可以做出一定的让步，但这次异于往常。《种族歧视法》是联邦议会通过的一部反对种族歧视的法律，适用于各州以及领地；任何州或领地都不得以任何理由质疑或否定这部法律的有效性，当然州或领地也不被允许寻机挑战联邦议会在全国性立法方面的权威性。所以，这是一个具有标志意义的制度上的裁定。

八　"人权委员会"的创设

　　在西方民族国家构建过程中，人权法案是一部较为常见的法案。人权

---

①　Race Discrimination Commissioner, Human Rights and Equal Opportunity Commission, *Battles Small and Great-The First Twenty Years of the Racial Discrimination Act*, pp. 16－17.

法案的目的就是保护公民最重要的权利免受侵害。① 澳大利亚是西方国家中唯一既未在宪法中提及人权也没有专门立法保护普遍人权的国家。不过，有人辩解说，澳大利亚联邦宪法虽然只字未提敏感的人权话题，但并不能说明人权在澳大利亚得不到应有的保护。澳大利亚需不需要有关人权的保护法案？这在联邦宪法草拟期间就成为一个争论不休的议题。多元文化建设期间，这再次成为一个焦点问题。

虽然联邦议会对人权立法采取了两党基本一致的路线，以及明显意识到有必要在这个议题上进行立法，但是，立法者们多年来在这样的法律将采取何种形式方面存在根本的分歧。早在 1973 年 11 月 21 日，澳大利亚司法部长尼奥内尔·莫菲就向联邦议会提交了两个法案，即《人权法案》（*Human Rights Bill*）和《种族歧视法案》。《种族歧视法案》于 1975 年获得通过，并于当年 10 月成为正式法律。而《人权法案》的命运似乎曲折一些。1977 年，这份议案被提交给联邦议会，但由于联邦议会的解散，该议案无法进入审读程序。1979 年，该议案再次被提交给联邦议会讨论，它却成为众议院和参议院之间争论和冲突的主题。与 1977 年的提案有所不同的是，1979 年的议案增加了这样的条款，即调解程序将与申诉调查联系起来进行。1981 年，《人权委员会条例》获得通过。澳大利亚从此有了自己的人权机构——"人权委员会。"

对于"人权委员会"来说，"人权"的定义已相当完备。已出台的国际人权机制或文件对此都做了明确的界定，所以，该委员会条例将这些文件列入附录，以备鉴用。列入附录的第一个国际人权文件是 1966 年 12 月 16 日被联合国大会通过的《公民权利与政治权利国际公约》（*International Covenant on Civil and Political Rights*）。这部文件阐明了所有人应该拥有的基本权利：（1）隐私权；（2）婚姻和家庭；（3）他们自己的语言、文化和宗教；（4）参与公共事务；（5）言论、流动、结社和集会的自由；（6）保护他们的生活的固有权利；（7）人的自由和安全；（8）免于有辱人格的待遇或处罚；（9）法律之下与他人的平等待遇。列入附录的第二个国际人权文件是 1959 年 11 月 20 日被联合国大会通过的《儿童权利宣言》（*Declaration of the Rights of the Child*）。该宣言重申儿童拥有以下权利：（1）姓名权和国籍权；（2）拥有在自由和有尊严的环境下充分成长的机遇；（3）给予充分

---

① "Bill of rights", http: //en. wikipedia. org/wiki/Bill_ of_ rights. 2113 – 03 – 22.

的关照、情感和安全感，包括出生前和出生后的护理；（4）教育；（5）如有生理缺陷将给予特殊的待遇；（6）保护不受虐待和不被忽视。列入附录的第三个国际人权文件是 1971 年 12 月 20 日被联合国大会通过的《智障人权利宣言》（*Declaration on the Rights of Mentally Retarded Persons*）。该宣言声称，所有智力有缺陷的人应拥有如下权利：（1）适当的医疗护理和治疗；（2）经济上的安全；（3）教育、培训和工作以及成为工会会员；（4）有一个合格的监护人；（5）对有可能拒绝给予这些权利的程序进行复审。列入附录的第四个国际人权文件是 1975 年 12 月 9 日被联合国大会通过的《残疾人权利宣言》（*Declaration on the Rights of Disabled Persons*）。该宣言规定所有残疾人均拥有下列权利：（1）尊重；（2）家庭和社会生活；（3）经济安全；（4）教育、培训、就业以及成为工会会员；（5）免受歧视性待遇。除上述四个国际人权文件外，"人权委员会"还尊重《种族歧视法》有关种族平等的条款。根据《种族歧视法》，基于种族的歧视是不合法的。不同种族被定义为源于不同肤色、血缘、民族或族群。①

"人权委员会"由一名主席、一名副主席以及 5～9 名其他成员组成。②所有成员均由联邦总督任命。委员会的主要功能包括：（1）对相关法令以及拟议中的法令进行检查，其目的是确定相关法令或拟议中的法令是否已经或将与人权存在不一致或相反的情况，然后将其检查结果向部长做出汇报；（2）调查任何可能与人权不一致或相反的法令或行为；（3）主动提议或应部长请求，向部长报告议会将要制定与人权有关的法律、联邦将要采取与人权有关的行动；（4）应部长请求并向部长报告，根据委员会的意见，为了遵守国际社会有关人权的公约与宣言的条款，联邦政府有必要采取哪些行动；（5）促进对澳大利亚以及海外领地的人权状况的认识、接受和公开讨论；（6）代表澳大利亚联邦去从事研究和教育项目以及其他项目，目的是促进人权以及对为了联邦利益而由任何个人或机构采取的项目进行协调。

1981 年 12 月 10 日"人权日"（Human Rights Day）当天，《人权委员

① Human Rights Commission, *Annual Report 1981 - 82*, *Vol. 1*, *Report for the Period 10 December 1981 - 30 June 1982*, Canberra: Australian Government Publishing Service, 1982, pp. 1 - 3.

② 澳大利亚司法部长皮特·杜拉克（Peter Durack）于 1981 年 9 月 25 日宣布了"人权委员会"第一届成员。达穆·罗马·米切尔（Dame Roma Mitchell）为主席，成员有 P. H. 贝利（P. H. Bailey）、E. 盖亚（E. Geia）女士、P. J. 鲍伊斯（P. J. Boyce）教授、N. C. 福特（N. C. Ford）女士、马努尔·阿诺尼（Manuel Aroney）教授、E. 哈斯丁斯（E. Hastings）女士和 C. D. 吉尔伯特（C. D. Gilbert）。

会条例》正式颁布。为纪念这一重要事件，联邦政府在联邦议会大厦的参议院会议厅举行了由澳大利亚以及国际社会的代表参加的庆祝仪式。澳大利亚联邦政府总理、司法部长以及"人权委员会"第一任主席分别在仪式上致辞。弗雷泽总理在讲话中重申了政府在人权保护与促进方面的立场，即澳大利亚将通过习惯法和成文法来对人权提供强有力的保护；政府将致力于维护澳大利亚作为一个国际上维护和推进人权的国家的声誉。他说："'人权委员会'的建立就是兑现选举的承诺。它反映了关注人权问题的一条独特路径，它有能力对澳大利亚人权进步做出创新性贡献。在考察人权问题时，该委员会将自主参鉴一系列国际人权声明，包括《公民权利与政治权利国际公约》、《儿童权利宣言》、《智障人权利宣言》和《残疾人权利宣言》。我要补充说明的是，澳大利亚对未来联合国《儿童权利公约》（*Convention on the Rights of the Child*）的批准并不会减损该委员会在 1959 年《儿童权利宣言》下承担的义务。这算是一部富有想像力和范围广泛的宣言。显而易见，在这样的框架内，该委员会对问题的思考的确是相对不受限制的。我确信，对澳大利亚来说，'人权委员会'代表了对人权的一种承诺，它比任何替代的举措都更加具有深远意义、重要且有效率。……"[①]"人权委员会"第一任主席达穆·罗马·米切尔在致辞中向总理保证，该委员会将对所遇到的挑战做出积极和建设性的回应，并将广泛地、无所畏惧地以及公开地解释这部条例。

《人权委员会条例》生效后，社区关系专员的自治权亦同时被取消。社区关系专员不再继续向联邦议会直接报告，而被要求与"人权委员会"进行合作，并通过后者向联邦议会报告。虽然社区关系专员继续履行申诉处理和调解的功能，但《人权委员会条例》则取消了社区关系专员独立的法定权力，包括在教育和研究方面的功能现在均成了"人权委员会"的职责。该委员会被授权允许各州在合作协定下处理种族歧视申诉案件。[②]"人权委员会"还被要求出台年度工作报告。

基于四个重要的国际人权文件以及《种族歧视法》，"人权委员会"对不同人群的权利和自由有着相当清晰的认识，并利用这些界定在一个更

---

① Human Rights Commission, *Annual Report 1981 – 82*, *Vol. 1*, *Report for the Period 10 December 1981 – 30 June 1982*, pp. 4 – 5.

② Race Discrimination Commissioner, Human Rights and Equal Opportunity Commission, *Battles Small and Great-The First Twenty Years of the Racial Discrimination Act*, p. 18.

加广泛的领域内开展工作，其主要任务就是向政府澄清与《人权委员会条例》相关的任何独特的人权问题。因为"人权委员会"相信，为了人权的保护和推进，现有的某些法律或做法是需要某些变化或改进的。根据《人权委员会条例》第30条，这些问题一旦被认定，就得直接上报联邦政府和联邦议会，从而引起它们的关注。

《人权委员会条例》的制定以及"人权委员会"的建立，是澳大利亚人权事业进步的体现。从凭借习惯法来维护人权到设立一个准专业的人权机构来调查、研究甚至提出解决人权纠纷的立法建议，这说明人权问题已得到澳大利亚联邦政府的重视。从《人权委员会条例》有关人权的定义所参鉴的四部国际人权文件来看，除《公民权利与政治权利国际公约》指涉所有人的权利外，其他三部是有专门指向的。一般而言，人权保护是指向人权被侵犯或被忽视的群体。这一群体的共同特点是社会地位低下，表现为既无政治地位，也没有经济上的安全，甚至连基本的人身安全都得不到保障。澳大利亚的土著就属于这样的群体。虽然这些文件并没有专门涉及土著群体，但人权定义的某些属性对像土著那样的特殊群体是有偏向意义的。《人权委员会条例》尤其提及《种族歧视法》，而且重申要加强对《种族歧视法》执行的管理，这对土著人权的保护是有意义的。所以，从这个意义上说，"人权委员会"的建立是唤起全社会对土著人权给予关注的一个重要步骤。

1975年当威特拉姆被英国女王解除总理一职时，不仅威特拉姆本人成了一个争议性的人物，继任的弗雷泽总理自然也难逃评论家的尖刻评判。有人认为，这是一场政治阴谋，受益者就是弗雷泽本人。现在回过头来看，这的确是一件政治趣闻。不过，事实告诉我们，弗雷泽并不打算让令其政治生涯减分的政权更迭事件成为一个公众不倦的谈资，所以上任后不久，他就以务实的态度重视国内经济建设，同时把多元文化建设置于一个应有的高度。对于自由党联盟来说，它所面临的一个问题就是如何在坚持本党政策路线的前提下去推进种族和解事业，因为种族和解路线已不是哪一个党派的方针，而是澳大利亚作为一个多元文化国家的战略选择。弗雷泽任期内就是在坚持本党一贯路线与奉行新的和解政策之间寻求一种平衡。因为唯有如此，他才能够在党内站稳脚跟，同时较为自信地面对在野党的挑战以及回应公众尤其是土著社会的利益诉求。仅以此观之，弗雷泽是一位较为成功的政治家，尤其在土著政策方面，他赢得的赞赏比对他的责难多得多。

第六章

种族和解实践的扩大

——鲍勃·霍克时期

1983年3月，工党在联邦大选中折桂，重回执政宝座。1991年12月，澳大利亚工党议员决定向鲍勃·霍克（Bob Hawke）（1983.3 ~ 1991.12）倒戈，致使后者成为在任工党领袖被自己的党派所罢免的第一位总理，但鲍勃·霍克政府仍是战后澳大利亚执政时间最长的工党政府。霍克在任期间，给人们的印象是，政府主要忙于国际事务，但事实上，土著问题成为他的政府最为关注的事务之一。他本人在回忆录中说："我不允许这种对国际环境的聚焦来分散政府对已走进我内心深处的国内事务即对澳大利亚土著需求的关注。"① 因此，霍克本人也以"土著的朋友"之名而载誉政坛。

对土著群体利益尤其是土著土地权问题的关注，是多元文化社会建设的一项重要内容，霍克政府为此承诺推动全国土地权立法工作。虽然这项工作并没有形成最终的法律文本，但它唤醒了全社会对这一问题的关注，并为下一届政府制定全国统一的土地权法做了思想上和舆论上的准备。

人权与机会均等互为相关。如果说人权侧重于政治领域的平等，那么机会均等则更加关注经济或社会生活中的关系。对于像土著那样的弱势群体来说，1986年成立的"人权与机会均等委员会"（Human Rights and Equal Opportunity Commission）为他们提供了一个申诉平台，使得《种族歧视法》的落实又增加了一个机制上的保障。"人权与机会均等委员会"成立后的第一项重要工作就是对发生在昆士兰小镇古恩

---

① Bob Hawke, *The Hawke Memoirs*, Melbourne: William Heinemann Australia, 1994, p.434.

迪温迪（Goondiwindi）的一次种族骚乱展开调查。此次调查揭示了诱发种族骚乱的深层原因，即体制上的种族歧视。它告诉人们：如想避免类似的种族骚乱再次上演，有关方面就必须重视和解决这一问题。体制上的种族歧视还体现在司法领域。司法不公损害的不仅仅是土著的基本人权，还有土著澳大利亚人对政府的信任。工党政府为此启动了对司法领域歧视土著政策的调查，这对防止日后这一领域的种族歧视是有警示意义的。

多元文化政策始于戈夫·威特拉姆时期，经过马尔科姆·弗雷泽时期的消化与探索，至鲍勃·霍克时期已基本成型。霍克政府在继承前两届政府政治遗产的基础上，逐步将多元文化社会建设纳入制度化轨道。这一时期旨在推进多元文化社会的管理和服务等机构的建立与完善，使得多元文化政策的制定与落实有了一个机制上的保障。当多元文化社会的理念已深入人心，并且体现在国家政策的制定以及人们的行为实践中时，如何将多元文化社会建设置于前所未有的政治高度，是《澳大利亚多元文化国家议程》（*National Agenda for a Multicultural Australia*）出台的战略考量。这一国家战略的制定不仅对当时多元文化社会的发展具有指导意义，而且对日后历届政府的多元文化政策必将产生深远影响。

多元文化社会的建设不仅需要政府制定国家战略，还需要土著社会的积极参与。因此在新的历史条件下，建立一个具有广泛代表性的土著代表机构不仅是土著社会的要求，也是政府解决土著问题不可缺少的重要条件之一。"土著及托雷斯海峡岛民委员会"（Aboriginal and Torres Strait Islander Commission）建立的意义就在于此。为表达对政府授意成立的这一土著代表机构的不满，一些土著部落长老和社区代表发起并组建了"土著临时政府"（Aboriginal Provisional Government）。这一较为激进的反应并不受政府欢迎，但也促使政府重视来自土著不同部落的政治诉求。成立"土著和解委员会"是霍克政府推进和解战略的重要步骤之一，其目标就在于通过教育让更加广泛的澳大利亚社会认识到造成土著社会—经济地位低下的原因，而且通过和解进程，试图与土著民族、澳大利亚的各种法人社团以及各级政府建立伙伴关系，来大幅改善土著的社会和经济状况，争取在2001年联邦建立百年之际实现种族和解这一宏伟蓝图。

一 全国土地权立法风波

"全国土著会议"主席罗伊·尼科尔斯曾经说过:"土地权很可能是今天土著民族最为关键性的问题。这不是一个所有权问题,而是一个主权问题。……今天,土著民族为他们的土地而战就是为维护他们的认同的权利而斗争。一旦有了作为一个国家的地位的意识,他们就有了认同的意识。一旦在法律上取得了土地权,他们就有一个安全之所。有了安全之所,他们就拥有主权以及决定他们自己未来发展的权利。……没有对土地的占有,混乱和流离失所就不可避免。没有主权,在可预见的未来,剥夺和依附就是大多数土著所面临的命运……。"①

在 1983 年的联邦大选中,霍克曾谈到有关全国土地所有权的立法问题。执政后,霍克政府承诺"如果有必要的话,将通过联邦立法"来否决州政府的立法以实现这一目标。②

霍克政府的首任土著事务部长克莱德·霍尔丁(Clyde Holding)(1983~1987 年)③宣称下述五项原则将是工党新政府拟议中的国家土地权法案的原则,它们是:(1)土著享有对土地不可剥夺的自由处置权;(2)对圣地的保护;(3)土著对与在其土地上开矿相关事务的掌控;(4)有权得到矿区使用费;(5)就失地补偿事宜进行磋商。

工党提议的全国土地权立法很显然是以 1976 年《土著土地权(北部领地)法》为蓝本的。可以说,这是一个对土著较为有利的原则。如果这些原则能在国家土地权立法中得到体现,那么这对土著土地权利的保护是有意义的。但是,霍克政府对立法过程中可能遇到的阻力却估计不足。对这些原则的反对主要来自矿业利益集团。这一派认为,土地所有权是对国家福祉的一大威胁。这场反对土地所有权原则的运动在西澳大利亚州表现抢眼。在这个"你只要在地上随便一挖,便有可能一下子发一笔无与

---

① Bain Attwood and Andrew Markus, *The Struggle for Aboriginal Rights-A Documentary History*, pp. 298 – 299.

② Robert Tickner, *Taking a Stand: Land Rights to Reconciliation*, p. 21

③ 克莱德·霍尔丁是自 1972 年设立此职以来的第 8 位部长,在维多利亚州任反对党领袖期间,曾因坚定地反对种族主义而声名鹊起。

伦比的大财"① 的州，矿业经济是其支柱产业，当然也是澳大利亚国家的支柱产业之一。独特的经济发展模式使得该州的矿业利益集团举足轻重，其影响可谓无处不在。1984 年，由"西澳大利亚矿业与能源小组"（Western Australian Chamber of Mines and Energy）给予大力资助的该州反土地权立法运动迫使布赖恩·伯克（Brian Bourke）领导的工党政府以较为务实的态度和现实的眼光来看待与经济相关的社会问题。在霍克领导的联邦政府有意推行全国土地所有权政策时，伯克政府就此举可能带来的政治风险向联邦政府发出警告。伯克预测，土地所有权将让澳大利亚工党在西澳失去 8 个议席。在各政治党派为 1984 年 12 月联邦选举而摩拳擦掌之时，伯克政府的警告对澳大利亚工党战略家无疑是当头棒喝。鉴于此，霍克总理很快易辙，宣布如果再次当选，他的政府将不遵守有关土地所有权五项原则中的第三条，从而避免了由于土著土地所有权而带来的一场政治危机。② 由此可见，土著土地所有权问题不只是一个涉及土著权益的问题，还关乎党派的政治命运。

　　土著组织被工党政府的表里不一和欺骗所激怒。1984 年 10 月 12 日，"全国土著会议"主席罗布·赖利（Rob Riley）在堪培拉"国家新闻俱乐部"发表演讲时，强烈谴责联邦政府在与矿业和牧场主阶层谈判而做出明显的妥协时没有考虑土著群体的利益，甚至推翻了它先前所持的土著在矿产开发方面拥有否决权的立场。赖利说，除非土著权利在 1988 年澳大利亚建国二百周年之际得到恢复，否则将呼吁采取更加直接的措施而不是继续磋商，土著的容忍之心"正消磨殆尽"。在土地权方面，赖利重申了他所声称的"土著的底线"，包括：在矿物资源开发方面拥有否决权；对土著土地权和习惯法的承认；享有自决权；要求获得赔偿的权利；直接得到矿产开发使用税以及对重要圣地的保护。赖利说："不论在短期内达成何种类型的土地权法，土著决不会放弃这些基本原则。"在赖利看来，土著被工党戏要了，因为就在前一年重新上台之际，工党曾宣称到 1988 年建国二百周年时澳大利亚将实现种族和解，但是，如今工党的土著政策已有明显的倒退。此时此刻，工党政府容易受到那些反对土著土地权的州政

---

① 〔美〕约翰·根室：《澳新内幕》，第 273 页。

② "Mabo/The Hawke Government's Failure to Live up Its Five Principles of Land Rights"，http：//www.mabonativetitle.com/info/hawkeGovtsFailure.htm.2009 - 09 - 21.

府和组织的胁迫，而没有去做正面的回击。"我们对澳大利亚工党由于保守主义政治家、既得利益集团诸如矿主和牧场主以及其他附属组织在土地权方面不受挑战的攻击所表现出的畏手缩脚而感到厌倦，他们似乎如此不费吹灰之力和如此有效地对这届政府施加了威胁，我们厌倦于政府做出不断的未加兑现的承诺：即它将代表我们以及为捍卫它自己的承诺和诚实而对这些批评做出反应。"①

1985 年 1 月，霍克政府委托有关机构就公众对待土地所有权问题的态度进行调查。阿诺普（The ANOP）的民意测验表明，社会公众对这一问题给予了极大关注，特别是对土地权可能对个人财富带来影响感到忧虑。民调显示：只有18%的受访者赞成土地权立法，52%的人"温和地"表示反对，有24%的人表示"坚决"反对。② 表面上看，这些数字表明了绝大多数公众对土地所有权的立法还是持不赞成态度。

但是，真实情况也许并非如此。因为在解读一个如此简单的民意测验结果时，没有办法了解受访者是否懂得"土著土地权"的真正含义。如果霍克政府做出持续的努力去解释基于与其他澳大利亚人所享受的同等的根本人权而去反对对土著财产的任意剥夺，那么民意测验的结果则有可能是另外一种情况。但是，霍克政府并未付出这方面的努力。由于经济下滑以及经济理想主义的兴起，采取勇敢的政治行动去帮助这个社会最弱势群体的时机似乎并不成熟。正如克里斯廷·詹妮特（Christine Jennett）所解释的那样："这种气候导致在土著事务方面的支出被越来越多的澳大利亚人所批评，且有越来越多的敌意。诸如资助由土著管控的事务，特别是土地权，逐渐被一些政客和媒体描述为对土著的优待。"③ 而作为霍克政府的第一任土著事务部长，克莱德·霍尔丁除了态度生硬粗暴以及性情鲁莽外，他有着绝大多数土著事务部长相同的政治处境。罗伯特·蒂克纳对克莱德·霍尔丁的评价是："最终，他像迄今为止所有土著事务部长一样，由于……总理的决定，一个非内阁部长只是在涉及土著事务问题时才受邀

---

① "Aboriginies Losing Patience with Labor: NAC Chief", *The Age*, 12 October, 1984.

② Christine Jennett, "Aboriginal Affairs Policy", in Christine Jennett and Randal G. Stewart (eds.), *Hawke and Australian Public Policy*, Melbourne: Macmillan, 1990, p. 278.

③ Christine Jennett, "'Aboriginal Politics' and 'The Movement of Indigenous People's Rights: Land Rights and Self-Determination'", in James Jupp (ed.), *The Australian People: An Encyclopedia of the Nation, Its People and Their Origins*, Cambridge: Cambridge University Press, 2001, p. 124.

进入内阁私密办公室。在那里，他被对土著的希望持漠不关心态度的众多经济理性主义者所牢牢地压制。"① 罗伯特·蒂克纳的评价揭示了霍克政府的真实境遇。首先，尽管鲍勃·霍克被刻画成一个"把土著权利事业视为国家优先考虑的问题，并且对这项事业做出了热情承诺"的总理，②但该责任并没有延伸至出席内阁会议的部长身上；其次，工党内阁被反土著的（即种族主义者）、经济的理性主义者所主宰。正因为霍克政府受到种族主义者的影响，它那几乎立即进行的全国统一土地权立法工作却显露夭折的征兆。

在"澳大利亚矿业委员会"大量美元宣传攻势的压力下，鲍勃·霍克不得不与对方进行秘密磋商。在磋商中，鲍勃·霍克"表明了他个人对土著拥有否决权（指矿产开采否决权）的反对立场"。③ 而且，当布赖恩·伯克发起一场"不光彩的争取州权利运动"后，霍克政府遂对拟议中的立法进程泼冷水（water down）。布赖恩·伯克面临即将到来的选举，他的态度明确而坚定：他的政府不会恪守联邦政府的规定。如果他的党派被迫这样做，那么他将辞官不做。当被迫面对这一挑战时，联邦工党政府干脆撤销了有关土地权立法的提案。④

1985 年 5 月，有 800 人在堪培拉举行了为期一周的示威游行。5 月 16 日，土著闯进在沃顿（Woden）的土著事务办公室。⑤ 这就是赖利所称的将采取更加直接措施的具体体现。

不难看出，工党政府与土著之间所谓的蜜月期已宣告结束。克莱德·霍尔丁宣布，联邦政府将推迟土地权立法进程。7 月，他又承认，土地权立法工作将被无限期推迟。这一决定耐人寻味。用皮特·里德的话来说："全国统一的土地权已经夭折。"⑥ 其实，克莱德·霍尔丁此时仍希望他能劝说北部领地土地委员会放弃 1976 年土地权法中为他们争取到的否决权。这样一来，全国统一的土地权立法提案就更容易兜售。但是，无论是北部领地土地委员会还是其他地方的土著组织都不愿意接受如

---

① Robert Tickner, *Taking a Stand：Land Rights to Reconciliation*, p. 23.

② Robert Tickner, *Taking a Stand：Land Rights to Reconciliation*, p. 21.

③ Robert Tickner, *Taking a Stand：Land Rights to Reconciliation*, p. 295.

④ Dean Jaensch, *The Hawke-Keating Hijack*, Sydney：Allen & Unwin, 1989, p. 116.

⑤ Peter Read, *Charles Perkins：A Biography*, p. 297.

⑥ Peter Read, *Charles Perkins：A Biography*, p. 299.

此一个被阉割的立法样式。1986 年 3 月，克莱德·霍尔丁承认全国土地权立法工作已经失败，因此不得不撤销拟议中的联邦立法模式，退回到寻求一种"在可能的情况下，通过与州的合作来推进土著人民利益"的政策。①

工党政府的这一决定是在党派政治环境下将赢得大选视为压倒一切的政治任务的背景下做出的，是慑于矿业和牧场主利益集团压力的结果。这一决定对土著争取土地权益将产生消极影响。有学者认为，放弃全国土地权立法将进一步强化土著的依附地位以及土著在与澳大利亚国家关系中缺乏应有的影响力。"这种无能为力由于霍克政府对《土著土地权（北部领地）法》的修改而得到进一步证实，修改后的土地权法事实上使得政府允许在土著所有的土地上进行开矿"。《堪培拉时报》则进一步评论说："政府在全国土地权立法方面的不体面食言只是这一事实的最大特征，即对于现在的政府而言，为维护强大的既得利益，土著的福利处于绝对从属地位。"

政府的言而无信反而让土著领袖抬高了与政府要价的筹码。在迎接即将到来的澳大利亚建国二百周年纪念的几年间，土著社会活动家以多种方式反映其诉求与主张，如律师出身的米歇尔·曼索尔（Michael Mansell）等人就力图把土著政治带上国际舞台，尽管这可能是一个危险的战略，因为它可能疏远那些潜在的非土著的支持者，而且可能让其他土著社会活动家感到灰心，但这种方式在 80 年代常常被使用，尤其是当世界的目光聚焦在澳大利亚身上时，土著往往会应时造势。不仅如此，土著甚至扬言要瓦解即将到来的 1988 年澳大利亚建国二百周年的庆典。这让霍克政府紧张不已。此言并非虚张，因为在 1982 年，超过 3000 名土著及托雷斯海峡岛民成功地打破了昆士兰州自由党政府颁布的布里斯班英联邦运动会期间不许游行的禁令。② 此外，土著激进组织于 1979 年建立了"伦敦土著信息中心"（London Aboriginal Information Center），土著国际联系网络随即形成。从此，土著社会活动家的言行在全球范围内的流播就不再有大的障碍。这对澳大利亚的国家声誉构成了一个非常现实的威胁。③

---

① Frank Brennan, *Sharing the Country*: *The Case for Agreement between Black and White Australians*, Ringwood: Penguin Books, 1991, p. 72.
② Scott Bennett, *Aborigines and Political Power*, pp. 18 – 19.
③ Bain Attwood and Andrew Markus, *The Struggle for Aboriginal Rights*: *A Documentary History*, p. 279.

霍克政府的应对之策就是尽力淡化土著社会活动家所强调的焦点问题。1987 年 7 月 14 日，霍克宣布"以前的土著事务部将被取消，建立由查尔斯·珀金斯任行政长官的新土著及托雷斯海峡岛民委员会"。① 不久，克莱德·霍尔丁的土著事务部长之职由格里·汉德（Gerry Hand）取而代之。格里·汉德很快宣布新委员会将于 1988 年 7 月 1 日开始运转。显而易见，这一声明的目的在于安抚准备在 1988 年庆典期间举行游行示威的土著活动家，但"土著及托雷斯海峡岛民委员会"直到 1990 年 3 月才实际建立。

二　"人权与机会均等委员会"的建立

澳大利亚独特的政治制度使得人权问题似乎比很多国家更加复杂。这种独特性不仅体现在联邦宪法中没有保护基本人权的具体条款，而且存在于州或领地这种相对独立的政治实体与联邦之间以及议会两院之间的相互钳制方面。这些客观因素的存在无疑增加了"人权委员会"发挥重要作用的难度。为了与法定的《人权委员会条例》相一致并照顾到方方面面的利益，"人权委员会"不得不注意自己的工作方式。尽管如此，"人权委员会"还是摆脱不了受制于人的局面。

1985 年，有关《澳大利亚人权法案》（*Australian Bill of Rights*）必要性的讨论再次表面化。在经过公开的激烈辩论后，10 月，该法案被提交给联邦议会辩论。尽管该法案由司法部长尼奥内尔·鲍温（Lionel Bowen）提交给联邦议会，但实际上它是参议员加雷斯·埃文斯（Gareth Evans）个人努力的结果，且在根本上是基于他先前拟定的草案。该草案提供了一个通过建立支持性的管理机构使得国际社会有关公民与政治权利的公约能够应用到澳大利亚国内人权保护领域的框架。第二年，联邦议会通过了《人权与机会均等条例》（*Human Rights and Equal Opportunity Act*）。

《人权与机会均等条例》由三部分组成。第一部分为序言；第二部分为"人权与机会均等委员会"，其中第二部分 A 为"土著及托雷斯海峡岛

① Robert Tickner, *Taking a Stand*：*Land Rights to Reconciliation*，p. 50.

民正义专员"、第二部分 B 是"对不合法的种族歧视的纠正"、第二部分 C 为"其他机构对种族歧视判定和决断的参照";第三部分是"其他事项"。

《人权与机会均等条例》继承了《人权委员会条例》的很多条款,比如前言部分有关"人权"的界定与《人权委员会条例》的界定基本相同,只不过在附录中增加了一个新的国际人权文件,即《就业与职业方面歧视公约》(Convention Concerning Discrimination in Respect of Employment and Occupation)①,这主要是突出"人权"广义中的"机会平等"的因素。与"人权委员会"不同的是,"人权与机会均等委员会"的组成人员中,除一名主席属非全职人员外,另设人权专员(Human Rights Commissioner)、种族歧视专员(Race Discrimination Commissioner)、土著及托雷斯海峡岛民社会正义专员(Aboriginal and Torres Strait Islander Social Justice Commissioner)、性别歧视专员(Sex Discrimination Commissioner)以及残疾人歧视专员(Disablity Discrimination Commissioner)。对这些专员的任职资格都有较为严格的要求,比如《人权与机会均等条例》第 8 条载明:人权专员是一个由总督任命的全职成员,除非此人具有合适的资格、知识或经验而让总督感到满意,否则就不适宜被任命为人权专员。

"人权与机会均等委员会"是根据《人权与机会均等条例》而成立的。② 该委员会是一个法人机构,可永久继承;可以取得、拥有和处置不动产和个人财产;可以它的法人名字起诉和被起诉。《人权与机会均等条例》阐明了该委员会的权力、责任以及功能。条例第 13 条第 1 款是这样规定的:"人权与机会均等委员会"有权去做所有被认为有必要的或为其职能行使提供便利或有所关联的事情;第 13 条第 2 款规定了委员会的基本责任,即委员会任何时候就它在行使职能的过程中遇到的任何问题都可以向部长③汇报,或者应部长之要求而这样做。第 12 条明确了该委员会的主要责任就是保证在"每个人是自由的以及在尊严和权利方面是平等的原则下"来实现它在该条例下的功能。

关于"人权与机会均等委员会"的功能,该条例从"人权"与"机

---

① 1958 年,"国际劳工组织"大会正式通过了《就业与职业方面歧视公约》。

② 1986 年 12 月 10 日成立的。

③ 这里是指司法部长。

会均等"两个方面进行了规定。在人权领域，条例第 11 条第 1 款下的 14 个小项都涵盖了人权的内容。其中重要条款有（a）委员会的功能是根据 1975 年的《种族歧视法》、1984 年的《性别歧视法》以及其他法律来授予的；（f）可以调查任何可能与人权不一致或相悖的行为或惯例；（g）推动对澳大利亚人权的认识、接受与公共讨论；（h）为了促进人权发展，委员会代表澳大利亚联邦去从事研究和教育项目以及其他项目；代表澳大利亚联邦对由其他人或权威机构所从事的这类项目进行协调；（j）就联邦议会有关人权问题进行立法或联邦政府在与人权有关的问题上采取对策主动地或应部长之要求向部长做出汇报；（k）为了遵从公约、宣言或其他相关的国际人权文件，澳大利亚有必要采取哪些措施，该委员会应主动地或应部长之要求向部长做出汇报。

在"人权与机会均等委员会"有关"机会均等"方面的功能，该条例第 31 条下辖 10 个小项对此进行了详细规定。其中重要条款有（a）对于现行的或拟议中的法令是否对就业或职业的机会均等产生失效或损害作用，该委员会有责任对此展开调查，并把调查结果呈报部长；（b）委员会应调查有可能构成歧视的任何行为或惯例；（c）委员会有责任去推进对在澳大利亚就业和职业中的机会均等和待遇平等的认识、接受和公共讨论；（d）为了促进就业和职业中的机会均等和待遇平等，委员会代表澳大利亚联邦去从事研究和教育项目以及其他项目，代表澳大利亚联邦对由其他人或权威机构所从事的这类项目进行协调；（e）就联邦议会有关就业和职业的机会均等和待遇平等进行立法或联邦政府在这方面采取对策主动地或应部长之要求向部长做出汇报。

《人权与机会均等条例》还对功能的行使条件进行了设定。如与"人权"有关的功能的行使，条例第 20 条第 1~8 款则涉及这方面的内容。其中第 1 款规定，委员会将在下列情况下行使职能：（a）应部长之要求；（b）收到声称某种行为或惯例与人权不一致或相悖的书面投诉；（c）对委员会来说，这似乎是值得做的。第 2 款规定，委员会可以决定不对某种行为或惯例进行调查，或者，如果委员会已着手调查某种行为或惯例，那么在下列情况下，它也可以决定不继续开展下去：（a）委员会相信，某种行为或惯例与任何人权没有不一致之处；（b）受到不法侵害的人并不希望开展调查工作或将调查工作继续下去，委员会对此感到满意；（c）其他特殊情况，如委员会认为投诉者无聊、无理纠缠、设想错误或缺乏实质性证据等。第 3 款规定，在向委员会递交有关投诉的两个月有效期期满前，委员会决定是否对此展开调查。第 4 款规定，当委员会决定对递交上来的有关行为或惯例的投诉不展开调查或不再继续调查时，那么它就应该立即出具书面意见并阐明做出这种决定的原因。条例第 32 条就与"机会均等"有关的功能行使也做出类似要求。①

《人权与机会均等条例》的颁布，对澳大利亚建立一个人权与机会均等的社会将会产生积极影响。

《人权与机会均等条例》是一个"建立人权与机会均等委员会的条例，为有关人权、平等的就业机会以及相关目的预作安排的条例"。"人权与机会均等委员会"由此取代了"人权委员会"。该委员会的成立意味着社区关系专员不再行使其职能，由种族歧视专员取而代之。② 与《人权委员会条例》相比，《人权与机会均等条例》最显著的特点就是增加了与"机会均等"有关的条款。这里的"机会均等"主要是指每个人拥有的就业机会是均等的，其职业待遇也应该是同等的。根据《就业与职业方面歧视公约》的相关规定，"就业"和"职业"中的歧视包括基于种族、肤色、性别、宗教、政治观点、民族出身或社会起源而做出区别对待、排斥和偏爱的安排。③ 就澳大利亚的社会实践来看，土著民族无疑深受就业或职业中的歧视之苦。在绝大多数白人眼中，土著懒惰、不守时、交流困难、工作效率低下，因此，很多工作都不适合他们去做。即使土著拥有这样的工作，其待遇也只能是白人的几分之一。所以在澳大利亚，大多数土著只能从事白人所不愿做的一些工作，这些工作大多强度大、环境差、待遇低。在《人权与机会均等条例》颁布之前，土著即便对他们在就业或职业中所受到的种族歧视颇有怨言，也大多投诉无门，只得忍气吞声。《人权与机会均等条例》生效之后，作为一个法定的、独立于政府的专业性的受理投诉、监督或咨询机构，"人权与机会均等委员会"不仅承担了对直接或间接地违反人权以及种族歧视的调查、研究的任

---

① "Human Rights and Equal Opportunity Commission Act 1986, No. 125 of 1986", http://www. austlii. edu. au/au/legis/cth/num_ act/hraeoca1986512/s20. html. 2015 – 09 – 07.

② Race Discrimination Commissioner, Human Rights and Equal Opportunity Commission, *Battles Small and Great-The First Twenty Years of the Racial Discrimination Act*, p. 20.

③ "Human Rights and Equal Opportunity Commission Act 1986, No. 125 of 1986", http://www. austlii. edu. au/au/legis/cth/num_ act/hraeoca1986512/sch1. html. 2015 – 09 – 07.

务，而且肩负着向联邦议会或联邦政府提出立法或政策建议的责任。①
联邦议会或联邦政府所给予的信任以及包括土著在内的那些在就业或职
业中受到歧视的群体的期待，使得"人权与机会均等委员会"自成立以
来一直把建立一个公正与公平的社会视为己任，从而赢得了澳大利亚社
会的广泛赞誉。

三 图姆拉调查及其影响

1986 年 12 月 10 日，第一位种族歧视专员艾琳·莫斯（Irene
Moss）走马上任，任期七年。与社区关系专员不同的是，由于有"人
权与机会均等委员会"的支持，她有着充足的资源去从事与种族歧视
有关的调查与研究项目。这些研究项目将揭示主流社会并未完全意识
到的体制上的种族歧视以及实际存在的种种障碍。作为一名律师，艾
琳·莫斯对《种族歧视法》的作用有着充分的认识。作为"新南威尔
士反种族歧视局"（NSW Anti-Discrimination Board）的一名前高级协调
员，她意识到土著以及非英语背景的种族在澳大利亚社会生活与工作
中所面临的种种挑战。她在接受记者采访时说："高等法院确认了《种
族歧视法》的有效性并且表明了它的重要性。该法案不只是简单地解
决种族冲突，它还让澳大利亚人去了解种族冲突，如图姆拉调查
（Toomelah Inquiry）就开始显示出种族冲突的含义。"② 艾琳·莫斯所提
到的图姆拉调查事件鲜为人知，但它在澳大利亚反种族歧视进程中的意义
却是不容低估的。

1987 年 1 月 10 日，在昆士兰小镇古恩迪温迪发生了一场种族骚乱。
在那次骚乱中，有 9 人受伤，宾馆和商店遭到不同程度的破坏。来自图姆
拉（Toomelah）和鲍伽比拉（Boggabilla）附近的 17 名土著受到了指控。
事后，"人权与机会均等委员会"决定对这场由土著与非土著之间紧张的

---

① Rhonda Evans Case, "Friends or Foe? The Commonwealth and the Human Rights and Equal
Opportunity Commission in the Courts" *Australian Journal of Political Science*; Vol. 44, No. 1,
March 2009, pp. 57 – 58.

② Race Discrimination Commissioner, Human Rights and Equal Opportunity Commission, *Battles
Small and Great-The First Twenty Years of the Racial Discrimination Act*, p. 21.

种族关系演变而来的骚乱展开调查。

冲突已经发生，有关方面需要做的就是稽查真相、细究成因以及预防此类事件的再次发生。过去，人们常常带有种族主义的偏见，很少用理解的眼光来看待这场骚乱。然而，"人权与机会均等委员会"在事发之后的调查却把关注的重点放在酿成此次冲突更广泛的原因方面。为获取第一手材料，艾琳·莫斯专员在骚乱后立即赶赴这一地区进行实地走访。

艾琳·莫斯注意到，建于1838年的古恩迪温迪是一个相对富裕的地区中心，为昆士兰州所管辖。它为周围的农场、小城镇以及居住地提供生活服务。这一地区的失业率低于全国平均水平，所有必要的教育、健康、娱乐以及市政设施可以说应有尽有。而一河之隔属于新南威尔士的鲍伽比拉是一个相对较小且失业率稍高于全国平均水平的较为贫困的地区。这个城镇有几条封闭的道路，街上有路灯，城市有自来水，有排污设施和排水系统，有商场和娱乐设施。与古恩迪温迪拥有4000人口相比，鲍伽比拉只有500居民，其中8%是土著。图姆拉是一个位于鲍伽比拉东南18公里的居住区。这个城镇的所有人口均是土著，有超过三分之二的人口年龄在20岁以下。社区有一所小学和一个健康诊所。其住房无论在质量上还是数量上都差强人意。自来水限量供应，每天供应两次。这个地方没有基本服务设施，道路坎坷不平，没有垃圾收集箱，没有路灯，甚至连商店也没有。[①] 古恩迪温迪爆发种族冲突的根本原因在于土著与非土著之间生活水准以及他们对社会和经济期望的差距。艾琳·莫斯专员调查后得出结论说，图姆拉人所遭受的贫困是种族歧视的结果。她建议，"人权与机会均等委员会"应开展一项对图姆拉和鲍伽比拉地区土著生活贫困状态的公开调查。这一建议受到了重视。1987年7月，调查工作启动。这项工作由"人权与机会均等委员会"主席马库斯·埃因福德（Marcus Einfeld）法官、詹姆斯·基伦（James Killen）爵士以及凯耶·芒迪恩（Kaye Mundine）女士共同负责。

此次调查发现，图姆拉地区存在令人吃惊的教育水平低下的问题。

---

① Michael Eller, *Human Rights Legislation and the Educational Administrator: An Australian Case Study*, Darwin: Australian Council for Education Administration National Conference, 1992, p. 11.

根据 1981 年的人口普查数据，新南威尔士年龄在 15 岁及以上的人群当中，中学毕业的只占 28%，鲍伽比拉为 16.3%，而图姆拉仅 3.1%。幼儿园设在一个危险的且已废弃不用的机器棚里。在给调查组提供的证据中，古恩迪温迪州高级中学的校长让调查组相信，政府从未做什么来满足土著学生的特殊需求。而满足土著学生特殊需求的必要性早已白纸黑字写在 1984 年《土著及托雷斯海峡岛民教育》（*Education of Aborigines and Torres Strait Islander*）的官方文件中。① 除教育被给予重点调查外，其他问题也受到了应有的关注，如土著儿童的性侵、公共场合以及在提供公共服务方面存在的种族歧视等。调查报告对各级政府在住房、健康和教育方面有意忽视土著的做法进行了谴责，并对在这样一个发达的国家存在生活和教育水平如此低下的现象感到羞耻。为此，报告提出了一些具体的补救或改进建议，并把相关建议送达各责任部门。对于此次调查的意义，艾琳·莫斯专员说："该项调查不仅在冲突的原因上把结构性的种族歧视提升至全国关注的层次，而且试图在图姆拉寻找真正的解决方案。"②

在图姆拉调查之后，种族歧视专员对于广泛的体制上的种族歧视问题给予了更多的关注。调查显示，很多土著城镇和社区在贫困程度方面与图姆拉几无差别。在该调查之后，这些土著城镇和社区纷纷提出了抗议。于是，政府进行了一次对土著及托雷斯海峡岛民特别是偏远社区饮用水供应以及环境卫生状况的广泛调查。这项调查工作有 8 个土著社区的参与，包括那些居住在乡村城镇内或边缘的社区，那些生活在前传教站的社区，那些选择更加传统的生活方式而没有永久城镇的社区，还有来自托雷斯海峡不同岛屿的 2 个社区。这项研究持续数年，并且有着更广泛的发现，形成的最终报告涉及土著社区的社会、政治和法律等方面的问题。③

---

① Michael Eller, *Human Rights Legislation and the Educational Administrator: An Australian Case Study*, p. 4.

② Race Discrimination Commissioner, Human Rights and Equal Opportunity Commission, *Battles Small and Great-The First Twenty Years of the Racial Discrimination Act*, p. 22.

③ Race Discrimination Commissioner, Human Rights and Equal Opportunity Commission, *Battles Small and Great-The First Twenty Years of the Racial Discrimination Act*, p. 26.

四 对土著司法公正的重视

（一）司法领域对土著的歧视

在澳大利亚，很少有法律来保护土著的生命、财产、土地或公民权。"盎格鲁—澳大利亚的司法制度成为压迫土著及托雷斯海峡岛民的一种工具。"这种司法制度让土著群体麻烦不断，迫使他们接受不相容的法律程序，并且无辜坐牢。年轻的土著常因莫须有的罪名被关进禁闭室而意外死亡，而白人对土著的犯罪指控却不留下任何记录。

白人对土著的歧视由来已久。在维护白人利益及其特权的背景下，土著人权受到了蔑视或根本就没有人权可言。对人权的侵犯尤为明显地产生于司法制度的运作之中，而对土著动用暴力和恫吓手段常常为司法不公埋下伏笔。凯尔文·康德伦（Kelvin Condren）案件就提供了这方面的注脚。1984 年，凯尔文·康德伦因谋杀帕特里夏·卡尔顿（Patricia Carlton）而被判终身监禁。康德伦和卡尔顿都是居住在伊萨山的土著。这个案件的判决结果引起众议。康德伦一直声称在向警方做询问笔录前，他受到了警察的攻击和恫吓，询问笔录的内容大多是警察伪造的。三位土著证人也声称，他们向警方所做的陈述是虚假的，是警察用恫吓、强迫和攻击的手段让他们做伪证的。1987 年，康德伦不服判决结果，向昆士兰刑事上诉法院（Queensland Court of Criminal Appeal）递交上诉申请，但是，证明康德伦无辜的证据却未被法院采信。特别精通土著英语和法律程序的语言学家迪亚娜·伊兹（Diana Eades）博士向法院出示证据，证明警察询问笔录的语言模式与昆士兰州土著所使用的语言模式并不一致。[①] 这对土著极不公平。伊兹的证据被法院以各种理由而拒绝，其中一条是康德伦只是"混血土著"，因此不在伊兹博士所描述的群体内。在第一次上诉期间，法院只接受了康德伦向警察所做的未经证实的坦白，而无视对其真实性存疑的大量证据。在澳大利亚高等法院的干预以及

---

① 土著英语一般被用来指代不同方言的统一体。这些方言在结构特征，尤其是在音韵学、词法和句法等特征方面与标准的澳大利亚英语有所不同。最近的研究表明，即使说话者使用土著上层社会的英语，这种英语与标准英语仍存在微妙差别，在重要的实用性特征方面更是如此，比如提问和回答问题的方式就有差异。

在昆士兰新工党司法部长做出对此案件进行复审的承诺后，1989 年，此案又回到昆士兰刑事上诉法院。康德伦声称自己是无辜的，"忏悔"（'confession'）不是他说的话。对"忏悔"的社会语言学的研究揭示了语言使用的令人吃惊的矛盾。[1] 1990 年，康德伦被无罪释放。[2] 这一案件的来龙去脉既说明两种文化的法律语境差异，又充分暴露了澳大利亚司法领域存在根深蒂固的歧视土著的现象。

1983 年 10 月 7 日晚，在西澳大利亚的罗旁尼（Roebourne），约有 100 名土著对当地一位名叫约翰·帕特（John Pat）的 17 岁土著死于警察拘押表示不满。愤怒的人群一边高喊着"谋杀犯"等口号，一边抢劫了附近旅馆的酒品区，打碎了门窗和家具，并与当地警察发生冲突。[3] 1984 年，曾被指控杀害约翰·帕特的五名白人警察被宣布无罪后，出于对土著人权的保护，一些土著因此组建了"捍卫黑人权利委员会"（Committee to Defend Black Rights）。该委员会主席海伦·博伊尔（Helen Boyle）说："拘押期间一些土著的死亡已经公之于众，但绝大多数没有公开。我们鼓励这些受害者家庭说出来，寻求正义。……"该委员会呼吁就土著年轻人在关押期间死亡事件成立一个皇家调查委员会。这一呼吁导致了一个对土著监禁致死的全国性调查。

1986 年 9 月 11 日，《时代报》刊发了题为"论黑人正义之路"的文章。文中称，五户土著家庭的失望情绪在房间弥漫。他们都有一位家庭成员在被警察拘留期间或在监狱死亡，他们所有人都对他们认为的不充分的死因调查而感到不满、恐惧、愤怒和绝望，他们已束手无策了。当他们讲述一个又一个经历时，一幅幅令人恐惧的画面出现了：警察与土著之间糟糕的关系；对轻微犯罪的不停抓捕、威胁、驱赶、暴打；土著在拘押以及服刑期间的意外身亡；对黑人和白人证人的明目张胆的恫吓；自相矛盾的警方证据；死者衣服的"失踪"；还有验尸后心脏与大脑的"失踪"等。这五户家庭于 9 月 11 日从悉尼开始了全国演讲之旅，计划于 9 月 28 日即约翰·帕特死亡周年那一天结束。他们从民权组织、法律和医疗组织以及

---

① Diana Eades, "The Case for Condren: Aboriginal English, Pragmatics and the Law", http: // www. sciencedirect. com/science/article/pii/0378216693900809. 2015 – 08 – 23.

② Chris Cunneen, *Conflict, Politics and Crime-Aboriginal Communities and the Police*, pp. 116 – 117.

③ "Tension Over Young Black's Death Erupts Into Violence", *The Age*, 8 October, 1983.

其他组织那里寻求支持，以敦促当局对土著之死展开调查。海伦·博伊尔还援引了监狱的一组数字来支持该委员会的观点，即在澳大利亚存在两种法律——黑人法律和白人法律。"澳大利亚总的关押率是十万分之 60，但黑人的关押率为十万分之 726。在西澳大利亚，土著被监禁的比率是平均数的 20 倍，因不明原因致死的比例亦高。在南澳大利亚，现身法庭而有可能在监狱服刑的土著比例是白人的四倍。"①

（二）对土著监禁致死的全面调查

在多元文化社会建立前以及建立过程中，种族冲突较为频繁，种族犯罪率较高。这是事实。但让外界大惑不解的是，何以在拘押以及服刑的土著死亡率偏高。有关部门被要求对这一现象做出解释，但很难自圆其说。土著权利组织以及那些在拘押以及服刑期间死亡的土著及托雷斯海峡岛民的家属多次请愿，要求政府给一个说法。在这种情况下，1987 年 8 月 10 日，霍克总理宣布成立一个皇家委员会，专门调查在各州和地区监狱中被关押的土著死亡的真实原因。10 月 16 日，澳大利亚总督颁布《专利证》，批准成立"土著监禁致死皇家调查委员会"（Royal Commission into Aboriginal Deaths in Custody）。

皇家委员会于 1987 年开始举行听证会，持续了 4 年，止于 1991 年。这期间，该委员会详细检视了 1980 年 1 月 1 日至 1989 年 5 月 31 日发生在州和地区监狱的所有死亡案件。该委员会在澳大利亚各主要城市、小城镇举行听证会，给予与狱中死亡案件有关的每个当事人陈述与出示证据的机会。在维多利亚，皇家委员会还被要求对同期死于拘禁的 3 名库里人（Koori）② 的死因进行查证。③

就在委员会调查期间，又有一位 19 岁的土著青年在南澳大利亚的一警察拘留室中死亡，而同室的另一位土著据说自杀未遂。1989 年 7 月 5 日，"捍卫黑人权利委员会"说，它将请求联合国给澳大利亚政府施加压力，要求对方通过立法来减少土著在押人数。该委员会公共关系官员格雷

① "On the Road for Black Justice", *The Age*, 11 September, 1986.

② 库里人是生活在维多利亚、新南威士部分地区和塔斯马尼亚岛的一部分原住民的自称。

③ "Royal Commission into Aboriginal Deaths in Custody（1991）", http：//www. justice. vic. gov. au/home/your + rights/indigenous + Victorians/aboriginal + justi…2012 – 08 – 04.

格·伊陶克（Greg Eatock）说，该委员会将寻求对联邦政府施压，要求其通过立法来惩治那些在土著拘押期间没有遵守有关管理规定和程序的人。他说："皇家委员会（调查黑人监禁致死）即将结束其使命，而我们的人民仍在死亡。"[1]

在由委员会调查的 99 个死亡案例中[2]，每一个案例都有一个或多个卷宗。有些案例较为简单，只有数个卷宗；有些案件如自杀就有委员会调查得来的材料以及来自原来的《验尸官报告》（Coroner's Report）、福利卷宗、社会安全卷宗和医疗记录等的额外材料几千页。

调查记录包括公众报告以及听证会、"委员会犯罪学调查部门"的调查文件，以及其他特别委托的历史、社会和经济调查文件。[3] 在对资料进行整理、甄别之后，皇家委员会撰写了一系列报告，包括对被调查的每个死亡案件的报告。1988 年 12 月 21 日，该委员会拟定了一个临时性报告。1991 年 4 月 15 日，最终报告完成。这是一部首次广泛承认白人压迫者强加在土著身上的不公正的重要的官方文件。该报告披露了很多令人震惊的事实。

皇家委员会在调查中发现，土著在监狱中死亡的可能性不比非土著人大。他们的高死亡率是由于在监狱中的服刑人数比例高。如果这一结论可靠的话，那么为何有那么多的土著被关进监狱？调查发现，警察对土著社会的"过度监管"（'over-policing'）是其主要原因。"过度监管"的概念界定了土著人民以及土著社会受到监管的方式与程度与非土著社会存在不同。在其浅显意义上，"过度监管"通常是指与其他社区或地区相比，土著社区的执法警察不仅数量多，而且干预的程度深、范围广，性质也较为独特。[4]

调查报告注意到，对土著社会的"过度监管"则表现为因土著轻微犯罪而对他们频繁抓捕。比如，土著居民常因"街头犯罪"（'street offences'）而不断地受到拘捕。"街头犯罪"中的很多对象都指向警察。在对土著社会调查后发现，61% 的此类犯罪指控是因犯罪嫌疑人触犯了

---

[1] Bain Attwood and Andrew Markus, *The Struggle for Aboriginal Rights*：*A Documentary History*, pp. 317 – 318.

[2] 有 33 人死于狱中，63 人死于警察拘禁，3 人死于青少年拘留所。

[3] "National Archives of Australia, Royal Commission into Aboriginal Deaths in Custody-Fact sheet 112", http：//www. naa. gov. au/collection/fact – sheets/fs112. aspx. 2012 – 08 – 04.

[4] 20 世纪 80 年代早期，"新南威尔士反种族歧视局"在对该州街头犯罪监管进行大规模调查中，"过度监管"就被当作一个严肃的问题而予以对待。

《1979 年公共场所犯罪条例》（*Offences in Public Places Act 1979*）第 5 款中的
"不当言语"（'unseemly words'）。在 75% 的此类案件中，"不当言语"的
受害者是警官。换句话说，警察起初是干预者，接着就变成了被冒犯者。
土著还因为在公共场所酗酒和其他违反公共秩序的行为而遭逮捕。"国际法
学家委员会"（International Commission of Jurist）对新南威尔士西部大量的
"街头犯罪"进行了调查。结果发现，根据客观标准，很多事件似乎是微不
足道的，对这些事件的处理可以有更好的替代方式。①

因此，有人主张，如果减少监禁中的土著人数，那么减少土著在监狱
中死亡人数的可能性就很大。但是，这一观点广受质疑。有人举例说，
1987 年在监狱死亡的总人数中，土著占到了约 28.9%，接近总数的 1/3。
这是一个令人震惊的数字，因为土著人口仅占澳大利亚总人口的 2.1%。②
皇家委员会把监狱中土著比例与其总人口不相称的原因归于绝大多数土著
低下的社会、经济和政治地位。比如，土著的失业率高出全国平均数的 3
倍，收入却比其他澳大利亚人少三分之二。这一现象并不是土著过于懒惰
或不愿就业所致，而是与强加在他们身上的历史遗产有着直接关联。这是
此次调查最令人深思的结论之一。

在最终报告中，调查委员会共提出了 339 条建议。这些建议范围广
泛，从警察问题到拘禁安全、教育、就业、文化保护、政府政策、习惯
法、健康以及土著与非土著关系等。有关减少监狱中土著人数以及死亡人
数的建议包括：（1）采取措施把土著及托雷斯海峡岛民从拘禁中转移出
去；（2）出台解决酗酒以及滥用暴力的战略；（3）改进罪犯司法制度的
运作，以及改善土著与警察的关系。皇家委员会还提出了弥补社会经济差
距的三个先决条件：（1）要把社会管控和内部事务自决的权力还给土著。
（2）土著有必要得到政府的资助。由于过去所受到的不公正对待，土著
经济基础匮乏，这就使得政府的资助显得尤为必要。（3）有必要形成一
种向土著提供支持的方式，以此减少或避免土著人民对更加广泛的社会的
依附。皇家委员会还强调了让土著参与执行上述建议的必要性。③ 联邦和
所有州和地区政府被要求出台相关报告，汇报各自落实皇家委员会报告中

① Chris Cunneen, *Conflict, Politics and Crime-Aboriginal Communities and the Police*, p. 94.

② "Essay on the Royal Commission into Aboriginal Deaths in Custody", http：//www. directessays.
com/viewpaper/90447. html. 2012 – 08 – 04.

③ "Royal Commission into Aboriginal Deaths in Custody (1991)".

所提建议的执行情况。如果这些建议付诸实施的话，将为政府和土著及托雷斯海峡岛民委员会改善土著生活状况以及降低监狱中土著人数比例提供一个重要的基础。[①]

（三）对土著监禁致死调查的评价

土著在监禁中的高死亡率并不是一个孤立事件。土著被关进监狱与白人社会的歧视甚至警察滥用权力是否有关联？出于种种原因，有些调查很难还原历史真相，难以满足土著受害者家属情感需求和赔偿要求，但是，成立皇家调查委员会以及出台调查报告本身就很有意义。

第一，它是对受害者及其家属的一个起码交代。

政府成立专门机构来调查土著监禁致死，这是土著受害者家庭以及更加广泛的土著社会持续呼吁的结果。土著呼吁调查的目的之一就是想知道土著之死的真相是什么，从而解开郁积在心头的疑问与猜测。对于当事的土著来说，这种心理活动是一种精神折磨。当了解到事情的真相时，他们心中的一块石头落了地，并由此可以去告慰逝者。

第二，调查引发了很多作家对殖民主义与司法不公之间的关系进行了多视角的探讨。

德博拉·伯德·罗斯说，虽然自 20 世纪 60 年代以来，土著民族与殖民国家的正式关系发生了改变，但是，殖民的惯例仍深深地嵌在各种制度中。[②] G. 伯德（G. Bird）和 P. 奥马利（P. O'Malley）在一篇文章中对此做了进一步的分析，指出虽然"官方的"殖民主义已被政府新的"自决政策"所取代，但"长期以来所形成的优等种族与低等种族之间的殖民关系仍然强大。"殖民习惯不是单纯的过去的行为，它们在当今的习惯中仍有反响。[③] R. 赛克斯（R. Sykes）谈到了采取一个完全不同的视角去看待犯罪和犯罪行为问题的方式之于土著及托雷斯海峡岛民的重要性。当土地被盗占、财物被剥夺以及歧视性的立法被考虑进去的话，那么"谁是

---

① Race Discrimination Commissioner, Human Rights and Equal Opportunity Commission, *Battles Small and Great-The First Twenty Years of the Racial Discrimination Act*, p. 26.

② D. Bird Rose, "Land Rights and Deep Colonising: The Erasure of Momen", *Aboriginal Law Bulletin*, Vol. 3, No. 85, 1996, p. 6.

③ G. Bird and P. O'Malley, "Kooris, International Colonialism and Social Justice," *Social Justice*, Vol. 16, No. 3, 1990, p. 40.

罪犯"、"正义是什么"等问题的答案就呈现不同的含义。如果人们接受西方的犯罪定义，那么就有必要去分析导致土著犯罪的背景或原因。这个问题的部分答案至少可以从殖民化的行为与政策中找到。同样，当代对人权的否定以及超乎寻常的监禁比例是与因殖民化而建立的社会、经济和文化进程联系在一起的。[①] 一些法律和犯罪方面的作家均将国家理论化为殖民主义的工具。C. 萨默（C. Summer）认为，有关刑法的一个历史视角"不可避免地把我们引向殖民主义……犯罪并不是人性和历史中的一个普遍行为，而是一个在文化上和历史上具有不同形式和内涵的道德—政治概念。"[②] 而保罗·科早在 1980 年就注意到："在谈及土著与警察关系的具体方面时，我有必要向你们重申的是，对欧洲人压迫土著 200 年历史的了解对认识土著与［今天］刑法的关系是至关重要的。约 200 年前，欧洲人入侵这块大陆，从土著手中偷走土地而未给予补偿，消灭了我们的文化，发起了一场系统的和持续的镇压我们土著人民的战役。"与认识这一段历史不可分割的是种族灭绝政策的不同表现形式，包括大屠杀、偷走孩子以及同化政策。"强调种族灭绝的原因……是为了强化这样的观点，即土著人民与以警察为代理人的法律制度之间的关系只能根据土著人民两个世纪的压迫来理解。"[③] 所以，在如此一个解释框架内，土著被视为政治俘虏。正如"昆士兰土著协调委员会"（Queensland Aboriginal Coordinating Council）在提交给调查委员会的一份报告中所陈述的那样："事实上，很多土著认为他们是政治俘虏——被种族社会的歧视性法律所监禁。在一个其原始基础是非法的社会中……土著的传统知识在很大程度上被白人的法律所取代，土著的习惯和宗教信仰受到了白人社会的规则、优先权以及生活方式的极大干扰，传统的经济因土著土地被盗占而消失，土著的主权和自决遭到了否决。"[④]

正是在种种与殖民主义有关的制度性或思想性因素的影响下，土著群体缺乏就业、教育和其他机遇，处在这个社会的边缘。在一个正常的社会

① Chris Cunneen, *Conflict, Politics and Crime-Aboriginal Communities and the Police*, p. 4.

② C. Summer（ed.）, *Crime, Justice and Underdevelopment*, London: Heinemann, 1982, p. 10.

③ Chris Cunneen, *Conflict, Politics and Crime-Aboriginal Communities and the Police*, pp. 3 – 4.

④ Aboriginal Coordinating Council, *Submission to the Royal Commission into Aboriginal Deaths in Custody*, Cairns: Aboriginal Coordinating Council, 1990, p. 44.

中，每个人都会形成一定的工作关系、家庭关系和其他社会关系，这些关系使得一个人承担了包括家庭责任在内的多种责任。但边缘化往往产生一些负面的社会后果，如自甘堕落（包括吸毒）、自我毁灭（自杀等）、家庭成员之间发生暴力行为可能性的增加以及形成包括犯罪在内的生存战略。由于澳大利亚存在被剥夺的历史、殖民政策以及种族主义，所以，边缘化对土著及托雷斯海峡岛民的影响极大。在健康、住房、教育、就业和福利依靠等所有社会指标数值中，土著及托雷斯海峡岛民的指标参数非常低下。很多研究表明，贫困和已查明的犯罪均与警察的过多干预有着千丝万缕的联系。在南澳大利亚，离开学校并且遭到警察逮捕的土著年轻人中，约91%是处在失业状态，而非土著年轻人的失业率为61%。[①] 调查委员会认为，土著年轻人多犯偷盗财产罪，这是他们贫困程度的反映，因为他们需求食物。与贫困有关联的其他社会因素，如单亲家庭和不理想的居住场所，这些因素在那些被警察逮捕的土著年轻人中是较为普遍的。一些土著社区存在年轻人和成年人滥用物质的现象，如酗酒和吸毒等。[②]

第三，调查报告中所暴露的警察与土著社会中的种种问题为警察制度的改革提供了动力和方向。

在热议殖民主义与司法不公之间的关联时，一个无法回避的问题就是警察在其中所扮演的角色。从根本上说，维护治安是一个国家的行为，它与更加广泛的殖民化以及国家构建的历史趋向相吻合。不过，在这一历史进程中，警察充当了殖民主义的工具。在殖民时期，屠杀与驱赶土著成为警察作为殖民主义代理人的一项本职工作。在对土著实行所谓保护政策的时期结束后，警察的角色尽管已发生正式的变化，但即便是以一个改进的形式，带有殖民色彩的维持治安的社会功能在20世纪中晚期还是被延续了下来。在白人看来，这一进程需要根据非土著社会的标准而对土著个人、家庭和社区进行全方位的监督。[③] 所以，正如调查委员会会员埃利奥特·约翰斯顿（Elliott Johnston）所言："我的观点是，警察对澳大利亚所有土著生活的过多干预是专横的、歧视性的、种族主义的和暴力的。在我

---

① F. Gale, R. Bailey-Harris and J. Wundersitz, *Aboriginal Youth and the Criminal Justice System*, Melbourne: Cambridge University Press, 1990, p. 56.

② E. Johnston, *National Report*, *Vol. 2*, Royal Commission into Aboriginal Deaths in Custody, Canberra: Australian Government Publishing Service, 1991, pp. 287 – 290.

③ Chris Cunneen, *Conflict*, *Politics and Crime-Aboriginal Communities and the Police*, p. 8.

的思维中，绝对地毫无疑问，如此多的土著对警察的憎恨不仅是基于历史上的行为，而且与他们与很多警官联系的经历不可分割。"① 在其他很多领域，警察制度与土著社会的关系是一种否定土著人权的关系，尤其是在警察对土著行使社会治安权力时，法律进程中的平等权以及刑事司法体系中旨在保护个人的权利通常就被忽视。

建议第 215 条呼吁就土著对警察的抱怨进行公开和坦诚的讨论。所以，在调查报告发布后，很多警察机关就出台了有关土著社会的政策声明和发展战略。如 1992 年 12 月，新南威尔士警察局发表了一项政策声明。该声明承认警察人员有必要全面认识殖民化和剥夺对土著社会所造成的种种后果，有必要了解警察在边疆开拓时期以及随后的"保护"时期所扮演的角色。该政策声明承认有很多因素影响到司法制度中对土著的"过度监管"，承认殖民化以及同化政策导致了土著成为澳大利亚经济、社会和政治方面地位最低下的群体。该政策声明呼吁在土著和警察之间建立一种"伙伴关系"。为推动这一目标的实现，必须实施以下项目，即为警察提供更多的有关土著与警察之间关系的教育知识；通过一个"全面的和不间断的磋商程序"来建立有效磋商渠道；建立一个由警察局任命的 12 名成员组成的"警察土著委员会" （Police Aboriginal Council），其职责就是在向所有土著提供一个公正、合理和平等的服务方面提出具体建议；就有利于土著人民参与司法制度的路径提出具体建议等。②

最后，往深远一点来看，它对政府的土著政策的走势也能产生一定的影响。正如埃利奥特·约翰斯顿所评论的："所有的政治领袖和他们的党派都认识到，如果想避免出现社会分裂、不和以及对土著人民的不公正，澳大利亚的土著与非土著社会的和解就必须实现。"③ 这是此次调查所产生的最有深远意义的影响。

---

① E. Johnston, *National Report*, Vol. 2, p. 195.
② Chris Cunneen, *Conflict, Politics and Crime-Aboriginal Communities and the Police*, pp. 210 - 211.
③ Council for Aboriginal Reconciliation, "Finding Common Ground: Towards a Document for Reconciliation", http://www.austlii.edu.au/au/orgs/car/docrec/relevant/docbook/p7.htm. 2012 - 07 - 23.

五　《澳大利亚多元文化国家议程》的颁布

（一）多元文化机制的培育

在长达八年的执政期间，具有国际主义倾向的霍克不仅在亚太区域外交方面显露了非凡智慧，而且在多元文化机制的建立与完善方面也倾注心力。

虽然 70 年代初前自由党联盟在取消"白澳政策"方面显得犹犹豫豫，但工党上台后做出废除"白澳政策"的决定还是得到了自由党联盟的支持。事实证明，弗雷泽政府在多元文化建设方面并没有停下脚步。[1] 比如 1977年，建立了"澳大利亚种族事务委员会"（Australian Ethnic Affairs Council）。不久，该委员会就出台了题为《作为多元文化社会的澳大利亚》（*Australia as a Multicultural Society*）的报告。这篇报告界定了一个多元文化社会应该建立其上的三原则：社会凝聚、平等和文化认同。该委员会把社会凝聚定义为在对社会资源进行分配、处理哪些资源以及应该采取什么样的分配基础来规避矛盾或冲突方面，大家能够接受一种制度上的安排；平等被解释为"平等地利用社会资源"；文化认同意味着"拥有对一个独特生活方式的归属与依恋意识，而这种独特的生活方式与一个独特民族的历史经验是联系在一起的。"[2] 为了把这些原则转化为实践，"澳大利亚种族事务委员会"阐述了它的信仰："在澳大利亚，我们的目标应该是建立这样一个社会，即非盎格鲁—澳大利亚起源的人，无论是作为个人或集体，应被给予选择保留和发展他们的文化——他们的语言、传统和艺术——的机会，这样，他们就能成为多元文化社会中有生命力的因素，同时，在一个澳大利亚社会中，他们就能享受到有效的和受人尊敬的地位，平等地利用这个社会所提供的权利和机遇，并且承担对它的责任。"[3] 因此，"澳大利亚种族事务委员会"视"多元文化主义"为

---

[1] Brian Murphy, *The Other Australia-Experiences of Migration*, Cambridge：Cambridge University Press，1993，p. 201.

[2] Australian Ethnic Affairs Council, *Australia as a Multicultural Society*, Canberra：Australian Government Publishing Service，1977，p. 5.

[3] Australian Ethnic Affairs Council, *Australia as a Multicultural Society*, p. 16.

人们在接受普通公民权责任的同时，还包括保留其种族和文化认同的合法权利。

"澳大利亚种族事务委员会"的报告发布后，有关"多元文化主义"概念的含义以及在政策中的应用招致多方的评论和批评。在活跃于该领域的社会分析家的研究中，有两种显然不同的观点："文化（cultural）多元主义"和"结构（structual）多元主义"。澳大利亚移民和种族问题研究的先驱之一琼·马丁（Jean Martin）就聚焦"文化多元主义"而非"结构多元主义"。他说："多元文化意味着某种超出文化多元性的东西……然而，我让我们所理解的多元文化是存在于一个由相互关联的思想、价值以及行为所组成的有着显著模式或制度的社会中。它们与各自社会在一定的历史时期所发展的独特的生活方式相一致。这些不同的模式反映了不同的种族文化。"① "结构多元主义"意味着种族的概念可以被用来维护社会—经济分层。正如 J. 左布罗兹斯基（J. Zubrzycki）教授所认识的那样："种族多元性以及对正在发展的种族社区的推动很可能会妨碍平等的政治目标的实现"，因此，"为避免产生一个种族分层的社会，就必须在他们自己的社区之外的社会发展中，设计出用来资助移民以及他们的孩子，同时不会消除种族在根本联系和情感方面所坚持的任何事物的政策。"②

之所以有"文化多元主义"和"结构多元主义"之别，甚至还有"政治多元主义"的观点，是因为对一个社会的观察不止一种分析视角。"文化多元主义"注重的是不同的种族文化既要反映它们各自种族的独特的生活方式，又不排除它们之间的相互关联性。"文化多元主义"的本质特征就是在允许文化多元性存在的同时，对保持统一性、维护和巩固社会凝聚力的必要性的坚持。"文化多元主义"在解决种族紧张关系方面有时会捉襟见肘，因为调适不同种族的差异性以及在文化主导民族与文化少数民族之间寻求平等并不是一件容易办到的事情，而"结构多元主义"理论的提出就是用来纾解这一困局。从"结构多元主义"的意旨来看，它并不反对社会—经济分层，但反对种族分层，解决之道就是在不破坏少数种族固有的社会属性的前提下，对少数种族的社会发展有一个规划，并给

---

① Jean Martin, *The Ethnic Dimension*, Sydney: Allen & Unwin, 1981, p. 180.

② J. Zubrzycki, "Toward a multicultural society in Australia", in Margarita Bowen (ed.), *Australia 2000: the Ethnic Impact*, p. 136.

予相应的政策支持。

这一阶段，多元文化社会建设已不再是政治家在大选时期赢得选民支持的一种宣传口号，而是澳大利亚社会发展的一种战略选择，甚至是澳大利亚社会发展的一种写照和向往。《作为多元文化社会的澳大利亚》无疑为政府制定新的移民政策和土著政策提供了一些决策依据。此后，自由党联合政府针对新的移民群体出台了很多鼓励措施，如在政府和非政府学校推进多元文化教育，促进移民儿童教育计划等。① 1979 年，自由党联合政府根据《议会条例》（*Act of Parliament*）成立了"澳大利亚多元文化事务协会"（Australian Institute of Multicultural Affairs），其宗旨就是在国内提升多元文化意识，在不同社区之间推进容忍、谅解、和谐与相互尊重；促进一个有凝聚力的澳大利亚社会的形成，帮助营造一个让所有人都来参与社会建设的氛围。②

不难看出，无论是威特拉姆政府还是弗雷泽政府，在发展多元文化方面，均把工作重点与思路放在解释、宣传种族平等思想方面，在实践中则关注新来移民的安置并为他们提供各种社会服务等。然而，随着移民人数的日益增加，与移民有关的问题亦层出不穷。现有的政府管理与服务机构很难适应移民与多元文化建设的需要。在这种形势下，建立和完善移民与多元文化建设的管理、服务或咨询机构，就成了霍克任期内的主要任务之一。

如何对"澳大利亚多元文化事务协会"的功能及其表现做出评估，这是霍克政府在建立和完善多元文化机制方面首先要做的一项工作。1983年，工党政府成立了"澳大利亚多元文化事务协会审查委员会"（Committee of Review of the Australian Institute of Multicultural Affairs）。同年11月，在得到很多社区组织提交的报告、学者的评论以及一些被任命的咨询委员的报告后，该委员会发布了工作报告，对"澳大利亚多元文化事务协会"的工作提出了严肃批评。该委员会得出的结论是，"澳大利亚多元文化事务协会"在履行职责方面既发挥不了作用，又无工作效率。该委员会遂建议取消"多元文化事务协会"，代之以名为"委员会"（Commission）的"一个新的独立的法定机构"，并且隶属于移民和少数

---

① Malcolm Fraser, *Common Ground-Issues That Should Bind and Not Divide Us*, p. 239.

② Andrew Jakubowicz, "Making Multicultural Australia", http：//www. multiculturalaustralia. edu. au/library/media/Timeline – Commentary/id112···2012 – 03 – 22.

民族事务部部长。然而，计划中的委员会并没有如期建立，"多元文化事务协会"在一段时间内仍继续发挥作用。[①]

1985 年，工党政府任命了"移民与多元文化项目及服务审查委员会"，其职责是对移民和多元文化项目与服务进行审查。该委员会对收到的大量基层报告进行了细致分析，并于次年发表了一个带有很多建设性建议的报告。政府据此报告取消了"澳大利亚多元文化事务协会"，代之以隶属于总理部和内阁的"多元文化事务办公室"（Office of Multicultural Affairs）。这是管理多元文化建设的最高级别的专门机构。1987 年，工党政府又成立了"多元文化事务咨询委员会"（Advisory Council on Multicultural Affairs）。该委员会由来自各个社区组织和大学的 21 名代表组成。与此同时，经济领域有关移民问题的讨论正如火如荼地进行，移民的成本和效益、劳动力市场对技术移民的需求以及就业等成为敏感话题。出于对上述问题的反应，同年，澳政府任命了"澳大利亚移民政策咨询委员会"（Committee to Advise on Australia's Immigration Policies）。1988 年 5 月，该委员会向政府提交了题为《移民：对澳大利亚的承诺》（Immigration：a Commitment to Australia）的报告。该报告产生的一个显著后果就是建立了隶属于"移民、地方政府和种族事务部"（Department of Immigration，Local Government and Ethnic Affairs）的另一个"独立的"（independent）机构——"移民调查局"（Bureau of Immigration Research）。自那以后，"移民调查局"就成了政府直接资助下从事移民问题探讨的主要机构。通过其研究议程、数据的定期发布、各种报告和定期召开的全国性会议，"移民调查局"成为有关移民与多元文化问题讨论的主要论坛的发起者。[②]

除联邦层次上建立了诸多服务于移民的机构外，各州结合自身情况，在教育、健康和福利、就业政策等方面也在探寻各自的多元文化建设之路，如新南威尔士州于 1987 年成立了"种族事务委员会"（Ethnic Affairs Commission），南澳大利亚也于同年建立了"社区福利部"（Department for Community Welfare）。

联邦与州两级政府有关移民与多元文化事务的管理、服务与咨询机构的相继建立与完善，必将推动澳大利亚多元文化社会迈向一个新台阶。表

---

① Adam Jamrozik, et al, *Social Change and Cultural Transformation in Australia*, pp. 97 – 98.

② Adam Jamrozik, et al, *Social Change and Cultural Transformation in Australia*, pp. 98 – 99.

面上看，推进多元文化建设的多种管理、服务与咨询机构的建立主要是针对外来移民，但这一机制的建立不仅影响到澳大利亚多元文化国家建设的政策制定，而且对政治家以及公众的价值观亦有潜移默化的影响。此外，作为一种社会发展道路的选择，多元文化建设不可能将土著排除在外，针对移民群体的多元文化机制必将对在多元文化背景下的土著政策产生联动效应。

（二）《国家议程》的正式颁布

经过几届政府尤其是霍克第一届政府在多元文化社会建设方面的努力，人们对外来移民持越来越开放的态度（见表3）。在这种情况下，为推动多元文化社会走向深入，制定多元文化国家发展战略、确立多元文化社会的发展目标及其实施途径就成为当务之急。《澳大利亚多元文化国家议程》（以下简称《国家议程》）就是这种背景下的产物。

表3　澳大利亚对待移民的态度（1988年）

单位：%

态　度	一般随机抽样 （1552人）	移民第二代（其父母双方 或一方出生于海外） （823人）	来自非英语 国家的移民 （986人）	最近移民 （1981年以来） （1141人）
所有移民				
一接受更多的移民	23.4	25.1	40.4	65.9
一接受同样多的移民	33.0	40.5	34.9	26.1
一接受较少的移民	42.6	33.9	22.9	6.5
英国移民				
一接受更多的移民	39.3	33.8	34.5	40.8
一接受同样多的移民	49.8	52.7	52.3	45.1
一接受较少的移民	10.2	13.0	11.7	11.9
南欧移民				
一接受更多的移民	26.9	31.3	33.4	41.2
一接受同样多的移民	55.5	56.3	53.5	47.9
一接受较少的移民	16.5	11.9	11.3	8.4
中东移民				
一接受更多的移民	13.2	18.8	17.6	34.7
一接受同样多的移民	43.2	47.0	44.3	42.1
一接受较少的移民	42.8	33.5	35.9	20.9

续表

态　　度	一般随机抽样 （1552 人）	移民第二代（其父母双方 或一方出生于海外） （823 人）	来自非英语 国家的移民 （986 人）	最近移民 （1981 年以来） （1141 人）
亚洲移民				
—接受更多的移民	16.8	20.8	21.1	50.2
—接受同样多的移民	37.7	39.7	41.2	33.4
—接受较少的移民	44.7	39.0	36.0	14.8

注：没有表明态度的或不知道的被忽略。

资料来源：Office of Multicultural Affairs, *Issues in Multicultural Australia*, *1988*：*Frequency Tables*, Canberra：Australian Government Publishing Service, 1989.

在 1986 年 "移民与多元文化项目及服务审查委员会" 提交的题为《不要选择一无所有》的报告中，建议联邦政府应该采取确保澳大利亚社会所有成员包括海外出生的人享有平等待遇的原则。[①] 同年，"移民与多元文化计划与工作委员会" 发布了题为《不要满足于主流文化——主流文化已成为少数人的文化》的报告。该报告阐明了澳大利亚民族文化政策的四个主要基本原则：所有社区成员都应该拥有参与经济、社会、文化和政治生活的平等机会；具有平等参与、公平分享政府代表社区所管理的公共资源的权利；具有平等参与和影响政府政策、计划和行政部门的机会；在尊重他人文化、宗教、语言的情况下，具有享有自己的文化、信仰自己的宗教和使用自己的语言的法律权利。而 "多元文化事务协会" 的报告《多元文化主义未来的趋势》则深刻地分析了非英语语言背景的人们在社会和经济生活中的不平等经历，再次强调了澳大利亚民族文化的四个主要基本原则，进一步倡导建立一个广泛参与的、平等的、服务于政策监管的多元文化社会。[②] 上述一系列考察报告所提出的有关多元文化建设的原则是对澳大利亚多元文化社会发展现状的一种反映，为政府即将制定多元文化国家发展战略提供了重要参考。

1987 年，在 "多元文化事务咨询委员会" 的成立大会上，霍克总理要求该委员会 "帮助制定澳大利亚多元文化国家议程"。第二年，由该委

[①] Secretariat to the Committee to Advise on Australia's Immigration Politics, *Understanding Immigration*, Canberra：Australian Government Publishing Service, 1987, p. 307.

[②] 王鉴：《澳大利亚的多元文化主义政策》，《世界民族》2004 年第 4 期，第 42 页。

员会拟定的《迈向澳大利亚多元文化国家议程》（讨论稿）（*Towards a National Agenda for a Multicultural Australia*）问世。1989 年，由"多元文化事务办公室"拟定的《国家议程》正式颁布。

在《国家议程》中，"多元文化主义"一词被界定为"只是描述当代澳大利亚文化和种族多元性的一个术语"。多元文化政策意味着"政府对这种多元性做出反应的政策"。这种政策并不关心对移民的选择问题，而是涉及"掌控文化多元性对个人利益和社会整体利益的后果"。多元文化政策有三个方面的解释维度："（1）文化属性：在明确界定的范围内，所有澳大利亚人都有表达和分享他们各自的文化遗产，包括他们的语言和宗教的权利；（2）社会公正：所有澳大利亚人待遇平等，机会均等，消除种族、文化、宗教、语言、性别、出生地等方面的障碍；（3）经济效率：有必要维护、发展和有效利用所有澳大利亚人的技能和智慧，而不管其背景如何。"①

《国家议程》还对出台多元文化政策的前提条件做了如下限定：（1）多元文化政策是基于这样的前提：所有澳大利亚人应该对澳大利亚有一个高于一切的和统一的承诺，首先要忠于它的利益和未来；（2）多元文化政策需要所有澳大利亚人接受澳大利亚社会的基本结构和原则——宪法和法律规则、宽容和平等、议会民主、言论自由和宗教信仰自由、英语作为国家语言以及性别平等；（3）多元文化政策不仅要承担责任，还要被赋予一定的权利：表达一个人自己的文化和信仰的权利包括一个接受其他人表达其观点和价值的权利的相互责任。②

《国家议程》的基本原则体现在以下八个具体目标方面：（1）所有澳大利亚人对国家都应有奉献义务，共同承担促进国家利益的责任；（2）所有澳大利亚人应该享受不受种族、族群、宗教或文化歧视的权利；（3）所有澳大利亚人应该享受平等生活机遇、平等地使用和分享政府代表社会来管理的资源；（4）所有澳大利亚人应该有机会充分参与到直接影响他们的社会和决定中去；（5）为了国家的经济和社会发展，所有澳大利亚人应该能够发展和利用他们的潜力；（6）所有澳大

---

① Adam Jamrozik, et al, *Social Change and Cultural Transformation in Australia*, p. 99.

② Office of Multicultural Affairs, *National Agenda for a Multicultural Australia*: *Sharing Our Future*, Canberra: Australian Government Publishing Service, 1989, p. vii.

利亚人应该有机会去掌握英语和其他语言，增进跨文化之间的理解；（7）所有澳大利亚人能够发展和分享他们的文化遗产；（8）澳大利亚的各种机构应该承认、反映和回应澳大利亚社会的文化多元性（见表4）。①

表 4　澳大利亚人口的种群本源（1988 年）

起源/地区	族群	人口	占比（%）
	66	16300000	100
盎格鲁—克尔特人	5	12151950	74.55
西欧、北欧	12	1212060	7.44
东欧	15	627430	3.85
南欧	7	1200090	7.36
西亚	9	346780	2.13
东南亚	9	200850	1.23
南亚	5	97420	0.60
亚洲其他地区	4	226710	1.39
非洲	没有明确	20190	0.12
美洲	没有明确	6320	0.04
太平洋岛屿	没有明确	40200	0.25
土著、托雷斯海峡岛民	没有明确	163000	1.00

资料来源：Adam Jamrozik, et al, *Social Change and Cultural Transformation in Australia*, p. 69.

（三）《国家议程》颁布的历史意义

《国家议程》是澳大利亚多元文化社会建设中一个具有里程碑意义的文件。它的颁布，不仅在建设多元文化社会方面实现了认识上的统一，而且对多元文化政策的制定具有指导意义。

第一，《国家议程》对政府过去的单一文化政策进行了检讨，表明了澳大利亚政府反省历史和正视过去的勇气和胆识。这是确保多元文化政策沿着正确轨道前行的重要条件。

---

① Office of Multicultural Affairs, *National Agenda for a Multicultural Australia：Sharing Our Future*, p. 1.

　　《国家议程》清晰地重申："澳大利亚的文化多元性在社会的主要决策机构中并没有得到反映，这在我们正式的政治结构中尤为正确。"该文件特别提及妇女、土著妇女以及其他非英语背景的人"在澳大利亚政治系统的所有层次中"的有限代表权问题。社会公共服务机构在整体上也不存在代表制，这就意味着政策建议和项目管理是"基于在公共机关供职的不具有代表性的那些人的个人经验和价值观"。其他组织或机构如工会、各种不同的俱乐部和协会亦存在同样的问题。[①] 该文件坦陈："在过去，澳大利亚未能就快速多元化的人口结构带来的变化与挑战做出预测和规划。人们对此感到手足无措，社会体制也未做出相应调整。这就产生了不平等和效率低下——个人权利被否定，重要资源被浪费。"[②] 正是基于这样的分析，《国家议程》被视为"一个纠正历史错误以及……在未来加快调整种族政策步伐的尝试。"

　　第二，《国家议程》反映了多元文化是澳大利亚社会的一个根本属性的事实。

　　《国家议程》本身的重要性体现在对多元文化政策的目的、目标和原则方面的清晰阐释，但它也确实反映了澳大利亚社会在种族关系方面正在变化的一个事实。该文件在谈到澳大利亚社会的多元文化性质及其种族平等方面，注意到了不同背景的澳大利亚人之间通婚的显著特征。在澳大利亚，有60%以上的人至少有两个不同的种族血缘，20%的人有四种甚至更多的种族血缘。正因为如此，在《国家议程》规划的多元文化社会的八个目标中，有七个目标都提到了"所有澳大利亚人"的概念。对社会多元化属性的强调有利于塑造澳大利亚国家的新型文化体系，对促进民族团结亦有帮助。

　　第三，《国家议程》充当了一个政策框架，为澳大利亚多元文化社会的未来建设提供了一个指南。

　　在这个框架内，一系列范围广泛的项目和措施都将得到实施，其中主要的项目和措施有：改善承认海外移民资格的程序；主要社区关系运动；改善实现平等的战略；通过立法使现在的"特殊广播服务"成为一个独

---

① Office of Multicultural Affairs, *National Agenda for a Multicultural Australia*：*Sharing Our Future*, pp. 9 – 12.

② Adam Jamrozik, et al, *Social Change and Cultural Transformation in Australia*, p. 101.

立机构，并将其设施延伸到地区性城市；对现在运转的法律和管理决策进行审视等。①

《国家议程》经过一年的实践，在法律改革、教育、行政管理与决策、通信、健康服务、平等参与等方面都取得了有目共睹的成就。一年后的审查报告对此给予了充分肯定。霍克总理在该文件的前言中把《国家议程》视为一个"我们多元文化社会发展的里程碑"，《国家议程》也"标志着政治领域的两党在我们社会的多元文化性质以及政府有必要给予回应的总体政策与规划方面已形成共识。"《国家议程》不仅是霍克政府发展多元文化的成果体现，也是该政府发展多元文化的一个指导性文件。这样一个契合澳大利亚国情的多元文化战略必将对以后的政府决策行为产生不可低估的影响。比如，1995年国家多元文化咨询会议的报告《多元文化的澳大利亚——面向和超越2000年》就认为，1989年《国家议程》的基本宗旨是切中肯綮的。同年，保罗·基廷在多元文化理事会上发表讲话时指出："澳大利亚政府继续声明：所有澳大利亚人都有表达各自文化遗产并享有平等对待和机遇的权利。但政府同样声明，所有把澳大利亚视作自己家园的人必须首先忠实于她。宽容是我们倡导多元文化的基础，必须将其视为澳大利亚民主的普遍原则，而且必须普遍执行。"② 基廷的讲话精神与《国家议程》所阐明的建立多元文化社会所必需的三个条件的原则是一脉相承的。

尽管有工党政府的大力提倡与推动，但在政策领域，"多元文化主义"仍然是一个争议颇多的话题。"多元文化主义"概念本身继续以多种方式被解读。保守的联盟党成员对澳大利亚社会的多元文化性质可能有着广泛的认可，但他们开始挑战"多元文化主义"概念本身。"多元文化主义"的政策还受到来自政治左翼和右翼势力的批评。左翼批评家视"多元文化主义"概念为转移人们对阶级社会不平等关注的一种手段，而右翼批评家视它为一种"对澳大利亚英国遗产的背叛，对国家统一性的威胁或者是对益格鲁—澳大利亚人的歧视。"③ 此时，澳大利亚糟糕的经济

---

① Office of Multicultural Affairs, *National Agenda for a Multicultural Australia：Sharing Our Future*，pp. ix - x.

② 保罗·基廷：《牵手亚太——我的总理生涯》，北京：世界知识出版社，2002，第247页。

③ M. Sawer, *Public Perceptions of Multiculturalism*, Canberra：Australian National University, 1990，p. 27.

形势也被用来作为反对"多元文化主义"的附加理由。对大量移民的不满、对来自某些国家尤其是亚洲移民的反对，成为那些反对"多元文化主义"的人的共同声音。的确，当专家和评论家穷尽对经济衰退原因的解释时，移民问题往往就被用来当作最后攻击的手段。[1] 但无论如何，对澳大利亚来说，多元文化建设之路已成一种战略选择，任何人或任何势力都无法逆转这种趋势。这对包括土著在内的少数族来说，无疑是一种福音。

六 土著代表机构的创新

（一）"全国土著会议"的取消

在土著争取自身权益以及实现自治的进程中，土著组织的重要性已不证自明。此前曾出现过各种各样的土著组织，有的是纯土著参与的，有的则是白人与土著共同组建的。但不论人员构成如何，这些组织的功能定位总是与一定时期政府的土著政策相适应的。换句话说，在某一时期，政府的土著政策只允许土著表达供政府参考的意见和主张，而政府是否认真对待或予以采纳是不以任何组织或个人的意愿为转移的。然而，随着多元文化政策的逐步付诸实施、土著群体的政治意识的日益增强以及自我管理能力的不断提高，土著社会需要一个能对政府决策施加有效影响的组织。

1983 年重新执政后，工党政府似乎一直在谈论"全国土著会议"在制度上越来越明显的重要性。为了推进工党的自决政策，"全国土著会议"将获批经费，使其能够开展相应活动。[2] 新政府承诺"将把'全国土著会议'打造成为政府的一个有效的咨询机构"，以及"扩大它作为一个决策机构的权力"。然而，在不及一年的时间里，"全国土著会议"与政府的关系开始恶化。"全国土著会议"成员开始抱怨没有资源，指责土著事务部长克莱德·霍尔丁对该机构的事务指手画脚。"全国土著会议"主席罗布·赖利发表讲话，称工党在其政纲上已出现了倒退；政府"背叛了土著的权利和愿望"；对"全国土著会议"及其商业力量漠

---

① Adam Jamrozik, et al, *Social Change and Cultural Transformation in Australia*, p. 107.

② Scott Bennett, *White Politics and Black Australians*, pp. 94 – 95.

不关心。鉴于此,"全国土著会议"决心在土著事务中去追求一个真正的决策角色。

然而,像"全国土著咨询委员会"一样,"全国土著会议"是一个由政府决定的机构,其代表是基于威斯敏斯特代议民主制模式而选举产生的,这一原则被证明与土著社会权威及其决策程序无关。1984 年,克莱德·霍尔丁委任 H. C. 库姆斯对这一机构做出评估。在对其结构和功能进行一番考察后,人们发现它对政府及其代表机构毫无影响,没有能力为土著社会提供服务或任何经费支持或任何联系。不过,这样的批评有助于暴露"全国土著会议"代表在这种框架内所遇到的一些问题,特别是当土著事务部长并没有充分利用其权力去征求"全国土著会议"在一些事务上的建议时,他们为土著在条约以及土地权方面提供一个全国性声音的努力就变得模糊不清。①

H. C. 库姆斯不希望把这一调查结果作为"全国土著会议"是否存在下去的一个依据,遂建议其报告只是作为一个讨论的基础。但是,土著事务部长还是于 1985 年 4 月宣布取消"全国土著会议"。这给外界的印象是:尽管政府愿意听取土著的意见,但土著取得有价值的决策角色的目标将仍然受到一些不情愿的政治家的极力阻拦。

政府控制土著机构的意愿一如既往,土著想参与影响决策机制的愿望只能成为一种奢望,这是当时情况的真实写照。不过,政府与土著机构之间缺乏互信的关系并不能成为政府在土著事务方面不作为的一种托词。

在霍克政府的第一个任期内,澳大利亚增加了对土著事业的投入,以满足他们的生活所需。1984 年,政府任命曾为教师出身并积极热心于土著事务的迈克·米勒(Mick Miller)为"土著就业及培训项目审查委员会"(Committee of Review of Aboriginal Employment and Training Programs)主席。从机构的名称上看,这是一个目的明确的机构。迈克·米勒没有辜负政府对他的信任。第二年,他就向政府提交了诸多有关改善土著在经济、教育、就业等方面状况的建议报告。作为回应,1986 年,政府出台了"土著就业发展政策",其目标就是到 2000 年,实现土著及托雷斯海

---

① H. C. Coombs, *The Role of the National Aboriginal Conference*, pp. 31 – 32.

峡岛民在就业及收入方面与其他澳大利亚人的平等。① 基于历史经验以及对现实状况的评估，这不能不说是一个宏大的目标。但问题是，采取什么样的措施去实现这一目标？在实施这一计划的过程中，土著作为个体的参与是必不可少的，那么政府能否做到与每个土著个体建立相应的联系？很显然，这不仅在理论上是值得商榷的，而且在实践中亦很难操作。无论如何，要有效解决土著所面临的一系列问题，忽视或弃用土著机构显然是不可以的，也是不明智的。于是在 1987 年中期，联邦政府宣布了对土著管理机构进行改革的设想。

（二）《1989年土著及托雷斯海峡岛民委员会条例》的公布

就在联邦政府决定对土著咨询与管理机构进行改革的同时，土著也在为一个新的机构出谋划策。路易斯·奥多诺霍就是这样一位热心于此的土著领袖。在 1985 年 10 月至 1986 年 7 月，她与全澳土著进行了广泛的接触，并且给约 900 个土著组织发去信件，提供有关信息以及征询他们在新咨询机构组建方面的看法。其主要观点如下：

（1）绝大多数土著希望看到一个新的全国土著咨询组织的建立；（2）有关新组织的两个最受欢迎的名字是："土著及岛民代表大会"（'Aboriginal and Islander Congress'）和"澳大利亚土著及岛民代表大会"（'Australian Aboriginal and Islander Congress'）；（3）大多数人支持新组织具有下列特点：（a）该机构在自己的国会法下进行组建；（b）地区议会由当地社区与服务组织的代表组成；（c）通过普选产生全国代表；（d）在全面考察之后，草拟选举区域范围/地区会议区域，应考虑土著民族的部落文化、语言的从属关系，以及人口、交通、通信分布格局；（4）土著强烈要求：新组织作为一个独立机构，应该能够强力表达全国土著的心声，而对于其他方面的作用则没有予以强调，如向政府提供建议、参与决策进程以及管理项目和服务等；（5）大家非常关注：在选举他们作为一个全国性组织中的代表方面，当地土著社会应该有决定权。②

---

① Susan Ryan and Troy Bramston (eds.), *The Hawke Government-A Critical Retrospective*, Melbourne: Pluto Press Australia, 2003, p. 304.

② Lois O'Donoghue, "An Aboriginal and Islander Consultative Organisation, 1986", in Bain Attwood and Andrew Markus, *The Struggle for Aboriginal Rights-A Documentary History*, pp. 304-305.

土著对新机构的设想与期望对即将拟订的成立土著咨询机构的讨论文件产生了重要影响。

1988 年 1 月 26 日，当澳大利亚庆祝建国二百周年时，土著澳大利亚人却对侵略他们土地的二百周年表示哀悼，"澳大利亚日"因此被他们命名为"幸存日"（'Survival Day'）。正当数万名悉尼市民成群结队涌向悉尼港湾附近去观看再现当年"第一舰队"登陆的场景时，3 万名土著及其支持者聚集在雷迪芬椭圆形广场，开始向悉尼中心的海德公园（Hyde Park）行进，以表达对自殖民以来土著所遭受的不公正待遇的不满和抗议。① 正因为如此，很多参与集会游行的人头戴发带，上面写着"我们活下来了"（'we have survived'）的标语。这次游行活动之所以备受关注，一是澳大利亚建国二百周年这一时间节点较为特殊和敏感；二是"我们活下来了"的标语既是土著内心强大、自豪的写照，又是对白人政府的无情控诉。参与此项活动的人数之多，超过活动组织者的预期。这次集会游行是自越战以来在悉尼举行的规模最大的一次。土著社会活动家加里·福莱说，来自黑人和白人的支持势不可挡。"它已超出所有的期望"，"我们希望鲍勃·霍克及其政府能够听到今天这里所有的人所发出的响亮而又清晰的信息。看到澳大利亚黑人和白人和谐地携手并肩，这是如此的壮观。这是我们经常说的能够出现这样的局面，这是澳大利亚能够做到而且应该如此的状态。"当游行队伍下午两点抵达海德公园时，人群中爆发出震耳欲聋的欢呼声。成千上万的黑人和白人家庭在公园排成人墙，欢迎游行队伍。另一位土著领导人查尔斯·哈里斯（Charles Harris）对此次游行盛况给予很高评价。他说，对土著来说，这是一个历史性的时刻。土著希望澳大利亚政府和世界了解到他们长期以来成为野蛮的不公正的牺牲品的事实。他声称土著被操纵并且受到压制，他们的孩子是种族主义的受害者。在他们自己的土地上，他们被视为外国人。"我们是拥有这片土地主权的人，白人搞的这种庆典是一个闹剧，是虚伪的。"② 此次规模空前的游行活动还得到了"巴勒斯坦解放组织"（Palestine Liberation Organization）和"意大利移民工人之家"（Italian Migrant Workers Families）的支持，其

---

① 这是澳大利亚有文字记载以来最大的一次土著集会游行。
② Bain Attwood and Andrew Markus, *The Struggle for Aboriginal Rights: A Documentary History*, pp. 315 – 316.

至还吸引了世界媒体的广泛关注。翌日，《纽约时报》第二版就刊载了此次游行示威活动的照片与文字材料。①

土著的强烈抗议以及世界媒体的广泛关注对工党政府是一个不小的触动。后来担任工党土著事务部长的罗伯特·蒂克纳（Robert Tickner）也不得不承认："在 1988 年前，对于把土著的渴望视为庆祝建国二百周年的一个先决条件的必要性方面，很少予以强调。"现在，政府突然意识到，"对于所有人来说，利用 2001 年联邦建立百年庆典前的十多年时间来推进土著权利事业是值得努力的。"② 为了避免在庆祝联邦建立一百周年时可能出现的土著抗议局面，澳大利亚开始出现了一个旨在缓和局面的新的政府概念——"土著和解委员会"。

由于查尔斯·珀金斯现在被提名为"土著及托雷斯海峡岛民委员会"的负责人，所以，格里·汉德现在要做的一项工作就是立即与土著进行"磋商"。格里·汉德就任之初就有这样的设想：让土著人民更加直接地参与到影响其福利安排的决定中。1988 年 1 月，汉德奔赴各地，其行程超过 56000 公里，与土著有关人士举行了 46 次会谈，但未能从土著社会那里获得广泛支持。个中原因，如皮特·里德所分析的那样："一些土著社区对土地权立法更感兴趣，因为那里有更多的磋商和希望。"在经过较长时间的辩论之后，直至 1989 年晚期，《1989 年土著及托雷斯海峡岛民委员会条例》（*Aboriginal and Torres Strait Islander Commission Act 1989*）颁布，并于 1990 年 3 月 5 日开始生效。霍克政府据此建立了"土著及托雷斯海峡岛民委员会"（1990～2005 年）。

"土著及托雷斯海峡岛民委员会"是一个由选举产生的代表所组成的机构，包括 1 位被任命的主席、2 位被任命的专员以及 17 位从土著及托雷斯海峡岛民所在的地区选举出来的专员。17 个地区又被分成 36 个区域，每个区域都有自己选举出来的地区委员会。地区委员会的一个重要功能就是制定"改善当地土著……人民的社会、经济和文化生活的"方案。地区委员会还被要求就"土著及托雷斯海峡岛民委员会"在他们所在地区的经费划拨提出建议，向该委员会汇报当地人的观点，协助执行地区方

---

① Seth Mydans，"Aborigines Cast a Shadow over Australia Labor Party"，*The New York Times*，26th January，1988.

② Robert Tickner，*Taking a Stand：Land Rights to Reconciliation*，p. 33.

案。根据条例，"土著及托雷斯海峡岛民委员会"的主要工作目标如下：
（1）确保土著最大限度地参与影响其利益的政府政策的制定与落实；
（2）推进土著自我管理和自给自足；（3）促进经济、社会和文化发展；
（4）在政策的形成和执行中确保协调行动……不要削减州、领地和地方
政府向其居民提供服务的责任。该条例还规定了该委员会各种各样的功
能，包括设计并监督旨在帮助土著的方案；推进相关政策；向社区、组织
和个人提供帮助并提出建议；向土著事务部长提出建议；对文化资源和信
息加以保护；收集相关统计数据；从事旨在帮助"土著及托雷斯海峡岛
民委员会"履职的研究。该机构的核心机关是"土著及托雷斯海峡岛民
委员会"董事会，它被视为"土著事务的主要决策机构"。①

（三）对"土著及托雷斯海峡岛民委员会"建立的评价

"土著及托雷斯海峡岛民委员会"是在霍克政府聚焦种族和解的氛围
下建立的，所以它的建立从一开始就有很强的使命感。而现实政治的复杂
性甚至残酷性使得这一机构的功能定位及其实际履职充满了诸多不确定
性，而它的解体是发生在约翰·霍华德时期。所以，这里的评价很显然只
能考虑到这一机构的建立及其不久之后的状况。

首先，政府希望新建立的机构在其运作中更有效率。

在"土著及托雷斯海峡岛民委员会"内，政府试图把"土著事务部"
的行政管理功能以及"土著发展委员会"的集资功能与以前的机构如
"全国土著会议"的代表制功能混合起来。为达其目的，政府希望克服官
僚机构之间的竞争。1992年5月，在"国家新闻俱乐部"的一次演讲中，
路易斯·奥多诺霍就直言不讳地说，"土著及托雷斯海峡岛民委员会"的
建立表明，以前政府在管理上和政治上的种种安排是失败的，土著事务取
得真正的进步被证明是难以理解的。

其次，"土著及托雷斯海峡岛民委员会"的成立，使得土著及托雷斯
海峡岛民有了新的认同，开始有机会参与到影响他们生活的管理之中。这
是土著社会走向自治而迈出的可喜一步。

"全国土著会议"被取消并不说明土著或澳大利亚政府不需要这样的机
构，而是这样的机构已名不副实。所以，成立新的土著机构的主要目标就

---

① Scott Bennett, *White Politics and Black Australians*, pp. 96 – 97.

是要关注生活在澳大利亚大陆、塔斯马尼亚岛、其他离岸岛屿以及居住在托雷斯海峡岛屿的原住民的事务。从根本上说，"土著及托雷斯海峡岛民委员会"的建立是土著"自我管理"而非努力去承认土著民族自决权的一项议程。"土著及托雷斯海峡岛民委员会"有关其目标的声明并没有涉及土著自决权而是提及促进土著的"自我管理和自给自足的发展"。这一目标将通过确保"让土著及托雷斯海峡岛民更大程度地参与到影响政府政策的制定与执行中"来完成。由于建立了路易斯·奥多诺霍领导下的有土著专员组成的委员会和由选举而产生的地区委员会，土著第一次对事关自己生活规划的决定有了有效的影响。[①] 比起设在渥太华的庞大的"印第安人事务和北方发展部"（Department of Indian Affairs and Northern Development）或者设在华盛顿的傲慢的"印第安人事务局"（Bureau of Indian Affairs），设在堪培拉的"土著及托雷斯海峡岛民委员会"为土著提供了更为直接的参与管理土著政策制定的路径。[②] 1990 年 11 月，格里·汉德提议建立一个新的土著事务委员会，去协调当时负责处理土著事务的 21 个政府部门。[③] 该机构将负责管理受到资助的一些主要项目，如"社区发展就业项目"（Community Development Employment Program）[④] 以及"社区住房设施项目"（Community Housing Infrastruture Program）等。这些项目事关土著的切身利益，而"土著及托雷斯海峡岛民委员会"则承担了管理联邦为土著及托雷斯海峡岛民安排的绝大多数项目实施的责任。[⑤]

霍克政府也希望推动"土著及托雷斯海峡岛民委员会"成为促进土著自决和自我管理的一个渠道。霍克说："通过'土著及托雷斯海峡岛民委员会'，我们将有一个了解土著观点的更好的渠道。"路易斯·奥多诺霍在被任命为"土著及托雷斯海峡岛民委员会"主席时就声称，"土著及托雷斯海峡岛民委员会"是"澳大利亚土著及托雷斯海峡岛屿民族之

---

① Bob Hawke, *The Hawke Memoirs*, pp. 435 – 436.

② Peter H. Russell, *Recognizing Aboriginal Title-The Mabo Case and Indigenous Resistance to English-Settler Colonialism*, p. 224.

③ Graham Maddox, *The Howke Government and Labor Tradition*, Ringwood：Penguin Books, 1989, p. 56.

④ "社区发展就业项目"是由第一位联邦土著事务部长伊恩·维耐尔（Ian Viner）于 1977 年提出的，最初差不多等同于一种失业救济的方式。另外，还提供资金用于企业管理、建立厂房和购买设备等。

⑤ David Horton（ed.），*Encyclopaedia of Aboriginal Australia*, p. 71.

声"、"与政府建立独特和建设性伙伴关系"的一个开端。① 取代格里·汉德任土著事务部长的罗伯特·蒂克纳在对该委员会的早期观察后认为，"土著及托雷斯海峡岛民委员会"可以拥有"逐步促进土著自决的能力"。② 罗伯特·蒂克纳的这一看法后来得到了验证。1994 年，"托雷斯海峡岛屿地方管理局"（Torres Strait Island Regional Authority）成立，这是托雷斯海峡岛屿地区的土著实现自决的重要体现。

与此同时，对"土著及托雷斯海峡岛民委员会"的权威性及其有效功能持怀疑态度的却大有人在。

首先，"土著及托雷斯海峡岛民委员会"的权威性受到一定的质疑。

在坚守传统的土著社会，社区层次上的土著集体的权威常常归于氏族的年长成员。这些年长者在本质上是他们传统文化的守护者并被赋予代表集体做出决定的权利。这些人有责任把知识传授给年轻一辈，而知识的传授源于权力和威望。③ 仍然遵从这样的法律和习惯来生活的土著并不承认殖民国家所行使的领导权。因此，土著社会的这种属性对甚至体现代表制的全国性（殖民国家层次）土著领导机构的权威构成了一定的挑战。

其次，"土著及托雷斯海峡岛民委员会"能否真正推动土著社会实现自决，这是有争议的。

在一些土著看来，"土著及托雷斯海峡岛民委员会"仍然是一个在《公共服务条例》（Public Service Act）框架下运作的具有官僚性质的机构，要对直接管理它的土著事务部长负责。它在本质上是让联邦政府的土著政策变得合法化的一条通道，其目的并非支持土著及托雷斯海峡岛民去恢复对传统土地和水源的控制以及对他们自己的社会的承认。此外，这些组织需要经费支持，而经费须由政府审批，因此，土著组织最终要对白人老板负责。土著虽然直接选举了该委员会的代表，但它的运作完全依赖于联邦政府的资助，并且遵照严格的支出信用制度。而且，正是联邦政府设定了"土著及托雷斯海峡岛民委员会"的支出条件，因此，一些土著既不认为"土著及托雷斯海峡岛民委员会"是朝着自决迈出的重要一步，也不认可"土著及托雷斯海峡岛民委员会"对他们的领导权。由于受到多方限制，所

---

① F. Brennan, "ATSIC: Seeking a National Mouthpiece for Local Voices", *Aboriginal Law Bulletin*, Vol. 2, No. 3, 1990, pp. 4 - 5.

② Robert Tickner, *Taking a Stand: Land Rights to Reconciliation*, p. 51.

③ Damien Short, *Reconciliation and Colonial Power-Indigenous Rights in Australia*, p. 52.

以 1991 年，"土著及岛民调查行动基金会"（Foundation for Aboriginal and Islander Research Action）认为，"土著及托雷斯海峡岛民委员会"没有能力把决策和资金移交给地区和地方层次，因此，它就不能对自决给予真正的帮助。"土著及托雷斯海峡岛民委员会"还缺乏财政实力为土著社区提供基础设施以及持续的经济发展所需要的资金。路易斯·奥多诺霍本人也坦言："为了得到对土著组织经常性的资助以及为了一些特殊的立法，如《土著土地权（北部领地）法》以及《土著及托雷斯海峡岛民委员会条例》，我们仍然非常依赖政府的恩赐和善意……虽然自决的终极目标是结束这种局面，但显而易见，土著人民还有很长的路要走。"①

七 "土著临时政府"的抗争

由政府授意成立的土著代表机构对政府资助的普遍依赖以及政府对土著领袖们要求自治的相应限制导致了来自皮特简贾贾拉、威拉德吉瑞（Wiradjuri）、约卢（Yolu）和埃诺阿（Eroa）的氏族长老于 1990 年 7 月 16 日组建了"土著临时政府"，代表人物有鲍勃·韦瑟罗尔（Bob Weatherall）、米歇尔·曼索尔、杰夫·克拉克（Geoff Clark）、乔西·克劳肖（Josie Crawshaw）、凯西·克雷吉（Kathy Craigie）等人。他们使用"临时"一语主要有两方面的考虑：一是这个机构将培育和推动由白人政府的管制向最终由黑人全国性政府负责的转变；二是建立土著临时政府并不是用来统治土著人民，而是提供一个实现自决的政治通道。② 1992 年 7 月，"土著临时政府"的工作文件终于面世。

在工作文件中，"土著临时政府"坚持土著人民对自己的命运拥有最终的发言权，并提出了土著国家的一个模式——一个对它的社会行使全部统治权而排除所有其他种族社会的国家。这个模式的具体内容是：土著国家的土地基础至少是所谓的所有王室土地；土著国家应该是一个能够发展

---

① Lois O'Donoghue, *One Nation: Promise or Paradox?* Speech at the National Press Club, Canberra: ATSIC, 1992, p. 12.

② "Aboriginal Representative Bodies", http://www.creativespirits.info/aboriginalculture/selfdetermination/would-a-treaty-help-aboriginal-self-determination#axzz3lCio06Us. 2015-09-09.

自己的经济且为它的人民提供生活保障的实体。这些都不可能在一夜之间发生，但它可以在 25 年内实现。这将取决于以下三个方面的发展：（1）土著社会内部对土著政府如何工作、如何把战略目标变成现实以及在实践中意味着什么应有一个整体的了解。这一目标只有通过多次磋商才能达成共识。（2）一旦土著社会有机会严肃地对待此事，就将举行一次全民公决。全民公决的议题是：是否赞成土著独立。（3）假如有多数人投票赞成独立，就要在白人政府与土著之间敲定一个时间表。

"土著临时政府"的工作文件还指出，土著社会在土著政府领导下将取得在白人政府下无法得到的实际利益。这些实际利益包括：（1）土著不需要支付租金。将向每户土著家庭提供可供选择的房子，并负责对它的修缮。（2）每一个无法找到工作的土著将由政府来供养。（3）提供免费医疗，免费使用在当地服务范围内得不到的专业医疗设施。（4）对地方社区的完全控制将交还给当地土著。（5）鼓励土著社会保持与他们的遗产与文化的牢固联系。①

工作文件认为，"土著临时政府"的目的第一是要改变澳大利亚的局势，让土著取代白人来决定他们自己的命运。以前，当政府的政策支持土著时，这种政策同时也强化了白人对土著的主宰。例如，北部领地的土著土地权法在给予土著某些权利的同时，却保留了澳大利亚政府对土地的绝对所有权；如果白人政府取消立法，那么，北部领地的土地又将自动回到白人政府手中。"土著临时政府"所寻求的第二个重要变化就是涉及土著与白人在这个国家的地位问题。直到现在，土著一贯被认为只是澳大利亚社会的一个少数族群。"土著临时政府"对此予以拒绝，并坚称这个世界上没有人比土著在决定他们自己所希望做的事情方面拥有更大的权利。第三，"土著临时政府"相信，尽管全国范围内的土著组织已经做了大量有益的工作，但土著人民仍然不能充分地接受决定其未来命运的责任。从根本上说，这些土著组织是服务投送组织。他们忙于让土著社区充满活力，以致他们没有机会坐下来去设计和实现使被有效控制的土著社会回归土著社会本身。"土著临时政府"看到了自己在填补这一空缺方面能够发挥一个主导作用。第四，"土著临时政府"对目前土著事务的局势进行了审

---

① Bain Attwood and Andrew Markus, *The Struggle for Aboriginal Rights-A Documentary History*, pp. 323 - 324.

视，认为没有迹象表明土著将能够改变对白人福利制度的持续依赖以及被迫参与澳大利亚政治体制的局面。"土著临时政府"成员承认有必要建立一个为土著的长期命运设定一个新的主题和规划的机构。他们相信"土著临时政府"能够做到这些。[1]

一般认为，"土著及托雷斯海峡岛民委员会"有权代表土著及托雷斯海峡岛民说话，这是土著自决的一个渠道。但是，"土著临时政府"与"土地委员会联盟"（Federation of Land Council）却对这样的观点表示不屑。"土地委员会联盟"把"土著及托雷斯海峡岛民委员会"视为这样的一个机构：它的中心功能就是管理政府提供的服务，在一些重要问题上如条约谈判方面，它没有能力或权威代表土著及托雷斯海峡岛民。鉴于此，"土著临时政府"试图把传统的官僚结构与自由民主制所需要的代表制形式调和起来。确实，"土著临时政府"的建构是基于传统的土著官僚结构和"西方的"民主原则。它是由前面所提到的一些氏族长老来统治的，有一个由选举的代表所组成的委员会。正如"土著临时政府"的文件所陈述的："期望通过大众选举使我们的年长之辈进入'土著临时政府'被认为既失礼，又有损人格。如果我们受到侵略，这些长辈将管理我们的国家。因此，为何他们受到驱逐，与还未取得我等受人尊敬的地位的较为年轻的土著一起竞争呢？"[2] 在土著长老看来，他们是土著社会的天然管理者，掺杂很多人为因素的选举是一个为土著社会所不容的程序，是对他们的不敬。他们反对任何经过选举产生的土著咨询与管理机构。

"土著及托雷斯海峡岛民委员会"与"土著临时政府"的并存是一个较为独特的政治现象。与"土著及托雷斯海峡岛民委员会"相比，"土著临时政府"有其独特的优势。这是一个由氏族长老和社区代表组成的志愿性组织，他们决心为基于主权原则而建立单独的土著主权国家而斗争，这大大超出了官僚机构如"土著及托雷斯海峡岛民委员会"的功能范围。也许因为"土著临时政府"成员更有可能去怀疑整个和解时期全部磋商框架的合法性，所以，无论是政府还是"土著和解委员会"都很少在重要的问题

---

[1]　Bain Attwood and Andrew Markus, *The Struggle for Aboriginal Rights-A Documentary History*, p. 326.

[2]　Damien Short, *Reconciliation and Colonial Power-Indigenous Rights in Australia*, pp. 53 - 54.

上与他们进行磋商。毫无疑问，当处理有争议的土著问题时，政府只与受其雇佣的"土著领袖们"进行磋商，这是一个通常的策略。① 因此，"土著临时政府"尽管目的性很强，但实际影响有限，因为就当时的情况来说，脱离主流社会的制度框架去寻求激进的变革方式肯定是不现实的。② "土著及托雷斯海峡岛民委员会"仍是这一时期有重要影响的土著组织。

八 "土著和解委员会"的和解构想

（一）霍克的和解倡议

在 1987 年赢得第三个任期后，霍克总理就在反复思考这样的和解路径：如果在庆祝殖民者到达澳大利亚二百周年前，政府能够与土著达成某种谅解或协定，那该是一件多么美好的事情。③ 土著事务部长格里·汉德不久发表一个声明称，工党政府将为在政府与土著澳大利亚人之间缔结一个协定而不懈努力。该协定能够开启"一个与我们的土著及托雷斯海峡岛屿同胞达成谅解和合作的新的、持久的时代。"④

然而，土著及托雷斯海峡岛民不希望协定的任何部分旨在让每个人对 1788 年"第一舰队"的到来抱有好感。1988 年 1 月 20 日，在星期四岛举行的一个独立运动会议上，与会 400 名代表一致同意将就托雷斯海峡岛屿独立于澳大利亚与政府进行谈判。在 1 月 26 日澳大利亚建国二百周年庆典之日，为了反讽官方庆祝与再现当年英国"第一舰队"在悉尼湾登陆的历史场面，由几万名土著及其支持者参加的抗议活动在悉尼同时举行。可以说，建国二百周年庆典对全国范围内的宪法讨论起到了催化剂的作用。这场争论一直持续到 90 年代，涉及"国家是什么"以及国家可能起

① Damien Short, *Reconciliation and Colonial Power-Indigenous Rights in Australia*, p. 54.
② Bain Attwood and Andrew Markus, *The Struggle for Aboriginal Rights-A Documentary History*, pp. 323 – 325.
③ Frank Brennan, *Sharing the Country：The Case for Agreement between Black and White Australians*, p. 74.
④ Frank Brennan, *Sharing the Country：The Case for Agreement between Black and White Australians*, p. 79.

源于何时等问题。①

"和解"总是与冲突相伴。土著在澳大利亚建国二百周年纪念日举行的大规模抗议示威活动令白人统治者感到难堪的同时，也促使他们去重新审视在土著澳大利亚人与非土著澳大利亚人之间实现和解的必要性。否则在最低限度上，任何一次主流社会的庆典活动都有可能出现土著表达不满与愤慨的场面。

在得到澳大利亚工党大会做出的寻求与土著人民建立"一个更加成熟和持久的关系"的承诺后，6月12日，霍克总理和格里·汉德参加了在北部领地巴侬伽（Barunga）举行的土著年度文化和体育庆典活动。"中部和北部土地委员会"（Central and Northern Land Councils）主席温坦·鲁邦杰（Wenten Rubuntja）和加拉努伍·尤努平古向霍克总理呈交了一份写在一块树皮上的有关土著愿望的声明——《巴侬伽声明》（Barunga Statement）。该声明的内容如下：

> 我们土著人，澳大利亚的所有者和占有者，呼吁澳大利亚政府和人民承认我们的权利：
> ● 自决权和自我管理，包括自由地追求我们自己的经济、社会、宗教和文化的发展；
> ● 永久地控制和享有我们祖先之地；
> ● 对我们失去的土地予以赔偿，原先的所有权并没有被消灭；
> ● 对我们的圣地、圣物、人工制品、图案、知识以及艺术品进行保护以及使用管控；
> ● 根据我们的传统，归还我们祖先埋藏的遗物；
> ● 对推进我们土著的认同表示尊重，包括文化的、语言的、宗教的和历史的方面，还包括用我们自己的语言、文化和历史进行教育的权利；
> ● 依照《普遍人权宣言》、《经济、社会和文化权利国际公约》、《公民权利与政治权利国际公约》② 以及《消除所有形式的种族歧视

---

① Judith Pryor, *Constitutions-Writing Nations*, *Reading Difference*, New York: Birkbeck Law Press, 2008, p. 125.

② 该公约于 1967 年 4 月 23 日生效。至 1990 年，有 82 个国家在《公民权利与政治权利国际公约》上签了字。到 2011 年，这一数字增至 167 个。

国际公约》，土著拥有生存权、自由、个人安全、食物、衣服、住房、医疗关护、教育和就业机会、必需的社会服务以及其他基本权利。

我们呼吁联邦通过下面事项的法律：

● 一个在全国选举产生的来监督土著及岛民事务的土著及岛民组织；

● 全国土地权制度；

● 警察和司法制度，即承认我们的习惯法，使我们免于种族歧视以及对我们的认同或安全的任何可能的威胁，不要干预我们的言论或集会自由，或者在其他方面阻碍我们充分拥有和行使得到普遍承认的人权和根本自由的活动。

我们呼吁澳大利亚政府在土著为旨在形成一个国际公约而在推进土著国际权利原则宣言方面给予支持。

我们还呼吁联邦议会就承认我们对土地的最初的所有权，持续的占有和主权，以及确认我们的人权和自由，与我们就缔结一个条约或契约而展开磋商。[1]

不难看出，声明的绝大部分内容并无新鲜之处，因为在土著争取自身权益的漫长历程中，这些主张或诉求已不止一次地出现在各种政治动员与宣传中。值得关注的是，该声明吁请联邦议会与土著就缔结一个条约或契约而展开磋商，这显然是一种对霍克政府的问责方式，因为工党政府于1985年提议的全国土地权立法工作并没有取得任何进展，这让土著社会极为不满。

来自澳大利亚各地的几千名土著参加了此次庆祝活动。霍克在会上致辞时表示，政府将达成一个白色澳大利亚人与黑色澳大利亚人之间的和解协议。他说："我希望政府能够通过一个契约或条约使土著和非土著澳大利亚人达成一个合适的、持久的妥协……对此想法我丝毫未迟疑过……重要的是过程：即我们共同努力朝着能达成妥协的协定去努力。"[2] 霍克总理进一步提示说，这样的条约将在1990年问世。霍克政府的这一和解倡

---

① Bain Attwood and Andrew Markus, *The Struggle for Aboriginal Rights-A Documentary History*, pp. 316 –317.

② Bob Hawke, *The Hawke Memoirs*, p. 435.

议与往届政府的土著政策相比有着明显的区别。它是以一个契约或条约为模式，以实现土著澳大利亚人与非土著澳大利亚人之间持久的和解为目的，这无疑是在解决土著问题方面设计了一条更为清晰的路径。

　　然而，如同几年前提出的类似的建议一样，议会内部并未就此达成广泛共识。非常简单的是，一些政治家们习惯在政府与土著人民之间谈论统治与被统治的关系，在迫不得已时以一定的政策倾斜来消解土著社会的不满情绪。他们从不喜欢"条约"一词，因为"条约"具有国际意味，似乎适用于两个主权国家之间的交易。相反，大多数议员倾向于使用模棱两可的术语如"契约"或"协议"（'agreement'）。① 反对党更是对此持反对立场。该党领袖们认为，霍克对澳大利亚统一的冥思苦想将会带来危险。约翰·霍华德则谴责工党政府与澳大利亚土著民族签订条约的思想是"与一个澳大利亚的理想完全矛盾的"。反对党也不支持由教会领袖们提出的并由政府提交给议会的一个相对温和的方案，即"确认土著根据澳大利亚联邦宪法以及法律而拥有的自我管理和自决权。"②

　　1988 年年底，澳大利亚宪法委员会③在提交的体量很大的两卷本的报告中声称，联邦有足够的力量去推动与土著及托雷斯海峡岛民的和解，并且指出，"无论是一个协定，或者一系列协定，都是朝此尚未决定的目标而奋斗的一个合适的途径。"但是，宪法委员会也承认，联邦和土著社会在继续推进一个条约或契约方面并没有形成充分一致，而且，踌躇不决的霍克政府再也无力推动土著人民所希望的那种条约。④ 在来自工党内部非常强烈的抵制后，霍克收回了他的有关和解条约的声明，代之以与土著领袖达成的建立"土著和解委员会"的妥协。1991 年 12 月 20 日，霍克在议会发表了政府在处理土著事务方面进行妥协的重要性的讲话。他说："我不想利用这个时间来历数本届政府为土著居民所做的种种贡献……我们应当懂得的是，在这个我们首次作为一个完整的民族而存在的世纪之末，如果你们真的珍视这个国家，并且愿意骄傲地将澳大利亚带入 21 世

---

① SSCCLA, *Senate Standing Committee on Constitutional and Legal Affairs*: *Two Hundred Years Later*, Canberra: Australian Government Publishing Service, 1983, p. 50.

② Frank Brennan, *Sharing the Country*: *The Case for Agreement between Black and White Australians*, pp. 83 – 84.

③ 该委员会是 1986 年由工党任命的。

④ Australian Constitutional Commission, *Final Report*, Canberra: Australian Government Publishing Service, 1988, p. 55.

纪，如果你们不进行妥协的话，那就没有机会实现这一切。我个人愿意看到将这一切诉诸文件形式。我想，我们更需要有勇气来做到这些。但在某种意义上，我们必须承认，文件本身不很重要，重要的是我们的思想和我们的心。"①

平心而论，霍克的讲话较为坦诚。当新世纪钟声敲响时，澳大利亚究竟以一个什么样的姿态屹立于世界舞台？作为一名政治家，这是一个不得不思量的战略议题。澳大利亚如想以一个崭新的面貌出现在世人面前，那么种族和解就是一张很有分量的名片。当然，这段讲话还提及一个逻辑关联：那就是"文件本身不很重要，重要的是我们的思想和我们的心"。从土著澳大利亚人与非土著澳大利亚人关系的演进来看，这种逻辑关联非常重要，因为如果没有一个有约束性的文件，何以对实践加以指导？又凭什么来检验实践的成果？

（二）"土著和解委员会"的成立

在被称为"和解部长"的罗伯特·蒂克纳的努力工作并得到反对党支持的情况下，《土著和解委员会条例》（*Council for Aboriginal Reconciliation Act*）的拟定过程算是比较顺利的。这一条例得到了参议院两党的支持，并于 1991 年 6 月获得了众议院的一致通过。

据此条例，"土著和解委员会"应运而生。该委员会由 14 名土著及托雷斯海峡岛民代表和 11 名非土著代表组成。在任命代表的过程中，执政党与反对党进行了广泛的磋商。尽管"土著和解委员会"的授权被稀释到保守的反对派能够给予支持的地步，但是，霍克和罗伯特·蒂克纳还是努力劝说最受人爱戴的土著领袖来接受任命。帕特里克·道森（Patrick Dodson）② 成为该委员会主席。"土著及托雷斯海峡岛民委员会"主席路易斯·奥多诺霍以及加拉努伍·尤努平古也同意加盟。委员会成员还包括各党派的政治家——工党参议员玛格丽特·雷诺兹（Margaret Reynolds）、澳大利亚民主党参议员谢里尔·克罗特（Cheryl Kernot）、自由党参议员皮特·纽金特（Peter Nugent）以及一些著名的商界、劳工界、农场主领

---

① Bob Hawke, *The Hawke Memoirs*, p. 436.
② 帕特里克·道森曾是一位前天主教牧师、中部土地委员会主席以及金伯利土地委员会主席。

袖。罗纳德·威尔逊（Ronald Wilson）成为该委员会副主席。该委员会的成立让霍克本人兴奋不已，因为1988年，当他在巴侬伽提出这一概念时，当时大部分媒体和一些人予以讥讽和嘲笑。[1]

根据《土著和解委员会条例》，该委员会的工作目标就是通过其制定的项目和开展的活动，至2001年努力实现"一个尊重我们的这片土地、尊重土著及托雷斯海峡岛民遗产、为所有人提供公正和平等的统一的澳大利亚"。这是和解所期望实现的理想目标。

为实现这一崇高目标，"土著和解委员会"必须开展下列工作：（1）带头倡议旨在促进土著及托雷斯海峡岛民与更加广泛的澳大利亚社会之间的和解，尤其聚焦地方层次；（2）凭借领导力、教育和磋商，来促进所有澳大利亚人对土著及托雷斯海峡岛民的历史、文化、被殖民化以及一直处于弱势地位的状况有一个更为深刻的了解；（3）培育一个通过合作来纠正土著及托雷斯海峡岛民处在不利地位的全国性承诺；（4）提供一个让所有澳大利亚人参与的用于讨论与和解以及将被政府所采纳的政策有关的磋商论坛；（5）就和解是否由一个或多个正式的和解文件来推动而与土著及托雷斯海峡岛民以及更加广泛的澳大利亚社会进行磋商，并且把这些观点向土著事务部长进行汇报，以及就这样的和解文件的性质、内容以及为之努力的方式向部长提出建议。[2]

根据"土著和解委员会"的构想，实现有价值的和持久的和解大致存在五个阶段：

（1）了解和接受土著及托雷斯海峡岛民与更加广泛的澳大利亚社会之间有着共同的历史；（2）尊重土著的文化和属性；（3）承认过去对土著澳大利亚人的不公正将继续导致现在的不公正；（4）确定必须要做的重要工作，以及致力于在澳大利亚社会内部做出改变；（5）对统一与和谐地生活在一起的公民权利做出重新评估。[3]

"土著和解委员会"教育联系战略的动力在1992年出台的该委员会方案中得到了具体体现。该战略方案详细说明了对于和解至关重要的八个问题：（1）对土地和海洋之于土著及托雷斯海峡岛民社会的重要性有更

---

① Bob Hawke, *The Hawke Memoirs*, p. 435.

② Damien Short, *Reconciliation and Colonial Power-Indigenous Rights in Australia*, p. 109.

③ Australian Reconciliation Convention, *The Path to Reconciliation: Renewal of the Nation*, Canberra: Australian Government Publishing Service, 1997, p. 3; p. 15.

深入的了解；（2）在土著及托雷斯海峡岛民与更加广泛的社会之间建立更加良好的关系；（3）承认土著及托雷斯海峡岛民的文化和遗产是澳大利亚遗产中一个有价值的组成部分；（4）所有澳大利亚人具有分享他们共同历史的意识；（5）对于在健康、住房、就业和教育方面阻止土著及托雷斯海峡岛屿民族去取得公平和适当水准的生活条件的原因有更深入的认识；（6）对于导致目前土著及托雷斯海峡岛屿民族不可接受的高比例监禁的根本原因要做出广泛的社会反应；（7）给予土著及托雷斯海峡岛屿民族掌控自己命运的更多的机遇；（8）在和解进程是否通过一个和解文件来推进方面须达成一致。①

与种族和解进程中任何一个组织的建立或任何一项政策出台一样，"土著和解委员会"的成立激起了不同的社会反响，且以反对者居多。

一些公民给予了支持，认为这是土著与非土著澳大利亚人之间的和解取得明显进步的一个体现，但质疑者大有人在。《土著和解委员会条例》中提到与土著民族的协定或条约是一个模糊的授权，即"就能否通过一个或多个正式的和解文件来推进与土著及托雷斯海峡岛民以及更加广泛的澳大利亚社会之间的和解而进行磋商"。这一不清晰的表达引起了"土著及托雷斯海峡岛民委员会"的关注。罗伯特·蒂克纳对此解释说，条例中没有明确提及类似条约的和解机制的可能性并不意味着条约将从"土著和解委员会"对土著所希望的考量中排除出去。② 一些土著领袖对联邦政府此举的动机亦不以为然。米歇尔·曼索尔怀疑"和解"是否被简单地设想成减轻矿业公司或牧场主对土著提出的全国土地所有权主张的担心。③ "土著和解委员会"的凯文·吉尔伯特（Kevin Gilbert）则质问道："我们得在哪些方面取得和解？……和解进程无法取得成效，因为那天会议结束时它没有承诺实现公正。"④

出现上述截然不同的看法并不令人奇怪。在那些较为激进的土著活动

① Bain Attwood and Andrew Markus, *The Struggle for Aboriginal Rights-A Documentary History*, p. 339.
② Robert Ticker, *Taking a Stand: Land Rights to Reconciliation*, p. 38.
③ Michael Mansell, "It's Now or Never: Building an Aboriginal government" in I. Moores (ed.), *Voices of Aboriginal Australia-Past, Present, Future*, Springwood: Butterfly Books, 1994, p. 290.
④ Kevin Gilbert, "What are We to Reconcile Ourselves to?" in I. Moores (ed.), *Voices of Aboriginal Australia-Past, Present, Future*, p. 287.

家看来，这一和解进程偏离了土著社会所期待的轨道，无法实现种族和解的目标。"土著和解委员会"把和解进程视为一个"增强意识、加快变化、促进行动去纠正澳大利亚社会各个阶层过去所犯错误的过程"；它展望的是一个"自下而上"的进程，即一旦非土著社会在土著问题上获得了重要的教育，那么重要的变化就将通过既有的社会和政治结构而慢慢显示出来。这与条约运动中所要求的归还土地、赔偿损失、承认平等等诉求有很大的不同。[①] 但如果把种族和解作为一项系统工程来考察的话，旨在教育非土著澳大利亚社会去认识土著澳大利亚人的历史与文化，了解他们的现实处境，给予他们更多的同情，那么种族和解的基础就会逐步得到扩大。从这个意义上说，"土著和解委员会"在其成立后所开展的旨在推进和解的工作还是应该给予肯定的。

当被问及威特拉姆时期的工党给澳大利亚社会留下什么样的政治遗产时，人们很可能会不假思索地说，那就是使"白澳政策"退出历史舞台。的确，"白澳政策"曾经作为两党的共识和国家治理的理念达半个多世纪，废除这样一个对政治制度和社会价值观念产生如此深远影响的政策，其阻力和难度可想而知。那么，同样属工党的霍克政府的政治遗产是什么？如果仅从处理土著问题这一领域来看，制定一个国家层面的多元文化建设纲领无疑占据了显著位置。与此相关联的是，霍克政府正式提出了在土著澳大利亚人与政府之间缔结条约的理念或概念。虽然霍克政府对条约概念的内涵并没有做具体的阐释，但可以预料的是，它与土著领袖们所理解的有很大的不同，甚至存在本质性的差异。对土著来说，条约概念是可以接受的甚至是受到欢迎的一种选择，而对于非土著社会尤其是保守的自由主义政治家来说，霍克政府的这一提议是鲁莽的和糟糕的，因而不予接受。正因为如此，这一概念在当时确实引起不少非议，因而付诸实践的机会相当渺茫。也许因为这一点，和解的理念才在日后的种族关系中屡被提及，并被赋予了新的内涵，使之日益成为一个成熟的理念和不懈追求的目标。这些无疑是霍克政府在处理种族关系方面最引以为傲的一面。

---

① Damien Short, *Reconciliation and Colonial Power-Indigenous Rights in Australia*, pp. 110 – 112.

第七章

种族和解进程的推动

——保罗·基廷时期

　　鲍勃·霍克在种族和解方面富有远见的构想给了他的继任者保罗·基廷（1991.12～1996.3）以很大的想象空间，也赋予他为解决土著问题而施展决策能力的机遇。这位自称"世界上最伟大的财政部长"的政治家在其任期内把关注土著问题与树立澳大利亚在国际舞台上的良好形象紧密结合起来的战略给人们留下了深刻的印象。

　　这一时期，工党政府践行的多元文化主义理念的最大特色就是对以前政府的某些政策或做法做出一定的反省。为此，保罗·基廷本人多次走访土著社区，倾听土著的心声，正视他们生活中遇到的一些实际问题，并把解决土著土地所有权问题提上议事日程。在这一背景之下，1992年6月3日，澳大利亚高等法院对久拖不决的"马宝案件"进行了宣判。十年前，来自墨累岛（Murry Island）的埃迪·马宝（Eddy Mabo）和其他四位托雷斯海峡岛民提起诉讼，要求对其世代栖息的岛屿拥有的传统所有权予以法律上的承认。十年后，在这场具有分水岭意义的裁决中，高等法院推翻了澳洲在殖民前属"无主地"的谬论，并在澳大利亚普通法范围内承认了土著的土地所有权。① 同年12月，基廷在雷迪芬公园发表演讲，代表政府对澳大利亚高等法院的这一裁决给予了积极回应，表达了政府将为土著土地权进行立法的愿望。1993年，澳大利亚联邦议会通过了《土著土地权法》（*Native Title Act*）。虽然该法后来屡被修改，并且常常遭遇执行难的尴尬，但在该法精神指导下，土著陆续获得了属于他们自己的土地。虽然归还的土地数量距离预期还差得很远，但在法律上承认土著是这块土地

---

　　① Robert Tickner, *Taking a Stand-Land Rights to Reconciliation*, pp. 86－87.

的主人就足以令他们倍感欣慰。基廷政府的反省理念还体现在对《种族歧视法》的检视方面。如果说 70 年代的《种族歧视法》旨在对歧视有色人种的具体政策和行为进行界定的话，那么到了基廷时期，如何在制度层面保护土著集体权益，实现土著与非土著澳大利亚人之间的真正平等就成为政府的要事之一。出于这样的初衷，工党政府开始对在澳大利亚历史上发生的偷走土著孩子的事件展开调查。虽然任期内未能见证调查报告的发布，但这项工作的启动以及陆续开展的有效工作为霍华德时期调查报告的出台奠定了坚实基础。

由于土地对土著和非土著居民都具有非凡的意义，所以，土地所有权之争决定了保罗·基廷时期的种族和解进程难以走得太远，以至于弗兰克·布伦南得出这样的结论：如果说联盟党在行使权力主张土著利益方面过于谨慎的话，那么工党在对土著做出承诺方面就过于浮夸。但基廷相信，"通过土著土地所有权法、土著土地基金、土著协调委员会的工作、5 年投入4 亿美元给皇家委员会制定监管土著死亡法及 1995 年为被偷的一代……建立的国家调查小组，工党在优秀土著领导人的合作之下已取得了一些成绩，回顾自己所做的一切，应该有一份骄傲感。"[1]

一　土著问题与国家形象的重塑

外交与内政如一卵双胎，二者的关系非比寻常。澳大利亚常常被戏说为一个"错放位置"的国家。这是说，无论从民族源起、语言文化、价值观念、意识形态、政治制度来说，澳大利亚都是一个极为典型的西方国家，与它做邻的却是上述方面与己有根本不同的亚洲民族或国家。给外界的印象是：它与亚洲国家的距离是如此之近，可谓近在咫尺，却又如此之遥远，可谓远在天边。亚洲国家与澳大利亚双边关系的发展虽然在机制上构建了一些平台，但双方的不信任以及相互指责是常有之事。就澳大利亚来说，影响外交战略与决策的因素很多，但党派政治、移民因素以及人权战略与其外交战略和决策存在多方关系。具体到原住民问题，澳大利亚难以将其孤立地理解为有蔽国际视听的内政事务。当澳大利亚与一些欧美国

---

① 〔澳大利亚〕保罗·基廷：《牵手亚太——我的总理生涯》，第 249 页。

家一道，站在所谓的道德高地对亚洲国家包括人权在内的内部事务说三道四时，她自己也要做好面对这些国家对她的人权尤其是原住民人权状况进行指责的心理准备。

首先，基廷政府是站在维护国家形象的角度来审视国内土著问题的。

一国的外交形象与其国内政策尤其是种族政策或人权政策是分不开的。比如在实行种族隔离与种族歧视政策期间，南非一直是国际社会谴责尤其是新闻媒体讨伐的对象，其国际形象十分糟糕，在国际社会中难免陷入孤立。20 世纪 90 年代初，南非结束了种族主义政治，黑人开始当家做主，各民族在法律上一律平等，其在国际社会的形象发生了逆转。澳大利亚是亚太地区的一个重要国家，"二战"后一直致力于在本地区乃至国际舞台上树立一个中等发达国家的良好形象。但国内频遭诟病的种族歧视政策及其行为却使这种努力大打折扣，国际社会对其指责不断。1993 年，"大赦国际"（Amnesty International）有关澳大利亚的报告指出，导致与土著人口不相称的监禁比例的相关制度可能违反了土著人权。① 不仅如此，即使是前宗主国英国在评价澳土著政策方面似乎也不留情面，认为澳政府"对土著的歧视损害了英国的声誉"；美国等国批评澳大利亚的土著政策是"不人道的"、"野蛮的"。自 20 世纪 80 年代以来，美国国务院年度《国别人权状况报告》（Country Reports on Human Rights Practices）也常规性地指责澳大利亚。② 澳大利亚的土著政策也常常遭到其周边国家的非议。马来西亚媒体时常报道澳大利亚对土著居民的虐待，这让澳政府感到很不舒服。③ 作为澳大利亚最重要的邻国——印度尼西亚，常常批评澳大利亚的土著政策。印尼认为，只要澳大利亚的土著享受不到基本的人权、自决权或独立权，那么它就不应该对别国人权指手画脚。印尼一位外交官曾这样说："在人权领域，澳大利亚不能告诉我们做什么，因为他们自己在处理国内人权问题上尤为失败。"④

对于澳大利亚这样一个中等发达的资本主义国家来说，改善与提升国

---

① Amnesty International, *A Criminal Justice System Weighted Against Aboriginal People*, London: International Secretariat, 1993, p. 1.

② Chris Cunneen, *Conflict, Politics and Crime-Aboriginal Communities and the Police*, p. 223.

③ 〔澳大利亚〕保罗·基廷:《牵手亚太——我的总理生涯》，第 160 页。

④ Don Grant and Graham Seal（eds.）, *Australia in the World-Perceptions and Possibilities*, Perth: Black Swan Press, 1994, pp. 369–370.

家形象的路径有很多。无论在地区性事务还是在国际性事务中，澳大利亚均可以凭借自己所谓的制度性优势和国家实力发挥独特的或建设性作用，借此树立一个负责任的良好国家的形象。但是，受到国际社会关注的原住民问题却对澳大利亚的上述外交战略产生了一定的制约作用。一个简单的逻辑是，只要澳大利亚原住民的政策受到国际社会的关注尤其是国际人权组织的谴责，那么澳大利亚欲在地区性或国际性事务中发挥与其制度和实力相称的作用的战略目标就难以实现。

基廷上台后，把在国际舞台上树立一个新的国家形象视为其外交战略的主要内容之一。1992年，为了促进一个强大的和统一的国家的出现，保罗·基廷总理就曾使用"一个民族"（'one nation'）的概念。他说："我们所有的努力应该是为了国家的统一，而非分裂国家。最成功的社会是以他们的统一而著称的……这是我们所寻求的那种澳大利亚……更真实地说，澳大利亚是一个民族。"① 与基廷的政治展望相类似的是，弗兰克·布伦南于1995年提出了有关社会公正的设想，即大家为把澳大利亚建设成为"一块国土、一个民族"而携手并肩。②

实现一个统一民族的目标同样涉及促进多元文化主义以及与原住民实现和解的政策。在这些政策方面，澳大利亚理应被视为一个整体，尽管存在公认的分歧，但通过把各种有关其殖民主义的过去且表面上看来无法比较的陈述整合起来，这些分歧是可以得到弥合的。基廷政府时期有关和解运动的各种倡议就见证了建立一个统一民族国家的愿望。

其次，融入亚洲需要澳大利亚在土著问题上有所作为。

"地理因素对澳大利亚的国家意识一贯产生违反常情的影响。在澳大利亚与亚洲关系行为中，没有哪一点比这方面更加明显了。在其大部分历史中，澳大利亚对其近北或更加遥远的北方国家没有什么兴趣。……正是在第二次世界大战期间，澳大利亚人才开始充分认识到亚洲和太平洋地区政治和经济的重要性，随后他们开始在地区性事务中发挥积极作用。"③

① A. Wimmer（ed.），*Australian Nationalism Reconsidered*：*Maintaining a Monocultural Tradition in a Multicultural Society*，Tübingen：Stauffenberg Verlag，1999，p. 215.

② F. Brennan，*One Land*，*One Nation*：*Mabo-Towards 2001*，St Lucia：University of Queensland Press，1995，p. xviii.

③ Russell Trood and Deborah McNamara（eds.），*The Asia-Australia Survey 1994*，Melbourne：Macmillan Education Australia Pty Ltd，1994，p. 23.

由此可见，第二次世界大战使澳大利亚的外交和防务政策发生了重要转向——欧洲不再是它关注的方向，太平洋区域尤其是太平洋西部的安全局势与安全结构成为它考量的重点。当 20 世纪 70 年代亚太地区国际关系发生重要变化时，当亚洲的经济发展呈现勃勃生机时，澳大利亚外交、防务和经济政策中的"面向亚洲"战略不仅具有长远战略意义，而且有现实意义。① 90 年代初，亚太地区尤其是东盟地区的经济发展活力四射。在 1992 年 1 月东盟国家领导人新加坡峰会上，与会领导一致同意到 2008 年建立东盟自由贸易区。② 东盟自由贸易区的建立是对日渐发展的经济区域主义，尤其是对来自欧盟和北美自由贸易区的压力的一种回应。在澳大利亚，有越来越多的人认为，澳大利亚的未来是在亚洲，其经济发展只能依赖于广大的亚洲市场，因此，融入亚洲成了 20 世纪 70 年代以来澳大利亚历届政府所奉行的一项基本外交战略或政策，并在 20 世纪 90 年代前半期获得了重要机遇。③ 显然，这与基廷政府的努力是分不开的。保罗·基廷总理上任伊始就确立了澳大利亚对外政策的三个不同的信念和原则：一是澳大利亚国内经济的成功在很大程度上取决于我们所做的一切，以及我们如何处理对外关系；二是我们的未来主要存在于亚洲；三是时代赋予澳大利亚前所未有的机遇和使命，我们应该在世界和周边地区充分发挥自己应有的影响力。④

然而，必须指出的是，澳大利亚的土著政策对它融入亚洲会产生不利影响。"二战"后亚洲一些国家相继摆脱了西方的殖民统治枷锁，纷纷走上了民族独立之路，并在民族国家构建过程中形成了各具特色的发展道路。在人权问题上，亚洲国家在尊重普遍人权原则的前提下，结合各国实际情况也在稳步地改善人权。而在人权意识方面，亚洲国家似乎更加敏感。澳大利亚与亚洲国家打交道时常以人权卫士自居，对别国人权状况信口雌黄。而亚洲国家则反唇相讥，常常谴责澳大利亚国内的种族歧视和人权问题。这种相互指责无疑给双边关系带来损害。⑤ 基廷对此有着深刻的

---

① 〔德国〕弗劳利安·康马斯、〔荷兰〕尤迪特·施塔波丝：《亚洲挑战世界——新亚洲》，陈宝、周一玲译，北京：中央编译出版社，1998，第 159～165 页。

② Erik Paul, *Australia in Southeast Asia-Regionalisation and Democracy*, Copenhagen：Nordic Institute of Asian Studies, 1998, p. 38.

③ James Cotton and John Ravenhill（eds.），*Seeking Asian Engagement-Australia in World Affairs, 1991-1995*, Melbourne：Oxford University Press, 1997, p. 1.

④ 〔澳大利亚〕保罗·基廷：《牵手亚太——我的总理生涯》，第 14 页。

⑤ Russell Trood and Deborah McNamara（eds.），*The Asia-Australia Survey 1994*, pp. 34-36.

认识。他说："正如我想捍卫澳大利亚的多元文化社会一样，我也认为我们对待自己的土著居民（是他们延续了地球上的古老文明）的方式是我们在亚太寻求立足的中心问题。我们如果把本国的这些人口看作二等公民，就很难告诉周边国家我们想在这一地区勾勒我们的未来。但是，更重要的是，如我 1992 年 12 月在位于郊区的雷迪芬（这里长期以来是悉尼市土著居民的生活中心）对一群观众的演讲中所说的，澳大利亚对土著居民提供机遇、关爱、尊严和希望的方式是对'我们的社会目标和民族意志的根本考验，我们的民族意志就是：能够自己对世界说，澳大利亚是一流的民主社会的国家，我们原本就应该是一个真正公平和存在许多机遇的国家。'"[1] 德雷克·迈克杜伽尔（Derek McDougall）持与基廷类似的观点，他说："澳大利亚不应把自己视为永远与其周围地区隔绝的一个外来的西方移民国，而应视为在平等的基础上与本地区所有其他国家一道能够做出贡献的亚太国家之一。"[2] 这就是说，为了避免沦为一个局外人，澳大利亚必须从一开始就融入其中。为了成为一个有效的区域性伙伴，澳大利亚不得不去适应亚洲的外交方式，同时从内部进行变革：与土著民族讲和以及推行多元文化政策。

二　马宝裁定及其历史评价

自 20 世纪 70 年代初澳大利亚倡导多元文化政策以来，土著问题受到持续关注。这期间，无论是工党政府还是自由党联盟政府，都在各自党派执政理念指导下采取了一些对土著有益的政策。这些政策出台的背景基本上是政府基于一种对历史的认识和对现实的考量而做出的一种权衡。虽然在这一进程中，土著提出的一些泛泛要求对政府的有关政策产生过影响，但尚不足以使政府在制度或立法层面做出根本性调整，而马宝裁定意味着在土著与非土著澳大利亚人甚至政府之间出现权益之争时，司法机关的介入将是一个解决问题的根本途径。

---

[1] 〔澳大利亚〕保罗·基廷：《牵手亚太——我的总理生涯》，第 248 页。

[2] Derek McDougall, *Australian Foreign Relations-Entering the 21ˢᵗ Century*, Frenchs Forest: Pearson Education Australia, 2009, p. 99.

（一）事件的源起

1936 年 6 月 29 日，埃迪·马宝出生在托雷斯海峡梅尔（Mer）岛。梅尔岛是墨累群岛中最大的一个。它的最东部是一个将澳大利亚与巴布亚新几内亚分隔开的宽达 170 公里的海峡。梅尔岛长约 2.8 公里，最宽处超过 1.5 公里。墨累群岛中只有 17 个岛屿有人居住，其居民统称为托雷斯海峡岛民。[①]

马宝的母亲在马宝出生不久就撒手人寰，马宝是由其舅舅本尼·马宝（Benny Mabo）和舅妈梅伽（Maiga）抚养成人的。尽管由至亲抚养的方式在梅里阿姆人中是一种习惯，但多年后，这在昆士兰州法官 M. P. 莫伊尼汉（M. P. Moynihan）那里却成了一个问题。M. P. 莫伊尼汉在马宝案件中被高等法院任命为"案情调查者"，负责对原告方提交的证据材料进行查实。M. P. 莫伊尼汉说，他不支持马宝所主张的小块土地所有权是由其舅舅遗传给他的。

在马宝成长的过程中，一方面当地岛民传统文化对他产生了莫大的影响。他从年长者尤其他祖父那里了解到有关岛屿形成的神话和故事以及《马洛法》（Malo's Law）[②]。另一方面，基督教文化也开始影响到岛民的信仰和日常生活。虽然一些传统的习惯被传教士所禁止而不得不转入地下，但岛民神学家们能够将基督教教义与传统的宗教教义融合起来。在马宝的青少年经历中，1953 年是一个具有转折意义的年份。是年，在梅尔岛与几位同样失意的年轻人饮酒狂欢后，马宝被指控不仅在保留地有醉酒行为，还有调戏一位妇女之嫌。在这个受官方基督教文化侵染的岛屿，严格的道德主义说教意味着对他的第二项指控将获重罚——被从墨累群岛流放。埃迪·马宝服刑的地点就是星期四岛，该岛是当时托雷斯海峡的行政管理中心。[③]

两年的流放生涯结束后，埃迪·马宝回到在梅尔的故里。1957 年年底，经不住高工资的诱惑以及想摆脱托雷斯海峡殖民地的种种限制，他决

---

① Peter H. Russell, *Recognizing Aboriginal Title-The Mabo Case and Indigenous Resistance to English-Settler Colonialism*, p. 19.

② 在精神意义上，这部法律诠释了岛民与自然以及岛民之间的关系。

③ Peter H. Russell, *Recognizing Aboriginal Title-The Mabo Case and Indigenous Resistance to English-Settler Colonialism*, p. 24.

定到澳大利亚大陆来碰碰运气。在昆士兰，他被该州北部海岸的一个主要港口汤斯维尔（Townsville）吸引。[①] 尽管找到了一份修建铁路的工作，但他常常回到汤斯维尔，并在渔船上以及港口局的拖船上做些海运工作。1959 年，埃迪·马宝与博尼塔·马宝（Bonita Mabo）喜结连理，并决定在汤斯维尔定居。在汤斯维尔，他一边努力工作，养家糊口；一边积极参与土著政治事务。到了 60 年代早期，土著澳大利亚人，特别是那些搬进城镇的土著，开始被土著民族主义中的一种激进意识所搅动。这种意识的觉醒部分是由于受到电视屏幕的影响。住在城市的土著澳大利亚人能够通过电视屏幕目睹大洋彼岸美国黑人的自由游行示威以及民权运动的兴起。

埃迪·马宝在政治上崭露头角是在他成为在汤斯维尔的"土著进步联盟"的秘书之后。通过散发传单、发起募捐活动以及组织 1967 年的种族关系会议，包括埃迪·马宝在内的几名成员的影响已扩大到联盟之外。他们在土著社区中间宣传政治意识，并且筹措足够的经费以便派出代表去参加旨在推动泛澳大利亚土著运动兴起的全国性会议。

对马宝来说，在政治行动中，为实现共同目标而与大陆的土著进行联合是有困难的。托雷斯海峡岛民有着作为一个独特民族的强烈的自我认同意识。他们的精神信仰、历史以及文化与澳大利亚大陆的土著民族有着显著差异。岛屿社区所形成的生活模式在一个比较长的时期内受到了西方文化的影响。在很多方面——尤其是在土地所有权高度个人化的传统中，岛民文化与西方文化之间要比其与澳大利亚大陆土著文化之间有更多的相似性。的确，埃迪·马宝最终被迫离开当地的"土著权利委员会"（Council for Aboriginal Rights）[②] 就是因为来自同事的压力。他们认为，"让岛民卷入土著事务是没有必要的。"[③]

马宝对学习文化有着特别的嗜好。他在詹姆斯·库克大学（James Cook University）找到了一份工作，这使得他有机会去追求这些兴趣。他的正式教育只有小学文化水平的事实并没有妨碍他去充分利用大学的资

[①] 埃迪·马宝向澳洲大陆移民是始于 20 世纪 50 年代并持续近十年的托雷斯海峡岛民向外移民总体模式的一部分。这些移民中的多数来到昆士兰北部，并在一些沿海城镇聚集，形成了一个规模较大的社区。

[②] 该组织是由"土著进步联盟"演变而来。

[③] Noel Loos and Koiki Mabo, *Edward Koiki Mabo*: *His Life and Struggle for Land Rights*, St Lucia: University of Queensland Press, 1996, p. 51.

源。在图书馆，他发现了西方学者对岛民历史和文化研究的成果，特别是
6 卷本的《剑桥人类探险》（*The Cambridge Anthropological Expedition*）让
他眼界大开。通过学习和研究，马宝增加了对其同胞的认知与了解。借用
他的传记作者诺埃尔·卢斯（Noel Loos）的话来说，"将新的见解移植到
他的旧的认识当中"。①

在大学校园里，马宝兼任一门种族关系课程的授课老师。在校期间，
他常常参加各种形式的研讨会和会议。正是这种非比常人的能量和决心，
以及在一些富有同情心的大学教育工作者的帮助下，埃迪·马宝在汤斯维
尔创办了一所黑人社区学校，其目标就是为当地土著学生提供兼容传统文
化和西方文化的最好教育。在接下来的十年时间里，这所学校成了埃迪·
马宝生活的中心。作为管理这所学校的社区委员会主席，埃迪·马宝成为
资金的主要筹集人以及处理该校与市政和教育当局经常性紧张关系的领袖。

1973 年，埃迪·马宝计划去墨累岛访问，做口述史研究。自 1957 年
以来，他再也没有返回梅尔岛。因此，他渴望把妻子和孩子带到永远是他
家乡的地方。然而，当他一家抵达星期四岛时，马宝收到了一份来自墨累
岛委员会（Murray Island Council）主席拒绝其请求入岛的电报。电文说：
"如此访问或研究将会给人们带来问题"，电文结尾重申："不要再怀疑我
本人和委员会的权威。"② 也许正是此次回到梅尔岛的努力失败后的失望，
成全了他与著名学者亨利·雷诺兹（Henry Reynolds）的一次促膝长叙。③
对于这一次会谈，亨利·雷诺兹是这样回忆的："他告诉我很多在环境相
当传统的墨累岛成长的故事。埃迪·马宝对传统文化兴趣甚浓。在大学
里，他阅读与托雷斯海峡岛民有关的人类学文献，甚至涉及 1901～1902
年大剑桥（哈顿）（Haddon）探险，这是第一批伟大的探险之一。他还提
及，在他的岛上，他和他的家庭拥有土地。虽有十多年没有回家，但他并
不担心这块土地；那个岛上的每个人都知道这是马宝的土地，那里的人们
会照看它。有一次，我对他说，'瞧，你是否真的明白，虽然在你看来这
是你的土地，但实际上这是王室之地。按照澳大利亚白人法律，你在墨累
岛不拥有任何土地。'我仍然记得当时他整个的面部表情——这是一种愕

①　Noel Loos and Koiki Mabo, *Edward Koiki Mabo：His Life and Struggle for Land Rights*, p. 11.
②　Peter H. Russell, *Recognizing Aboriginal Title-The Mabo Case and Indigenous Resistance to English-Settler Colonialism*, p. 28.
③　这次谈话的时间未有定论，甚至连亨利·雷诺兹本人也说约在 1973～1974 年。

然而又十分疑惑的表情；人怎么能够对不属于他家庭的土地犯如此的错误？他对我所说的情况可能确实如此而感到害怕。"[①] 这次谈话似乎更加坚定了埃迪·马宝选择法律途径去寻求对土地持续所有权的承认。

1974年，当埃迪·马宝得知他父亲病重的消息时，他向"墨累岛委员会"申请探亲许可。委员会同意其申请，但前提是他"不再从事任何政治活动"。这个条件让马宝勃然大怒且绝对不可接受。直到1977年2月，马宝终于回到了墨累岛。不过，这一次是没有经过任何人的允许，是他本人私自回来的。虽然他没有遭到实际逮捕，但还是受到了很多猜疑以及对他的政治激进主义的反对。正如他的遗孀回忆道：当马宝回到墨累岛时，他们说他们不需要他的"来自南方的思想"。他们把他从会场里拉出来，并叫来了警察。虽然墨累岛民是一个有着强烈认同意识且有着自豪感的民族，但是，他们在与殖民权威的关系中所表现的政治风格比起马宝来要平静温和得多。岛民们把"福利殖民主义"（'welfare colonialism'）作为促进其集体利益的首要手段，而地方领导人正是通过昆士兰州政府建立的地方政府框架来寻求梅里阿姆人的政治发展。在一个由"福利殖民主义"所主宰的政治环境中，马宝对殖民前岛民拥有他们的土地和水源所有权的关注并没有受到迅速和热情的欢迎。但是，正是这次墨累岛之旅之后，马宝承诺将其一生奉献给这里的土著进步事业。[②]

从1975年至1980年，埃迪·马宝担任尤姆巴迈塔住房服务中心（Yumba Meta Housing Service）主席；从1978年至1981年，他还是设在汤斯维尔的联邦政府土著就业与培训支部的一名职业官员。他还被多个全国性咨询机构所聘用，包括"土著艺术委员会"（Aboriginal Arts Council）、"全国土著教育委员会"（National Aboriginal Education Committee）等。虽然马宝已经非正式地在大学课堂以及社区学校进行授课，但他还是决定取得正式的学位文凭。1981年早些时候，他在"高等教育学院"（不久就被合并到詹姆斯·库克大学）注册入学，准备申请教育规划专业学位。

---

① Henry Reynolds, *Why weren't we Told? A Personal Search for the Truth about our History*, Ringwood: Penguin Books Australia Ltd., 1999, p. 188.

② Peter H. Russell, *Recognizing Aboriginal Title-The Mabo Case and Indigenous Resistance to English-Settler Colonialism*, p. 59.

（二）汤斯维尔会议

1981 年 8 月 28~30 日，一群杰出人士齐赴汤斯维尔，出席在詹姆斯·库克大学召开的主题为"土地权与澳大利亚种族关系的未来"的研讨会。会议是由大学生联合会以及"土著条约委员会"汤斯维尔支部一并倡议的。此次会议的广泛目标就是抵制昆士兰州对土著权利的矢口否认以及推动公众对重构土著澳大利亚人与澳大利亚国家关系的支持。这次会议无疑对上述政治目标的实现产生了影响，但它最切实的成果是将争取土著权利的政治斗争转向法院，并发起被称之为马宝案件的诉讼。

参加本次会议的成员包括"土著条约委员会"成员 H. C. 库姆斯和朱迪思·怀特；一些地方的土著领导人，如来自堪培拉的"澳大利亚土著研究院"（Australian Institute of Aboriginal Studies）的马西娅·兰顿（Marcia Langton）、"昆士兰北部土地委员会"（North Queensland Land Council）的莱斯·科林斯（Les Collins）、托雷斯海峡星期四岛的弗洛·肯尼迪（Flo Kennedy）和本·米尔斯（Ben Mills）。在土地权运动中曾起到领导作用的一些政治家和知识分子也成了本次会议的代表。政治家全部来自工党，包括曾任威特拉姆政府移民部长的阿尔·格拉斯比、昆士兰州联邦参议员以及前澳大利亚工党领袖吉姆·基夫（Jim Keefe）和北部领地反对党领袖鲍勃·科林斯（Bob Collins）。在学者领袖中，有埃迪·马宝的指导老师诺埃尔·卢斯和亨利·雷诺兹、对托雷斯海峡进行过大量研究的社会人类学家诺尼埃·夏普（Nonie Sharp）、研究与土著有关的法律的著名学者加思·内特海姆（Garth Nettheim）。还有两位律师，他们是巴巴拉·霍金（Barbara Hocking）和格雷格·麦金泰尔（Greg McIntyre）。出席本次会议的还有马宝案件中的一位焦点人物——埃迪·马宝。

这次会议是埃迪·马宝在汤斯维尔参加的第三次会议。无论在澳大利亚土著政治的发展进程中还是马宝作为一位全国性土著领导人的个人经历中，这三次会议都是具有典型意义的节点。在 1967 年的第一次会议上，土著民族问题是在一个热议民权的背景下被设计的。那是一次由来自激进左派的澳大利亚白人组织的会议，受到美国民权运动的鼓舞。与会者呼吁终止对澳大利亚黑人的种族歧视。如是，他们就能够享受到与所有澳大利亚公民同等的法律和政治权利。这种理想主义鼓励绝大多数澳大利亚人在 1967 年的全民公决中去投票赞成终止将土著及托雷斯海峡岛民从宪法中排除出去的有关条款。那次会议并没有对埃迪·马宝有关岛屿属性等问题做出回应，但在令他成为一个政治活动家方面，这无疑是一次至关重要的经历。[①]

八年后，在詹姆斯·库克大学举办的有关托雷斯海峡条约的会议上，埃迪·马宝找到了他的政治声音和焦点。他在汤斯维尔创建了一所黑人社区学校，并且全身心投入旨在推进土著澳大利亚人利益的广泛活动中。他当时最深挚的政治渴望就是把托雷斯海峡岛民从被殖民化的环境中解放出来。在这方面，他比他在汤斯维尔和托雷斯海峡的绝大多数同胞都表现得更为激进。

到了1981年第三次会议时，土著土地权在1976年北部领地土地权立法中获得了首次突破。此后，土著和岛民开始建立他们自己的政治组织，并希望通过一个全国性的政治和法律行动去争取自身权利。1981年的汤斯维尔会议是这些政治力量最有效的一次聚集。虽然与会者给会议带来一种不可阻挡的动力氛围，但他们都意识到，对土著民族以及岛民权利的承认必须在澳大利亚法律中有一个强有力的基础。贝耶克-皮特森政府轻易地否决土著权利使得这种需求变得异常清晰，所以，此次会议在昆士兰州举行不是一个偶然的现象。[②]

埃迪·马宝在发言时谈到他对土地所有权的看法。他说："在托雷斯海峡，土地所有权一直是延续不变的，它与大陆土著土地所有权是有区别的。虽然我们是部落地区，但我们进一步把它分成氏族区域，再细分为个人或家庭所有。这种制度存在的时间与我们的记忆等长。当第一批白人抵达我们群岛时，他们发现了村民，这些人居住在永久性房屋和秩序井然的村庄，他们还发现我们是专业的园丁和狩猎者。"埃迪·马宝还谈到了墨累岛的土地继承制度。他说，土地一贯是按照男性族系来继承的，就像白人社会的男孩永远保留家族的名字。女孩继承土地仅发生在夫妇没有男孩的情况下。在某些情况下，女儿被给予土地作为结婚之礼。在父亲临终前或生前，他往往让他的家庭和友人知道，他做出的让他的其中一子成为他的土地继承人的愿望。他也坚持他的土地继承人一定不要剥夺他的其他儿

---

① Peter H. Russell, *Recognizing Aboriginal Title-The Mabo Case and Indigenous Resistance to English-Settler Colonialism*, p. 192.

② Peter H. Russell, *Recognizing Aboriginal Title-The Mabo Case and Indigenous Resistance to English-Settler Colonialism*, p. 193.

子或女儿对土地的使用权。不过，在绝大多数情况下，有关使用他们父亲土地的决定仍然是继承者的善意。这就是我的父亲允许我的姐妹耕种我现在继承的土地的原因。①

从埃迪·马宝的发言中可以看出，他所在的部落有着严格的和受人尊重的土地继承制度。这种制度不仅是氏族部落自然分布与管理的产物，而且为部落内的家庭生活提供了基本保障，因为不是所有人都可以成为土地的所有者，而耕种土地并不违反也不能违反继承惯例或原则。由此可见，原住民的土地所有或使用原则是清晰可辨的，具有明显的排他属性，即部落外成员无权继承或使用属于部落或个体家庭所有的土地。这就是埃迪·马宝虽然多年在外闯荡，依然执着地认为他是他名下那块土地真正的主人或所有者的原因。

从马宝在本次会议上的演讲主题的视角来看，他俨然成了一位表达岛民自治权的口才出众的发言人。此时，最直接的威胁是昆士兰州政府计划取消 1971 年的《托雷斯海峡岛民条例》（*Torres Strait Islander Act*）以及岛屿的保留地地位，包括贝耶克－皮特森决定把岛屿视为完全置于昆士兰政府管控下的土地。至多，他愿意就岛民社区拥有 55 年租约的可能性与岛民进行磋商。对马宝来说，这种态度是令人厌恶的。马宝在会上详细陈述了岛民复杂的土地家庭所有制，并把它与英格兰、威尔士和苏格兰的土地所有制进行了比较。他对与会代表说："我们实际所需要的是真正的帮助，而不再是去保护殖民规则。"昆士兰州应该将该地区转交给联邦，并赋予其自治地位，这类似于诺福克岛（Norfolk Island）。本·米尔斯说："岛民们一致同意，他们拥有对土地的不可分离的自由保有权，他们也应该被给予管理自己事务的权利。"弗洛·肯尼迪以及其他与会者强烈地意识到，岛民将政府诉至法庭以及挑战理查德·布莱克布恩法官曾经做出的有关土著土地权裁定的适用性的时机已经到来。

巴巴拉·霍金和格雷格·麦金泰尔为通过法律诉讼来推翻"无主地"的顽固论调提供了知识的火花。巴巴拉·霍金是澳大利亚第一位探讨有关欧洲殖民国家承认土著土地权领域的学者。她曾在一份著名的法学杂志

---

① Eddie Koiki Mabo, "Land Rights in the Torres Strait", talk delivered at a seminar, Townsville, 28 – 30 August 1981, in Bain Attwood and Andrew Markus, *The Struggle for Aboriginal Rights: A Documentary History*, p. 295.

《联邦法学评论》（*Federal Law Review*）上发表了一篇题为"土著法现在仍在澳大利亚运转吗？"的文章。她在文中揭示了加拿大、美国和英国的高等法院所做出的主要决定是如何承认土著民族最初的财产权的，尽管这种权利隶属于帝国和殖民国家至高无上的主权。她说，现在到了澳大利亚高等法院对这种法律体系做出妥协的时候了。这种观点是她在本次会议上发言的主旨。格雷格·麦金泰尔是与会的另一位律师。戈夫半岛的米里卢普姆人的诉讼结果让他感到震惊，并驱使他申请奖学金去澳大利亚国立大学研习土著土地权法。他在发言时强调了土著土地权源于习惯法的观点。① 本次会议达成的一项重要共识，就是诉诸法律途径去主张土著土地权。

（三）马宝与其他岛民的"诉讼书"

土著澳大利亚人所提出的土著土地权的主张不能作为一种法律理论的抽象命题被带到高等法院中来，必须嵌在一个具体的诉讼案件中——一个联邦作为诉讼一方的案件中。汤斯维尔会议后有两个案件跃入人们的眼帘：一个是墨累岛民提起的土地权诉讼，另一个就是昆士兰北部亚拉马（Yarrabah）土著社区的维权主张。但是，后一个案件因遭遇种种困境而无法继续下去。所以，到了1982年3月，只剩下墨累岛民呈送的诉状了。马宝诉讼共有五名原告，除埃迪·马宝外，其他四名成员是居住在梅尔的埃迪·马宝的姑妈塞卢阿·塞莉（Celuia Salee）；来自梅尔的萨姆·帕西（Sam Passi）；萨姆的弟弟、一位安立甘教的牧师大卫·帕西（David Passi）以及"墨累岛委员会"主席詹姆斯·赖斯（James Rice）。② 上述五位是作为岛屿成片土地和周围渔场名义上的所有者而提起诉讼的。埃迪·马宝等人认为，墨累岛及其附近岛屿和岛礁居住着梅里阿姆人。根据他们的法律，个人、家庭以及社区拥有不被澳大利亚联邦或昆士兰州主权所消灭的权利。③

"马宝和其他人诉昆士兰州及其他"（Mabo and Others v. the State of Queensland and Another）的案件正式始于1982年5月30日。当时原告的

① Peter H. Russell, *Recognizing Aboriginal Title-The Mabo Case and Indigenous Resistance to English-Settler Colonialism*, p. 195.

② Nonie Sharp, *No Ordinary Judgement*, Canberra: Aboriginal Studies Press, 1996, p. 27.

③ Jennifer Sabbioni, Kay Schaffer and Sidonie Smith（eds.）, *Indigenous Australian Voices: A Reader*, p. xxix.

"诉讼书"被记录在高等法院布里斯班的卷宗上。从那时起直至 1987 年早期,墨累岛民以及他们的律师团队通过一系列法律策略与作为被诉方的昆士兰州政府进行周旋。

昆士兰州官方对自己成为被告的第一反应就是试图反戈一击。政府所仰仗的观点是,这些岛屿早在 1879 年被吞并到昆士兰殖民地时,英国王权就成了这些岛屿至高无上的所有者。8 月 18 日,昆士兰官方向高等法院递交一份申请,要求法院以无聊、令人烦恼以及基于无正当理由"撤销"原告的诉讼要求。这份申请还得到了一份由 P. J. 基洛兰(P. J. Killoran)①签名的篇幅冗长的宣誓书的支持。P. J. 基洛兰在这份宣誓中所坚持的一个观点是,墨累岛民快速皈依基督教就意味着他们已经放弃自己的传统。

昆士兰官方的举动导致第一轮有关各方与高等法院法官的多次会晤。10 月 28 日,一群律师和埃迪·马宝走进高等法院,向不久前被任命为高等法院法官的威廉姆·迪恩(William Deane)陈述他们的诉讼主张。迪恩法官并未就昆士兰官方递交的申请做出正式裁定,而是劝说代表州的律师撤销这份申请,并且等待原告一个更加充分的事实说明。

其实,当马宝的律师团队成员罗恩·卡斯坦(Ron Castan)、巴巴拉·霍金和格雷格·麦金泰尔等人在埃迪·马宝、弗洛·肯尼迪的陪同下于 1982 年 6 月对墨累岛进行首访时,用于诉讼的实情调查就已启动了。律师们很快投入对岛民土地所有权的历史和其他细节的核实当中。他们参观了当事人的花园地块和捕鱼陷阱,听到很多古代有关财产以及对边界尊重的《马洛法》的故事。弗洛·肯尼迪帮助消除律师与其雇主们在文化理解上的差异,让律师们与能够清晰地表达梅里阿姆人法律知识的岛民保持联络,另外,他要向岛民们具体解释律师们在诉讼过程中的作用以及这项工作最终要达到的目标。在实际调查中,律师们也开始意识到梅里阿姆人的土地所有制集体传统的深度和影响力。正如罗恩·卡斯坦在多个场合下所指出的那样:梅里阿姆人代际口口相传的知识创建了一个"权利的口头登记"(Oral Register of Title)的传统。②

---

① P. J. 基洛兰是"昆士兰土著及岛民促进部"(Queensland's Department of Aboriginal and Islanders Advancement)的一位前主任。1953 年,他曾训导过埃迪·马宝。在一些媒体和岛民眼中,他是一位内心对岛民的渴望持强烈抵触立场的人。参见 Jeremy Beckett, *Torres Strait Islanders: Custom and Colonialism*, Cambridge: Cambridge University Press, 1987, p. 194.

② Nonie Sharp, *No Ordinary Judgement*, p. 8.

　　面对这种现实，让法官们去接受在白人到来时，澳大利亚这块大陆是"无主地"的说法肯定是困难的。马宝律师团队还收集到了梅里阿姆人土地法的书面材料。在 1982 年早期律师们访问岛屿前，诺尼埃·夏普就查阅了由墨累岛土著法院（Murray Island Native Court）受理留下的案件记录。[①] 诺尼埃·夏普发现这些卷宗反映了昆士兰州政府从传统所有者手中购买土地的事实。在岛屿委员会的允许以及弗洛·肯尼迪的帮助下，诺尼埃·夏普向在墨尔本的律师们提供了这些文件。[②]

　　1983 年，马宝的律师团队又一次回到梅尔。那一年以及来年的大部分时间里，他们继续通过与证人面谈以及查阅法律文书的方式来网罗证据。最终，在听取首席法官哈里·吉普斯（Harry Gibbs）的指导建议后，岛民雇请的律师们把四卷本的证明材料添加到"诉讼书"中。[③]

　　在岛民律师的实情调查过程中，昆士兰官方不停地予以阻挠。该州政府官员反对岛民利用法院的案件记录，声明原告对这些卷宗没有利益或无权利用它们。政府雇佣的律师团队对原告的证据提出了一系列持续的反对意见，认为土著的口述材料只是传闻，并对岛屿法院的案件记录与岛民所主张的最初所有权之间的关联性表示怀疑。这些官方律师们似乎并没有被这种基于对传统土地所有制认识的反证所困扰。根据他们的理解，梅里阿姆人的土地法可能具有的任何影响将取决于昆士兰官方的承认。

　　正当马宝案件通过司法程序曲折前行时，昆士兰官方开启了立法机构的第二道防线。1984 年 5 月，贝耶克－皮特森政府取消了多来年承认岛民属性以及把他们的岛屿家园视为保留地的《托雷斯海峡岛民条例》，代之以《1984 年社区服务（托雷斯海峡）条例》[Community Services (Torres Strait) Act 1984]。这部新条例视岛屿如同其他"王室所有的荒地"。根据该条例，由选举产生的社区委员会比起昆士兰州的其他地方委员会在行使权力方面受到更多的限制，社区委员会仅能够管理由州咨询委员会主席根据托管的转让文书而分配的土地。

　　为使埃迪·马宝等人的诉求无效，昆士兰州政府还采取了先发制人的手段。1985 年 4 月 2 日，《昆士兰沿海岛屿宣示条例》（Queensland Coast

---

① 墨累土著法院是由昆士兰州建立的，作为它对托雷斯海峡岛屿"间接"统治的一部分。

② Nonie Sharp, *No Ordinary Judgement*, pp. 27 – 29.

③ Bryan A. Keon-Cohen (ed.), "The Mabo Litigation: A Personal and Procedural Account", *Melbourne University Law Review*, 24, 2000, p. 16.

Islands Declaratory Act）颁布。用布莱恩·A. 基翁－科恩（Bryan A. Keon-Cohen）的话来说，这部条例是"险恶的、粗野的和篇幅短小的"。① 该条例的核心条款是"站在昆士兰的角度，岛屿属王权所有，免于所有其他的权利和主张，并且成为王权的荒地"。其中第 5 条和最后一条表述得很清楚，对有可能因为该条例而致损失的任何人不予赔偿。关于为何此时通过这样一个敏感的条例，昆士兰官方倒也并不回避。该州副总理比尔·冈恩（Bill Gunn）说，这部法律将阻止由"墨尔本大学两位空想社会改良家领导的"一小部分墨累岛民所挑起的"在法院冗长的辩论"。② 4 月 9 日，在经过短短两个小时的辩论后，该提案正式成为法律。除此之外，1985 年 4 月 24 日，昆士兰州议会通过了《托雷斯岛民（土地所有）条例》［*Torres Islander（Land Holding）Act*］。该条例规定岛民委员会把许多小块的土地交给由咨询委员会主席认可的"有资格的人"。昆士兰州政府否定土著土地权以及把托雷斯海峡岛民同化到昆士兰土地法体系的决心在这部条例中尽显无遗。

（四）马宝裁定（第1号）

由于有《昆士兰沿海岛屿宣示条例》助阵，昆士兰政府似乎胜券在握。即使有意想不到的事情发生，以及高等法院将对墨累岛民所提出的传统土地所有权要求给予某些同情或信任，这实际上也无关紧要，因为在昆士兰官方看来，《昆士兰沿海岛屿宣示条例》已经消除任何可能存在的土著土地所有权。显而易见，岛民律师团队若想将诉讼进行下去，就不得不挑战该条例在宪法上的有效性。6 月，岛民律师团队毫不迟疑地启动了对《昆士兰沿海岛屿宣示条例》的"抗辩"程序，请求高等法院推翻这部法律。1987 年 4 月，高等法院法官约翰·图希（John Toohey）在与有关各方律师磋商后决定，岛民挑战《昆士兰沿海岛屿宣示条例》的抗辩听证会将由高等法院受理。

马宝案件的诉讼当事人的命运现在完全系于他们对该条例挑战的结果。因为有关各方均同意，在审理这一抗辩诉讼时，高等法院将会认为，

---

① Bryan A. Keon-Cohen（ed.），"The Mabo Litigation: A Personal and Procedural Account", p. 22.

② 这里言指布莱恩·A. 基翁－科恩和罗恩·卡斯坦，他们均是在墨尔本大学拿到法学学位。

"除非诉讼书中所详述的传统的合法权利被1985年的条例被消灭，否则这些权利就是存在的"；如果《昆士兰沿海岛屿宣示条例》获得支持的话，那么墨累岛民所声称的权利就将被彻底消灭。

马宝案件的原告反对该条例的一个主要观点就是该条例因对梅里阿姆人的财产权持歧视性态度而违反了联邦的《种族歧视法》。《种族歧视法》第10条规定，没有哪个州、领地或联邦的法律能够否定有着特定种族、肤色或民族或族群起源的人拥有被其他种族、肤色或民族或族群起源的人所享有的同等的权利。种族歧视的观点绝不是挑战该条例的唯一基础。马宝的律师团队还认为，英帝国的法律并没有给予昆士兰以消灭土著土地权的权力，《昆士兰沿海岛屿宣示条例》侵犯了联邦对离岸岛屿的专属权，昆士兰州的立法正在对联邦的司法权威形成干扰。不过最终，正是有关种族歧视的观点才使得高等法院的法官们严肃地对待此次抗辩，并且决定了马宝裁定（第1号）的结果。[①] 而昆士兰官方对此行为的辩护也直截了当：该州拥有对其岛屿的全权，包括有权消灭在托雷斯海峡岛屿被合并之后可能幸存的任何土著土地所有权。因为该条例并不打算拿走其他人（如非土著）拥有的权利，这不是种族歧视的行为。[②]

1988年3月15～17日，高等法院听取了诉讼双方的陈述，并于12月8日做出裁决。在参与审理的7名法官中，有4名法官站在岛民一边[③]，认为《昆士兰沿海岛屿宣示条例》违反了《种族歧视法》，因此该州就不能消灭梅里阿姆人传统的合法权利。[④] 而澳大利亚宪法第109条规定，州议会通过的法律如与联邦议会通过的法律不一致，那么前者通过的法律则自动失效。这一裁决的意义是肯定无疑的，因为它再次确认了《种族歧视法》的权力凌驾于有歧视性的州的法律之上，并且引起公众对昆士兰州立法者的歧视性做法的关注。

持有异见的法官则认为，《种族歧视法》第10条的规定是一个狭隘的平等权利的概念。在他们看来，只要被昆士兰州消灭的权利是一种也被

---

① 马宝案件的审理历时较长。通常把这次受理抗辩的诉讼结果称之为马宝裁定（第1号），而把终裁称为第2号。

② Peter H. Russell, *Recognizing Aboriginal Title-The Mabo Case and Indigenous Resistance to English-Settler Colonialism*, p. 209.

③ 这四名法官是威廉姆·迪恩、约翰·图希、玛丽·考德朗（Mary Qaudron）和杰拉德·布伦南（Gerard Brennan）。

④ Scott Bennett, *White Politics and Black Australians*, p. 51.

其他澳大利亚人所享受的权利，这就是一个能够被违反的"正式平等"的权利。但是，根据定义，梅里阿姆人所特别坚持的传统权并不是一项被其他澳大利亚人所拥有的权利。虽然作为澳大利亚公民，墨累岛民享有与其他澳大利亚公民一样的持有并继承财产的权利，并因此享受"法律面前的平等"，然而，这只是一种名义上的平等，而事实正如罗纳德·威尔逊法官所感叹的那样："不公正的深层意识仍然存在。"①

在马宝裁定（第1号）中，高等法院的法官们在平等原则上的分歧触及意识形态分歧的本质，而这一直困扰澳大利亚在土著民族权利方面的争论。自1967年全民公决以来，绝大多数澳大利亚人愿意将法律面前人人平等扩大到土著民族以及托雷斯海峡岛民身上，他们并不反对土著及托雷斯海峡岛民应该享受与其他澳大利亚人同等的权利。这种理想与澳大利亚社会的普遍理想——"每个人机会均等"完全契合。当土著及托雷斯海峡岛民去寻求超出正式平等以及要求不仅要受到与其他人一样的对待而且要承认他们作为这个国家第一民族所具有的独特属性的时候，矛盾以及深层分歧如政治分歧就随之出现。对于从殖民压迫中恢复过来的民族来说，对那种属性以及与其相关联的权利的认可对他们拥有自尊是至关重要的。但在实践中，澳大利亚人并不愿意买进"权利革命"（'rights revolution'）。马宝裁定（第1号）的结果表明，一条通往平等的道路对承认土著民族的差异性负有更多的责任。马宝裁定（第1号）对岛民是一个胜利，但是一个狭隘的胜利。虽然多数法官对土著澳大利亚人对其传统土地拥有所有权的可能性持开放态度，但他们也承认，任何这样的权利对于澳大利亚主权权威都是一种损害。②

原告抗辩的成功不只是把马宝诉讼从昆士兰议会的立法破坏中拯救出来，而且向高等法院的法官们展示了岛民律师们在实情调查中所积攒的大量证据。这些证据必然对马宝案件的终裁产生重要影响。

（五）马宝裁定（第2号）

1991年3月，安东尼·梅森（Anthony Mason）法官指示法庭只听取

---

① Peter H. Russell, *Recognizing Aboriginal Title-The Mabo Case and Indigenous Resistance to English-Settler Colonialism*, p. 211.

② Peter H. Russell, *Recognizing Aboriginal Title-The Mabo Case and Indigenous Resistance to English-Settler Colonialism*, pp. 212 - 213.

大卫·帕西和詹姆斯·赖斯的个人诉讼主张。但是，在听证的最后阶段，原告的诉讼书中却出现了一个显著的变化。威廉姆·迪恩法官请原告律师罗恩·卡斯坦对原告是以个人名义或是以整个土著社区的名义提起诉讼予以澄清。岛民律师团队经过磋商，决定去寻求高等法院对梅里阿姆人集体地对他们的岛屿拥有权益发布一个声明。对墨累岛民以及所有澳大利亚土著来说，这一变化是至关重要的。①

1991 年 5 月 28～31 日，埃迪·马宝在堪培拉听取岛民以及律师团队即将在高等法院陈述的观点。亨利·雷诺兹也一同旁听。当马宝案件曲曲折折地穿过法律迷宫时，亨利·雷诺兹不仅亲历了这样的一个过程，而且做了一番深入研究，出版了他的题为《土地法》（*Law of the Land*）的著作。这本著作的一个鲜明的观点是：在对澳大利亚进行殖民时，"无主地"的论调与英帝国的规则可谓南辕北辙。书中对一些问题的分析与看法在高等法院法官即将拟定的裁决书中得到了体现。

在听证会后，埃迪·马宝回到了汤斯维尔等待法院的判决。在几个月的等待中，他的健康每况愈下。1991 年 9 月 6 日，他在日记中写道："我感觉我的后背开始疼痛。"这种疼痛不久就难以忍受。11 月 28 日，他已无法站立，并且只能发出沙哑的私语。第二天，一位专家对他的身体状况进行了细致检查，发现他已患了癌症。他被转到汤斯维尔总医院住院治疗，后又被转至布里斯班的一家医院。1992 年 1 月 22 日，埃迪·马宝与世长辞。② 遗憾的是，埃迪·马宝并没有等到法院终裁的那一天。正如亨利·雷诺兹所感慨的那样："整个事件唯一令人惊讶的特征就是它让地方法院花了如此长的时间去处理此事。"③

审理马宝案件的所有法官均声明他们将在习惯法框架下对案件做出裁决。用杰拉德·布伦南法官的话来说，"我们的法律制度的构架原则"决不能因法院对土著土地权的承认而"破裂"。多数法官与达伊尔·道森（Daryl Dawson）法官的分歧在本质上是习惯法能否用一种规范的进化样

① Bryan A. Keon-Cohen (ed.), "The Mabo Litigation: A Personal and Procedural Account", p. 26.

② Peter H. Russell, *Recognizing Aboriginal Title-The Mabo Case and Indigenous Resistance to English-Settler Colonialism*, p. 244.

③ Henry Reynolds, *Why were't we Told? A Personal Search for the Truth about our History*, p. 201.

式被解读为处在发展之中。多数法官愿意把习惯法灌输到他们所理解的当代国际规范以及他们所希望的也是当代澳大利亚的价值当中。持有异见的达伊尔·道森却拒绝这样做。他承认，在过去与土著民族的关系中，"可能有太多不值得骄傲的一面"，但是，"观点的变化在本质上并不意味着法律的变化"。他坚持说："一项新政策的执行是政府而非法院的事情"，任何"修正历史或不承认它的法律影响"的企图"都是对这个案件必须做出裁决所依据的法制基础的怀疑"。①

多数法官与达伊尔·道森法官的主要分歧点涉及源于土著社会的土地权是否在英国吞并他们的领土后仍然存在下来。六位法官均发现，根据英国的法律，土著土地权能够而且的确在英国殖民澳大利亚后存在。在英国法律中，王权之于土地的"根本权利"（'radical title'）与王权的土地所有权之间是有区别的。王权的"根本权利"事关它拥有最高统治权的政治权威，或者使用英国占有法的古代语言来表述，它拥有对在其王国内所有领土包括它的殖民占有的至高无上的权威。但是，这种"根本权利"并不等同于王权拥有其治下的所有土地的绝对的"受益所有权"（'beneficial ownership'）。当英国王权在澳洲建立时，土著居民所拥有的土地的权利和利益是可以得到习惯法承认的，不能把它们的存在归于王权的赠予。用杰拉德·布伦南法官的话来说，将主权与土地的受益所有权等同起来是错误的。②

1992年6月3日，高等法院以6：1的绝对多数支持埃迪·马宝的诉讼主张，认为英国王权通过"国家法令"取得了土地和主权，但是，王权仅仅是取得土地的被称作"根本权利"的权利，而不会成为土地的受益的所有者，土地仍然为土著所有，而且至少在理论上，土著的土地所有权仍受到习惯法的保护。参与审理的六位法官却认为，"无主地"的论调是一个令人不快的法律虚构，王室的"根本权利"给予它分配土地的权利，而不是对土地绝对的受益的所有权。鉴于这种所有权的缺乏，土著及托雷斯海峡岛民先前以及持续对土地的集体所有就必须得到它的习惯法的承认。③ 高等法院继续解释说，当殖民浪潮席卷整个澳洲大陆时，英国王

---

① Peter H. Russell, *Recognizing Aboriginal Title-The Mabo Case and Indigenous Resistance to English-Settler Colonialism*, p. 250.

② Peter H. Russell, *Recognizing Aboriginal Title-The Mabo Case and Indigenous Resistance to English-Settler Colonialism*, p. 251.

③ M. Bachelard, *The Great Land Grab*, Melbourne: Hyland House, 1997, p. 8.

权多年来就逐一消灭了土著对土地的所有权。尽管如此，因为梅里阿姆人一直保持与土地的联系，况且 1879～1992 年这一百多年间昆士兰地方政府也没有采取任何举措去消灭土著土地所有权，所以，梅里阿姆人有权拥有、居住、利用和享用墨累岛。进而，高等法院把存在争议的原则应用到作为一个整体的澳大利亚。这就意味着土著土地所有权仍然可以在该国其他地方存在。

在澳大利亚以及其他地方，很多欧洲人坚信英国哲学家贡献的思想，即被文明化因而成为完完全全的人的根本标志是耕种土地。根据这一标准，"游牧的"土著就没有资格被承认为拥有权利的人类。但墨累岛民似乎无此困惑，因为他们有自己经营的花园地块。多数法官也认为，在英国强加外在主权前，不仅梅里阿姆人是一个有组织的社会，而且大陆的土著也如此。杰拉德·布伦南法官说，"今天我对他们了解的事实并不适用于支撑早期的'缺乏法律'或'野蛮的'理论"。杰拉德·布伦南还把最近的后帝国主义阶段国际法的发展注入该结论之中，他援引 1975 年国际法院的《西撒哈拉咨询意见》（*Advisory Opinion on Western Sahara*）为例。在这部法律文书中，"无主地"的论调遭到了弃绝。他说："不论早些时候为拒绝承认殖民国家土著居民的土地权和利益而提出什么样的理由，这种不公正和歧视性的论调不再被人接受。在这方面，国际社会的期待与当代澳大利亚人的价值观不谋而合。"[1]

（六）对马宝裁定的历史评价

也许人们会有这样的疑问：高等法院为何支持梅里阿姆人的主张？有观察家认为："澳大利亚与人权有关尤其涉及少数种族和土著民族权利的国际义务，是高等法院对马宝案件做出裁定的一个重要考量。"也就是说，高等法院是援引国际人权标准来考察澳大利亚在土著土地所有权方面的做法的。澳大利亚虽不是一个在所有有关土著权益的国际文件上签字的国家，但已经签署的一些国际人权文件也能够为土著土地权提供护佑。《消除所有形式的种族歧视国际公约》规定人人享有不受歧视的根本权利，如享有单独或与他人一道拥有财产的权利以及财产继承权；《普遍人权宣言》和《经济、社会和文化权利国际公约》也承认这一权利。《经济、社会和文化权利国际公约》还对少数

---

[1]　Peter H. Russell, *Recognizing Aboriginal Title-The Mabo Case and Indigenous Resistance to English-Settler Colonialism*, p. 256.

民族自由行使他们的文化权利予以认可。对于土著来说，土地与其文化不可分割。① 毫无疑问，这是一个重要背景。当对土著土地所有权的承认已成为一种国际共识时，作为国际社会的一员，澳大利亚有责任去履行国际义务。当然，法理上的原因也足以让法官们站出来去维护法律的尊严，从而做出公正裁决。正因为如此，马宝裁定的意义与影响就呈现多维特征。

第一，马宝案件是一次对米里卢普姆案件迟来的申诉。

对马宝案件中的法律行动以及参与者的言行进行精确描述不是一件容易的事情，因为花费十年才有结论的诉讼经历了太多变故。在 1992 年高等法院做出终裁时，有关各方的陈述与 1982 年诉讼开启时已有不小的变化。在很多阶段，参与方与他们的律师，还有法官，确实不知道案件下一步将朝何种方向发展。在整个诉讼过程中，所有各方似乎都是在"摸着石头过河"。这似乎并不令人奇怪。原告方所提出的根本目标在当时的背景下可以说是革命性的：从国家的最高法院来获得对先于并在英国主权下继续存在的土著法律秩序的承认。实现这样的目标就需要某种出奇的想象力以及史无前例的法律基础。

埃迪·马宝试图去维护他本人及其同胞权利的法律机制似乎并不令人乐观。只要检视一下直到那时仍在澳大利亚盛行的总体的宪法和法律文化，以及与土著权利有关的先例，这个结论无疑是正确的。

根据联邦宪法第 75 条第 3 款之规定，高等法院对联邦政府是一方的诉讼案件有最初的审判权。这种审判权是高等法院一个非比寻常的且很少行使的职能的一部分。就像存在习惯法的其他国家的最高法院，澳大利亚高等法院的基本功能是作为国家的最高上诉法院，负责对由低等法院做出的最重要案件的审判结果进行复核。但是，马宝案件的诉讼当事人冀望避开低等法院，而将其诉讼请求直接呈送高等法院。因为他们对约隆古人在米里卢普姆诉讼案件中所经历的一切记忆犹新，当时联邦法院法官理查德·布莱克布恩就曾拒绝了约隆古人提出的有关土地权的主张。而且，直接上诉至高等法院还可以节省在低等法院的诉讼成本，且只有高等法院才能做到就推翻先例而给出明确裁定。从这个意义上看，马宝案件是对米里卢普姆案件迟来的申诉。②

---

① Andrew Markus, *Governing Savages*, Sydney: Allen & Unwin, 1990, p. 149.
② Peter H. Russell, *Recognizing Aboriginal Title-The Mabo Case and Indigenous Resistance to English-Settler Colonialism*, p. 198.

　　第二，马宝案件的裁决确认了习惯法中有关土著土地权在澳大利亚存在的事实，从而推翻了所谓"无主地"的法律概念或殖民理论。

　　"无主地"，即没有人的土地。英国殖民时期所虚构的这一神话声称澳大利亚是一块未被使用过的土地，且那里缺乏文明。按照以欧洲为蓝本的国际法，这种缺乏就为欧洲社会主张土地所有权以及让土地有"适当的"基督教用途提供了合理性。欧洲人还相信，因为土著民族没有土地所有权，所以，未经同意或磋商就征用他们的土地是一个正当行为。[①] 毫无疑问，"无主地"是殖民意志的产物，是替殖民者凭借武力强占他人土地而狡辩的一种说辞。但无论殖民者及其代理人如何巧言善辩，这一观点越来越理屈词穷，愈来愈孤立。早在20世纪五六十年代，拉德克里夫－布朗、威廉姆·斯坦内等人就在研究土著的经济和社会活动与土地所有权的关系。与通常认为非资本主义社会没有政治或社会规则这一观点相对立的是，人类学家和社会学家们试图去证明原住民社会（特别是亲属关系和婚姻制度）以及宗教（常常表现为各种仪式和巫术）制度是如何规制个人和组织对于土地和其他事务的权利和责任的。他们的主要观点是：土著的经济活动是由变化的季节来规范的，其土地所有权和社会习惯是由被称为"梦幻时代"的复杂的哲学概念来构建和诠释的。社团以及有关个人和集体对一些地方的权利和责任的相应规定都可以在宗教支持的"财产组织"（'estate groups'）（一个父系图腾氏族）内发现谁是土地的所有者。斯坦内反对一个社会的生产方式决定其文化制度的概念。[②] 除了学术研究提供历史依据以外，在现实社会实践中，类似的土著土地权已在加拿大、新西兰和美国均得到了承认。在这些国家，对土著土地权的承认可以追溯到殖民时期。当时，土著民族与殖民者之间签订的条约就承认了土著先前对土地的所有权。但是，我们注意到，只是在20世纪下半期，土著群体才诉诸条约以及其他有关他们对土地所有权的证据，通过法庭和其他准司法程序来主张其权利。因此在某种程度上，澳大利亚有关土著土地所有权的讨论与主张是受到先前土地权法和其他国家的经历的启发与鼓舞。[③]

　　威廉姆·迪恩和玛丽·考德朗两位法官把"无主地"的论调及其遗产描

①　Roger Maaka and Augie Fleras, *The Politics of Indigeneity-Challenging the State in Canada and Aotearoa New Zealand*, p. 34.

②　Elizabeth A. Povinelli, *Labor's Lot-The Power, History, and Culture of Aboriginal Action*, p. 9.

③　Peggy Brook (ed.), *Words and Silences-Aboriginal Women, Politics and Land*, pp. 4 - 5.

述为"这个国家历史中最黑暗的一面。除非对过去的那些不公正予以承认和摒弃,否则,作为一个整体的国家就一定会受到削弱。"当然,也有学者对上述观点提出了批评,认为法官是把当代的道德价值强加到18世纪末和19世纪初期的法理中去,而亨利·雷诺兹却揭示了与此相反的令人信服的证据。他认为,事实上,法官们是把古代的原则运用到了当代法律问题中来,因为存在明确的证据表明殖民时期就不存在无主地。早在19世纪30年代,为了回应来自澳大利亚的大量证据,在伦敦的殖民局(Colonial Office)就放弃了"无主地"的概念。1830年,殖民局给"南澳大利亚殖民化委员会"(South Australian Colonisation Commission)① 的指示清楚地规划了一个通过直接购买土地或对没有谈判就被剥夺的土地提供赔偿的形式"来保证土著权利"的路径。如果是"无主地",那还有购买或给予相应赔偿的必要吗?无独有偶,在1834年黑人与白人在平贾拉发生激战后,英国第63军团上尉 F.C. 欧文(F. C. Irwin)就曾提出如下建议:"作为一种治愈与讲和的手段",应在两个种族之间缔结"一个正式条约"。虽然在某些方面,欧文是一个不可信之人,但他还是对土著表示了一些尊重。他曾给那些他称之为"土地的真正所有者"以一些小饰品来交换600000英亩土地;许诺给对方以年贡,作为给他们提供保护的愿望的证据。但该条约很快就被发现空洞无效,因为它违背了英国王权的利益。其结果是,这种对土著权利给予某种承认的努力就被弃之一旁。②

1835年,当约翰·巴特曼(John Batman)试图从维多利亚土著手中购买土地时,对土地权的承认在澳大利亚的确受到了挑战。虽然巴特曼购买的土地标的微不足道,但对土地权承认的原则是对殖民地总督的诅咒。事实上,巴特曼的购买计划不仅与总督或王室利益发生冲突,而且与当时意在占据内地草地、澳大利亚东南部的林地以及河道的私人利益相抵牾。就土著来说,英国的法律——其权利和责任——被限定在和平的状态下,或者限定在被批准的定居地内。英国的定居者在这些限定的范围内可以占据土著的土地,其含义是能够剥夺土著的资源,以及在这些限定范围内能够买卖或者作为奖励接受土地。③ 因此到了1836年,"无主地"的概念并没有被殖民局认真地考虑过,土著拥有足以被法律承认的可靠的土地权,而"南澳大利亚殖民化

---

① 这是一个推进新殖民的私人企业家组织。
② John Molony, *History of Australia-The Story of 200 Years*, p. 72.
③ N. G. Butlin, *Economics and the Dreamtime-A Hypothetical History*, p. 204.

委员会"以及其他类似机构却有意回避了殖民局下达的购买土著土地的清晰指示。这种历史后果使得马宝裁定所体现的重新评估成为必要。①

1976 年，作为一名年轻的土著律师以及帐篷使馆的主要组织者之一，保罗·科与他的朋友塞西尔·帕滕（Cecil Patten）决定去英国旅行。11 月 2 日，俩人在英吉利海峡乘坐一叶小舟前往英国东南部的多佛（Dover）海滩。途中小船沉没了，但两人仍奋力游向岸边，并树立了一面土著旗帜，以此声称他们的人民占领联合王国。当然，这是对英国人在两个世纪前侵占澳洲土著土地所做的一次戏剧化的修正，旨在表明英国人到来时，澳大利亚被视为"无主地"这一概念的滑稽可笑。当保罗·科返回澳大利亚后，他们决定采取法律手段来维权。1979 年，保罗·科开始在高等法院起诉英国和澳大利亚，寻求发表一个有关英国的主张以及澳大利亚对他的同胞及其土地行使主权属于非法的声明，但高等法院法官安东尼·梅森以保罗·科的申请太不合逻辑为由而拒绝受理。②

在马宝案件中，法院的裁决推翻了"无主地"的概念，并且发现，澳大利亚的习惯法已经承认土著对土地拥有所有权的形式，即土著保持与其土地的联系以及他们的所有权不被政府的任何立法或任何行政机构的行为所消灭。但是，应予澄清的是，土著土地权得到了习惯法的承认和保护，但并非源于习惯法。土著土地权源于其权利得到承认的土著的习惯和传统。杰拉德·布伦南法官注意到："土著土地权源于一个区域的土著居民所遵奉的传统习惯并被赋予其内容。土著土地权的性质和事件必须依据这些法律和习惯而被确认为一个事实。"从这个意义上说，澳大利亚法律体系承认将土著习惯法包含在其法律体系结构之中。为了构建土著土地权的内容，土著的习惯和传统有必要得到证实。土著不得不证明他们现在的习惯和传统产生了土地上的利益，而土地从英国取得殖民主权时就一直存在。这种持续的联系并不必然包括土地上持续的物理出现，也可以有其他的证明方式，比如维系不

---

① Henry Reynolds, *Why were't we Told? A Personal Search for the Truth about our History*, p. 201.

② Peter H. Russell, *Recognizing Aboriginal Title-The Mabo Case and Indigenous Resistance to English-Settler Colonialism*, p. 186.

间断的精神上的联系。①

第三，马宝裁定对种族和解进程产生了积极的推动作用。

马宝裁定解决的是土著土地权问题，而土地权是种族关系中的重要问题之一。所以，大卫·马尔科姆（David Malcolm）法官认为："在土著民族与更加广泛的澳大利亚社会实现和解的进程中，马宝裁定为其重要进展创造了一个建设性的机遇。""金伯利土地委员会"的皮特·尤（Peter Yu）则从法律层面肯定了这一裁定之于种族和解的意义。他说："马宝为土著与非土著澳大利亚人之间达成一个持久的和平解决方案提供了潜在动力。如果没有高等法院裁定的法律力量，那么和解进程毫无疑问是一句空话。因此，马宝为澳大利亚治愈其暴力成长中所产生的心理创伤提供了机遇，而这种心理创伤在方方面面继续折磨着国家的灵魂。更加重要的是，为了取得政治和经济自治，马宝裁定为土著提供了与政府和工业界进行谈判的法律力量。土著认为，马宝裁定不只是土地所有权和管理的问题，也关乎人权。"②"土著和解委员会"对马宝裁定将要产生的积极影响持乐观态度。该委员会主席帕特里克·道森认为，他们是在"高兴和欢庆"的氛围下得知裁决消息的。鉴于这一裁决的诸多限制，道森宣布"土著和解委员会"将就马宝裁定发起一个磋商会议。"土著及托雷斯海峡岛民委员会"主席路易斯·奥多诺霍发表一个公开声明，对这一裁定以及为那些将能够证明土地所有权的人确保其实际利益表示欢迎，强调政府在为那些完全被剥夺权利的人提供需求方面负有道义责任。而且，她宣布"土著及托雷斯海峡岛民委员会"支持"土著和解委员会"提出的召开一个磋商会议的倡议，并建议将就这一问题召开一个全国性的会议。③

再来看看政府对马宝裁定的反响。1991 年 12 月，就在马宝裁定公布前六个月，基廷取代霍克成为澳大利亚政府新总理。作为霍克政府的财政部长，基廷成为澳大利亚政坛的一位著名政治人物已有多年，并以与澳大

---

① Robert J. Miller, et al, *Discovering Indigenous Lands-The Doctrine of Discovery in the English Colonies*, p. 193.

② Peter Yu, "Mabo: Its Meaning for Australia 1993", http://www.caa.org.au/publications/reports/MABO/meaning.html. 1993. 2013 – 09 – 13.

③ Robert Tickner, *Taking a Stand: Land Rights to Reconciliation*, p. 90; Patrick Dodson, "Reconciliation and the High Court's Decision on Native Title", *Aboriginal Law Bulletin*, Vol. 3, No. 61, 1993, p. 7.

利亚议会反对派以及州总理打交道时所表现出的强硬的党派风格而著称。尽管此前基廷在土著事务方面并无背景或经验，但他很快就掌控了联邦政府对马宝裁定的反应。1992 年 6 月 4 日，基廷在众议院发表讲话称："由于马宝裁定，澳大利亚法律在纠正这种不公正以及最终进入世界舆论的主流方面已迈出了一大步。作为一个民族，我们现在在心理上已做好了推进和解进程的准备。由于这个裁定，一个主要的障碍——从历史上看，也许是最大的障碍——被有效地消除了，种族歧视和偏见的基础被剪除。至少这是众议院所有成员所希望的事情，并且希望看到在未来十年内能够实现。"①

12 月 10 日在雷迪芬公园，因"土著及托雷斯海峡岛民委员会"的请求，在纪念"世界土著民族国际年"的集会上，基廷总理在其著名演讲中向土著人民展示了政府通过立法对马宝事件做出回应的前景。这个具有标志意义的讲话随后被称为《雷迪芬公园声明》（*Redfern Park Statement*）。

在讲话中，基廷对当代澳大利亚社会的不和谐特征给予了毫不掩饰的揭示。他说："我们有理由这样说，如果我们能够在澳大利亚建立一个繁荣和显著和谐的多元文化社会，那么我们将肯定能找到解决困扰第一民族问题的办法——他们已受到很多不公正的对待，而且首要的可能是我们这些非澳大利亚人要正视承认问题。我认为，它始于承认之举，它曾经就是这样。"② 基廷在讲话中说，澳洲土著与非土著之间协调的首要任务是我们这些非土著要承认：是我们霸占了他们的土地，夺走了他们长期拥有的土地，并且破坏了他们的生活模式。我们带来了疾病、酒精。我们杀害他们，并从母亲怀里夺走她们的孩子。我们对他们搞种族歧视和排外活动。我国有相当一些人把研究过去对澳洲土著的不公称为给历史戴上"黑色臂章"，或者是一项"惭愧行业"。但是，这些标语无法掩盖事实。如果我们不承认发生过的事实，又如何向前迈进。③ 基廷在讲话中所提到的这些历史事实虽只是土著长期以来的一小部分经历，但如此公开和直率地承认殖民剥削的历史事实，这是澳大利亚历届总理所不曾做到的。基廷在讲话中还暗示殖民关系有发生本质性变化的可能性。基廷说："我们需要这

---

① *Commonwealth Parliamentary Debates*（*House of Representatives*），June 4，1992，p. 3586.

② "History Fact Sheet"，http：//reconciliation. org. au/nsw/education – kit/history/ 2012 – 08 –16.

③ 〔澳大利亚〕保罗·基廷：《牵手亚太——我的总理生涯》，第 249～250 页。

些导致变化的基础。马宝裁定应被视为这些基础之一。由于消除了这块大陆在欧洲人殖民之前没有实际所有者的奇谈怪论，马宝裁定建立了一个根本的真理，并且奠立了正义的基础。从这一基础开始，我们的工作就比过去从事类似的工作要容易得多。仅仅由于这一点，我们就应该忽视过去几个月所孤立爆发的歇斯底里以及敌意行为。马宝裁定是一个历史性的决定——我们可以使之成为一个历史的转折点，成为土著与非土著澳大利亚人之间新关系的基础。"①

基廷在雷迪芬的讲话也许是和解年代第一个重要的国家政府的行动。很多土著认为，除了马宝裁定本身外，它对殖民地的不公正提供了有价值的承认，并且为对马宝事件做出公正回应提供了希望。土著事务部长把基廷的讲话看作"对土著人民所做的最重要的讲话之一"。"土著和解委员会"成员索尔·贝勒尔对基廷把土著事务置于政府优先处理的问题之列表示欢迎，并且认为，作为治愈进程的一部分，基廷让整个国家知道把迟来的公正还给土著民族的重要性。对基廷讲话的赞扬来自所有阶层。据说，反对党联盟领袖约翰·休森（John Hewson）对基廷对土著民族所表露的情感也没有显著地表示异议。②

第四，马宝裁定不仅于土著及托雷斯海峡岛民而言是一个正义之举，还使得土地权等问题重回议事日程。

最高法院的结论是，土著对土地的所有权要先于英国在澳大利亚的殖民。这一结论必然引发激烈的社会反响。很多利益阶层对这一裁定的反应如预料的那样是非常迅速的。农场主们似乎是最为担心的阶层，他们害怕失去手中的土地和谋生的手段；工业集团尤其是矿业集团感受到了马宝裁定的现实威胁。可以想象，这些利益集团现在所拥有的商业土地所有权有可能因此而变得无效，因为当初从政府手中购买或租赁时，他们并没有给当地土著群体以任何补偿。对工业集团来说，最糟糕的场景是他们可能要向那些在马宝诉讼前能够证明土地所有权的人支付赔偿金，很可能与能够证明拥有土地所有权的所有者就土地的未来开发进行谈判。在这个意义上，该事件对联邦政府在土地权问题上采取立法行动起到了推进作用。按

---

① PM Paul Keating, "Australian Launch of the International Year for the World's Indigenous People", Redfern Park, Sydney, 10 December 1992, http：//www. austlii. edu. au/au/journals/ILB/2011/14. pdf. 2014 - 09 - 11.

② Robert Tickner, *Taking a Stand：Land Rights to Reconciliation*, p. 96.

照帕特里克·道森的说法，马宝裁定不仅为土著土地权提供了一个新的基础，而且将自决、自治、对习惯法的承认、对文化和圣地的保护以及土著澳大利亚人有权选择他们所希望的生活方式提升至国家政治议程的最前沿。[①]

高等法院对土著土地权的承认导致了全澳境内的很多土著组织纷纷行动起来。"弗雷泽岛土地委员会"（Fraser Island Land Council）就是其中的代表。该组织的约翰·达农达鲁·琼斯（John Dalungdalu Jones）强调了取得土地所有权所带来的经济和文化方面的变化。琼斯解释了该委员会对卡伽里（Kgari）（即弗雷泽岛）拥有所有权的原因，主张将每年约600万美元的旅游税用于资助教育、社会福利、旅游以及环境管理项目，还可以使用这笔资金为年轻人创造就业机会。

1993年1月，米歇尔·曼索尔说，由于高等法院承认了土著土地权，土著社会为此而感到高兴。塔斯马尼亚土著亦不例外。但该州土著要求获得土地权的申请曾被州政府拒绝，包括现在的自由党政府。先前的工党政府没有通过议会上院提交的给予土地委员会控制53000公顷王室土地的议案。曼索尔说，很多家庭能够证明对这些土地的持续使用，比如搜寻灌木食物、制作贝壳等。塔斯马尼亚人在证明拥有该州超过20%的土地方面并不困难。"我对很多家庭声称他们能够证明与特殊地区的联系感到惊讶。"塔斯马尼亚政府对马宝裁定并没有作出回应。曼索尔说，如果有必要的话，土著社会可将其诉讼提交至最高法院。"存在如此多的可能的选择，土著社会异常兴奋。我们习惯于反转：现在，这是触手可及的事情。我们有了新的选择和权力的感觉。"[②]

第五，马宝裁定推翻了"无主地"的概念，使得宪法改革被提上议事日程。

马宝案件的司法裁定具有土著民族在白人法庭胜诉时所体现的标志性的甜中有苦的特质，即对土著民族权利的承认伴随着对他们政治上从属地位的肯定。如果要从根本上改变这种状况，就必须进行宪法改革。

土著民族的根本人权功能性地从属于殖民者多数，这在马宝裁定

---

① J. Pilger, *Hidden Agendas*, London: Vintage, 1998, p. 235.

② Bain Attwood and Andrew Markus, *The Struggle for Aboriginal Rights-A Documentary History*, pp. 330–331.

（第2号）中多数法官的立场中体现得很明显。在尊重托雷斯海峡岛民以及土著要求确认在被吞并时他们作为一个显著的自治的人类社会存在的同时，法官们却说，他们的社会权利的继续存在取决于吞并他们的州的法律对他们的认可。不仅如此，法官们还认为，得到认可的任何权利完全是出于一种怜悯——殖民国家宪法权威的单方面的怜悯。① 杰拉德·布伦南法官甚至还使用了古典的文学语言揭示了他愿意承认土著社会法律权利的政治脆弱性。"梅里阿姆人所主张的土著土地权……躲过了1879年墨累岛被合并到昆士兰的锡拉岩礁②的不幸。然而，它们在被昆士兰或澳大利亚联邦随后的消灭面前显得不堪一击。"当王权取得澳大利亚统治主权时，土著居民根据他们的习惯而享受的土地权和利益就"被视为王权所取得的根本权利的一种负担。"当然，杰拉德·布伦南法官也承认，这些权力和利益被证明是一种极其轻微的负担，一种殖民地社会允许其政府不费吹灰之力就可以消除的负担。③ 理查德·巴特利特（Richard Bartlett）对此评价说："布伦南法官的裁定给人以这样的印象：土著土地权在习惯法下是可以被消灭的，而无须得到土著的同意，也不需要给予补偿。"④ 不过，布伦南法官还是采取了其他存在习惯法司法权的国家所树立的范式，即意欲消灭土著权益的一方"必须显示这样做的一个清晰明了的意图"。⑤

正因为如此，在"土著和解委员会"的倡议下，有关修改联邦宪法并在宪法中体现马宝裁定的原则精神，以期在根本上确保土著澳大利亚人拥有包括土地权在内的根本利益不受侵害，就成为马宝裁定后土著和解组织以及土著进步人士的奋斗目标。1993年6月4日，"土著和解委员会"主席帕特里克·道森在主题为"土著人民在国家宪法中的地位"的会议上致欢迎辞时说：

> ……一个世纪前，澳大利亚人就参与到建立国家的讨论中。他们举行会议……在报纸上发表文章和书信。很多观点被讨论，很多声音

---

① Peter H. Russell, *Recognizing Aboriginal Title-The Mabo Case and Indigenous Resistance to English-Settler Colonialism*, p. 248.

② 指靠近意大利一边的危险岩石。

③ Peter H. Russell, *Recognizing Aboriginal Title-The Mabo Case and Indigenous Resistance to English-Settler Colonialism*, p. 257.

④ Richard Bartlett, *The Mabo Decision*, Sydney: Butterworths, 1993, p. xx.

⑤ Richard Bartlett, *The Mabo Decision*, p. 64.

被倾听。为了取得一个统一的澳大利亚的前景，相互之间进行了土地分割的各殖民地就分享权力的方式进行了磋商。结果诞生了澳大利亚宪法，澳大利亚联邦遂在1901年宣告成立。

一个世纪后，我们开始了有关那部宪法的一个新的讨论，并且在思考一个共和路径。对于今天我们的国家来说，曾经处于中心地位的、与王权以及英帝国的旧的联系并不那么关系重大或有意义。过去的忠诚似乎不再切合时宜。老的国歌以及军人的着装此时此地似乎不再适合我们作为澳大利亚人的意识。

一个世纪前，我们的宪法是在无主地的精神下起草的。在凭空占领成为合法的幻想下，土地被划分，权力被分享，机构得以建立。……

在最初的宪法争论一个世纪后，我们有机会去重制我们的宪法，来承认和适应土著及托雷斯海峡岛民对这块大陆的最初所有权。但是，在这场新的争论中，存在一个重复讨论的历史危险。在为建立一个共和国而对宪法做最低限度改变的急流中，存在土著及托雷斯海峡岛民对土地和文化的认同权利被忽视的危险。在新建立的种种安排中，存在忽视和某种程度上不去满足土著及托雷斯海峡岛民摆脱被排斥和被剥夺财产的无能为力的愿望的危险。存在一种努力去抓住一个现代澳大利亚的精神而否定土著澳大利亚精神的新宪法被草拟的危险。

无主地可以一去不复返，但宪法草拟者的旧习惯很难消除。对过去的沉默和忽视在现代仍有很大的市场……

"土著和解委员会"和"宪法百年基金会"（Constitutional Centenary Foundation）有一个鼓励教育和推进公众讨论，并对这些问题进行认识和审视的共同目标。我们双方都鼓励一个世纪前的那种讨论。如果一个澳大利亚的新的前景即将出现，它将维护我们作为澳大利亚人、属于这块地方以及属于这个时代的一部分的意识——我们将鼓励各种会议、信件、文章以及观点……。①

要之，对土著民族来说，马宝裁定提供了一个有价值的承认，这是

---

① Bain Attwood and Andrew Markus, *The Struggle for Aboriginal Rights-A Documentary History*, pp. 333 – 334.

一个战略上的收获。然而，马宝裁定在其适用范围上又受到严格的限制。的确，那些不能证明与其土地存在一个"持续的有形联系"和与最初的居住者之间有着"持续的文化联系"的土著是无法取得土地所有权的。对他们来说，土地的所有权只能通过直接购买或一个协商的政治方案来取得。在谈到支持采取政治行动来建立土地购买国家基金（这个问题通过马宝事件的争论而取得重要性）时，索尔·贝勒尔强调指出："我们兄弟姐妹中很少有人居住在悉尼和墨尔本，在马宝裁定的限制性条件下，布里斯班、珀斯、阿德莱德以及霍巴特将能够证明他们的土著土地权……全国土地购买基金将通过法律和法院为土著人民提供更多的购买土地和建筑物的手段来弥补对土地权的追求，并且为土著人民、澳大利亚政府以及更加广泛的社会建立一个新型伙伴关系奠定基础。"① 正因如此，建立全国土地购买基金来资助土著"取得"土地，是马宝裁定后土著群体的诉求之一，而全国范围内的土著土地权立法工作也被提上议事日程。

三 《土著土地权法》（1993 年）的问世

马宝裁定使得澳洲在殖民前是"无主地"的殖民学说成为无稽之谈。这一结果为全国土地权立法工作提供了一个重要指导，而保罗·基廷在雷迪芬公园的讲话实际上为全国土地权立法工作创造了有利的舆论氛围。但从政府方面来看，作为对马宝裁定的回应，并且预期全澳境内的土著可能会提出过多的土地权主张，因此，为了使土著土地权的要求趋向合理化，联邦政府将拟定一个明确土著土地权的立法框架以及准备建立一个专事调解与仲裁土著土地权纠纷的法庭以应不时之需。

（一）马宝裁定后的"国家危机"

马宝裁定一公布，联邦政府就处在必须采取某些行动来应对可能出现的"无常状态"或"不确定状态"（'uncertainty'）的压力之下。农场主

---

① Robert Tickner, *Taking a Stand: Land Rights to Reconciliation*, p. 222.

们特别是牧场主们表达了对他们的所有物（holdings）未来地位的担忧；矿主们担心未来的矿产勘探和开发将受到影响；渔业集团关注他们对渔场的利用。在一些媒体看来，利益集团的利益因马宝裁定的公布而受到根本威胁。这就是被媒体所渲染的即将到来的所谓的"国家危机"（'national crisis'）时代。

提议通过立法来消除由于马宝裁定而产生的"不确定状态"是由矿业集团发起的。就在1993年联邦选举前，"澳大利亚矿业委员会"出台了一个报告。这份报告声称，1975年的《种族歧视法》以及高等法院有关马宝案件的裁定将一些已有的土地所有权包括非澳大利亚人的采矿利益置于危险之中。纠正这种局面的唯一办法就是进行回顾性立法来推翻《种族歧视法》。"澳大利亚矿业委员会"所持的根本的且在法律上是不公正的主张是，一个有缺陷的土地所有权不能通过公正的赔偿而变得合法化。[①]

"矿业利益"被视为"国家利益"。国家危机的最后且最关键的阶段是让公众产生这样的认识：这不仅仅是矿业利益而且是"全民族的利益"都受到了威胁。"北部领地矿产和石油协会"（Northern Territory Chamber of Mines and Petroleum）主席格兰特·瓦特（Grant Watt）是援引"国家利益"逻辑的党派成员之一，他敦促联邦政府对马宝裁定做出快速反应，并且警告说，如果不这样做，矿业投资将会受到严重影响，"并且因此对作为一个整体的澳大利亚"产生影响。"国家发展与基础设施部"（National Development and Infrastructure）影子部长伊恩·迈克拉赫兰（Ian Mclachlan）不久也步格兰特·瓦特之后尘，他在右翼组织"哈维·尼考尔斯协会"（Harvey Nicholls Society）的一次讲话中就表达了类似立场。一些媒体的刻意渲染也助长了这种反对情绪。《先驱太阳报》（*Herald Sun*）就赞同矿业公司首席执政官休·摩根（Hugh Morgan）就马宝事件对矿业影响所做的评价："切断我们的生计，（全是因为）一些政治家以及他们阵营的追随者已经沦为绿色运动的奴隶，其他人因为在我们、我们的父辈甚至我们的祖父出生之前英国人对土著所犯下的罪行而决意惩罚我们。"[②]

畜牧业以及其他的经济利益组织对马宝裁定的反应则相对温和一

---

① Damien Short, *Reconciliation and Colonial Power-Indigenous Rights in Australia*, pp. 47 – 48.

② Robert Tickner, *Taking a Stand: Land Rights to Reconciliation*, p. 107.

些。部分来说，这种温和的反应与他们对马宝裁定可能提供的可能性抱有希望是有关联的，即牧场租约在首次签发时就消灭了土著权益。在杰拉德·布伦南法官就马宝案件而给出的个人意见中就有这样的含义，即在梅尔岛的沙丁鱼厂租约，若是颁发有效，那么它就消灭了土著对工厂所在位置的土地权益。另一个因素是"全国农场主联盟"（National Farmers Federation）执行主任里克·法利（Rick Farley）的领导。里克·法利尽管也坚持由于高等法院的裁定而导致一些土地的有效性出现相当的不确定性，但他并没有发起对马宝裁定的正面攻击，而是试图采取一个建设性的和具有实践意义的途径。这就使得联邦政府有责任去释放某种确定性。①

在绝大多数澳大利亚人所居住的城市里，人们对所谓的"范围诉求"（'ambit claims'）感到忧虑。"范围诉求"是指那些居住在城市里的无依无靠的土著对这个国家建筑区域的大片有价值的不动产可能提出权利主张，包括今天悉尼歌剧院所在的土地以及布里斯班整个市中心商业区的土地。但是，鉴于高等法院已经清晰地表达了如下立场：即所有廉价给予私营业主的土地以及与传统土著活动不一致的任何公共土地的使用均已消灭了土著权利，因此对这些土地提出权利要求是没有任何法律基础的。然而，对那些写头版新闻的作者以及散布恐慌消息的人来说，这些"范围诉求"是一个绝好的素材。大家都在随意地谈论"每个人的后院"都处在危险之中的话题。联邦政府担心这些假的诉求将刺激人们更加强烈地反对从马宝裁定中寻求"一个公正的结果"。

一些有着更加民主和责任感结构的主要土著组织，比工业组织花了更长的时间对马宝裁定做出回应。显而易见，他们希望联邦通过立法来支持马宝裁定。但是，他们所寻求的立法在性质上与矿主和农牧场主所呼吁的完全不同。1993 年早期，在北部领地的"中部和北部土地委员会"、昆士兰北部的"约克角土地委员会"（Cape York Land Council）以及西澳大利亚北部的"金伯利土地委员会"联名给基廷总理写信，请求联邦通过立法来保护土著土地权以及承认他们在诸如国家公园和闲置的王室土地的所

---

① Rick Farley, "The Mabo Spiral: A Farm Sector Perspective", in Murray Goot and Tim Rouse (eds.), *Make a Better Offer: The Politics of Mabo*, Leichhardt: Pluto Press, 1994, p. 167.

有权。这样一来，一旦他们被认定为土地的传统所有者，他们就能够不必通过复杂的诉讼程序来行使其权利。[①]

在 1992 年 10 月 27 日内阁磋商后，基廷宣布他将发起一个与州和领地政府、土著组织、矿业和畜牧业集团进行磋商的进程。[②] 1993 年 1 月 18日，基廷宣布他的政府将打算通过全国性立法来履行马宝裁定的精神。这不是州总理、矿业和畜牧业集团苦苦等待的信息，他们所希望的唯一的联邦立法就是撤销《种族歧视法》，让各州自由地把其土地和资源与土著土地权要求分隔开来。维多利亚州总理杰夫·肯纳特（Jeff Kennett）称基廷的声明"具有煽动性、多余和造成不和"。

3 月 13 日，以基廷为首的工党再次成为执政党后，执行马宝裁定将是他的政府最优先的立法考量。他决定当年年底让土著土地权立法议案在议会获得通过。24 日，当基廷宣布土著事务责任将转移至总理部和内阁时，有关土著土地权的政策在基廷新政府的施政方案中的中心地位已显而易见。[③] 罗伯特·蒂克纳继续担任土著及托雷斯海峡岛民事务部部长，但是，他现在将与弗兰克·沃克（Frank Walker）一道工作，后者被任命为专门负责马宝裁定的国务部长。从 3 月中旬直至圣诞节前三天联邦议会表决通过《土著土地权法》期间，围绕马宝裁定的种种争论一直主导着澳大利亚的政治议题。[④]

此时，民意测验这一独特工具也不失时机地被拿来证明马宝裁定将对"其他澳大利亚人"的利益造成威胁。典型的例证要数代表矿业利益的AMR：Quantum 于 1993 年所做的一次民意测验：

> 如果马宝裁定的后果如下所示，那么你是非常关心、某种程度的关心还是一点也不关心。
>
> ＊让其他澳大利亚人现有的财产权处在危险之中；
>
> ＊削弱澳大利亚的矿业投资；

---

① Robert Tickner, *Taking a Stand*：*Land Rights to Reconciliation*，p. 97.

② Statement by the Prime Minister, the Hon P. J. Keating MP，" Government Response to High Court Decision on Native Title "，*Prime Minister*，Canberra，October 27，1992，P. 1.

③ 基廷本人将担任内阁特别委员会即马宝委员会主席。

④ Peter H. Russell, *Recognizing Aboriginal Title-The Mabo Case and Indigenous Resistance to English-Settler Colonialism*，p. 287.

＊延缓或阻止经济发展；

＊减少或妨碍澳大利亚的就业机会；

＊导致少数群体对一些公共所有的自然资源的控制；

＊导致土著声称拥有澳大利亚的大部分领土。

这次民意测验暗示存在一个不仅仅对集团财产权而且对"其他澳大利亚人"财产权的威胁。这种推断逐渐以"后院威胁"（'backyards threat'）而著称，这给把土著土地权建构成一场国家危机增加了一个有影响力的要件。[1] 也有人对上述做法的效果提出质疑。N. 乔姆斯基（N. Chomsky）说，由于"二战"以来西方国家利益集团在宣传方面取得的成功，目前看来这是一个相对轻松的任务。不过，"美国、澳大利亚、英国等国现在通常使用的术语涉及这些国家的权力结构：'国家利益'是这些组织的利益，这与全民利益只存在微弱的联系。"[2] 在谈到澳大利亚的背景时，H. C. 库姆斯指出："当前，存在……大量的宣传，强烈要求扩大矿业投资（尤其是外国资本）来促进就业。应该注意的是，根据单位资本付出而创造的工作岗位、已勘探的矿物地点、矿产开发本身和原材料处理的资本密集加工来衡量，在发展矿业方面的资本投入产生很少的就业机会。"[3]

认定土著提出对传统土地所有权的主张将对私人"后院"带来威胁是没有法律依据的。然而，它常常被新闻界所利用。工业游说集团以及联盟党都意识到，对一种形势所形成的危险或威胁给予模糊不清的阐释是影响公众舆论的一个令人信服的渠道。[4]

把土著土地权视为一场"国家危机"的形成意味着基廷政府将处于把集团利益置于优先考虑的持续压力之下，同时又不得不宣称土地权立法将为和解进程提供一个健康的基础。为此，他选择了大家都无异议的似乎与"和解"术语非常协调的中性概念"公正"（fairness）和"平

---

① Damien Short, *Reconciliation and Colonial Power-Indigenous Rights in Australia*, p. 50.

② N. Chomsky, *Profits Over People：Neoliberalism and the Global Order*, New York：Seven Stories Press, 1999, p. 96.

③ H. C. Coombs, *Aboriginal Autonomy：Issues and Strategies*, Cambridge：Cambridge University Press, 1994, p. 104.

④ M. Edelman, *The Politics of Misinformation*, Cambridge：Cambridge University Press, 2001, p. 91.

衡"（balance）来规划这一日程。的确，基廷所声称的目标就是取得"一种均衡的"结果：既能扩大土著权益又能为产业集团经营提供一种"常态"（certainty）。很显然，要想取得这样的均衡结果，他的政府就不得不在全国范围内为取得各州、领地和地区政府的支持而展开艰难的斡旋工作。

（二）政府与有关各方的磋商

在推动全国土著土地权立法的进程中，基廷政府不得不与土著及托雷斯海峡岛民、矿业与畜牧业集团、州和领地政府，以及反对党领袖打交道。4月27日，一个由全澳境内的土著及托雷斯海峡岛民组织的代表组成的代表团在联邦议会大厦的内阁办公室与马宝部长委员会全体成员进行了对话。[①] 所有主要的土地委员会都派代表参加，土著法律服务机构也遣代表与会，"托雷斯海峡地方委员会"（Torres Strait Regional Council）主席格塔诺·卢（Getano Lui）代表托雷斯海峡岛民，与会代表还有经验丰富的岛民领袖乔治·迈（George Mye）等人。当日，由土著及托雷斯海峡岛民领袖呈交给基廷政府的建议包含在《土著和平方案》（Aboriginal Peace Plan）中。该方案是土著组织在艾利斯·斯普林斯会议上拟定的。"和平方案"一语反映了当时的政治动力。直到此时，立法的绝大部分压力以及由联邦官僚提出的讨论文件都聚焦于如何克服据称由马宝裁定对澳大利亚经济所造成的不确定性方面。土著领袖们同意通过立法举措来应对这些关注，但条件是，土著的一些主要意愿应该得到满足。《土著和平方案》同意确认自1975年以来给予矿业工司的矿产开发权。作为回报，土著领袖们希望那些从这种确认中受益的矿业公司有必要就补偿、环境和圣地保护、收益分成以及其他事务与土著土地所有者缔结协定。他们坚持土著代表应该参与土著土地权法的草拟工作。这样的立法不仅为矿产权利持有人提供保证，而且通过宣布土著在保留地以及在其他已确定的土地上的权利，以及通过建立一个全国性的法庭来颁布土著土地权声明的形式为土著土地所有者提供保证。消灭土著土地权只能是在得到土著土地所有者同意的前提下，而不能视为矿产权益或牧场租约的一个附带的结果。《土著和平方案》是一个比有关条约的模糊概念更

---

① Robert Tickner, *Taking a Stand: Land Rights to Reconciliation*, pp. 112 – 114.

具有连贯性和说理性的提议，是在由马宝裁定所创造的氛围下提出来的。①

与土著代表会晤后的第二天，马宝部长委员会就与"澳大利亚矿业委员会"、"澳大利亚石油勘探协会"（Australian Petroleum Exploration Association）和"全国农场主联盟"的代表坐到了一起。在这三个机构的成员看来，一个优先考虑的问题就是对他们的权利和租约进行确认。他们的法律顾问们相信这些权利和租约是因为马宝裁定而处于危险之中，并且希望确保给予土著土地所有者的任何赔偿是由政府而非产业界来买单。

基廷与州和领地政府的首脑们就马宝裁定的影响而进行的第一次也是唯一的一次直接交锋是"澳大利亚政府委员会"（Council of Australian Governments）② 定于 1993 年 6 月 8 ~ 9 日举行的会晤。1992 年 5 月，基廷曾主持该委员会的成立会议。一年后，基廷意识到为强化充当和解工具的决策能力而有必要对马宝裁定做出一致反应，遂提议召开这样的会议。但是，由于此时澳大利亚六个州中的四个以及北部领地都由反对工党的党派执政，这就使得联邦政府与大多数州以及北部领地政府之间的关系较为微妙。显而易见，这次在特殊时局下召开的"澳大利亚政府委员会"的会议将考验基廷政府处理复杂问题的能力。

作为"澳大利亚政府委员会"会议的一个讨论基础，基廷发表了一个经过他的马宝内阁委员会认可的 33 条原则声明。与官样的讨论文件相比，33 条原则是用非常积极的语言来设计的，并且对出台更加广泛的超越现实的土地管理问题的和解举措做出了承诺。这些举措包括承认有必要去解决过去土地被剥夺的问题以及加强对土著遗产的保护。但是，这个原则声明没有提及土著在宪法改革或条约中的利益。这个文件的其余部分聚焦土地管理问题。

马宝裁定给予土著一个非常脆弱的土地所有权，联邦政府现在提议通过立法建立一个土地权机制来修正这一缺陷，并且相信，土著土地权在这

---

① Peter H. Russell, *Recognizing Aboriginal Title-The Mabo Case and Indigenous Resistance to English-Settler Colonialism*, p. 290.

② "澳大利亚政府委员会"是霍克倡导的旨在政府间建立一个更加和谐和有内在关联机制的"新联邦主义"（'new federalism'）改革的一个衍生物，由联邦政府总理、各州总理、主要部长以及"澳大利亚地方政府协会"（Australian Local Government Association）主席组成。

一机制下能够得到维护并且最大限度地与其他被赠予的土地并存。33 条原则中的第 10 条规定："在可能的情况下，土著土地权将在一个限定的给予期满后复活。"基廷同时承诺，这个原则不会轻易地适用于牧场租约。作为对矿业公司的现实关注，基廷给予他们所希望得到的绝大部分利益："确认 1975 年后直至 1993 年 6 月 30 日所有的土地利益的给予"，承诺对土著土地所有者给予补偿，但该声明拒绝了就那些受到此种确认影响的土地而与土著民族进行磋商的可能。①

联邦提出的 33 条原则非但没有赢得喝采，反而激怒了有关各方。基于历史上存在的不公正现象以及土著与土地的特殊情结，土著土地所有者获得赔偿的可能性应比其他土地所有者大，但磋商文件的精神大大限制了这种可能性。让土著谈判者心灰意冷的是，该文件提及，在有关土著土地的未来开发方面，不要给予土著土地所有者以否决权。对于土著领导人来说，这进一步说明：像之前的霍克政府一样，基廷政府正在向州和领地政府以及产业界屈服。他们将 33 条原则视为一个土地管理的方案，旨在减轻产业界对立法工作可能带来某些不确定性的担心，并且满足州总理们反对联邦对州司法权的侵蚀的需求。难怪诺埃尔·皮尔逊（Noel Pearson）指责政府把土著土地所有权重新规划为只是一个土地管理的问题，土著民族与土地之间的特殊关系因此被大大地忽视了。他得出结论说：该文件是一个"虚伪的无用的文件，一种对待历史不公正的官僚式的地产管理的途径"。②

一些州政府总理对这份磋商文件同样表示不满，因为该文件没有过多地限制土著权利。西澳大利亚州是澳大利亚大陆唯一没有制定土著土地权法的州。该州总理理查德·考特在拒绝接受马宝裁定方面采取了非常明显的意识形态的立场。他说，澳大利亚正朝着基于土地分配不公而偏袒土著群体的方向发展。西澳大利亚有 80% 的土地现处在土著土地权主张的威胁之下，因而它比任何其他州有着更多的危险。他反对通过立法方案来执行马宝裁定而与联邦开展合作，相反，他提议举行全民公决来推翻高等法院的裁定。③ 会后，四个非工党执政的州的总理们宣布：他们将继续为制定使他们权利合法化的法律而努力，而无需得到联邦政府的支持。

---

① Peter H. Russell, *Recognizing Aboriginal Title-The Mabo Case and Indigenous Resistance to English-Settler Colonialism*, p. 295.

② Damien Short, *Reconciliation and Colonial Power-Indigenous Rights in Australia*, p. 56.

③ Robert Tickner, *Taking a Stand: Land Rights to Reconciliation*, p. 123.

此次"澳大利亚政府委员会"会议没有实现预期目标，其原因并不复杂。这次会议的主要参与方的立场相去甚远，难以支持基廷所希望的有关各方的妥协。任何州和领地、产业集团以及联合党所认可的方案是不可能赢得哪怕是一部分土著领导人的支持的，而公众在这些饱含情感的认同以及政治公平等问题上的争论也常常出现上述情况。在"澳大利亚政府委员会"会议一星期后，一项民意测验的话题是，你是赞成还是反对高等法院做出的允许土著对未让渡的王室土地主张所有权？46％的受访者表示反对，有43％的受访者表示支持。① 6月，据报道，昆士兰北部约克角的威克人，在"约克角土地委员会"的帮助下，要求获得28000平方公里的陆地和沿海的所有权。受到这一诉求影响的是位于这一片区域的几个主要矿业开发项目。力拓锌业公司（Rio-Tinto Zine Corporation）是澳大利亚一家最大的矿业公司，它在韦帕（Weipa）有一个主要的铝土矿开发租约。7月23日，昆士兰州总理韦恩·戈斯（Wayne Goss）致信基廷总理，敦促联邦政府保证澳大利亚力拓锌业公司在韦帕的矿产开发租约不至于受到相关诉求的影响。与此同时，理查德·考特作为政治家出现在全国政治舞台上，继续对马宝裁定给予最彻底和最民粹主义的攻击。

当州和产业领袖都在动员其支持力量来削弱乃至耗尽马宝裁定的任何价值时，土著领袖们并未无所事事地坐等别人的安排。他们在以自己的方式给政府及有关方面施加影响。

7月27日，联邦政府内阁正式宣布了一项决定：在与土著土地有关的拟议的行动中，将给予土著土地所有者一个"磋商"的权利。如果协议不成，土著土地所有权法庭有权就被州政府或联邦政府以"国家利益"为名而推翻的决定做出裁决。而且，在任何土著土地权被确立之前，给予开发公司能够与当地的土著权威进行谈判的机会；如果土著土地权后来被证实的话，那么将给予土著所有者以一定的补偿。显而易见，这不是近似于《土著土地权（北部领地）法》给予土著在保留地的那种"否决"权，而仅仅是就未来开发的可能性给予"磋商"的权利。如果开发者希望开发的话，那么即使没有土著的同意，前者也可以得偿所愿。正如土著活动家米歇尔·安德森所发问的那样："没有真正

① Peter H. Russell, *Recognizing Aboriginal Title-The Mabo Case and Indigenous Resistance to English-Settler Colonialism*, p. 296.

的讨价还价的权力而去参加谈判，意义何在？"很多土著组织对这样的决定表示不满，即他们只有一个初步的"磋商"权利，而不能决定自远古以来就一直属于他们所有的土地的用途。28 日，基廷在电视讲话中辩称，他在早先的《雷迪芬公园声明》中的言辞只不过具有安抚性的象征意义，殖民关系的政治现实并没有发生任何改变。基廷解释说："土著人民知道普遍的否决从未发生，他们的工作就是说服政府：他们与他们的土地之间有着特殊的依恋，正因为如此，他们应该拥有磋商和谈判的权利。"[1]

1993 年 8 月 3 日，400 名土著在北部领地的伊娃谷（Eva Valley）开会。这次会议是"土著及托雷斯海峡岛屿民族……为了对承认土著权利的高等法院的裁定给予明确回应而召开的第一次具有历史意义的全国性会议。"这是迄今为止澳大利亚历史上最大的一次全国范围内的土著代表的聚会。那些未得到政府资助或承认的土著组织成员的参与，如"土著临时政府"成员米歇尔·曼索尔和杰夫·克拉克，赋予了伊娃谷会议比在艾利斯·斯普林斯举行的拟定《土著和平方案》的那次会议更多的草根特征。伊娃谷会议传递出的信息比起《土著和平方案》少些妥协性。会后发表的《伊娃谷声明》（Eva Valley Statement）完全拒绝了联邦政府为履行马宝裁定而拟议的土地权立法路径，希望立法是基于对土著土地权益的推进；任何与联邦政府对高等法院裁定做出反应有关的立法都需要得到与此相关的人的充分、自由的参与和认同。声明呼吁联邦政府要掌控土著土地权事务，以保证对所有土著民族实行一个全国性标准；联邦政府要履行其在国际人权机制内和国际法下的义务；联邦政府需要一个磋商进程，就承认和纠正有关剥夺、动荡、边缘化以及地位低下对原住民所造成的影响而出台一个持久的解决方案。该声明框定了联邦政府将采取必要举措以回应马宝裁定的原则，并且任命了一个反映土著在这些事务方面的立场的代表机构。保罗·基廷对伊娃谷会议的结果并不满意。在他看来，土著领导人在促进妥协方面负有责任，但一些人不愿意这样做。[2]

---

[1]　Damien Short, *Reconciliation and Colonial Power-Indigenous Rights in Australia*, pp. 56 – 57.

[2]　Peter H. Russell, *Recognizing Aboriginal Title-The Mabo Case and Indigenous Resistance to English-Settler Colonialism*, p. 298.

（三）最后的较量

经过多次权衡之后，联邦政府决定将给予土著有关土地开发的"否决权"，这就意味着未来的开发者需要得到土著土地所有者的同意才能开发他们的土地。但是，各州常常表达它们在这个问题上的不同观点。比如，昆士兰州就反对"联邦权力的无掩饰的声称"，并且坚持土著没有认可权（no rights of consent）。也就是说，土著的土地可以由他人任意地使用。[①] 包括"澳大利亚矿业委员会"、"澳大利亚商业和工业委员会"（Australian Chamber of Commerce and Industry）、"澳大利亚煤炭协会"（Australian Coal Association）、"澳大利亚石油勘探协会"在内的多家行业组织联合发布一份文件。这份文件在承认土著可能有权利得到一些赔偿的同时，认为他们不应该拥有否决开发的权利，声称西澳大利亚和北部领地的经历已经证明了给予土著这样的权力将会给工业带来可怕的后果。

这场由主要的利益集团发起的宣传攻势究竟产生了什么影响？"社会正义专员"迈克·道森（Mick Dodson）对此做了入木三分的分析。他说，反对公正解决土著土地权的这场运动恰恰抓住了所有澳大利亚人所面临的冲突与挑战："强大的既得利益集团坚持不懈地去维护在结构上将其他种族排除出去的社会和经济制度。他们利用其强大的影响，绝不允许对人权的关注成为经济发展的障碍。……有一些政治人物，愿意去支持这些利益集团，而忽视那些寻求公正的人的声音。"[②]

8月20日，联邦政府内阁做出如下决定：在广泛的意义上，1788年后所有非土著土地所有权都将通过立法而取得合法地位；土著土地权法案在10月中下旬提交给众议院讨论前，允许有一个月的磋商时间。[③]

在一个月的磋商时间内，土著民族代表不得不在两条战线上加紧工作。在政府内部，他们主要是通过路易斯·奥多诺霍的努力，敦促基廷政府不要比满足州和工业利益需求的33条原则走得更远。在权力走廊外，土著领袖们坚持给予他们民族的权利是一个更具有本质意义的承认。在9

---

① Robert Tickner, *Taking a Stand: Land Rights to Reconciliation*, p. 117.

② D. Roberts, "Reconciliation and the Mabo-Factor", *Kaurna Journal of Higher Education*, Vol. 4, 1993, p. 20.

③ Peter H. Russell, *Recognizing Aboriginal Title-The Mabo Case and Indigenous Resistance to English-Settler Colonialism*, p. 299.

月的最后一个星期，有 700 名土著和岛民在联邦议会大厦门前举行了抗议活动，要求联邦政府放弃在根本上损害他们权利的立法进程。但是，包括路易斯·奥多诺霍、土地委员会代表以及其他参与《土著和平方案》的人所组成的领导人联盟，继续在内部与基廷政府进行磋商。这些土著领导人被称为 A 组（A-Team），而被政府有效孤立的像米歇尔·曼索尔和阿登·里奇威（Aden Ridgeway）等人被称为 B 组（B-Team）。总体来说，在有关马宝裁定的争论中，保罗·基廷政府采取了与尽可能少的土著代表磋商的策略。为了减轻磋商压力，基廷试图把"磋商"限制在他的建议中的"细则"（fine print）而非建议的实质方面。磋商范围这种意图上的收缩是澳大利亚政府的一个通常策略。基廷政府公开声称要吸收更加广泛的人员参与其中，但私底下为已经选择的路径寻找合适的理由。P. 巴赫拉赫（P. Bachrach）和 M. S. 巴拉兹（M. S. Baratz）把如此使用政治权力视为"偏见动员"（mobilization of bias）的一个例子。通过把 B 组以及"土著临时政府"成员孤立在外以及未能去了解全国范围内土著领导人的观点，基廷在本质上"筛选出"这类问题作为对未来发展和其他与土著自治以及对资源掌控相关问题的一种否决权。[1]

10 月初，基廷政府与州和领地政府处在达成协议的边缘。就在 10 月 8 日星期五那天，这种动态发生了戏剧性的变化。这一天被路易斯·奥多诺霍称为"黑色星期五"（'Black Friday'）。在记者招待会上，路易斯·奥多诺霍与其他土著领导人对联邦政府对马宝裁定所做出的种种反应表示极度失望。他们在一份声明中称："在我们的国家发展处在如此紧要的关口，总理似乎决定'州的权利'比我们的人权更为重要。"[2] 路易斯·奥多诺霍和她的同事们表示不会抛弃磋商进程，但是，她们希望澳大利亚人明白，除非基廷政府改变其方向，否则，磋商进程就不可能去实现总理在雷迪芬公园演讲中所展望的前景。

基廷决定努力去拯救他做出的使马宝裁定成为土著与非土著澳大利亚人建立一种新关系的基础的承诺。联盟党的反对使得基廷不得不从别的地方寻求支持，结果导致了工党与民主党和绿党的合作。这两个小党都聚焦土著领导人 A 组所寻求的变化。在随后的磋商中，来自 A 组的土著发言

---

① Damien Short, *Reconciliation and Colonial Power-Indigenous Rights in Australia*, p. 54.

② Robert Tickner, *Taking a Stand: Land Rights to Reconciliation*, p. 188.

人提出了一个解决"国家危机"中主要因素的"方案"。对土著来说，如果批准租约的立法以及承认土著土地权将被视为一个"特殊举措"的话，那么，由马宝裁定与《种族歧视法》相互作用而产生的这种"无常状态"就可以得到克服。"特殊举措"的目的就是通过肯定的行动来取得"实质上的"平等。为达此目的，立法将不得不依照总体上对土著民族有利的方向来制定。① 在土著领导人、教会、人权组织以及联邦后座议员的有力批评下，政府开始与土著及岛民代表、州政府以及矿业、牧业集团展开进一步的磋商。

（四）《土著土地权法》（1993年）的颁布

在一个由"全国农场主联盟"主席和"土著和解委员会"成员里克·法利所提出的建议中，土著民族从对方更有权力的立场中取得了一些微小的让步，其中包括：（1）购买牧场租约的土著可以将它们转化为土著所有，虽然非土著牧场租约依然消灭了土著土地所有权；（2）土著有可能去选择州或联邦法庭（对州来说，这是一个重要的失败）来处理他们的土地权的诉求，以期取得"公正条款"作为赔偿的基础；（3）延长土著土地所有者就土地开发提案进行谈判的时间（这可以说是矿业游说集团一个小小的失败）；（4）在主法提案中应写明包括"社会公正一揽子方案"（*Social Justice Package*）在内的承诺。

由于将这些变化反映到拟议中的立法提案中，10月18日，土著的A组谈判者公开支持这一提案。次日，基廷政府和土著领导人宣布他们之间达成了一致。协议的大致内容有：对1975年前土著土地权的损害不予赔偿；州的利益而不只是国家利益可以被用来支持对土著拥有所有权的土地进行开发；州能够重申他们对矿产的所有权，对土著使用自然资源包括渔业和木材进行管理；州和领地可以自由地建立自己的土著土地权法庭，但是，土著土地权声索者有权到由联邦建立和操作的全国性法庭主张其权利。《悉尼先驱晨报》称这一天为"改变历史的一天。"② 尽管该提案事实上迎合了所有商业利益的需求，但是，联盟党还是持强烈

---

① Damien Short, *Reconciliation and Colonial Power-Indigenous Rights in Australia*, p. 58.

② Peter H. Russell, *Recognizing Aboriginal Title-The Mabo Case and Indigenous Resistance to English-Settler Colonialism*, pp. 301 – 302.

的反对立场。反对党马宝事务特别部长（Special Minister for Mabo）皮特·里斯（Peter Reith）援引正式的平等逻辑反驳说，谈论"特殊的举措"在本质上与"我们的平等社会"的理念不相协调。[①] 鉴于联盟党的持续反对，为了使提案获得通过，联邦政府被迫做出更多的微小的修改来安抚绿党和民主党。[②] 11 月 6 日，基廷将立法提案提交给众议院讨论。政府在众议院拥有足够的席位，所以，该议案于 25 日在众议院顺利获得通过。但在参议院，工党没有多数席位。参议院为此进行了长达 111 小时的辩论，对提案进行了 250 多处修改。12 月 22 日，参议院通过了《土著土地权法》（1993 年）。第二天，众议院批准了由参议院通过的《土著土地权法》（1993 年）。[③]

该法阐明的基本原则如下：

（1）为承认和保护土著权利提供支持；（2）确立影响土著土地权未来交易能够进行的方式以及为这些交易制订标准；（3）建立一个决定土著权利主张的机制；（4）规定或允许过去的土地交易行为有效，以及过渡时期的土地交易行为由于土著土地权的存在而变得无效。

该法的主要条款有：

（1）由于土著土地权的存在，过去合法的行动有可能变得不合法；（2）土著有权就已经是或将来很可能成为自己所有的土地的未来开发进行磋商；（3）建立全国、州和领地的土著土地权法庭，为确立和限制土著土地权以及决定赔偿事宜提供帮助；（4）有义务进行立法，为那些无法证明与其土地有持续联系的无依无靠的人建立土地获取基金提供基础。[④][⑤]

与澳大利亚法律中所明确界定的土地权不同的是，土著土地权是一个

---

① Damien Short, *Reconciliation and Colonial Power-Indigenous Rights in Australia*, p. 59.

② 两名绿党参议员和七名民主党参议员的支持对该法案的最终通过具有重要影响。

③ Peter H. Russell, *Recognizing Aboriginal Title-The Mabo Case and Indigenous Resistance to English-Settler Colonialism*, p. 303.

④ Damien Short, *Reconciliation and Colonial Power-Indigenous Rights in Australia*, p. 59.

⑤ 联邦政府承诺，除了尊重土著土地权外，还将出台旨在实现社会公正的一揽子方案。然而，这一方案尚未出台，基廷就于 1996 年黯然下台。不过就在 1995 年，联邦政府还是设法建立了"土著土地公司"（Indigenous Land Corporation）。由于殖民化进程及其影响，很多土著已无法证明他们以法律所描述和定义的方式保持对其传统土地的所有权及其利益。鉴于此，代表土著来管理购买土地基金的"土著土地公司"得以建立。参见 Robert J. Miller, et al, *Discovering Indigenous Lands-The Doctrine of Discovery in the English Colonies*, p. 194.

先前存在的土著对土地的权利，这在土著法中得到明确规定并被澳大利亚习惯法所承认。因此，《土著土地权法》（1993 年）第 223 条做了粗线条的阐释："（1）土著土地权或土著土地权益的表达意味着土著民族或托雷斯海峡岛民的社区、集体或个人拥有与土地或水源有关的权力及其利益；即（a）根据已得到土著民族或托雷斯海峡岛民承认的传统法以及他们所遵从的传统习惯而拥有的权利和利益；（b）根据这些法律和习惯，土著民族或托雷斯海峡岛民与土地或水源存在关联；（c）权利和利益得到澳大利亚习惯法的承认。（2）对第（1）款没有加以限制，此款所规定的权利包括狩猎、采集或捕鱼。"①

土著土地权的原告是依据他们的法律并按照自己理解的方式来理解土地权的，但无论如何，这些土地权只有在被澳大利亚司法和官僚制度承认后才能行使。根据《土著土地权法》（1993 年），主张土著土地所有权者必须向非土著权威机构证明他们对某一具体土地的所有权早在殖民化前就已存在，而且自殖民化以来，他们与这块土地一直保持着"联系"。同时还需要证明，他们是从这块土地殖民前的所有者手中继承的权利，且表明这种权利在过渡时期并没有被消除。②

为使土地权法得到有效落实，"全国土著土地权法庭"（National Native Title Tribunal）应时而建，其功能包括对申请裁决的登记、对有关未来土地交易协定的调解以及加快磋商进程等。在很多未来的土地交易中，土著土地所有权者被给予与不受限制的所有权者同等的权利。至于其他条例如开矿协议，土著被保证有磋商的权利。

在参议院通过《土著土地权法》（1993 年）后，罗伯特·蒂克纳说："我们赢了。"这部法律在土著领导人中获得了几乎一致的称赞。路易斯·奥多诺霍称该法是"迄今为止和解可能性的最有力证明"。③甚至土著 B 组领导人米歇尔·曼索尔也对土著谈判者的表现给予了好评。

从联邦政府的立场来看，该法案似乎对牧场主和土著均带来了好处。工党司法部长把它描述为"有着许多父母的合法孩子，这些父母有着不

---

① Robert J. Miller, et al, *Discovering Indigenous Lands-The Doctrine of Discovery in the English Colonies*, p. 194.

② Peggy Brook（ed.）, *Words and Silences-Aboriginal Women, Politics and Land*, p. 5.

③ Robert Tickner, *Taking a Stand: Land Rights to Reconciliation*, pp. 219 – 220.

同且相互竞争的利益。换言之，这是一个典型的政治和政策妥协。"① 基廷总理更是将这些变化视为每个人的胜利。

《土著土地权法》（1993 年）在其目的性方面体现了它的明显的妥协性特征。一方面，它对历史上直至该法 1994 年 1 月 1 日生效之日前的对土著及托雷斯海峡岛民的土地剥夺确认为有效；另一方面，它建立了一个被剥夺土地的人可以借此主张和行使土地权的程序。然而，这是一个只被一方——倾向于土著一方——体面和善意接受的妥协。那些希望削减或否定土著权利的人并不准备接受这一法律。反对党领袖约翰·休森说，该法通过的那天是"澳大利亚人民感到羞耻的一天"，并且发誓要让"政府的不公平、引起分裂以及具有破坏性的马宝立法成为下次大选之前的一个主要问题"。②

矿主们和农场主们对该法律表示强烈不满，这毫不奇怪。

矿业阶层关注的首要问题是鼓励开发和投资。他们坚持认为，现存的土地权法律——特别是北部领地——连同《土著土地权法》（1993 年），很容易导致土地开发的延误和挫折。用矿业律师的话说，《土著土地权法》（1993 年）"既不实际、有效，也不可行。"③ 农场主们因担心失去自己的财产而对土著对土地权的要求持强烈的反对态度。农场主协会声称，在有关私有财产方面，没有哪个群体更不用说所有土著享有特殊权益，"所有澳大利亚人不管其种族如何，在法律上拥有同等权利"。

就在联邦通过《土著土地权法》（1993 年）之前，西澳大利亚政府通过了它自己的土地权法。该法旨在消除西澳大利亚土著的土地权，并用"传统使用权"（'rights of traditional usage'）即一种法定的所有权形式取而代之。于是，理查德·考特政府准备在高等法院启动诉讼程序来挑战《土著土地权法》（1993 年）在宪法上的有效性。其理由是：即便《土著土地权法》（1993 年）有效，西澳大利亚所有土著土地权在殖民时期就已消失，因此那里就没有土著土地权可以诉诸该法。高等法院处理的第一个问题是土著土地所有权是否在殖民时期就已被消除？结果发现土著土地所

---

① Michael Lavarch, "Native title lessons of '93", *The Sydeny Morning Herald*, 21 April 1997.

② Peter H. Russell, *Recognizing Aboriginal Title-The Mabo Case and Indigenous Resistance to English-Settler Colonialism*, pp. 304 – 305.

③ Michael W. Hunt, "Is the Native Title Legislation Practical, Efficient and Workable for the Mining and Petroleum Industries?", in Richard H. Bartlett, Gary D. Meyers (eds.), *Native Title Legislation in Australia*, Perth: Centre for Commercial and Resources Law, University of Western Australia and Murdoch University, 1994, p. 194.

有权仍然存在。为了判定西澳大利亚土著土地权法无效，高等法院不得不援引《种族歧视法》第10条。第10条确保土著土地所有权者与其他由王权赐予土地的所有者一样，对土地所有权的享有是安全无虞的。[①]

从有关各方对《土著土地权法》（1993年）的反应来看，这部法律远没有在土著与非土著澳大利亚人之间就如何分享国家资源形成共识。土著社会领导人对土地权法给予了比较高的评价，主要原因不在于非土著社会将会失去哪些既得利益，而在于土著社会争取到了哪些原本就属于自己的利益。在《土著土地权法》（1993年）问世之前，只有北部领地的土著有自己的土地权法。这就意味着，虽然北部领地的土著占有的土地数量极其有限，但这有限的土地还是受到法律保护的。然而，对于北部领地以外的土著来说，虽然他们实际上也拥有一部分土地，但这些土地是得不到法律保障的。从这个意义上说，这部土地权法是一份迟来的保证。除此之外，它还为土著主张相关土地的所有权建立了一个诉求机制。而对于非土著社会来说，《土著土地权法》（1993年）并非只有失而没有得。非土著社会是既得利益者，它担心的是马宝裁定所带来的连锁效应。这就是非土著社会对马宝裁定可能产生的一些后果进行大肆鼓噪的症结所在，而《土著土地权法》（1993年）颁布的宗旨之一就是维护非土著社会既得的根本利益不至于受到这一裁定的威胁。这是既得利益阶层从这部土地权法中得到的最大收获。至于非土著社会为何仍然反对这样的保护性立法，其根本原因就是这部带有平衡性质的法律对既得利益者潜在的利益扩张给予了一定的限制，以及在一些特殊情况下不得不让渡一部分利益，[②]而且更为根本的是，非土著社会不希望土著社会的权利诉求将对既定的权利机制以及社会秩序产生任何可能的不利影响。

四　对《种族歧视法》的检视

在《种族歧视法》刚刚问世时，土著民族的集体权利概念并不流行。

[①] Race Discrimination Commissioner, Human Rights and Equal Opportunity Commission, *Battles Small and Great-The First Twenty Years of the Racial Discrimination Act*, p. 30.

[②] 土著通过诉讼手段对一些能够证明存在持续联系的传统土地主张所有权。其实，对土著来说，获取的程序之烦琐超出他们的想像。

不过自那时以后，来自世界各地的土著民族在拟订中的国际文件中均表达了他们的集体权利，并且主张非土著人有必要去了解与西方个人主义传统所支持的权利观念不同的权利观念。有鉴于此，《种族歧视法》是到了需要检视的时候了。

《种族歧视法》的颁布增强了土著的维权意识。虽然诉讼案件并不总是能够获胜，但是，诉诸法律程序是土著能够避开政治家及其政府影响的一种途径。土著委员会、各种土地委员会等合法实体的存在推动了这方面的发展。在这方面起显著作用的是土著法律机构的建立，因为它们的出现意味着土著开始"在法律程序中取得一种有影响的手段"。[①] 无疑，法律的应用把土著置于澳大利亚政治制度中一个较有影响的位置。虽然一些法律或条例并没有立马带来希望之中的变化，但土著权利在法律文书中的出现是土著社会地位日益提升的一种体现。

1993 年 1 月，曾经担任"北部土地委员会"主席并帮助调查土著监禁致死皇家委员会顾问的迈克·道森，现在被任命为"土著及托雷斯海峡岛民社会正义专员"。虽然迈克·道森专员无权接受申诉，但在《人权与机会均等条例》和《土著土地权法》（1993 年）下，他履行了一系列与土著民族权利及其行使有关的责任。1994 年 5 月 31 日，艾琳·莫斯辞去"种族歧视专员"一职，迈克·道森为继任者。迈克·道森在接受新的任命之前就已经承担了艾琳·莫斯所做的一些工作。在被正式任命为新的种族歧视专员之前的四个月里，他在一个涉及莫林顿岛状况的长期研究项目方面做出了独特的贡献。这个项目源于艾琳·莫斯专员收到了那里的土著寄来的请愿书。在迈克·道森任代理种族歧视专员期间，他对这一调查过程进行重新审视，并且落实了 1993 年发表的《莫林顿报告》（*Mornington Report*）中提出的很多建议。自从被任命为永久的种族歧视专员后，迈克·道森继续积极从事那些包括土著澳大利亚人在内的种族单元项目的调查与落实工作。

1994 年 8 月，迈克·道森专员陪同土著事务部长赴日内瓦联合国"人权委员会"总部参加世界人权会议。大会委员会对澳大利亚代表团中有一名土著代表印象深刻，并建议其他国家予以效仿。[②]

---

① Peter Hanks and Bryan Keon-Cohen（eds.），*Aborigines and the Law：Essays in Memory of Elizabeth Eggleston*，p. 137.

② Race Discrimination Commissioner, Human Rights and Equal Opportunity Commission, *Battles Small and Great-The First Twenty Years of the Racial Discrimination Act*，p. 32.

与早期的种族歧视专员有所不同的是，后来的种族歧视专员还关注"间接的"（'indirect'）种族歧视申诉、人数不多的妇女的种族申诉以及如何处理这些申诉等。在《种族歧视法》颁布后的 20 年内，有超过10000 名个体男性和女性在该法指导下提起了申诉。在纠正基于其种族、肤色、民族或人种而对个人所犯的错误方面，《种族歧视法》被证明是一个有价值的工具，但该法并未正视结构性或制度性的种族歧视现象。

结构性或制度性的种族歧视是由一个特定的群体所施加的一系列不利条件而产生的不平等现象。它常常表现为一种渐次推进的方式，不易被察觉，以至很难把特定的种族歧视事件从这一进程中抽离出来。在澳大利亚，结构性或制度性的种族歧视的结果（与更加公开的种族歧视相混合）可以从土著的生活状况、死亡率和发病率、失业率以及拥有住房的比率中得到清晰的体现。迈克·道森在剖析《种族歧视法》的局限时说："该法不去直面的东西就是土著的日常生活。我们有很长的路要走。存在很多我们仍然不得不面对的挑战，如教育、住房、健康、社区基础建设——土著澳大利亚人不能享受的那些'品质生活'的东西。《种族歧视法》不能真正地解决所有这些问题，但它可以成为土著澳大利亚人在面临和应对这些挑战方面的一个伙伴。"①

这些年来，社会态度的变化推动了《种族歧视法》有关条款的变化。例如，与替代责任有关的条款，或者雇主应该对在工作场所出现的种族主义行为负责的条款被从 1975 年的立法提案中删除了。理由是它颠倒了通常的"举证责任"（'onus of proof'）。然而到了 1990 年，多数议员接受了这样的看法：雇主或机构应该对其雇员所采取的种族歧视行为承担责任，除非雇主或机构能够证明已采取所有合理的步骤来阻止此类情况的发生。此外，1975 年不被采纳的种族憎恶条款最终被补充进来。

在由种族歧视专员、"人权与机会均等委员会"以及其他机构所主导的一些具有标志意义的研究或调查中，对澳大利亚社会的指控差不多是一个共同的基调，以至联邦政府宣布将采取主要的行政管理和立法上的一些

---

① Race Discrimination Commissioner, Human Rights and Equal Opportunity Commission, *Battles Small and Great-The First Twenty Years of the Racial Discrimination Act*, p. 35.

变化或采取特殊的资助和项目来纠正这种状况。① 这方面的例子之一是1992 年 12 月发表的一个关于 "澳大利亚南洋岛民" （Australian South Sea Islanders）② 的报告，报告的题目是《呼吁承认》（Call for Recognition）。时任司法部长要求 "人权与机会均等委员会" 就此事向他汇报，责令种族歧视专员对此展开调查并汇报澳大利亚南洋岛民的情况以及向政府提供相关建议。③

经过与社区代表磋商后，大家认识到有关这个群体的统计数据严重缺乏。因此，一个优先考虑的问题就是从已经确认自己是澳大利亚南洋岛民的人那里收集有关数据。这项工作导致了有关澳大利亚南洋岛民人口数量以及地理分布的一个全面调查报告；发现了他们作为一个少数种族的独特之处、受到种族歧视的程度以及所遭受的贫困；向政府提出了承认他们所在的社会以及纠正这个社会存在的一些问题的七条行动建议。所有建议随后均被政府所接受并付诸实施。④

在一个重视个人权利的国度，一个种群的集体利益往往是不被重视的，特别是一直处于社会边缘地位的土著群体。如果土著作为一个整体受到社会的普遍歧视，那么解决这个问题的根本出路就在于从制度上去纠正这种不平等现象存在的基础。从这个意义上说，基廷时期对《种族歧视法》的检视可以说是适逢其时，且必将对日后的种族和解政策产生积极影响。

五　土著组织对自决或自治的呼吁

在国际社会，土著要求自决与自治是一个普遍现象，并在一些国家获得了不同程度的发展。在美国和加拿大，土著民族并没有在白人主张主权

---

① Race Discrimination Commissioner, Human Rights and Equal Opportunity Commission, *Battles Small and Great-The First Twenty Years of the Racial Discrimination Act*, p. 37.

② 1863～1906 年，约有 6 万岛民被从所罗门群岛、瓦鲁阿图带到昆士兰，作为奴隶从事初级产业劳动，其后裔就是今天的澳大利亚南洋岛民。

③ Race Discrimination Commissioner, Human Rights and Equal Opportunity Commission, *Battles Small and Great-The First Twenty Years of the Racial Discrimination Act*, p. 37.

④ Race Discrimination Commissioner, Human Rights and Equal Opportunity Commission, *Battles Small and Great-The First Twenty Years of the Racial Discrimination Act*, p. 38.

的地方失去自治的权力。20 世纪 90 年代中期，"加拿大皇家土著民族委员会"（Canadian Royal Commission on Aboriginal People）就承认，土著民族在加拿大境内拥有内在的自治权。如何理解"内在的自治权"？顾名思义，这种权力来源于土著社会内部，它既不是宪法的赋予，也非派生的权利。内在的权利与派生的权利之间的差别并不仅仅是一个象征主义的问题。①

威特拉姆政府就曾采取一些措施来鼓励土著社会走自决之路。而保守的自由党联盟政府则倾向于使用诸如"自我管理"和"自我授权"（'self-empowerment'）等概念。"自我管理"与"自决"之间存在什么样的差异？澳大利亚"众议院土著及托雷斯海峡岛民事务常务委员会"（House of Representatives Standing Committee on Aboriginal and Torres Strait Islander Affairs）对此做了如下区分：自我管理聚焦具体项目和政策的有效管理；自决却超越这样的层次，并且"意味着对政策和决策的控制，特别是在决定其结构、进程和优先权方面"。按照该常务委员会的观点，自决是有关土著不仅有"对决策进程的控制，还有对包括政治地位以及经济、社会和文化发展在内的广泛事务的最终决定的控制。"②

20 世纪八九十年代，自决越来越成为土著在澳大利亚社会所抱希望的关键因素。"土著及托雷斯海峡岛民委员会"的建立被工党视为朝自决方向迈出的一个重要步骤。时任土著及托雷斯海峡岛民事务部长的罗伯特·蒂克纳说："在国家层面，对土著事务的管理、给予分配资金以及决定优先项目的权力等，首次被给予了土著及托雷斯海峡岛民中被选举的代表。"③1993 年，迈克·道森在"土著及托雷斯海峡岛民社会正义专员"第一个年度报告中说："自决对土著及托雷斯海峡岛民所具有的重要性是不被非土著澳大利亚人所理解的。……涉及土著及托雷斯海峡屿民族在历史上和现在的地位、权利、待遇和期望的每一个问题在自决的概念下都变得复杂起来。这其中的原因是，自决是一个进程。自决的权利就是做出决定的权利。"迈克·道森进一步阐释了自决权的具体内

---

① Henry Reynolds, *Aboriginal Sovereignty*, Sydney: Allen & Unwin, 1996, p. 132.

② House of Representatives Standing Committee on Aboriginal and Torres Strait Islander Affairs, *Our Future, Our Selves*, Canberra: Australian Government Publishing Service, 1990, pp. 4 – 12.

③ C. Cunneen and T. Libesman, *Indigenous People and the Law in Australia*, Sydney: Butterworths, 1995, p. 196.

容，并且强调指出，这是具有显著特征的民族的集体权利。道森注意到联邦政府的政策并不是基于对土著民族拥有内在自决权的承认，也没有把给予土著的自决权视为国际法中的一项权利，而只是因为土著在澳大利亚的独特地位而认可自决是土著人民的一项有所区别的"管理"政策。①

1995 年，"土著及托雷斯海峡岛民委员会"、"土著和解委员会"以及"土著及托雷斯海峡岛民社会正义专员"均向时任工党政府提交了有关土著社会公平举措的报告。这三份报告都强调了有关土著自决的根本原则是确保社会公平的基础。相比较而言，由"土著及托雷斯海峡岛民委员会"提交的题为《承认、权利与改革：提交给政府有关土著权益的社会公正举措的报告》（Recognition, Rights and Reform: A Report to Government on Native Title Social Justice Measures）（简称《承认、权利与改革》）在有关土著自决、自治以及更为广泛的权利方面提出了更为全面和系统的设想。

该报告注意到，在"社会公正一揽子方案"酝酿之时，澳大利亚社会已经为实现社会公正做了一些有益的尝试。除了 1993 年颁布的《土著土地权法》外，"土著土地基金"以及"土著土地公司"的相继建立均与实现社会公正有关。其他一些举措，如对"土著监禁致死皇家调查委员会"所提建议的回应；对土著及托雷斯海峡岛民的就业、教育和健康等主要领域的政策和项目进行审视；"土著和解委员会"为迎接联邦百年庆典而做的一些准备工作等，都在不同层面朝着实现社会公正的目标迈进。

该报告认为，所谓社会的不公正源于一方根本权益的失去。在为出台"社会公正一揽子方案"而进行的磋商和提出的建议中，大家都不约而同地关注土著权益问题。因此，对土著民族根本权利的认可是《承认、权利与改革》报告中所提建议的中心内容。行使和享受这些权利——土著民族与所有澳大利亚人分享的通常的公民权或平等权，以及土著民族拥有的独特权利的能力，实为土著及托雷斯海峡岛民实现社会公平的关键。②

① M. Dodson, *Aboriginal and Torres Strait Islander Social Justice Commissioner First Annual Report*, Sydney: The Human Rights and Equal Opportunity Commission, 1993, p. 41.

② Robert J. Miller, et al, *Discovering Indigenous Lands-The Doctrine of Discovery in the English Colonies*, pp. 198 – 199.

该报告界定了土著权益能够受到保护的几个主要领域，并分别提出了相关建议。与具体问题相关的公民权和平等权界定如下：（a）土著及托雷斯海峡岛民社会对诸如住房和基础设施等基本服务投送有着巨大需求，这起因于政府在提供这些服务方面未尽其责；（b）确保在很大程度上依赖于各级政府提供的主流社会服务投送的土著及托雷斯海峡岛民有权得到政府提供的社会服务并享有平等权；（c）确保偏远地区以及主要是土著及托雷斯海峡岛民社区有充分的和公平的服务投送。

鉴于对自决权的认可与支持被视为土著权利的根本，《承认、权利与改革》认为下列工作理应受到关注：（a）自治权。关注土著民族决定他们自己的生活以及管控其社会、经济和政治体制的权利。（b）身份权。涉及作为具有独特文化的独特民族的生存权。（c）领地和资源权。包括诸如土地权、土地上的资源权以及对这些资源的使用权。

《承认、权利与改革》还提出了如下内容广泛的建议：

（1）土著及托雷斯海峡岛民作为公民的权利：（a）通过立法来强化平等条款，以确保土著能够更好地行使其公民权；（b）增加对强化土著权利的国际机制给予支持的承诺；（c）对界定、承认和扩大土著权利的举措予以支持。

（2）对土著澳大利亚人特殊地位和权利的承认以及实现土著及托雷斯海峡岛民更大程度的自治：（a）推动和促进宪法改革议程；（b）作为一种过渡安排，由"土著及托雷斯海峡岛民委员会"主席作为在议会的土著代表，为土著权益代言；（c）启动有关赔偿问题的工作程序；（d）以地方为基础开展试验性研究，来推动地区协定作为一种解决社会公正问题的途径；（e）在自决的框架下，认可土著人民对自治的选择；（f）支持为建立一个旨在缔结条约和谈判协定的框架而开展的创造性工作；（g）对土著及托雷斯海峡岛民旗帜予以法律上的承认；（h）增加对公众创新意识的支持。

（3）对澳大利亚土著的文化完整性和遗产提供保护：（a）通过立法改革来加强土著遗产保护立法，并且保护土著的文化财产权；（b）在环境决策方面为土著提供更大程度的参与；（c）执行"法律改革委员会"有关土著习惯法的报告；（d）支持扩大土著语言项目和广播节目服务。

（4）增加土著及托雷斯海峡岛民参与澳大利亚经济生活的举措：（a）培育与产业部门更加紧密的联系；（b）把对"社区发展就业项目"方案进

行评估视为一项权利，并且消除异常现象（见表5）；（c）扶持地区经济
发展等。[1]

　　"土著及托雷斯海峡岛民委员会"在广泛调查和深入研究的基础上拟
定的这份报告涉及对包括土著公民权、自决权在内的广泛权利的保护，并
且坚信，只有当这些权益得到尊重并且受到保护时，土著社会的公正才有
可能实现。这些建议对工党政府的土著政策产生了重要影响。

　　与此同时，地方、州和领地也在倡导土著走自决或自治路线。在这些
层次上，对自决的讨论涉及对警察制度以及司法管理做一些特别的修改。
1993年6月，"北部领地土著宪法大会"（Northern Territory Aboriginal
Constitutional Convention）深入讨论了土著自治问题。结果发现，自治意
味着更大程度的土著自决：拥有与当地局势相适应的决策结构；拥有对内
部事务的控制和权威；拥有优先项目和政策的决定权；有选择地管控诸如
教育、儿童福利、社会服务、治安与司法、健康、土地和资源规划以及环
境保护等。不过，"北部领地土著宪法大会"也坦言，自治并不意味着完
全独立，或在澳大利亚民族国家疆域之外建立一个新的主权实体。[2]

表5　"社区发展就业项目"的参与者数量和支出情况

年份	参与的社区	参与者（工人）	"社区发展就业项目"的支出（百万美元）	"社区发展就业项目"占土著事务支出的比例（%）
1976/77	1	100	0.1	0.1
1977/78	10	500	2.0	1.6
1978/79	12	800	2.9	2.1
1979/80	17	700	3.8	2.7
1980/81	18	1300	6.9	4.3
1981/82	18	1300	7.0	4.1
1982/83	18	1300	7.4	3.7
1983/84	32	1700	14.2	5.8
1984/85	33	2900	23.5	8.3
1985/86	38	4000	27.2	9.2

---

[1]　Robert J. Miller, et al, *Discovering Indigenous Lands-The Doctrine of Discovery in the English Colonies*, pp. 199 – 201.

[2]　Chris Cunneen, *Conflict, Politics and Crime-Aboriginal Communities and the Police*, p. 243.

年份	参与的社区	参与者 （工人）	"社区发展就业项目"的 支出（百万美元）	"社区发展就业项目" 占土著事务支出 的比例（%）
1986/87	63	6000	39.5	12
1987/88	92	7600	65.5	17
1988/89	130	10800	98.8	22
1989/90	166	13800	133.2	25
1990/91	168	18100	193.1	34
1991/92	185	20100	204.5	32
1992/93	186	19900	234.4	28
1993/94	222	24100	251.9	27
1994/95	252	27000	278.3	29

资料来源：Nicolas Peterson and Will Sanders（eds.），*Citizenship and Indigenous Australians-Changing Conceptions and Possibilities*，p. 146.

这一时期，很多土著组织均援引诺福克岛作为承认自治的案例。这一地区是基于诺福克岛皮特凯恩人（Pitcairn）后裔的特殊关系以及他们保护其文化的愿望，而于 1979 年获得自治地位的。根据《1979 年诺福克岛条例》（*Norfolk Island Act 1979*），该地区在法律和秩序、税收、教育、移民、健康和社会福利方面拥有有限的权力。托雷斯海峡地区由于在 1994 年建立了"托雷斯海峡岛屿地方管理局"而在自治方面同样取得了一些进展。"托雷斯海峡岛屿地方管理局"和"岛屿协调委员会"（Island Coordinating Council）均表达了到 2001 年取得全面自治的愿望。这一愿望得到"土著和解委员会"的支持。而在已经实现自治的北部领地，人们更加关心自治的模式和程度等问题。"北部领地土著宪法大会"认为，没有单一的自治途径或模式能适合所有土著的需要或期望。每一个土著社区应该能够决定最适合自己的管理方式，建立管理程序，并决定优先发展项目和提高服务水准。

在澳大利亚，土著社会的自决概念是逐步形成的，而且没有一个业已固化的内容。比较清楚的是，土著人民对自决的呼吁反映了他们对自己在现有的权力结构中的安排的不满。对自决权的主张就是要求对权力进行转移——对国家与土著社会之间的现有关系重新做出安排。综合起来考察，有可能成为政府推动土著社会实现自决或自治的原则包括以下方面：各级政府及其部门与土著社会及其组织进行公开的磋商；尊重土著人民及其文化；尊重包括自决权在内的土著人权；各级政府及其部门应让渡他们自以为是的为土著人民做出决策的权利；对通过依赖于社会构建的途径去解决社会和经济的不平等问题应给予持续的支持等。①

六 启动对"被偷的一代"的真相调查

"被偷的一代"的问题与和解的概念须臾不可分离。正如科林·塔兹所提示的，绝大多数土著认为，"被偷的一代"是他们生活中最严肃的问题。正因为如此，它被视为一个在和解的真诚努力中必须面对的问题②，也是基廷政府执政以来所奉行的种族和解政策的逻辑发展。此前，有关"被偷的一代"的事件已不再是坊间传闻，但历届政府均未给予应有的重视，更不用提对此事展开真相调查。令人欣慰的是，学术界的"调查"很早就开始了。

20世纪70年代，皮特·里德就采访过一些"被偷走的"土著。据他回忆说，当他倾听这些土著个体的诉说时，他没有考虑过这一事件在整体上对土著属性的影响。1980年，应悉尼"家庭和儿童服务机构"（Family and Children's Service Agency）的邀请，皮特·里德开始撰写有关"被偷的一代"的文章，并且获准去翻阅"土著保护局"的档案。③ 虽然一些档案资料已经散佚，但现有存量仍然惊人。1935～1969年间，仅一般通信档案类就有22000个文件。④ 皮特·里德最初的文章题名为"失踪的一代"（Lost Generation）。皮特·里德的合作伙伴杰伊·阿瑟（Jay Arthur）认为该题名有点委婉，遂建议用"被偷的一代"。所以，皮特·里德说，这个术语是杰伊·阿瑟创制的，而非他本人。⑤

1981年，皮特·里德出版了他的第一批研究成果。受到这些研究成

① Chris Cunneen, *Conflict, Politics and Crime-Aboriginal Communities and the Police*, pp. 248 – 249.

② Damien Short, *Reconciliation and Colonial Power-Indigenous Rights in Australia*, p. 87.

③ "土著保护局"于1969年被取消，其档案卷宗被收集在该州档案馆。

④ Peter Read, *A Rape of the Soul so Profound-The Return of the Stolen Generation*, p. 46.

⑤ Peter Read, *A Rape of the Soul so Profound-The Return of the Stolen Generation*, p. 49.

果的影响，一些主要机构和社区开始向政府部门和非政府组织游说，认为公众对强行"偷走"土著孩子这一段历史的普遍无知正阻碍着有关方面对受害者及其家庭给予可能的补救。1990年，土著组织着手推动一项全国调查。"全国土著及岛民儿童关爱秘书处"（Secretariat of the National Aboriginal and Islander Child Care）在1992年的一次全国性会议上也发出类似呼吁。到了1994年"土著和解委员会"的工作取得重要进展之际，人权律师以及土著法律服务机构、联络中心（Link-up）及其在北部领地的一个分支机构①都在探讨为"被偷的一代"获取赔偿的途径。②

这一时期，其他州的土著组织也积极响应。1994年，"西澳大利亚土著法律服务中心"（Aboriginal Legal Service of Western Australia）开始从那些孩提时代就被偷走的土著或是从被偷走儿童的父母那里搜罗口述资料。其间，他们采访的人数超过600人，并于次年撰写一个题为《讲述我们的经历》（Telling Our Story）的报告。这是西澳大利亚有关此类问题的第一个公开的调查报告。该报告列举大量事实，证明同化与一体化政策是一种迟钝的、无情的和失去信用的政策，并且指出"偷走"政策与很多土著后半生所经历的严重的心理、社会和经济问题之间存在重要的关联。鉴于此，该报告为那些"被偷走"并正在寻求赔偿的土著提供了一些合法的选择：（1）控告政府违反种族屠杀国际法；（2）控告政府违反澳大利亚宪法中所蕴含的人权原则；（3）控告政府违反其他公民权利法律。该报告还就州和联邦政府采取有关措施去解决这个最重要的问题提出一些建议。③

在各方努力之下，1994年10月，在达尔文召开了有关"被偷的孩子""返回家园大会"（Going Home Conference）。来自各州和领地的代表相聚一堂，分享经历，并且商讨制定满足那些幸存的"被偷的"孩子及其家庭的需要的战略。几千名土著出席此次会议，其中很多人就是孩提时代被从他们的家庭"偷走"的当事人。在政治层面，这次会议的主要

---

① 即由巴巴拉·卡明斯（Barbara Cummings）领导的"卡努土著儿童关护中心"（Karu Aboriginal Child Care Agency）。

② Bain Attwood and Fiona Magowan（eds.），*Telling Stories-Indigenous History and Memory in Australia and New Zealand*，pp. 201 – 202.

③ Aboriginal legal Services of Western Australia，"Telling Our Story"，http：//www. als. org/au/index. php？ option = com＿ content&view = article&id = 140：telling – our – story&catid = 21：6…2013 – 11 – 23.

议程是由它的发起者之一"土著和解委员会"拟定的。讲述"被偷的一代"经历的巴巴拉·卡明斯就主张："'被偷的一代'的历史应该成为围绕和解议题讨论的焦点。对澳大利亚其他人来说，本次会议的挑战就是认识'被偷的一代'的历史。"本次会议的议程也深受有关赔偿法律思考的影响。① 在会上，土著及托雷斯海峡岛民事务部长罗伯特·蒂克纳宣布，他打算给总检察长写信，建议"人权与机会均等委员会"负责对成千成万土著孩子被从他们的家庭偷走的原因、他们本人及其家庭因此所受的遭遇展开调查。

1995 年 5 月 11 日，澳大利亚成立了由联邦检察总长米歇尔·拉瓦克（Michael Lavarch）领衔的调查委员会。② 对"被偷的一代"的调查工作主要是由"人权与机会均等委员会"主席罗纳德·威尔逊以及"土著及托雷斯海峡岛民社会正义专员"迈克·道森来主持的。参与调查的委员有：安尼特·皮尔冬（Annette Peardon）、马乔里·索普（Marjorie Thorpe）、玛丽安娜·宾·萨里克博士（Dr Maryanne Bin Salik）、萨迪·坎宁（Sadie Canning）、奥利弗·奈特（Olive Knight）、凯西·米尔斯（Kathy Mills）、安妮·路易斯（Anne Louis）、劳里尔·威廉姆斯（Laurel Williams）、杰基·休金斯（Jackie Huggins）、约瑟芬·彼德罗－大卫（Josephine Petro-David）以及马西娅·兰顿教授。调查委员会还任命一个由来自澳大利亚所有主要地区的代表组成的"土著咨询理事会"（Indigenous Advisory Council）。理事会成员包括安尼特·皮尔冬、布赖恩·巴特勒（Brian Butler）、亚米·莱斯特（Yami Lester）、艾琳·斯坦顿（Irene Stainton）、弗洛伊德·切姆斯德（Floyd Chermside）、巴巴拉·卡明斯、格兰特·德拉奇（Grant Dradge）等人。③

调查委员会所做的第一项重要工作就是举行听证会。此项工作开展前，调查委员会已做了大量的准备工作，目的是让被访者毫无顾虑且毫无保留地说出他们的遭遇。

首先，调查委员会解释了开展一次全国性调查的原因。调查委员会公

---

① Bain Attwood and Fiona Magowan（eds.），*Telling Stories-Indigenous History and Memory in Australia and New Zealand*，p. 202.

② HEROC，*Bringing Them Home：Report of the National Inquiry into the Separation of Aboriginal and Torres Strait Islander Children From Their Families*，Sydney，1997，p. 18.

③ Damien Short，*Reconciliation and Colonial Power-Indigenous Rights in Australia*，pp. 92－93.

开发行的《渴望回家》的宣传册对此的解释是："在某种方式上，几乎没有土著家庭不受其影响。"其次，为了鼓励人们"以他们自己的方式"来"讲述他们的经历"，调查委员会还专门安排了一位著名的"被偷的一代"的陈述者阿奇·罗奇（Archie Roach）的个人陈词以及由历史学家安娜·黑比奇（Anna Haebich）所披露的证据作为示范。最后，调查委员会呼吁人们提供一种特殊形式的证词，类似于忏悔室以及向法庭提供的证词，一种目击者"讲述事情是如何发生的"证词。上述安排使得听证会成为一个特别有影响力的心理和情感事件。①

调查委员会也在其他方面为调查设定框架。罗纳德·威尔逊从一开始就明白无误地表示，偷走孩子构成了种族屠杀，因为1973年联合国大会通过的《禁止并惩治种族隔离罪行国际公约》就有此规定。因此，调查工作以其土著民族近乎灭绝而闻名于世的塔斯马尼亚作为起点。

调查委员会在澳各地举行了多场听证会（见表6）。12月4日，在弗林德斯岛举行了第一轮听证会，最后一轮听证会于1996年10月3日举行。公开的证据来自土著组织和个人、州和领地政府代表、教会代表、其他非政府组织、前传教站和政府雇员、社区个人代表等。机密证据的提供者是那些受到偷走政策影响的土著以及那些收养孩子的父母。很多个人和组织向调查组提交成文报告，包括很多曾提供口述证据的人。在整个调查过程中，总共收到了777份报告，其中535份来自土著个人和组织，49份来自教会，7份来自政府部门。在这些报告中，有500份属机密报告。②调查结果显示，在1910~1970年间，大约有17000名至50000名混血土著儿童被强行带走，年龄大多在5岁以下。③

---

① Bain Attwood and Fiona Magowan（eds.），*Telling Stories-Indigenous History and Memory in Australia and New Zealand*，p. 203.

② Damien Short，*Reconciliation and Colonial Power-Indigenous Rights in Australia*，p. 93.

③ 在有关数据方面存在重要的争论。保管不善、记录的丢失以及机构的改变，使得追寻很多联系变得几无可能，因此，最好的做法是基于现有的材料做出一个比较可信的估算。17000名是澳大利亚统计局所引用的保守估计，50000名是历史学家皮特·里德于1999年出版的《对灵魂的蹂躏如此之深》（*A Rape of the Soul so Profound*）一书中所引证的。历史学家罗伯特·曼内（Robert Manne）认为，被偷的土著孩子约为20000~25000人。这一数字很可能最精确。参见 Robert Manne，"In Denial：The Stolen Generations and the Right"，*Australian Quarterly Essay*，1，2001，p. 27.

表6　举行听证会的地点

新南威尔士	雷迪芬、坎贝尔城、诺拉、悉尼、格拉夫顿、杜宝、断山、威尔坎尼亚
澳大利亚首都区	堪培拉
维多利亚	墨尔本、特莱斯湖、班斯达里、墨威尔、巴勒拉特、吉朗、弗拉姆林汉姆、波特兰、迈尔杜拉、天鹅山、埃库卡
昆士兰	布里斯班、罗克汉姆汤、棕榈岛、汤斯维尔、凯恩斯、塞斯岛
南澳大利亚	甘比尔山、奥古斯塔港、贝里
西澳大利亚	珀斯、霍斯克里克、布鲁姆、邦伯里、卡坦宁
北部领地	达尔文、艾利斯·斯普林斯
塔斯马尼亚	霍巴特、弗林德斯岛、开普巴伦岛、威巴伦拉、朗切斯汤、布恩列

资料来源："Bringing Them Home". http：//en. wikipedia. org/wiki/Bringing_ Them_ Home. 2009－10－19。

　　"人权与机会均等委员会"对"被偷的一代"的调查吸引了人们对过去政府所犯的错误与土著现在的不利境遇之间联系的关注。承认以及认真对待这种联系是和解的中心议题之一。[1] 所以，这项调查工作也深深受到和解理念的影响。调查委员会公开发行的宣传小册子援引萨利·摩根（Sally Morgan）的一段话说："在讲述中，我们断言我们经历的有效性，我们称二百年的沉默是一个谎言。对你们旁听者来说，这是重要的，因为不管喜欢与否，我们是你们的一部分。我们发现，只有当我们的心灵、思想和心愿都指向和解时，在这个国家共同生活的一种方式才有可能出现；当成千上万的故事被说出来并且带着共鸣去倾听，它才可能发生。"[2] 罗纳德·威尔逊本人也表达了这样的愿望：由于"讲述了故事……并且让人知晓"，此项调查工作就能起到"治愈、教育和统一"的作用，并且因此"能够使国家作为一个整体向前迈进。"[3]

　　基廷政府直面"被偷的一代"这个令澳大利亚人感到耻辱的一页，把"白澳政策"时期的土著政策推到一个接受法律质询和道德拷问的地步。表面上看，这些令人不耻的纪录一个接一个地被披露，使得原本就已

①　Patrick Dodson, "Reconciliation Misunderstood", *The Australian*, 13 September 1996.

②　HREOC, *Longing to Return Home...*：*Information for People Giving Submissions to the National Inquiry into the Separation of Aboriginal and Torres Strait Islander Children from Their Families*, Sydney, 1996, p. 10.

③　*The Sydney Morning Herald*, 16 May, 1995.

复杂的种族关系更加复杂化，从而有碍正在推进的种族和解进程；但从长远来看，暴露问题有利于校正公众视听，从而找到解决问题的路径和办法；而对问题的刻意隐瞒和辩解本身就是一种不负责任的做法，当然也不利于建立在坦诚基础上的种族和解。

1996年3月，基廷离开了总理的宝座。也就是说，这项由他的政府发起的调查工作在其执政期内并没有划上一个句号。但从过程来看，实质性的调查取证、分类整理工作已告一段落，接下来的任务就是拟定一个呈交议会批准的全面调查报告。

如果以1910年计，那么"偷走"政策正式实施至调查工作启动之时，已有80余年的时间了。对"被偷的一代"及其家庭和社区来说，这段时间经历了太多的变故，有些人不幸辞世，有些人仍旧无所归依。对土著社会来说，这是一段充满黑暗、悲伤和煎熬的岁月。对澳大利亚国家来说，这是一段屈辱的历史。正因为有如此多的历史负载，所以，很多受害者不愿提起那段不堪回首的经历，而一些加害者却在为自己的错误而竭力掩饰或辩解。这才造成今天的人们对那一段历史知之甚少，甚至还出现误解。试想一下：如果没有工党直面历史真相的勇气，如果没有工党对土著民族所遭受的种种不公抱以同情的态度，如果没有工党政府对重塑澳大利亚国家形象持一个较为理性的立场，那么"被偷的一代"的历史真相何时才能昭告于天下？"被偷的一代"、他们的家人、他们的社区以及整个土著社会何时才能卸掉心里和精神上的重负？从这些意义来衡量，基廷政府所做的这项调查工作是澳大利亚种族和解进程中一个无法回避的重要程序。

回顾基廷时期所采取的推动澳大利亚种族和解进程的政策与措施，我们既看到与以前工党政府一脉相承的传统，又见证了基廷政府较为鲜明的独特的执政理念。基廷与威特拉姆有一些相似之处，比如两人都积极推进澳大利亚各项事业的改革，无论是在外交领域还是在内政治理方面；与其他总理相比，俩人执政时间都相对较短。威特拉姆任职期间就遭到解职，而基廷获取连任的希望也未能如愿。正因为如此，人们不免有这样或那样的假设：比如威特拉姆若没有遭到解职而顺利地完成任期甚至获得连任，基廷如果连任等等，如是，土著的命运以及澳大利亚种族和解进程又该呈现什么样的面貌或态势？

历史的一个显著属性就是它不为人们的主观愿望所转变。它既不能被假设，又不能去附会，更不可以被更改。假设的或改变了的都不能称之为历史，因为它违背了历史的自然和客观属性。但是，没有人会否认假设是一种思考问题的有益方式。如果运用得当或机巧的话，它有助于人们以一种较为平和的心态和较为开阔的视野去对某类人物或事件做出理性分析和正确评判。比如，前面提到的有关基廷任期的假设至少说明被假设者是一位值得历史铭记的人物，尤其把他与澳大利亚种族和解进程联系起来考察时似乎更应如此。

　　基廷把土著问题与树立澳大利亚作为一个中等国家的良好形象以及更好地融入亚洲视为一个互为相关的问题。这一执政理念对他的国内土著政策的设计不可能不产生影响。改变土著低人一等的社会现实以及构建土著澳大利亚人与非土著澳大利亚人之间的伙伴关系，其前提必然是正视历史，即承认土著澳大利亚社会现在所面临的诸多问题是由白人的种族歧视政策造成的。因此，白人社会必须要了解黑人社会的历史，尊重他们的传统、文化与习惯；必须在土地权领域承认土著拥有对其传统土地的所有权以及在其土地上进行开矿的磋商权；必须对《种族歧视法》的落实情况以及新出现的种种问题进行检视和反思；有必要揭示"被偷的一代"的真相并且做出良心上的自责与反省。这就有了基廷政府从不同层面来推进种族和解进程的有意义的举措。但也应该看到，屈服于利益集团的压力，面对州在土著问题上的本位思考以及对联邦政府权威的挑战，当然还有反对党的有意刁难，基廷政府难以做到特立独行，最终不得不在各种利益之间寻求妥协与平衡，这就使得他的土著政策毁誉参半。① 不过，基廷政府对澳大利亚种族和解进程的推动还是在历史上留下了浓墨重彩的一笔。

①　Troy Bramston, *Paul Keating*：*The Big - Picture Leader*, Brunswick：Scribe Publications, 2016，pp. 488 - 513.

第八章
种族和解进程的倒退
——约翰·霍华德时期

在 1996 年大选中，基廷连任折戟。这既在意料之外，又在情理之中。基廷在内政和外交方面较为激进的政策既赢得了一部分选民的信任，同时又把一部分选民推向具有保守倾向的约翰·霍华德阵营。澳大利亚政坛从此步入执政时间长达 11 年的霍华德时代。[①] 这一时期是自 1972 年威特拉姆开启多元文化主义以来澳大利亚土著政策遭受指责最多的时期。

霍华德上任伊始，基廷时期发起的对"被偷的一代"的调查工作便宣告结束，并且在众人期待中发布了一个调查报告。当各州、领地政府和多个组织纷纷向土著居民尤其是"被偷的一代"表示道歉时，霍华德政府却闪烁其词，以当下政府不应为以往历届政府的政策和行为担责为由，拒绝向土著居民做出官方道歉。

不过，自由党政府仍承诺实现种族和解。这就是霍华德政府一直所津津乐道的"实际的和解"（practical reconciliation）的理念。在这一理念之下，虽然召开了全国种族和解大会以及把举办悉尼奥运会作为推动种族和解的契机，但由于自由党政府反对土著的自决政策，所以就出现了对土著事务的多方干预。在土著土地权方面，自由党联合政府不仅忽视 1996 年 12 月高等法院做出的牧场租约与土著土地权共存的"威克裁定"，而且对前工党政府的土著土地权立法进行修改，其目的就是以牺牲土著利益来保护自由党政府所依赖的白人农牧场主和矿业阶层的利益。在认识和评估土著咨询与管理机构的功能方面，自由党政府不愿意看到土著领导人分享权力的倾向，索性取消了"土著及托雷斯海峡岛民委员会"，代之以自己任命的机

---

① 约翰·霍华德，1996～2007 年，曾连续三届当选为澳大利亚联邦政府总理，是战后任期第二长的总理。

构,从而使有关土著自决政策的钟摆摆回到 20 世纪 70 年代前的那个状态。在国际社会大多数成员为推动土著人民权益受到保障而在《土著人民权利宣言》上纷纷签字时,澳大利亚却与美国等少数国家一道唱起了反调。为解决北部领地儿童受虐问题,自由党政府借机采取了一揽子的"干预政策"('Intervention')。这一政策看上去具有一定的针对性,但不分青红皂白地一刀切,伤害了那些与此毫无干系的土著家庭的正当权益。

由于抱着"实际的和解"理念不放,霍华德政府采取了"头痛医头、脚痛医脚"的办法。这种做法在某一时期看上去很有效,但它不能从本质上解决种族和解进程中所遇到的一些棘手问题,比如土著自治以及实现土著澳大利亚人与非土著澳大利亚人之间真正意义上的平等。因此,相较于前工党时期有一定突破的种族和解局面,自由党时期的种族和解进程并没有继续前行,反而在理念方面出现了倒退,在具体做法上更显保守。

一　威克裁定及其社会反响

1996 年,"威克人诉昆士兰州"(Wik Peoples v. Queensland)一案涉及一个在马宝裁定(第 2 号)和《土著土地权法》(1993 年)中都没有明确解决的问题,即签发牧场租约是否自动地取消了土著对土地的权利。尽管这看上去是一个非常技术性的问题,但它对澳大利亚有着重要而丰富的含义。威克裁定在澳大利亚引发了有关土地所有权合法性的广泛争论。

(一)威克人的土地权诉求

当 1788 年"第一舰队"抵达澳洲时,殖民者给这里带来了英国的法律体系,包括所有权理论。建立在这一理论之上的"无主地"主张意味着所有土地财产都不得不直接或间接地来源于王权,王权保留对所有土地的根本权利,而英国的法律很少创造派生的权益如所有权和租赁权。今天,王权对土地的根本权利通常体现为诸如强制取得土地,或者准予地表或地下矿产资源开发权等法律上的特权。[①]

英国的法律主体为殖民地提供了立法框架,立法机关不久就开始拟制

---

① Damien Short, *Reconciliation and Colonial Power-Indigenous Rights in Australia*, p. 65.

适合当地形势的法律。这方面的一个首要例子就是"牧场租约"（'pastoral lease'）概念的问世。它是 19 世纪三四十年代由英国殖民局创造的一种土地所有形式，作为对非法定居者所饲养的牧群越过既定边界形成"非法侵占"（'squatting'）现象的一种反应。尽管在建立牧场租地过程中，土著民族没有得到任何意义上的磋商，但有清晰的历史证据表明：殖民当局明确声称牧场租约不应妨碍土著出入土地的权利。的确，根据历史学家亨利·雷诺兹的解释，牧场租约是殖民当局设计用来"保护土著民族"免遭欧洲殖民猛攻的一种计策，租约明确承认土著有出入土地的权利。19 世纪 90 年代，北部领地约 93% 的土地、澳大利亚大陆的大部分地区均被纳入这样的牧场租约之下。无数的租约被颁发给商业投资者，其中很多投资者既没有占有也未对租地进行过开发，结果导致 20 世纪初很多租地回归政府麾下。这些被称作"历史的"（'historic'）或"幽灵"（'ghost'）租地，现在很多是属于政府所有的尚未开发的土地，而这些土地潜在的"根本"所有权属于王权。

1980~1981 年的一项有关澳大利亚土地占有情况的调查和分析表明，澳大利亚全部土地中的 52.6% 是租赁占有，其中 76.4% 的土地属私人租赁占有。这些牧场土地中的大部分仍然是它们的传统土著所有者的生活来源，并被他们用于各种目的。也正是在这些牧场土地上，矿业资本家看到了经济发展的巨大潜力。[①]

租地的一般特征是租户拥有"排他占有"（exclusive possession）权。牧场租约的实质是给予土地的专门使用权。也就是说，牧场主们仅仅从政府手中租来土地，其经营活动也会受到一定的限制，通常是发展畜牧业。租约一旦期满，土地上的所有权利就应转归不动产所有者。然而，就牧场租约来说，绝大多数是由王权直接给予的。

王权给予租赁权是否会消灭土著土地权？马宝案并没有一个明确的结论，因为租赁权并不必然地意味着专门所有。然而，杰拉德·布伦南提醒说，一般而言，租赁权将消灭土著土地权。《土著土地权法》（1993年）的前言宣称："土著土地权可以被政府的有效法令所消除，政府的有效法令与一直存在的土著土地权益如允许不动产或租赁财产的存在是不一

---

① Peter H. Russell, *Recognizing Aboriginal Title-The Mabo Case and Indigenous Resistance to English-Settler Colonialism*, p. 316.

致的。"然而在 1996 年联邦大选中，联盟党声称，它将与所有利益攸关方磋商，尽快寻求牧场租约中的土著土地权问题的解决方案。霍华德执政后，尼克·明钦（Nick Minchin）参议员成为自由党政府有关土著土地权和宪法改革的国务秘书，并负责磋商进程。他最终公布了一个讨论文件《迈向一个更加可行的土著土地权法》（*Towards a More Workable Native Title Act*）。该文件对完全消灭牧场租约中的土著土地权的法律表示怀疑。该文件暗示，如此进程很可能违反《种族歧视法》，并且因此让澳大利亚招致国际社会的谴责。简而言之，该文件声称，把这一问题留待高等法院去处理并遵守它的最后的裁定是政府的意图。政府似乎非常自信，高等法院将确认：牧场租约的简单存在就可以消除土著土地权，因为这两种利益不能共存。[①]

　　受到马宝事件的触动，1993 年 6 月 30 日，威克人向联邦高等法院递交诉讼文书，要求对方发表一个声明，确认他们是昆士兰北部约克角西部一块面积为 28000 平方公里的土地和水源的传统所有者，包括 2900 平方公里赫尔诺德河（Holroyd River）牧场租地的所有权。[②] 昆士兰州作为第一被告、而澳大利亚联邦作为第二被告一并受到起诉。1994 年，约克角另一支土著族群——塞约瑞人（Thayorre）也作为原告而牵涉其中，原因是威克人声索的部分土地与塞约瑞人所主张的要求获得 1390 平方公里米切尔顿（Mitchellton）牧场租地的一部分的所有权有重叠现象。米切尔顿牧场租地有过短暂和空洞的历史。这块土地的首份租约是在 1915 年颁发的，承租人并没有实际占有。此份租约于 1918 年因未交租金而失效。1919 年签订第二份租约，这份租约也没有实际占有，于 1921 年失效。在这段不长的时间里，没有牧场主进驻这片土地，它的传统居民一直占有它。从 1922 年起，这片土地为当地土著所使用。虽然赫尔诺德河牧场租约期限较长，但这些租地与米切尔顿租地一样，几乎赋闲。没有牧人居住在赫尔诺德河租地，也没有树起围挡牲畜的栅栏或任何其他建筑物。1988 年，政府巡视员报告说，在这一大片土地上，只发现 100 头左右的野牛。

[①]　Damien Short, *Reconciliation and Colonial Power-Indigenous Rights in Australia*, pp. 66 – 67.

[②]　此地是根据《1910 年土地法》（昆士兰州）［*Land Act 1910（Qld）*］于 1945 年颁发过租约的，1973 年租约到期。但在 1975 年，租约又被延长 30 年。

在威克人诉诸联邦高等法院前，在低等法院里流行这样的观点：即一个有着非常有限和特殊目的或用途的临时租约就可以消灭那些很多世纪以来一直使用和看护这片土地的人的财产所有权。这源于居住在昆士兰西北边界地区的瓦安伊人（Waanyi）提交的有关租约的诉讼案件。审理该案件的第一位法官是罗伯特·弗伦奇（Robert French），他是土著土地权法庭的主席。瓦安伊人所主张的土著权益的陆地和水域具有重要的战略和经济价值。力拓锌业公司计划兴建一条从草坪山（Lawn Hill）的世纪矿（Century mine）到卡彭塔里亚湾的卡鲁姆巴（Karumba）港口的运输管道，而这条运输管道恰巧处在瓦安伊人所主张的这块土地的走廊上。据测算，当这一工程竣工时，世纪矿将生产西方世界8%的锌。① 瓦安伊人希望在《土著土地权法》下使用他们的磋商权，从而对这项巨大的工程如何推进以及拥有所有权的份额施加某些影响。但是，世纪矿的租约是在一块受制于牧场租约的土地上；如果牧场租约消灭了土著权益，那么瓦安伊人就失去了磋商权。罗伯特·弗伦奇法官采用了杰拉德·布伦南法官在马宝裁定（第2号）中有关租约的观点，即租约一旦颁发，就不可撤回地消灭了土著权益，而不管土地的现在使用状态。不过，罗伯特·弗伦奇也承认，这个立场"在土著权益得到承认的原则下，存在一个重要的道义缺陷"。②

联邦法院法官道格拉斯·德鲁蒙德（Douglas Drummond）于1994年10月17～26日、12月14～15日听取了有关各方的诉讼陈述。道格拉斯·德鲁蒙德法官认为，他有义务遵守联邦法院有关瓦安伊人案件的裁定。1996年1月29日，他在布里斯班宣布了诉讼结果。这份裁定显然不可能对威克人与塞约瑞人之间的土地权纠纷做出裁决。3月22日，联邦法院杰弗里·斯彭达（Jeffrey Spender）法官宣布，由于得到联邦法院合议庭的允许，威克人有权向联邦高等法院提出上诉。

（二）高等法院的裁定

马宝案件涉及闲置的王室土地，这种类型的土地在澳大利亚已所剩无

---

① Paul Kauffman, *Wik, Mining and Aborigines*, St Leonard's: Allen & Unwin, 1998, pp. 132 – 135.

② Peter H. Russell, *Recognizing Aboriginal Title-The Mabo Case and Indigenous Resistance to English-Settler Colonialism*, p. 318.

几。威克案件涉及土地保有权的形式，这种类型的土地约占澳大利亚土地的42%，在一些州甚至高达80%。这些土地的未来开发前景对商业企业以及政府的主管部门都具有很大的吸引力。这样的土地常常被用来提供公众服务，同时对选举战略及其结果会有影响，因为很多州和联邦部长们都有乡村选区。这些乡村选区在相当程度上依赖于畜牧业和矿业产生的收入，而且很多牧场租地掌握在澳大利亚以及国际集团最有权势的人手中，其中多数与霍华德政府关系紧密。大的公司像文莱苏丹德塞有限公司（Sultan of Brunei's Desai Pty Ltd.）以及格伦科（Glencoe）集团就通过牧场租约控制了澳大利亚的大片土地（有800万公顷之多）。同样的情况也出现在个人身上，如克里·帕克（Kerry Packer）和鲁珀特·默多克（Rupert Murdoch）。克里·帕克是澳大利亚第七大土地所有者以及第九频道电视网的所有者，鲁珀特·默多克是大量土地的所有者，并控制着澳大利亚四分之三的传媒。澳大利亚最大的私人土地业主休·迈克拉赫兰（Hugh Mclachlan）是霍华德政府国防部长的堂兄。此外，至少有26位主要的土地所有者是政府或立法机关的高级官员。[1]

1996年6月11日至13日，高等法院受理了威克人的上诉。参与审理的七位法官[2]中的四位在审理后认为，牧场租约的颁发并不必然地消灭有可能在其他方面存在的土著土地权。这一立场意味着牧场租地持有者与土著土地权所有者并存的法律制度是有可能的——牧场租约并没有自动地给予它的持有者对有疑问的土地拥有排他性占有权。根据多数法官的这一立场，这种可能的共存现象向不利于土著民族权益的方向倾斜。正如约翰·图希法官在他的裁决书中所言明的，涉及任何具体的租约，如果"主张权利的土著的传统、风俗和习惯"与给予牧场租约受让人的权利不一致的话，后者将胜出。换句话说，在牧场主权利与土著土地所有者权利发生冲突的情况下，牧场主将胜出。而且，大多数法官都赞同杰拉德·布伦南法官所持的拒绝挑战1957年昆士兰州法令的观点。当时，昆士兰州政府授权在韦帕建立铝矿而不考虑这一地区土著的权益。他们还认同杰拉德·布伦南法官对下列观点的拒绝接受，即昆士兰州与矿业公司的协定违

---

[1] J. Pilger, *Hidden Agendas*, p. 237.

[2] 这七位法官是杰拉德·布伦南、达伊尔·道森、约翰·图希、玛丽·考德朗、米歇尔·迈克休（Michael McHugh）、威廉姆·古默（William Gummow）和米歇尔·柯比（Michael Kirby）。

反自然正义的原则，违反州对威克人所承担的信托责任，威克人的利益因此受到了任意的损害。所有七位法官都坚信殖民地社会正义的基本公理：在消灭或侵犯土著权利方面，殖民地合法权威的清晰行使不应受到法院的怀疑，尽管它们是单方面的和不公正的。①

在威克案件中，多数法官的法律思维被形象地描写为国家主义。约翰·图希、玛丽·高德朗、威廉姆·古默、米歇尔·柯比四位法官所写的各自裁定有一个共同的特征：他们都强调澳大利亚土地占有性质的显著特征。在殖民时期和后殖民时期澳大利亚的法规中，"租约"（lease）一词都不得不根据立法的经济和社会目标来理解。牧场租约是澳大利亚立法中的创造，是对牧场主投资的一种回报形式，但并没有给予他们对这些土地的排外所有权和占有；没有证据显示立法者准备让这些租期有限的租约持有者对这些牧场土地排外性占有。相反，有大量的证据表明土著民族一直以这些牧场土地为生。比如，这一诉讼案件中受到争议的一块租地从未以任何方式进行过开发，另一块租地则被严重忽视到牲畜可以在上面随意闲踏的地步。与此同时，威克人和塞约瑞人继续在他们祖先的土地上狩猎、捕鱼以及在圣地从事传统的仪式活动，且从未受到来自牧场租地人或王室官员的任何干扰。② 此外，很多牧场租约都有土著居住和使用这些土地的保留条款。即使在那些像新南威尔士和昆士兰等没有这样保留条款的地方，也没有证据表明立法机构打算让土著离开这片土地。基于上述情形，四位法官一致认为，他们不能得出这样的结论，即在澳大利亚牧场背景下，土地上租赁利益的一个必然含义就是排他占有。米歇尔·柯比甚至认为，即使在英国法律中，租赁占有被理解为让受让人排他占有，但把它"引进独特的澳大利亚立法产物——牧场租约中，却是一个错误。在英国租赁占有中，租约的所有特征都可追溯到中世纪。"③ 而政府一方却声称，任何时候牧场租约一旦给予，就永久地消灭了土著土地权，即使这块土地从未被开发，因为这两者的利益是不相容的。杰拉德·布伦南等其他三位法官对此予以支持。不过，在"威克人诉昆士兰州"案件中，胜诉方是昆士兰的威克人和塞约瑞人。

① Peter H. Russell, *Recognizing Aboriginal Title-The Mabo Case and Indigenous Resistance to English-Settler Colonialism*, pp. 319 - 320.
② Damien Short, *Reconciliation and Colonial Power-Indigenous Rights in Australia*, p. 67.
③ Peter H. Russell, *Recognizing Aboriginal Title-The Mabo Case and Indigenous Resistance to English-Settler Colonialism*, p. 321.

（三）"威克裁定"引起的反响

"威克裁定"引起的社会反响可谓喧嚣和激烈。即使在圣诞节期间，新闻媒体仍然充斥着有关这一裁定的很多新闻与相关评论。当时针转到1997年时，"威克裁定"仍然支配着新闻主题。当年，土著问题再次成为澳大利亚国家政治的首要议程之一。

即便"威克裁定"与霍华德政府的期望和所收到的立法建议相悖，总理最初的反应还是相当的谨慎。霍华德仅仅把它描述为一个"令人失望"的结果。司法部长达伊尔·威廉姆斯（Daryl Williams）以带有外交辞令的口吻说道，这一决定的复杂性使得"审慎考察"成为必要。然而，各州总理们却相信，土著土地权的消失是解决土著土地权与牧场租约共存"问题"的唯一方案。这一方案的主要倡导者是昆士兰州总理罗布·博比格（Rob Borbidge）。在"威克裁定"前，罗布·博比格曾支持一个经过协商的共存协定，即《约克角土地使用协定》（*Cape York Land Use Agreement*）。该协定是1996年2月由"约克角土地委员会"、"澳大利亚牧人联盟"（Cattlemen's Union of Australia）、"澳大利亚保护基金会"和"荒野协会"（Wilderness Society）等组织或机构经过协商达成的。该协定详细阐述了解决约克角土地使用问题的过程，其目的就是既要为畜牧业的持续发展提供保障，又要确保对土著相当程度的土地公正。

然而，"威克裁定"消除了罗布·博比格对这种协定的支持。他的政府由于相信错误的法律建议而忽视了有利害关系的土著群体，进而颁布了800个在牧场上进行矿产开发的租约。这一做法等于否定了土著主张其权利的要求，也意味着如果土著土地权得以确认的话，昆士兰州政府就得向土著提供赔偿。所以，罗布·博比格的首要策略就是把"威克裁定"描写成使国家产生"非常状态"即危机的前兆。这种策略在很大程度上是"马宝裁定"后由矿业游说集团所发起的成功的公共关系运动的结果。不过，为了避免问题的复杂化，博比格还是采取了终止开发活动以及冻结新的和续约租地申请的策略。这一策略很显然对矿业主和牧场主均造成严重的经济后果。①

其他具有保守倾向的州陆续跟进。1997年2月初，这些州联合发

---

① 　Damien Short, *Reconciliation and Colonial Power-Indigenous Rights in Australia*, p. 71.

布一个讨论文件，呼吁 2000 年 1 月为所有提出土著土地权申请的最后期限；要求通过一部消灭牧场租地上土著土地权的法律，以一个有限的法定的出入权利来取代土著土地权；削弱土著的磋商权并对赔偿支付予以限制等。①

正是党派作风以及意识形态而不是物质利益的威胁，才是对"威克裁定"进行攻击的背后原因。自由党政府毫不犹豫地使"威克裁定"成为一个党派问题。霍华德总理认为前工党政府"在土著土地权法通过时，……在合谋误导牧场主们方面要承担非常严肃的责任。"② 在采取强硬路线来回击"威克裁定"时，霍华德总理受到了联盟党中国家党一派的影响，因为正是国家党领袖兼联邦政府副总理蒂姆·费希尔（Tim Fisher）第一个站出来反对"威克裁定"的。国家党从澳大利亚乡村白人中汲取了可观的发展力量，那里的白人对"威克裁定"有着普遍的憎恨。1997 年 1 月早期，蒂姆·费希尔到新南威尔士和昆士兰乡村城镇旅行，声称乡村人都在关注威克人提出的土著土地权问题，并承诺"政府在对高等法院有关威克案件裁定的反应方面不会让他们失望"。蒂姆·费希尔还对高等法院的"激进主义"给予猛烈抨击，暗示有必要审查高等法院的法官们是如何被任命的。③ 这次乡镇之行给蒂姆·费希尔增添了通过立法手段来完全和最终消灭牧场租地上土著土地权的动力。

此时，澳大利亚出现了一股希望压制土著利益诉求的政治暗流。这种暗流在保琳·汉森（Pauline Hanson）那里找到了其政治表达的一个戏剧性通道。保琳·汉森近乎流星般短暂的政治生涯与"威克裁定"引发的争论在时间上是重合的。在 1996 年 3 月举行的澳大利亚联邦选举中，代表昆士兰州奥克西莱（Oxley）选区的保琳·汉森以独立候选人身份在联邦议会下院赢得了一个席位。④ 在她正式当选为联邦众议员后，她更是

① M. Bachelard, *The Great Land Grab*, p. 75.
② Scott Bennett, *White Politics and Black Australians*, p. 54.
③ Haig Patapan, *Judging Democracy：The New Politics of the High Court of Australia*, Cambridge：Cambridge University Press, 2000, p. 141.
④ 保琳·汉森首先作为独立候选人赢得了奥克西莱地方议会选举，后来作为自由党候选人赢得了那里的"预选"，并被指定为自由党候选人参与联邦议会投票。但是，她的反土著、反移民的言论是如此的极端，以致在正式选举前，自由党宣布与她脱离关系。但在霍华德看来，这已无法改变选举结果。参见 John Howard, *Lazarus Rising—A Personal and Political Autobiography*, Sydney：Harper Publishers Australia Pty Ltd., 2013, p. 298.

利用议会以及其他场合发表演讲，抨击政府的亚洲移民政策。1996年，她在众议院发表了她的首次演讲。汉森在讲话中把那些支持对土著事务进行特殊管理的人斥责为分裂主义者，并且呼吁拒绝所有土著土地权的主张。①

汉森的处女作演讲是一个引起喧闹的媒体事件。她毫不遮掩地拒绝多元文化主义以及否认土著权利的声明是媒体无法抵挡的素材。她的很多与众不同的言论与霍华德的保守主义思想形成交响。保琳·汉森的一连串举动不但导致澳国内民众对这些问题的热议，而且引发国际社会特别是周边国家和地区对澳移民政策的担心和忧虑。这就是1996年下半年至1997年整年令该地区媒体及学术界闹得沸沸扬扬的"汉森争论"。后来，当澳大利亚处在亚洲贸易伙伴要求谴责保琳·汉森言论中的种族主义思想的压力下时，霍华德这才准备与其他党派领袖一道支持众议院通过一个确认澳大利亚对平等以及推动种族和解的承诺，以平抑保琳·汉森所掀动的民粹主义的一时狂躁。

推动霍华德政府对"威克裁定"做出强硬回应的不仅有以保琳·汉森为首的一国党，还有有组织的农场主的抵制声音。在"威克裁定"后，"全国农场主联盟"就以马宝事件后矿业集团游说的策略为蓝本，并且着手构建他们自己的"国家不确定危机"，其主要手段就是刊登互联网广告，制作黑白电影，把澳大利亚土地保有权制度刻画成某种程度上类似于20世纪70年代的政党游戏骗子。② 其素材包括两个孩子之间的战斗：一个黑人（土著）与一名白人打架，黑人小孩很显然赢得了竞争的胜利。"全国农场主联盟"因此被"全国教会理事会"（National Council of Churches）贴上了"种族主义宣传"的标签。1997年3月，"全国农场主联盟"在澳大利亚各大报纸刊登了一幅整版广告，呼吁霍华德政府保护"成千上万农场家庭的"利益，其中绝大部分家庭由于多年的旱灾以及低廉的产品售价而艰难度日，现在又不得不为"威克裁定"而忧心忡忡。③

在这场由"全国农场主联盟"发起的反击土著土地权运动中，该联盟

---

① Peter Jull, "Hansonism and Aborigines and Torres Strait Islanders", in Michael Leach, Geoffrey Stokes and Ian Ward (eds.), *The Rise and Fall of One Nation*, St. Lucia: University of Queensland Press, 2000, p. 208.

② M. Bachelard, *The Great Land Grab*, p. 78.

③ Peter H. Russell, *Recognizing Aboriginal Title-The Mabo Case and Indigenous Resistance to English-Settler Colonialism*, p. 324.

主席唐纳德·迈克高切（Donald McGauchie）更是冲在最前面。他认为，土著土地权将威胁到水、电力和煤气供应，"悉尼和墨尔本的居民没有理由"为其财产权的安全"而感到乐观"。这样的宣传有着重要的反响，因为自1994年以来，很多非所有权的农场已经成为土著土地所有权所声索的对象。然而，法院有关"马宝裁定"和"威克裁定"的适用范围是非常明确的：土著土地权将在白人财产权的边缘范围内运作，并且需要严格地证明"与土地之间存在传统的和持续的关系"。这就意味着在人烟较为密集的农场地区，事实上没有给土著土地权留下任何空间；一旦发生土地权冲突，法院将清楚无误地声明土著土地权将被放弃。作为"全国农场主联盟"的前领导人，里克·法利将"全国农场主联盟"的这一战略视为谈论它的选民财产价值的安全。① 然而，一些金融机构认为，"威克裁定"不会对牧场租地的价值产生不利影响，或者引起借贷困难，因为金融借贷是基于债券和设备的价值（命名为"债券抵押"），肯定不是依据土地本身的价值。② "澳大利亚银行家协会"（Australian Bankers' Association）重申了这一看法，认为它的"贷款人（以及他们的估价者和顾问）应该承认'威克裁定'后没有发生什么变化。几乎可以肯定地说，牧场租地的财产权与以前一样安全"。

在"马宝裁定"后，澳大利亚矿业界也热衷于从事一场公共关系宣传，即认为土著土地权将严重损害矿业勘探和矿产开发的能力，这将被认为是又一次"国家利益危机"。"澳大利亚矿业委员会"强调矿主是如何正在被谈判权绑架以及土著土地权已是一个"沉重的负担"。该委员会执行主席乔治·萨维尔（George Savell）声称："土著土地权是这个国家我们在［矿业］投资方面曾经遭遇的最大的灾难。" 1998年10月21日，在布里斯班的一次广播谈话中，"昆士兰矿业委员会"（Queensland Mining Council）执行主席米歇尔·平诺克（Michael Pinnock）坚持认为，《土著土地权法》"完全是一场灾难"，它"根本行不通"。③

然而，财政统计材料显示，土著土地权对矿业总体发展态势影响甚微。正如"全国经济和产业研究所"（National Institute of Economic and Industry Research）副主任伊恩·曼宁（Ian Manning）所言："很少有证据

---

① M. Bachelard, *The Great Land Grab*, p. 79.

② Damien Short, *Reconciliation and Colonial Power-Indigenous Rights in Australia*, p. 75.

③ Damien Short, *Reconciliation and Colonial Power-Indigenous Rights in Australia*, p. 73.

证明马宝事件后澳大利亚矿业出现萧条局面。事实上，在 20 世纪 90 年代初经济衰退期间的一段增长放缓期后，矿业开发支出在 1993 年又恢复增长，从那时起，逐渐达到 20 世纪 80 年代末的繁荣水平。"在一次有关"威克裁定"对经济影响的讨论中，努南（Noonan）评论道："未来三年内，有 120 家公司计划在澳大利亚进行矿产勘探和建立矿产加工厂，总投资额达 600 亿美元……尽管这个国家的游说论坛对威克事件的不利评判甚嚣尘上，但内陆地区的矿产勘探和加工的真正世界正在取得进展。"[1] 就在"威克裁定"后几个星期，世界上最大的锌铝冶炼公司帕斯明科（Pasminco）却购买了草坪山的世纪矿，承诺使之成为世界上最大的锌矿，并在全国土著土地权法庭的支持下与这一地区的土著组织进行谈判。[2]

上述数据有力地证明土著土地权并没有对矿业活动带来消极影响。与土著土地权诉求者的谈判无疑意味着费用的增加，但无论如何，"所涉及的费用对投资并不是一个严重的抑制"，而且土著土地权对"不确定状态"的影响必须放在影响投资稳定的广泛的经济、政治和社会因素的背景下去考察。"西澳大利亚矿业与能源小组"执行主席伊恩·萨切威尔（Ian Satchwell）则道出了实情："在影响矿产勘探的问题中，（土著土地权）只是我们能够在澳大利亚施加影响的唯一问题，低廉的产品价格以及资本的获取在很大程度上不在我们的股掌之间。"[3]

一场国家危机的构建很好地得到主流媒体的渲染，它们一般都把支持土著土地权的观点视为对既定秩序的一种威胁。[4] 1999 年，M. 梅多斯（M. Meadows）对一个月内（1998 年 6～7 月）澳大利亚报纸上有关土著事务的 41 篇文章进行了系统分析。结果发现，在这一段时间内，威克事件成为媒体关注的一个焦点。[5] 41 篇文章中仅有 8 篇谈到了威克事件的背景研究：《澳大利亚人报》在这一关键时期并没有试图在连续的殖民地时期、州和联邦政府……以及像科马尔考那样强大组织时期的威克人的现在

---

[1] Damien Short, *Reconciliation and Colonial Power-Indigenous Rights in Australia*, p. 73.

[2] Peter H. Russell, *Recognizing Aboriginal Title-The Mabo Case and Indigenous Resistance to English-Settler Colonialism*, p. 322.

[3] Damien Short, *Reconciliation and Colonial Power-Indigenous Rights in Australia*, p. 74.

[4] 并不是所有人都听信媒体的鼓噪。一些人坚信，这一裁定只影响到租赁的土地而非数量上处于压倒优势的自由持有的土地。

[5] M. Meadows, "A 10 - Point Plan and a Treaty", in B. Mckay (ed.), *Unmasking Whiteness: Race Relations and Reconciliation*, p. 98.

与过去的处境方面建立联系。这种在新闻和专题故事中所提供的低水平的前后关联的材料无助于读者去认识高等法院最初做出的"马宝裁定",接下来的《土著土地权法》……或者高等法院的"威克裁定"。在主角们达成协议之前,有关"威克裁定"遭到反对的原因全部是由保守的政治家和初级工业代表们来回答,而土著的观点事实上被忽视。①

忽略重要的背景材料成为澳大利亚纸媒报道土著问题的一个共同现象,而且对土著声音的忽视也是一个共同现象。M. 梅多斯的研究表明:土著自己的材料"很少被用于土著事务的报道"。②

澳大利亚土著民族并不甘心接受利益集团以及一些媒体对他们拥有正当权益的肆意诋毁和攻击。"马宝裁定"的一个非常重要的历史影响就是提升了澳大利亚土著领导人在国内和国际舞台采取联合政治行动的意识与能力。自1996 年 4 月土著及托雷斯海峡岛民组织举行一系列有关土著权益讨论会来评估《土著土地权法》所带来的建设性变化以来,这种结果在土著对"威克裁定"的反应中体现得更加明显。"全国土著土地权工作组"(National Indigenous Working Group on Native Title)就产生于这些讨论会,其成员不仅有来自像"土著及托雷斯海峡岛民委员会"和"土著及托雷斯海峡岛民社会正义委员会"这样的全国性机构,还有地方土地委员会。1997 年 1 月末,土著领袖们聚集在昆士兰北部的凯恩斯,参加由"约克角土地委员会"组织的"威克峰会"。会后,"全国土著土地权工作组"以本次会议形成的主要立场为基础,开始与总理以及工业代表进行谈判。土著领导人希望通过对《土著土地权法》的修改来确认牧场主和土著土地所有者的利益。

二 《带他们回家》的发布

(一)报告出炉

基于大量的走访和调查,调查委员会最终拟定了两个报告。一是篇幅

---

① M. Meadows, "A 10 - Point Plan and a Treaty", in B. Mckay (ed.), *Unmasking Whiteness: Race Relations and Reconciliation*, p. 99; p. 102.

② M. Meadows, "A 10 - Point Plan and a Treaty", in B. Mckay (ed.), *Unmasking Whiteness: Race Relations and Reconciliation*, p. 100.

达 700 页的题为《带他们回家》的报告。《带他们回家》是《土著及托雷斯海峡岛民儿童与他们的家庭分离的全国调查报告》（*Report of the National Inquiry into the Separation of Aboriginal and Torres Strait Islander Children from Their Families*）的标题。二是一个篇幅稍短的非正式的社区指导建议，题为《带他们回家——社区指导》（*Bringing Them Home-Community Guide*）以及副标题为《对土著及托雷斯海峡岛民与他们的家庭分离展开全国调查的结果与建议指南》（*A Guide of the Findings and Recommendations of the National Inquiry into the Separation of Aboriginal and Torres Strait Islander Children from Their Families*）。1997 年 5 月 26 日，《带他们回家》的报告被提交给联邦议会讨论。

《带他们回家》的报告较为完整地披露了土著及托雷斯海峡岛民的孩子被强行从他们的父母身边和社区带走的事实。

（1）《带他们回家》的报告披露，很多孩子被带走仅仅是因为肤色。在很多地方，被偷走的孩子安置在什么机构取决于他们身上的白人血缘的多少。比如在珀斯的"凯特姊妹之家"（Sister Kate's Home），就被视为肤色较浅的土著孩子之家。[1] 土著孩子在任何年龄段都可以被带走，但多数是在出生后几天内（因为特别适合收养）或是在婴儿早期就被带走。在 1910～1970 年间，有多达三分之一的土著孩子遭此不幸。偷走孩子发生在欧洲殖民化之初，波及澳大利亚全境。这种政策的目的就是阻止土著本土性的再复制，这实际上等同于种族屠杀。[2]

（2）主要用于安置偷来孩子的绝大多数机构是由非土著来经营。抚养和收养的家庭差不多都是非土著家庭。那些被带走的孩子生活在贫困、被人遗忘以及受到虐待的环境之下。

"因为目的就是把土著孩子同化到白人社会，所以，土著属性是不被明确承认的……很多孩子经历了对他们及其父母的土著属性的蔑视、诋毁或否定。"有证据显示，这些被偷走的孩子不被允许去见或访问他们的家庭，他们中的很多人被告知其父母已经死亡或遭父母遗弃。在这种情况下，孩子完全与他们的家庭和文化隔绝，而依附于收养机构或收养父母。

---

[1]　S. Morgan, *Echoes of the Past: Sister Kate's Home Revisited*, Perth: University of Western Australia, 2002.

[2]　HEROC, *Bringing Them Home: Report of the National Inquiry into the Separation of Aboriginal and Torres Strait Islander Children From Their Families*, pp. 27 – 37.

在他们 14 岁时，女孩子被送到白人家庭做佣人，男孩子则去做体力活和从事放牧。这些人常常受到肉体上的折磨和性虐待。为防范这些孩子的抵抗，白人管理者更是绞尽脑汁。对这种制度持抵制态度的、拒绝服从的，或试图返回家乡的土著统统被视为罪犯。他们被警察追逐，要么被关进监狱，要么被遣返到他们逃出的保留地或机构。在接受调查的曾被白人家庭收养的人中，约 1/4 的证人说，他们受到过身体上的虐待；1/5 的人有过被性侵的遭遇。被送到收养机构的孩子中，有 1/6 的人受到过身体上的虐待，1/10 的人遭遇过性侵。①

（3）偷走政策对那些被偷走的人有着长期和深远的后果，并且对土著社会产生了消极影响。

调查发现，要想准确评估这项政策对每个人所造成的影响是极其困难的，因为他们所有人都在用自己的方式对类似的创伤做出反应。对大多数被调查的证人来说，其影响是多种多样的，并且持续存在。尽管有人认为，孩子被偷走"是为了他们的福利"（'for their own good'）或那些政策的目的在根本上是善意的，但把混血土著孩子与他们的家庭相分离有着长期的消极影响。调查发现，那些被从他们的家庭偷走的孩子（A）在他们成大长人时更有可能关注这种政策；（B）更有可能变得自卑、沮丧甚至患有精神疾病；（C）易受肉体、情感和性方面的侵害；（D）差不多一直被教育拒绝接受他们的土著属性与土著文化；（E）无法与他们的土地保持联系；（F）无法在他们曾经的社区的文化与精神生活中担当角色；（G）不大可能确立他们的土著土地权利。

调查报告得出结论说，土著孩子所受到的心理和精神层面的创伤使得他们中的很多人无法学习处世和生存的技艺，无法成功地在土著或非土著社会中立足。如此困境导致了他们几乎没有受过教育、容易失业以及生活窘困，这反过来又致他们情感受挫。一些人因此可能出现暴力犯罪、自我伤害、滥用药物或反社会行为。不幸的是，偷走政策的后果是让很多人生活在"文化真空"（'cultural void'）中，对他们本民族的遗产和文化一无所知，同时缺乏为非土著社会所接纳的必要的技艺和知

---

① "Far Too Enthusiastic", http：//theinternets. com. au/blog/2008/02/11/Kevin - Rudd - government - says - sorry - to - aboriginal - australian - why - and - what - does - it - mean/. 2012 - 12 - 10.

识。这种影响绝不限于土著个人，他们的父母、孩子以及社区也深受其害，而且，后来的数代人将继续受到他们被强行带走的父母和祖父母的影响。

总之，报告包含了大量令人伤心的证据，表明强行偷走孩子的做法是对人权的粗暴践踏。根据《种族屠杀公约》（*Convention on Genocide*）第2款，强行偷走孩子就被视为种族屠杀，即使偷走政策在本质上仅针对某个群体的一部分。[①] 对很多孩子来说，被偷走就意味着他们与家庭及传统的土地、文化和语言都失去了联系。有学者认为，这种做法在全球殖民工程中是极为普遍的。J. 西桑斯（J. Sissons）注意到，在白人殖民国家，如澳大利亚、加拿大、美国和新西兰，土著孩子被从其家庭和社区带走的做法不只是受到同化目的的驱使，而且意图瓦解土著社会，改变土著人民与其生存环境的关系。[②]

为了尽可能减少偷走政策对受害人家庭和社区造成的伤害，该报告提出了54条建议，包括公开档案记录、提供家庭追踪与团圆服务以及给予必要的补偿。其中的主要建议如下：

（1）提供补偿——在承认对土著人权进行粗暴侵犯的前提下进行补偿。补偿应该包括：承认与道歉；保证不再重犯；赔偿措施；家庭团聚措施以及货币补偿。报告认为，应向受到强行偷走政策影响的所有人进行补偿，包括作为孩子被强行偷走的那些人以及那些因为孩子被偷走而受到影响的家庭成员及其后代和社区。

（2）承认和道歉。国会、警察、教会以及其他人或组织，应承认他们在偷走行动中所扮演的角色并为此进行道歉。要求澳大利亚议会发表官方道歉，正式承认他们的前人在有关强行偷走的法律、政策和做法方面要承担的责任。《带他们回家》的报告建议，医治创伤的第一步就是承认事实以及表达歉意。代表执行此项错误政策的澳大利亚历届政府必须承认过去的所作所为并为此而道歉，这是澳大利亚政府的责任。《带他们回家》的报告也承认，有些土著孩子被从他们的家庭带走的确是出于真正的福利方面的考虑。同样正确的是，被带走的一些孩子接受了某些福利，如在教

---

① David B. MacDonald, *Identity Politics in the Age of Genocide-The Holocaust and Historical Representation*, p. 68.

② J. Sissons, *First Peoples*；*Indigenous Cultures and Their Futures*, London：Reaktion Books, 2005.

育方面。但是，这种强行带走的政策的主要后果是破坏性的。"参与偷走孩子的人们真诚地相信，他们是在做一件正确的事情。但正如我们所知，他们并不是在做正确的事情。"

（3）纪念。"土著及托雷斯海峡岛民委员会"与"土著和解委员会"磋商后决定，安排一个"国家道歉日"（National Sorry Day）①，且每年都要纪念强行偷走土著孩子的事件。

（4）返乡资助——政府应确保适当的土著组织能得到充分的资助，并且雇佣工作人员陪同委托人返回其家园。

（5）社会公正——"澳大利亚政府委员会"与"土著及托雷斯海峡岛民委员会"和"土著和解委员会"以及其他相关组织密切合作，为土著家庭及孩子制定和实施社会公正的一揽子方案。

（6）自决——为实现与土著孩子和青年人社会福利有关的自决，政府应与土著组织磋商，在社区和地区层次上建立一个磋商的框架。调查报告主张构建一个尊重土著人民自决权以及履行对待土著儿童和青年的其他国际义务的新框架。这一新框架是基于一个双重路径：在影响土著儿童和青年福利领域（包括青少年司法和社会福利）出台用于磋商和自决的全国性框架立法；建立适用于青少年司法和福利介入的最低标准。②

该报告的结尾称："土著家庭和土著社区经受了对其人权的粗暴践踏。这些践踏继续影响到土著民族的日常生活，其目的在于铲除土著家庭、社会和文化，而这些对澳大利亚珍贵和不可分割的遗产而言至关重要。"③

如果说调查工作本身促进了"被偷的一代"的故事的传播，那么调查报告的发布则激发了社会公众对这些故事来龙去脉的真正探索。《带他

---

① "国家道歉日"并非公众假日，而是倡导人们向"被偷的一代"及其受到牵连的家庭和社区以及更加广泛的澳大利亚土著社会表达歉意的一种方式。《带他们回家》的报告要求约翰·霍华德代表澳大利亚政府向"被偷的一代"表示道歉，但约翰·霍华德拒绝这样做。为此，"土著及托雷斯海峡岛民委员会"与"土著和解委员会"磋商后决定，每年的 5 月 26 日即《带他们回家》在联邦议会的发布之日被定为"国家道歉日"。

② "Bringing Them Home: Recommendations", http: // www. hreoc. gov. au/ social _ justice/ stolen_ children/. 2012 - 12 - 10.

③ Human Rights and Equal Opportunity Commission, "Bringing Them Home Community Guide, 1997", http: // www. austlii. edu. au/ au/ special/ rsjproject/ rsjlibrary/ hreoc/ stolen_ Summary/ Stolen 12. html. 2012 - 12 - 10.

们回家》发表后不久就创下了政府出版物销售的最高纪录。读者还可以买到有关这方面内容的简易读本或音像制品。在报告发表的当月，"被偷的一代"事件不仅在联邦以及州议会中引发了热烈的讨论，而且成为广播、电视以及报纸主要新闻的评论主题。一项研究表明，约有1300个新闻条目引用了"被偷的一代"的术语。这项研究还发现，80%的媒体报道是支持调查结果的；所有报纸事实上都同意这种观点，即联邦政府有必要向土著社会尤其是"被偷的一代"做出一个正式的道歉。①

《带他们回家》报告的意义还在于其前言中所期待的：偷走孩子所造成的毁灭性影响"是无法得到纠正的，除非整个社会准备敞开心扉去倾听过去所发生的故事，倾听并了解这样的故事，并为和解做出承诺。"②"人权与机会均等委员会"主席罗纳德·威尔逊也把这种讲故事的过程描述为个人和集体治愈的第一步。③因为"通过倾听而产生共识，承认过去所发生的令人羞愧的行为以及表示真诚的遗憾，赔偿程序才有可能启动。只有通过旨在推动家庭团聚……［和］提供适当的补偿，以及最终为处理土著孩子福利的当前的法律、习惯和政策提供一个新的途径等实际举措，赔偿才可以进行。"④

（二）州和领地的致歉

《带他们回家》报告发表后，人们期待有关各方对土著社会尤其是"被偷的一代"表示正式道歉。

维多利亚、南澳大利亚、新南威尔士、塔斯马尼亚等州议会以及北部领地议会都先后通过了道歉声明，各州政府也相继发表道歉声明。

1997年，土著事务部长迪恩·布朗（Dean Brown）代表南澳大利亚人民发表了一份议会道歉声明，其中包括"南澳大利亚州议会向在1964年以前被强行从他们的家庭和家乡分离的土著儿童表示深深的和真诚的遗

---

① R. Neill, *White Out: How Politics is Killing Black Australia*, Sydney: Allen & Unwin, 2002, p. 122.

② HEROC, *Bringing Them Home: Report of the National Inquiry into the Separation of Aboriginal and Torres Strait Islander Childern from their Families*, p. 4.

③ Annie E. Coombes（ed.）, *Rethinking Settler Colonialism-History and Memory in Australia, Canada, Aotearoa New Zealand and South Africa*, Manchester: Manchester University Press, 2006, p. 33.

④ C. Bird（ed.）, *The Stolen Children: Their Stories*, Sydney: Random House, 1998, p. xv.

憾，就那些过去的行为向土著表示道歉，并再次确认对所有澳大利亚人之间的和解予以支持。"

1997 年 5 月 27 日，西澳大利亚州总理理查德·考特发表一个议会声明，称"西澳大利亚州议会应以默哀的方式向因过去政府的政策而被迫分离的土著家庭表示敬意，这是适当的。"翌日，西澳大利亚州反对党领袖倡议：本届议会应以所有西澳大利亚人的名义就过去政府的政策向土著人民表示歉意，并向由此项政策而造成的伤害和不幸表示深深的遗憾！

6 月 17 日，澳大利亚首都区首席部长凯特·卡耐尔（Kate Carnell）在首都区议会提出一项动议，其中包括："本届议会向澳大利亚首都区的尼古纳瓦尔人（Ngunawal）和其他土著及托雷斯海峡岛民因土著及托雷斯海峡岛民的孩子与他们的家庭分离而给所有人造成的伤害和不幸表示道歉。"

6 月 18 日，新南威尔士州总理鲍勃·卡尔（Bob Carr）代表该州人民发表了一份道歉声明。声明说："因为把几代土著孩子与他们的父母、家庭和社会予以制度性的分离，所以在此毫无保留地向澳大利亚土著人民表示道歉。"

8 月 13 日，塔斯马尼亚州总理托尼·朗德尔（Tony Rundle）推动一项议会申请，其中包括"本届议会代表所有塔斯马尼亚人，向由于过去的政策而导致的伤害和不幸表示深挚的遗憾。在这项政策下，土著孩子从他们的家庭和家乡被偷走。向土著人民就那些过去的行为表示歉意，并重申其对所有澳大利亚人之间的和解予以支持。"

9 月 17 日，维多利亚州总理杰夫·肯纳特在议会推动一项提议：其中包括"本届议会以维多利亚州所有人的名义向由于过去的政策致土著孩子被从他们的家庭偷走向土著人民表示道歉，对由此而导致的伤害和不幸表示深深的遗憾，并重申其对所有澳大利亚人之间的和解给予支持。"

1999 年 5 月 26 日，昆士兰州总理皮特·贝蒂（Peter Beattie）发表一项议会声明，内容包括"本届议会承认基于理解的持续的和解进程、就过去所犯的错误表示真诚的道歉以及对未来平等的尊重所做出的充分承诺，这对于土著澳大利亚人和更加广泛的澳大利亚社会是至关重要的。"

2001 年 10 月 24 日，北部领地首席部长克莱尔·马丁（Clare Martin）在该领地立法会议上重申："向在联邦土著法下被从家庭偷走并出于制度关心或养育关护而被安置的北部领地的人们表示道歉"，"呼吁联邦政府向那些因为土著法而被偷走的所有人表示正式的和具体的道歉，承认联邦在向他们履行其道德责任方面是失败的。"①

从上述各州、领地和直辖地的官方道歉的时间来看，南澳大利亚州、西澳大利亚州、澳大利亚首都区、新南威尔士州、塔斯马尼亚州、维多利亚州议会或政府发表的道歉声明均在《带他们回家》的报告公布的当年，而昆士兰州则在两年之后，北部领地是在四年之后。这种时间差从一个方面反映了各州、领地和直辖地对这一事件的态度与认识存在一定的差异。从道歉的主体来看，上述道歉均是以议会或政府的名义，体现了道歉的严肃性与权威性；从道歉的对象来看，不仅向由于过去政府的错误政策而产生的"被偷的一代"表示真诚的道歉，而且向"被偷的一代"的家庭、社区以及土著社会表示了歉意。这体现了一个真诚的道歉所应具有的完整性和系统性。不过，从道歉所做出的承诺来看，除了做出推动所有澳大利亚人之间的种族和解进程等象征性的承诺外，其他实质性的承诺难觅影踪。这就从一个侧面反映了"被偷的一代"问题的复杂性，并给包括联邦政府在内的各级政府如何去面对和解决这一问题提出了严肃的课题。

（三）联邦政府的消极态度

"被偷的一代"的讲述受到社会关注或欢迎的程度让保守派再也坐不住了，他们决定进行反击。自 20 世纪 80 年代中期起，他们就对澳大利亚种族主义以及土著人民的土地以及生命被剥夺的那一段历史进行重新书写的范式感到惶恐、不安和沮丧。等到 1996 年 3 月上台时，约翰·霍华德及其支持者对被称之为"黑色臂章的历史"（'black armband history'）发起了攻击，这就包括对调查委员会的工作及其调查结果越来越多的抨击。② 然而，保守派的攻击以及接下来的"历史战"（history wars）未能阻止"被偷的一代"的讲述去赢得更多的支持者。

调查报告认为，联邦政府的道歉很快就会成为和解的一个主要的象征性姿态，因为它契合"土著和解委员会"对赎罪和治愈创伤的展望。

---

① "Bringing Them Home", http: //en. wikipedia. org/wiki/Bringing_ Them_ Home. 2009 – 10 – 19.

② Ron Brunton, "Foster or Fester?" *The Australian*, 12 – 13 October 1996; P. P. McGuinness, 'Reconciling the Theory and Practice of Apologies', *The Age*, 28 May 1997; Frank Devine, "Yes, Cry for the Children", *The Australian*, 2 June 1997; John Stone, "Convention is No Way to Reconcile the Past", *The Australian Financial Review*, 5 June 1997.

然而，各州、领地政府或议会的纷纷道歉对霍华德政府的既定立场并无触动。在一个内容详细的报告中，霍华德政府声称事实上并不存在"被偷的一代"事件，因而拒绝以政府的名义进行道歉。政府的报告是这样说的："被分离的孩子的比例不足10%，包括那些并不是被强迫分离的以及那些出于好意而被迫分离的孩子，如同在今天儿童福利政策下所发生的一样。"在坚称这不是在寻求辩护或评判过去行为的同时，报告声称："这些事件的性质和目的被曲解了，对待被分离孩子的政策措施在本质上是合法的，在目的方面是善意的，并且反映了适应那个时代的更加广泛的价值。"①

针对政府报告的用语是如此的冷若冰霜和彻底的麻木不仁，几天后，米歇尔·朗（Michael Long）在《时代报》上发表了一封致霍华德的公开信予以回应。

> 亲爱的霍华德先生：
>
> 我如何告诉我的母亲，霍华德先生说被偷的一代从来没有发生过？他如何向我解释我的祖父母没有健在的原因？
>
> 我如何向我的母亲解释，……与那些身居权位的人一样，霍华德先生是一位冷酷无情的刺头。
>
> 我如何告诉我的母亲，她的孙子们从未受到被偷的一代的影响？他们不知道他们的伯母和伯父，他们的亲人？
>
> 霍华德先生应该了解我的祖母遭受多么大的创伤。她的心被撕碎了，她遭遇各种苦难。甚至在她去世时，她的孩子们从没有返回家乡。
>
> 假如您处在她们的位置——我有三个孩子——有人径直来敲我的家门，抓走了我的孩子，把他们放在卡车的后面，孩子们尖叫、哭喊。……
>
> 那时候，我的母亲别无选择，只有出走。这是错误的。这确实发生了。它是政府的政策。
>
> 在我母亲还是一个孩子的时候就被带走了，被带到达尔文并被放在一个船上——以前她从没有看到过海——哭喊和尖叫，不知道发生了什么，然后，哭着哭着就睡着了。我称之为创伤和虐待。我对任何人仅仅

---

① Michael Gordon, *Reconciliation: A Journey*, p. 72.

因为他们的肤色不同就能对一个孩子做出这样的事而感到如此的愤怒。

霍华德先生，我无法告诉我的母亲，因为她不在人世已经17载了。谁来诉说她的经历、痛苦以及与她的亲人和她们的家庭有关联的谎言？霍华德先生，如果您处在她们的位置，您就会懂得。

我一心一意支持和解，霍华德先生。我是被偷的一代的一员。这如同向一池水中扔下一块石头激起阵阵涟漪，因此不要对我说它只影响10%的人。①

在这封信发表并且进入联邦议会的会议记录两天后，霍华德不得不站出来向那些受到政府报告冒犯的人表示了歉意。

不管联邦政府持何种立场，土著孩子被偷走的问题不久就成为澳大利亚政治讨论中的中心议题。即使偷走孩子的问题并不被认为重要到使它成为和解立法的前奏，但对此调查所引发的诸多反响也可以被视为政府倡导和解的重要动力。在澳大利亚土著与白人定居者国家关系历史中，这一调查是独特的，因为这是第一次为土著提供了"讲述真相"的一个全国层次的论坛。这一事件成功地营造了一种信任的氛围，并因此使得受害者遭受的创伤、虐待以及困惑的故事不再被掩盖起来。②

在对偷走事件的调查过程中，土著人民反复地告诉调查委员会，道歉对他们治愈创伤将产生巨大的影响。如果没有一份国家议会的道歉作为表达其真诚遗憾的证明，那么实现"社会公正一揽子方案"在本质上是有瑕疵的。拒绝给予道歉的理由是欺骗性的救命稻草，没有任何法律上的障碍来阻止这样的行动。

今天的澳大利亚人不被要求去表达个人的内疚或道歉，因为这一事件显然是一个政府的责任。对于这一问题，帕特里克·道森在1996年9月的一篇文章中就清晰地表明了这样的立场。他说："你们当中的一位记者询问和解是否需要这一代的澳大利亚人去承担他们的祖先们的罪过。这不需要。但是，因为国家还没有找到解决过去遗产的方式，今天的土著澳大利亚人就不应继续遭受这方面的痛苦。"③

---

① Michael Gordon, *Reconciliation: A Journey*, p. 73.

② Damien Short, *Reconciliation and Colonial Power-Indigenous Rights in Australia*, pp. 75 – 99.

③ Patrick Dodson, "Reconciliation Misunderstood", *The Australian*, 13 September 1996.

尤为重要的是，联邦政府拒绝道歉与大量来自全澳境内的议会、教会、社区组织、种族组织、学校、地方政府、工会、主要的非政府组织以及个人所表达的正式道歉形成了鲜明的对比。这些组织或机构以及很多澳大利亚个人都觉得有义务去表明，他们支持"人权与机会均等委员会"所提出的应有一个国家道歉的建议。① 但是，霍华德政府并没有因此而改变其一贯立场。

三 "澳大利亚和解大会"的召开

像"马宝裁定"一样，"威克裁定"又一次被保守的政治家以及利益集团煽动为一场全国性危机的根源。当把这种所谓的危机与种族和解进程联系起来考察时，人们会发现澳大利亚的种族和解进程又将陷入一个争论不休的怪圈。在这种情况下，为使种族和解事业不至于陷入泥沼之中，就有必要在种族和解的基本层面形成共识。"澳大利亚和解大会"（Australian Reconciliation Convention）就是在这样的背景下召开的。

1996 年，"土著和解委员会"开始筹划一次全国性的和解大会，来提升和解进程的影响力并为该委员会最后三年的任期设置议程。此次会议的准备工作相当周全，包括前期在全国范围内召开了一百多次规模不等的会议，并且得到了约 20 个有影响的地方和解组织的支持与推动。该委员会在第二个任期内（1995~1997 年）的工作重点就是转向实现可验证的和解成果方面。该委员会在每个州和地区的和解协调员、全国范围内的地方和解委员会都在推动各自范围内的和解活动。在为本次会议召开而筹备的几个月内，有近 10000 人参加了各种地区性会议，来自教会以及土著教育界、艺术界、产业界和法律界的人士积极参与其中。

1997 年 5 月 26~28 日，在墨尔本库林人（Kulin）的传统土地上召开了"澳大利亚和解大会"，有超过 1800 人出席了本次会议。出席和解大会的佳宾有"土著和解委员会"成员，包括总理在内的著名政治家，来自加拿大、美国和南非的国际友人等。然而，由于会议经费有限，参会的土著人数还是受到了严格限制。大会分为由全体代表参加的全体大会和为一些特别议题而设置的论坛会议。论坛主题可泛分为三组：（1）社会和

---

① Mich Dodson, "We all Bear the Cost if Apology is not Paid", *The Age*, 18 December 1997.

解：我们如何让它变成现实？（2）人权与土著澳大利亚人；（3）和解文件以及宪法问题。虽然围绕"威克裁定"的争论的阴影依然笼罩在和解大会上，但是，就在会议开幕的当日，"人权与机会均等委员会"拟定的《带他们回家》的报告被提交给联邦议会讨论。这无疑丰富了本次会议的讨论议题。

霍华德总理应邀在大会上做了长篇致辞。他说："这次大会是一个联合的事件。这是一个对未来做出承诺以及对我们作为澳大利亚人的共同命运做出共同声明的场合。这也是一个开诚布公的场合……"，"自1991年和解委员会成立以来，联盟党承诺推动和解进程，今天，我代表自由党和国家党再次确认这种承诺。"在澳大利亚人中，这种和解进程的要点包括三个根本目标：（1）为提高澳大利亚国内社会地位最低下的群体的生活水准以及扩大他们的机遇而承担共同责任；（2）对澳大利亚社会由各种因素所构成的相互联系的历史给予现实的承认；（3）为相互承认旨在尊重和欣赏我们之间的差异，以及确保这些差异不会妨碍分享未来而共同努力的重要性。霍华德说：在迎接这些挑战时，和解进程必须以积极的和有原则的方式去关注未来。有必要设计具体的战略，有必要确定优先解决的具体问题，在具体的实际项目方面有必要达成共识以及付诸实施。这一进程将非常实际地产生争论，在某些领域，有着良好愿望的人们在有关竞争性的优先解决问题的看法方面存在真正的分歧。① 霍华德在讲话中还谈到了"被偷的一代"的问题。他就"在过去几代人的时间里针对土著人民的做法而造成的不公正"表达他个人的歉意，并且说他"对今天在这里的很多人因为过去的那些做法而继续遭受伤害和创痛而感到抱歉"。②

本次会议期间，联邦和州政府对高等法院有关威克案件的裁决以及5月26日提交给联邦议会的《带他们回家》的反应是与会者最为关注的两个问题。与会者还表达了对霍华德总理提出的试图通过立法来反对威克案件的裁决以及为挫败《土著土地权法》（1993年）而出台《十点方案》（10 - Point Plan）的不满。

在充满激情的开幕式演讲中，"土著和解委员会"主席帕特里克·道森

---

① "Australian Reconciliation Convention 1997", http：//www. austlii. edu. au/other/IndigLRes/
car/1997/4/pmspoken. html. 2012 - 04 - 18.

② John Howard, "I am an Optimist, but This Optimism cannot be Blind", *The Australian*, May
27, 1997；John Howard, *Lazarus Rising—A Personal and Political Autobiography*, p. 324.

说，土地法修正案是不可接受的，因为从整体上看，它们"并没有公正地对待共存。它们在很大程度上是以纳税人的利益为代价，在提议增加拥有牧场租约的那些人的土地所有权利益的同时，却剥夺了已被高等法院根据澳大利亚习惯法予以承认的土著的土地权利。如果土著认为他们在习惯法中的权利被剥夺或严重地受到制约，那么他们只能得出这样的结论：他们仍然是主流社会的玩物。他们的合法权利并没有像其他人的权利那样重要。"① 约翰·霍华德显然不认可道森的讲话，气愤地予以回击："我也以真理和对这些问题进行坦率磋商的名义，对指控我的十点方案（针对修正案）包含以牺牲纳税人利益为代价而将无限期土地所有权大量地施与表示回击。这是一个绝对的虚构，绝对地违背事实，我绝对地予以驳斥。"②

"南非真相与和解委员会"前副主席亚历克斯·鲍雷纳（Alex Borraine）博士在大会上致辞时委婉地谈到了拟议中的土地权法修正案，"如果和解不只是一个梦想或幻景，那么它就必须停靠下来，（一个）重要的锚地就是赔偿……仅谈论和解远远不够好，让平等和正义不可能实现的法律和条例文书必须得到删除和修正……在你们的土地和矿藏上，高等法院必须是神圣不可侵犯的。当对那些旨在努力给予赔偿和恢复道义秩序而不是维持秩序的法律做出解释时，政治家和国会应该受制于这块土地上的最高法律，而不应干预。"③

因为《带他们回家》在大会的首日就被提交上来，所以，迈克·道森和罗纳德·威尔逊就能够在第二天的发言中畅谈报告的内容。迈克·道森对霍华德总理在大会开幕式致辞中所表达的"个人道歉"提出批评，认为这"远远不够"。作为这个国家的领袖，他必须代表这个国家说话。也就是说，霍华德必须以国家名义向土著人民表示正式道歉。④

在第二天会议日程中，安排了一个纪念1967年全民公决30周年的精彩仪式。仪式开始时，当26位参与20世纪60年代那场运动的"老兵"缓步走上主席台时，全场顿时响起长时间热烈的掌声。澳大利亚总督威廉

① F. Brennan, "The Constitution and Reconciliation: Strategies against Racism Forum, Ethnic Communities Council of New South Wales, 16 June, 1997", http://www.austlii.edu.au. 2012 – 04 – 18.

② Damien Short, *Reconciliation and Colonial Power-Indigenous Rights in Australia*, p. 84.

③ A. Borraine, "Opening Speech, Australian Reconciliation Convention", http://www.austlii.edu.au/au/other/IndigLRes/car/1997/4/borspoke.html. 2012 – 04 – 18.

④ John Howard, *Lazarus Rising—A Personal and Political Autobiography*, p. 325.

姆·迪恩爵士在仪式上致辞时称，那次全民公决"是澳大利亚土著与他们成为如此重要组成部分的国家关系间的第一个伟大的转折点"。

同一个上午，三位国际嘉宾与参会者分享了他们争取土著权利的经历。他们是来自加拿大的特德·摩西（Ted Moses）博士、来自夏威夷的米利拉尼·特拉斯克（Mililani Trask）以及来自美国大陆的 S. 詹姆斯·阿纳亚（S. James Anaya）教授。特德·摩西博士在发言时强调，只有当种族和解实现时，国家"才能够取得合法性，并且成功地达到它们充分的民主发展"。米利拉尼·特拉斯克对土著夏威夷人艰难生活的描述在听众中产生了强烈共鸣。正如她所说的，夏威夷人得到了来自他们政府的道歉，但他们没有和解进程；如果我们有了和解进程，那就没有了政府的道歉。S. 詹姆斯·阿纳亚教授说，澳大利亚曾在国际社会中起到过领导作用，这主要是由于它积极参与了 20 世纪 90 年代早期联合国有关土著自决权利的讨论。

帕特里克·道森对三位国际嘉宾的报告进行了总结。他说："我们已经在走廊上打开了面向世界的威尼斯式百叶窗"，但当国际发展成为很多人关心的问题时，我们就能确定澳大利亚土著人民将确立与他们自己的状况相适应的自决形式。在这些有着强烈自信的人心中，自决在很多方面已经变成一种现实。

在三天会期内，有超过 160 名著名人士发言。他们与参会者一道表达了强烈的愿望：反对最近的公开辩论以及政治层面所出现的刺耳的种族主义的杂音。虽然土著人民可以选择不同的方式对政府无视他们的根本权益做出反应，但在本次大会上，他们一再重申支持始自 1991 年"土著和解委员会"的建立而启动的十年和解进程。威廉姆·迪恩总督呼吁每一个人"认识到过去的 30 年所取得的伟大进步之一就是在参与那场导致 1967 年全民公决运动的澳大利亚人之间所形成的联合已扩大到包括绝大多数澳大利亚人——土著与非土著人，他们现在以不同的方式，决心为我们国家的土著民族去追求真正的正义和平等的事业"。而帕特里克·道森则评论说，对人民和解运动的推进是本次大会的一个中心特征，本次大会也把和解"牢牢地置于国家政治议程的中心位置"。① 会议结束时达成的"和解倡议"反映了与会者的心声以及对和解未来的坚定信念。"和解倡议"发出了如下呼吁：

---

① Carolyn Cerexhe，"Historic Reconciliation Convention"，http：//www. austlii. edu. au/au/journals/ILB/1997/60. html. 2012 - 07 - 23.

"我们，这次会议的参与者，向这个国家的所有人确认：澳大利亚土著民族与其他澳大利亚人之间的和解对把这个国家复兴为一个和谐的、公正的社会是至关重要的，如此社会将实现对所有人的公平这样一种国家精神；在取得这样的和解之前，这个国家的声誉仍然将受到减损。我们进一步宣称，和解与国家的复兴只能通过人民运动来取得，人民运动得到了所有澳大利亚人的承诺，即在他们的社区、工作场所、机构、组织以及在所有体现我们共同公民权的地方，让和解成为一个鲜活的现实。对于我们所有有幸参与会议的人来说，这次大会成为一个非常感人的经历，并让我们这些参与者焕发精神和振奋决心去完成和解工作。我们所有人在这里所见证的承诺和精神表明，和解的原则和价值已经扎根于很多澳大利亚人的心灵和思想中。这次大会牢牢地把和解置于国家政治议程的中心。尽管在具体问题上还有不同的声音，但是，这次大会也见证了政治家和社区领袖们一些深刻的统一的立场，他们都承诺支持和解，并在承认和解的一些先决条件方面达成共识。这些共识包括与我们错综复杂的历史达成妥协、改善人与人之间的关系以及改变土著的不利地位。我们注意到，社会各界的领袖们对土著人民的遭遇均表达了他们个人的道歉和遗憾，这在本质上就是一次历史运动。我们呼吁所有参与者、地方政府、组织和机构用他们自己的道歉方式予以仿效，这样我们就能够共同前进，为了这个国家的未来而去分担责任。我们呼吁我们这块土地上的澳大利亚同胞去建立一个具有足够广泛和影响力的人民和解运动，来确保澳大利亚在2001年能够真正地庆祝它的国家地位的百年诞辰，自信它已建立一个和解的健康基础。我们承诺在会后，决心在这场运动中与所有准备加入我们队伍的人一道努力。我们呼吁所有澳大利亚人不要做旁观者，而是通过个人参与到其邻居、社区及其工作场所的和解活动来体现他们的承诺，这将确保澳大利亚人在联邦成立百年之后共同迈入下一个千年，并且期待实现这样的目标：一个尊重我们自己的这块土地；尊重土著及托雷斯海峡岛民遗产以及为所有人提供公正和平等的统一的澳大利亚的出现。"[1]

---

① Damien Short, *Reconciliation and Colonial Power*: *Indigenous Rights in Australia*, pp. 113 - 114.

这则"和解倡议"是 1997 年全国和解大会成果的集中体现。它不仅从国家复兴的角度肯定了种族和解的重要性，而且明确了实现种族和解所应遵循的基本路径，即动员全社会所有人的共同参与，只有这样，才能保证澳大利亚的种族和解有一个广泛而又稳健的基础。如果澳大利亚人对种族和解重要性的认识达到这样的高度，并且实实在在地参与其中，贡献智慧与力量，那么澳大利亚人就有理由去憧憬他们国家的美好未来。

四　颇受争议的《土著土地权法修正案》
（1998 年）

约翰·霍华德在 1996 年大选获胜后的演讲中强调了国家统一的重要性。他说："我将关注那些让我们团结在一起的事情。"然而，与此言论背道而驰的是，在土著民族权利上，他在第一个任期内就制造了澳大利亚历史上前所未见的分裂。这种分裂在竞选期间是隐而不显的。一年前，当高等法院做出拒绝西澳大利亚州对《土著土地权法》（1993 年）的挑战决定时，作为反对党领袖，约翰·霍华德说："这一裁定确认了以前属于州直接管理的事务的职能向联邦政府的重要转移。"此时，霍华德收回了联盟党曾经做出的要求取消《土著土地权法》（1993 年）的承诺，联盟党的竞选纲领中也只提及了对《土著土地权法》（1993 年）进行修改"以保证其适用性"的内容。[①] 但是，土著问题在此次联邦大选中并不是一个突出问题。无论是基廷的失败还是霍华德的成功都不能与"马宝裁定"以及由《土著土地权法》（1993 年）引发的争论联系起来考察。就在获胜两个月后，霍华德政府就修正该法的途径而颁发了一个讨论文件，但是，这个讨论文件在当时并没有引起人们的关注。直至 1996 年圣诞节前两天，当高等法院公布"威克裁定"时，一个相对平静的政治局面被打破了。为使土著对土地权的要求登记变得更加困难以及增加矿主和牧场主的利益，自由党政府很快就提出了对《土著土地权法》（1993 年）进行修改的提议，而《十点方案》就是霍华德将要拟订新的土地权法的蓝本。[②]

---

① Richard Bartlett, *Native Title in Australia*, Sydney：Butterworths，2000，p. 423.

② Wayne Errington and Peter Van Onselen, *John Winston Howard：the Biography*，Carlton：Melbourne University Press，2007，p. 262.

（一）《十点方案》的出台

帕特里克·道森曾说过："土著土地权的一个合理且公正的解决方案已然成为对澳大利亚公正、体面及其国家领导能力的最终考验。土著土地权已成为和解的基准。"[①] 然而，如此重要而又敏感的基准却受到《土著土地权法修正案》（1998 年）的削弱与歪曲。

1997 年 4 月底，霍华德政府的《十点方案》被披露出来。这一方案的根本目的是消除畜牧业和矿业因受"威克裁定"的影响而产生的种种不安。这一方案虽然并没有完全满足昆士兰州总理罗布·博比格提出的彻底消灭牧场租地上土著土地权益的要求，但它大大削减了土著土地权益。5 月初，来自全国各地的牧场主和农场主在昆士兰中部的朗瑞奇（Longreach）举行集会，表达他们对《十点方案》未能完全消灭土著土地权的不满。霍华德在集会上发表讲话称："我们不得不做到权利平衡，在这场争论中，钟摆已向土著的方向倾斜得太厉害了。"在这种情况下，土著领导人不得不动员国内外力量来抵制霍华德的这一立场。5 月 16 日，玛格丽特·雷诺兹参议员在堪培拉国会大厦就有关澳大利亚对"威克裁定"做出立法反应的国际含义举行了记者招待会。一星期后，"土著土地权全国工作组"的代表向 28 个国家的外交官简要通报了澳大利亚联邦政府计划在土著人权问题方面坚持倒退立场的含义。

霍华德在墨尔本举行的和解大会上阐述了他本人对《十点方案》的看法。在他看来，《十点方案》是寻求威克案件"公正和公平解决"的"唯一基础"。[②] 6 月 4 日，约翰·霍华德正式发布了《十点方案》。《十点方案》代表了他的政府对由"威克裁定"所产生的虚构的"非常状态"做出的官方回应。其中主要条款就是使 1994 年 1 月 1 日（《土著土地权法》生效之日）至 1996 年 12 月 23 日间政府所采取的相关行动合法化，确认消灭"专属的"土地所有权，限制性地界定了土著土地权与牧场租约之间的相互影响。《十点方案》中"给予合法化"的条款就是为那些允

---

① Pat Dodson, "Opening Ceremony Speech: Chairperson of the Council for Aboriginal Reconciliation", http://www.austlii.edu.au/au/other/IndigLRes/car/1997/4/index.html#Heading327. 2012 - 07 - 23.

② Peter H. Russell, *Recognizing Aboriginal Title-The Mabo Case and Indigenous Resistance to English-Settler Colonialism*, pp. 326 - 328.

许在牧场进行开矿或勘探而不与潜在的土著土地所有者进行磋商的州总理提供一条迂回道路。罗布·博比格在 1994～1996 年间签发了大约 800 个这样的租约。根据《十点方案》，各州政府如罗布·博比格政府，将处在一个鼓励大牧场主将其租约升格到不动产的地位，牧场主将不得不为了这种升级而支付"改良费"（'betterment fee'）。而土著代表则抱怨说，将这种开矿或勘探许可"合法化"是不公正的，因为它没有向土著土地所有者提供过什么，反而给那些忽视或蔑视《土著土地权法》（1993 年）条款的州予以回报。

这种确认条款还界定了"范围广泛的地区"，而这些土地上的土地所有权将被消灭。考虑到土著土地权与牧场租约之间的相互影响，《十点方案》试图扩大被允许的租地上的经营活动，包括"初级生产"（'primary production'）。根据《1936 年收入税评估法》（*Income Tax Assessment Act 1936*）对初级生产的定义，被允许的经营项目包括农业、园艺、渔业和林业活动，而经营上述项目无须与土著土地所有者进行磋商。《十点方案》同时提议，在那些因扩展的牧场活动而消灭土著土地权的地方，这种影响将是"永久的"，从而排除了租约期满时土著土地权重新恢复的任何可能性。[1] 这一提议大大超出了习惯法的范畴，因为"威克裁定"明确重申，虽然在所有权发生冲突时牧场主的权利将胜出，但它并没有说明土著土地权被"永久性地"消灭。

来自土著阵营的最初反应几乎完全是否定的，这毫不奇怪，因为他们在磋商进程中基本被忽视了。坦率地说，在导致 1993 年土著土地权法的磋商进程中，保罗·基廷与一个人数少得几乎算不上是土著谈判者代表的小组进行了磋商。而霍华德打算在这方面做得聪明一些。在他铁定将钟摆摆回到有利于白人财产利益一边时，他所面临的问题就是如何在不显得太过严厉的情况下实现既定目标。相比较而言，霍华德的《十点方案》似乎显得"温和"、"公正"和"均衡"，并没有满足"全国农场主联盟"以及国家党要求全面消灭土著土地权的愿望。然而，土著民族并没有被这种政治游戏所蒙骗。"土著及托雷斯海峡岛民委员会"主席伽提尔·迪耶尔库拉（Gatjil Djerrkura）声称："不幸的是，我相信情况就是如此……对该方案的分析表明，消灭土著土地权将成为一个中

---

① Damien Short, *Reconciliation and Colonial Power-Indigenous Rights in Australia*, pp. 77 – 78.

心特征。这样的政策是不公正的，因为在二百年寻求公正并且取得对习惯法中土著土地权的有限承认之后，规则被强行地改变了。《十点方案》是以直接损害已得到高等法院承认的土著权利为代价来考虑根本提升牧场主和矿主权利的。不仅如此，它还剥夺了土著土地所有者就牧场租地包括已转为闲置的王室土地的前租地上的矿产项目进行谈判的权利，闲置的王室土地的磋商权将被大大地削减。土著失去了主要的权利，这就使得土著保护其传统土地上的文化、参与经济发展并从中受益变得相当困难。"①

与此同时，"金伯利土地委员会"执行主席皮特·尤声称："政府的建议就是消灭土著土地权。该方案在为牧场租地人的利益提供重要提升时，却显示了对土著澳大利亚人财产权的非难。该方案一旦付诸实施，那么政府的计划将意味着少数已经富裕的集团利益阶层——包括国家党全国主席——可以理直气壮地要求获得大量属于公共所有的澳大利亚土地的充分所有权。公众最为关注的是，在国家党的高级成员并没有宣称他们在这个问题上的财政利益时，政府已经屈从于该党所施加的压力。国家党……竖起了一个破旧的阿库布拉（Akubra）②……，来掩饰有钱人和有势力的人是真正的土地获利者。这是令人难以启齿的。让我们记住'威克裁定'是关于土著澳大利亚人的财产权。它承认牧场的经营活动能够与土著土地权并存。它也确认了牧场主的权利。"③ 土著著名领导人诺埃尔·皮尔逊在悉尼举行的一次午餐会上对霍华德政府在土著土地权方面的立场进行了猛烈抨击，并把自由党政府描写为"种族主义的糟粕"，它的有关"威克裁定"的《十点方案》是"绝对可憎的"。诺埃尔·皮尔逊的这一评论有点令人吃惊，因为在关涉土著利益方面，他被认为是一位温和的谈判者。

---

① ATSIC, "Aboriginal and Torres Strait Islander Commission, the Ten Point Plan on Wik & Native Title: Issues for Indigenous People", http://www.atsic.gov.au/issues/land/native_title/10_point_WIK_plan.asp. 2012 - 08 - 09.

② 阿库布拉是有着澳大利亚标志的丛林之帽，其宽边样式是澳大利亚文化尤其是乡村地区文化的一个显著元素。这个名称据说来源于土著有关头布的单词。阿库布拉之帽是澳大利亚丛林地区传统户外服饰的重要组成部分。狩猎者、农场主、牧场主、骑兵等外出活动时常常使用它，既防日晒又挡风雨。

③ National Indigenous Working Group on Native Title, "Wik Team Slams Farmers' Federation over 'Gigantic Scam' 1997", http://www.atsic.gov.au/News_Room/ATSIC_News/April_1997/Pages5 - 6.asp. 2012 - 08 - 09.

诺埃尔·皮尔逊说，霍华德政府的这一方案是对去年 12 月高等法院有关威克案裁决的公然蔑视，"捏造十点骗局并且自称为真正的自由主义者的这些人并不是真正的自由主义者"；"他们是种族主义的残渣，与种族主义者不分伯仲。"①

面对土著的不满与批评，霍华德政府辩解说，修正案权衡了各方利益，有必要给牧场主吃一颗定心丸，但他也坦承，《十点方案》意在把钟摆从土著权益一边往回摆。蒂姆·费希尔也附和道，这些修正条款可以平息人们心中的火气。② 霍华德在当年 12 月 1 日做了最后一次有关公共关系的演讲，其目的就是希望人们支持政府炮制的土著土地权法修正案。这一讲话强化了这一错误的观点，即农场主的财产已受到"威克裁定"的威胁。他为此惋惜地说："当然，澳大利亚的农场主们一贯在我们的内心中占据一个非常特殊的位置。他们常常在一个辛苦劳作的季节之后饱受干旱带来的悲伤、糟糕的国际市场价格带来的失望。非常坦率地说，我发现，如果没有一个强大和充满活力的农场的存在，设想我去热爱澳大利亚是困难的。问题的中心是在威克案件中，澳大利亚高等法院根本改变了《土著土地权法》在 1993 年通过时绝大多数人对该法的认识。事实上，那时没有人相信你可以对农场的财产主张土著土地权。"③ 霍华德的讲话无视澳大利亚土著的利益，忽视了马宝案和威克案中所查证的土著拥有合法财产权的事实。霍华德在讲话中还使用了一个正式平等的概念："……我们执着地坚守这样的原则，在澳大利亚社会，没有哪个群体拥有不被其他群体所享受的权利。"如果仅就这席话来做评论的话，霍华德的这一观点并没有错。但问题是，土著是否已享受到与白人种族一样的权利？霍华德缺乏对历史背景——屠杀、剥夺、政府的同化政策以及偷走土著孩子的了解，使得他是在一个真空状态下看待对土著土地权利益的承认的。④

《十点方案》不仅削减了土著土地权的含义，而且使对这些已被削减了的权利的主张变得更加困难。我们有趣地看到，在马宝裁定（第 2 号）后，时任基廷政府承诺利用对土著土地权的承认作为与土著民族建立新型

---

① "Racist Scum: Pearson Blasts PM", *The Australian*, 1–2 November 1997.

② M. Bachelard, *The Great Land Grab*, p. 95.

③ Damien Short, *Reconciliation and Colonial Power-Indigenous Rights in Australia*, p. 80.

④ Robert J. Miller, et al, *Discovering Indigenous Lands-The Doctrine of Discovery in the English Colonies*, pp. 195–196.

关系的基础，而霍华德政府似乎决心去终止土著人民拥有这样的权利，并且让澳大利亚尽快回到不承认土著及托雷斯海峡岛民作为一个历史悠久和特征显著的民族的状态。

（二）《土著土地权法修正案》（1998年）的通过

1997 年 9 月 4 日，融入了《十点方案》的《土著土地权修正案》在众议院轻而易举地获得了通过。但在参议院，情况就很不乐观。自由党联合政府只有令人胆怯的一席多数。这至关重要的一票就握在塔斯马尼亚州的布赖恩·哈拉迪内（Brian Harradine）① 之手。换句话说，如果没有布赖恩·哈拉迪内的支持，任何修正案要想在参议院顺利通过恐将是不可能的。② 正因为这一票的非凡意义，布赖恩·哈拉迪内一段时间内并没有表明其支持或反对立场。③ 但到了 12 月早期，他宣布将支持反对党提出的修改建议。

霍华德决意不改初衷，并且让他的《十点方案》完好无损地塞进《土著土地权修正案》之中。能够这样做的唯一办法就是解散议会并提前举行大选。澳大利亚联邦宪法第 57 条规定，如果参议院拒绝一个已在众议院通过的议案，那么众议院可以在三个月后再次通过；如果参议院又一次予以拒绝，那么联邦总督就被请求解散议会两院。在选举之后，两院中的多数将召开联席会议，来决定该议案的命运。此前，打破这种僵局的程序仅被使用过五次。现在，第六次的可能性隐约可见。除非布赖恩·哈拉迪内改变其立场，否则，1998 年 7 月举行大选的可能性就将无限接近。

在《土著土地权法修正案》被再次提交给联邦议会之前的三个月时间里，无论是霍华德还是他的议会反对派都没有显示出任何让步的迹象。霍华德继续声称，削减土著土地所有权对澳大利亚经济至关重要。而工党也不改初衷。工党在 1998 年 1 月的年会上一致支持金·比兹利做出的阻止政府提案通过的决定。到了 3 月初，当议会辩论时间日趋逼近时，一支

---

① 布赖恩·哈拉迪内是一位天主教徒。1975 年因谴责工党反对与共产党为友而被工党开除出党。自那时起，他就成为参议院内一位独立派议员。

② David Marr, *Panic*：*Terror！Invasion！Disorder！Drugs！Kids！Blacks！Boats！* Collingwood ：Schwartz Media Pty Ltd. ，2011，p. 4.

③ John Howard, *Lazarus Rising—A Personal and Political Autobiography*, pp. 322—323.

威克人的代表团启程前往堪培拉，目的是让参议员们确信，"威克人是一个其文化至今仍然幸存的民族，但是，如果《十点方案》获得通过并且他们失去其传统的土地，那么文化的幸存就注定成为问题。"而在 4 月初，澳大利亚高等法院通过了一部法律，支持霍华德政府做出的禁止土著利用遗产保护法来阻止修建一座通往海因德马什岛（Hindmarsh Island）桥梁的决定。① 对土著来说，这一事件进一步显示，澳大利亚联邦宪法以及解释它的高等法院对他们权益的保护是脆弱的。②

当威克立法提案回到参议院时，问题的焦点又归结到一人身上，那就是来自塔斯马尼亚的独立参议员布赖恩·哈拉迪内。经过三天激烈的争论与磋商，布赖恩·哈拉迪内成了让政府的提案软化到能够在参议院获得通过以避免一次"种族选举"（'race election'）的所有努力的焦点。经过

---

① 《海因德马什桥法》是约翰·霍华德时期联邦议会通过的一部在土著土地上修桥的法律。修建一座连接南澳大利亚的古尔瓦（Goolwa）与海因德马什岛的大桥计划是由开发商汤姆和温迪·夏普曼（Tom and Wendy Chapman）公司于 1989 年提出的，目的是促进旅行业以及当地经济的发展。南澳大利亚工党政府于次年批准了这一计划。但是，这一计划很快遭到当地居民、环境组织以及土著领袖们的反对。1994 年 4 月，一群来自纳伽林德吉里（Ngarrindjeri）的妇女声称，修桥将对妇女生育和健康带来不利影响，因此反对这一计划。州政府对此不以为然。但联邦土著事务部长罗伯特·蒂克纳于 7 月宣布了一个为期 25 年的修桥禁令。次年 2 月，这一禁令就因开发商的上诉而被联邦法院推翻。5 月 19 日，有人声称反对修桥的理由是杜撰出来的，绝大多数纳伽林德吉里妇女对此一无所知，这是男人们企图阻止修桥的诡计。联邦政府于当年成立一个皇家调查委员会。调查结果证明反对修桥的理由是不成立的。1997 年 1 月，联邦议会通过了《海因德马什岛桥法》（Hindmarsh Island Bridge Act）。该法第四部分第 1 条是这样规定的：《遗产保护法》并没有授权出台保留或保护一个地区或项目免于下列活动的声明：（a）在海因德马什岛大桥所在地区筑桥，以及相关工程（包括通往桥的道路）；（b）在那一区域从事筑桥前的准备工作或与筑桥有关的工作或其他活动；（c）对桥以及相关工程的保养或维修；（d）对桥和相关工程的使用；（e）与（a），（b）和（c）款提到的任何活动有关的从深坑中搬运泥土或往深坑中倾倒物料。纳伽林德吉里人对这样的法令感到不满。2 月 5～6 日，澳大利亚高等法院听取了纳伽林德吉里人委派的律师提交的诉状。纳伽林德吉里人认为，该法令是无效的，因为联邦议会不能通过歧视土著的法律。尽管如此，该桥还是于 2001 年 3 月竣工，但因修桥而引发的两种文化论争从未停止。因修建通往海因德马什岛 200 米长的大桥而引发的争议是 20 世纪 90 年代澳大利亚立法和政治领域中的主要事件之一，而围绕这项工程展开的相关调查以及诉讼费用是修桥费用的两倍，这在澳大利亚也创下一个纪录。参见"Commonwealth Consolidated Acts"，http：//www5. austlii. edu. au/au/legis/cth/consol_ act/hiba1997198/s4. html. 2016 – 02 – 26；John Howard，*Lazarus Rising—A Personal and Political Autobiography*，pp. 319 – 320.

② Peter H. Russell，*Recognizing Aboriginal Title-The Mabo Case and Indigenous Resistance to English-Settler Colonialism*，pp. 330 – 331.

一段时间的犹豫之后，布赖恩·哈拉迪内决定与工党、民主党以及绿党在四个关键问题上保持一致。首先，土著土地权所有者对于在其土地上进行新的开发而拥有的谈判权不应该被削减到国家矿产法和财产法下所规定的一般权利；其次，要求土著土地权声索者与其传统土地有一种物理上的联系，这是不可接受的，因为它否定了一种精神上的联系，而且对那些被强行排除的人——包括"被偷的一代"成员来说，这是不公正的；再次，一个确认土著土地权的为期六年的协议日期到期条款是完全不能接受的；最后，立法必须受制于《种族歧视法》，该法为反对种族歧视提供了准宪法保护。参议院基于这四点的修正案又很快在众议院遭到否决。正当人们担心有可能出现解散众参两院而举行联邦大选的局面时，1998 年 7 月 1 日晚些时候，在经过一整天激烈的讨价还价后，霍华德总理突然宣布他与布赖恩·哈拉迪内达成了协议。这是一个政府放弃原来大部分立场的交易。如有关确认土著土地权的为期六年的协议日期到期条款被废弃；被牧场主从土地上赶出去的"被偷的一代"和土著如能证明与其传统土地有着持续的物理联系，就不会被否认对其传统土地的所有权；经过修订的立法将受制于《种族歧视法》；等等。布赖恩·哈拉迪内只在一个问题上做了让步，即土著在其享有所有权的土地上进行新的开发而拥有的磋商权要让位于管理牧场土地上矿业合同的州或领地内的政府。霍华德为何突然改变其原有立场？其中主要原因是出于政党政治利益的考量。因为如若举行联邦大选，联盟党有可能失去在众议院的多数席位。[①]

在霍华德与布赖恩·哈拉迪内达成交易一周后即 7 月 8 日，参议院以 33 票赞成、31 票反对通过了经过修改的土著土地权新法案。

该法案由于给一些利益阶层做了明确安排而没有考虑土著土地权与其他利益共存的可能性而大大超出了"威克裁定"的范畴。通过复杂而又微妙的手段，如"合法化"和"确认"条款，该法案在允许土地上非土著利益扩张的同时，严重地影响或消灭了土著土地权。

"合法化"的条款在本质上是歧视性的，因为它为了使其他权利持有者的利益合法化而损害或消灭了土著土地权所有者的利益。该法案声称需

---

① Peter H. Russell, *Recognizing Aboriginal Title-The Mabo Case and Indigenous Resistance to English-Settler Colonialism*, pp. 332 - 333.

要去"确认"习惯法的运作在消灭土著土地权方面的作用。过去给形形色色的阶层颁发租约现在竟然被视为一种"排他性的"政策，其结果是它们被认为是永久性地消灭了土著土地权。而且，一种利益如果被认为已达到一个排他性占有的程度时，它就被确认为永久性地消灭了土著土地权。[①] 修正案的一个直接结果是澳大利亚约40%的土地逐步地从租赁转变为自由持有，控制这些土地的人仅为20000人。[②] 这部立法的最大受益者毫无疑问是富裕的澳大利亚商人克里·帕克、鲁珀特·默多克以及像文莱苏丹那样的海外投资商。

1993年，保罗·基廷总理经常提醒说，他的土著土地权立法在为工业发展提供"常态"的同时，又因重视土著土地权而"培育了"（'nourish'）和解进程。然而，约翰·霍华德把立法视为重建"马宝裁定"和"威克裁定"后由土著民族"特殊"权利所主导的环境下的正式平等。显而易见，从霍华德政府对"威克裁定"的反应来看，它没有考虑到土著对土地的"特殊"权利，而这样的权利是得到体现非歧视原则的国际法的支持的。[③] 在过去二十多年间，在联合国框架内，澳大利亚在促进和保护人权方面还是赢得了一个良好国家的声誉。然而，当人们对《土著土地权法修正案》（1998年）的拟定进行审视时，这种良好国家的声誉就平添了一些疑问。"大赦国际"对此评论说："在草拟法律时，政府应该一贯地考虑它应承担的对已被国际社会接受的人权标准的义务，包括基于种族的非歧视原则……"1998年8月，"消除种族歧视委员会"（Committee on Elimination of Racial Discrimination）向澳大利亚发出"早期警告"程序。该委员会希望考察《土著土地权法修正案》（1998年）与澳大利亚履行国际公约的相关性。澳大利亚是被置于早期警告的第一个"西方"国家。以前受到这样对待的国家有卢旺达、布隆迪、以色列、波斯尼亚和黑塞哥维那、克罗地亚以及南斯拉夫联邦共和国。翌年3月，该委员会认为澳大利亚"违反了公约"，呼吁对方终止该法案，并且与"土著及托雷斯海峡岛民委员会"展开谈判。然而，自那时起，澳大利亚政府拒绝接受该委员会的调查结果，并且进行广泛的政治活动，向"消除种族歧视委员会"施加压力，要求改变其调查

---

① Damien Short, *Reconciliation and Colonial Power-Indigenous Rights in Australia*, pp. 81 – 82.

② J. Pilger, *Hidden Agendas*, p. 237.

③ Department of Foreign Affairs and Trade, *Human Rights Manual*, 2nd edition, Canberra, 1998, p. 1.

结果。霍华德政府还攻击该委员会未能理解其有关土著民族的政策。面对霍华德政府的百般狡辩，土著发言人莱斯·马莱泽尔（Les Malezer）在一份声明中说："如果政府对消除种族歧视委员会未了解其有关土著民族的政策如此在意的话，它为何不清晰地阐述其政策，为何自 1994 年以来未向该委员会准时提交两份显著的周期性报告？政府是在拒绝承担责任，是在攻击对联合国负责的机构，而不是在直面它自己的种族主义的观点和行动。"①

"消除种族歧视委员会"不仅拒绝了澳大利亚政府的观点，并且声称，无论如何，澳大利亚土著土地权的形势正变得糟糕起来。该委员会成员之一、英国著名的种族主义社会学家米歇尔·班通（Michael Banton）声称："该委员会认识到，这是一个以牺牲原住民土地所有者权利为代价来保证法律确定性的有力证据，至于结果是否公正，这是存在真正疑问的。"

法律面前的平等以及非歧视原则是国际法的根本，并且得到所有主要的国际人权文件的承认。种族非歧视原则已经上升到了习惯的国际法的地位，禁止制度上的种族歧视取得了国际法的最高地位。澳大利亚联邦政府一直声称它正在努力确保所有澳大利亚人的平等待遇，没有哪个群体在程序上拥有比其他群体更大的或"优越的"权利。然而，《土著土地权法修正案》却有效地剥夺了或严重地限制了一个群体的财产权，而有利于另外一个群体。正如土著发言人雷·杰克逊（Ray Jackson）所评论的那样："联邦政府一直在侮辱我们的长老和领袖。他们不停地诽谤我们真正的历史。他们一直在偷窃我们的土地。所有这些都没有受到惩罚。然而，他们却在谈论和解。"②

土著领导人如诺埃尔·皮尔逊等虽然对经布赖恩·哈拉迪内谈判而出现的一些变化表示欢迎，但他们仍然认为这是一次重大倒退，因为 1993 年的《土著土地权法》包含了已在马宝案最后裁定中得到承认的大量曾经被消灭的权利，而如今在新的土著土地权法修正案中只剩下残留权利的价值。路易斯·奥多诺霍尖锐地指出，这应该被叫作《殖民土地权法修正案》（*Colonial Title Amendment Act*）。尽管它承认了就土著土地使用协定进行磋商的可能性，但其重点是给政府和法人利益群体以合法的权利，从而大大减少土著土地所有者的要求。"土著及托雷斯海峡岛民委员会"发表一个声明

---

① Damien Short, *Reconciliation and Colonial Power-Indigenous Rights in Australia*, p. 85.

② Damien Short, *Reconciliation and Colonial Power-Indigenous Rights in Australia*, p. 86.

称："这部法案在整体上削减了土著人民对在他们传统土地上发生的一切拥有有意义的发言权的能力，但仍达不到政府所希望的程度。"①

《土著土地权法修正案》的通过使得今后对土著土地的剥夺变得更加便利。如在新南威尔士土著土地权法庭登记受理的 115 起诉讼案中，有 80 起案件被驳回。在一些有关土著土地权案件中，越来越具有保守倾向的法庭对土著土地权进行了狭隘的定义，是法官而非土著人民在承认土著土地权的存在以及对土著土地权的内容进行界定方面拥有最大的权力。如在 2002 年雅塔雅塔人（Yorta Yorta）土著社区诉维多利亚政府的案件中，法院裁定，原告的文化已被殖民化的历史所侵蚀，一道被侵蚀的还有雅塔雅塔人的土地权益。这一裁定很快让澳大利亚境内的土著认识到澳大利亚法院和议会能够承认土著权益的程度，它们试图通过对事实的狭隘的司法解释并以欧洲为中心来关注土著历史、经历、文化和生活方式来推翻土著土地权。②

五　"土著和解委员会"的和解努力

"土著和解委员会"成立时的一个最基本的构想就是推动澳大利亚社会基层的和解运动。因为当自上而下的和解运动遭遇一些敏感的政治问题而裹足不前时，民间的或基层的和解运动不仅能延续来之不易的和解氛围，而且能让基层的土著与非土著澳大利亚人确实感受到和解之于他们日常生活的重要性。因此在霍华德任期内，一方面是高层政治对于种族和解惯常的保守姿态，另一方面，在"土著和解委员会"的策划和组织下，民间的和解运动却开展得有声有色且富有成果。

（一）帕特里克·道森与和解运动

早在 1994 年，"土著和解委员会"就确定了对和解进程至关重要的八个中心议题，它们是：（1）了解国家。对土地和海洋在土著和托雷斯海峡岛民

---

① Peter H. Russell, *Recognizing Aboriginal Title-The Mabo Case and Indigenous Resistance to English-Settler Colonialism*, p. 334.

② Robert J. Miller, et al, *Discovering Indigenous Lands-The Doctrine of Discovery in the English Colonies*, pp. 196 – 197.

社会中的重要性有一个更深程度的认识。（2）改善关系。在土著及托雷斯海峡岛民与更加广泛的社会之间建立一个更加良好的关系。（3）尊重文化。承认土著及托雷斯海峡岛民文化是澳大利亚遗产的一个有价值的部分。（4）分享历史。所有澳大利亚人对他们的历史有一个共同分享的意识。（5）解决社会地位低下问题。对造成土著澳大利亚人社会地位低下的原因需有一个更加广泛的认识。（6）对拘押比例过高的回应。一个更加广泛的社会对处理土著及托雷斯海峡岛民高比例拘押的根本原因应做出回应。（7）就签署一个文件达成协议。在和解进程将由一个或多个正式的和解文件的推动方面需要达成协议。（8）掌控命运。给予土著澳大利亚人掌控自己命运的更多的机遇。"土著和解委员会"希望了解整个社会是如何思考上述议题以及人们是如何行动来增进他们的知识和认识这些问题的，以及在这些问题方面如何以一个与土著及托雷斯海峡岛民相互合作的方式来开展活动的。①

1996年9月，帕特里克·道森撰文指出了种族和解与人民运动的关系。他说，对于我们所有参与推进土著澳大利亚人与更加广泛的澳大利亚社会之间的和解的人来说，看到来自人民对和解进程给予支持、争论和怀疑的信件，这是件好事。"和解必须被视为一项人民运动。""土著和解委员会"最近主导的一项调查表明，人们对于和解给予强烈的支持，但对其目标及意义仍有很深的误解。"土著和解委员会"所设计的目标是"一个尊重我们的这片土地；尊重土著及托雷斯海峡岛民遗产；为所有人提供公平与平等的统一的澳大利亚"；"和解可以意味着很多不同的事情。但尤为重要的是，它必须包括处理我们历史遗产的某种形式的协定，以及带领我们作为一个民族向前迈进。它意味着通过承认土著文化和成就，通过改善土著人民的生活和境况来取得实际的和显而易见的结果。"②"土著和解委员会"在其第三个也是最后一个任期（1998~2000年）的工作重点就是支持和维护人民和解运动，以确保和解事业在委员会之外继续进行。委员会的工作目标就是使得政府、主要组织以及个人为土著民族争取社会和经济平等而做出承诺和付出行动。③

"土著和解委员会"任期的最后一年恰逢在悉尼举办奥运会，这就在

① Bain Attwood and Andrew Markus, *The Struggle for Aboriginal Rights-A Documentary History*, p. 339.

② Patrick Dodson, "Reconciliation Misunderstood", *The Australian*, 13 September 1996.

③ Tim Rowse, *Indigenous and Other Australians Since 1901*, p. 430

客观上为该委员会推动种族和解提供了一个有利时机。

帕特里克·道森把缔结和解条约问题带到在悉尼举行的 2000 年庆典上。5 月 12 日，帕特里克·道森在温特沃斯（Wentworth）发表演讲，阐述了缔结一个合法的框架性文件所要体现的几个主要原则：政治代表、赔偿和补偿、区域协定、土著区域自治、文化与知识产权、对习惯法的承认以及经济基础。考虑到霍华德政府的执拗与顽固，帕特里克在讲话中暗示了政府必须做出妥协的重要性。他说，如果政府与土著谈判者之间达不成协议，那么与土著签订条约的问题就应提交全民公决。[①]

帕特里克·道森在讲话中对政府只关注所谓的"实际的和解"提出严厉批评。他说，政府希望在权利和福利概念、那些提倡权利日程的人与那些寻求从令人惊骇的状况下解脱出来的人之间制造不和。"这是一种制造新的分而治之的企图。假若这是一件关乎政治饭碗的事情，结果也许没那么糟，但它实际上比这严重得多。"

帕特里克·道森是一个很有说服力的演讲者，他用一个鹈鹕与海鸥的故事来结束他的演讲。他说："鹈鹕滑过水面的情景类似于黑人与白人携手前进的和解精神。海鸥在某些方面类似于现在的政府，来来回回总是在不停地改变，某一时间大声尖叫飞走了，过后某一天又折回到飞行队伍中，飞向一个新的未来。如果我们有勇气和意志，未来就是我们的。否则，正如爱尔兰谚语所言：'偏执狂和妒忌鬼从不会与过去告别'，而我们也被历史捆住了手脚。"[②]

（二）悉尼歌剧院的舌战

就在帕特里克·道森在温特沃斯发表演讲的前一天，"土著和解委员会"发表了一个声明，该声明 15 天后在悉尼歌剧院被正式地公之于世。起初在该委员会有关和解文件的草案中，霍华德发现有他所不能接受的一些条款，其中最受争议的条款便是文件中提到一个正式的道歉。尽管有霍华德的反对，这个条款还是保留了下来，只做了一些小小的改动。霍华德反对的条款还包括对土著"持续的习惯法、信仰以及传统"的承认以及土著及托雷斯海峡岛民拥有自治的权利。

---

① Michael Gordon, *Reconciliation*: *A Journey*, p. 102
② Michael Gordon, *Reconciliation*: *A Journey*, p. 103.

在"土著和解委员会"发布该声明几小时后，霍华德总理发表了一个回应声明。声明说，尽管有"大量的磋商"，但是，让政府全力支持由"土著和解委员会"最终拟定的这个文件已是不可能的。霍华德强调说："分歧的领域涉及习惯法、将澳大利亚各种法律广泛应用于所有公民、自决以及明显区别于说声抱歉和真诚的遗憾的一个国家道歉。"霍华德的看法是，他承认"传统法"在土著文化中的地位，声称"土著及托雷斯海峡岛民连同所有澳大利亚人有决定他们自己命运的权利"。在声明中，霍华德还表达了对过去不公正的歉意和深深的遗憾，承认这"仍给很多土著及托雷斯海峡岛民造成持续的创伤和伤害"。①

1998 年联邦选举之后，打算在他的第二个总理任期内推动和解进程的霍华德不愿看到向"被偷的一代"表示道歉成为和解的先决条件。就在选举后不久，他就宣布："我并不非常担心赔偿诉求对我的约束，我有一个信念，一个非常真诚的信念，即你们表达了对那些你们集体的行为以及直接意义上承担责任的行为的集体遗憾……我认为这不适用于现在一代的澳大利亚人。"皮特·里德显然不认同霍华德这样的认知逻辑。他认为，在过去 210 年中的每一代澳大利亚人，包括现在的澳大利亚人应对政府和教会以澳大利亚人民的名义所做的事情承担"集体的和直接的责任"。②

在 1997 年的全国和解大会上，霍华德因受不了别人的指责而脾气失控，并愤然离场。事后，他对他那样的处理方式表示遗憾。③ 2000 年 5 月 27 日在悉尼歌剧院的庆典会上，霍华德非常清楚，无论发生什么情况，他都不能重蹈覆辙。

新南威尔士州总理鲍勃·卡尔在会上致辞时说："我们今天能够相拥在一起是因为两件事：土著人民的顺应力，他们自 1788 年以来在战胜各种困阻下的幸存；他们的宽宏大量的精神。从他们的宽宏大量以及耐心中孕育这种伟大的时机：我们实现和解的最后最佳的希望。"在谈到道歉问题时，卡尔说："有人认为，这一代人不能为我们历史上所做过的事情做出意味深长的道歉。然而，即使我们继续把这些事情视为一个遥远的过

---

① Michael Gordon, *Reconciliation: A Journey*, p. 104.

② Peter Read, *A Rape of the Soul so Profound-The Return of the Stolen Generations*, prologue, p. ix.

③ John Howard, *Lazarus Rising—A Personal and Political Autobiography*, pp. 324—325.

去，就像 100 年前我们在宪法中把他们排除出去那样，而把土著从我们的历史中抹去，那我们也不能否认我们这一代人的过错。我们这些活着的人仍很有必要向活着的人致歉。"①

取代帕特里克·道森为"土著和解委员会"主席的伊夫林·斯科特（Evelyn Scott）在讲话中表达了这样的希望，即未来澳大利亚人将把这一天回顾为朝向真正的和解而迈出的关键一步。"土著及托雷斯海峡岛民委员会"主席杰夫·克拉克在讲完话时直接对霍华德说："总理，当我们在乐队指挥台为您让路时，我邀请您——不，我向您挑战——不要去谈论有关您已经为我们做了什么样的决定，而是与我们一起磋商将要做什么。总理，这在您那里只是一小步，但对这个国家来说，却是向前迈了一大步。"事实上，这是霍华德不愿意也不准备跨出的一步。霍华德在讲话中谈到了在治愈创伤的事业中关注让大家联合起来以及作为澳大利亚民族而团结起来的必要性。这就意味着将这些未解的问题留给别人去解决。他还依次谈到了"过去的创伤和分化"、"过去的不公正"、"欧洲文明对原住民"的影响；过去的"错误"以及"过去的悲剧、不幸、痛苦、伤害以及残暴"等问题。然而，霍华德每一次提及过去只会招致土著领袖们的反驳，查尔斯·珀金斯的反应最为强烈，说霍华德"只会说声抱歉"！

那天下午在悉尼歌剧院，迈克·道森发表了自他 1950 年出生以来具有标志意义的演讲，他对霍华德所持的现在的一代不应对过去导致不公正的政策负责的观点嗤之以鼻。道森说：

> 很抱歉，听起来似乎我总是揪住现任总理不放。这是我今天希望传达的信息之一：事实上，反对党是正确的。我们执迷于一个人没有能力说出抱歉——他希望将这些话写在纸上——以及由于种种借口和否认而使任何有意义的道歉归于毁灭，这些将使我们永远偏离持续的和解路线。此人对其他人的痛苦做出简明而人性化的回应完全无能，我们不要吊死在此人无能这棵树上。如果我们要走向真正有意义的和解，它就不值得努力，它使我们偏离作为一个国家必须承担的义务。

---

① Michael Gordon, *Reconciliation: A Journey*, p. 105.

"实际的和解"的概念也纯属无稽之谈。尽管土著澳大利亚人的健康、住房和教育是国家关注的核心问题，它们却并非和解的中心或灵魂问题。但是，非常简单的是，它们是每个澳大利亚人应该享有的公民权利。现实的悲剧是，历届政府均不承认这些权利。为何它们在和解进程中应被赋予比其他事务更高的地位？因为和解事关更深层的东西——国家、灵魂和精神。和解与我们的生活血肉相连，而不仅仅是我们都应享有的公民权的基本要素。①

在十多年前种族和解的正式进程启动之时，人们怀有这样的期待：在2001年1月1日之前，种族和解将以一个或多个和解文件的面世而达到高潮。它可以被称作一个契约，甚至一个条约。不过，由于自由党政府对此缺乏热情，已经出现的和解势头渐次衰减下去，被视为一个基础性文件的有关（for）和解的宣言不得不改为走向（towards）和解的宣言。即便如此，它还是得不到约翰·霍华德的支持。②

就在此次悉尼庆典会上，"土著和解委员会"一如承诺的那样，向约翰·霍华德总理呈交了和解文件——《2000年庆典——走向和解》（*Corroboree 2000 – Towards Reconcilintion*）。该和解文件包括一个充满希望的声明——《走向和解宣言》（*Declaration Towards Reconciliation*）和阐述和解战略的《和解路线图》。就在庆典之后不久，"土著和解委员会"就请求议会、政府、机构和组织采纳或执行这些文件中的建议来表明其对和解的义务。上述这两个文件以及如何执行它们的具体建议都包括在该委员会提交给总理和议会的最终报告——《和解：澳大利亚的挑战》（*Reconciliation：Australia's Challenge*）中。这份报告不仅对澳大利亚的种族和解进程进行了全景式的梳理，而且为有待完成的工作提供了一个明确的导向。

附：《走向和解宣言》

我们，具有很多起源的澳大利亚人民，承诺以一种和解的精神共同前行。

---

① Michael Gordon, *Reconciliation：A Journey*, p. 106.
② Michael Gordon, *Reconciliation：A Journey*, p. 121.

我们尊重土著及托雷斯海峡岛屿民族为所有土地和水源的最初拥有者和守护人的独特地位。

我们承认这块大陆及其水源是在没有条约或征得同意的情况下被开发为殖民地的。

重申所有澳大利亚人的人权，我们尊重和认可持续存在的习惯法、信仰和传统。

通过了解这块土地和它的第一民族之间存在精神上的关系，我们将共享未来，并且和谐共处。

我们的国家必须有勇气去承认真相，去医治过去的创伤，这样，我们就能够和平地携手前进。

和解必须存在于所有澳大利亚人的心中和思想里。已经采取了很多的步骤，当我们学习我们共同的历史时，仍有许多步骤需要落实。

当我们步入治愈进程时，这个国家的一部分人需要就过去的不公正表示道歉、说声对不起以及表达真诚的遗憾。这样，另一部分人就会接受道歉并给予宽恕。

我们希望有一个所有澳大利亚人都享受其权利、承担其责任并且拥有实现其全部潜力的机遇的未来。

因此，我们承诺阻止不公正，克服不利条件，尊重土著及托雷斯海峡岛屿民族在国家生活之内享有自决的权利。

我们希望的前景是一个尊重这是我们自己土地的统一的澳大利亚，重视土著及托雷斯海峡岛民的遗产，对所有人提供公正和平等。

土著和解委员会起草，2000 年。[①]

（三）悉尼港湾大桥徒步示威活动

"土著和解委员会"虽在如何改变土著民族的弱势地位、促进经济独立、推动对土著权利的承认以及支持和解进程方面有着详细的战略，但从一开始，约翰·霍华德就表示他对这些战略的关键因素特别是权利领域持保留态度；"土著和解委员会"渴望为追求"未竟事业"（'unfinished

---

① Michael Gordon, *Reconciliation：A Journey*, p. 135.

business'）提供一个立法框架，但霍华德政府总是在它准备支持的对象方面有所选择；路线图呼吁就过去的不公正向土著人民表示道歉，但霍华德政府并不支持路线图，也不在公众情感上进行任何投资。正是由于执政党的消极对待，"土著和解委员会"任期内的各种努力恐难有一个满意的结果。但该委员会相信，澳大利亚走向真正的种族和解的进程仍掌握在人民手中。民间的和解运动在澳大利亚公众徒步走向悉尼港湾大桥那一刻达到高潮。

2000 年 5 月 28 日，悉尼举行了万人徒步行走悉尼港湾大桥的活动。沿途，很多人对这一呼吁和解的事业给予了支持。① 当天空气清新，湛蓝的天空中映衬出由飞机写下的霍华德不愿说的"道歉"二字。那天下午早些时候，新南威尔士警察局助理专员迪克·阿达姆斯（Dick Adams）保守地估计，游行的人有 150000 之多，并且补充道："无论是 150000 人还是 400000 人，桥的甲板上已容不下更多的人了。这真是一个难以置信的事件。""土著和解委员会"副主席古斯塔夫·诺萨尔（Gustav Nossal）说，他参加了 1945 年战胜日本的庆祝活动以及 60 年代末一些大规模的反越战示威游行，但这些都"无法与今天相提并论"。埃沃尼·古拉纲·考利（Evonne Goolagong Cawley）视这一事件为他一生中最重要的事件。自 1967 年全民公决以来就一直是社会活动家的斯考特·本内特对此感怀不已。她说："明天我将愉快地死去。"②

约翰·霍华德并没有参加在港湾大桥举行的徒步示威活动。从一开始，霍华德的立场就非常明确。他认为，这是人民而非政治家的一天。而事实是，游行的队伍中不乏政府代表，如和解部长菲利普·罗道克（Philip Ruddock）、土著事务部长约翰·赫伦（John Herron）等人。工党站在了人民一边。金·比兹利、鲍勃·卡尔以及至少有十名联邦议会前座议员出现在游行队伍的前列。几名自由党议员，包括两名高级部长也认为参与这样的活动并无不妥之处。③

（四）"和解澳大利亚"基金会

2001 年 1 月，"土著和解委员会"结束其工作使命，取而代之的则是

---

① John Howard, *Lazarus Rising—A Personal and Political Autobiography*, p. 329.

② Michael Gordon, *Reconciliation：A Journey*, p. 107.

③ John Howard, *Lazarus Rising—A Personal and Political Autobiography*, P. 329.

"和解澳大利亚"（Reconciliation Australia）基金会。[①]"和解澳大利亚"基金会的董事会确立了三个优先工作目标：（1）确保土著民族的社会和经济地位的低下问题得到充分解决；（2）促进有关土著及托雷斯海峡岛屿民族的权利、条约或协定问题的公开讨论；（3）与参与人民和解运动的所有各方进行合作，推进种族和解事业。

"和解澳大利亚"基金会还支持"全国和解周"（National Reconciliation Week）活动。这项活动始于1996年，其目的就是呼吁所有澳大利亚人对土著澳大利亚人与非土著澳大利亚人之间的和解予以关注。每年的活动都有一个不同的主题，如1998年的主题为"一起工作的社区"（*Communities Working Together*）；1999年的主题为"一同行走"（*Walking Together*）；2000年的主题为"分享我们的未来：下一个步骤"（*Sharing Our Future：The Next Steps*）；2001年的主题为"和解：让火焰燃烧起来"（*Reconciliation：Keeping the Flame Alive*）；2003年的主题为"和解：不难理解的目标"（*Reconciliation：It's Not Hard to Understand*）；2011年的主题为"让我们讨论和解"（*Let's Talk Recognition*）。在"和解澳大利亚"基金会的资助与组织下，这项活动的持续举办对于人民的和解运动是有推动意义的。正如"和解澳大利亚"基金会所肯定的那样，"全国和解周"是一个"反映迄今为止所取得的种种成就以及为实现和解对今后必须要做的工作进行思考"的时刻。

作为一个非政府的、非营利性的机构，"和解澳大利亚"基金会的建立宗旨就是继续推动土著与非土著之间的和解。自由党政府也给予了一定的支持。如2006年，约翰·霍华德总理和迈克·道森发起了"和解行动计划"（Reconciliation Action Plan）项目。这一项目是由"和解澳大利亚"基金会来管理。通过这一项目，有关组织将把它们对澳大利亚和解所做贡献的所有行动记录下来。这一项目里所列举的实际步骤，其目的在于帮助建立土著与非土著之间的合作关系以及促进相互尊重。发展社区项目、增加土著就业以及从有资质的土著商业中采购是"和解行动计划"中的一些主要内容。在一些州或领地，朝着和解的目标已经做了一些富有成效的工作。比如，在新南威尔士的摩尔（Moore），一项独立的就业方案让很

[①] 舍利·雷斯（Shelley Reys）、弗雷德·钱尼（Fred Chaney）担任"和解澳大利亚"的联合主席。

多土著拥有了一份真正的工作；在西澳大利亚，卡拉萨高中（Karratha High School）的一项教育工程让土著学生的录取率大幅提升；在北部领地，"传统信用合作社"（Traditional Credit Union）正在向偏远地区的土著居民成功地提供面对面的银行服务。"和解澳大利亚"基金会时刻关注这些新的变化，提倡把这些做法或经验推广到其他地区。

六　悉尼奥运会与种族和解

奥运会以它的全球吸引力、媒体的持续关注以及为参与者提供多方面的情感寄托，成为主办国宣传其历史与文化，阐释其政策与路线，展示其成就、魅力与风采的重要途径。2000 年的悉尼奥运会为人们提供了一个详细探讨体育与政治关系的典型案例。为把这届奥运会办成史上最成功的奥运会之一，悉尼奥组委开始运作其有效的市场战略——通过宣传种族和解的主题使澳大利亚呈现一个统一的和稳定的国家形象。在申办奥运会期间，为了击败北京这一强劲对手，悉尼认识到把澳大利亚描绘成一个正在惠及其少数群体的国家是至关重要的。悉尼的申办口号是"展示显著的文化特征"。[①] 为此，悉尼奥组委计划宣传土著的文化和经验，以及把土著吸收到奥运会的组织进程之中。

（一）奥运会与土著权利诉求

土著社会是如何看待澳大利亚成功申办奥运会的呢？悉尼申奥期间，土著领导人就曾宣布：他们有意利用这一事件来增强国际社会对土著困境的关注意识。1991 年 10 月，"新南威尔士土著法律服务中心"（NSW Aboriginal Legal Service）就曾呼吁国际奥委会不要受理澳大利亚提交的申请，理由是澳大利亚土著居民的生活处在令人震惊的窘境。但是，土著社会内部在如何利用与奥运会有关的战略方面并没有形成共见。1992 年 10 月，土著领导人保罗·科呼吁国际奥委会应拒绝接受悉尼提交的申请。保罗·科给出的原因比较具体，即澳大利亚政府没有履行调查土著监

---

① M. L. Howell, "Sydney 2000", in J. E. Findling, K. D. Pelle（eds.）, *Historical Dictionary of the Modern Olympic Movement*, London: Greenwood Press, 1996, p. 204.

禁致死皇家委员会提出的建议。不过，他也并不完全支持土著发起的抵制运动。比较温和的"新南威尔士土著土地委员会"则宣布它支持悉尼为申办奥运会所做的种种努力。然而，到了 1993 年 8 月，有 700 名澳大利亚土著领导人在伊娃谷聚会，讨论联邦政府对"马宝裁定"的立法反应。与会领导人决定他们准备在奥运会期间组织一系列抗议活动。

9 月 23 日，悉尼获得了 2000 年奥运会的举办权。获知这一消息后，很多土著活动家很快改变其斗争策略。他们不再呼吁其他国家联合抵制，而是计划在奥运会期间发起抗议活动，威胁把奥运会作为一个向国际社会揭露澳大利亚人权不公正现象的平台，希望世界关注当代澳大利亚政治和文化生活中出现的裂痕和矛盾。土著及托雷斯海峡岛民宣称，如果他们对土地权的要求在一个合理的时间范围内得不到裁决以及国家对和解的承诺得不到尊重的话，那么他们将联合抵制奥运会。[①] "在澳大利亚，那些组织抗议活动或呼吁抵制运动会的人常常因为听任政治侵扰体育而受到公开诽谤。他们被指控对那些纯粹是为了休闲以及与庸俗的政治事务毫不相干的活动进行劫持和掺假。然而，社会学家和历史学家均认为，在政治被广泛定义的地方，体育一贯有其政治维度。"[②]

政府对土著发出的威胁并不感到意外。为了试图控制这种潜在的社会动荡，澳大利亚政府利用奥运会的和解概念来体现其政治优势，希望让土著参与奥运会的组织工作并向国际社会展示土著独特的文化而将联合抵制和抗议活动化为无形。

就在悉尼奥运会开幕前，纳尔逊·曼德拉应邀访问了澳大利亚。在"世界和解日"（World Reconciliaiton Day）那天，他在"殖民体育馆"（Colonial Stadium）向大批拥趸发表演讲。曼德拉在讲话中把在悉尼大桥的徒步游行活动解释为一个国家"希望去医治自己以及处理过去受伤害事件"的举措，并且"谦卑地规劝"澳大利亚要沿着这条道路继续走下去。他说："对伤口不管不问将导致其溃烂，最终会对社会机体造成更大的伤害。不承认对其他人的伤害比不承认自己的犯罪更加有害。"[③] 而在悉尼港湾大桥徒步游行示威两个月后以及奥运会开幕两个月前，澳大利亚

① Jennifer Sabbioni, Kay Schaffer and Sidonie Smith（eds.），*Indigenous Australian Voices：A Reader*，p. xxx.

② E. Dunning（ed.），*The Sociology of Sport*，London：Frank Cass，1971.

③ Michael Gordon，*Reconciliation：A Journey*，p. 107.

最有影响的摇滚乐队之一——子夜之油（Midnight Oil），在北部领地的帕庞亚（Papunya）开始了激励土著绘画艺术复兴的全国巡回演出。这次巡演获得了巨大成功，它提升了人们对土著艺术关注的意识，也激励土著为复兴本民族艺术而去做不懈的努力。

（二）凯西·弗里曼——和解奥运的象征

墨尔本是澳大利亚第一个举办奥运会的城市。① 那届奥运会曾被誉为"友好运动会"（'Friendly Games'），但米歇尔·戈登对此却不予首肯。他认为，在火炬熊熊燃烧之际，在人们向"女王和澳大利亚人民"表示祝福时，他本人很快意识到某种东西的缺失。土著在哪里？这种疏忽并不是组织者的有意为之，远远不是。在米歇尔·戈登看来，那个时代的绝大多数澳大利亚人并没有意识到这是一个不完整的国家。墨尔本奥运会对土著澳大利亚极不友好。从一开始，澳大利亚运动员队伍中就没有一位土著的身影。就在奥运会结束不到一年，卡西·弗里曼（Cathy Freeman）的叔祖（great uncle）桑尼·西布利（Sonny Sibley）就遭到拘捕。

前有所述，悉尼奥运会是澳大利亚用来向全球宣传其和解主题的路径之一。在主题为"深海之梦"（Deep Sea Dreaming）的开幕式上，澳大利亚的历史通过戏剧和舞蹈的精彩展示而得到诠释。和解的影像和意境充满了整个表演过程。土著和非土著女孩手拉手的场景象征着两种文化之间的交融共存，她们一起步入一个"统一的未来"的事实呈现了澳大利亚正朝着更大程度的统一和稳定迈进的形象。来自沙漠地区的几百名土著妇女还参加了开幕式的"觉醒"（'Awakening'）部分的表演。这部分的演出仅有11分钟，但对澳大利亚黑人来说，它是和解的一个分水岭。如此多的土著作为一个整体在国内外无数观众面前表演舞蹈，这还是第一次。邦加纳舞蹈剧院（Bangarra Dance Theatre）的艺术指导斯蒂芬·佩奇（Stephen Page）和罗达·罗伯兹（Rhoda Roberts）联袂执导了这一部分的演出。除了令那些参与演出的人和那些坐在站台上或通过电视观看节目的人有一种自豪感和受到激励之外，这一事件还会产生实际影响——向成千上万的城市土著展示他们的文化遗产。正如斯蒂芬·佩奇对米歇尔·戈登所言："所有这些来自不同学校的库里人孩子与来自安赫姆地的孩子们进

---

① 1956年11月22日至12月8日，第16届夏季奥运会在墨尔本举行。

行了交流，这样，我们正在建立我们的桥梁。我们不想再等待一位有些稍老的家伙说声抱歉。我们不能再在那方面浪费精力了。"①

悉尼奥运会在种族和解方面极富象征意义。土著运动员在政府试图把澳大利亚描绘成一个统一的国家以及在土著澳大利亚人中间产生国家属性的情感方面扮演着重要角色。卡西·弗里曼就是这样的典型代表。在悉尼奥运会开幕式前，她成为澳大利亚迅速蹿红的一位偶像。正如"为国家而战"（*Running for Country*）一文的作者格雷格·加德纳（Greg Gardiner）所注意到的，她的形象出现在与奥运会有关的各种广告载体以及宣传册上。② 作为澳大利亚奥运会代表队中的 11 名土著之一，卡西·弗里曼有幸去点燃奥运火炬大锅。让她点燃火炬锅的决定是由奥林匹克部部长米歇尔·奈特（Michael Knight）和澳大利亚奥林匹克委员会主席约翰·科茨（John Coates）共同做出的。这是奥运会前保守最好的秘密之一。虽然弗里曼是担当这一角色的不二人选，特别是本届奥运会恰逢妇女参与奥运会百年之际，但这种选择毫无疑问传递了一个和解的主题。

这种精心安排虽在含义方面有着完美的政治逻辑，但当这一幕真的出现在公众面前时，澳大利亚多数评论家和大部分公众还是吃惊不已。米歇尔·戈登坦言，他本人开始对选择弗里曼还是有一丝担心的，因为众所周知，弗里曼不仅不得不去应对突然受宠以及公众期待所形成的压力，还得面对源于她是一个"被偷的一代"的后代所存在的未解的法律争论问题。但结果证明，这种担心是多余的，因为弗里曼把她自己对和解问题的理解和讨论放在所有问题之上。7 月中旬，她在接受伦敦《电讯报》（*Telegraph*）采访时平静而充满情感地谈到了"被偷的一代"的问题。记者最感兴趣的问题之一就是她为何去做主火炬手？弗里曼回答说，对澳大利亚黑人和白人来说，有必要开始接受"相互的历史"，一部弗里曼希望英国的听众能够理解的历史，这是重要的。弗里曼还谈到了一个敏感之地——棕榈岛。棕榈岛是弗里曼的魂牵梦萦之地。这是她的祖母艾丽丝（梅罗）·西布利［Alice（Mero）Sibley］8 岁时在靠近库克镇（Cooktown）被抓走的地方。这也是艾丽丝的第二任丈夫桑尼·西布利 1957 年协助领导罢工的地方。阿

---

① Michael Gordon, *Reconciliation*: *A Journey*, pp. 111 – 112.

② Greg Gardiner, "Running for Country: Australian Print Media Representation of Indigenous athletes in the 27th Olympiad", *Journal of Sport and Social Issues*, 27（3），2003，pp. 233 – 260.

德里安·迈克格雷格（Adrian McGregor）的传记《卡西·弗里曼：一个刚刚开启的旅程》（*Cathy Freeman：A Journey Just Begun*）记载了这个故事。[①]

卡西·弗里曼从容地处理了她在开幕式上所担当角色的压力。"9 月 25 日。星期一晚上。弗里曼传递了我们历史上最强劲的和解姿态，在打造庆祝这个国家第一民族独特的遗产、文化和贡献的国家属性方面，它提供了一个最为典型的时刻。"[②] 当弗里曼点燃奥运火炬时，这被广泛地解读为土著与非土著澳大利亚人之间和解的一个象征。"土著及托雷斯海峡岛民委员会"主席杰夫·克拉克重申："对土著澳大利亚来说，2000 年悉尼奥运会是一个强大的治愈创伤的声明。这从一开始就是显而易见的。开幕式上的创造性场景对我们文化的承认、烟雾的礼式、对我们的旗帜和象征物的认可都显示了对我们的人民的真正和适当的尊重。"

一名土著女性，代表着一个白人占主导地位的国家；弗里曼的形象——银白色运动服衬托下的黑色的皮肤以及手擎火炬，象征着澳大利亚两种显著不同的文化的融合。尽管存在种族障碍和过去的怨恨，但弗里曼证明了土著能够追求自己的梦想。

就在弗里曼完成这一壮举前，她在一项最艰苦的田径比赛中赢得了一枚奥运金牌。这让她成为澳大利亚一名伟大的运动员而被载入史册。[③] 从一个一贯像她的微笑一样舒服和自然地体现出的土著特征来看，弗里曼获胜后的表情是一种和解的姿态；从一种谅解的精神来看，这是一个无所不包的声明。这种声明在六年前英联邦运动会时，她第一次身披两面旗帜时就预演过。这一次，她脱掉她的红黑黄三色鞋子，身披澳大利亚国旗和土著旗帜，一路疾走、慢跑和舞蹈，尽情地欢呼。

弗里曼身披两面旗帜意在向世人宣示她不仅是一位土著，而且是一位澳大利亚人——一个澳大利亚民族统一性的声明。在接受《纽约时报》记者采访时，弗里曼说，她希望"今晚所发生的一切将让人们的态度发生变化……"[④] 这表明弗里曼不仅利用体育来象征一个统一的澳大利亚国

[①] Michael Gordon, *Reconciliation：A Journey*, pp. 114 – 115.

[②] Michael Gordon, *Reconciliation：A Journey*, p. 116.

[③] 这是澳大利亚第 100 枚奥运会金牌、土著澳大利亚人第二块金牌、土著个人第一枚金牌。

[④] W. C. Rhoden, "Sports of the Times；a Gold Medal is Big Enough for 2 Nations", *The New York Times*, Septermber 26, 2006.

家，而且她希望她的胜利能让称澳大利亚为其家园的每个人在相互的态度中产生一种积极的社会变化。

一名英国记者向弗里曼提问道，你是否想过两面旗帜的象征意义以及你所取得的成就将对和解产生什么样的影响，弗里曼的回答简洁而自信："我确信，今晚所发生的以及我身上所体现的象征意义将会对很多人的态度产生影响。对那些在街上行走的人来说，他们的态度会有所不同，或者对政界的人来说，他们的态度会有变化。我所知道的是，我让那些称澳大利亚为其家园的所有不同背景的人感到快乐，我是快乐的。"

对和解有着执着信念的米歇尔·戈登同样抑制不住内心的喜悦，他说，那天晚上在体育场，他有与在港湾大桥徒步行走时同样的感受。这种情感在整个国家弥漫，并将产生非常积极的作用。乔治·布朗（George Brown）① 注意到人群对弗里曼获胜的反应："我不敢相信有这么多的非土著人举着土著旗帜，有联合王国国旗（Union Jack）标志的澳大利亚国旗被忽略并由土著旗帜取而代之——当卡西跑向她妈妈时，有如此多的澳大利亚人支持她并流下了眼泪。这太精彩了。"② 凯特·赛塞尔（Keith Saisell）说："不把弗里曼的成就与澳大利亚社会目前在如何更好地处理和解问题而进行心灵探索联系起来看待，这是不可能的。"他的结论是："我们是一个真正的种族主义社会。加油，伙计，这不会妨碍说'凯西干得漂亮'……"

值得注意的是，并不是所有的人都有上述感受。例如，《凯恩斯邮报》（Cairns Post）的来信专栏里就有一些批评之声。一位妇女说："我无法忍受媒体（包括《凯恩斯邮报》）给予弗里曼特别的关注，就像奥运会特地为她而举办的"；"凯西，女皇——多么像一堆垃圾？她赢得了一枚金牌。那么我们其他更好的选手的情况如何呢？"一个男子不无揶揄地说，当"奥运会"或"凯西"的名字被提及时，他的处理方式是多么富有技巧。他外出一星期，而不想看到它们中的任何一个。

不过，和解的主题仍在澳大利亚社会产生了共鸣。在闭幕式头一天的彩排中，当曼达伍伊·尤努平古（Mandawuy Yunupingu）在吟唱"肯定"（'Affirmation'）一曲时，达伦·海耶斯（Darren Hayes）走近曼达伍

---

① 一位来自新南威尔士南部海岸雷克湾的土著年轻人，在开幕式上表演了舞蹈。

② Michael Gordon, *Reconciliation：A Journey*, p. 117.

伊·尤努平古，请求他同意在 T 恤衫的某个地方饰以土著旗帜的纹章时，曼达伍伊·尤努平古被这种礼貌所打动，并为这种姿态感到高兴。达伦·海耶斯说："你将是一个传奇。"①

里克·比奇（Ric Birch）是悉尼奥运会开、闭幕式的主要设计师。后来他坚持说，和解主题是他本人和开闭幕式艺术导演大卫·阿特金斯（David Atkins）试图传递一个多元文化信息的无意识的产物。他自问道："这是澳大利亚历史上一个界限分明的时刻吗？我愿意认为，对于和解力量以及社会中所有善意的力量来说，开、闭幕式将使澳大利亚成为一个较好的场所。我希望它会发生。但是，它完全由观众来决定。最终，开、闭幕式很可能反映社会的面貌而不是必然地创造历史。我所希望的就是它将鼓励观看它的人继续前进。"乔治·布朗抱这样的期望："我们正满怀希望地走在通向和解的漫漫旅程中，但我们一定不要半途而止。我们正渐渐地靠近那里，我们实在需要全体澳大利亚人而非仅半数付出更大的努力。"杰夫·克拉克还对摇滚乐队——子夜之油在闭幕式上演唱他们的土地权之歌《河床在燃烧》（*The Beds are Burning*）以及穿着印有"对不起"（"Sorry"）字样的 T 恤衫的行动给予了很高的评价，认为这"比我们能够组织的任何抗议活动都要好得多。"②

（三）悉尼奥运会对种族和解进程的影响

土著参与奥运会的组织进程不仅向世界传递出澳大利亚白人与土著能够为了一个更加光明的未来而合作的理念，而且可以被视为澳大利亚政府利用奥运会作为动员公众的一种工具。由于参与了奥运会的筹备工作以及开、闭幕式表演活动，故土著的注意力会被转移；悉尼奥运会期间的土著抗议活动比预期的要少得多，一些计划了的示威游行活动被临时取消了。奥运会的组织机构在一些主要的仪式上对这块土地的原先所有者表达了一定的尊重，邀请一些土著著名人士参与其中，且在奥运会开、闭幕式上体现了和解的形象，这些举措起到了巧妙地平息土著不满情绪的作用。例如，悉尼奥运会组委会雇用了一名土著联络官、前国际橄榄球联盟选手加里·埃拉（Gary Ella）参与组委会工作；"都市土地委员会"（Metropolitan Lands

---

① Michael Gordon, *Reconciliation: A Journey*, p. 118.

② Michael Gordon, *Reconciliation: A Journey*, p. 119.

Councils）被授权在奥运会场所建立一个展览中心，用来叙说令人羞耻的殖民史；有大量土著文化组织参与了"梦之节"（Festival of the Dreaming）——一个主要的土著文化节日——活动，此项活动的协调者罗达·罗伯兹被聘请为奥运会开幕式导演的土著文化顾问。

2000 年 11 月，"澳大利亚政府委员会"在堪培拉开会。会后发表的官方公报不仅谈到资源管理、食品管制改革、检疫限制、国家比赛政策以及赌博问题，也提及种族和解问题。会议对"土著和解委员会"过去十几天的工作表示"感谢"，并且承认和解问题将"需要人们付出多年协调一致和持续的努力"来解决。在总结过去所取得的"方方面面的成功"时，领导们承诺他们将支持一个基于伙伴关系和责任分担的途径，并优先考虑三个问题：在培养社区领导人主动性方面进行投资；审查并修订项目和服务，以保证它们传递"实际"支持；在私人与土著社会之间建立更多的联系。公报最后说："［澳大利亚政府］委员会一致同意在推动必要的变化方面将扮演领导角色，并且在这些安排下定期评估进展。第一次评估将在 12 个月之内进行，如果没有达到预期目标，部长委员会将制定新的行动方案……"。

对很多人来说，悉尼奥运会是一个令人产生情感共鸣的事件，但澳大利亚政府直到奥运会八年后才向土著居民表示了道歉。所以，有人认为，奥运会有助于动员政治家去做出正式道歉，但八年之久的等待说明奥运会期间所推动的全国和解氛围只是紧张关系中一个间歇式的舒缓，并没有在澳大利亚社会产生任何真正的实际影响。得出这样的结论并非一种主观上的臆测，而是在相当程度上反映了澳大利亚种族关系的真实状况。这同时说明，奥运会就其意义或本质而言，只是一次体育盛会，是向全世界展示各国体育健儿竞技水平和精神风貌的舞台。当然，主办方会借机向世人展示自己的国家实力、成就和文明，以此来树立良好国家形象，并且证明自己有能力去解决一些棘手的种族关系问题或其他社会问题等。从上述方面来看，悉尼奥运会无疑是一次成功的奥运会。鉴于此，对悉尼奥运会所传达的和解主题应予以充分的肯定。首先，种族和解无疑是当下以及未来澳大利亚的主要政治议程之一。无论是在申办、组织筹备还是举办的过程中，顶层设计者至少在这方面形成了基本共识。这无疑具有深远的历史影响。其次，国际社会希望看到澳大利亚是一个种族平等的社会。悉尼奥运会期间，由于组织者的精心组织与安排，国际社会至少在印象上给澳大利亚加了很多分，但同时又让国际社会对澳大利亚真正平等意义上的多元文化社会的到来多了几份期许。最后，通过参与奥运会，土著不仅体现了作为一个民族的独特属性，而且产生了作为更加广泛的澳大利亚社会一员的自豪感、荣誉感和责任感。这是土著群体在种族和解进程中应该拥有的一种品质。当然，不得不承认的是，就土著澳大利亚人而言，悉尼奥运会对他们所面临的诸多社会问题并没有产生实质性影响。

七 "土著及托雷斯海峡岛民委员会"走向终结

（一）土著代表机构的信用危机

"土著及托雷斯海峡岛民委员会"是在霍克时期建立的。建立之初，它被视为霍克政府土著政策的基石。一些人对此抱有期望。M. C. 迪龙（M. C. Dillon）就认为，该委员会拥有向政府提出建议的法定权利。这就意味着土著很可能因该机构的"知情者"地位而获得"重要的利益"。① 蒂姆·罗塞抱有同感。他拜访了该机构的一些地区委员会委员，给他的印象是，很多人用积极的目光来看待这一机构："即便作为一个委员的物质待遇是贫乏的，但获取知识是持续的回报。在政治上处于边缘地位的人们由于更多地参与其中而获得更大的满足。"② 一些人相信，"土著及托雷斯海峡岛民委员会"是如此的重要，以至于应在政府的最高层次上拥有一席之地。"土著和解委员会"就曾建议："土著及托雷斯海峡岛民委员会"主席应是"土著及托雷斯海峡岛民事务部长委员会"的全权成员。③ 另外，从该机构最初几年的财政支出情况来看，它所负责的一些项目还是受到土著社会的欢迎的（见表7）。

① M. C. Dillon, "Institutional Structures in Indigenous Affairs: The Future of ATSIC", in Patrick Sullivan (ed.), *Shooting the Banker*, *Essays on ATSIC and Self-Determination*, Darwin: North Australia Research Unit, 1996, p. 100.

② Tim Rowse, "The Political Identity of Regional Councillors", in Patrick Sullivan (ed.), *Shooting the Banker*, *Essays on ATSIC and Self-Determination*, pp. 49 – 50.

③ Council for Aboriginal Reconciliation, *Going Forward*: *Social Justice for the First Australians Summary Version*, Canberra: Australian Government Publishing Service, 1996, p. 10.

表 7　"土著及托雷斯海峡岛民委员会" 1993~1994 年度项目支出情况

项　　目	%	项　　目	%
社区发展就业项目	31	家庭所有权	4
社区住房和基础设施	29	土地	3
就业、培训和企业项目	12	土地遗产与环境	2
健康服务	12	其他	3
法律援助服务	4		

资料来源：Aboriginal and Torres Strait Islander Commission，*What is ATSIC*？Canberra：ATSIC，1994，p. 7.

　　但到了 1995 年，该机构就处于危机之中，并且不得不面对来自土著社会日益增多的批评。这主要是由于该机构成立以来，土著的状况并没有得到明显改善。一些统计材料显示：土著的健康状况越来越糟糕；土著在监狱中的比例仍在上升；大量的钱被支出而无收获等。被困境缠身的土著事务部长罗伯特・蒂克纳亦难有作为。他说："我不再有任何权力，现在这是土著及托雷斯海峡岛民委员会的责任。""土著及托雷斯海峡岛民委员会"为何成为这样一个笨拙的和充满争议的机构？在土著社会活动家加里・福莱看来，这主要与联邦政府建立该机构的方式有关。"土著及托雷斯海峡岛民委员会"是由非土著官僚来决定什么是对土著最好的又一次失败的尝试。加里・福莱认为，为了认识该委员会难有作为的原因，人们就有必要去了解它的概念及其诞生时的属性。1990 年是"土著及托雷斯海峡岛民委员会"的选举年。土著事务部长以及有关公共部门夜以继日地忙于这项工作，声称这是"澳大利亚历史中一个伟大的时刻"以及土著将最终在自己的事务中拥有真正的发言权。当时顺从的媒体也极力地予以吹捧，但被媒体忽视的是，在一片喝采声中，反"土著及托雷斯海峡岛民委员会"的力量亦被很好地动员与组织起来，特别是在澳大利亚的东南部。在墨尔本，一个叫作"土著及托雷斯海峡岛民委员会审查组"（ATSIC Review Group）的机构印制了一些宣传材料，并在澳大利亚东南部的土著社区广为发行。他们因为新机构的"欺骗性质"而倡导对"土著及托雷斯海峡岛民委员会"的选举予以抵制。"土著及托雷斯海峡岛民委员会审查组"指出，老的土著事务部的公务员在新的"土著及托雷斯海峡岛民委员会"中被提供了有利可图的合同。在"土著及托雷斯海峡岛民委员会"选举前几个月，这些为期三年的合同就已被签署、盖印和发放。除此之外，参与"土著及托雷斯海峡岛民委员会"的选举还有一个前提条件，即土著有必要成为澳大利亚选举人的角色。这一规则就让土著澳大利亚社会中相当一部分人自动失去了选举权。到了1990年11月选举如期举行时，土著社会中仅有不到1/3的合格选民参与了此次选举，而在维多利亚，投票率只有区区的17%。可是，地方以及全国性媒体却只关注政府发布的新闻剪报，新闻剪报称选举结果是一次"民主的伟大胜利"。政治家、官僚、媒体明星、新当选的"土著及托雷斯海峡岛民委员会"代表以及土著事务部长任命的主席对此结果却沾沾自喜。为创造一种幻象，他们小心翼翼地去操控舞台。对所有澳大利亚人和土著民族来说，这是一个"骗局"。①

还有人认为，即使在"土著及托雷斯海峡岛民委员会"内部的关系中，在让土著人民参与决策方面做得并不好，如在有关预算分配以及项目规划等主要问题上的决策方面则出现了高度的集权化现象。帕特里克·沙里文（Patrick Sullivan）在对该委员会早期工作的研究后发现，在土著参与的表象背后，它"没有起到什么作用，只是政府的一个咨询部门"。②它下属的与土著草根阶层联系的地方分支机构在这方面做得同样不好。正如H. C. 库姆斯所指出的那样，"土著及托雷斯海峡岛民委员会"的地区委员会并没有与已经存在的而且较为完善的地方土著组织网络形成连锁关系。③帕特·奥沙内（Pat O'Shane）则对该委员会抽出资金用于维持庞大的地方官僚机构进行指责；而加里·福莱则批评该机构缺乏领导力、浪费用于改善土著待遇的资金。一位名叫威尔·桑德斯（Will Sanders）的白人观察家较为理性地认为，该机构"有明显的检查和审视自己行为的意愿"，但他也注意到，在"土著及托雷斯海峡岛民委员会"的责任中存在一个内在的矛盾："土著及托雷斯海峡岛民委员会"有必要对其所有的运作负责，这是非常重要的；另外，在有关黑人机构运作的水准方面，白人社会不无担心和怀疑。这种矛盾体现在确立一个对"土著及托雷斯海峡岛民委员会"事务进行严格审查的政策与土著自决政策如何共存的关系上。事实上，详细审查就是对有意义的自决可能性的一种否定。④

① Gary Foley, 'Tragedy for Another Aboriginal Generation in Waiting', *The Age*, 20 July 1995.

② Patrick Sullivan (ed.), *Shooting the Banker*, *Essays on ATSIC and Self-Determination*, p. 122.

③ H. C. Coombs, *Aboriginal Autonomy: Issues and Strategies*, p. 184.

④ Scott Bennett, *White Politics and Black Australians*, pp. 97 – 98.

在 1996 年成为澳大利亚联邦总理之前，约翰·霍华德就表达了对土著自决以及分离概念的强烈反对，他谴责了前两任工党政府承认土著人民在更加广泛的澳大利亚民族范围内所享有的独特地位，如设立土著代表机构——"土著及托雷斯海峡岛民委员会"，以及对土著旗帜的正式承认。当选总理后，霍华德政府很快就取消了在土著自决问题上持续多年的两党一致政策。

1996 年，在几个土著合法服务项目被曝资金使用不当后，时任土著事务部长的约翰·赫伦就主张，不仅有必要对服务项目进行查账审计，而且土著的合法公益性事业应被取消。霍华德也认为，"土著及托雷斯海峡岛民委员会"缺乏公共责任以及滥用公共资金，因此对该委员会 4 亿美元的经费进行大幅削减。被削减的资金并没有用于"土著及托雷斯海峡岛民委员会"所关注的住房或就业计划，而是用于"政治"规划，如征用土地、文化活动以及自决等方面。① 同样在这一年，霍华德政府拒绝了前工党政府实施的具有重要意义的"社会公正一揽子方案"，取而代之的是仅发表一个改善土著社会经济状况的承诺。1998 年，时任外长的亚历山大·唐纳（Alexander Downer）要求将"自决"一词从联合国土著人民权利草案中删除。这些都预示着"土著及托雷斯海峡岛民委员会"的工作将面临越来越大的阻力与挑战。

（二）"土著及托雷斯海峡岛民委员会"曲终人散

2003 年，澳大利亚政府指示对"土著及托雷斯海峡岛民委员会"的工作进行考查与审议，并最终发表了题为《掌控地方：一个新的土著及托雷斯海峡岛民委员会》（*In the Hands of Regions：A New ATSIC*）的报告。报告得出的结论是："土著及托雷斯海峡岛民委员会"既未与土著澳大利亚人建立很好的联系，也没有向他们提供很好的服务。这就意味着该委员会继续存在下去的可能性微乎其微。无独有偶，"土著及托雷斯海峡岛民委员会"当年卷入针对其主席杰夫·克拉克②的诉讼之中。杰夫·克拉克被指控参与 20 世纪七八十年代一系列团伙强奸案。除此之外，"土著及

① John Howard, *Lazarus Rising—A Personal and Political Autobiography*, p. 320.

② "土著及托雷斯海峡岛民委员会"历任主席是路易斯·奥多诺霍（1990～1996）、伽提尔·迪耶尔库拉（1996～2000）、杰夫·克拉克（2000～2004）和尼奥内尔·夸特梅因（Lionel Quartermaine）（2003～2004）。

托雷斯海峡岛民委员会"还因财政腐败以及挪用资金而受到司法调查。①

霍华德总理试图稀释很多土著机构,但并非没有阻力,因为一个敌对参议院的存在就可能使他的计划流产。然而,政治学家詹姆斯·沃尔特(James Walter)和保罗·斯特朗基奥(Paul Strangio)认为,在核心的意识形态问题上,既没有证据亦无公众舆论来阻止霍华德,这使得他有耐心去等待并且期待一个更加适宜的政治环境来实施其既定计划。2004年4月15日,约翰·霍华德宣布取消"土著及托雷斯海峡岛民委员会"的决定。他给出的解释是:"我们相信,为土著人民设立单独代表和选举代表的实验已告失败。我们不会用一个替代的机构来取代'土著及托雷斯海峡岛民委员会'。我们将任命一些土著著名人士在纯粹咨询的前提下就与他们相关的事务向政府提供建议。发展项目将成为主流,但是,将建立各种安排来确保土著事务部长担当主要政策角色……('土著及托雷斯海峡岛民委员会')太专注于可以宽泛地称之为象征性的问题,而很少去关心为土著人民提供真正的结果。"霍华德的这一决定立马遭到土著领袖如比尔·乔纳斯(Bill Jonas)和杰基·休金斯等人的反对。

霍华德执政后,澳大利亚两大政党或政党联盟在土著问题上的基本一致不再保持下去,取而代之的则是自由党及其联盟的保守主义政策。在"土著及托雷斯海峡岛民委员会"被取消问题上,人们不禁要问:工党在其中扮演了什么样的角色?可以说,在有关土著自决问题上,处于反对党地位的工党并没有发挥其应有的作用。2004年3月,时任工党领袖马克·拉萨姆(Mark Latham)在霍华德政府宣布取消"土著及托雷斯海峡岛民委员会"决定之前抢先发表声明称,宣布如果他当选,工党将取消"土著及托雷斯海峡岛民委员会"。② J·罗宾斯(J. Robbins)认为,这一声明为霍华德政府取消"土著及托雷斯海峡岛民委员会"提供了机会。但我们注意到,工党还做出了如下承诺:要用一个更加关注地区层次决策的新的土著选举机构取而代之。

在2004年6月的联邦议会会议期间,霍华德政府提交了一份取消"土著及托雷斯海峡岛民委员会"的立法提案。在民主党和绿党的支持下,工

---

① Richard Broome, *Aboriginal Australians Since 1788*, pp. 295 – 296.

② Australian Labor Party, Policy Statement: Opportunity and Responsibility for Indigenous Australians, 30 March 2004, http://www.alp.org.au/media/0304/2007157.2012 – 08 – 08.

党建立了一个"参议院土著事务管理特别委员会"（Senate Select Committee on the Administration of Indigenous Affairs）予以应对。2005 年 3 月 8 日，该委员会提交了一份报告。报告建议成立一个全国性的土著选举代表机构——"全国土著委员会"（National Indigenous Council），以取代"土著及托雷斯海峡岛民委员会"。另外，工党坚持在议会表决前要对自由党提交的取消"土著及托雷斯海峡岛民委员会"的提案进行一定的修改，即允许地区委员会保留至当年年底，但政府在议会两院均拒绝了工党提出的修正案。反对党土著事务发言人金·卡尔（Kim Carr）参议员说，他对政府未能接受工党的修正案而感到失望，但又声明工党不会坚持这一要求。政府承诺为土著社会提供更多的资源，但没有做到。现在，它又在推行一项"侮辱土著"的政策，"一项看到土著权力将在这个国家消失，他们参与社会和经济的能力正在消失的政策"。金·卡尔还说，当自由党联合政府 7 月份开始在参议院占据多数席位时，下一步工作就是消除土著土地权，让"这个国家保守主义政治中一些最黑暗和最丑陋的情感出现"。[1]

3 月 16 日，在反对党工党的支持下，政府有关取消"土著及托雷斯海峡岛民委员会"以及成立一个临时性的土著代表机构——"全国土著委员会"的立法提案获得通过。为便于过渡，35 个"土著及托雷斯海峡岛民委员会"的地区委员会被保留至当年的 6 月 30 日。

作为土著澳大利亚人与政府职能部门之间沟通与联系的桥梁，作为政府有关土著问题与政策决策的咨询与磋商机构，"土著及托雷斯海峡岛民委员会"在化解种族矛盾与冲突，向政府提供建设性意见等方面还是发挥了重要的功能性作用的。需要强调的是，该委员会拟就的《承认、权利与改革》报告被认为是对土著及托雷斯海峡岛民的主权和权利提供广泛承认和保护的最清晰和最完整的表达。

取代"土著及托雷斯海峡岛民委员会"的"全国土著委员会"是一个由联邦政府任命的机构，其主席由一位有着丰富的土著和社区事务背景的前"土著及托雷斯海峡岛民委员会"专员休·戈登（Sue Gordon）担任。[2]该机构的主要职能就是提升土著的社会经济地位，向政府主管土著事务的部门提供专家意见，并且特别关注政府规划的项目和服务。该委员会的建

---

① "ATSIC Abolished after Bill Passes Parliament", *The Sydney Morning Herald*, March 16, 2005.

② Tim Rowse, *Indigenous and Other Australians since 1906*, p. 414.

立是联邦政府向土著提供服务的新安排中的一部分，这些服务将于2005年7月1日开始实施。联邦政府重申，"全国土著委员会"既不是"土著及托雷斯海峡岛民委员会"的替代品，也非一个代表制机构。与"土著及托雷斯海峡岛民委员会"不同的是，在个别社区或地区的提案或项目规划的资助方面，"全国土著委员会"将不会介入。

（三）取消"土著及托雷斯海峡岛民委员会"后的社会反响

霍华德政府做出取消"土著及托雷斯海峡岛民委员会"的决定引起了广泛的社会反响，其中批评之声居多。

首先，这一决定是在缺乏与土著人民磋商的情况下做出的。这是对土著基本权益的极大蔑视。澳大利亚唯一的土著联邦议员、民主党参议员阿登·里奇威说，"首先，我不得不把此举描写成失礼和不道德的，因为在描述有关'土著及托雷斯海峡岛民委员会'成败的真实性看法方面，忽视了许多事实。"

其次，从最直接的后果来看，这一决定带来了一定的混乱。与土著事务有关的很多主流部门并没有在人员、资源和项目的转移方面做好相应的准备。很多土著社区组织的资金被延迟或中止拨付。这给土著社会秩序的稳定和有序化的管理都会带来问题。

最后，它让土著自治进程出现倒退。阿登·里奇威说，在政府取消"土著及托雷斯海峡岛民委员会"时，它仍然没有处理影响土著的主要问题。"我们并没有处理诸多在社区内的问题，如沙眼、道路修筑、房屋维修以及解决饮用水质量，更不必说更加广泛的问题。"绿党参议员克里·内特尔（Kerry Nettle）在议会发言时说，取消"土著及托雷斯海峡岛民委员会"最糟糕的影响是它取消了土著自决。她说："尽管有很多缺陷，但'土著及托雷斯海峡岛民委员会'是作为土著能够掌控自己事务的一种机制而建立的。"[①] "这一决定有效地终止了自治作为联邦土著事务政策的基础，它让土著事务回到20世纪60年代的同化政策时期。"由于"土著及托雷斯海峡岛民委员会"被取消，土著政策的中心概念由松散的被称为"自决"的范式代之以"相互责任"（mutual obligation）、"责任分担"（shared responsibility）、"主流"（mainstreaming）、"正常化"

---

① "ATSIC Abolished after Bill Passes Parliament".

（normalisation）等一组概念。新自由主义有关同化的核心意识在 2005 年即"土著及托雷斯海峡岛民委员会"被取消之后也获得了重要发展。右翼智库加大对土著差异性的攻击。保守主义智库像"独立研究中心"（Centre for Independent Studies）和"本内朗协会"（Bennelong Society）在 2005 年之前就已经删去了土著土地所有权概念，之后，它们的行动显得更加活跃，并且变得无所顾忌。这些有违土著根本权益的观点和行为得到了由政府任命的"全国土著委员会"和有影响力的默多克传媒的支持。与此同时，人们看到政府放弃与土著人民之间的磋商，不再使用有价值的统计数据和调查证据。甚至出现这样一种情况：如果专家的观点与国家领导人的意愿相左，那么他们亦将不可避免地被边缘化。执政联盟领导人逐渐地极为狭隘地去思考一些非常复杂的政策问题，从而做出糟糕的政策决定。[1]

八 《土著人民权利宣言》遭遇拒签

2007 年 9 月 13 日，第 61 届联合国大会通过了支持世界 3.7 亿土著的人权、土地权和资源权的一个非强制性宣言——《土著人民权利宣言》。这是联合国有关土著人民权利的第一个正式文件。然而，这部约束性不强的法律文书不仅在起草和拟定过程中遭遇过各种各样的困难与挑战，而且在联合国大会表决时也出现不同的声音。澳大利亚在表决时就投了反对票。

（一）《土著人民权利宣言》的问世

1982 年，联合国"原住民人口工作组"建立。该小组的一个重要使命就是制定土著人民权利宣言。此后的每年夏天，来自世界各地的土著代表长途跋涉至日内瓦联合国人权委员会总部大楼，向工作组成员以及有关国家代表陈述其愿望与诉求。1985 年，土著人民权利宣言开始起草。[2] 1993 年，在长期担任主席的埃里卡－艾琳·戴斯（Erica-Irene Daes）女

---

① Clive Hamilton and Sarah Maddison（eds.），*Silencing Dissent-How the Australian Government is Controlling Public Opinion and Stifling Debate*，Sydney：Allen & Unwin，2007.

② Janet Albrechtson，"A Retrograde Step for Indigenous People"，*The Australian*，April 5，2009.

士的领导之下，"原住民人口工作组"把维护土著的根本自由、人权以及建立有关土著民族权利的标准视为其工作目标，终于在第 11 次会议上完成了《土著人民权利宣言草案》 （*Draft Declaration on the Rights of Indigenous Peoples*）的拟定工作。① 随后，"原住民人口工作组"将草案文本提交给"禁止种族歧视与保护少数种族专门委员会"（Sub-Commission on Prevention of Discrimination and Protection of Minorities），后者于 1994 年采纳了该文本，并呈交给后来取代它的联合国"人权委员会"。1995 年，"人权委员会"建立了一个详细讨论《土著人民权利宣言草案》的不固定的休会期间的工作组。该工作组用了 12 年时间就宣言中提出的法律问题进行了广泛的争论与磋商。其中一个焦点问题是，对土著作为一个集体所享有的各种权利的保护会不会导致所在国的分裂？为了打消一些国家的疑虑，防止该宣言因它们的反对而胎死腹中，宣言第 46 条明确了国家主权完整的原则，认为对土著各种权利的认可与保护不应被视为对所在国主权完整的侵犯。2006 年 6 月 29 日，"人权理事会"② 以 30 票赞成、2 票反对、12 票弃权的表决结果通过了对宣言的修正案。这是该理事会通过的第一个具有实质性意义的决定。2007 年 9 月 13 日，联合国大会以 143 票赞成、11 票弃权、4 票反对的压倒性优势通过了这一历史性文件。

投弃权票的国家有阿塞拜疆、孟加拉、不丹、布隆迪、哥伦比亚、格鲁吉亚、肯尼亚、尼日利亚、俄罗斯、索马里和乌克兰。澳大利亚、美国、加拿大和新西兰等四国却结成反对联盟，拒绝承认这一有关土著权益的重要文件。有趣的是，上述四国均为发达国家，且是具有相同或相似文化价值观念的移民国家。从文中可以看出，作为国际社会最大也是最权威的组织，联合国在保护土著人民权益方面承担了历史赋予它的重任。如果没有联合国的有力倡导和系统性的组织工作；如果没有联合国对正义、公平和平等原则的伸张；如果没有联合国有关部门富有智慧和有效率的工作；当然，如果没有世界各地土著民族坚持不懈的斗争，那么《土著人民权利宣言》就不可能问世。

---

① Roderic Alley, *The Domestic Politics of International Relations*, Aldershot: Ashgate Publishing Limited, 2000, p. 162.

② 联合国"人权委员会"于 2006 年被"人权理事会"（Human Rights Council）所取代。

值得一提的是，澳大利亚土著代表直接或间接地参与到宣言草案的拟定①。在宣言草案拟定期间，"土著及托雷斯海峡岛民委员会"在日内瓦设立了一个常驻办公室。在那里，该委员会成员向联合国"人权委员会"成员进行游说，并且帮助他们拟订该宣言。这个办公室直到2003年才关闭。当时，"土著及托雷斯海峡岛民委员会"收到来自政府的警告，指出它的日子已屈指可数，但该委员会不为所动。澳大利亚参与此项工作最深入的要数迈克·道森。他与罗纳德·威尔逊合作撰写了《带他们回家》的报告，并在报告中指责澳大利亚政府对土著的种族屠杀行为。他还作为"联合国原住民问题永久论坛"的成员而参与联合国工作。该机构对迈克·道森的作用做了如下评价："十多年来，迈克与联合国'原住民人口工作组'一道拟定了土著人民权利宣言草案文本以及参与了联合国人权委员会工作组（Working Group of the United Nations Commission on Human Rights）最近对该宣言的审查工作。"②

（二）《土著人民权利宣言》的主要内容

宣言第1~6款承认土著拥有免受不利的种族歧视影响的民族自决平等和自由的一般原则和权利。其中第1款规定："土著民族无论是作为一个集体或个人，都有权利拥有被《联合国宪章》、《普遍人权宣言》以及国际人权法律所承认的所有人权和根本自由"；第7~10款涉及生命、健康（integrity）和安全的权利；第11~13款是与文化、精神和语言属性有关的权利；第14~18款涉及与教育、信息以及劳动权利有关的具体权利；第19~23款是指参与权，包括发展以及其他经济和社会权利等，宣言还规定，国家应该采取措施，与土著人民一道反对各种形式的暴力和种族歧视，确保土著妇女与儿童享受充分的保护和保障；第24~30款涉及土地、领土和资源；第31~36款解释了如何行使自决权，包括与国内地方事务如文化、教育、信息、媒体、住房、就业、社会福利、经济活动、土地和资源以及与环境相关的事务；第37款涉及与国家缔结条约、协定或其他建设性协定

①　Harry Hobbs, "Constitutional Recognition and Reform : Developing an Inclusive Australian Citizenship through Treaty", *Australian Journal of Political Science*, Vol. 53, No. 2, 2018, p. 180.

②　Keith Windschuttle, "A Depressing New Agenda for Aboriginal Politics, June 2008", http：//www. sydneyline. com/UN20declaration% 20indigenous% 20rights. htm. 2009 – 05 – 24.

的权利；第 38 款要求国家与土著进行合作，有关国家应采取适当步骤包括立法措施来实现该宣言的目的；第 39 款规定土著有权得到国家提供的财政和技术援助；第 40～46 款涉及执行权，阐明了国家和国际组织在承认《土著人民权利宣言》所规定的权利方面的作用，其中第 41～42 款谈到了联合国在保护土著权利方面的作用；第 43～45 款表明宣言中所阐明的权利应不加区分地适用于土著男性和女性，这些权利是世界土著民族生存、尊严和福利的最低标准；第 46 款讨论了该宣言与其他已得到国际社会认可的目标相一致的精神，并对该宣言中所声明的各种权利框架进行了解读。①

反对该宣言的上述四个国家的习惯法并不反对承认土著拥有土地权利的原则。在联合国体制中，20 多年来有关该宣言的一些争议中，遭到一些国家反对的主要条款之一就是承认土著民族有自决权。这些国家认为，承认土著的自决权将会导致分裂活动并威胁国家的领土完整。② 为了反击分裂观点，土著常常援引 1970 年的《国家间友好关系与合作国际法的原则宣言》（*Declaration on Principles of International Law Concerning Friendly Relations and Cooperation Among States*）中的保护条款，即"上述段落中均不得解释为准许或鼓励任何全面或部分肢解或损害主权与独立国家的领土完整或政治统一，拥有主权与独立的国家如按上述权利平等与民族自决的原则来指导自己的行为，就拥有一个代表着属于该领土之上无分种族、信仰与肤色的全民族的政府。"

对于反对承认土著拥有自决权的观点，土著还援引一般认定的民主政治的国际法标准予以反击。在今天的国际法中，自决权的概念是与民主参与不可分割地联系在一起的。

"对自决权的否定在根本上是与真正的民主不相适应的。只有当人民的自决权得到尊重，一个民主的社会才能繁荣不衰。"迈甘·戴维斯（Megan Davis）以澳大利亚为例来验证自决权对于民主社会建设的重要意义。他说，在澳大利亚，我们的民主制度是一个强制性的需要我们每三至四年走到投票箱的少数人参与的方式。这是一个事实：多数人的需要和希望使得少数人的利益相形见绌。这种现实使得公民如果不喜欢政府的政策就径直诉诸投票箱的观点变得虚弱。对少数人来说，在投票箱旁表达对政府政策的不

① United Nations, "United Nations Declaration on the Rights of Indigenous Peoples", http://www. un. org/esa/socdev/unpfii/documents/DRIRS_ en. pdf. 2015 – 08 – 24.

② Erica-Irene Daes, "An Overview of the History of Indigenous Peoples: Self-Determination and the United Nations", *Cambridge Review of International Affairs*, 21（1）, 2008, pp. 7 – 29.

满是困难的，因为它不会产生影响。国际法中的自决权与民主之间日益紧密的联系显而易见地考虑到土著澳大利亚人应对有关自身事务的决策和管理有更多的控制以及更多地参与澳大利亚的民主。从历史上看，在国际法和法律制度的建设中，土著的利益没有被包括进去。根据集体权利标准或要求，对他们迟来的承认使得一些不平衡和不公正现象能够得到处理。①

从上述分析可以看出，该宣言在法律上并不具备强制效果。"宣言"一语似乎给它套上一个更加神圣的光环，使它更接近于有组织的世界共同体所发表的最重要的政策声明，如 1948 年问世的《普遍人权宣言》。由于《土著人民权利宣言》并不像条约那样具有约束性，所以，投反对票的国家拒绝了"该文件是或者能够成为国际习惯法的任何可能性"。这些国家的基本立场是，由于缺乏国家惯例的支持，它并不构成"国际习惯法的证据"；不能为"在任何国际、国内或其他领域诉诸法律行动、控诉或其他主张"提供"一个适当的基础"。②

（三）澳大利亚拒绝签字

起初，澳大利亚政府是赞成《土著人民权利宣言》以及土著拥有自决权的。澳大利亚政府认为，"自 1991 年以来，我们在'原住民人口工作组'多次发表声明，赞成在宣言草案中使用'自治'术语。我们这样做是基于国家领土完整的原则已被国际社会所深刻铭记，因此，宣言草案中有关自决的内容不意味着分裂的权利。"③ 然而到了约翰·霍华德时期，澳大利亚的土著政策立场开始出现倒退。1998 年，时任澳大利亚外长亚历山大·唐纳声称，使用"自我管理"比使用"自决"一词要好，因为后者给人留下"我们准备建立一个单独的土著国家的印象"。④ 同年 6 月 2 日，保琳·汉森在联邦议会发言时以其惯有的种族主义口吻发问道："自治的准确含义是什么？它意味着自我统治？意味着如最近由一些新南威尔

---

① Megan Davis, "The United Nations Declaration on the Rights of Indigenous Peoples", http://www. ilc. University of New South Wales Press Ltd.. edu. au/news _ & _ events/documents/davis. 2011 – 08 – 22.

② S. James Anaya and Siegfried Wiessner, "The UN Declaration on the Rights of Indigenous Peoples: Towards re – empowerment", http://www. law. arizona. edu/news/Press/2007/Anaya100307. pdf. 2011 – 09 – 12.

③ Megan Davis, "The United Nations Declaration on the Rights of Indigenous Peoples".

④ "Downer Fears Phrase will Spilt Australia", *The Age*, 22 August, 1998.

士州著名政治家所建议的土著在议会拥有专有席位？……"①

对土著人民来说，《土著人民权利宣言》是一个重要的历史文件。联合国人权领域的专家们确信，该文件能够为土著人民行使集体权利而确立根本标准。

然而，对于这样一个保护土著基本权益的来之不易的国际宣言，澳大利亚政府却在联合国大会表决中投了反对票。在投票前，澳大利亚驻联合国大使罗伯特·希尔（Robert Hill）发表讲话称，自决原则不适用于土著民族。② 该国土著事务部长马尔·布拉夫（Mal Brough）9 月 14 日对此辩解说，该文件"不在我们澳大利亚人相信的公正之内"；"我们尚未腾出手来处理这一事宜，但它现已摆在眼前，它将为土著提供权益而将其他人排除在外。"③ 姑且不论这一观点是否正确，但澳政府的上述立场不仅遭到国内土著的强烈批评，国际社会对此也是一片谴责之声。此后，联合国有关人权组织、国际社会的一些进步人士纷纷敦促澳方改弦更张，但约翰·霍华德领导的自由党联合政府对此却不理不睬，并且认为土著问题不是澳大利亚社会的主要问题。霍华德政府的这一立场并非偶然，因为在他执政时期，在保护土著人民权利方面，澳大利亚就曾多次拒绝与国际人权组织合作。如 2000 年 8 月，联合国人权组织欲派有关专家赴澳进行土著生存状况调查，就遭到了澳方的严词拒绝。亚历山大·唐纳说，不允许联合国"人权委员会"委员访问澳大利亚，也不向他们提供任何信息。唐纳甚至威胁说，澳大利亚未来参与联合国的工作将取决于该委员会的改革。

九　对北部领地的"干预政策"

2007 年 4 月，《儿童是神圣的》（*Little Children are Sacred*）的报告发表。④

---

① Megan Davis, "The United Nations Declaration on the Rights of Indigenous Peoples".

② Roderc Pitty and Shannara Smith, "The Indigenous Challenge to Westphalian Sovereignty", *Australian Jourual of Political Science*, Vol. 46, No. 1, March 2011, p. 133.

③ "UN General Assembly Backs Indigenous People's Rights", September 13, 2007, http://afp.google.com/article/…2009 - 05 - 24.

④ 该报告是由雷克斯·威尔德（Rex Wild）和帕特里夏·安德森（Patricia Anderson）接受北部领地政府委任而共同撰写的。参见 Tim Rowse, *Indigenous and Other Australians since 1901*, p. 420。

该报告首次披露了北部领地儿童的性侵现象。这引起了霍华德政府的注意，并出台了"北部领地国家紧急状态反应"（*Northern Territory National Emergency Response*）的对策，亦称"干预政策"。

（一）"干预政策"的背景

澳大利亚政府对偏远土著社区做出紧急状态反应的起因似乎永远都是一个有魔力的话题。2006 年 5 月 15 日，艾利斯·斯普林斯的一个名叫纳奈特·罗杰斯（Nanette Rogers）的皇家副检察官（Deputy Crown Prosecutor）披露了北部领地存在广泛的儿童受虐现象。随后，马尔·布拉夫召集各州相关负责人开会，商议此事。会议达成了将采取必要措施予以应对的共识。但是，会后并没有采取任何行动。而《儿童是神圣的》报告发表后，霍华德很快与马尔·布拉夫商议，并决定在北部领地停止烈性酒的销售。6 月 21 日，马尔·布拉夫代表政府宣布了对北部领地的干预政策，这个一揽子方案包括 11 项范围广泛的措施，将在 73 个土著社区推行。[①] 7 月 23 日增补了第 12 项措施，即取消"社区发展就业项目"方案。毫无疑问，这是最具杀伤力的。8 月 16 日，作为处理北部领地土著儿童受虐的一个方案，《北部领地国家紧急状态反应法》（*Northern Territory National Emergency Response Act*）在澳大利亚议会获得通过。一个经费投入达 5.87 亿美元的一揽子干预方案开始生效。[②] 那么，联邦政府的前后反应为何有如此大的反差？霍华德本人给出的解释是，儿童性侵起初只是道听途说，但是很快，大家的关注度就转向土著社会的功能失调方面，干预政策因此出台。这是澳大利亚土著社会主流民意的结果。[③] 然而，在很多人看来，这只是霍华德本人的一面之词。这一政策的出台有着较为复杂的政治、社会和种族关系之背景。

（1）它是一个相当长的政策历史的结果，与约翰·霍华德围绕与土著澳大利亚人关系"正常化"而一贯坚持的意识形态的成见相一致。

早在 1996 年的大选中，霍华德就表现了对现行土著政策框架的极度怀疑。重构土著事务管理机制是他第一个任期内一个核心的意识形态的事

①　Tim Rowse, *Indigenous and Other Australians since 1901*, pp. 420 – 421.

②　Richard Broome, *Aboriginal Australians：A Hishory since 1788*, Sudney：Allen & Unwin, 2010, p. 343.

③　Alissa Macoun, "Abonginality and the Northern Territory Intervention", *Australian Journcal of Political Science*, Vol. 46, No. 3, September 2011, pp. 521 – 522.

务，并且通过一系列的否定措施而得到根本的体现，如取消"土著及托雷斯海峡岛民委员会"；修改土著土地权法；反对土著争取自身权利日程；拒绝向"被偷的一代"表示道歉；反对土著澳大利亚的各种不同的跨文化机构等等。① 必须指出的是，霍华德的执政地位并未因取消"土著及托雷斯海峡岛民委员会"而受到影响。更为有趣的是，自 2005 年 7 月 1 日起，执政的联盟党在参议院占据了多数。这给执政党联盟带来了出乎意料的红利。这是自 1996 年以来霍华德政府首次在土著事务方面（以及其他政策领域）显得无拘无束。此时，土著事务公共项目的管理与支出流向均发生了变化：土著的具体项目的拟定与管控被转移至联邦下辖的主流机构；土著具体事务的拨款逐步由定居地转移至更加偏远的地区。约翰·霍华德政府还希望对土著社区进行一些大的变革，干预政策便是他希望采取的步骤。在他的内心世界中，希望用当机立断、现场作业的军事模式来实现这样的干预：没有会议、没有许可、没有义务、没有磋商，只做他认为有必要去做的事情。②

（2）政党政治的机会主义路线的需要。

2007 年是澳大利亚的大选年。获得连任不仅是自由党的使命，也是霍华德本人矢志不移的梦想。但是，霍华德本人已在位十多年了。这既是一种优势，也是一种劣势。选前诸多民意显示，与年轻的陆克文率领的工党相比，霍华德领导的自由党联盟并不占优势甚至处于下风。如果这种局面持续下去的话，那么自由党交出权力并不令人感到奇怪；如果针对社会高度关注的某一问题采取果敢措施，那么这样的政治尝试是值得一搏的。自由党联盟认为，在选举的酝酿阶段有必要采取主动，利用媒体对土著社会消极面的关注作为一个争取民众支持的手段；执政党联盟还希望利用这一问题本身的歧义性在支持工党的阵营中制造分裂与不和，削弱其竞选的信心。③ 所以，詹姆斯·沃尔特和保罗·斯特朗基奥认为，当约翰·霍华德担心权力滑落时，那么"北部领地国家紧急状态反应"就是他加紧权

① Tim Rowse, *Indigenous Futures: Choice and Development for Aboriginal and Islander Australia*, Sydney: University of New South Wales Press Ltd., 2002.

② Tim Rowse, *Indigenous and Other Australians since 1901*, p. 423; "The Northern Territory Intervention in Aboriginal Affairs: Wicked Problem or Wicked Policy", http://press. anu. edu. au/agenda/015/02/mobile_ devices/ch08s03. html. 2015 – 08 – 27.

③ Dennis Grube, "The Rhetorical Framing of Policy Intervention", *Australian Journal of Political Science*, Vol. 45, No. 4, December 2010, pp. 562 – 565.

力控制的一个例证。①

（3）联邦"领地权力"（'territory powers'）的存在为采取如此干预政策提供了一个宪法上的理论基础。

澳大利亚联邦宪法已对联邦与州和领地之间的关系做了明确的界定，但后者想方设法去挑战前者的权力也是澳大利亚政治的一个常态。在联邦与州和领地之间的关系问题上，自由党联盟是相对保守的。自由党联盟坚持联邦至上的原则，不允许州和领地利用一些敏感问题去挑战联邦政府的权力，更不愿在一些涉及联邦政府权力及其威望的问题上做出妥协。② 因此，在对干预政策出台的背景进行具体考察时，我们还必须注意到这样一个广泛的背景：对北部领地的干预适逢联邦制在澳大利亚的前途受到越来越多的争议之时。所以，联邦政府选择这一非常时期出台如此干预色彩明显的政策，意在表明其拥有管理国家的最高权力是不容怀疑的，也是不容挑战的。从这个意义上说，干预政策的出台既维护了自由党联盟一贯所坚持的联邦高于一切的原则，又彰显了霍华德本人维护国家政治秩序的一种能力。

（二）"干预政策"的主要内容

北部领地的"干预政策"主要是由立法和具体措施两部分构成，其中立法工作占据显著位置。主要的法律文件有：（1）《北部领地国家紧急状态反应法》（2007 年）；（2）《社会安全与其他立法修正（福利支付改革）案》（2007 年）［Social Security and Other Legislation Amendment（Welfare Payment Reform）Bill 2007］；（3）《家庭、社区服务、土著事务以及其他立法修正（北部领地国家紧急状态反应以及其他举措）案》（2007 年）［Families, Community Services and Indigenous Affairs and Other Legislation Amendment（Northern Territory National Emergency Response and Other Measures）Bill 2007］；（4）《拨款（北部领地国家紧急状态反应）法案（第 1 号）》（2007～2008 年）［Appropriation（Northern Territory National Emergency Response）Bill（No. 1）2007–2008］；（5）《拨款（北

---

① James Walter and Paul Strangio, *No*, *Prime Minister*: *Reclaiming Politics from Leaders*, Sydney: University of New South Wales Press Ltd. , 2007.

② Dennis Grube, "The Rhetorical Framing of Policy Intervention", *Australian Journal of Political Science*, pp. 559 – 560.

部领地国家紧急状态反应）法案（第 2 号）》（2007 ~ 2008 年）[*Appropriation（Northern Territory National Emergency Response）Bill（No. 2）2007 - 2008*]。①

干预政策的具体措施有：（1）调动大量警力去指定的社区维护秩序；（2）对酒精和卡瓦酒（kava）的销售进行新的限制；（3）对受到公共资助的电脑进行色情内容过滤；（4）通过五年租约，给予一定但非公正条件的补偿，强制性地取得土著人民在《土著土地权法》（1993 年）所有权条款下拥有的市镇；（5）联邦将为土著社区的服务提供财政支持；（6）对土著习惯法以及其他文化习惯采取限制性考虑，诉讼程序将在刑法程序内进行审判；（7）取消进入土著土地的许可制度（permit system）；（8）采取一个强制性的收入管理方案，其中包括对 50% 的福利支出进行隔离，以及对那些被指定的土著购买食物以及其他必需品的大宗款项实行 100% 的隔离，把福利支出与儿童入学挂钩；（9）取消"社区发展就业项目"；（10）让土著孩子接受强制性体检而无须征求其父母同意，反对医生的神圣誓言；（11）在指定的社区，在所有的政府部门任命管理者来推动管理改革。②

（三）"干预政策"实施后的反响

这一政策出台后，各方反响不一，有支持者，也有反对者。

在议会表决时，反对党领袖陆克文接受了一个国家实施紧急状态反应法的前提，并对这项政策给予了支持。③

在土著社会内部，出现了界限分明的两派。其中一些土著评论家以及社会活动家在对干预政策的某些方面给予批评的同时，也肯定了采取这一举措的必要性。如诺埃尔·皮尔逊、马西娅·兰顿、贝丝·普赖斯（Bess

---

① "Northern Territory National Emergency Response", http：//en. wikipedia. org/wiki/National_ Territory_ National_ Emergency_ Response. 2012 - 07 - 12.

② Australian Institute of Health and Welfare 2010, Evaluation of Income Management in the Northern Territory, Occasional Paper no. 34, Department of Families, Housing, Community Services and Indigenous Affairs, Canberra, http：//www. fahcsia. gov. au/sites/default/files/documents/05_ 2012/op34. pdf. 2013 - 09 - 03.

③ Julia Gillard, *My Story*, Sydney：Penguin Random House Australia Pty Ltd. , 2015, p. 228.

Price）和加拉努伍·尤努平古。① 在约翰·霍华德政府宣布实施干预政策后，诺埃尔·皮尔逊就表示了有条件的支持。② 2007 年 6 月 22 日，他在接受采访时说，我同意对烈性酒的销售进行监管，赞同有关福利支出的附加条件。但是，在我们提供给政府的建议与布拉夫部长宣布的建议之间是有差异的，应把那些积极履行责任的与那些没有履行责任的人区别开来，前者应该继续拥有他们的支付自由以及自由地做出决定。土著学者马西娅·兰顿不认可干预政策是一个"政治计谋"（'political ploy'）的观点。在兰顿看来，持这一观点的人大多愤世嫉俗。③ 也有人对干预政策出台的背景进行了辩护，认为这一政策是此前很多政策失败以及联邦和州在对土著澳大利亚人责任认知方面产生裂痕的不可避免的结果；这是北部领地政府在 1/4 世纪内未将他们收到的资金进行适当投资来消除土著公民在教育、医疗以及基本服务方面处于劣势的结果。④

相比较而言，反对这一政策的人却越来越多。

这一计划遭到北部领地政府、"人权与机会均等委员会"、一些土著领导人以及社区发言人的攻击。一种愤世嫉俗的看法是，干预政策是一个政治阴谋——攫取土地、支持矿业公司并把黑人踢走、佯装关注儿童以及充斥阴谋理论等。⑤ 当然，多数人从不同方面对这一政策提出质疑和谴责。

第一，对"干预政策"出台的原因提出质疑。

澳大利亚联邦政府把实施"干预政策"的原因之一归于土著社区存在"恋童癖现象"，即儿童受到了性侵害。一些人认为，这是一个非常不清晰的焦点。"土著社会正义协会"（Indigenous Social Justice Association）主席雷·杰克逊说："恋童癖现象被证明是完全错误的，我尚未读到导致对北部领地干预的有关成人对儿童性侵的报告。" 相反，这些人认为，"干预政策"是受意识形态左右且对土著社会实际发生的情况未做深入调

---

① "Noel Pearson Discusses the Issues Faced by Indigenous Communities", http：//www. abc. net. au/lateline/content/2007/s1962844. htm. 2013 – 09 – 03.

② 诺埃尔·皮尔逊在谴责干预措施的方方面面之后，给予了有所保留的支持，并且相信干预措施是必要的和有价值的。

③ Marcia Langton, "It's Time to Stop Playing Politics with Vulnerable Lives", *The Sydney Morning Herald*, November 30, 2007.

④ "Noel Pearson Discusses the Issues Faced by Indigenous Communities".

⑤ Richard Broome, *Aboriginal Australians：A History since 1788*, p. 342.

查或了解的结果。①

干预方案本应是对《儿童是神圣的》报告的回应，但该报告的两位作者却对这一方案愤愤不平，原因是他们在报告中提出了 97 条建议，包括加强家庭和学校教育、减少酒精消费、提供公共服务、促进服务机构与社区之间的合作、赋予社区一些权力等，但只有 2 条得到了执行。持续的争论主要集中于如下事实：干预政策中的很多措施似与儿童性侵问题毫无干系，这些措施并无任何内在的逻辑关联或一致性。相反，霍华德政府实施的干预政策却打着自己的算盘。

干预政策的实际含义是什么？北部领地紧急状态反应本来是针对儿童性侵的，但很快（7、8 月）就转移到对土著社会功能失调的关注方面。8 月 29 日，在对"国家紧急状态司法所"进行首次访问时，霍华德总理表示干预政策是令居住在偏远地区的土著澳大利亚人主流化或正常化。他对赫曼斯堡（Hermannsburg）的居民说："在尊重土著民族在这个国家的历史和生活中的特殊地位时，他们的前途只能成为澳大利亚主流社会的一部分。"②"正常化"或"主流化"能够实现吗？这两个术语可以互换使用但很少得到解释，它们是备受争议的概念并且有很多重要的解读。一种解释是土著人民应该拥有与其他澳大利亚人同样范围的项目和服务，几乎没有人对此持有异议；另一种解释是约翰·霍华德感到满意的那种：土著公民应该采用"主流澳大利亚"（'mainstream Australia'）的经济和社会标准。③对第二种解读的最好回答是，如果土著人民继续在偏远地区生活，如果他们仍保持其显著的文化习惯以及偏好，如果他们拒绝或者不希望把定居地搬至城市和城镇的话，那么他们的社会经济地位的提升将肯定不会发生。

第二，对"干预政策"出台的方式进行谴责。

对北部领地"干预政策"的主要指责之一就是政府未与土著人民进行适当的磋商，它让原住民联想到传教时期非土著管理者拥有对土著生活横加干预的权力。来自北部领地的"穆尔卡多媒体中心"（Mulka Multimedia

---

① "Northern Territory Emergency Response（NTER）– 'The Intervention'", http://www.creativespirits.info/aboriginalculture/politics/northern – territory – emergency – response – intervention#oc0. 2012 – 07 – 12.

② 'PM Stands Frim on Indigenous Pemit System Changes', ABC News, 28 August 2007, http://www.abc.net.au/news/stories/2007/08/28/2017838.htm. 2012 – 02 – 12.

③ John Howard, *Lazarus Rising—A Personal and Political Autobiography*, p. 333.

Centre）主任雷马提亚·马尼卡 - 穆努吉里提（Raymattja Marika-
Mununggiritj）说："没有人与我们进行磋商；干预政策不尊重约隆古人的治
理和法律，仿佛它从不存在……干预政策不尊重我们的土地权、我们的文
化以及我们作为人拥有的权利。"即便是政府本身也承认缺乏与土著人民的
沟通。后来担任工党"家庭、住房、社区服务与土著事务部长"的珍妮·
麦克琳（Jenny Macklin）说："我承认，对北部领地的很多土著人民和社区
来说，由［霍华德］政府所鼓动的北部领地紧急状态反应让他们大为震惊，
并视为一次严重的冒犯。在这一举措开始之前，没有磋商，一些措施的性
质及其实施的强制性色彩无疑引发愤怒、恐惧和失望。"①

第三，对"干预政策"覆盖的社区范围和具体人群提出批评。

如果说"干预政策"是基于对北部领地儿童性侵的干预，那么儿童
受到性侵是一个局部事件还是一个普遍现象？坦率地说，政府方面对此也
心中无数，因为在实施干预前，它从未做过任何形式的调查工作。所以，
一些没有发生儿童性侵的社区或个人也被纳入其中，最终解决方案是将73
个人口超过200人的指定社区纳入干预范围。对于这种不分青红皂白的做
法，一位来自东安赫姆地的尼亚 - 迪哈林米尔（Liya-dhalinymirr）氏族的土
著长老非常气愤地说，各级政府把所有的土著一样对待，但他们是错误的。
这些白人和官僚没有去过我的同胞们居住的东安赫姆地土著社区，那里从
来没有酒精，也无儿童性侵。这里远离城镇，远离狂欢的酒区，远离纸牌
机器和赌博场所，这里生活的是能够掌控自己的资金和工作或希望去工作
的人。对福利署（Centrelink）实施的支付隔离应该是自愿选择的而非强制。
对那些生活在城镇营地和城市里的人，支付隔离是可行的，因为那里的酗
酒和赌博是一个问题，但对于没有赌博、没有酗酒以及没有儿童性侵的居
住在遥远的安赫姆地的人们来说，支付隔离是不可行的。②

第四，对"干预政策"的一些措施表示不满。

对北部领地进行干预的一个主要措施就是限制消费。为了阻止土著居
民把福利支出花在酗酒和垃圾食品上，他们收入中的一半将被纳入政府的
控制，且只能通过"基本需求卡"（Basic Cards）来支付。此卡在土著社区

---

① "Northern Territory Emergency Response（NTER）- 'The Intervention'".
② "Julia Gillard, *My Story*, p. 228；Northern Territory Emergency Response（NTER）- 'The Intervention'".

并不受欢迎，其主要原因是：一是在使用方面让一些土著妇女特别是没有识字能力的年长妇女感到困窘，因为她们不知道如何使用消费卡或做到收支平衡；二是此卡在管理方面并不安全；三是只能在政府批准的食品批发商店才能使用，这让持卡人没有选择的自由；四是让使用者感到羞辱和有失尊严。"新南威尔士土著土地委员会"主席贝夫·曼顿（Bev Manton）通过亲身体验，道出了自己的内心感受：

"在北部领地使用定量供应卡购物大致包含下列情形：你进入城镇的一家商店，这家商店是接受你的卡的几家商店之一，你完全没有意识到你的卡中的余额，没有查出余额的简易方法。

你在商店挑选商品，但没有余额的概念。人们倾向于选择比较便宜的、不太健康的食品，以避免在你准备付账时，把选购的商品放回货架上的羞耻感。

新鲜食物，包括红肉、蔬菜和水果只能小量购买（如果这些食物有供应的话），它们太昂贵了。

然后，你朝付账柜台走去，排队等候，但是，当你准备付款时，你的卡上没有足够的信用额。当你的身后低声抱怨和耳语的人越来越多时，你被要求去超市尽头的另一个侧廊，这是专门为'你们这帮人'准备的。这时候，你被告知你支付不了你需要养家糊口的1/4的商品。"[1]

所以，贝夫·曼顿得出结论说，所谓的基本需求卡是完全没有用的。

第五，干预政策限制了受到影响的土著居民的下列权利，这让他们感到不满。

（1）免于种族歧视：为了让联邦政府执行北部领地紧急状态反应法，这就需要中止1975年的《种族歧视法》。因为只有这样，才能迫使土著社区在控制土著土地的五年租约上签字、禁止土著社区的酒精消费和分配、通过收入管理以及储蓄卡来控制消费模式等行为成为合法。（2）财产权：联邦政府通过可更新的五年租约而不给予公正补偿的方式强制性取得和控制被指定的土著土地和社区生活区域。（3）社会安全、适当的生活水准、健康和教育权：由于干预政策的实施，土著在这些方面的权利无

---

① "Northern Territory Emergency Response（NTER）- 'The Intervention'".

疑受到影响。（4）自决权：在实施干预措施之前，政府有关部门未与受到影响的土著社区进行过任何形式的磋商。（5）工作权：干预政策取消了"社区发展就业项目"（随后又部分予以恢复）。其他干预措施还包括：剥夺"社区发展就业项目"各组织的财产、任命政府事务管理者。政府事务管理者拥有出席任何经民主选举而产生的组织所举行会议的法律权利，以及拥有管理镇区的绝对权力。（6）儿童权利：政府未能利用儿童权利框架来解决对土著儿童的性侵问题。自干预政策宣布至 11 月 7 日的 138 天内，随着对武装力量的动员，对志愿援助工人的征召——形成了媒体对土著事务近乎疯狂的关注，政治家及其代理机构对干预政策的盲目维护通常是基于一个看似无懈可击的"拯救孩子"（'save the children'）的呼吁。"拯救孩子"的呼吁是一个道义责任，其中隐藏未经宣布的、未经检验的但是非常明显的意识形态，这与对儿童福利的关注相去甚远。（7）司法权：在保释以及审判听证会上对所有犯罪采取的司法程序中，对土著习惯法和文化习惯采取限制性考虑的措施。

综上所述，在联邦政府以及一部分土著那里，干预政策有其推行的充分理由，并且相信这些政策与措施能够达到一定的预期目的。但是，随着时间的推移，干预政策在实践中所遇到的困境越发显著。这就引发了一个现实问题：这一充满争议的政策是否有必要继续执行下去？如果有必要的话，那么是否需要进行一定的调整？未等这些问题真正成为一个政治上的焦点，霍华德就黯然下台了。这个难题摆在了即将上台的陆克文政府面前。

十　"实际的和解"？

（一）"实际的和解"理念

约翰·霍华德不愿意对土著民族尤其是"被偷的一代"表示道歉，也不赞成与土著缔结一个有约束力的条约，而执著于他的"实际的和解"的理念。

在 1997 年 5 月召开的"澳大利亚和解大会"上，霍华德较为清晰地阐释了他的"实际的和解"理念。他说："政府和领袖们仅仅通过立法、命令、声明或演讲是不能让和解发生的。真正的和解一定来自澳大利亚人民的内心和思想……";"如果过多地重视象征性姿态以及过分渲染诺言，而不关注土著及托雷斯海峡岛民在健康、住房、教育以及就业等领域的实际需求，那么和解就不能前进。"2000 年早期，约翰·霍华德曾抱怨道：澳大利亚从来就没听说过有关土著民族的好的消息、故事或者在改变他们的不利地位方面所取得的进展。就这一点来说，他是对的。正因为如此，在 2000 年悉尼举行庆典之前，霍华德对一位记者说，他的有关和解的观点已经发生了改变，并且还会改变。6 月底，米歇尔·戈登请他具体解释这种变化体现在什么地方。霍华德说，"我想我更加坚持这样的观点，即做实际的事情是有益的。"在 2000 年悉尼庆典会之前，我在联邦议会所发表的"真诚的遗憾"（'sincere regret'）的声明与几年前政府的立场相比，是一个重要的转向。那时人们还要求政府走得更远，但在"实际的和解"方面，政府有更多的事要做。霍华德对通过立法来解决与土著相关问题的必要性表示怀疑，并且对"条约事宜"回到议事日程表示失望。①

这种把联邦政府优先考虑的问题重新调整到"实际的"而不是具有象征性意义的和解在澳大利亚社会激起广泛的争论。② 一些保守主义评论家赞同霍华德的"实际的和解"政策。如 P. P. 麦吉尼斯（P. P. McGuinness）就认为："土著社会可怕的无望和与日俱增的自杀……并不需要一个和平条约或一个正式的和解声明。土著社会所需要的是通过实际的举措来克服实际问题的某种真正的努力。"③

然而，存在大量对霍华德政府优先考量"实际的和解"政策的批评。虽然评论家们承认在纠正土著社会经济地位低下方面有着迫切需求，但他们谴责自由党联合政府以及总理本人把"和解"的含义缩减为仅仅是同化的含义的立场。如亨利·雷诺兹就认为，霍华德总理"坚决拒绝讨论条约，并且似乎视和解为改善服务投送。这是一种狭隘的、毫无想象力的以及本质上是同化主义者的观点。"④ 自由党联合政府对

---

① Michael Gordon, *Reconciliation：A Journey*, p. 131.

② Colin Tatz, "The Reconciliation Bargain", *Melbourne Journal of Politics*, 25 (1), 1998, pp. 1 - 2.

③ P. P. McGuinness, "Reconciliation is a Two-way Street", in M. Grattan (ed.), *Essays on Australian Reconciliation*, p. 239.

④ Vern Hughes, "Progress from the Grassroots", *The Australian*, 29 July, 2003, p. 11.

"实际的和解"的支持还被指责为不愿做太多解决土著社会地位低下问题的事情。"霍华德在土著健康、教育和就业（媒体有报道但未做严肃的分析）方面所做的空洞的承诺与政府在这些领域缺乏有效的方案形成鲜明对比。"[①] 还有观点认为，霍华德政府所采取的新的土著政策很少是基于政策改进的愿望，更多的则是基于拒绝前基廷政府的政策，而且这种政策还受到民意测验和民粹主义的推动。一些土著评论家进而主张，和解应该被定义为包括象征主义和土著主权，而不是作为一个只涵盖公民权的进程。为了成功地实现和解，其他行动包括象征性举措也是必不可少的。

（二）有限的和解成果

由于自由党政府不承认土著社会是一个拥有各种权利的实体，所以在拒绝"土著和解委员会"拟定的和解文件时，他们便诉诸欺骗的立场，即只有"实际的和解"才能够减少"土著问题"。那么，霍华德口口声声所倡导的"实际的和解"取得了什么样的成果呢？

自1996年约翰·霍华德政府执政以来，尽管在土著健康支出方面有51%的增长，还有一些社会热心人士对土著健康事业给予了力所能及的支持，但是，土著致盲人数仍比其他澳大利亚人多出10倍；冠心病发病率是其他澳大利亚人的4倍；在20～50岁之间，土著的糖尿病发病率是其他澳大利亚人的10倍多。在教育方面，虽然霍华德政府认为土著12年义务教育率增长了3倍，即从20世纪70年代的8.6%增长到33%。然而，事实情况是，澳大利亚直到1994年才有全国统计数字，当时12年义务教育率是32.5%。即使是联邦政府发起的行动，如关注土著的眼睛健康问题，其进展也令人失望。健康部长米歇尔·伍尔德里奇（Michael Wooldridge）于1997年委托墨尔本大学眼科学部主任休·泰勒（Hugh Taylor）教授从事一项研究。泰勒研究后发现，在一些地方，沙眼病的流行与严重性仍然与20年前他与后来成为教授的弗雷德·霍洛斯一起在同一地区遇到的情况一样。尽管米歇尔·伍尔德里奇接受了泰勒提出的17项建议，霍华德在他1998年访问土著社区时也宣布政府将斥资支持眼睛健康计划，但泰勒说，情况并没有什么变化。2000年3月，他说，"基本

---

① Robert Tickner, *Taking a Stand: Land Rights to Reconciliation*, p. 47.

上说，这些建议从最好的方面来说没有得到完全执行，从最坏的方面来看是没有得到执行。"泰勒还谈到了把这种经历视为有关官僚机关、联邦和州内部惰性程度的一次有益的教训。泰勒说："我生活在有冷热自来水、电和有分类垃圾箱的房子里，你能够想象对生活在这些偏远地区的土著和托雷斯海峡岛民来说，那会是什么样子。……日复一日，年复一年，这无疑将是毁灭性的。难怪人们会挨饿。"①

一些调查报告详细揭示了北部领地的教育危机、偏远地区的吸毒状况以及昆士兰地区逐步升级的内部暴力现象。如《妇女专门委员会有关昆士兰暴力的报告》（*Women's Task Force Report on Violence in Queensland*）就披露了昆士兰州逐步增加的暴力、性犯罪以及违反内部秩序的事件，如1994年为664起，到1998年就上升为1075起。"严酷的现实是很多家庭现在陷入离经叛道和暴力行为开始被认为正常的环境中。"② 1999年，澳大利亚统计局指出，"作为一个群体，与其他澳大利亚人相比，土著在社会经济因素方面处在不利地位，这些不利因素置他们于疾病以及福利缩减的巨大危险之中。"③

由于长期关注土著事务，路易斯·奥多诺霍对土著人民的处境可谓了然于胸。她在2003年12月撰文指出：

> 事实上，第一世界国家发展了一些非常复杂的和微妙的展示其人权信仰的方式，而与此同时却在不断地忽视或否定这些方式。
>
> 让我现在聚焦土著的独特经历。我心情沉重地说，政府的和解政策已告失败。在此方面，我们悲哀地落后于新西兰、加拿大和美国等国。
>
> 和解以及土著土地权已脱离政府的议事日程。取而代之的是霍华德所称的"实际的和解"——为健康、住房、教育和就业提供基本资源。
>
> 这是一种福利模式，一种贴上资助标签而非基于对澳大利亚第一民族权利根本认可的模式，而且它已经失败。如果有什么区别的话，那就是澳大利亚土著人民的健康和福利正在变得更糟。

---

① Michael Gordon, *Reconciliation: A Journey*, pp. 6 - 7.

② Michael Gordon, *Reconciliation: A Journey*, p. 6.

③ Australian Bureau of Statistics, *The Health and Welfare of Australia's Aboriginal and Torres Strait Islander Peoples*, Canberra: ABC, 1999, p. 2.

我们面临的形势依然是，土著澳大利亚人处在第三世界的健康水平，我们的孩子在婴儿时就面临死亡，死亡率与世界上最贫困的国家相等，土著的寿命比非土著少20年。

我们仍然面临这样的形势：绝大多数土著生活在贫困线以下。受到关护、拘押或其他形式监禁的澳大利亚年轻人中有60%是土著。有20%的成年男性犯人和令人惊愕的80%的女性犯人是土著。

这是发生在我们土著只占总人口2%的社会！

家庭暴力和孩子遭到性侵在土著社会成为地方病。这是一个大问题。它需要优先得到解决。……①

具有讽刺意味的是，当约翰·霍华德对种族和解感到失望时，他比这个国家的任何政治家都敢于挑战相互义务的原则。② 其结果是，在他执政期间，土著各方面的状况在不断地恶化（见表8）。乔恩·奥尔特曼（Jon Altman）和博伊德·亨特（Boyd Hunter）俩人均怀疑霍华德政府所强调的"实际的和解"政策的有效性。他们对十年和解进程中土著的社会经济状况做了全面考察，并把霍克、基廷和霍华德时期的土著状况进行了比较，得出的结论是："自1996年以来，实际的和解成为土著政策发展的修辞学上的基础，然而，没有证据表明霍华德政府比其前任们为土著澳大利亚人提供了更好的待遇。"比如在健康方面，在20世纪90年代，土著的寿命并没有增加。2001年，土著男性寿命为56岁，女性为63岁。而同期非土著男性寿命为77岁，女性为82.4岁。③ 在社会公正方面，土著遭遇司法上的种族歧视。土著犯人占监狱犯人比例由1991年的14%上升到2001年的20%。④ 在住房方面，土著拥有自有住房率由1996年的31%上升到2001年的32%，而非土著拥有自有住房率在1996年至2001年间为71%。⑤

① Lois O'Donoghue, "Practical Reconciliation: a Dismal Failure", *The Age*, December 11, 2003.
② Michael Gordon, *Reconciliation: A Journey*, p. 127.
③ Australian Bureau of Statistics, *Deaths, Australia*, Cat No. 3302.0., Canberra: Australian Bureau of Statistics, 2001.
④ Australian Bureau of Statistics, *Prisoners in Australia*, Cat No. 4517.0, Canberra: Australian Bureau of Statistics, 2001, p. 9.
⑤ Australian Bureau of Statistics, *Year Book Australia 2002*, Cat No. 1301.0, Canberra: Australian Bureau of Statistics, 2002, p. 233; Australian Bureau of Statistics, *Year Book Australia 2003*, Cat No. 1301.0, Canberra: Australian Bureau of Statistics, 2003, p. 249.

在就业方面，到达工作年限的既未就业也没有在"社区发展就业项目"中找到一份差事的土著在 1991 年为 71.4%，2001 年则为 66.8%。[①]

表 8　2006 年北部领地土著与北部领地非土著主要指标比较

项　目	北部领地—土著	北部领地—非土著
失业率(% 劳动力)	14.4	2.6
劳动参与率(% 成年人)	38.9	78.7
人口就业率(% 成年人)	33.3	76.6
私营部门就业(% 成年人)	19.2	32.8
中等收入,个人(美元)	215	712
中等收入,家庭(美元)	837	1324
拥有或正准备购买住房(% 家庭)	20.0	56.4
每间卧室平均人数(人)	1.8	1.1
家庭人口(人)	4.5	2.5
从未上过学(% 成年人)	8.5	0.7
完成 10 年或更高教育(% 成年人)	40.2	88.7
完成 12 年教育(% 成年人)	10.1	48.4
拥有学校后教育资质(% 成年人)	13.1	52.2
有学位或教育程度较高的(% 成年人)	1.8	19.1
年龄超过 55 岁的人口(% 人口)	7.7	16.1

资料来源：2006 年澳大利亚统计局有关人口与住房统计。

质言之，在霍华德长达 11 年的执政期内，"实际的和解"政策在三个层面是失败的。首先，这一政策忽视了象征性和解在向土著人民提供公正与平等方面的重要性；其次，这一政策并没有承认土著权利如自决权和土地权与土著社会经济不公之间的根本关联；最后，这一政策在减少土著社会经济不公方面并没有取得实效。

没有人否认约翰·霍华德是澳大利亚历史上最杰出的政治家之一。在推行西方政党制的国家里，一个政治家如果能顺利地履行完一个法定任期，那么这位政治家就算是合格的了；如果能够获得连任，那么他（或她）肯定有值得称颂的优点；如果能够蝉联几届，那么此人就一定

[①]　Matthew Gary and Tony Auld, *Towards an Index of Relative Indigenous Socio-Economic Disadvantage-Discussion Paper No 196/2000*, Canberra：Centre for Aboriginal Economic Policy Research, 2000.

有过人之处。约翰·霍华德连任多届政府总理，其中的原因也是多方面的。作为一个跨千年的政府总理，独特的时代背景、稳健的执政风格、国内经济的持续稳定发展以及多年风雨历练的圆滑和世故，使得他稳坐执政宝座。然而，正是上述这些因素使得他的保守主义执政理念大行其道。这一点在土著问题方面体现得尤为明显。约翰·霍华德非常清楚，当一个社会的多数成员拥有平等地参与社会管理的机会并且分享经济持续发展所带来的红利时，是没有多少人在乎那些仍处于边缘化的社会群体的生存状态的。即使出现土著社会的不满与抗争，甚至有一部分非土著群体站在土著群体一边，当然也少不了反对党的肆意攻击，约翰·霍华德还是非常自信，他所领导的自由党联盟政府仍能趟过急流险滩。当这种执政理念和自信作用于土著政策时，人们对约翰·霍华德时期保守的土著政策就不会感到惊讶了。

1996年以霍华德为首的自由党联盟上台时，适逢十年和解进程行至半途。这本应是一个承上启下、继往开来的重要阶段，而且2000年悉尼举办奥运会、2001年澳大利亚联邦成立一百周年都是这一阶段的重要事件。如果自由党联盟能够在战略层面将种族和解与这两个重要事件有机地联系起来，在强调"实际的和解"的同时，在一些"象征性"的和解议题方面取得一定的突破并非没有希望和可能。然而，霍华德政府在本质上拒绝了霍克和基廷政府所提倡的土著权利的有限概念（如自决权、土著土地权）以及象征性和解（如正式承认土著旗帜等）的政策，又在很大程度上忽视了被广泛认可的和解进程中所要实现的基本目标以及联邦议会通过《土著和解委员会条例》时所形成的两党一致的原则等。相反，他的政府却执行了一个看似对土著社会有益的"实际的和解"新政策。其实，这种新政策与土著社会同样重视的象征性和解并不存在相互排斥的关系，但霍华德政府偏偏要将这二者对立起来，致使20世纪70年代就开启的种族和解进程出现了停滞不前甚至倒退的局面。

第九章
种族和解进程的回转
——陆克文、吉拉德时期

2007 年 11 月，澳大利亚联邦大选揭晓，工党力克执政长达 11 年之久的自由党联盟，从而宣告约翰·霍华德希望创造战后总理连任时间最长的神话破灭。工党上台后，澳大利亚在土著政策方面的变化令人耳目一新。2008 年 2 月 13 日，陆克文总理①在联邦议会发表讲话，对澳大利亚土著多年来所遭受的不公正对待表示正式道歉。这一迟来的道歉不仅是对工党一贯所坚持的种族和解理念及其政策的继承与弘扬，而且是对前自由党政府顽固不化的土著政策的一种批评与否定。当然，更具有历史意义的是，它承认了土著多年来所遭受的不公正待遇，以及做出将采取必要举措来减少土著与非土著之间在健康、教育以及生活水准等方面的差距的承诺。这恰恰是遭受歧视的一方即土著民族所需要的一种精神上的慰藉和物质上的补偿，也是种族和解进程中不得不解决的两个重要问题。一年后，即 2009 年 4 月 13 日，澳大利亚联邦政府发表正式声明，支持《土著人民权利宣言》。此举表明作为国际社会的一员，澳大利亚应在承担国际义务的框架下正视国内的土著权利问题，这与前自由党政府的立场形成了鲜明对比。陆克文的上述两个举措让人们有理由对新工党时期的土著民族命运以及种族和解进程的前景持乐观态度。事实也证明，新工党政府的确采取了一些改善土著民生的政策或措施，也收到了一定的成效。然而在道歉过后，工党政府未能满足土著社会提出的建立赔偿制度的要求，并且沿袭自由党政府对北部领地的干预政策，致使工党的种族和解政策遭受质疑，土著社会以游行示威等方式表达其不满。2010 年 7 月，陆克文

---

① 2007 年 11 月至 2010 年 7 月、2013 年 6 月至 10 月，陆克文曾两度出任总理。

因党内纷争黯然下台。① 工党副总理朱丽娅·吉拉德取而代之，成为澳大利亚历史上第一位女总理。吉拉德上台后，继续执行陆克文时期制定的"消除差距"战略。2011 年 2 月 13 日正值向澳大利亚土著民族道歉三周年之际，全澳境内的社区组织举办一系列活动以示纪念，这些活动得到澳大利亚政府的支持。2012 年 6 月，《北部领地更加强劲的未来》（*Stronger Futures in the Northern Territory*）被作为一项法律获得联邦议会通过。这是吉拉德执政时期出台的执行"消除差距"战略的最有影响的举措之一。令人欣慰和更具有象征意义的是，在吉拉德执政的最后一年，主要党派就宪法承认土著人民给予了原则支持，这才有了《2013 年土著及托雷斯海峡岛民承认条例》（*Aboriginal and Torres Strait Islander Peoples Recognition Act 2013*）（简称《承认条例》）在联邦议会的通过。当然，问题也接踵而至，何时举行全民公决以及如何修改宪法却成为一个非常现实的政治难题。

一 政治道歉与未竟的和解事业

2007 年澳大利亚联邦大选注定是一个具有历史意义的事件，这不仅是因为名不见经传的工党年轻领袖取代了想创造总理连任神话的自由党党首，还由于土著问题成为联邦大选中的一个焦点问题。陆克文在竞选中喊出了"全面提升澳大利亚整体水平"的口号，并且许诺一旦当选，就以政府的名义向土著居民道歉。② 2008 年 2 月 13 日，这一天是土著翘首以盼的日子。陆克文就在当天开幕的新一届联邦议会会议上代表政府并以议会名义向土著居民尤其是"被偷的一代"表示了正式道歉。③

（一）联邦大选与土著问题

土著问题很少成为联邦大选中的主要议题之一，但 2007 年的大选是一

---

① 2013 年 6 月 27 日，陆克文在党内斗争中取胜并取代吉拉德再次成为澳大利亚总理。不过，好景不长。陆克文领导的工党在当年 9 月举行的大选中失利，联合党领袖托尼·艾伯特（Tony Abbot）成为澳大利亚新总理。

② 〔澳大利亚〕田地、李洋：《总理是位"中国通"》，北京：新华出版社，2008，第 171 ~ 172 页。

③ "Text of PM Rudd's 'Sorry' Address", *The Age*, February 13, 2008.

个例外。联盟党领袖约翰·霍华德在竞选中承诺，如果他再次当选，那么将就修改宪法来承认土著澳大利亚人而举行全民公决。他说，土著人民的独特属性以及他们保护其遗产的权利应该得到承认。而工党在竞选中则推出"新"的理念。这里的"新"意味着很多。工党在野十余年，如果走到政治前台，那肯定是新的。更重要的是，"新"不仅意味着新总理、新政府，也意味着新思维、新风尚。① 陆克文在竞选中承诺，一旦当选，他将以政府的名义向土著居民表示歉意，并且支持《土著人民权利宣言》。陆克文说，向土著居民表示道歉有助于消除黑人与白人之间的裂痕。"我们对道歉的承诺是明白无误的，在竞选之前我就说过。如果我当选，我会这样做，我们正准备这样做。我多次说过，站在民族的角度来说，这样做是因为存在未竟的事业。我们有必要去完成它，因为道歉的象征意义是重要的。但是，意义还不止于此。我说过，这是在建立尊重之桥，我认为在最近几十年间，它是处在某种失修的状态。"② 与工党旗帜鲜明地阐述其在土著问题上的立场形成对比的是，代表自由资产阶级富裕阶层以及农场主利益的自由联盟则含糊其辞，甚至敷衍以对。然而，随着竞选的深入，工党的平民化倾向及其以平等和公正来促进民族整体进步与社会和谐发展的主张，得到了更多选民的支持。固执己见甚至自觉有某种优越感的自由党联盟在竭力维护着所谓尊严的同时，与广大选民渐行渐远。此时，自由党联盟内部在是否向土著居民表示道歉的问题上也出现了分歧。有人提议，为争取民意，可以考虑向土著居民表示歉意，但十分自负的约翰·霍华德最终未能跨出这一步，虽然这不能解释为他竞选连任失败的原因，但土著问题成为联邦大选中一个备受关注的社会问题，并导致工党向广大选民尤其是向土著居民做出承诺，这本身就寓意深远。

（二）向土著居民正式致歉

陆克文总理在位期间推行较为积极的土著政策，其中向土著居民表示道歉就开了澳大利亚联邦政府土著政策之先河。为了体现工党政府此举的良苦用心，并且希望得到土著社会的认可以及非土著社会的同情与支持，

---

① 〔澳大利亚〕田地、李洋：《总理是位"中国通"》，第 150 页。
② Phil Mercer, "Australian Aborigines Prepare for Historic Apology", 2008, http：//www. voanews. com/English/archive/2008 – 02/2008 – 02 – 12 – voa8. cfm？ 2009 – 02 – 12.

陆克文政府在选择以何种名义向土著居民尤其是"被偷的一代"表示道歉、道歉的前奏、道歉的时间与场合、道歉的内容等方面均做了精心策划与安排。

1. 以联邦议会的名义致歉

为了兑现竞选承诺以及扩大道歉的道义基础，以陆克文为首的工党政府并没有沉浸在战胜自由国家党联盟的兴奋之中，而是考虑用两党联盟的方式并以联邦议会的名义向土著居民表示道歉。这一倡议一度让自由党联盟左右为难，但最终它不得不与工党站在一起，甚至在土著政策方面与工党形成联盟。

澳大利亚的土著问题由来已久。自1901年澳大利亚联邦成立以来，历届政府曾采取诸如隔离、同化等种族歧视政策，但土著问题依然故我。在澳大利亚联邦政府不断更替而土著问题仍然得不到有效解决的情况下，突破政策制定受制于两党或两党联盟政治体制掣肘的瓶颈，用党派一致的原则去审视土著问题，力争在制定土著政策方面排除杂音，是上台不久的陆克文政府期望之中的目标。为推动已陷僵局的种族和解进程，工党向自由党联盟发出了在土著问题上保持两党一致的倡议，建议两党携手并以议会的名义向土著居民道歉。

面对工党的这一倡议，自由党联盟习惯性地表示反对。2007年12月，反对党领袖布伦丹·纳尔逊（Brendan Nelson）说，鉴于前几代人所做的绝大多数事情均出于善意，他不支持一个正式的道歉。可是到了2008年1月28日，布伦丹·纳尔逊又把上述立场易为"较为关注"陆克文的计划，并且补充说，在做出正式回应前，他希望看到总理提议的细节内容。布伦丹·纳尔逊的举棋不定是自由党内心充满矛盾的真实写照。一方面，在治理国家尤其是发展国内经济方面，自由党向来瞧不起工党。[①]支持工党的这一决定意味着自由党过去一直津津乐道的土著政策的失败。[②]另一方面，如果对工党的这一倡议说"不"，那么在极富改革精神的工党推动下，未来的土著政策自然充满变数。如果确实按照工党的既定路线在发展，那么届时自由党再想改弦易辙，其付出的政治成本可想而

---

① Nick Cater（ed.）, *The Howard Factor-A Decade that Transformed the Nation*, Melbourne: Melbourne University Press, 2006, pp. 65 – 104.

② Mick Dodson, "Indigenous Australians", in Robert Manne（ed.）, *The Howard Years*, Melbourne: An Imprint of Schwartz Publishing, 2004, pp. 119 –143.

知。在这种进退两难的情况下，机智的布伦丹·纳尔逊采取了迂回战术，他并没有就是否道歉做出明确表态，而是道出了自己的担心。他说："有些人反对道歉，担心这将导致赔偿。"① 丹尼斯·简森（Denis Jensen）议员则直截了当地说："在我看来，道歉会引发很多其他问题，如赔偿。"但是，自由党议员中也有不同的声音。弗兰·贝利（Fran Bailey）说，"我赞成，我肯定赞成道歉。我认为这是我们不得不做的事情，然后继续前进。"史蒂夫·西奥波（Steve Ciobo）议员则补充道："到了由我们说道歉的时候了。很显然，我会密切关注道歉的实际用语，但我支持道歉的广泛精神。"②

工党政府的积极倡议、主流社会的期待以及一些反对党议员的推动，使得右翼政治联盟最终同意与工党一道以联邦议会的名义向"被偷的一代"致歉。不仅如此，布伦丹·纳尔逊还接受了陆克文总理提出的在制定土著政策方面形成"联合政策委员会"的建议。③ 这一建议一旦付诸实施，那么这无疑是"二战"以来澳大利亚首次出现这样的政治联盟。④ 这是确保对土著政策的政治责任平稳扩大的一个联盟。在谈到与布伦丹·纳尔逊磋商有关道歉事宜时，陆克文说："塑造历史的不是情感而是行动。国家在召唤我们政治家抛开幼稚的争吵、宿怨以及愚拙的党派政治，最起码把这个国家的责任的核心区域提升至超越党派界限的卓越地位。"⑤

2. 倾听"被偷的一代"的诉说

走访"被偷的一代"土著，从真实的故事情节中寻觅道歉的灵感、情感甚至语言，是陆克文政府在正式道歉前不得不走的一步棋，而且是一着妙棋。

1997 年问世的《带他们回家》的报告陈述了"被偷的一代"有家不能回、亲人相逢不相识的凄惨境遇。这对自幼家境贫寒的陆克文触动很大。然而，百闻不如一见。找寻可靠的故事就成了陆克文道歉前的一个必

---

① Steve Lewis, "Rudd's Ready for the Risk in Saying 'Sorry'," *The Daily Telegraphy*, January 29, 2008.

② Phil Mercer, "Australian Aborigines Prepare for Historic Apology", 12 February, 2008, http://www.voanews.com/English/archive/2008 - 02/2008 - 02 - 12 - voa8. cfm? 2009 - 02 - 12.

③ Patricia Karvelas, "Brough not in Indigenous War Cabinet", *The Australian*, April 29, 2008.

④ Russel Ward, *A Nation for a Continent: the History of Australia 1901 - 1975*, Richmond: Heinemann Educational Australia Pty Ltd., 1977, p. 250.

⑤ Philop Coorey, "Building a Nation Together", *The Sydney Morning Herald*, February 14, 2008.

不可少的步骤。陆克文总理所做的就是以一个权威的真实故事把令人感动的话语从纸面带到生活中。在表示道歉的前一个星期六，陆克文拜访了生活在堪培拉城郊的"被偷的一代"的成员之一、时年 70 岁高龄的土著老人拉纳·隆伽拉·费耶（Nanna Nungala Fejo）。

陆克文后来在议会饱含情感的道歉得益于他与费耶面对面的交谈。身为人父的陆克文从费耶的经历中感受到父母之爱对一个孩子尤其是对从父母身边被强行带走的那些孩子的重要性。让陆克文倍感欣慰的是，虽然命运多舛，但费耶并没有因此而气馁，她的坚韧、顽强、乐观和豁达终于让她在有生之年安享天伦之乐。更让陆克文感动的是，遭遇如此不幸的费耶并没有抱怨命运的不公，也没有责备那些给她及其家庭甚至土著社会带来痛苦的人，更没有要求现在的政府或议会去承担责任，只是希望陆克文告诉议会："所有的母亲都是重要的。"[1] 如此平常却又蕴含哲理的话语让陆克文的心情久难平抑。费耶的大度很容易使人们记起法国著名科学哲学家朱尔·昂利·彭加勒（1854~1912 年）的经典语录："确实，憎恨也是一种力量，一种十分强有力的力量；但我们不可能利用它，因为它使每一种事物显得更为渺小，因为它像只能使用大端的观剧镜一样，甚至无论在哪个民族中，憎恨都是极坏的；创造真正英雄的并不是憎恨。"[2] 费耶的遭遇超出了常人的想象，她有充足的理由选择憎恨，并要求政府予以赔偿，但她并没有这样做。在陆克文心目中，舍弃憎恨而选择宽容的费耶就是英雄，是澳大利亚民族的骄傲。

作为土著事务部长，珍妮·麦克琳深刻地认识到陆克文总理一行对这个"被偷的一代"家庭的造访将会成为澳大利亚历史上一个平凡而又伟大的事件。言它平凡，是因为陆克文对费耶的造访，与他的其他工作访问一样，是日常工作的一部分，是治理国家的需要；说它伟大，是因为此次访问潜蕴丰富的政治含义。对于陆克文及其工党来说，费耶的故事让他们受到了一次心灵的洗礼，成为政府的道歉之源。费耶女士的坦荡与无私，不仅坚定了陆克文向土著居民尤其是"被偷的一代"表示歉意的决心，也赋予了他表达歉意的真情实感，因为"任何情感的力量和增长以及情

---

① Jonathan Pearlman, "Nanna Nungala Fejo Shared Sorrow and Joy with PM", *The Sydney Morning Herald*, February 14, 2008.

② 〔法〕朱尔·昂利·彭加勒：《最后的沉思》，李醒民译，北京：商务印书馆，2009，第148~149 页。

感存在的保持不是受我们努力保持存在的力量所决定，而是受外在的原因的力量与我们自己的力量相比较所决定的。"①

3. 对道歉的时间与场合的选择

选择合适的时间与场合，让更多的人都来关注和见证澳大利亚联邦史上政府向土著居民的首次道歉。这是一个令人印象深刻的重要选择。

从上文可以看出，陆克文在联邦大选中就重申了向土著居民表示道歉所蕴含的历史意义。上台后为兑现竞选承诺，陆克文又做了精心细致的准备，特别是对"被偷的一代"成员的访问，更让他对道歉的政治含义有了更深的领悟。然而，在"万事俱备"之后，选择何时何种场合发表道歉讲话就成为一个慎之又慎的话题。惯例的影响以及现实时机的成熟，让陆克文政府做出了在新一届联邦议会开幕式上向土著居民表示道歉的决定。

2008 年 2 月 13 日，新组建的联邦议会开幕。选择这一天向土著居民表示歉意无疑是一个重要的决定。陆克文在联邦大选中击败约翰·霍华德，标志着工党取代自由党联盟成为澳大利亚的执政党，而新一届联邦议会的召开则表明工党的执政在立法机构层面完成了程序上的完全交接。现在，坐在执政党议员席位上的工党议员可谓踌躇满志，而自由党联盟议员则无奈地坐到反对党议员的席位上。当然，吸引眼球的不只是两党议员席位的互换。按照惯例，新总理将在新一届联邦议会开幕式上系统阐述新政府的施政纲领。所以，每一届联邦议会的开幕式均受到媒体和公众的广泛关注。与往届氛围和主题不同的是，这一届联邦议会召开的氛围显得相当严肃而令人期待，其主题是土著期待已久的来自政府的道歉。

吸引媒体和公众关注的是，究竟哪些人有幸出席这一载入史册的政治盛宴。除了约翰·霍华德以外，所有健在的联邦政府前总理和前总督均悉数到场。② 这是澳大利亚历史上从未有过的，是陆克文之前的很多政治家从不敢奢望的一次政治聚会。如今上任不到三个月的陆克文却成了这宏大场面和这幕政治情景剧的导演，这是一个何等的政治荣誉。当然，更令人感动的是，耄耋之年且腿脚不便的戈夫·威特拉姆总理坐着轮椅被工作人员推进了会场，全场顿时响起热烈的掌声。人们起立向这位德高望重的老人致意。这位执政时间不长却给澳大利亚政坛留下诸多深刻记忆的政治家

---

① 〔荷〕斯宾诺莎：《伦理学》，贺麟译，北京：商务印书馆，2009，第 175 页。

② Kevin Rudd, *The PM Years*, Sydney：Pan Macmillan Australia Pty Ltd., 2018, p. 30.

一直在以不同的方式关注和推动澳大利亚国内的种族和解进程。① 所以，他的莅临不仅让陆克文感动，而且使他的政治道歉增添了几分历史的厚重与权威感。另一位重量级人物是自由党前领袖马尔科姆·弗雷泽。这位自由党的元老曾对约翰·霍华德总理的一些内政与外交政策提出批评，尤其是在土著问题上，他更倾向于替工党说话。② 在约翰·霍华德"自然"缺席的情况下，马尔科姆·弗雷泽的光临就有超越个人层面的政治含义。

在2月13日这样一个载入史册的政治时刻，最值得关注的还是"被偷的一代"的代表。众所周知，在这个白人主导的社会，土著鲜有机会在联邦议会拥有一席之地，所以在象征权力和地位的议会大厅，人们很难见到土著的身影。但今天异于往常。有100名"被偷的一代"成员受邀与会。从某种意义上说，他们无疑是这次政治盛宴最重要的客人。他们出现在这样的场合具有十分特殊的意义。首先，他们代表的不只是"被偷的一代"，还在更广泛意义上代表所有土著；其次，他们是来接受政府政治道歉的，这曾是他们的一个梦想，如今梦已成真，这是土著民族不懈斗争所取得的一个阶段性胜利；最后，他们来倾听政府的道歉，但并不意味着他们必然接受政府的道歉。这无形之中给道歉者增添了不小的压力。

对于陆克文政府来说，这一场合的政治寓意是他们所需要的。因为这个国家政策的决策者、参与者以及政策施与的对象——土著，在一个如此重要的历史时刻、一个特殊的历史场合，实现了一个历史性的会晤。当然，更具有现实意义的是，如此安排能够帮助陆克文以一种有吸引力的方式得到他所需要的关键信息：同情、理解与支持。因为倾听道歉的人们感觉到他们受到了尊重以及充分参与其中。③

4. 注意道歉的方式和内容

自责与反省是道歉的两个重要环节，也是希望得到别人谅解的首要条件。陆克文在道歉中勇敢地承认了土著的遭遇是澳大利亚政府和议会的错误决策所致。为此，他谴责了历届政府和议会在此问题上的麻木不仁，认为"这不是有关历史的一个黑色悲情的观点。这是一个

---

① 汪诗明：《澳大利亚种族和解进程》，《中国社会科学报》2010年2月11日。

② David Young, "Public Meeting on Sunday 10 May 2009 in Brighton", http：//www.uk. iofc. org/node/41895. 2009 – 10 – 01.

③ "The Power of One-what Every Business Leader can Learn from Kevin Rudd's Apology Speech", http：//www. onethousandandone. com. au/documents/ThePowerOfOne. pdf. 2009 – 02 – 13.

冷酷无情的、对抗性的和令人不安的事实"。① 鉴于此，陆克文明确指出，道歉应该是澳大利亚政府在承认过去政府的错误政策前提下作出的。澳大利亚个人不应被要求为过去政府的行为买单，所以，"对于被偷的一代，我要说，作为澳大利亚总理，我要说声对不起；代表澳大利亚政府，我说声对不起；代表澳大利亚议会，我说声对不起。"② 当陆克文重复说出"对不起"时，他代表整个国家所做的道歉就超出了对过去错误政策责任的简单承认。陆克文在演讲中誓言要把"污点从澳大利亚灵魂中"除去，认为"这不是情感创造历史，是我们的行动创造历史"。他敦促这个民族和解的日子将成为"能够改变民族反思方式的重要时刻之一"。③

（三）政治道歉对种族关系的影响

首先，实现土著澳大利亚人与非土著澳大利亚人之间的和解，不仅需要各政治党派抱团，也需要广泛的澳大利亚社会给予应有的支持。

道歉前几天，陆克文在接受记者采访时就自信地表示：绝大多数澳大利亚人对道歉有着"压倒一切的愿望"。陆克文的这一判断并非空穴来风。随着对"被偷的一代"的调查真相的陆续披露，要求政府向土著居民尤其是"被偷的一代"表示道歉的呼声不断高涨。从这个意义上看，陆克文在大选中承诺向土著居民尤其是"被偷的一代"表示道歉是顺应民意之举，自然也得到广大选民的拥护。当陆克文在新联邦议会开幕式上兑现其竞选许下的诺言时，很多澳大利亚人为之动容。

在墨尔本，约8000人聚集在联邦广场（Federation Square）收看电视直播。来往的人群不断地加入到收看者的行列，他们对陆克文的讲话报以热烈的掌声。但当反对党领袖布伦丹·纳尔逊在陆克文之后致辞时，广场上嘘声乍起，很多人背对着屏幕，发出"让他滚开"的叫声。在广场的一角，一群妇女一边哭泣，一边相互拥抱。④ 在悉尼，一些学校的老师和

---

① Tony Stephens，"The Last of the White blindfolds"，*The Sydney Morning Herald*，February 14，2008.

② "Text of PM Rudd's 'Sorry' Address".

③ Tony Stephens，"The Last of the White blindfolds".

④ Mattew Burgess and Reko Rennie，"Tears in Melbourne as PM Delivers Apology-National"，*The Age*，February 13，2008.

学生在学校礼堂观看电视直播；在著名的马丁广场（Martin Place），数千人雨中驻足。人群中，绝大多数是城市的管理人员。他们数次对陆克文的讲话报之以欢呼。在堪培拉，很多人自发来到联邦议会大厦门前，声援在这里安营扎寨的土著，与他们一道见证这一历史性时刻。类似的场景出现在澳大利亚的各个角落，在工厂、矿山、机关、学校、商场、街道……无数双眼睛紧盯着电视屏幕，倾听来自政府的道歉。他们不断把掌声和赞许送给陆克文及其工党，把同情和关怀送给土著民族。[①]

可以说，"道歉获得了巨大的支持。道歉并不'仅仅'是象征性的，更被广泛地视为一个具有历史意义的国家的重要声明。"当郁积在心中的包袱因为诚意的悔过而被卸掉时，澳大利亚社会将以一种轻松、愉悦和感激的心态来欢迎这个道歉。一些人认为，2008年2月13日是我们自1788年1月26日以来最美好的一天，甚至有人建议，我们应该将澳大利亚国庆日改到我们所有人都支持的这一天。[②] 更有意思的是，陆克文的道歉还引起其他方面的积极反响。有人认为："所有的商界领袖都能从观看陆克文的道歉演说以及反思它如此成功的原因中受益。甚至是老练的政治新闻记者劳里埃·奥克斯（Laurie Oakes）在评价陆克文政治道歉的历史影响时也发出这样的感喟，在其几十年的职业生涯中，他从未见过一次议会演说竟会有如此积极的反响。"[③]

其次，"道歉"是通过承认过去的错误以及承诺不让它们重演的方式来体现的。在很多澳大利亚人看来，"道歉"无疑是在土著澳大利亚人与非土著澳大利亚人之间建立一座沟通的桥梁。因此，从这个意义上看，陆克文的政治道歉应被视为澳大利亚种族和解进程中的重要一步。

1. 道歉能让土著尤其是"被偷的一代"感到一丝安慰

自《带他们回家》的报告发表后，土著就期盼来自政府的公开道歉。然而，他们等来的是一次次失望。所以，当陆克文在联邦大选中许下有关道歉的诺言时，一些土著曾不以为然，因为政治家出于大选需要而做出口惠而实不至的承诺已司空见惯，但在听到陆克文的政治道歉后，土著政治活动家奇卡·迪克逊的女儿朗达·迪克逊－格罗弗劳（Rhonda Dixon-

---

① Kevin Rudd, *The PM Years*, p. 35.

② Tony Smith, "The Letter, the Spirit, and the Future: Rudd's Apology to Australia's Indigenous People", http://www. australianreview. net/digest/2008/03/smith. html. 2010 - 06 - 20.

③ "The Power of one-what Every Business Leader can Learn from Kevin Rudd's Apology Speech".

Grovenor）掩饰不住内心的激动。她说，"来自政府的道歉让我感到这可能是澳大利亚土著新的开始。"①② "被偷的一代同盟"（Stolen Generations Alliance）两主席之一克里斯廷·金（Christine King）女士对政府的道歉表示欢迎，并倾吐了她此时此刻的感受："对我来说，这意味着我的母亲的整个一生都生活在这项政策之下。"克里斯廷·金4岁时就被带走，现已80高龄了。她说，她听到政府说"'我很抱歉'，这意味着被带走的我的家庭的所有成员，包括我的胞妹，还有我，将能够得到个人的安慰。"③ "被偷的一代"成员罗伯特·斯图尔曼（Robert Sturman）说，他对道歉的反应既是肉体的，又是情感的。"我不知道这是不是创伤之后或者是其他状况下的反应，但是，我眼噙泪花，我像一片树叶在摇曳。那天，当我走进议会大楼时，它看上去像是一座陌生的建筑。我感觉我好像不属于这里，但在道歉过后，我的确属于这里。"④ 一位出生在瓦尔格特名叫昂提·拜尔·冯-奥普鲁（Aunty Beryl Van-Oploo）的年长土著对陆克文的致歉充满感激之情。她说："只因缅怀那些为我们的权利而斗争的人们，我曾两天以泪洗面。因为我的父亲没有权利——在他居住的乡村，他不得不在一张纸头上写上他是一位公民，因此，你能够想象我的内心世界经历了什么。这是令人难以置信的。"⑤

2. 道歉是治愈创伤的一种手段

"被偷的一代"政策给那些不幸的儿童及其家庭带来巨大的心灵创伤。这种创伤的治愈不能仅靠有形的物质补偿，它还需要加害者发自内心的忏悔和真诚的歉疚。

《悉尼先驱晨报》等报刊均援引在议会大厅观看道歉转播的土著电视明星厄尼·丁戈（Ernie Dingo）的话说，这是令人喜悦的一天。其他土著领袖把这一天和这个事件描述为治愈创伤的一天。"［这是］一个令人高兴、重生的机遇……要知道，过去80多年发生的事情还未被掩盖。"厄尼·丁戈还畅谈了这一事件对土著妇女具有的特殊意义。"它给予妇女和

---

① 她的家族共有13名成员被偷走。

② "A Simple Word with so Much Meaning", *The Sydney Morning Herald*, February 14, 2008.

③ Phil Mercer, "Australian Aborigines Prepare for Historic Apology".

④ "Rudd Speaks About Apology One Year on", http://www.unitywa.org/pdf/Rudd%20speaks20about%20apology20one%20year%20on.pdf. 14 - Feb - 2009. 2009 - 04 - 12.

⑤ "A Simple Word with so Much Meaning".

母亲一个说话的机会：'好的，已经结束了。'由于今天发生的事件，很多土著妇女将挺直脊梁、一身轻松地从这里走出去。道歉将帮助土著去医治创伤，像一个手术后正在康复的病人。痛苦的过程已经结束，你现在回到要求补偿的谈判桌上，你将变得越来越好。"克里斯廷·金在堪培拉不无感慨地说，陆克文总理的道歉将会是治愈土著创伤的漫长征程中的重要一步。"这将成为我们所有人的一个旅程。因此，所有的声音都应该被听到，所有的痛苦都应该得到承认，所有的悲伤都应该得到分担，这就是前进的方式。"① 朗达·迪克逊－格罗弗劳女士说，陆克文总理的道歉是这个国家220年历史中对土著民族的最大认可，甚至超过1967年的全民公决。"在道歉之前，我们或多或少地被视而不见……道歉能够治愈你的心灵，道歉能够触发你的内心深处，它意味着你能够感受到它的存在，接受它，并且开始治愈。"②

3. 道歉是建立沟通的桥梁或前提

从殖民制度建立的那一天起，土著与非土著之间就树起了一堵无形之墙。③"被偷的一代"事件不仅让土著个人、他们的家庭及其社区蒙受损害，而且成为土著澳大利亚人与非土著澳大利亚人之间关系持续紧张的根源之一。澳大利亚联邦政府拒绝道歉更加剧了土著澳大利亚人与政府以及非土著澳大利亚人之间的隔膜与对立。从情感心理学的角度来看，建立沟通渠道是消除隔膜与对立的有效途径，而道歉体现了一种平等的姿态或精神，是对受害者的一种尊重。土著是受害者，他们需要得到尊重。正因为如此，陆克文承认了"对不起"一词的重要性。"坦率地说，对不起是如此强大的象征。说它强大，不是因为它代表着某种赎罪；说它强大，不是因为它代表着任何形式的合法需求，而完全是因为它恢复了尊重。"④ 由此可见，平等和尊重是在对立双方之间建立沟通的必要条件。通过表达歉意

---

① "Aboriginal Leaders Say Rudd's Apology is a Day of Healing", Feb. 13, 2008, http://www. thaindian. com/newsportal/world – news/aboriginal – leaders – say – ruddss – apology – is – a – day – of – healing – 100173. html. 2009 – 03 – 12.

② "A Simple Word with so Much Meaning".

③ Venturino G. Venturini（ed.）, *Australia: A Survey*, Wiesbaden: Otto Harrassowitz, 1970, pp. 29 – 30.

④ "Far too Enthusiastic", http://theinternets. com. au/blog/2008/02/11/Kevin – Rudd – government – says – sorry – to – aboriginal – and – what – does – australian – why – it – mean. 2009 – 03 – 12.

的方式使得加害者尽可能得到受害者的原谅和宽恕，而受害者由于加害者的内疚或悔过表现而使自己应有的愤怒和抗议被大大地抑制。"被偷的一代"成员、"土著及托雷斯海峡岛民委员会"第一位女主席路易斯·奥多诺霍就抱这样的心态。她说她接受了道歉，原谅了她的压迫者。"我们原谅但不能忘记。"因为除非道歉伴以原谅，否则说声"对不起"就失去其意义。① "被偷的一代同盟"成员布赖恩·巴特勒说，对很多人来说，"道歉"一词意味着很多。"我认为，作为一种道歉的结果，我能够感觉到我们是澳大利亚的一部分。我们是这个社会的一部分。"②

4. 道歉让土著对未来充满希望

没有承诺的道歉是没有意义的。道歉的意义不只是纠正曾经所犯的错误，更重要的是，它要给受害者展现一个令人欣慰的未来。陆克文道歉的真正意义就在于此。他在讲话中承诺在"寿命、教育成就以及经济机遇"方面来改善土著的境况，"将要建立一个类似于战争内阁的特殊委员会，其首要任务是解决土著澳大利亚人所面临的最急切问题，给生活在偏远地区的土著安排好的住房。"③ 陆克文在道歉中还坚信："所有澳大利亚人，无论他们来自何处，都是真正平等的伙伴，在塑造这个伟大国家历史的下一个篇章中，他们有着同等的机遇和同等的利害关系。"④ 陆克文的上述表态是代表加害者对受害者所做补偿的一种承诺。在种族歧视政策下，土著像是迷失的羔羊，不知走向何方。而现在，政府的承诺让他们对未来生活充满了自信。来自厄鲁布岛（Erub Island）的一位托雷斯海峡岛民莉迪亚·乔治（Lydia George）说，道歉为一个更加光明的未来铺平了道路。⑤克里斯廷·金说，土著澳大利亚人可以期待一个光明的前途。因为"就我而言，我们刚刚经历了这个国家历史上最有意义的事件"。⑥

---

① Tony Stephens, "The Last of the White Blindfolds".
② "Aboriginal Leaders Say Rudd's Apology is a Day of Healing", Feb. 13, 2008, http://www. thaindian. com/newsportal/world – news/aboriginal – leaders – say – ruddss – apology – is – a – day – of – healing – 100173. html. 2009 – 03 – 12.
③ "Text of PM Rudd's 'Sorry' Address".
④ Halim Rane, "PM Rudd's Apology: Lessons for Humanity", http://www. amarah. org/publications/PM%20Rudd%20Apology. doc. 2009 – 08 – 01.
⑤ Yuko Narushima, Edmund Tadros and Leesha Mckenny, "Relief and Renewed Optimism", *The Sydney Morning Herald*, February 14, 2008.
⑥ Philop Coorey, "Building a Nation Together".

综上所述，无论是政治家还是学者，无论是土著澳大利亚人还是非土著澳大利亚人，无论是澳大利亚国内还是国际社会，都做出这样的基本肯定，即陆克文的政治道歉是新时期以来澳大利亚种族和解进程中的第一步也是最重要的一步。之所以有如此一致的评价，主要原因在于这一著名的政治道歉在认识论上的衍生意义以及在制定新的土著政策方面有指导价值。陆克文在道歉中勇敢地承认了土著尤其是"被偷的一代"的遭遇主要是由历届议会或政府的错误政策所致，并且谴责历届政府或议会在土著问题上的种族主义做法。陆克文还在道歉中肯定了土著的历史地位和文化价值。这些认识上的变化必然促使人们对澳大利亚历史与文化的重新思考以及对澳大利亚社会价值观的重新审视。重新思考或审视并不是改变历史，正如陆克文的政治道歉不能改变它之前的历史一样，重新思考或审视的意旨在于树立一个新的价值观念或者在原有的价值体系中增添新的元素，使之成为能够反映澳大利亚社会真实面貌与前景的意识形态。这是陆克文的政治道歉对种族和解进程产生积极影响最值得肯定之处。众所周知，一项政策的出台与落实是以一定的党派共识和广泛的群众基础为前提的，曲高和寡永远不是英明的决策者所追求的。在陆克文做出政治道歉的前前后后，自由党联盟所给予的理解与配合、澳大利亚主流社会的同情与支持以及土著社会的认可与赞赏，都表明种族和解不只是政治家所追求的理想，更是所有澳大利亚人内心所期待的目标。

二　承认《土著人民权利宣言》

（一）工党政府批准《土著人民权利宣言》

《土著人民权利宣言》是迄今为止联合国大会通过的国际社会保护土著权益的首部专门文件，内容之详尽，超过此前任何一部相关法律文件。而澳大利亚是西方民主国家中唯一没有在宪法条文中对人权进行界定并予以保护的国家。在一个靠习惯法来维系人权的国度里，宪法条文的缺失对主流社会的人权保护显然无甚影响，但对于弱势群体尤其是土著民族权益的保护则相当不利。虽然 1975 年的《种族歧视法》有关于土著权利的规定，但这样一部带有普遍性质的法律在保护土著权益方面难以发挥独特作用。从这个意义上看，澳大利亚需要一部保护土著权益的专门性法律或文件。

在工党做出的道歉引起媒体以及公众积极反响之后，澳大利亚外长斯蒂芬·史密斯（Stephen Smith）就证实，政府准备批准《土著人民权利宣言》。他说："我们当然对该宣言持积极对待的态度。一旦我们完成这些磋商并得出结论，我们将真诚地让大家知道我们的观点。"2008年4月初，有关澳大利亚未来发展前途的高层论坛在堪培拉举行。本次论坛将土著问题列入议事日程，再次显示了工党政府对土著问题的重视。会议通过的第一个《低成本理念》（*Low Cost Ideas*）就是支持联合国《土著人民权利宣言》。已经出版的论坛报告《澳大利亚 2020》把增加对土著民族的正式承认作为政府首要考虑的议题。① 工党坚信，土著是澳大利亚民族不可分割的一部分，他们应与非土著澳大利亚人一样拥有同等的权利。对土著人民权利的承认与保护，是各届政府和议会的责任。工党还相信，对土著人民权利的承认与保护不会导致国家的分裂；而土著领袖也表示，他们不会建立土著国家。所以，在堪培拉高层论坛会议后不久即 4 月 13 日，工党政府就发表了支持《土著人民权利宣言》的正式声明。②

（二）对种族和解进程的推动

承认《土著人民权利宣言》有利于在土著澳大利亚人与政府以及非土著澳大利亚人之间建立信任，有利于种族和解进程的推进。

虽然该宣言并不具备国际法下的强制效果，但它的确"代表了国际法范式的动态发展，并且反映了联合国成员国朝着那个方向迈进的义务。"③ 联合国大会通过该宣言的意义就在于它填补了国际人权领域对土著权益保护的法律空白，象征着国际社会在承认对待土著人民不公正方面有着良好的意愿。作为国际土著社会的一部分，澳大利亚土著希望政府对其权益提供法律保护。因为只有在法律层面实现土著澳大利亚人与非土著澳大利亚人之

---

① Keith Windschuttle, "A Depressing New Agenda for Aboriginal Polities", June 2008.
② Roderic Pitty and Shannara Smith, "The Indigenous Challenge to Westphalian Sovereignty", *Australian Journal of Political Science*, p. 122.
③ "Declaration on the Rights of Indigenous Peoples", http: //en. wikipedia. org/wiki/Declaration_on_ the_ Rights_ of_ Indigenous_ Peoples. 2013 - 11 - 11.

间的平等，才能保持对土著政策的一致性与连续性。所以，对土著权益提供法律保护，是土著与澳大利亚政府之间建立更多信任的基础。就在澳政府宣布承认《土著人民权利宣言》的当日，在联邦议会大厦举办的一个由政治家、社会名流以及土著领袖参加的聚会上，土著领袖迈克·道森说，批准《土著人民权利宣言》是"正在消除隔阂以及修复关系的关键形势中又一个重要步骤"。① 当然，对土著权益提供法律保护，也是实现种族和解的重要内容。"土著及托雷斯海峡岛民社会正义专员"汤姆·卡尔马（Tom Calma）相信，澳大利亚政府对《土著人民权利宣言》的正式支持很可能成为澳大利亚与土著及托雷斯海峡岛民关系史上的一个分水岭，并且大大拓宽在联邦政府、土著及托雷斯海峡岛民委员会以及更广泛的土著社会之间建立新型伙伴关系的基础。"我对澳大利亚政府今天在支持宣言所阐明的相互尊重与伙伴关系的根本指导原则方面所采取的重大步骤表示祝贺。"② 澳政府在发表承认这一宣言的声明时也坦言："在以信任的态度和真诚的信仰来推进人权以及消除土著与非土著澳大利亚人之间的差别方面，该宣言赋予我们携手并肩的新动力。"③

（三）承认《土著人民权利宣言》的国际意义

在经济全球化以及政治民主化日益走强的时代，土著问题不再只是某一国的种族或社会问题，还是一个颇受关注的全球性议题。所以，从这个意义上看，澳政府在《土著人民权利宣言》上签字必将产生日益广泛的国际影响。

首先，澳大利亚的支持再次唤醒了国际社会对仍处于现代化边缘的土著群体的关注。支持该宣言的国家越多，该宣言所产生的道义力量就越大，它的实际效果就越显著。

---

① "Mick Dodson Praises Reversal on UN Indigenous Rights Declaration", http://www. news. com. au/adelaidenow/story/0,, 25283906 - 5005962, 00. html. 2009 - 04 - 07.

② "United We Stand-support for United Nations Indigenous Rights Declaration, a Watershed Moment for Australia", 3 April, 2009, http://www. singapore. embassy. gov. au/sing/MEDREL - UNDEC. html. 2010 - 05 - 08.

③ "Minister for Families, Housing, Community Services and Indigenous Affairs, Statement on the United Nations Declaration on the Rights of Indigenous Peoples", 03/04/2009, http://www. fahcsia. gov. au/internet/jennymacklin. nsf/content/un_ declaration_ 03apr09···2010 - 05 - 08.

目前，世界上共有 3.7 亿土著。除一小部分散布在少数发达国家，绝大多数生活在经济欠发达地区，如非洲、印度洋、大洋洲及太平洋岛屿、中南美洲等地。随着这些地方现代化进程的加快，土著的社会边缘地位将会越来越显出，需要当事国以及国际社会给予高度关注。虽然《土著人民权利宣言》填补了国际人权领域保护土著权益的相应文件的空白，但该宣言并非一个具有强制法律效果的文件。因此，该宣言需要得到国际社会的广泛支持。如果该宣言中所包含的诸多权利被足够多的国家所尊重和实践的话，那么该宣言最终是有可能在法律上产生某些效果的，甚至可能上升至习惯法的水平，成为签字国受其约束的一个国际公约。[①]

就在澳大利亚政府宣布这一决定的当天，适逢《生物多样性公约》国际会议在巴黎联合国教科文总部举行。与会代表一致认为，"澳大利亚政府的这一姿态不仅对澳大利亚土著及托雷斯海峡岛民有着重要利益，对世界所有土著民族也一样。"[②]"联合国原住民问题永久论坛"主席维多利亚·托里－科普兹（Vietoria Tauli-Corpuz）在一次新闻发布会上自信地表示："由于澳大利亚最终支持这一宣言，反对这一宣言的国家将越来越少，而支持（这一宣言）的国家就会越来越多。这样，对土著民族来说，情况就会越来越好。""达尔文土著权利联盟"（Darwin Aboriginal Rights Coalition）欢迎澳大利亚政府兑现选举时许下的支持《土著人民权利宣言》的承诺。该联盟在声明中说："这个普遍的人权文件被视为胜利和希望的象征而在全球备受赞誉。有效地落实该宣言对全球土著人民状况将会产生重要的推动……"。[③] 可以说，澳大利亚对该宣言的支持让人们对世界土著民族的前途充满了希望。

[①] Roderic Pitty and Shannara Smith, "The Indigenous Challenge to Westphalian Sovereignty", *Australian Journal of Politieal Science*, p. 126; Megan Davis, "The United Nations Declaration on the Rights of Indigenous Peoples", http: //www. ilc. University of New South Wales Press Ltd. . edu. au/news_ &_ events/documents/davis. 2011 – 08 – 22.

[②] "International Meeting Applaud's Australia's Support for Indigenous People, 3 April, 2009", http: //www. indigenousportal. com/Biological – Diversity/International – Meeting – Applaud… 2010 – 05 – 08.

[③] "Australia Supports the UN Declaration of Indigenous Rights; Aboriginal People Want Action as Well as Words", http: //Sydney. indymedia. org. au/story/Australia – supports – un – declaration – indigenous – right…. 2010 – 05 – 08.

其次，澳大利亚支持《土著人民权利宣言》，对当时仍持反对立场的其他国家起到了一定的刺激或警示作用。

在反对《土著人民权利宣言》方面，澳大利亚曾经与美国、加拿大和新西兰一道结成最坚定的同盟。如今，这一反对阵营却因澳方退出而经受考验。

首先来看看新西兰。

新西兰是拒绝在《土著人民权利宣言》上签字的四个国家之一。时任毛利事务部长的帕勒库拉·赫洛米亚（Parekura Horomia）道出了新政府拒绝签字的原因。他说："有四个存在问题的条款，这使得该宣言在本质上与新西兰的宪法和法律安排不相容。"作为回应，毛利人领袖皮塔·沙普尔斯（Pita Sharples）说，新西兰政府拒绝在这部使种族歧视行为成为非法，对所有人来说意味着公正、尊严和根本自由的文件上签字，这是令人羞耻的。①

由于新澳关系密切，澳大利亚新政府修改前任政府在《土著人民权利宣言》上的反对立场必然对新方有所触动。事实也是如此。新西兰政府对于澳大利亚新政府的立场给予了密切关注。2009 年 3 月 31 日，约翰·基（John Key）总理在议会发言时说，澳大利亚定于星期五宣布这一决定，"我们将考察澳大利亚政府解释该声明的方式，并且审视这种解释是否适合新西兰"。约翰·基本人赞同工党议员米歇尔·卡伦（Michael Cullen）的建议，即如果《土著人民权利宣言》被解释为没有重要意义，那么新西兰政府将在该宣言上签字。约翰·基说："这是一个有抱负但没有约束力的宣言。从本届政府的观点来看，我们会认真地考虑土著的权利，我们正在努力地推动这项工作。"② 从约翰·基的讲话可以看出，新西兰政府反对《土著人民权利宣言》的立场并非不可更改。5 月 17 日，约翰·基总理重申，在处理土著问题的原则方面，新西兰将向澳大利亚看齐。7 月30 日，新西兰议会就政府是否批准《土著人民权利宣言》进行辩论。当绿党议员凯瑟琳·德拉汉蒂（Catherine Delahunty）质问政府为何迟迟不肯在国际法下承认毛利人权利时，代表外交部部长发言的司法部长西

---

① "Declaration on the Rights of Indigenous Peoples".

② "New Zealand Waiting on Australian Reaction to UN Declaration on Indigenous Rights", http://www.galdu.org/web/index.php? odas = 3782&giellal – eng. 2010 – 05 – 08.

蒙·鲍威尔（Simon Power）辩解说："虽然新西兰政府尚未公开肯定和认可该宣言，但总理已经表示，假如我们能够保护与土著权利相关的独特的和进步的制度框架，那么他希望看到新西兰朝着支持该宣言方向迈进。"①2010 年 4 月 20 日，皮塔·沙普尔斯在纽约参加"联合国原住民问题永久论坛"会议期间宣布，新西兰政府已经决定支持《土著人民权利宣言》。②

美国是在《土著人民权利宣言》上投反对票的四个国家之一。对于美国来说，几百年来印第安人与美国政府的两大矛盾——土地权和自治权至今没有得到彻底解决，这是美国拒绝签字的根本原因。时任布什政府辩称，他们是将印第安人视为平等伙伴而与之对话的，但美国对该宣言说"不"在国际社会所产生的消极影响是不言而喻的。

2008 年 1 月 20 日，民主党入主白宫。奥巴马在竞选中的平民姿态、务实作风及其出身于黑人移民家庭的背景，使得有关人权组织和关心土著事业的社会进步人士对美国新政府有可能支持《土著人民权利宣言》寄予厚望。詹姆斯·波尔克（James Polk）在写给华盛顿政策研究机构出版的激进期刊《外交政策聚焦》（Foreign Policy in Focus）的一文中认为："美国［应该］成为联合国土著人民权利宣言的坚定支持者。这是一个肯定土著与所有其他民族平等的内容广泛的文件。土著在行使其权利时不应受到种族歧视。"③

在澳大利亚改变立场后，有关国际组织和个人纷纷敦促奥巴马政府履行保护土著权益的国际义务。托里-科普兹为此就与奥巴马政府进行过磋商。5 月 9 日，美国驻联合国"人权委员会"代表团发言人帕特里克·文特里尔（Patrick Ventrell）说，奥巴马政府正在考虑签署《土著人民权利宣言》。美国土著人权活动家们说，他们希望入主白宫的民主党新政府采

---

① "Declaration on the Rights of Indigenous Peoples-Recognition of Māori Rights", http：// www. parliament. nz/en – NZ/PB/Business/QQA/a/5/0/49HansQ_ 20090730_ 00000…. 2010 – 05 – 08.

② Roderic Pitty and Shannara Smith, "The Indigenous Challenge to Westphalian Sovereignty", *Australian Journal of Political Science*, p. 122.

③ "Haider Rizri, U. S.： Obama Urged to Sign Native Rights Declaration", http：// ipsnews. net/news. asp? idnews = 46742. 2010 – 05 – 08.

取类似举措，以消除长期受到歧视的土著社会对白人社会的仇恨。[①] 2010
年12月16日，奥巴马总统宣布，美国将签署《土著人民权利宣言》。这
一决定是在第二届白宫部落会议期间宣布的。奥巴马对印第安人部落领袖
们说，他希望改善美国与印第安人部落之间的关系，并且重拾破碎的诺
言。美国现有超过560个印第安人部落。印第安全部落对奥巴马的这一决
定表示欢迎。

相比较而言，在反对《土著人民权利宣言》的国家中，加拿大政府
的立场似乎较为坚定。加方认为，该宣言与本国宪法框架相冲突，因为它
宣扬土著权利高于其他加拿大人的权利。加拿大土著事务和北部发展部部
长查克·斯特拉尔（Chuck Strahl）形容这一事件"在一个拥有西方民主
的宪制国家里是不切实际的"。他对此解释说："在加拿大，你要在个人
权利与集体权利之间做出平衡，那么（这个）文件……无能为力。"[②] 对
于加方的这一观点，托里－科普兹进行了反驳，他指出"加拿大的观点
是无效的"，因为该宣言与国际人权标准是一致的，并没有给予土著民族
以任何特殊权利。[③]

在加拿大国内，一些人对政府的上述立场感到不可理解。绿党党首伊
丽莎白·梅（Elizabeth May）女士发问道，"加拿大正在阻止全球在土著
人民权利重要性方面达成共识，原因何在？"绿党土著事务批评家洛兰·
雷克曼斯（Lorraine Rekmans）则直截了当地说："当你认为澳大利亚能够
在其关注的任何问题上做出妥协以便在宣言上签字时，那么加拿大拒不签
署的借口是脆弱的和站不住脚的。"[④]

与加拿大政府僵硬的反对立场形成鲜明对比的是，该国土著民族以及
有关人权组织对澳方的做法给予了积极评价。"魁北克和拉布拉多第一民
族议会"（Assembly of the First Nations of Quebec and Labrador）认为，澳
大利亚决定加入143个支持《土著人民权利宣言》的国家之列，他们为

---

① "Obama Urged to Sign Native Rights Declaration", http：//www. humanrights. geneva. info/
Obama － urged － to － sign － native － rights，4419. 2010 － 05 － 08.

② "Declaration on the Rights of Indigenous Peoples".

③ "Momentum Slowly Builds Behind UN Indigenous Declaration", http：//English. people. com. cn/
90001/90777/90856/6660619. html. 2010 － 05 － 08.

④ "Why won't Canada Endorse the UN Declaration of Indigenous People's Rights？", http：//
www. greenparty. ca/media － release/2009 － 04 － 09/why － won't － canada － endorse － un － de….
2013 － 11 － 11.

此而"感到激动"。由于支持的国家越来越多,"加拿大已发现自己处在一个更加孤立的境地"。① 伊丽莎白·梅也认为,"保守党政府拒绝在这个具有历史意义的宣言上签字正在损害我们的国际声誉。"② 而加拿大一位土著说,"作为一名因纽特人和一名加拿大人,我为加拿大成为三个不赞成国家之一而感到羞愧。……我真诚地希望加拿大成为支持……这个联合国宣言的下一个但肯定不是最后一个国家。"③

在多方压力之下,加政府的立场有所松动。2010 年 3 月 3 日,加拿大总督宣布政府正在朝签署这一文件的方向努力。他说:"我们是一个有着土著遗产的国家。已有越来越多的国家正式承认了联合国《土著人民权利宣言》,我们的政府将采取步骤,以一个完全符合加拿大宪法和法律的方式来批准这个有抱负的文件。"11 月 12 日,加拿大政府正式签署了这一文件。④

从澳大利亚工党的土著政策演进来看,承认《土著人民权利宣言》并不令人感到意外,相反,如果采取与自由国家党联盟同样或类似的立场,那么该党所受到的指责远比后者要多得多,这不仅是因为包括土著居民在内的广大社会公众对工党所寄予的期望更高,还由于工党上台后已经做出了向土著居民道歉这一具有历史意义的举动,人们因此就更加期待工党政府在解决困扰澳大利亚民族共同发展的问题上有更多作为。虽然承认《土著人民权利宣言》并不必然会带来土著社会地位的提升,但不承认《土著人民权利宣言》则意味着土著的权益根本无法得到保障。所以,从这个意义上看,承认《土著人民权利宣言》对提高土著社会地位是一个必要条件,也是澳大利亚种族和解的题中应有之义。

三 拒绝建立赔偿机制

自 1997 年 5 月 "人权与机会均等委员会" 在《带他们回家》的报告

---

① "Australia Backs UN Declaration on Indigenous Rights", April 3, 2009, http://www.cbc.ca/world/story/2009/04/03/Australia – indigenous. html. 2013 – 11 – 11.

② "Why won't Canada Endorse the UN Declaration of Indigenous People's Rights?".

③ Mary Simon, "Australia Endorses the United Nations Declaration on the Rights of Indigenous Peoples", April 6, 2009, http://www.itk.ca/blog/mary – simon/apr – 06 – 2009 – australia – endorses – united – nations – deal…. 2013 – 11 – 11.

④ "Declaration on the Rights of Indigenous Peoples".

中提出赔偿建议以来，这一问题一直备受关注。在陆克文政府正式向"被偷的一代"表示道歉后，人们就期待政府采取包括赔偿在内的切实举措来改善土著澳大利亚人与非土著澳大利亚人之间的关系。让我们先来看看一些国家的做法。

智利"真相与和解全国委员会"（National Commission for Truth and Reconciliation）① 曾建议向那些受到压制的幸存的受害者提供补偿。建议包括两方面的内容：一、采取象征性措施来恢复受害者的名誉，如建造纪念碑等；二、物质上的措施，如经济补偿、给受害者亲属提供教育和福利上的优惠。参照智利的经验，南非在揭示真相以及实现种族和解的过程中，成立了一个"补偿与平反委员会"，其任务就是提出适当的方案，给那些人权受到侵害的人以补偿，讨回和恢复他们作为人和公民的尊严。赔偿方式有现金补偿、提供奖学金和医疗护理、建造纪念物以及其他形式的物质和象征性补偿。② 那么，澳大利亚政府在赔偿问题上将持什么样的立场？

1994年，在对"被偷的一代"的真相展开调查前，有关组织和个人就在探讨向"被偷的一代"及其家庭给予赔偿的途径问题。赔偿不仅是基于偷走政策对土著个人、家庭和社会造成无法估量和无法挽回的损失这一事实，而且有赖于国际社会对土著民族利益提供保护的一些重要文件或法律。

除了前面刚刚提到的《土著人民权利宣言》外，《普遍人权宣言》中的下列条款在支持土著要求得到赔偿的诉求方面也会产生作用。例如，第4条"任何人不得被使为奴隶或奴役；一切形式的奴隶制度和奴隶贸易均应予以禁止"；第9条"任何人不得加以任何逮捕、拘禁或放逐"；第12条"任何人的私生活、家庭、住宅或通信不得被任意干涉，其荣誉和名誉不得被攻击。人人有权享受法律保护，以免受这种干涉或攻击"；第16条第3款"家庭是天然的和基本的社会组织单元，并应受到社会和国家的保护"；第26条第3款"父母对其子女所应受的教育种类，有优先选

---

① 1990年3月，智利总统奥古斯托·皮诺切特（Augusto Pinochet）下台，让位于民选领导人帕特里奇奥·阿尔文（Patricio Aylwin），智利平稳地恢复了民主制度。皮诺切特独裁期间，有多人出于政治原因而被关押或失踪。阿尔文上台后不久就成立了"真相与和解全国委员会"。

② 〔英国〕安德鲁·瑞格比：《暴力之后的正义与和解》，第11～12页。

择的权利。"① 而联合国"禁止种族歧视与保护少数种族专门委员会"特别报告起草人于 1992 年就拟定了有关赔偿权利的最终报告。该报告"第17 条：原住民。已有的和正在形成的国际法特别重视保护土著民族的原住地、获取对被充公或被占领的土地的合理和公正的赔偿等集体权利。赔偿应该更适宜地采取与失去的那些土地在数量、质量和法律地位方面同等的形式。"②

《带他们回家》的报告建议，应该为"被偷的一代"建立赔偿制度。这种制度应该承认受偷走政策影响的人们没有资源甚至没有能力去主张自己的权利。在未来的岁月里，他们无以为生，难以度日。鉴于土著的实际情况，赔偿制度应该简单灵活；设立"赔偿法庭"来处理受到"被偷的一代"影响的个人赔偿问题。③ 联合国"人权委员会"也提出建议：澳大利亚政府应建立一个向"被偷的一代"予以赔偿的机制。而自由党政府在对这一报告做出回应的一揽子方案中，重申了不予赔偿的立场，后来还倾注大量财力去反对由"被偷的一代"个人所提出的赔偿诉讼。

"国家道歉日委员会"（National Sorry Day Committee）和"被偷的一代同盟"试图让《带他们回家》报告的所有建议都能得到执行。2000 年，澳大利亚联邦参议院一调查委员会发布了有关落实建议的报告。2002 年，"国家道歉日委员会"出台了题为《我们在帮助他们回家吗？2002 年 11 月前落实〈带他们回家〉的建议的情况调查》（*Are We Helping Them Home? Surveys of Progress in the Implementation of the Bringing Them Home Recommendations by November 2002*）的报告。该报告认为，《带他们回家》的 54 条建议中只有 17 条得到执行，包括精神健康、父母和家庭援助服务、家庭团聚服务、口述历史项目、语言和文化项目等。

调查委员会对自由党政府的上述立场以及一些专家的建议进行综合评估后认为，对过去所犯错误给予一定的赔偿是必要的，赔偿的一个本质部分就是货币补偿。然而，令人遗憾的是，联邦政府仍然声称："没

---

① "The Universal Declaration of Human Rights", http：//www. un. org/en/documents/
udhr. 2015 - 08 - 27.

② Final Report by Special Rapporteur van Boven, 'Study Concerning the Right to Restitution …,
UN Sub-Commission on Prevention of Discrimination and Protection of Minorities', 1993, p. 9.

③ "Professor Larissa Behrendt, The Apology One Year On…", http：//www. jumbunna. uts. edu. au/
research/pdf/ApologyAnniversary. 2009. pdf. 2009 - 06 - 04.

有实际的或合适的途径来处理这种赔偿。"① 不过，自由党政府制定了斥资达 6300 万美元解决家庭分离及其后果的一揽子计划，包括提供家庭团聚联系服务、查阅档案、撰写家庭报告以及口述历史等。在资金到位后的两年内，有关方面就为全国多达 9400 人提供了家庭联系服务，其中 370 人实现了团聚。②

在预估通过集体诉讼获赔无望的情况下，一些土著选择个人诉讼之路。2002 年 10 月 17 日，曾是"被偷的一代"成员的悉尼妇女瓦莱尼·李洛（Valerie Linow）向法庭起诉，要求对她在 16 岁时因做一个家庭内仆受到性虐待和暴力而给予赔偿。③"新南威尔士受害者赔偿法庭"（New South Wales Victims Compensation Tribunal）做出给予讼诉当事人 35000 美元的赔偿。胜诉后，当时年满 61 岁以靠领取养老金生活的瓦莱尼·李洛激动不已。她说："这太令人震惊了，因为我是成千上万经历过并且相信这些事情真的发生的被偷的一代成员中的唯一一位。这是非常重要且真实的事情。"就在七个月前，"新南威尔士受害者赔偿法庭"一名陪审推事接受了她的申诉，但拒绝予以赔偿。幸运的是，该法庭主席塞克·布拉赫（Cec Brahe）以上诉的名义推翻了这一裁决。

"被偷的一代"成员是在经过联邦法院、新南威尔士州最高法院多次申诉失败之后才赢得这样的胜利。"国家道歉日委员会"两主席之一奥德雷·肯尼尔（Audrey Kinnear）说，在一个胜诉似乎成为不可能的法律制度下，这是一个突破。"这一裁决证明了被偷的一代所受到的伤害应得到赔偿的事实"；"它树立了一个先例，并且给予其他人做同样事情的勇气。"瓦莱尼·李洛说："我在 45 年之后赢得了我的正义。我现在是自由的，因为它一直折磨着我。我感觉像是重获新生。我可以继续前进，并且将这可怕的过去抛诸脑后。对我来说，钱并不重要。这是对过去发生在土著身上的事情的承认与认可。没有人承担得起发生在我们身上的损失，因为我们失去的太多。"瓦莱尼·李洛准备把一部分赔偿款存放在为她自己

① Mick Dodson, 'We All Bear the Cost if Apology is not Paid', The Age, 18 December 1997.

② Shahvir Irani, "Aborigines and Their Place in Politics", http://www.essaydepot.com/essayme/2331/index. php. 2009 – 09 – 21.

③ 瓦莱尼·李洛两岁时被"土著福利局"人员强行带走，先被安置在鲍马德瑞（Bomaderry）儿童之家，后被送至考塔蒙德拉（Cootamundra）儿童之家。就是在考塔蒙德拉儿童之家，她被送给她的雇主。她的雇主用带刺铁丝网痛打并且强奸了她。

和她的丈夫而设立的葬礼基金上。她说："这是我唯一的计划——这样，我们就能够欣慰地离去。"①

2007 年，"南澳大利亚州高等法院"（Supreme Court of South Australia）受理了"被偷的一代"成员布鲁斯·特雷沃罗（Bruce Trevorrow）② 提交的赔偿申诉。托马斯·格雷（Thomas Gray）法官花了 18 个月时间，撰写了长达 300 页的裁定书。该裁定书认为，孩子被从家庭"偷走"，酿成错误的监禁，这是对州关护责任的违反，有关方面必须承担责任。法院最后裁定，给予受害者 50 万美元的赔偿。包括"土著及托雷斯海峡岛民委员会"前主席路易斯·奥多诺霍女士在内的土著领袖们称这一结果为一场胜利。路易斯·奥多诺霍说："我想对澳大利亚政府和澳大利亚人民说，是接受澳大利亚历史的时候了"；"这是了解存在一个被偷的一代的时候，而不是争论 1957 年 12 月布鲁斯·特雷沃罗被从他的母亲身边带走并被允许安置在阿德莱德儿童医院肠胃炎患者病房的历史战。"这一裁定的意义还在于将揭开更多类似的案例。在布鲁斯·特雷沃罗赢得判决后，他鼓励"被偷的一代"的其他成员走上法庭，"要一直坚持下去。"③

与联邦政府拒不赔偿的立场形成对比的是，塔斯马尼亚州政府决定为该州"被偷的一代"成员建立赔偿基金。该州决定斥资 500 万美元向那些符合条件的"被偷的一代"及其孩子提供经济赔偿，并且为此而建立了"被偷的一代评估办公室"。昆士兰州和新南威尔士州正在为那些被强行要求去工作而得不到报酬的土著受害者进行补偿，但已经排除为"被偷的一代"建立赔偿基金的可能性。西澳大利亚政府在 2007 年 12 月宣布为所有在州关护中心遭到虐待的孩子包括"被偷的一代"制定一个斥资达 1.14 亿美元的修正方案，即"修正西澳大利亚"（'Redress WA'），但也回避了赔偿问题。④

就在陆克文道歉前，"全国土著同盟"（National Aboriginal Alliance）发言人莱斯·马莱泽尔说，没有赔偿的道歉是徒劳的。"一旦做出了道

---

① Debra Jopson, "First Compensation Win for the Stolen Generation", *The Age*, October 17, 2008.

② 1957 年，出生刚满 13 个月的布鲁斯·特雷沃罗被从其母亲身边偷走，被寄养在一个白人家庭，受到了非人的待遇。

③ Penelope Debelle and Jo Chandler, "Stolen Generation Payout", *The Age*, August 2, 2007.

④ "Compensation and the Bringing Them Home Report Recommendations", http://www.antar.org.au/node/174. 2010 - 06 - 20.

歉，而且如果道歉是不合格的，那么我们将继续请求政府去思考如何给予赔偿。"那么，陆克文政府的道歉会不会引发"被偷的一代"要求联邦政府给予赔偿呢？

考虑到道歉可能引发土著如潮般的赔偿诉求，陆克文在道歉前特意向政府的法律顾问们做了咨询。法律顾问们给出的答案是，向"被偷的一代"表示正式道歉就其本身而言不会引起法律上的"灾难"。① 有了法学家们的背后支撑，陆克文在道歉中明确地表示，他不会提议或支持赔偿立法。预料到土著难以接受这样的立场，土著事务部长珍妮·麦克琳在2008年2月13日晚上解释说，政府认为使用联邦资金来解决土著的不利地位比出台赔偿方案要好得多。"我们不得不决定将把必要的联邦政府资金用在何处，我们认为应该用在解决土著在住房、健康和教育等领域存在的令人吃惊的不利状况方面。"②

政府的道歉对土著的权利诉求并没有带来实质性的帮助，这让土著难以释怀。"土著和解委员会"前主席帕特里克·道森在"国家新闻俱乐部"发表讲话称，"被偷的一代"应该得到赔偿，"任何受到法律不公正对待的群体……在司法、立法或政治方面都有理由主张赔偿，他们应该得到我们的支持。"拉里萨·布伦特（Larissa Behrendt）教授进一步阐明，道歉过后，需要对"被偷的一代"因在收管中心生活而遭受身体、情感和精神方面的损害做出赔偿。这是一个无须申辩的法律。一个人受到伤害就有权利接受赔偿。在有关非土著澳大利亚人在收管中心受到伤害方面，我们的法律制度有几套赔偿的方案。③

2008年6月16日，来自北部领地的参议员特里希·克罗辛（Trish Crossin）女士代表"参议院立法和宪法事务委员会"（Senate Legal and Constitutional Affairs Committee）向参议院提交了《被偷的一代赔偿法案》（2008年）的报告。

特里希·克罗辛女士首先代表她本人以及广大的土著对即将离任的参议员巴特利特（Bartlett）为争取"被偷的一代"的权益如工资问题所做

---

① Steve Lewis, "Rudd's Ready for the Risk in Saying 'Sorry'", *The Daily Telegraphy*, January 29, 2008.

② Stephanie Peatling and Jessica Irvine, "Thanks-but now Let's Talk Compensation", *The Sydney Morning Herald*, February 14, 2008.

③ "Professor Larissa Behrendt, The Apology One Year on…".

的大量工作表示感谢。① 特里希·克罗辛还对下面机构的工作表示了感谢，它们是“公共利益倡权中心”（Public Interest Advocacy Centre）、“澳大利亚人权中心”（Australian Human Rights Centre）以及“人权与机会均等委员会”。特里希·克罗辛认为，在澳大利亚，正是上述三个机构使得土著问题尤其是“被偷的一代”成为公众关心的问题，并使联邦议会以及本届会议意识到与土著人民和“被偷的一代”有关的问题尚未得到解决。特里希·克罗辛在发言时指出，这份法案的主要目的就是出于善意，提出一个赔偿模式，来为这个国家“被偷的一代”及其孩子解决赔偿问题。那些曾向“人权与机会均等委员会”提交过证据的人肯定支持这份法案，并且承认这份法案是对“被偷的一代”所遭受损害的承认以及提供适当的赔偿来弥补这种损害的一种象征。大家都相信，这是政府道歉后下一步要做的事情。人们对于那个道歉有着绝对的感激、认可和欢迎。现在他们需要看到政府采取与“被偷的一代”有关的措施。特里希·克罗辛自信地表示，该法案肯定是未来对“被偷的一代”给予赔偿而进行讨论的一个非常有用的起点。考虑到该法案执行起来有方方面面的困难，所以，特里希·克罗辛也非常现实地认为，一个整体的举国一致的方式是解决“被偷的一代”的具体问题以及事实上提供一个有效和解模式的最合适的途径。这种方式就是建立一个全国性的土著和解基金。“我们确信这将会是这个国家解决赔偿问题的一个更加整体和更加广泛的途径。我们相信，《加拿大印第安人寄宿学校解决方案》（*Canadian Indian Residental Schools Settlement Agreement*）事实上已提供了这样一个模式，至少是考虑建立任何补偿方案的起始性框架。我相信，建立一个执行和解倡议的全国性机构在澳大利亚的语境中将是非常有益的。这就是现在我们在这个国家所处的位置——也就是，建立全国性土著和解基金或和解基金会。”② 同月，为回避赔偿诉求以及为“被偷的一代”提供帮助，联邦议会—委员会建议设立土著“和解”基金。该基金应被用于健康、教育、咨询、家

---

① 巴特利特曾向联邦议会提交《被偷的一代赔偿法案》（2007 年）（*Stolen Generation Compensation Bill 2007*）。

② Trish Crossin-Senator, "Northern Territory: Stolen Generation Compensation Bill 2008 – Report of Legal and Constitutional Affairs Committee", http://www.trishcrossin.com.au/news/0608/sp16 – 01. php. 2010 – 06 – 20.

庭援助以及为幸存者提供葬礼服务。[①]

在向土著道歉一周年之际，澳大利亚政府动员公众去反思这个历史性事件的含义以及如何去支持和解进程。2009 年 2 月 9～27 日，在联邦议会大厦举办了由著名土著摄影师韦恩·奎利姆（Wayne Quilliam）和默文·毕肖普（Mervyn Bishop）主办的主题为"道歉——不只是一句话"的摄影展。正是在这次展会上，土著事务部长珍妮·麦克琳宣布建立"土著及托雷斯海峡岛民和解基金会"（Aboriginal and Torres Strait Islander Healing Foundation）。和解基金会在工作中尤为关注"被偷的一代"的独特需求，为他们提供实际的和创新的治愈服务，还有职业培训和各项研究。[②] 通过"土著及托雷斯海峡岛民和解基金会"，澳大利亚政府对 72 个组织举办的道歉纪念活动给予财力支持，以提升全社会对"被偷的一代"的关注意识。2009 年以来，"土著及托雷斯海峡岛民和解基金会"已收到政府的 5300 万美元的资助。[③] 7 月 3 日，澳政府又宣布拨款 1.55 亿美元，用于改善土著居民的生活状况，缩短土著在人均寿命、受教育程度和就业率方面与其他国民的差距。

至此，这场由《带他们回家》牵发并由于陆克文的道歉而发酵的土著要求政府给予赔偿的诉求运动似乎告一段落。呈现在读者面前的是这样一幅较为清晰的画面：无论是以前的霍华德政府还是当时的陆克文政府，不会因为"被偷的一代"事件而开政府赔偿之先河，这是他们不会妥协的原则立场。他们能够做到的且用来软化土著强硬立场的就是采取一些利于改善土著处境的举措，而且是从一个整体以及现实的角度来考察土著所面临的问题。而土著方面的意见也并不统一。"被偷的一代"及其后代要求政府给予赔偿的立场比较坚定，他们不会因为政府采取一些具有实际意义的补救措施而放弃赔偿要求。而其他土著则支持政府建立和解基金。白人社会也分化为两个阵营，绝大多数人站在政府一边，其中德博拉·罗宾

---

① "Stolen Generations: The Way Forward", http://www.spinneypress.com.au/289 - stolengenerationsthewayforward.html. 2010 - 06 - 20.

② Australian Psychological Society, "Beyond the Apology: the Work of the National Aboriginal and Torres Strait Islander Healing Foundation", http://www.psychology.org.au/publications/inpsych/2010/feb/gee/. 2010 - 05 - 20.

③ Department of Social Service, Australian Government, "Apology to Australia's Indigenous Peoples", http://ass.gov.au/our - responsibilities/indigenous - australians/… apology - to - australians - indigenous - peoples. 2010 - 05 - 20.

逊（Deborah Robinson）的观点具有一定的代表性。她说："我认为我们当中的任何人都不能对那些为被偷的一代寻求经济赔偿的行动轻率地做出评判。他们的要求有一些合理性，因为在孩提时代就被从他们的家庭偷走对土著个人和集体都会产生消极影响。"对个人给予经济赔偿是件好事，但是，这是否真正对他们的生活以及土著社会的生活产生影响？不错，这将在短期内对个人提供了经济上的帮助，但或迟或早，他或她仍然面对作为一个澳大利亚土著与生俱来的劣势。这样，把钱用于改变现在和未来澳大利亚土著命运的项目和措施方面，岂不更好？"我同意联邦政府必须采取改变澳大利亚土著所面临的不利局面的措施。但是，这个行动必须对所有澳大利亚土著有益，而不只是针对被偷的一代成员。"①

四 对"干预政策"的重新审视

（一）土著社会要求取消"干预政策"

陆克文在议会道歉后，深受"干预政策"之扰的土著似乎看到了这一政策解体的希望。土著领袖路易斯·奥多诺霍女士在聆听完陆克文总理的道歉后就直言不讳地说："由于北部领区的干预政策，这里有很多人正受到伤害，没有必要再进行干预了。"② 帕特里克·道森不仅分析了这一政策出台的原因，而且直截了当地指出这是一项失败的政策。他说，"对北部领地的干预政策是在意识形态领域冲突的背景下出台的。它受到了保守主义政治的担忧和有影响的媒体评论家的推动。……不仅在北部领地而且在全国，［这是］一个开始失效和不连贯的政策。"③

澳大利亚支持《土著人民权利宣言》，表明它已认可该宣言所倡导的

---

① Deborah Robinson, "Should the Government Compensate the Stolen Generation?", January 29, 2008, http：//www. australianwomenonline. com/should - the - government - compensate - the - stole…2010 - 06 - 20.

② "Aboriginal Leaders Say Rudd's Apology is a Day of Healing", Feb. 13, 2008, http：//www. thaindian. com/newsportal/world - news/aboriginal - leaders - say - ruddss - apology - is - a - day - of - healing - 100173. html. 2009 - 03 - 12.

③ Stephanie Peatling, "Leaders Hope Commitment to Fix Disadvantage will Follow Fast", *The Sydney Morning Herald*, February 14, 2008.

原则精神，所以，就在发表支持该宣言声明后不久，澳大利亚国内进步人士、土著社会领袖纷纷敦促政府重新审视在北部领地实施的"干预政策"。这些人认为，毫无疑问，北部领地的"干预政策"不仅是种族主义的，而且导致了种族主义经验的增加。土著在物质、精神和情感生活等方面都受到这种强制的家长制政策的消极影响。"干预政策"明显违反了《土著人民权利宣言》的一些条款，并且与该宣言的目的相悖。

不仅如此，越来越多的政府政策未与《土著人民权利宣言》的精神保持一致，比如，北部领地政府取消双语教育计划、强迫偏远地区的土著领袖为了基本人权而在出租他们的土地的合同上签字等。因此，"达尔文土著权利联盟"呼吁澳大利亚政府要做更多的事情，而不只是做出肤浅的承诺和发表简单的声明，应该立即开始和有效执行《土著人民权利宣言》，尤其是恢复被中止的1975年《种族歧视法》以及取消在北部领地的"干预政策"等。①

对福利支出的监管被视为"干预政策"的核心内容，并有与上课出勤率联系起来的诱惑性说辞。这很好地迎合了一部分保守主义选民的需求。他们很可能声称，土著孩子上课的出勤率不高以及教育效果不佳是由他们的父母糟糕的监管引起的。但实际情况与此臆断相符吗？在豪斯·克里克（Halls Creek）社区，一项研究表明，土著孩子父母的态度只是影响上课出勤率的因素之一，教师以及校园文化本身在一个社区发挥了关键性作用。在这样的社区，孩子在非常年幼时就能够决定他们自己的时间使用模式。这项研究还发现，上课出勤率的高低并不必然地通过家庭得到反映。在一个有五个孩子的家庭，上课出勤率由14%到88%不等。而在豪斯·克里克社区，住房的过分拥挤是一个影响因素，因为它不可能提供一个家庭"准备去上学"的环境。

没有证据表明把福利支出与行为变化联系起来的做法是行之有效的。事实上，在一个社会功能已经失调的局面下，强加这种惩罚性措施必将加剧一个家庭或社区的紧张状态。有证据表明，上课出勤率的提高可以通过下列方式来实现：（1）出台早餐和午餐方案；（2）制定让土著社区尤其

---

① "Australia Supports the UN Declaration of Indigenous Rights; Aboriginal People Want Action as well as Words", http: //Sydney. indymedia. org. au/story/Australia - supports - un - declaration - indigenous - right⋯. 2010 - 05 - 08.

是年长者进入学校的方案；（3）增加土著教师助手以及土著教师数量；
（4）制定吸引土著孩子的课程；（5）设计与提升土著自尊和自信的项目
相嫁接的项目，这些项目要与旨在关注学业优异的文化融为一体。这些有
效的方案和战略表明，为了解决上课出勤率等问题而在土著家庭与学校之
间建立互动关系的重要性。为了让更多的孩子进入校园学习，校方要做的
事情还很多。政府与其因为他们的孩子不去上学就简单地惩罚他们的父
母，还不如向土著社区提供满足其需求的学校和师资。①

为了促进福利监管，在第一波干预中，政府投入了 8800 万美元用于
官僚机构内部的行政管理改革，而未把一美元用在被证明吸引土著孩子入
学的任何方案中。有数据表明，在北部领地，花在土著孩子教育上的费用
如用了 47 美分，那么花在非土著孩子身上的教育支出就达 1 美元。北部
领地的很多土著社区没有为居住在社区内的孩子提供足够的教师、教室或
课桌。由于政府没有提供充足的资金来增加老师和添置教室，所以，为确
保孩子上学而给他们的家庭施加惩罚性措施被证明是伪善的。即使它真的
能够让更多的孩子走进教室，但在师资和教育基础设施投资不足的情况
下，这些土著孩子能接受什么样的品质教育？

抛开将福利支出与上学出勤率联系起来的说辞不谈，当这一政策全面
铺开时，它不只指向那些他们的孩子不去上学的父母，也适用于居住在
"被指定的"土著社区且接受福利支出的任何人——不论他们的孩子是否
上学，也不论他们曾经是否有孩子。那些曾经用他们的钱养活全家的人突
然发现他们的收入被监管了。巴巴拉·肖（Barbara Shaw）居住在艾利
斯·斯普林斯的一块市镇营地。她有自己的孩子，用自己的收入维持全家
生计。她发现，在没有磋商也没有任何告示的情况下，她的收入就在一夜
之间受到了监管。没有了对收入的自如支配，她发现她的旅行变得困难起
来，因为给她发放的购物卡不能在其他州使用。她知道因为这些限制，人
们不能出远门去参加葬礼或其他文化活动。她也知道像她这样的妇女由于
收入受到监管而买不起圣诞礼物。一贯供养她的家庭的巴巴拉·肖从没有
忽视她的孩子们，一贯重视对他们的教育。她对福利署的做法感到愤恨。
福利署这一政府机构负责分配福利支出，其做法通常是把那些其收入受到

---

① Robert J. Miller, et al, *Discovering Indigenous Lands-The Doctrine of Discovery in the English
Colonies*, pp. 202 - 203.

监管的人与那些其收入未被监管的人进行隔离。巴巴拉·肖说，她站的队列中只有黑人。她对商场分别站队付款的做法感到不满，对购物卡制感到失望。她无法得知有多少钱存在卡上。因此，她有时候就没有足够的钱去购物。为此，巴巴拉·肖把她对福利监管制度的不满上诉给联合国，因为澳大利亚国内没有受理这一诉求的平台。①

随着时间的推移，"干预政策"越来越受到被迫接受这一政策的土著以及在被指定地区工作的专业人士包括医生、教师、健康工作者和警察的指责与质疑。"澳大利亚土著医生协会"（Australian Indigenous Doctors Association）援引病人自我报告挨饿的证据来证明这种制度在很多方面是行不通的，因为这种制度让一些家庭因无法购买食物而挨饿。此外，它还影响到土著的社交往来和亲情伦理的输送，如对钱的限制意味着人们不能去探望亲友、履行仪式和出席葬礼；而祖父母们也不能有充分的灵活性去为他们的孙子女们购买礼物。②

一系列研究和报告表明，"干预政策"并没有取得预期的成功，如收入管控和开销模式并没有在酒精、香烟、软饮料、新鲜水果和蔬菜等消费方面产生明显变化；社区居民的生活习惯还像以往一样，人们照样没有储蓄。非但如此，在其他方面，土著社会正变得越来越糟糕起来。一位来自东安赫姆地的氏族长老说，在我看来，"干预政策"不只是给我所在的社区还有偏远的土著社会带来了问题，它让我们的人民更加感到挫败和混乱。白人的思维方式就是强迫我们，迫使我们放弃自己的文化。这种干预的整个进程是资金的巨大浪费，它让我们的人民感到害怕。事实上，干预将导致我们的文化和仪式的毁灭。③

为了实现干预目标，联邦政府中止了《种族歧视法》，暂停根据北部领地反种族歧视立法对土著提供保护和上诉权。此项规定剥夺了处在澳大利亚社会最边缘群体对其所受到的不公正待遇而提出申诉的权利。④ 2009年2月3日，莱斯·科（Les Coe）在堪培拉举行的土著集会上说：

①　Robert J. Miller, et al, *Discovering Indigenous Lands-The Doctrine of Discovery in the English Colonies*, p. 204.

②　"Professor Larissa Behrendt, The Apology One Year on…".

③　"Northern Territory Emergency Response（NTER） – 'The Intervention'".

④　Robert J. Miller, et al, *Discovering Indigenous Lands-The Doctrine of Discovery in the English Colonies*, p. 203.

"陆克文正在我们面前摆动希望的诱饵,这是一个谎言。"这次集会适逢新年议会开幕的第一天,与会者呼吁政府取消种族歧视政策,尤其是取消对北部领地的"干预政策"。巴巴拉·肖说:"[政府]说这不是种族歧视,然而看看我们,看看我们的肤色。"① "土著及托雷斯海峡岛民社会正义专员"迈克·高达(Mick Gooda)预测:"我们最终将从北部领地的干预中明白,自上而下的强制措施从来没有可能持续下去。不论我们生活在北部领地或墨尔本,我们都认识到,北部领地所发生的一切将增加我们对政府的不信任。"迈克·高达还提示说:"如果他们与当地[土著]社区合作,发展服务投送模式,那么政府将变得更有效率。"②

应予指出的是,即使在土著社会,也不是所有的人都反对"干预政策",就像 2007 年这项政策出台时所引发的不同反响一样。2010 年,土著著名领袖沃伦·芒迪内(Warren Mundine)发表评论说:"在保护儿童和妇女免遭性侵害、身体受到蹂躏方面,什么是有害的?[……]我要说,当土著妇女正遭到蹂躏时,我们需要处理对这些妇女进行蹂躏的专门政策。"③ 2011 年,在"干预政策"实施三年多之后,澳大利亚中部土著领袖贝丝·普赖斯在接受澳大利亚广播公司的记者采访时说:"我赞成'干预政策',因为我目睹了进步。我看到妇女们现在有了自己的声音。她们能够为自己说话,她们在维护自身权利。孩子们有饭吃,年轻人或多或少知道如何去经营自己的生活。这就是自'干预政策'实施以来所发生的。"④

(二)国际社会对"干预政策"的关注

北部领地因推行"干预政策"而中止《种族歧视法》的做法引起了国际社会的广泛关注。"人权理事会"等国际人权组织呼吁澳大利亚政府

① Peter Robson, "Rudd's Apology: One Year on, a Sorry Record", 7 February, 2009, http://www.greenleft.org.au/2009/782/40097. 2009 – 05 – 09.

② "Northern Territory Emergency Response (NTER) – 'The Intervention'".

③ "Northern Territory National Emergency Response".

④ "Defence, Discrimination and Regrets", 11 April, 2011, http://www.abc.net.au/tv/qanda/txt/s3182043.htm. 2012 – 06 – 09.

立即、完全和无条件地恢复《种族歧视法》。① 一位联合国特使说，澳大利亚政府必须停止那些不尊重土著人民利益的带有种族主义色彩的干预措施。联合国有关土著问题的特别代表 S. 詹姆斯·阿纳亚谴责澳大利亚因在土著社区限制福利支出、禁止酒精消费和色情表演而违反了其应承担的国际人权义务。2009 年 8 月，S. 詹姆斯·阿纳亚教授访问了受到"干预政策"影响的土著社区。他在一份致澳大利亚政府的报告中说："这些措施包含种族歧视，对北部领地土著民族有所区别的对待牵涉对享受各种人权的损害。"政府所持的禁止酒精消费以及禁止电脑中的色情信息传播正在发挥作用的证据"充其量是模糊不清的"，"我特别希望看到与这些禁令是否有关的证据，我所看到的唯一证据就是酒精消费量以及相关问题非减反增。"S. 詹姆斯·阿纳亚教授对"干预政策"进行了进一步批评。他说，土地被强制征收是在没有同意、协商或补偿的情况下进行的。土著居民在商店里不得不使用绿色的"基本需求卡"来消费，这是一种侮辱行为。"这就是我反复听到的。土著被认为不能管理他们自己的事务，这是一种有损人格的做法。"②

收入监管制度就是把 50% 的福利支出限制在基本生活必需品如食物、衣服和帐篷方面。澳大利亚政府声称，要将这一制度推广到更多的人，并为这些人增加一种努力免除的渠道，目的是使干预政策与《种族歧视法》相一致。反对党称这些变化是一种稀释。"人权资源中心"（Human Rights Resource Centre）高级律师本·肖克曼（Ben Schokman）说，这些变化"滑稽可笑"，只是部分地恢复了《种族歧视法》。而珍妮·麦克琳却对"干预政策"进行了辩护，说政府优先考虑的问题就是保护脆弱的妇女和儿童。她说："我们正准备采取坚决行动，使得'北部领地紧急状态反应'能够长期地持续下去，包括通过立法来重新恢复《种族歧视法》。"她还说："政府与受'北部领地紧急状态反应'影响的社区和城镇营地的几千名参与者进行了磋商。结果发现，总的来说，人们说儿童、妇女以及

---

① UN Committee on the Elimination of All Forms of Racial Discrimination, Urgent Action Letter to the Australian Government dated March 2009 in Relation to the Northern Territory Emergency Response, http: //www. hrlrc. org. au/files/cerd – letter – to – Australia130309. pdf. 2010 – 04 – 12.

② Roderic Pitty and Shannara Smith, "The Indigenous Challenge to Westphalian Sovereignty", *Australian Journal of Political Science*, p. 134.

老人现在变得更加安全，更能丰衣足食，而且他们能在夜里睡个好觉。"①
2009 年 5 月，陆克文政府说它将在当年 10 月的议会会议上推动立法，来
删除干预法令中排除《种族歧视法》运转的某些条款。②

11 月 12 日，"大赦国际"秘书长艾琳·卡恩（Irene Khan）③ 开始了
对澳大利亚为期一周的访问。艾琳·卡恩访问了澳大利亚中部土著内陆地
区和北部领地。18 日，她被安排在堪培拉"国家新闻俱乐部"发表演讲。
她说，很多土著所经历的贫困如虐待一样应受到道德的谴责，且必须予以
消除。她呼吁陆克文政府结束在北部领地实施的带有歧视性的干预措施，
因为这些措施"使已经边缘化的人们感受到了侮辱和无所适从。"她说，她
在艾利斯·斯普林斯所看到的贫困使她联想到第三世界的情景。"土著民族
在一个如此优越的大陆经历违反人权的事情不只是令人沮丧，而且在道义
上令人无法容忍。消除如此贫困与消除虐待一样是政府的道义责任。"艾
琳·卡恩特别谴责对福利支出进行强制监管，并且暗示澳大利亚工党政府
浪费改弦易辙的机会存在"真正的风险"，这种毕其功于一役的强制政策无
法取得预期效果。"除非有一个赋予人民以权力以及吸引他们对解决方案承
担责任的完整的人权方案，否则政府对妇女和儿童提供不了长期保护。"④

（三）政府对"干预政策"的微调

面对土著民族和国际社会的一片质疑，陆克文和吉拉德政府均承诺要
对"干预政策"进行重新审查。⑤ 这就意味着在各方压力之下，无论审查
结果如何，对"干预政策"进行一定的调整势在必行。

2010 年 6 月 21 日，也许是出于象征性地纪念"干预政策"周年的
考虑，联邦议会通过了恢复《种族歧视法》的修正案。修正案意味着
《种族歧视法》不再被中止，但限制利用《种族歧视法》去挑战北部领
地的各种措施，进而认为北部领地的"干预政策"是一种种族歧视的

---

① Yuko Narushima, "Intervention in NT Racist: UN Envoy", *The Age*, February 25, 2010.

② SBS World News, What is the Northern Territory Intervention, http://www.sbs.com.au/
news/article/1027847/what - is - the - Northern - Territory - Intervent…2012 - 07 - 13.

③ 艾琳·卡恩是"大赦国际"第一位女性、第一位亚洲人和第一位穆斯林领导人。

④ "Indigenous Poverty as 'Morally Outrageous' as Torture: Amnesty Head", November 19,
2009, http://www.global - sisterhood - network.org/content/view/2379/59.2012 - 07 - 13.

⑤ Tim Rowse, *Indigenous and Other Australians since 1901*, p. 425; Julia Gillard, *My Story*,
pp. 229 - 230.

做法。7 月份上台的朱丽娅·吉拉德政府承诺对这一是非颇多的政策进行审查，但表示不会放弃这一政策。吉拉德政府为此任命了一个独立的审查委员会。该委员会审查后提出的一些修正建议很快被有关部门采纳，并产生了某些积极的变化。J. 奥特曼（J. Altman）在目睹一些干预措施消失后，把这一变化称为土著事务领域的一场新的"悄悄的革命"。[①] 在这场"悄悄的革命"中，住房不再是"干预政策"的内容，而是成为《全国伙伴关系协定》（National Partnership Agreement）[②] 有关偏远地区土著住房计划的一部分。在《全国伙伴关系协定》有关偏远地区服务投送的条款下，北部领地 15 个最大的被指定的社区成为优先考虑的对象。其他调整还包括收入监管扩大到北部领地的其他社区以及澳大利亚的其他地方。澳大利亚政府自那以后把收入监管视为一项福利改革举措，而不再视作一项"干预政策"的内容。在工党看来，这是一个重要的变化。经过局部调整的"干预政策"得以继续执行，并在 2012 年 6 月 29 日被作为一项法律而获议会通过，甚至被吉拉德政府锁定为下一个十年即至 2022 年的一系列承诺之一。[③] 在《北部领地更加强劲的未来》的政策框架下，工党承诺提供 34 亿美元在未来十年内与北部领地的土著人民一道去改变他们的极其低下的生活状况。《北部领地更加强劲的未来》聚焦土著认为最重要的问题，如解决过度饮酒、确保土著孩子能够去上学、为土著提供更多的工作与参与经济的机会。[④]

澳大利亚政府经常在媒体上吹嘘说，"干预政策"是成功的。为了支持这一结论，有关部门或人士往往从对这种政策进行评估的报告中选择一些数据。D. 马什（D. Marsh）和 A. 迈克康奈尔（A. McConnell）认为，声称某项政策的成功在政治生活中是常有的事情，然而在制度层面，很少

---

① J. Altman, "The New 'Quiet Revolution' in Indigenous Affairs", *Crikey*, 1 December, http：//www.crikey.com.au/2008/12/o1//the－new－quiet－revolution－in－indigenous－affairs.2009－05－14.

② 《全国伙伴关系协定》是澳大利亚联邦政府与北部领地政府就 2009 年 7 月 1 日至 2012 年 6 月 30 日间的合作关系而签订的一份工作文件。该协定聚焦经济发展、家庭和社区安全、土著居民健康、偏远地区服务投送以及住房等。

③ 2011 年 6 月，澳大利亚联邦政府宣布"干预政策"将在 2012 年 6 月后继续实施，并且发布了一个讨论文件《北部领地更加强劲的未来》。

④ JuLia Gillard, *My Story*, p.230.

有证据来支撑上述观点。①

坦率地说，对这一颇受争议的政策进行准确评估是一件相当困难的事情。不过，可以肯定地说，在这一政策推行的五年中，我们看到了以下一些变化。第一，"干预政策"扩大其适用范围，即从最初的关注孩子到后来更加广泛地关注社区的可持续性发展以及在"消除差距"的目标方面所取得的进展。在有效地维持"干预政策"功能不变的情况下，像住房、收入管理等一些最初的主要因素不再被政府视为干预的措施，从而淡化了这一政策的强制色彩。第二，"干预政策"涉及的社区和人口从最初的73个指定社区的32000人扩大到600多个社区的45000人，有超过500个较小的边远地区的分站、牧场以及城镇营地社区被包括进来。在统计意义上，这种变化是重要的。可以预见的是，"干预政策"仍将延续下去，但放松管制或缩小管制范围亦是一种趋势。

五 "消除差距"战略的出台

（一）"消除差距"战略出台的背景

2007年工党重新上台后，"干预政策"就在澳内外压力之下经历了一个持续适应和重构的政治进程。这一政治进程的成果之一就是"干预政策"开始与聚焦一个高度数字化的"消除差距"的新的国家战略联系在一起。所谓"消除差距"就是政府采取一些有利于土著人民的政策、措施或项目来缩小乃至消除土著澳大利亚人与非土著澳大利亚人在寿命、教育、就业和住房等方面存在的巨大差距。②

土著领导人在对陆克文的政治道歉表示欢迎的同时，警告政府在道歉后必须有一个让土著摆脱贫困的严肃承诺。在他们看来，联邦政府已经向土著居民道了歉，那么现在就应屈尊俯就，并且去消除土著与其他澳大利亚人之间在诸多方面存在的"令人吃惊的差距"。"政府服务供给审查指

---

① D. Marsh and A. McConnell, "Towards a Framework for Establishing Policy Success", *Public Administration*, 88 (2), 2010, pp. 564 – 583.

② Stephanie Peatling, "Leaders Hope Commitment to Fix Disadvantage will Follow Fast".

导委员会"（Steering Committee for the Review of Government Service Provision）在 2005 年、2007 年和 2009 年均发表了审查报告。这些报告的各项统计数字均表明，土著是澳大利亚社会地位最为低下的群体，具体体现在如下诸多方面：（1）土著澳大利亚人与非土著澳大利亚人的平均寿命差距是 9.7～11.5 岁；（2）土著学生中差不多只有一半完成 12 年制义务教育；（3）土著的平均收入低下；（4）土著拥有住房的比例要比非土著低得多；（5）土著的自杀死亡率比非土著高得多；（6）土著孩子保护告知的比例的上升要比非土著孩子快得多；（7）土著他杀率比非土著高出 6 倍；（8）土著因为受到攻击而住院的可能性是非土著的 12 倍；（9）土著男人和妇女的受害比例是非土著的 2 倍多；（10）土著青少年受到拘留的可能性是非土著的 20 倍；（11）土著妇女坐牢比例在增加；（12）土著孩子的住院率是非土著孩子的 2 倍；（13）土著婴儿死亡率是非土著的 2～3 倍；（14）土著杀人犯中的 65% 在犯罪时处于饮酒状态，这是非土著的 3 倍多；（15）土著因与酒精有关的精神疾病和行为失常而被送进医院的是非土著的 4 倍多。这三份报告还关注托雷斯海峡岛民的生存状态。报告认为，托雷斯海峡岛民拥有自己独特的文化，存在很多与土著一样的不利状况。报告最后的结论是，在一个在其他方面都很富有的国度，对土著及托雷斯海峡岛民的贫困以及社会地位低下的这种冗长而枯燥的陈述是令人羞愧的。造成这种局面的原因有很多，但清楚无误的是，多年来的殖民剥削、持续的消灭土著民族及其文化的系统化的企图是所有原因的核心要素。[①]

2008 年 11 月，"澳大利亚政府委员会"制定了《全国土著改革协定》（*National Indigenous Reform Agreement*）。该协定的主要内容是：（1）承诺使用一切权力去实现消除差距的目标；（2）明确责任并推动联邦与州、领地政府间合作；（3）提供未来行动路线图；（4）通过《全国伙伴关系协定》提供充分的资金来推动这些目标的实现；（5）与其他涉及这些目标的全国性协定和伙伴关系建立工作联系。

为了履行"消除差距"的承诺，联邦与州、领地政府之间就需要进

---

① Pat Dudgeon, Michael Wright, Yin Paradies, Darren Garvey and Iain Walker, "The Social, Cultural and Historical Context of Aboriginal and Torres Strait Islander Australians", http://aboriginal. telethonkids. org. au/media/54859/part_ 1_ chapter3. pdf. 2015 - 08 - 22.

行史无前例的合作与协调，并承诺通过"澳大利亚政府委员会"来实现这一战略目标。"澳大利亚政府委员会"也承认与法人、非营利团体密切合作的必要性，认为只有通过持续的和多方面的努力，"消除差距"的目标才有可能实现。[①]

（二）"消除差距"战略的主要内容

"澳大利亚政府委员会"旨在改变土著不利地位的目标得到了一个清晰的政策框架的支持。它们是：（1）在一代人的时间内消除土著与非土著在人均寿命方面的差距；（2）十年内把5岁以下土著孩子的死亡率降低一半；（3）在五年内确保偏远地区所有4岁的土著孩子接受学前教育；（4）在十年之内把土著学生在阅读、书写和计算方面的能力差距降低一半；（5）到2020年，把土著学生12年制受教育率的差距降低一半；（6）在十年之内把土著与非土著澳大利亚人在就业率方面的差距减少一半。[②]当然，这只是一个指导性的政策框架。由于每年都会对上一年度"消除差距"战略的执行情况做一例行的全面评估，并且根据评估结果适时做出政策或措施上的调整，所以，动态地考察"消除差距"的执行情况就具有现实意义。

1. 在健康方面

2003年，澳大利亚联邦、州和领地政府批准了《土著及托雷斯海峡岛民健康全国战略框架：政府行动框架》（*National Strategic Framework for Aboriginal and Torres Strait Islander Health：Framework for Action by Governments*）。自从该战略框架颁布以来，澳大利亚社会经历了重要变化，包括政府对土著居民做出正式道歉以及在《土著人民权利宣言》上签了字；土著及托雷斯海峡岛民人口增长了约10万人；各级政府越来越关注并承诺支持改善土著及托雷斯海峡岛民的健康状况和福利。2011年8月2日，联邦与州、领地政府共同签署了《全国健康改革协定》（*National Health Reform Agreement*）。该协定旨在为包括土著及托雷斯海峡岛民在内的所有澳大利亚人在未来提供更好的健康服务。但是，考虑到土著澳大利亚人与非土著澳大利亚人之间存在较明显的健康差距以及

---

① Council of Australian Governments, "National Indigenous Reform Agreement", http：//www. fed-eralfinancialrelations. gov. au/content/npa/health_ indigenous/indigenous – reform. 2014 – 02 – 18.

② Northern Land Council, "A New Approach to Closing the Gap", *Land Rights News*, Issue 1, April 2019, p. 6.

《土著及托雷斯海峡岛民健康全国战略框架：政府行动框架》将于 2013 年到期，因此对该战略的原则以及土著及托雷斯海峡岛民健康中存在的问题进行重新审视并出台新的战略计划就成为一件及时而又必要的事情。

2012 年，工党政府提交的题为《全国土著及托雷斯海峡岛民健康计划》（*National Aboriginal and Torres Strait Islander Health Plan*）的讨论文件对"健康"概念进行了新的解读，认为"健康不只是没有疾病。在土著的生活背景下，健康是复杂的和多方面的，包括个人的身体健康、社会的和情感的健康，以及整个社区的福利。"健康这一整体定义包含被土著民族视为健康主要特质的社会公平、福利和平等等更加广泛的内容。这与"世界卫生组织"在 1978 年的定义是一致的："健康……是身体的、精神的和社会的福利的完整状态，不只是身体没有疾病或身体虚弱……〔它〕是一项根本人权。"这一定义在《土著及托雷斯海峡岛民健康全国战略框架：政府行动框架》中也有体现："对土著及托雷斯海峡岛屿民族来说，健康不只是个人没有疾病，而且需要对家庭、社区、土地、海洋以及精神之间的健康和相互依赖的关系给予支持。重点是除了身体健康外，一定是精神、文化、情感以及社会福利。"①

2013 年，《全国土著及托雷斯海峡岛民健康计划》正式颁布。该计划就是与土著及托雷斯海峡岛民、健康管理部门以及该领域的专家进行合作，来全面提升土著澳大利亚人的健康水平。健康计划展示了各级政府未来十年的政策和投资路径，承诺到 2031 年实现工党提出的消除土著与非土著寿命差距的任务，政府为落实此项计划的财政支出有望接近120 亿美元。② 健康差距中约 70% 的因素要归于慢性疾病所产生的后果，工党政府为此准备采取以下措施：聚焦减少患慢性疾病的主要危险因素，如抽烟；加强对慢性病的早期检测③；改进对慢性疾病的管控；提高关护能力，为患有慢性疾病的土著提供有效服务。健康计划尤其提到婴儿和儿

---

① Department of Health and Ageing, *National Strategic Framework for Aboriginal and Torres Strait Islander Health 2003 - 2013：Australian Government Implementation Plan 2007 - 2013*, Canberra：Commonwealth of Australia, 2007.

② Department of Health, Australian Government, "National Aboriginal and Torres Strait Islander Health Plan", http：//www. health. gov. au/natsihp. 2012 - 02 - 18.

③ A. Booth and N. Carroll, *The Health Status of Indigenous and Non-indigenous Australians*, Canberra：Centre for Economic Policy Research, ANU, 2005.

童的健康问题，认为改善婴儿和儿童的健康将对一个人的人生产生积极影响。童年时期是大脑发育包括认知和社会技艺发展的最重要阶段，这些是未来学习和取得成就的基础。健康方面的改善包括 0~4 岁土著儿童夭折率要有一个大幅下降，增加土著及托雷斯海峡岛民儿童完全免疫人数，这有助于减少流行性腮腺炎和麻疹患病率。

2. 在教育方面

2010 年，工党政府就把确保偏远地区所有 4 岁儿童接受早期教育作为"消除差距"的首要目标。在《儿童早期教育全国伙伴关系协定》（*National Partnership Agreement on Early Childhood Education*）指导下，这种创纪录的投资意味着将有更多的儿童接受学前或早期教育。[①] 工党政府之所以把这项工作视为当年"消除差距"的首要任务，是因为他们坚信，对孩子来说，接受早期教育能为即将到来的学校教育奠定最为重要的基础。所有的证据表明，参加学前教育意味着孩子日后在学校更有可能取得成功。为此，政府承诺在培训好的师资和建立好的学校方面进行投资。在工党拟定的《更好的学校计划》（*Better School Plan*）下，全澳 170000 土著学生有望得到政府更多的资助。政府还将拿出额外资金支持学校去落实帮助土著学生的项目。联邦政府还承诺到 2020 年消除土著学生 12 年制受教育率 50% 的差距。[②] 此外，"土著青年领导技能项目"（Indigenous Youth Leadership Program）将为年龄在 18~30 岁的土著青年提供去太平洋岛国瓦鲁阿图（Vanuatu）与当地土著青年进行交流学习的机会，被选拔的土著学生将赴瓦鲁阿图的一个乡村居住六个星期，通过参与当地草根社区认可的发展项目来提升其领导能力和职业技能。[③]

3. 在经济参与与就业方面

实体经济与第三产业有充分吸纳劳动力的功效。为此，工党政府准备扩大土著在实体经济中的就业人数；与商业建立联系，为土著及托雷斯海峡岛民创造就业机会。投资额为 15 亿美元的"偏远地区工作和社区项

[①] Council of Australian Governments, "National Partnership Agreement on the National Quality Agenda for Early Childhood Education and Care", http：//files. acecqa. gov. au/files/NQF/nap_ national_ quality_ agenda_ early_ childhood_ education_ 2012 - 02 - 18.

[②] Australian Labor Party, "We're for Education", http：//www. alp. org. au/education. 2012 - 02 - 18.

[③] "Voice Programs：Indigenous Youth Leadership Program", http：//voiceaustralia. org. au/program/indigenous - youth - leadership - program - iylp#. VeK1991mO4U. 2012 - 08 - 30.

目"（Remote Jobs and Communities Program）正在为偏远社区的求职者提供培训机会，确保他们掌握成为一名劳动者所需的基本技能。该项目依托工党制定的总投资额为 5.55 亿美元的"土著经济战略"（Indigenous Economic Strategy）和"土著就业项目"（Indigenous Employment Program）。政府还希望通过在偏远地区建造和修缮住房来为土著就业创造更多的机会。[①]

4. 在住房以及基础设施方面

工党政府认识到，体面的住房对真正改善偏远地区土著人民的生活、保证土著孩子在一个安全和健康的环境下成长至关重要。长期以来，各级政府在土著住房方面的投资严重不足，以致土著住房拥挤不堪，且很不安全。针对这种情况，工党政府于 2008 年 12 月出台了《偏远地区土著住房全国伙伴关系协定》（*National Partnership Agreement on Remote Indigenous Housing*）。这是根据《联邦财政关系政府间协定》（*Intergovernmental Agreement on Federal Financial Relations*）而拟定的，计划在十年内投资 55 亿美元来改善土著的居住条件；斥资 2.06 亿美元为北部领地的 400 多个土著聚居区提供诸如电力、自来水、排污系统、垃圾收集等基本服务。在缔结《偏远地区土著住房全国伙伴关系协定》时，联邦、州与北部领地政府均承认，在改善偏远地区土著澳大利亚人的住房条件方面，它们有着共同的利益，需要携手来完成这样的任务。有关各方也承认，执行该协定将视各州和北部领地的具体情况而有所差别。[②]

5. 在土著管理方面

无论在联邦层面设立"澳大利亚第一民族全国会议"（National Congress of Australia's First Peoples）[③] 还是在地方层次通过全国范围内的一系列《地区伙伴关系协定》（*Regional Partnership Agreements*），工党政府支持土著实现自我管理，目的是让联邦政府、州或领地政府以及土著社

---

① Department of Employment, Australian Government, "Indigenous Employment Program", http：//employment. gov. au/indigenous – employment – program – iep. 2012 – 02 – 18.

② Council of Australian Governments, "National Partnership Agreement on Remote Indigenous Housing", http：//www. federalfinancialrelations. gov. au/content/npa/housing/remote_ indigenous_ housing/2012 – 02 – 18.

③ 2010 年 4 月，陆克文宣布成立一个非选举产生的代表制机构——"澳大利亚第一民族全国会议"。该机构在向政府提供政策建议方面只拥有有限的授权。

区组织共同努力来改善土著社会管理并为其提供更好的服务。①

6. 在宪法承认方面

"土著及托雷斯海峡岛民委员会"曾经明确了宪法改革的八大目标。从短期来看，该委员会支持在宪法中增加序言，尤其要在序言中承认土著及托雷斯海峡岛民拥有作为土著民族的持续权利（包括自决权）；支持在宪法中明确反对种族歧视。从长期来看，"土著及托雷斯海峡岛民委员会"支持在一个全面的澳大利亚人权法案内对土著民族业已存在的权利给予宪法上的承认，就像《1982 年加拿大宪法》（*Canadian Constitution Act 1982*）中的第 35 款。② 以陆克文为首的工党政府曾承诺，在适当的时机，就宪法对土著及托雷斯海峡岛民的承认举行一次全民公决。③ 在工党看来，考虑到土著及托雷斯海峡岛民在整体上被主流社会排除出去的状态，为改变这一局面，应举行一次有意义的宪法改革。宪法改革应聚焦下列方面：包括一个承认土著及托雷斯海峡岛屿民族和他们独特的历史、文化以及与这块土地关系的声明；消除种族的印记，反映国家对平等以及非歧视原则重要性的根本信仰；承认必须付诸额外的努力去帮助改变土著及托雷斯海峡岛民的不利地位。

除上述内容外，"消除差距"战略还涉及其他方面，如土著社会福利制度的改革④、在北部领地实施一些特殊政策⑤等。

（三）"消除差距"战略的阶段性成果

在"消除差距"的战略框架下，政府在土著社会项目的开支已有大

---

① Council of Australian Governments，"National Indigenous Reform Agreement".

② Chris Cunneen，*Conflict*，*Politics and Crime-Aboriginal Communities and the Police*，p. 247.

③ Julia Gillard，*My Story*，p. 232.

④ 工党政府希望土著人民认识到，福利不应是一种生活方式，希望他们更多地去承担工作和参与地方事务。在昆士兰，工党政府自 2008 年以来拨款 1 亿多美元，支持约克角的福利改革尝试。自当年 7 月改革试验以来，约克角的奥鲁昆、科恩（Coen）、霍普·韦尔（Hope Vale）、莫斯曼·戈格（Mossman Gorge）等社区见证了入学率的提升、对儿童的关护增加以及社区更加安全等可喜现象。在西澳大利亚，工党政府支持"伍兰基金会"（Wunan Foundation）为东金伯利地区建立一个福利改革模式：通过鼓励社区成员去承担个人责任以及为那些准备参与的人提供机会，来推动土著文化和经济发展以及社会创新。

⑤ 在北部领地，已在 15 余个社区实行入学和出勤率登记的新举措。如果孩子上学远低于规定的出勤基准，那么学校和福利署将与家庭一道制订出勤方案，以督促学生上学；如果孩子仍不去学校上学，那么该家庭的收入给付就被暂停。

幅增加，并且取得一些阶段性成果。

1. 在健康方面

2008 年 3 月 20 日，澳大利亚政府承诺斥资 1700 万美元用于培训土著医生和护士，以改善土著的生活质量，提高他们的平均寿命，并希望尽快让澳各种族平均寿命一致。① 除了培训土著医生和护士外，澳政府还计划拨款 1450 万澳元，用于降低土著居民的吸烟人口比例。5 月，澳大利亚政府公布了预算方案，列举了旨在消除土著与非土著澳大利亚人之间寿命差距的举措。这些举措包括为母亲和婴儿健康、土著孩子由风湿病引起的急性发热症状和心脏疾病的诊疗，以及适当的健康服务提供额外资金支持。这些额外资金大部分用于北部领地。7 月 10 日，健康与老龄化部长尼考拉·罗克松（Nicola Roxon）宣布了由伊恩·安德森教授任主席的"土著健康平等委员会"（Indigenous Health Equality Council）的人员组成。该委员会的任务就是支持政府做出的消除土著与其他澳大利亚人在健康方面的差距的承诺，并对与健康有关的目标方面的进展和监督提出建议。② 11 月，"澳大利亚政府委员会"宣布承诺提供 46 亿美元用于解决土著问题。这笔资金将重点关注儿童早期成长、土著健康、住房、经济发展以及偏远地区服务投送等广泛领域。

在偏远社区，新建了 12 个健康诊所；对北部领地的 9430 名儿童进行了 17302 人次牙齿护理服务；对北部领地的 6442 名儿童进行了 10892 人次听力检查；2011～2012 年，来自全澳的 578 名健康专业人士被分配到北部领地的偏远土著社区进行短期的医疗服务工作。2013 年，对 195 个社区的土著孩子进行了沙眼控制。另外，"社区青年项目"（Youth in Communities Program）已在 60 个社区启动，支持对 12600 名土著青年进行早期干预、阻止或转移活动。这些举措有助于解决土著青年吸毒、自杀和自我伤害等问题。③

---

① "澳政府计划拨款千万美元培训土著医护人员"，http：//bbs. anztrip；. com/thread - 4787 - 1 - 1. htm. 2008 - 04 - 06.

② The Lowitja Institute, "Close the Gap: National Indigenous Health Equality Council", http：// www. lowitja. org. au/close - gap - national - indigenous - health - equality - council. 2009 - 09 - 08.

③ Australian Indigenous HealthInfoNet, "Youth in Communities Program", http：//www. healthin-fonet. ecu. edu. au/key - resources/programs - projects？ pid = 886. 2014 - 12 - 10.

2. 在教育方面

前文交代，工党政府重视对土著儿童的早期或学前教育，现已在全国范围内建立了 85 个新的母婴服务机构和 102 个土著儿童关护中心等。在学校教育方面，有 1296 名初中生和 301 名高中生得到了"土著青年领导技能项目"的支持。通过"澳大利亚土著教育基金会"（Australian Indigenous Education Foundation）① 向 2000 名土著学生提供了奖学金；每天向北部领地偏远学校约 5000 名学生提供营养餐；有 16000 名土著及托雷斯海峡岛民学生和 13000 名非土著学生参与了一项土著及托雷斯海峡岛民语言培训项目。②

3. 在经济参与与就业方面

土著社会贫困的原因可以从很多方面去分析与总结。如果仅从劳动可以致富的思路去观察，那么土著社会存在很高的失业率就是问题的症结所在。因此，澳大利亚主要党派在这一问题上几乎都在宣传同样的思想：要想在根本上解决土著社会的贫困问题，确保生活在偏远地区的土著拥有一份工作是关键所在。土著没有工作可做，部分原因是他们缺乏就业技能。

在"土著就业项目"指导下，从 2009 年 7 月 1 日至 2013 年 5 月，有 110484 人接受了就业和职业培训。根据土著土地权法，有超过 42000 平方公里的土地回到北部领地土著手中——这比五年前归还的土地多出 12 倍。土地的回归为土著就业提供了一定的前景。自 2009 年以来，由于得到"土著青年动员项目"（Indigenous Youth Mobility Program）的支持，有 1121 名土著青年经过了职业培训以及高中学习。自 2009 年 7 月 1 日以来，"教育与就业技能"（Skills for Education and Employment）项目为 6120 名土著提供了逻辑语言、文学和数学方面的训练。③

---

① "澳大利亚土著教育基金会"是一个私营的非营利性组织，主要关注土著教育的财政需求。通过与政府合作，为澳大利亚土著学生去顶尖学校、大学学习提供经费支持。该基金会相信，被边缘化的土著孩子应该拥有澳大利亚最好的教育机会以及选择富有成效的和令人满意的职业。

② Australian Indigenous HealthInfoNet, "Australian Indigenous Education Foundation Scholarship", http：//www. healthinfonet. ecu. edu. au/key – resources/funding? fid =289. 2014 – 12 – 10.

③ Department of Human Services, Australian Government, "Skills for Education and Employment", http：//www. humanservices. gov. au/customer/services/centrelink/skills – for – education – and – employment…2014 – 12 – 10.

4. 住房及安居环境方面

到 2013 年 5 月 31 日，工党政府依据《偏远地区土著住房全国伙伴关系协定》，为偏远的土著社区新建了 2000 余套新住房，有超过 5800 套住房得到了翻修。为帮助土著拥有自己的住房，有 15000 家住房贷款获得了批准；为北部领地的教师资助了 200 套新的住房；为近 200 个社区提供了 2400 套太阳能系统。除此之外，政府还下令在北领地区 80 个社区实行夜间巡逻制度，目的是为当地居民提供一个安居乐业的环境。[①]

5. 在管理及领导权方面

在纪念向土著居民道歉两周年之际，澳大利亚政府宣布斥资 58.5 万美元用于培训"被偷的一代"成员的领导技能，支持他们在社区事务中发挥积极作用。作为这种一揽子方案的一部分，澳大利亚政府将提供下列支持：（a）为了让"被偷的一代"成员拿到土著领导技能二级证书，将为 20 名成员提供奖学金，让他们在"澳大利亚土著领导技能中心"（Australian Indigenous Leadership Centre）接受培训[②]；（b）为全国的"被偷的一代"土著领导计划提供 23 万美元的支持。在该计划中，参与者将有机会与来自不同背景的土著进行交流，并参与到培养领导技能的活动中去，如一对一的交流和小组讨论；（c）斥资 27.4 万美元用于全国范围内举办旨在教育与"被偷的一代"一道工作或代表"被偷的一代"来反映其主张的那些组织的能力发展研讨会；（d）通过"土著青年领导技能项目"，澳大利亚土著青年在领导能力、沟通、谈判、调解、团队合作、项目管理、规划、报告、跨文化交流、财政管理以及效能管理等方面获得了实际技能。

6. 在宪法承认方面

全国性的使土著民族得到联邦宪法承认的系统性努力始于 2010 年。是年，"宪法承认土著及托雷斯海峡岛民专家小组"（Expert Panel on Constitutional Recognition of Aboriginal and Torres Strait Islander Peoples）成立。2012 年 1 月，该专家小组提交工作报告，建议删除宪法第 25 条和第 51 条第 26 款，并采用新的规定：增加第 51 条（A）款：承认土著民族对土地的占有以及与土地和水域之间存在持续的关系。这部分的内容还包括对土

---

① Laura Beacroft, Kelly Richard, Hannah Andrevski, and Lisa Rosevear, *Community Night Patrols in the Northern Territory*: *Toward an Improved Performance and Reporting Framework*, Canberra: The Australian Institute of Crimirology, 2012, pp. ix – 15.

② 该中心于 2001 年建立，旨在为全澳土著的领导技能提供专业课程培训。

著的文化、语言和遗产给予尊重，政府能够制定仅对土著人民有利的法律。增加第 116 条（A）款：明确禁止对所有澳大利亚人的种族歧视，禁止任何政府基于种族、肤色、族群来源或国家来源的个人歧视。增加第 127 条（A）款：对土著语言的承认，承认和保护语言在土著社会中的作用。①

2013 年 2 月 13 日，为了纪念陆克文政府向土著道歉五周年，澳大利亚联邦众议院通过了《承认条例》。3 月 12 日，《承认条例》在参议院获得一致通过，28 日正式生效。该条例在序言中明确澳大利亚联邦在立法时将考虑下列问题：(i) 土著及托雷斯海峡岛民是澳大利亚第一民族；(ii) 联邦议会承诺将就宪法承认土著及托雷斯海峡岛屿民族的提议举行全民公决；(iii) 联邦议会认可"宪法承认土著及托雷斯海峡岛民专家小组"所做的重要工作以及关于宪法改革的提议；(iv) 联邦议会承认，在细化全民公决方案以及为了取得宪法改革成功而取得必要支持方面，必须与土著及托雷斯海峡岛民展开进一步磋商；(v) 联邦议会承诺将就宪法承认土著及托雷斯海峡岛民达成所需要的全民共识；(vi) 联邦议会相信，该条例是宪法改革进程中的一个重要步骤。在明确联邦议会在上述问题的立场后，该条例承认：(i) 联邦议会代表澳大利亚人民承认现在被称作澳大利亚的大陆以及岛屿是由土著及托雷斯海峡岛民首先占据的；(ii) 承认土著及托雷斯海峡岛民与他们的传统土地和水域有着持续的联系；(iii) 承认与尊重土著及托雷斯海峡岛民持续存在的文化、语言和遗产。② 这部条例承认了土著及托雷斯海峡岛民的"独特的和特殊的地位"，并计划于当年 9 月选举后将宪法承认提上议事日程。

《承认条例》呼吁澳大利亚宪法对土著及托雷斯海峡岛民作为第一民族地位的确认，反映了土著及托雷斯海峡岛民许久以来的共同心愿；《承认条例》中的正式承认是获得多党以及广泛的公众对全民公决支持的一个重要步骤。然而，这仅仅是一个步骤。从正式承认到期待全民公决予以确认，很可能是一个漫长的过程。③

---

① Sarah Maddison, "Recognise What? The Limitations of Settler Colonial Constitutional Reform", *Australian Journal of Political Science*, Vol. 52, No. 1, 2016, p. 8.

② Australian Government, "Aboriginal and Torres Strait Islander Peoples Recognition Act 2013", No. 18, Canberra, 2013.

③ John Stone, "Fifty Years of Unremitting Failure: Aboriginal Policy since the 1967 Referendum", *Quadrant*, Vol. LXI, No. Ⅱ, November 2017, p. 68.

（四）对"消除差距"战略的评价

"消除差距"从最初概念的提出，到系统规划的拟定再到逐步落实，一直伴随着诸多议论、争执、分歧甚至不满（既有来自土著社会的，也有来自非土著社会的）。因此，给这一战略以客观、理性的分析与评价就显得尤为重要。

鉴于澳大利亚是政党政治的国家，而土著澳大利亚人又处在社会的边缘地位，故拟定一个朝着平等和公正目标迈进的中长期战略无疑是具有指导意义的。

第一，"消除差距"的战略体现了工党政府在种族和解问题上的一贯立场。

在工党政府向土著表示正式道歉以及在《土著人民权利宣言》上签字后，无论是土著社会还是非土著社会，均对工党政府下一步的种族和解政策寄予厚望。他们希望政府采取实际步骤去消除土著澳大利亚人与非土著澳大利亚人之间在健康、教育、就业、住房等方面所存在的巨大差距，因此，"消除差距"的战略是工党政府对来自土著与非土著社会的关切的一种正面回应，是落实道歉精神以及履行相应的国际义务的举措，体现了工党在土著政策方面的连续性。

第二，"消除差距"的战略进一步体现了澳大利亚各党派在土著问题上的基本共识。

陆克文总理代表政府向土著民族表示正式道歉就是党派共识的产物。此后，工党采取了一系列改善土著地位的政策与举措，也在相当大的程度上得到了其他党派的呼应。实现澳大利亚的种族和解是一项漫长而又艰巨的任务，因此，各党派必须在充分认识这一问题的复杂性的基础上，在制定积极的和务实的政策方面采取合作姿态。"消除差距"战略虽由处在执政地位的工党提出，但这一战略的适时出台同样离不开反对党的理解和支持。2013 年 8 月，时任反对党领导人托尼·艾伯特在对西澳大利亚的一次访问时说，"对土著人民来说，取得一个好的结果的最快方式就是大大改善他们的就业结果。"艾伯特说，如果他的党派赢得选举，那么联盟党将对所有培训和就业方案进行重新评估，但他同时重申，"在两党一致的基础上，我们必须停止分歧。"[①] 由此可以推断：现在的自由党联盟政府一

[①] Simon Cullen and Staff, "Election 2013: Tony Abbot Promises $45 million for Indigenous Training, Employment Scheme", *The Sun*, 18 August 2013.

方面不会舍弃工党时期制定的"消除差距"战略，另一方面在继续落实这一战略方面，它同样需要得到包括工党在内的其他党派的配合与支持。

第三，"消除差距"的战略本身就意味着实现土著澳大利亚人与非土著澳大利亚人之间的完全平等绝非易事。

"消除差距"战略自 2008 年初步制定并在一些领域率先执行以来，已取得了一些积极成果，有些领域还在不断地调整其政策或措施，政府也在经费方面加大支持力度（见表 9）。然而，有人估算，实现"消除差距"的目标需要花费 100 年左右的时间。

表9　六个针对土著的"全国伙伴关系协定"项目

全国伙伴关系协定	联邦资助与时间	州/领地资助
北部领地更加强劲的未来	34 亿美元/10 年（至 2022 年）	4000 万美元
偏远地区土著住房	55 亿美元/10 年（至 2018 年）	
消除土著健康差距	7.77 亿美元/3 年（至 2016 年）	
土著儿童成长	5.644 亿美元/6 年（至 2014 年）	
偏远地区服务投送	2.912 亿美元/6 年（至 2014 年）	
偏远地区土著公共网络服务	650 万美元/3 年（2016 年）	

资料来源：2013～2014 年澳大利亚财政预算文件第 3 号。

在制定"消除差距"的战略目标方面，澳大利亚政府存在的一个主要问题是未能充分认识到土著所处不利地位的历史基础，以及土著遭受压迫的体制上的原因。一些相关的问题亦不能等闲视之，比如绝大多数土著是否希望与非土著澳大利亚人拥有一样的生活方式？是否愿意分享他们的价值观和期望？如果不得不如此的话，那么其代价是什么？很多土著居民肯定希望在健康、收入、就业、住房等方面有一个大的改善，希望在有关他们的教育、福利、司法和类似的机构建置方面有重要改进，但这些改善或改进是否需要土著放弃作为"第一民族"所拥有的独特的政治地位，而去吸纳历史上一直就被他们拒绝的非土著属性？

总之，设想在一个时间表内实现土著澳大利亚人与非土著澳大利亚人之间的平等肯定会遇到各种各样的挑战与难题，因为这不仅仅要缩小长期以来两个种族群体之间在诸多方面所形成的物理指标差距，而且要克服这些差距背后的制度、机制和价值观念的消极影响。相比较而言，解决后者所产生的制约性因素不是一个短期内就能完成的任务。2013 年早些时候，吉拉德政府发布了努力"消除土著不利地位的差距"的最新报告。正如她本人在报告中所言，联邦政府在这方面的投入是空前的，挑战也前所未有。因此她重申，消除土著的不利地位绝不只是政府的事情，需要所有政府、商界、非政府组织、土著人民以及更加广泛的澳大利亚社会付出多年的持续不断的努力。

2007 年 11 月至 2013 年 10 月是澳大利亚工党的执政时期。这期间，陆克文曾两度执政，由此可见党内权争之一斑。这一时期工党内部的权力倾轧曾让很多人对澳大利亚内外政策的连续性表示担心。不过，在土著政策方面，吉拉德虽然未能像陆克文那样出台一些轰轰烈烈的改革性举措，但接续与消化前任政府的政策往往更有实际意义，当然也更具有挑战性。这就是在工党执政的这六年时间内，澳大利亚种族和解事业在稳步推进的一个重要基础或原因。

陆克文的政治道歉以及承认《土著人民权利宣言》把一度被自由党及其联盟所忽视的土著问题推到社会关注的前台。政治道歉所包含的和解精神让人们看到了澳大利亚种族和解的希望；承认《土著人民权利宣言》又意味着澳大利亚解决国内种族问题多了一重国际义务。然而，一个不证自明的道理是：只有当政治家和公众在法律上和道义上均接受了这样的义务，那么旨在改变土著澳大利亚人不利地位的"消除差距"战略才有制定与执行的基础。在"消除差距"战略的指引下，澳大利亚政府采取了一些提升土著地位的象征性或具有实际意义的举措，得到了土著社会多数人的肯定与欢迎。然而，由于"干预政策"的继续存在，又由于政府在提升土著社会地位和生活质量方面达不到土著社会的预期，土著社会遂开始对陆克文工党政府的土著政策感到失望。吉拉德在位时，土著社会仍以各种方式向政府施加压力，要求政府有效落实"消除差距"战略，并在宪法上承认土著民族是澳大利亚"第一民族"的地位。

尽管存在各种各样的问题与挑战，但没有人对澳大利亚实现种族和解的必要性与重要性持否定态度。事实也证明，自陆克文上台以来被注入活力的种族和解事业受到了多方持续的关注，政府也出台了一系列相关政策或措施予以推动。更为重要的是，澳大利亚各党派在土著问题上形成了最大程度的共识。所以，在澳大利亚政坛发生政党交替的当下，做了六年在野党的自由党及其联盟重回执政宝座，但人们似乎已不再像以往那样担心土著政策会因为政党的轮替而发生逆转，而是期待有更积极的变化。

第十章
结束语

　　澳大利亚的种族和解进程始于 20 世纪 70 年代，至今已走过 40 多年的历程。虽然这仍是一项未竟事业，但种族和解进程中所取得的一系列成就还是有目共睹的，比如《种族歧视法》、《土著土地权〈北部领地〉法》、《北部领地自治条例》和《澳大利亚多元文化国家议程》等法律或政策文件的颁布；一系列反映土著权益的决定或政策的出台，如"马宝裁定"、"威克裁定"以及"消除差距"战略等；当然还有澳大利亚为履行国际义务而在一系列保护基本人权或土著特殊权益的国际宣言或公约上签字等。从对这些具有标志意义的和解成果的解读中，我们不仅看到了澳大利亚种族和解进程中的一些鲜明特点，而且深刻地体认到这一事业向前推进所遇到的坎坎坷坷。和解进程中所暴露的一些焦点问题如土著自决、宪法承认以及缔结条约等，既反映了种族和解已被推进到一定的阶段，也预示着种族和解的下一个阶段将更具有挑战性。在这些牵涉多方利益的敏感问题上取得突破或找到一个各方均能接受的折中方案，这是澳大利亚种族和解事业持续前进的关键所在。而要实现这样的一种政治愿景，有一些因素或条件是必不可少的，那就是保持土著政策领域的党派共识，广泛开展人民和解运动，促进土著自决能力的成长以及构建可行的和解模式。

一　种族和解进程的特点

　　种族和解既是历史问题，又是现实问题；既是政治问题，又是社会问题；既是党派问题，又是全民问题；既是一国内政问题，又是受到国际人权保护机制约束的问题。由于历史文化背景不同，现实国情千差万别，不同的民族国家在种族和解方面所坚持的理念就不尽相同，而且实现其路径也各具特色。

（一）多元文化视角下的种族和解进程

从文化层面来看，种族和解是对异族文化或他文化的包容或接纳。表面上看，废除"白澳政策"是澳大利亚面对越来越多的有色人种移民而不得不放弃原来的单一种族政策的结果。实际上，澳大利亚接纳的不只是肤色各异的人口，还有多姿多彩的异域文化。当这些异域文化拥抱新的环境并主动与当地主体文化接触且相互作用时，无论是异域文化还是主体文化，都会出现一些新的变化。此时，是奉行主体文化与异域文化和原住民文化共存，并以建构某种新的国家或民族认同为目标的多元文化系统，还是顽固地维护僵硬的且很可能置国家于一盘散沙状态的单一文化路线？澳大利亚较为缓慢但不失时机地选择了前者。

在多元文化背景之下，种族优越论变得不合时宜，种族纯洁性不再受到追捧，种族歧视的原则也就失去了依存；评判或衡量社会进步的标准或价值尺度就不能再以白人的标准作为唯一的标尺了，其他种族的文化及其观念亦应受到尊重。[1] "接受文化多元主义就是承认没有哪个群体生活在真空中———一个群体是作为一个相互关联的整体的一部分而存在的……。学校和学院必须保证他们的整个教育进程以及教育内容反映了对文化多元主义的承诺。"[2] 从这个意义上看，多元文化主义无疑是开启种族和解进程的基础，也是种族和解进程中必须贯彻的一个指导原则。

在澳大利亚，多元文化主义真正在法律或政策层面成为国家或民族构建以及种族和解的指导路线是在《澳大利亚多元文化国家议程》问世之后。该文件强调多元文化社会是澳大利亚国家发展的必然选择，而且明确多元文化社会的目标是将"所有澳大利亚人"纳入一个共谋发展、共享成果的民主社会。既然如此，那么土著民族的历史与文化就应得到尊重，土著民族的权益就应受到重视与保护。这些都是种族和解进程中不得不认

---

[1] Geoffrey Stokes (ed.), *The Politics of Identity in Australia*, Cambridge: Cambridge University Press, 1997, pp. 127 – 130.

[2] John L. Sherwood, "International Studies: An Integrated Approach", in Margarita Bowen (ed.), *Australia 2000: The Ethnic Impact*, p. 57.

真加以对待的问题。《澳大利亚多元文化国家议程》对以后的历届政府在治国理念上均产生了重要影响。如基廷时期就将发展多元文化和实现种族和解作为澳大利亚立足并取信于亚洲的前提条件。在基廷之后的约翰·霍华德时期，自由党政府仍然强调多元文化政策在国家经济和社会发展中的重要作用。这在 1999 年《议会关于澳大利亚多元文化的重要文件——前进中的道路》中得到了充分反映。自由党政府甚至把在悉尼举办的奥运会作为向世人展示澳大利亚多元文化建设尤其是土著文化发展成就的一个难得的机遇。

把种族和解进程纳入多元文化视角，不仅对澳大利亚各级政府以及主体文化提出了主动变革以及不断调节自我的要求，而且对土著社会以及土著文化来说，做出与时俱进的调整或变化亦是理所应当。土著文化是一种独特的文化，但在种族和解的背景下，它就必须被纳入澳大利亚民族文化的发展战略之中，成为澳大利亚民族文化不可分割的一部分。实践证明，只有高举多元文化的旗帜，澳大利亚的种族和解进程才能沿着正确的轨道向前迈进。

（二）党派政治下的种族和解进程

政党制度是各党派之间相互关系的总和，一个"不稳定的政党制度能够破坏一个很好的政治制度"①，同样，一个稳定的政党制度也能够维持一个不太好甚至是糟糕的政治制度。澳大利亚是一个典型的多党制国家。这种政治制度或政治文化不仅令"白澳政策"持续存在了很长一段时期，而且对种族和解进程的影响同样明显。

党派的存在就是为了赢得选举，执行政策，充当政府与利益阶层之间的沟通渠道。由于受其母国政治环境与体制的影响，澳大利亚存在三个主要党派——工党、自由党和国家党。西方政党制度运作的一个显著特点就是通过几年一届的大选来决定哪个党派或党派联盟成为执政党。在大选中获胜的党派或党派联盟有权组建政府，而失利一方自然成为反对党。每个党派都有一定的公众基础，党派与其特定的公众群构建一个利益共同体。党派的差异在很大程度上是因为公众基础不同，所以，每个党派首先是反

---

① 〔美〕迈克尔·G. 罗斯金等：《政治科学》，林震等译，北京：中国人民大学出版社，2014，第 203 页。

映它所代表的那个群体的利益。这是党派赖以生存和发展的基础。虽然时代的发展和社会的变迁使得社会等级分野不再像以前那样泾渭分明，甚至出现任何党派都要争取的中间地带群体，但党派因其传统、原则以及宗旨的不同而存在较为明显的差异。此外，在社会发展较为成熟的西方社会，政党往往成为最重要也最不重要的政治力量。正因为如此，政党如想持续地掌握政权，就须顺应民意，否则"水能载舟，亦能覆舟"。处于在野地位的反对党，可以民意来要挟和攻击执政党，而无论执政党的决策和举措是否代表着民意。这就是反对党通常的策略。也就是说，执政党说是，反对党就唱反调，说不是。由此可见，决定一项政策或措施能否一以贯之的因素很多。除了它是否反映大多数人的心声之外，反对党是否给予必要的支持也是一个非常微妙甚至重要的因素。

用上述观点来观照澳大利亚的政党制度，很多问题似乎都能找到合理的解释。从澳大利亚政党产生的背景来看，对劳工运动是否支持以及在多大程度上给予支持是导致政治力量分化组合的根本因素。也就是说，支持劳工运动反映了工人阶级政党的利益，而反对或限制劳工运动则是代表资本家或投资者利益的保守派政党组织应有的姿态。联邦成立后，澳大利亚政治家面临的一个现实任务就是用一个新国家意识去统摄由殖民地演变而来的州和领地。在联邦建立之初的政治家们看来，"白澳政策"是帝国一体化意识在澳洲延续的一种理想选择。正如斯图亚特·麦金泰尔所言："种族排斥并不需要与英国决裂，而且也不需要依靠联邦立法。种族主义拥有帝国和民族范围内的思想基础，因为帝国卫士们号召白种人要在黄种人和黑种人之上团结起来。因此，查尔斯·皮尔逊宣称：'我们在捍卫世界上最后一块地方，在这里高等民族能够为了高级文明自由生活和繁衍。'"[1]"白澳政策"是在竭力排斥有色人种的基础上将澳大利亚构建为一个纯白人国家或白人占绝对主导地位的国家，这是一个决定国家发展方向以及社会价值观的原则性问题。在此大是大非的问题上，澳大利亚各党派并没有出现固有的错位反应，而是保持最大程度的一致性。虽然"白澳政策"最初的根本出发点是限制外来有色人种移民尤其是来自太平洋岛屿以及亚洲等地的移民，但当这种政策作用于土著问题时，澳大利亚各党派都坚定不移地给予有力支持。这就使得自联邦建立至20世纪70年代

---

① 〔澳大利亚〕斯图尔特·麦金泰尔：《澳大利亚史》，第131页。

初澳大利亚实施多元文化政策期间，无论是工党执政还是自由党及其联盟上台，土著政策的基调总是保持不变，土著问题也不会成为澳大利亚大选中的一个焦点问题，因为任何一个党派都非常清楚，他们各自的土著政策并无本质性区别。在这种情况下，对土著政策的任何调整都可能导致失去主流选民支持而有自毁前程的风险。从这个意义上看，党派的立场是否协调一致是决定一项政策能否顺利实施以及能否持续贯彻的重要因素，特别是在一些敏感问题上，党派联手更是至关重要。具体来说，"白澳政策"之所以毫无波澜地持续存在多年，除了澳大利亚社会存在上述较为广泛的种族歧视的基础外，任何一届新的政府都不愿去挑战前届政府的既定政策，而是想方设法去沿袭这种政策，这恐怕是问题的关键所在。

20 世纪 70 年代以后，澳大利亚开始进入多元文化建设时期。从那时起至现在，虽然一些政治家、评论家甚至公众对"多元文化主义"概念的界定与理解仍有一定的分歧，但没有人否定"多元文化主义"之于澳大利亚国家建设的重要性。不过，在如何建设多元文化社会以及在多元文化背景下推动与土著澳大利亚人的和解方面，两大政党及其联盟的理念和实施路径还是有所不同的。由于"白澳政策"的终结以及"多元文化主义"路线的开启是发生在工党执政时期，所以，工党常常以这样的政治业绩和政治遗产而自豪，并由此建构了工党新的政治意识形态：以平等的理念并通过改革的手段来树立澳大利亚新国家形象。而自由党及其联盟则是一个具有保守倾向的政党。遵从历史与文化延续过程中的固有惯性，维护既得利益阶层的利益是自由党及其联盟的基本施政方略。在不妨碍上述根本目标实现的前提下，自由党及其联盟会在某些方面做出一些调整以平抑反对党和社会公众的不满，以达到长期执政的目的。

党派分野的这种色彩同样体现在土著政策领域。首先是对待土著问题的态度不同。在 20 世纪 70 年代后的几届工党政府时期，土著问题均被视为一个严肃的社会或政治问题，而自由党联盟不认为澳大利亚存在严重的土著问题。相对来说，工党较为同情土著的处境，因而在采取的政策或措施方面显得较为激进，而自由党及其联盟则显得保守一些。比如，《土著土地权（北部领地）法》是在威特拉姆时期酝酿并起草的，但该议案是在弗雷泽政府时期获得通过并成为法律的，其中一个重要原因是工党时期拟定的草案中已有一些重要的条款被删改，使得该法案在总体上显得较为温和。其次，设计种族和解的理念和实施的路径有别。工党在制定和解方案时，通常是基于对土著历史以及澳大利亚历史的认知和反省。工党认为，澳大利亚历史尤其是与土著关系的历史是不太光彩的，今天的人们有必要去重新认识这段历史并做出某些具有象征意义的改变，比如承认土著及托雷斯海峡岛民为澳大利亚"第一民族"；对土著澳大利亚人尤其是"被偷的一代"表示道歉等。自由党联盟不认为澳大利亚存在令人羞耻的历史，他们主张澳大利亚人应该为自己的历史而感到骄傲与自豪，所以，自由党联盟拒绝就历史问题向土著民族道歉，反对象征性和解，坚持走"实际的和解"的路线。澳大利亚种族和解进程中的党派色彩在约翰·霍华德时期体现得最为明显，这也决定了这一阶段被视为澳大利亚种族和解出现停滞甚至倒退的时期。对于关心与支持澳大利亚种族和解进程的人们来说，这方面的启示与教训是发人深省的。

（三）国际视域下的种族和解进程

无论是对外处理国际事务还是对内管理政务，国家都是一个行为体，其行为是被许多根植于团体、类属、角色和集体身份的利益所驱动的，所以，在抽象意义上很难说明国家利益的内容。乔治和基欧汉（George and Keohane）指出了国家利益的三种形式：生存、独立和经济财富。他们习惯地把这些利益称之为"生命、自由、财产"。而亚历山大·温特在认可上述界定的基础上增补了第四种利益，即"集体自尊"（self-esteem）。因为生存、独立和经济财富等利益的形式会因国家的其他身份而异，但是，所有国家在根本需求方面则比较一致。这就是"集体自尊"。"集体自尊指一个集团对自我有着良好感觉的需要，对尊重和地位的需求。自尊是个人的基本人性需求，也是个人成为团体成员的原因之一。团体作为表达这种意愿的形式，也有了这种需求。像其他国家利益一样，集体自尊也可以通过多种方式表达。一个关键因素是：集体自我形象是正面的还是负面的。这一点部分地取决于与有意义的他者之间的关系，因为自我是通过移位于他者才能认识自我的。负面的自我形象往往是通过自己认知到的他国的蔑视和侮辱而产生的。正因为如此，负面自我形象很可能出现在高度竞争的国际环境之中……如果团体要满足其成员的自尊需求，就不能够长期忍受这样的形象，因此也就会通过抬高自我和/或贬低和侵略他者的行为弥补自我的负面形象。正面的自我形象则来自相互尊重和合作。主权得到其他国家的承认在这里尤其重要，因为这意味着，至少在形式上一个国家是被他者视为具有平等的地位。"① 就民族国家来说，"集体自尊"就是在国际舞台上树立一个正面的自我形象，这里不仅需要国际社会对其主权的认可与尊重，拥有相应的国际地位也是这一概念的内在要求。

由于历史文化、地缘政治以及综合国力的影响，澳大利亚不足以影响全球战略格局的变迁，于是便把在地区性事务中发挥一个中等国家的影响力作为其对外战略的主要目标之一，并且有所选择地参与具有广泛影响的国际性事务，希望以此来树立其在国际舞台上良好的国家形象。不过，澳大利亚在实施这一所谓良好国家战略时遇到了一个软肋，这就是它的原住民问题。20 世纪 70 年代前，由于视"白澳政策"为立国之本，有碍这一政策落实的其他不利因素自然被弃之一旁。这就是澳大利亚政府一直拒绝在《消除所有形式的种族歧视国际公约》上签字的原因之一。因为一旦在该公约上签字，澳大利亚在反对各种形式的种族歧视方面就得履行其相应的国际义务。毫无疑问，"白澳政策"成为澳大利亚在人权领域承担其国际责任的主要障碍，并且对其实现中等国家的地区性战略抱负产生了负面影响。

戈夫·威特拉姆时期，工党政府大力推动澳大利亚参与国际协定的缔结，并且使澳方成为国际组织的一位积极参与者。为顺应国际社会反对种族歧视的大势以及彰显工党是一个具有国际主义倾向的开放性政党，威特拉姆政府毅然决然地废除了"白澳政策"，并且很快成为《消除所有形式的种族歧视国际公约》和《消除所有形式的歧视妇女国际公约》（Convention on the Elimination of All Forms of Discrimination Against Women）的签字国。与《消除所有形式的种族歧视国际公约》关系最为密切的立法是 1975 年的《种族歧视法》。80 年代，澳大利亚成为另两部重要的国际人权公约的签字国，它们是 1984 年通过且于 1987 年生效的《反对折磨和其他暴行、非人类或有辱人格的待遇或惩罚的公约》（Convention against Torture and Other Cruel, Inhuman or Degrading Treatment or Punishment）和 1989 年通过且于 1990 年生效的《儿童权利公约》。1991 年，澳大利亚同意签署《公民权利与政治权利国际公约》下的《第一任择议定书》（First Optional Protocol）。至此，澳大利亚在差不多所有重要的国际人权文件上

---

① 〔美〕亚历山大·温特：《国际政治的社会理论》，秦亚青译，上海：上海世纪出版集团，2008，第 229～231 页。

都签了字，俨然成为国际人权事业的积极参与者和维护者。

保罗·基廷政府将澳大利亚视为一个多元文化国家以及无法将其与亚太地区隔绝的立场预设了其国内的土著政策须做相当的调整，使之符合国际人权准则。联邦政府在取消塔斯马尼亚州有关性别歧视和同性恋犯罪方面就很好地履行了《第一任择议定书》的有关精神。1991 年，塔斯马尼亚州一个名叫尼考拉斯·图伦（Nicholas Toonen）的居民向联合国"人权委员会"起诉该州禁止同性恋的法律违反了《公民权利与政治权利国际公约》第 17 款所规定的公民个人隐私权以及第 26 款的性别平等权。塔斯马尼亚州的做法意味着同性恋者在法律面前是不平等的。由于起诉之故，图伦失去了该州艾滋病委员会总经理之职，因为该州政府威胁说，除非图伦被解雇，否则就取消对该委员会的资助。1994 年 4 月，联合国"人权委员会"做出支持原告诉讼主张的决定。"人权委员会"发现，在塔斯马尼亚，虽然有近十年没有出现这方面的起诉，但这种罪名的存在对图伦的隐私权构成了粗暴的干预。因此，按照"人权委员会"的意见，对违反《公民权利与政治权利国际公约》第 17 款的有效纠正就是取消塔斯马尼亚州的相关罪行。作为回应，澳大利亚联邦制定了适用于所有州及领地的法律，即《1994 年人权（性行为）条例》［Human Rights（Sexual Conduct）Act 1994］。该条例第 4 款"对隐私的粗暴干预"规定：（1）根据联邦、州或领地的法律，只涉及男性同性恋者私下进行的性行为不应受到粗暴干预；（2）出于维护条款（1）的有效性，成人是指 18 岁或以上的人。

无独有偶，1992 年，澳大利亚高等法院对久拖不决的"马宝案件"进行了裁决，承认土著及托雷斯海峡岛民与土地之间存在特殊关系。这一裁决结果反映了国际法对澳大利亚国内法的发展以及对其相关国内决策的影响。参与"马宝案件"审判的杰拉德·布伦南法官就有这方面的体会。他说："依照《第一任择议定书》而开创对个人的补救……公约及其他所引进的国际标准给习惯法带来了强有力的冲击。习惯法并不一定符合国际法，但是，国际法对习惯法的发展有着合法的和重要的影响，特别是在国际法宣称存在普遍人权的时候。"①

2007 年 11 月上台的陆克文政府力图改变约翰·霍华德政府与国际人

---

① Chris Cunneen, *Conflict*, *Politics and Crime – Aboriginal Communities and the Police*, pp. 235 – 236.

权组织关系较为紧张的状态。工党表示，参与联合国事务将是其外交政策的主要支柱之一。陆克文政府也非常清楚，眼下最为有效的举措就是在参与国际人权机制建设方面表现得更为积极，从而将工党和澳大利亚国家置于国内外舆论的焦点，这对重塑澳大利亚良好国家的形象则大有裨益。所以在 2009 年，澳大利亚则背离同盟路线，成为四个盟国中第一个在《土著人民权利宣言》签字的国家。

从自绝于国际社会到有选择地参与国际社会事务再到最后成为多个国际人权协定或宣言的签字国，这不仅是澳大利亚外交从依附到半独立再到完全独立发展的体现，而且显示了澳大利亚作为国际社会的一员所应承担的义务。在国际舞台上，澳大利亚不再回避国内存在与其国力和国际影响不相称的土著问题，也不再像约翰·霍华德时期那样对国际人权组织的调研工作设置障碍甚至进行指责①，而是采取了积极参与国际人权事业并将国内土著问题置于国际人权标准评判之下的政策。这就使得澳大利亚政府在参鉴国际人权标准以自省以及在面对国际社会压力而做出调整方面必须有所作为，否则就有损于澳大利亚在国际社会中的形象。

二　种族和解进程中的焦点问题

从某种意义上说，种族和解进程就是不断地暴露问题以及化解问题的过程。在澳大利亚种族和解进程中，存在很多一时难以化解的问题。有些问题在殖民化时代就已存在，并一直延续至今，比如土著土地所有权；有些问题则是在种族和解阶段变得显著起来，比如宪法承认等。这些问题之所以被视为种族和解进程中的焦点，是因为它们对有关各方都至关重要，且长期以来难寻一个很好的解决方案。所以，这些焦点问题总是被不断地提及和讨论，又不断地被搁置，成为名副其实的老大难问题。

---

① 在霍华德政府时期，澳大利亚就因国内紧张的种族关系而遭到国际社会的谴责。作为回应，霍华德政府抱怨说，土著问题不是澳大利亚社会的主要问题，国际社会不应过多地把注意力放在西方国家身上，而更应关注那些严重违犯人权的国家。为此，澳大利亚试图把与"人权委员会"以及其他相关委员会的合作限制在它认为的必要的最低限度内。

（一）土著土地所有权问题

土地所有权一直是澳洲土著与白人关系中的焦点问题之一。1976 年《土著土地权（北部领地）法》的颁布不仅使得北部领地的土著获得了领地内的一部分土地，而且促动了其他州或地方的土著准备采取行动去主张自己的土地权益。在这种情况下，霍克希望通过一个全国性的立法来解决土著土地所有权问题，保证土著在与他们相关的土地上的权益不受侵害，但来自农牧场主以及矿业主们的强烈反对使得这一过于理想化的方案折戟沉沙。这一结局在让土著社会感到失望的同时，也促使他们诉诸包括法律在内的各种手段去维护自己的土地权益。而反对土著土地权运动的既得利益者也会想方设法予以阻止，于是就出现了马宝诉讼长达十年的等待。1992 年，久拖不决的马宝诉讼终于有了一个权威的裁定。这一裁定宣告澳洲土地属"无主地"的说法是站不住脚的。原住民只要能证明他们与土地存在持续的联系哪怕是精神上的牵联，就可以主张土地权益。这一裁定在土著社会引起积极反响，基廷政府也想借机通过立法来从根本上解决土著土地权问题。然而，来自既得利益集团的强烈反对一如既往，他们不仅对"马宝裁定"可能产生的后果表示了忧虑，而且把提上议事日程的全国性土地权立法工作渲染为一场"国家危机"的降临。利益集团对经济财富的绝对控制、院外集团的竭力游说、媒体的大肆炒作，让基廷政府不得不在土著民族与既得利益者之间寻求平衡：一方面同意建立一个决定土著权利主张的机制，另一方面又规定或允许过去的土地交易行为有效化。这样一种妥协性的方案实则让有关各方在土地权问题上的争吵变得表面化和常态化，而处在有利一方的既得利益集团肯定会寻机使它们的既得利益"常态化"和"合法化"，这就使得《土著土地权法修正案》（1998 年）的颁布成为一种必然。这部修正案否定了土著土地所有权与牧场租约共存的可能性，确认租赁所有为自由持有。这就等于扼杀了土著主张对牧场租地享有权益的可能性。这一赤裸裸的剥夺行为不仅引发土著社会的强烈不满，国际社会也表示关注。一些人权组织或机构如"大赦国际"、"消除种族歧视委员会"等不留情面地对澳大利亚政府的虚伪做法进行了谴责，澳大利亚也因此成为第一个受到"早期警告"的西方国家。

如果土著对租约牧场失去主张权利的机会，那么土著仅存的机会或希望就在于那些已所剩无几且以王室名义占有的所谓"无主地"了。根据

"马宝裁定"对"无主地"谬论予以摒弃的原则，作为澳大利亚的"第一民族"，原住民就可以主张自己的权利。然而，这一非常清晰的原则在实际操作中却一再遭到曲解。比如，尤阿拉伊人（Euahlayi）试图通过法院去捍卫他们土地上的主权时，昆士兰最高法院（Queensland Supreme Court）似乎通过扩大"无主地"的概念来证明殖民主权的合法性。在 2014 年 9 月法院做出的裁定中，菲利佩迪斯（Philippedes）法官解释说，马宝裁定奠定了下述原理："在取得澳大利亚主权的时候，国际法承认获取主权不仅靠争夺、割让和占领无主地，而且靠对无人居住的土地进行殖民，而不管'殖民'进程中是否与当地居民进行过谈判或者与对方发生过敌意行为。高等法院承认这最后提及的获取主权的手段是适用于主权案例的。"尤阿拉伊人领袖、土著长老米歇尔·G. 安德森（Michael G. Anderson）对此评论道："法院现在把自己视为早期非法政权的保护者。"① 这一案例折射了澳洲土地所有权的真实状态。土著在主张土地所权时通常援引"马宝裁定"作为证据，而反对一方往往利用现有机制所带来的便利，钻法律的空子，玩弄文字游戏，甚至强词夺理，将土著土地权的主张消解于无休止的调查取证、法庭辩论甚至背后交易之中。然而，败诉的土著一方绝不会心甘情愿接受法院的判决。所以，表面上看，法庭诉讼结果解决的是一个土地权纠纷，但实际上，它从内心深处触发了土著对白人的司法制度甚至整个社会制度的不满。

（二）土著民族自决问题

《公民权利与政治权利国际公约》第 27 条规定："在那些存在着种族的、宗教的或语言的少数人的国家中，属于这种少数的人不应被否定与他们的集团中的其他成员一道享有自己的文化、信奉和实行自己的宗教或使用自己的语言的权利。"② 很多国际法学者认为，这一条款清晰地承认了当原住民与其他少数种族认为有必要保护自己的文化时，他们无疑拥有自决或自治的权利。一些学者进而认为，国际习惯法承认了原住民拥有文化

---

① "Would a Treaty Help Aboriginal Self-determination?" http：//www. creativespirits. info/ aboriginalculture/selfdetermination/would – a – treaty – help – aboriginal – self – determination# axzz3lCVCio06Us. 2015 – 09 – 09.

② "International Covenant on Civil and Political Rights", http：//www. cirp. org/library/ethics/ Un – covenant/. 2019 – 06 – 24.

自决的权利。联合国"原住民人口工作组"主席埃里卡-艾琳·戴斯认为，自决权"意味着现存的国家有责任通过旨在民主分享权力的制度改革去适应土著民族的希望。它也意味着土著民族有责任、诚心实意地与现存的国家就分享权力努力达成一个协定，通过缔结协定以及其他和平的方式将自决权行使到一种可能的程度……进而，土著民族的自决权应该被常规性地理解为就他们在居住的国家的地位和代表权而拥有自由磋商的权利。"罗伯特·库尔特（Robert Coulter）就自决之于一些土著民族的含义做了如下概括："显而易见，土著领导人把自决理解为包括不受其他种族的政治和经济统治；自我管理自己的所有事务；有权在不受外部控制的情况下建立自己的政府和法律；自由选择和商定与国家政府建立政治和法律关系；有权作为政府参与国际社会；有权管控自己的经济发展。"

自决可以在国家内部实现。1986年，约翰·保罗二世在对加拿大西北地区土著的讲话中就持这种观点。约翰·保罗二世阐述了他对自决意义和实际含义的理解。他说，自决必须包括参与决策的进程。这样，当有关人们生活方式的决定是由政府或其他权威机构来思考时，受到这些决定影响的人们就应该与之磋商并参与决策进程。①

澳大利亚政府并不完全反对给予土著民族以自决权。1995年，就在《土著人民权利宣言》的起草过程中，澳大利亚曾对土著自决权做过这样的解读："［它意味着］土著不但控制决策进程，而且在包括政治地位、经济和社会发展等广泛事务方面有最终的决定权。它意味着在一个对所有澳大利亚人相同的法律框架内，土著拥有掌控他们未来社会的资源和能力……像拥有代表制政府的独立国家内的所有其他民族一样，土著民族尽管拥有自决权，但没有分离的权力。"②

然而，由于对自决权的界定和理解常常与分离甚至单独的国家地位混为一谈，所以，在给予原住民以什么样的自治权方面，有关国家都持谨慎态度，澳大利亚亦不例外。而且，一些较为激进的土著部落和土著长老的做法更是让澳政府担心"自决"有可能演变为"独立"，造成民族国家的分裂。比如成立于1992年的"土著临时政府"就倡导土著自决和自治运

---

① Dominic O'Sullivan, *Faith, Politics and Reconciliation-Catholicism and the Politics of Indigeneity*, p. 91.

② Human Rights and Equal Opportunity Commission, "Bringing them Home-The Report", http：//www. gwb. com. au/gwb/news/sorry/stolen60. html. 2015－10－15.

动，且目标是建立土著国家。参与"土著临时政府"的长老们认为，土著主权从来就没有被割让，澳大利亚有关国家的法律和权力是无效的。当然，不可否认的是，在一些澳大利亚白人政治家那里，他们并不十分认可土著是一个民族。这并非澳大利亚一国所独有的现象。民族国家倾向于把本国的原住民人口描述为少数族群，保留"民族"的概念是用来描述西方主权国家以及后殖民时期的国家。自决是一个民族行使的一项集体权利。正因为如此，民族国家长期以来否认他们的原住民享有所有民族自决的国际权利。这些认识对澳大利亚政府的土著自决政策产生了重要影响。每当土著社会发起抗议运动并要求政府给予自决权时，政府也会做出相应承诺，但很少付诸实施。这种惯用的政治手法已让一些土著部落对政府的承诺失去信心，转而用自己的方式对政府的失信做出反应。如 2013 年 3 月 13 日，生活在新南威尔士北部卡戈亚河（Culgoa River）地区的穆拉瓦里人（Murrawarri）① 就以"穆拉瓦里共和国"（Murrawarri Republic）的名义宣布其土地独立。8 月 3 日，昆士兰的迪兰班迪人（Dirranbandi）和尤阿拉伊家族的主要成员和长老宣布独立。11 月，又有一个原住民部落在昆士兰最北部宣布独立。虽然这些部落宣布独立对澳大利亚作为一个主权国家的完整性并无影响，但这种表达不满的方式凸显了真正意义上的自决权已成为土著澳大利亚人与政府之间就前者的政治地位进行磋商的核心内容。

（三）宪法承认问题

宪法是一个国家的根本大法。1901 年颁布的联邦宪法涉及土著民族的条款只有两处，且均是歧视性条款。虽然它们在 1967 年的全民公决中被废除了，但新增的条款并没有承认土著及托雷斯海峡岛民对他们土地的先占权和守护人地位。多元文化政策时期，《种族歧视法》、《土著土地权（北部领地）法》等法律的相继问世以及在福利领域采取的一些改革性举措，从多方面提升了土著的社会地位，并在一定程度上改善了土著的生存状态。但土著社会认为，政府在这些方面做得还远远不够。造成这一局面的主要原因之一就是澳大利亚联邦宪法对土著权益保护的缺失。由此可以推论：如果不从宪法上明确原住民在澳大利亚历史和澳大利亚民

---

① 穆拉瓦里人由 8 个氏族组成，占地 8200 平方公里。

族国家中的地位，即使在政策领域采取了诸多有利于土著澳大利亚人权益的举措，那也于事无补。因此，宪法改革一直是土著争取自身权益的重要路径之一。[①]

在种族和解进程中，宪法承认被认为是土著澳大利亚人与非土著澳大利亚人之间实现和解的一个重要步骤。成立于1991年的"土著和解委员会"就把保证土著澳大利亚人被这个国家的宪法承认作为其一项重要工作来推动。"土著及托雷斯海峡岛民委员会"也通过各种努力寻求这一目标的实现。陆克文政治道歉后，一些土著领袖似乎看到了宪法承认的希望，要求政府重视土著的呼声，启动修改联邦宪法程序，确认他们是澳大利亚的"第一民族"。陆克文也承诺说："本届政府在其国家政策中一直有给予土著宪法承认的承诺。当我们的优先考虑仍然是消除差距的这个实际挑战时，我们也将对与土著社会就宪法承认的最合适的形式和时间进行细致的、敏感的磋商给予关注。"[②]

就在土著社会给联邦政府施加压力的同时，一些州已率先跨出这关键一步。维多利亚州于2004年8月、昆士兰州于2010年早期在它们的州宪法中正式承认了土著民族。2010年9月8日，新南威尔士州总理克里斯蒂娜·基尼利（Kristina Keneally）宣称已对该州宪法前言进行了修订，正式承认土著是新南威尔士州的第一民族。修正案在1902年州宪法中增加了如下条款：（1）议会，代表新南威尔士人民，承认并尊重土著人民为该州第一民族；（2）议会，代表新南威尔士人民，承认土著人民是新南威尔士土地的传统守护人和占有者：（a）与他们的传统土地和水域存在社会的、文化的和精神上的联系；（b）对该州认同已做了并将继续做出独特和持久的贡献；（3）这些条款并不会产生任何法律权利或责任，或者导致甚至影响任何公民权利的行动，或者对新南威尔士现行的条例或法律的解释产生影响。这一规定使得修正案的意义被限定在象征层面。南澳大利亚州土著民族是澳大利亚第一个寻求宪法承认的，然而，直到2012年9月10日，该州政府才做出承认土著为该州第一民族的决定，并请求州议会修改宪法予以确认。而塔斯马尼亚州政府亦为形势所迫，目前

[①]　Bain Attwood and Andrew Markus, *The Struggles for Aboriginal Rigths-A Documentary History*, p. 276.

[②]　Natasha Robinson, "PM Tackles 'Unfinished Business' of Referendum", *The Australian*, July 24, 2008.

正在做这方面的推进工作。①

土著的持续呼吁终于在吉拉德执政的最后一年即 2013 年有了一个初步的结果，《承认条例》在联邦议会获得通过。各党派原则上同意就宪法承认土著民族举行全民公决。《承认条例》规定拟在两年内举行一次全民公决，但这一愿望落空。托尼·艾伯特在位期间，也承诺将尽快举行全民公决，但澳元持续贬值以及党内阋墙让这位不拘言行的政治家中途退局。宪法对土著地位的承认又一次脱离公众人物的视线。

坦率地说，几乎没有人怀疑原住民是澳大利亚的"第一民族"。在澳大利亚政治家的一些讲话中，承认原住民是澳大利亚的"第一民族"也并不少见，但为何落实到宪法条文之中却显得困难重重？这不仅是由宪法的特殊地位所决定的，而且因为白人政治家对于宪法承认可能引发连锁反应的担心，比如宪法承认后的学术争议，这方面牵涉的议题很多，如殖民合法性甚至白人政府合法性问题、赔偿或补偿问题等等。当然，一个不可避免的问题是"第一民族"应该拥有哪些基本权利或特殊权利。所以在政治家的讲话中，承认原住民是"第一民族"是一回事，而在宪法中予以确认则是另一回事。而在有限任期内，政治家上任伊始，大多会重申就宪法承认而举行全民公决的承诺，但全民公决通常需要一个较长时期的酝酿和准备，这往往为政治家推脱责任提供了一个很好的借口。

而在土著那里，宪法承认之于他们的重要性不言而喻。"第一民族"意味着他们是澳大利亚这块土地的最初所有者，白人对他们的一切统治都是非法的；宪法承认不仅是对他们作为一个历史悠久的民族的承认，而且是对其传统历史文化价值的认可；宪法承认等于认可土著澳大利亚人拥有与其他澳大利亚人同等的权利。② 加拉努伍·尤努平古说，已到了在宪法中予以承认土著权利的时候了。"在宪法中予以承认的这个任务是澳大利亚国家生活中伟大的未竟事业"；"我们不会试图拿走其他澳大利亚人的权利——我们只是寻求保护和认可，而这已属于其他澳大利亚

---

① Sam Ikin, "Constitutional Recognition of Aboriginal People 'Compatible' with treaty negotiations", http：//www. abc. net. au/news/2015 – 01 – 22/constitutional – recognition – of – aboriginal – people – tasmania/6034396. 2016 – 02 – 13.

② Tom Calma Ao, "Australia Survival Day", *Australian Quarterly*, Vol. 86, No. 1, 2015, p. 11.

人的权利。"① "皇家澳大利亚和新西兰精神病学家学院"院长玛丽亚·托马西克（Maria Tomasic）认为，宪法将对土著认同意识有着重要影响，宪法承认将对土著澳大利亚人的自尊以及加强他们对自己文化和历史价值的自豪感产生积极影响。② 所以无论如何，在敦促联邦政府就联邦宪法对他们作为"第一民族"的承认方面，土著民族是不会放弃努力的。

（四）缔结条约问题

宪法承认运动似乎强劲有力，但并不是所有土著都支持这项运动。土著社会老资格活动家罗比·索普（Robbie Thorpe）在接受记者采访时说，现在对宪法改革的关注等于"一百年后，我们仍在找白澳政策的麻烦"。土著学者玛丽·格雷厄姆（Mary Graham）警告说，政府发起的运动是不可信的，"宪法承认是许诺一些事情的一种方式，但没有真正的实惠。"加里·福莱博士相信，政府此举只是想"把我们的注意力从现实的问题中转移开来"；"它将产生什么样的真正区别？这是一个宏伟的象征性姿态，长期来看没有意义，因此让人们去谈论它是浪费时间。"对很多土著社区来说，真正的目标不是宪法改革，而是主权与条约。③

缔结一个条约与寻求宪法承认有很大的不同。从本质上讲，条约是通过协商或谈判而达成的一种方案或协定，它会对缔约方产生有约束力的义务，其目的是使缔约方的关系变得程式化或正式化。而宪法承认是象征意义的举措，并不必然产生具有实际意义的政策。

早在殖民时期，为了规范殖民者与土著之间的关系或交换行为，就有人提出过条约概念。联邦成立后至 70 年代，条约概念时而被提及，其用意是维护土著的公民权。到了 70 年代末，由于土著土地权立法引发多方利益博弈以及在土著土地上进行矿产开发将对土著权益带来潜在损害，条约问题又被提及且日益受到重视。而且，这一次是成立了由 H. C. 库姆斯领衔的"土著条约委员会"。该委员会运转到 1983 年，其目标就是在非

---

① Natasha Robinson，"PM tackles 'Unfinished Business' of Referendum".

② "Constitutional Recognition of Aboriginal People"，http：//www. creativespirits. info/aboriginalculture/politics/constitutional – recognition – of – aboriginal – people#axzz3mzyChlbC. 2015 – 09 – 28.

③ "Constitutional Recognition of Aboriginal People".

土著澳大利亚人中间宣传条约概念或思想。1988 年，鲍勃·霍克政府承诺将与土著澳大利亚人签订一个奠定未来关系的条约，但最终还是难避夭折的命运。成立于 1991 年的"土著和解委员会"在其十年运作期间，曾为种族和解做了大量有益的工作，其标志性的成果之一就是撰写了和解文件。然而，和解文件并没有充分正视对土著人民具有重要意义的几个问题，如条约和权力关系等，这让一些土著领袖如杰夫·克拉克、帕特里克·道森、伽提尔·迪耶尔库拉等人感到不满。在 1999 年 6 月和解文件草案发布后，他们就表达了对这些问题的关注，并且主张任何和解文件将是土著民族与澳大利亚政府之间的一个正式协定。这样的协定要特别讨论诸如土著权利、条约、自决、习惯法、权力关系、主权以及宪法承认等问题。[①] 就在 2000 年悉尼举行庆典之前，帕特里克·道森、杰夫·克拉克、阿登·里奇威、大卫·罗斯（David Ross）等人都主张，包括签订一个条约、为土著保留议会席位、自决以及习惯法等问题都应置于和解议程之中。[②]

那么，土著需要与政府签订一个什么样的条约？让我们首先了解一些土著人士的观点。土著社会活动家米歇尔·曼索尔说，他希望在条约中看到如下内容："条约将给澳大利亚各级政府施加责任，即它们将不得不遵守新的条约法律，它也给土著人民创造在过去被否定的权利，这些权利将包括对习惯法、土地权、有权做出有关澳大利亚土著人民的决定以及提升对我们自己经济权利的承认。"约翰·皮尔格（John Pilger），一位为土著事业不知疲倦地工作的人，视条约为"一份有效的土著权利法案：土地权、资源权、健康权、教育权、住房权以及更多权利。"一位来自卡米拉诺（Kamilaroi）名叫纳塔利·克罗姆（Natalie Cromb）的妇女对条约的理解是："条约将是具有主权的澳大利亚土著人民与政府就土地、矿产、资源以及社区自治权利条款进行谈判的基础。"[③] 从土著角度来看，缔结一

---

① Geoff Clark，"Not Much Progress", in M. Grattan （ed.），*Essays on Australian Reconciliation*，p. 233.

② Patrick Dodson，"Beyond the Mourning Gate-Dealing with Unfinished Business, The 2000 Wentworth Lecture – 12 May 2000", http：//www. aiatsis. gov. au/lbry/digprgm/wentworth/a317361_ a. pdf. 2012 – 09 – 28.

③ "Would a Treaty Help Aboriginal Self-determination?" http：//www. creativespirits. info/aboriginalculture/selfdetermination/would – a – treaty – help – aboriginal – self – determination#axzz3lCVCio06Us. 2015 – 09 – 09.

个条约须基于两个原则：一是土著民族从未放弃他们的主权存在，也未割让过任何一块主权之地；二是根据他们的法律和习惯，土著民族一直拥有土地以及自然资源的财产权。构成条约基础的其他原则还包括对土著人民作为澳大利亚第一民族的承认以及由此而衍生的显著权利，就建立一个更加公平、公正的社会而需要进行改革的协定等。

澳大利亚土著为何需要一个条约？首先，"在所有联邦国家中，澳大利亚是唯一没有与其土著人民签订条约的国家。"这让澳大利亚土著难以释怀。其次，对土著人民来说，一个条约可以帮助他们取得主权和自决。简单地说，条约就是有关授权事宜。土著人民想从经磋商而产生的条约中得到管控自己的生活、经济和土地的权利；一个条约将为土著澳大利亚人与非土著澳大利亚人之间的共存提供基础。尼科尔·沃森（Nicole Watson）说："在我们产生如何生活在一起的基本原则之前，创伤是不会得到治愈的。正因为如此，一个条约就是不可避免的。"由于条约在澳大利亚政治和法律中具有丰富的含义，所以，澳大利亚政府始终拒绝与土著就此进行严肃的谈判。

种族和解不是一句空洞的政治口号，它要直面种族关系中一直存在、解决不好但又无法回避的各种问题。这些问题要么具有非常复杂的历史背景，要么交集各种利益关系，要么对现存的各种制度安排可能构成现实威胁，等等。而且更为紧要的是，这些问题之间存在这样或那样的内在联系，有的是前因，有的是后果，有些互为因果。这就使得任何一个问题的解决，将难以避免与其他问题纠缠在一起，从而增添了问题的解决难度。

三　种族和解的前景

在当今国际政治舞台，种族和解已是一个不可逆转的趋势。我们看到，不仅有像南非那样有着根深蒂固的种族歧视的国家实现了种族和解，而且在英语世界里，像加拿大、新西兰等国在种族和解方面也都取得了实质性进展。澳大利亚的原住民问题虽然千头万绪，但经过几十年多元文化社会的建设，种族和解已在党派之间达成了共识，种族和解的基础日益扩大，土著社会的自决或自治能力不断增强，种族和解模式渐趋形成。这些既是种族和解成果的具体体现，又展示了种族和解的前景。

（一）党派共识业已达成

在政党制国家中，没有哪一个党派能够长期地稳坐执政宝座。这不仅是民主政治的表现形式之一，也是其内涵的一个重要元素，更是社会有效治理的内在要求。就后一种情形来说，在解决经济发展过程中的一些难题时，政党更替可能就是寻找解决问题的一种方式或答案。但是，政党交替并不总能带来好的结果。比如在一些需要保持政策连续性的领域，政党交替就意味着变数的增加，意味着前政府的某些积极的政策很可能随着新政府的上台而被搁置或取消。在土著政策领域，澳大利亚曾不止一次地经历过这样的场景。这对种族和解进程的持续推进是极为不利的。

陆克文执政后，种族和解成为澳大利亚最具挑战性的社会问题乃至政治问题之一。陆克文深知，要想改变澳大利亚政府在土著心目中的形象，并且在种族和解方面给公众树立信心，党派共识就不可或缺。自由党在让出执政宝座后，有足够的时间对十多年的执政经历进行总结和反思，其中在土著问题上的保守做法为工党提供了攻击自己的把柄。自由党自然明白，新工党在解决土著问题方面的创新思维的确为澳大利亚实现种族和解提供了前景。自由党当然更清楚，种族和解不是哪一个党派的任务，而是所有党派、所有澳大利亚人共同面对的问题。所以，工党和自由党不仅在向土著尤其是"被偷的一代"表示道歉方面握手言和，而且形成了"土著政策联合委员会"。这就意味着在土著政策领域，两党不再延续党派政治环境下非白即黑的固有反应，而是采取协商、妥协与合作的立场。

工党政府很好地利用了这一少见的政治生态，制定了"消除差距"战略。这一战略之所以较为顺利地推出，其根本原因之一就是它得到了各党派的支持。

党派一致的原则在联邦议会就宪法承认土著及托雷斯海峡岛民地位而进行讨论时也得以充分体现。2013 年 2 月，联邦议会就《承认条例》进行辩论，朱丽娅·吉拉德总理发表了具有导向意义的讲话，她说："我们从来没有对这个国家历史上发生过的事情而感到内疚，但是，我们能够——必须——对未完成的事情承担责任。"吉拉德把宪法中有关承认的缺失描写为"澳大利亚人最大的沉默",并且表达了关于全民公决的法律能够在 2014 年通过的愿望。反对党领导人托尼·艾伯特在议会发言时指出,除了"我们从来没有与澳大利亚第一民族完全实现和平"的事实外,澳大利亚还是世界嫉妒的对象。"我们不得不承认,这块土地 1788 年前是属于当时的土著,就像现在属于澳大利亚人一样。如果我们不承担责任,我们将会是一个不完整的国家和一个撕裂的民族。因此,我们有必要去对这种疏忽以及我们祖先内心的冷酷做出补偿,使得我们所有人能够作为一个统一民族去拥抱未来。"托尼·艾伯特还说,他对前工党总理 21 年前的雷迪芬讲话表示赞赏,并对在迈向承认的道路上发挥作用的两党政治人士表示敬意。艾伯特对吉拉德说:"在这个地方,我们常常是领导者,今天在这件事上,我们是伙伴和合作者。"① 澳大利亚最有影响的两大党派在联邦议会就宪法承认土著及托雷斯海峡岛民为澳大利亚第一民族而适时举行全民公决达成令人振奋的一致,表明澳大利亚朝着在国家的根本大法中对它的第一民族的承认又向前迈进了一步。

自 2007 年新工党政府任职以来,澳大利亚的种族和解事业一直在持续地推进。保持这种势头的原因可以从很多方面去分析,党派共识就是主要原因之一。党派共识不仅可以避免无谓的争论和政治资源的浪费,而且能够不断累积得之不易的和解成果,从而给公众树立和解信心。这对于种族和解进程的长期规划和分阶段、按步骤实施具有重要意义。

(二)和解的群众基础日益扩大

从本质上说,澳大利亚的种族和解就是正确处理土著澳大利亚人与非土著澳大利亚人之间的关系,消除这两个群体之间的历史积怨和现实差距,实现和谐共处,共同为重塑澳大利亚的民族属性或国家形象而努力。从这个意义上说,在澳大利亚种族和解进程中,取得澳大利亚主流社会的公众支持是和解目标能否实现的关键所在。

与土著澳大利亚人的概念不同,非土著澳大利亚人的概念并非一成不变,而是处在一个不断变迁的过程之中。众所周知,澳大利亚是一个移民国家。如果把定居和生活在澳大利亚大陆的人称为澳大利亚人的

---

① Michael Gordon, "Nation's 'Wound' Closer to being Healed", *The Sydney Morning Herald*, February 13, 2013.

话，那么自殖民入侵伊始，来自英伦三岛的殖民者就是非土著澳大利亚人。后来，来自英国以及欧洲大陆的移民与日俱增，非土著澳大利亚人的数量亦在不断增加。19 世纪中叶"淘金热"时期，来自亚洲和美洲的淘金者蜂拥而至。这样一来，在非土著澳大利亚人中，除白人外，还增加了少数有色人种移民。19 世纪中晚期至 20 世纪 60 年代中晚期，针对有色人种的"白澳政策"试图将澳大利亚塑造成一个白人社会，有色人种移民不仅不受欢迎，而且受到严格限制。这一政策带来了一个显而易见的后果：白人不仅在数量上占据绝对优势，而且其社会地位也无人与之比肩。这一时期的非土著澳大利亚人主要指来自欧美大陆的白人。60 年代中晚期后，针对有色人种移民的诸多限制陆续被取消，有色人种数量逐步递增。70 年代，澳大利亚实行多元文化战略，有色人种移民大量涌入，澳大利亚的人口结构因此发生了变化。现在的非土著澳大利亚人是指除土著以外的所有白人和有色人种。但是，由于历史意识和历史观念的影响，传统的社会等级结构和政治体制构架不可能由于种族来源发生一定的变化而有较大改变，有色人种尤其是土著民族在澳大利亚政治与社会中的地位远不及白人。

种族和解的首要条件就是主体民族放弃种族优越感和种族本位主义，并以一种平等的姿态和精神去接纳其他种族或民族。澳大利亚新闻记者杰夫·迈克马伦（Jeff McMullen）说："只要看一眼宪法就能揭示种族主义和种族歧视的明显污点。这是当今世界少有的几部宪法之一，被否定的种族听任政府制定对土著及托雷斯海峡岛民权利予以公然蔑视的法律和政策。"前高等法院法官米歇尔·柯比说："从宪法上讲，我们在根本上仍然是白色澳大利亚，尽管我们自诩我们已经改变了很多。"① 从这个意义上说，1901 年颁布的澳大利亚联邦宪法就是白人种族主义的产物。然而，并不是所有白人都支持这部旨在维护白人种族在这个国家绝对主导地位的宪法。如果说在 20 世纪上半叶土著争取公民权运动中，同情与支持土著人权事业的还只是少数白人进步人士，那么在 1967 年的全民公决中，就有超过九成的选民选择了与土著站在一起。这在澳大利亚历次全民公决中是极为罕见的现象。由此可见，自那时起绝大多数白人是不赞成对土著实行种族歧视政策的。这是种族和解向前推进的希

① "Constitutional Recognition of Aboriginal People".

望所在。

多元文化政策的提倡与实践，实际上是澳大利亚白人社会自我反省与修正的过程。因为经过百余年打造的白人价值观念在澳大利亚已根深蒂固，可谓无处不在。非白人社会要想在根本上动摇哪怕是削弱这种价值观念亦绝非易事。在这种情况下，建立一个种族平等的社会，一个最起码也是最重要的条件就是白人社会一定程度的自觉。这种自觉不仅体现在意识上要肯定其他种族或民族文化的生命力及其社会价值，给这些非主流文化以适当的发展空间，还要在"非零和游戏"的规则中让渡一部分既得利益。"多元文化主义"之所以被越来越多的人接受为一个社会发展的基本准则，其中一个重要原因就是白人社会对多元文化价值观念之于国家健康发展必要性的认可。这种认可与其说是对处于弱势地位的种族或民族所给予的一定的同情，毋宁说是一个国家成长中的自觉，或者更准确地说，是一个国家中处于主导地位的种族或民族的自觉。

非土著澳大利亚人不仅要接受多元文化主义，还要认可种族和解理念并积极参与其中，否则，种族和解无异于隔靴搔痒。

由于传统价值观念的作用，指望非土著澳大利亚社会一下子接受种族和解理念，并把它变成一种有意识和自觉的行为，这恐怕是不现实的。相关组织或机构必须要做这方面的宣传、动员和说服工作。成立于1991年的"土著和解委员会"就是朝此方向和目标奋斗而设立的一种机构。不同于20世纪80年代要求缔结条约的运动，"土著和解委员会"把其工作重心放在对非土著澳大利亚社会基层的宣传与动员方面，旨在推动地方层次的种族和解，其主要渠道就是建立名为"为了和解的澳大利亚人"的草根联系网络。通过地方委员会、社区小组、服务俱乐部、教堂、各种各样的族群组织、保护组织以及个人所建立的联系网络，鼓励人们为改善社区关系而采取实际步骤。为此，各州和领地都任命了负责各地社区教育项目的协调员，他们都与总理部和内阁签订了工作合同。"为了和解的澳大利亚人"协调员将在战略上负责传播信息；支持学术界、州和解委员会以及地方和解小组开展各项活动；加快拟定地方和地区和解协定。地方联系网络的活动主要集中在两个小组：学术小组以及和解小组。① 由"土著和解委员会"发起的1997年全国和解大会就是一次呼吁澳大利亚所有公民都来支持并积极参与

---

① Damien Short, *Reconciliation and Colonial Power-Indigenous Rights in Australia*, pp. 110 – 112.

这项运动的尝试。和解大会通过的"和解倡议"声称：和解"只能通过人民运动来取得"。这是一个很有启迪意义的结论。因为只有当所有人或者说绝大多数人接受了和解理念并愿参与其中，那么澳大利亚平等的种族关系才有可能构建。如果没有非土著澳大利亚人的支持，即便是形成一个改善土著社会—经济不利地位的全国性承诺也将是困难的。[①] 正是基于这种信念，"土著和解委员会"开展了多方面的工作，收到了一定的成效。从1997年7月至1998年6月，"为了和解的澳大利亚人"的地方小组就由20个增加到260余个。全国和解大会之后，"土著和解委员会"发表报告称，参与和解工作的申请人数在不断增多，这表明"对这一进程有着基础广泛的大众认可和支持"。[②]

1996年的调查发现，有51%的澳大利亚人听说过种族和解概念。有和解意识者在下列人群中比例最高：一般男性、超过45岁的人群、受过高等教育的人、北部领地和澳大利亚首都区的居民。先前的跟踪调查显示，1993年有这种意识的人群比例急剧上升，自那以后就一直处于稳定状态。1996年中期，有48%的澳大利亚人对和解概念给予了强烈的支持；有超过83%的人在某种程度上支持和解。在1998年道歉运动发起的时候，就有100多万人在"道歉薄"上签了名。而在陆克文在联邦议会发表道歉后，《澳大利亚人报》于2008年2月15~17日对1140名澳大利亚人进行了电话采访。结果显示，有69%的受访者支持陆克文政府的政治道歉，反对的人仅占26%。非土著澳大利亚人还同情和支持宪法对土著澳大利亚人地位的承认，有90%的受访者希望土著能得到宪法的正式承认。[③]

非土著澳大利亚人尤其是白人对土著澳大利亚人的态度由仇视、歧视到接触、合作的转变，这是多方面因素共同作用的结果，其中多元文化主义的观念以及种族和解的理念在消除非土著澳大利亚人的成见方面发挥了重要作用。若越来越多的非土著澳大利亚人对种族和解表示理解并参与其中，那么种族和解的成果就会日益增多，并成为土著澳大利亚人与非土著澳大利亚人建立新型关系的基础。

---

① Robert Manne, *The Australian Quarterly Essay-In Denial: the Stolen Generations and the Right*, Melbourne: Schwartz Publishing, 2001, p. 104.

② Damien Short, *Reconciliation and Colonial Power-Indigenous Rights in Australia*, p. 114.

③ "Constitutional Recognition of Aboriginal People".

（三）土著自决能力不断提升

种族和解的目标之一就是实现土著澳大利亚人与非土著澳大利亚人之间的平等，而实现平等的条件之一就是土著社会拥有自决能力。当一个民族的事务由另一个民族来主导而前者又心存怨恨的话，何谈种族和解？所以，就澳大利亚的政治环境来说，土著自决是改善土著社会—经济状况的一个至关重要的因素①，也是实现种族和解的根本路径之一。

在土著澳大利亚人追求自身权益的斗争中，自决一直是他们孜孜以求的目标。这是因为：（1）原住民是一个民族。按照埃里卡－艾琳·戴斯的说法，原住民群体在"民族"的政治、社会、文化和民族学意义上就呈现了民族的属性。澳大利亚土著领袖迈克·道森也认为，澳大利亚原住民在"民族"的意义之内就是民族。既然是民族，那么原住民就应与其他民族一样拥有对自己事务的自决权利。（2）国际人权文件赋予了原住民自决权利。《土著人民权利宣言》第3款与《公民权利与政治权利国际公约》和《经济、社会和文化权利国际公约》共同的第1款相一致，即土著拥有自决权。据此权利，他们能够自由地决定其政治地位，自由地追求其经济、社会和文化发展。（3）土著有着自决的传统。在殖民化前，土著部落社会就存在一套完整的和有效率的组织管理制度，是殖民化才剥夺了他们这种与生俱来的权利。（4）土著人民希望通过自决或自治来消除殖民化的影响。殖民化就是特定历史时期一个民族从属于另一个民族的过程。在这一过程中，不仅有征服、暴力、压迫，还有奴役和牺牲，其最终结果是弱势民族属性的丧失甚至这个民族在地球上的消失。自治或非殖民化意味着对过去的历史进行重新审视和重新书写，不再把土著人民视为一个"问题"或包袱的存在。（5）自决是和解的一种路径或模式。首先，撇开任何种族和国别背景，就一般意义而言，"自决"的主张本身就是一个妥协的概念。自决是在一个主权国家框架之内的自我管理和自我决策行为，属于主权国家授权的范畴。脱离了主权国家，所谓的自决就无从谈起。如要成为一个主权国家，一个民族必须拥有属于自己的土地、具有发展经济和供养自己的能力、有能力去统治、有能力去从事贸易活动、拥有缔结条约以及签订协定的权力

---

① Geoff Clark, "Let the White Heat of Anger Glow Again", *The Sydney Morning Herald*, 18 April, 2001.

等等。当然，最关键的一条原则是要获得联合国多数成员国的认可。由此可见，自决与主权国家之间是有着本质区分的。其次，自决能够解决土著所面临的一些实际问题，如自决权对土著司法制度建设、儿童权利保护、家庭服务和社区服务投送等具有重要意义。另外，在种族和解进程中，政府规划的一些项目为何没有取得预期效果？究其原因，政府在项目的规划理念方面还存在一定的问题。所有的土著项目都被设计来满足"白人选民不抱怨"的同一标准以及需要切合广泛的澳大利亚标准。这种规划理念与土著社会的具体情况和实际需求是脱节的。比如，很多未就业的土著被要求每年学习至少一门基本课程，但是，很多课程并不考虑他们的兴趣和文化需求，或没有产生任何与工作有关的机会。另一个原因是政府不断地变更计划。社区被经常性地要求让其需求屈从于具体的政府项目指南和标准。项目或资金额的不断变化使得个人或组织难以获得对某一特殊领域的深刻理解或产生浓厚兴趣。①

避免出现上述问题的良策就是允许土著自决。那么土著社会有没有能力自决？在多元文化政策实施之前，白人社会及其政府不认为土著社会具有自决能力。在他们的观念中，原住民个性散漫，自身素质低下，责任意识淡薄，所以不应给予土著民族自决权力。于是，要求自治或自决就成为土著争取公民权运动的一项重要内容。

第一次在国家决策层面考虑土著自决问题的是在威特拉姆时期。时任工党政府希望土著在多元文化背景下能够对自己的事务承担起真正和有效的责任。在这项政策下，一些土著社区进行了一定的尝试，如在一些福利组织的支持下，一些土著社区组织了一些有利于社区居民交流和推进社区发展的活动，且取得了良好的效果。但这种尝试性的举措并没有在更大范围内加以推广。到了弗雷泽时期，北部领地走上了在联邦直接管辖下的自治道路。这种与州的相对独立根本不同的自治不仅使得北部领地与联邦关系时而紧张，而且导致了有关自治、自决、自我管理等概念的内涵及其适用范围的广泛而持久的争论。这些争论反过来又对政府的土著政策产生了影响。比如，一些州和领地开始把某些事务的决策权力转移给土著民族。

---

① "Aboriginal Ownership Makes Self-determination Successful-creative Spirits", http://www.creativespirits.info/aboriginalculture/selfdetermination/aboriginal – ownership – makes – self – determination – successful#axzz3lCio06Us. 2015 – 09 – 09.

全国各地建立了几百个土著公司，目的是向土著社区提供政府式的服务。除此之外，拥有类似于地方政府权力的土著委员会在北部领地和昆士兰相继建立起来。在南澳大利亚，根据《皮特简贾贾拉土地权法》而建立的一个叫作安南古皮特简贾贾拉被认为是一个地方自治机构。一些地方的土地权立法为行使地方政府型权力提供了基础。在地方自治进程中，土著社区承担了一个不容小觑的角色。在西澳大利亚，土著社区委员会被授权制定社区条例，有些条例与法律和秩序有关。根据《1979 年土著社区条例》（*Aboriginal Community Act 1979*），对社区委员会的承认以及对条例的批准是属于土著事务部长的自由裁量权。在北部领地，土著社区委员会根据《地方政府条例》的"社区治理"条款，行使地方自治权。在昆士兰，根据《1984 年社区服务（托雷斯海峡）条例》，一些决策权力被转移给土著社区。

80 年代末"土著及托雷斯海峡岛民委员会"以及 1994 年"托雷斯海峡岛屿地方管理局"的相继建立则进一步承认了土著事务自决权的重要性。在探讨托雷斯海峡更大程度的自治时，格塔诺·卢声称，"［对托雷斯海峡地方当局来说］，这一计划的中心力量是我们对赋予我们的人民决定自身事务权利的强有力的承诺。这就是掌控我们的命运，并且把权力交还到我们的人民手中。"土著及托雷斯海峡岛民事务部长约翰·赫伦回应道："这是一个非常切合联邦土著事务途径的观点。"[1]

土著自决权在过去三四十年间被主流社会慢慢地接受。虽然对这种权力有诸多限制性的解释，但无论如何，自决还是被州、领地以及联邦的法律和政策视为处理土著问题的一个至关重要的原则。通过参与社区以及地方事务的管理，土著社会一批新的领导精英脱颖而出。与此同时，土著社会的互助意识与责任意识也得到了加强。当土著社会的自决能力不断增强时，非土著社会的权力限制就会面临更大的压力。这从另外一面展示了种族和解的前景。

（四）种族和解模式渐趋形成

澳大利亚的种族和解进程没有取得预期进展，这不仅让土著一方感到不满，而且政府一方也有怨言。造成这一局面的原因有很多，其中之一就

---

[1]　Human Rights and Equal Opportunity Commission, "Bringing them Home-The Report".

是在几十年的种族和解进程中，澳大利亚缺乏一个被有关各方认可并接受的种族和解模式。

霍克在位时，曾经希望通过在土著澳大利亚人与政府之间签订条约的方式来实现澳大利亚永久的种族和解，并把这种和谐关系带入 21 世纪。但在当时，这一设想因过于理想化而流产。接替霍克任政府总理的基廷避实就虚，采取了走"象征性和解"的路线，比如对澳大利亚不光彩的历史进行反思、向"被偷的一代"表示道歉以及倡导"步行和解"，来表明政府对土著澳大利亚人在历史上所受遭遇的同情。[①] 基廷所钟情的"象征性和解"并没有被取代他的霍华德所接受。在长达十多年的执政期内，霍华德极力推崇所谓的"实际的和解"路线。

何谓种族关系中的象征性和解？简而言之，象征性和解就是基于历史事实，以一种正式和权威的方式对特定群体的社会属性和宪法地位给予澄清与确认。实现象征性和解的路径有很多，比如可以通过法令的形式来认可某一特定对象的历史与文化的地位与贡献；通过某种官方形式来表达对受害者的歉意；批准反映这个群体拥有独特权益的国际性文件；通过缔结条约或协定的方式来明确对方在国家宪法中的地位及其权益，或者明确对方与其他群体的关系；等等。象征性和解注重心理、情感以及其他精神层面的交流，借此达到对被歧视一方予以尊敬以及实现公平和公正的目的。

就土著澳大利亚人来说，他们首先需要的就是象征性和解。土著著名领导人迈克·道森就持这一观点。他说：尽管土著澳大利亚人的健康、住房和教育是国家主要关心的问题，但它们并不是和解的中心议题，它们只是每一个澳大利亚人应该享受的权利。然而，不幸的是，它们却被澳大利亚历届政府所否定。在和解进程中的诸多事务中，这些权利为何被赋予如此高的地位？在迈克·道森看来，此举"醉翁之意不在酒"，"我们必须有一个条约。这应该是中心目标……"[②] 迈克·道森所强调的"条约"就是象征性和解的一种形式或路径。如果这种条约的精神和内容并不违反国家统一原则，其目的在于实现土著澳大利亚人与非土著澳大利亚人之间的和解，那么政府就可以满足土著的要求。类似的象征性和解举借在种族和

---

① Robert Tickner, *Taking a Stand：Land Rights to Reconciliation*, p. 45.
② Damien Short, *Reconciliation and Colonial Power-Indigenous Rights in Australia*, p. 145.

解之路上并不鲜见。如 1995 年 7 月，澳大利亚政府根据《1953 年国旗法》（*Flags Act 1953*），对土著旗帜以及托雷斯海峡岛民旗帜予以官方承认；2008 年 2 月，陆克文代表政府向原住民尤其是"被偷的一代"表示真诚的歉意；2009 年，澳大利亚正式批准《土著人民权利宣言》；等等，这些都属于象征性和解。象征性和解所牵涉的议题大都比较敏感。通常来说，保守党政府是不愿意触及此类话题的，更不愿意做出任何让步。澳大利亚在这方面有过深刻的教训。霍华德政府就执意反对象征性和解，并且认为这种和解路线不可能给土著民族带来任何有益的东西，故在霍华德长达十多年的执政期内，澳大利亚的种族和解进程出现了逆转。这就从另一个角度说明，澳大利亚的种族和解事业要想继续前行，象征性和解就是一个不可轻视的步骤。

与"象征性和解"相对应的就是"实际的和解"。所谓"实际的和解"，就是针对某个特定种族或民族或族群在现实生活中存在的一些问题而采取相应的政策或措施，以达到消除差距和实现和解的目的。

由于殖民化的缘故，澳大利亚原住民非常在意象征性和解；又由于殖民化和"白澳政策"的缘故，土著澳大利亚人与非土著澳大利亚人尤其是白人之间在政治地位以及福利待遇等方面差距明显。这种差距不仅让澳大利亚在国际舞台上呈现一幅与其身份与地位极不相称的画面，也使得土著澳大利亚人与非土著澳大利亚人之间的关系变得更加紧张与对立。自多元文化社会建设以来，土著人民在不同的历史时期所遇到的一些实际问题也受到了联邦、州或领地政府一定的重视，但很少有像霍华德政府将"实际的和解"视为一种执政理念。在霍华德政府看来，鉴于土著的现实处境，他们不需要空头支票，而需要实际的获得。因此，他的政府希望公众尤其是土著社会聚焦其"实际的和解"议程，因为在提供与"其他澳大利亚人"同等的服务与机遇方面，"实际的和解"呈现出一个更好的路径。[①] 如果用孤立的眼光去看待霍华德政府的上述立场，这似乎很有道理。然而，霍华德政府似乎犯了两个错误：一是有意曲解"象征性和解"与"实际的和解"之间的辩证统一关系。事实上，这两者之间并不是相互排斥而是相互支撑与相互补充的关系；没有"象征性和解"，"实际的

---

① Damien Short, *Reconciliation and Colonial Power-Indigenous Rights in Australia*, pp. 144 – 145.

和解"就失去了依托。二是霍华德政府纠缠于两者之间的取舍关系，而在实际和解方面并没有采取切实的步骤。所谓的实际的和解只不过是一个挡箭牌，一种应对土著社会诉求而采取的策略而已。

与霍华德政府坚持一个纯粹的实际的和解路径形成鲜明对比的是，象征性的姿态被土著及托雷斯海峡岛民普遍视为实现持续和解的基础。的确，鉴于侵略、剥夺、暴力以及种族主义的历史，土著群体需要包括联邦政府在内的各级政府承认这两百多年来他们所遭受的种种不公与压迫，需要在国家宪法层面对他们作为澳大利亚"第一民族"所拥有的独特地位与权利的认可。可以确信的是，土著的这一基本立场不可能动摇或放弃，但白人社会也不会轻易地满足土著社会的上述要求。所以，土著社会在坚持"象征性和解"这一原则的同时，也要顺时应势地接受政府的"实际的和解"理念，同时敦促政府言行一致，在"实际的和解"方面采取有力举措，切实提升他们的社会地位。

如果把种族和解视为一个系统的话，那么象征性和解和实际的和解就是两个子系统，它们共同支撑和维持这个系统的存在与运作。象征性和解是前提或基础，而实际的和解或是过程，抑或是结果或目的。只有象征性和解而无实际的和解，和解就失去其基本意义或价值。正如陆克文所言，在改变土著社会不利地位方面，如果没有实际行动，那么，国家道歉将是"空响的锣"①。若只有实际的和解而无象征性和解，和解就失去其方向性和战略性，难以持续。一个健康的、可接受的、能持续的、稳固的和解不仅需要象征性和解的奠基和引领，同时需要实际的和解赋予其内涵。只有将两者有机地统合起来，建构一种"实质性和解"（substantive reconciliation）的模式，澳大利亚种族和解才有可能取得持续进步。②

澳大利亚种族问题的复杂性由上可见一斑。可能正因如此，在很多人看来尤其是在政治家的思维中，"和解"常常与"漫长的路"联系在一起。换句话说，没有人否认和解之于一个国家或一个民族或一个利益共同体的重要性，也没有人不相信和解终有一天会到来，但这样的思维方式决不能固化为一种定式，尤其在政治家那里，"很长的路"决不能成为一种

---

① Natasha Robinson, "PM Tackles 'Unfinished Business' of Referendum".

② Sean Brennan, Vanessa Bosnjak and George Williams, "Rights-based Reconciliation Needs Renewed Action from Canberra", *Alternative Law Journal*, 28（3），2003，p. 122.

托词或借口，而应成为一种勤勉工作并且为和解事业而殚精竭虑的动力。作为既得利益的主体，澳大利亚白人社会有必要在不损害自身根本利益的情况下，让渡一部分利益，做出一定的眼前牺牲，来取得土著社会一定的信任，这是另一种长远利益的获取。果真如此的话，那么土著澳大利亚人与政府以及非土著澳大利亚人之间的和解还会远吗？

附一
参考文献

（一）中文文献

（1）著作

〔澳大利亚〕保罗·基廷：《牵手亚太——我的总理生涯》，郎平、钱清译，北京：世界知识出版社，2001。

〔澳大利亚〕布赖恩·多利、尼尔·马歇尔主编《澳大利亚地方政府：改革与创新》，孙广厦译，长春：吉林大学出版社，2009。

〔澳大利亚〕戈登·福斯主编《当代澳大利亚社会》，赵曙明主译，南京：南京大学出版社，1993。

〔澳大利亚〕戈登·格林伍德：《澳大利亚政治社会史》，北京编译社译，北京：商务印书馆，1960。

〔澳大利亚〕杰弗里·博尔顿：《澳大利亚历史》（1942～1988），李尧译，北京：北京出版社，1993。

〔澳大利亚〕罗伯特·休斯：《致命的海滩：澳大利亚流犯流放史（1787～1868）》，欧阳昱译，南京：南京大学出版社，2014。

〔澳大利亚〕曼宁·克拉克：《澳大利亚简史》，中山大学翻译组译，广州：广东人民出版社，1973。

〔澳大利亚〕斯图亚特·麦金泰尔：《澳大利亚史》，潘兴明译，上海：东方出版中心，2009。

〔澳大利亚〕唐纳德·霍恩：《澳大利亚人——幸运之邦的国民》，徐维源译，上海：上海译文出版社，2000。

〔澳大利亚〕田地、李洋：《总理是位"中国通"》，北京：新华出版社，2008。

〔德〕乌尔里希·贝克：《世界主义的观点：战争即和平》，杨祖群译，上海：华东师范大学出版社，2008。

〔德国〕弗劳利安·康马斯、〔荷兰〕尤迪特·施塔波丝：《亚洲挑战世界——新亚洲》，陈宝、周一玲译，北京：中央编译出版社，1998。

〔法〕奥利维埃·多尔富斯：《地理观下全球化》，张戈译，北京：社会科学文献出版社，2010。

〔法〕让－保罗·萨特：《存在主义是一种人道主义》，周煦良、汤永宽译，上海：上海译文出版社，2012。

〔法〕朱尔·昂利·彭加勒：《最后的沉思》，李醒民译，北京：商务印书馆，2009。

〔古希腊〕希罗多德：《历史》，周永祥译，西安：陕西师范大学出版社，2008。

〔荷〕斯宾诺莎：《伦理学》，贺麟译，北京：商务印书馆，2009。

〔荷〕维姆·布洛克曼、彼得·霍彭布劳沃：《中世纪欧洲史》，乔修峰、卢伟译，广州：花城出版社，2012。

〔美〕柯娇燕：《什么是全球史》，刘文明译，北京：北京大学出版社，2009。

〔美〕罗伯特·B. 马克斯：《现代世界的起源——全球的、生态的述说》，夏继果译，北京：商务印书馆，2006。

〔美〕罗伯特·基欧汉、海伦·米尔纳主编《国际化与国内政治》，姜鹏、董素华译，北京：北京大学出版社，2003。

〔美〕罗伯特·路威：《文明与野蛮》，吕叔湘泽，北京：三联书店，2013。

〔美〕迈克尔·G. 罗斯金等：《政治科学》，林震等译，北京：中国人民大学出版社，2014。

〔美〕塞缪尔·亨廷顿：《文明的冲突》，周琪等译，北京：新华出版社，2013。

〔美〕斯塔夫里阿诺斯：《全球通史——1500 年以后的世界》，吴象婴、梁赤民译，上海：上海社会科学院出版社，2004。

〔美〕唐纳德·弗里曼：《太平洋史》，王成至译，上海：东方出版中心，2011。

〔美〕沃尔特·李普曼：《公众舆论》，阎克文、江红译，上海：上海世纪出版集团，2006。

〔美〕亚历山大·温特：《国际政治的社会理论》，秦亚青译，上海：上海世纪出版集团，2008。

〔美〕约翰·根室：《澳新内幕》，符良琼译，上海：上海译文出版社，1979。

〔美〕詹姆斯·多尔蒂、小罗伯特·普法尔茨格拉夫：《争论中的国际关系理论》，阎学通、陈寒溪等译，北京：世界知识出版社，2013。

〔日〕大沼保昭：《人权、国家与文明》，王志安译，北京：三联书店，2003。

〔苏〕С. А. 托卡列夫等：《澳大利亚和大洋洲各族人民》，李毅夫等译，北京：三联书店，1980。

〔英〕С. W. 沃特森：《多元文化主义》，叶兴艺译，长春：吉林人民出版社，2005。

〔英〕阿诺德·汤因比：《历史研究》，刘北成、郭小凌译，上海：上海人民出版社，2000。

〔英〕爱德华·W. 萨义德：《文化与帝国主义》，李琨译，北京：三联书店，2003。

〔英〕安德鲁·瑞格比：《暴力之后的正义与和解》，刘成译，南京：译林出版社，2003。

〔英〕彼得·华莱士·普雷斯顿：《发展理论导论》，李小云、齐顾波、徐秀丽译，北京：社会科学文献出版社，2011。

〔英〕海伦·尼科尔森：《十字军》，刘晶波译，上海：上海社会科学院出版社，2013。

〔英〕马克·B. 索尔特：《国际关系中的野蛮与文明》，肖欢荣等译，北京：新华出版社，2004。

〔英〕沃特金·坦奇：《澳洲拓殖记》，刘秉仁译，北京：商务印书馆，2008。

〔英〕约翰·洛克：《政府论》，杨思派译，北京：中国社会科学出版社，2009。

〔英〕詹姆斯·马亚尔：《世界政治》，胡雨潭译，南京：江苏人民出版社，2004。

《简明不列颠百科全书》编辑部译编《简明不列颠百科全书》，第3

卷，北京：中国大百科全书出版社，1985。

《简明不列颠百科全书》编辑部译编《简明不列颠百科全书》，第 9 卷，北京：中国大百科全书出版社，1986。

爱弥尔·涂尔干：《宗教生活的基本形式》，渠东、汲喆译，上海：上海人民出版社，1999。

杜学增：《澳大利亚语言与文化》，北京：外语教学与研究出版社，2000。

黄源深、陈弘：《当代澳大利亚社会》，上海：华东师范大学出版社，1991。

姜天明：《澳大利亚联邦史略》，沈阳：辽宁大学出版社，2000。

刘丽君：《澳大利亚文化史稿》，汕头：汕头大学出版社，1998。

骆介子：《澳大利亚建国史》，北京：商务印书馆，1991。

倪卫红、沈江帆：《澳大利亚历史 1788～1942 年》，北京：北京出版社，1992。

阮西湖：《澳大利亚民族志》，北京：民族出版社，2004。

沈永兴、张秋生、高国荣编著《澳大利亚》，北京：社会科学文献出版社，2003。

石发林：《澳大利亚土著人研究》，成都：四川大学出版社，2010。

田森：《大洋洲探秘——澳新社会透视》，杭州：浙江人民出版社，1998。

王宇博、汪诗明、朱建君：《世界现代化历程》（大洋洲卷），南京：江苏人民出版社，2012。

王宇博：《澳大利亚——在移植中再生》，成都：四川人民出版社，2000。

夏继果、〔美〕杰里·H. 本特利主编《全球史读本》，北京：北京大学出版社，2010。

张天：《澳洲史》，北京：社会科学文献出版社，1996。

郑寅达、费佩君：《澳大利亚史》，上海：华东师范大学出版社，1991。

朱锋：《人权与国际关系》，北京：北京大学出版社，2000。

（2）**论文**

陈正发：《澳大利亚土著文学创作中的政治》，《外国文学》2007 年第 4 期。

褚　颖：《文学背后：〈漫漫回家路〉的文化教育目的》，《时代文学》（下半月）2010 年第 1 期。

杜学增：《澳大利亚语言的多样性》，《西华大学学报》（哲学社会科学版）2009 年第 1 期。

房建军：《澳洲土著语言政策规划研析》，《语言学刊》2012 年第 7 期。

顾维琳：《澳大利亚土著文化与艺术》，《南通大学学报》2011 年第 5 期。

韩　蕾：《澳大利亚英语中土著借词的文化解析》，《科技信息》2011 年第 3 期。

何琳琳：《澳大利亚土著人经济发展现状与发展空间》，《东方企业文化》2011 年第 12 期。

贺淑娟：《试析陆克文向土著人道歉的原因及其历史影响》，《黑龙江社会科学》2009 年第 4 期。

黎海波、魏晓燕：《澳大利亚的土著教育措施》，《贵州教育》2007 年第 10 期。

刘丽君：《澳大利亚土著文化及其滞后原因》，《汕头大学学报》（人文科学版）1997 年第 6 期。

刘丽君：《澳大利亚英语的地域特征》，《汕头大学学报》2001 年第 1 期。

刘丽莉：《澳大利亚土著民族高等教育战略计划概述》，《世界教育信息》2010 年第 7 期。

刘萍：《多丽丝·皮金顿的〈沿着防兔篱笆〉之解读》，《长春师范学院学报》（人文社会科学版）2008 年第 11 期。

刘晓燕：《澳大利亚土著人，历史变迁与发展》，《内蒙古大学学报》（人文社会科学版）1998 年第 5 期。

刘雪英：《澳大利亚土著人的宗教文化》，《兰州交通大学学报》2009 年第 2 期。

陆怀武：《澳大利亚英语的特点》，《常州信息职业技术学院学报》2002 年第 2 期。

罗文彦：《从"被偷走的一代"看澳大利亚同化政策的失败》，《西华大学学报》（哲学社会科学版）2009 年第 4 期。

阮西湖：《澳大利亚联邦政府土著居民的政策》，《民族研究》1987

年第 4 期。

阮西湖：《澳大利亚土著居民考察记》，《社会科学战线》1987 年第 4 期。

唐嘉燕：《澳大利亚土著人的悲惨命运》，《国际展望》1992 年第 2 期。

汪诗明：《"马宝裁定"与澳大利亚土著土地权立法》，《历史研究》2019 年第 2 期。

汪诗明：《澳大利亚陆克文政府向土著居民致歉的原因探析》，《徐州师范大学学报》2009 年第 1 期。

汪诗明：《澳大利亚政府的政治道歉与种族和解进程》，《华东师范大学学报》（哲学社会科学版）2011 年第 4 期。

汪诗明：《陆克文政府支持〈土著人民权利宣言〉原因探析》，《太平洋学报》2009 年第 9 期。

汪诗明：《论〈兰杰协定〉的签署》，《华东师范大学学报》（哲学社会科学版）2016 年第 5 期。

汪诗明：《论澳大利亚支持〈土著人民权利宣言〉的历史影响》《学海》2010 年第 4 期。

汪诗明：《论鲍勃·霍克政府对土著监禁致死的调查》，《苏州大学学报》（哲学社会科学版）2016 年第 5 期。

汪诗明、王艳芬：《1920—1960 年代澳大利亚土著争取公民权的运动》，《史学月刊》2013 年第 10 期。

王建平：《澳大利亚的宗教信仰与礼仪概貌》，《世界宗教文化》2005 年第 3 期。

王艳芬：《澳大利亚宗教的特征》，《苏州铁道师范学院学报》（社会科学版）2001 年第 3 期。

王振宇、袁静：《从小说〈库娜图〉探究澳洲土著文化》，《商丘职业技术学院学报》2008 年第 4 期。

吴新智、魏锡云：《中国人与澳大利亚人的颏孔高度》，《人类学学报》1986 年第 2 期。

武　竞：《发出自己的声音——澳大利亚土著女作家创作发展历程》，《理论界》2011 年第 9 期。

杨洪贵：《澳大利亚对混血土著的"血统改造"》，《历史研究》2013

年第 3 期。

杨洪贵：《论澳大利亚土著人的同化政策》，《世界民族》2003 年第 6 期。

张海榕、杨金才：《〈漫漫回家路〉的互文性解读》，《外语与外语教学》2007 年第 4 期。

张建新：《澳洲土著社会非行政性秩序的建构》，《湛江师范学院学报》1998 年第 1 期。

张建新：《谁应为塔斯马尼亚土著的灭绝负责》，《世界民族》1999 年第 3 期。

张秋生：《澳大利亚土著人的历史与现状》，《世界知识》1993 年第 13 期。

张小华：《中国历史上的太平洋人种》，《学术研究》1984 年第 4 期。

周学军：《澳大利亚对土著居民政策的演变》，《世界历史》1993 年第 6 期。

（二）英文文献

（Ⅰ） Books

A. Booth and N. Carroll, *The Health Status of Indigenous and Non-indigenous Australians*, Canberra: Centre for Economic Policy Research, ANU, 2005.

A. E. Woodward, *Land Rights Commission, First and Second Report*, Canberra: Australian Government Publishing Service, 1973, 1974.

A. Haebich, *Broken Circles: Fragmenting Indigenous Families 1800 − 2000*, Perth: Fremantle Arts Centre Press, 2000.

A. Heatley, *Almost Australians: The Politics of Northern Territory Self-Government*, Canberra: Australian National University, 1990.

A. Johnston & S. Needham, *Protection of the Environment near the Ranger Uranium Mine*, Canberra, 1998.

A. T. Yarwood (ed.), *Attitudes to Non-European Immigration*, Melbourne: Cassell Australia Limited, 1968.

A. T. Yarwood, M. J. Knowling, *Race Relations in Australia-A History*, Melbourne: Methuen Australia Pty Ltd., 1982.

A. Wimmer (ed.), *Australian Nationalism Reconsidered: Maintaining a*

Monocultural Tradition in a Multicultural Society, Tübingen: Stauffenberg Verlag, 1999.

Aboriginal and Torres Strait Islander Commission, *What is ATSIC?* Canberra: ATSIC, 1994.

Adam Jamrozik, et al, *Social Change and Cultural Transformation in Australia*, Cambridge: Cambridge University Press, 1995.

Alan Powell, *Far Country, A Short History of the Northern Territory*, Melbourne: Melbourne University Press, 1988.

Alan Reid, *The Whitlam Venture*, Melbourne: Hill of Content Publishing Company Pty Ltd, 1976.

Alice Cawte, *Atomic Australia 1944 – 1990*, Sydney: University of New South Wales Press Ltd. , 1992.

Allan Patience and Brian Head (eds.), *From Whitlam to Fraser-Reform and Reaction in Australian Politics*, Melbourne: Oxford University Press, 1979.

Amnesty International, *A Criminal Justice System Weighted against Aboriginal People*, London: International Secretariat, 1993.

Andrew Markus, *Governing Savages*, Sydney: Allen & Unwin, 1990.

Annie E. Coombes (ed.), *Rethinking Settler Colonialism-History and Memory in Australia, Canada, Aotearoa New Zealand and South Africa*, Manchester: Manchester University Press, 2006.

Australian Mining Industry Council, *Aboriginal Land Rights: The Need for a National Consensus*, Canberra, 1981.

Australian Reconciliation Convention, *The Path to Reconciliation: Renewal of the Nation*, Canberra: Australian Government Publishing Service, 1997.

B. Gammage and P. Spearitt (eds.), *Australians 1938*, Sydney: Fairfax, Syme & Weldon, 1987.

B. Mckay (ed.), *Unmasking Whiteness: Race Relations and Reconciliation*, Brisbane: Queensland Studies Centre Griffith University, 1999.

Bain Attwood and Andrew Markus, *The Struggles for Aboriginal Rigths-A Documentary History*, Sydney: Allen & Unwin, 1999.

Bain Attwood and Fiona Magowan (eds.), *Telling Stories-Indigenous History and Memory in Australia and New Zealand*, Sydney: Allen & Unwin,

2001.

Bain Attwood, *The Making of the Aborigines*, Sydney: Allen & Unwin, 1989.

Bob Hawke, *The Hawke Memoirs*, Melbourne: William Heinemann Australia, 1994.

Brian Murphy, *The Other Australia-Experiences of Migration*, Cambridge: Cambridge University Press, 1993.

C. Bird (ed.), *The Stolen Children: Their Stories*, Sydney: Random House, 1998.

C. Cunneen and T. Libesman, *Indigenous People and the Law in Australia*, Sydney: Butterworths, 1995.

C. D. Rowley, *Destruction of Aboriginal Society*, Sydney: Penguin, 1970.

C. Summer (ed.), *Crime, Justice and Underdevelopment*, London: Heinemann, 1982.

C. Tatz (ed.), *Black Viewpoints: The Aboriginal Experience*, Sydney: Australia & New Zealand Book Co. , 1975.

Chris Cunneen, *Conflict, Politics and Crime-Aboriginal Communities and the Police*, Sydney: Allen & Unwin, 2001.

Christine Choo, *Mission Girls-Aboriginal Women on Catholic Missions in the Kimberley, Western Australia, 1900 − 1950*, Crawley: University of Western Australia Press, 2001.

Christine Fletcher (ed.), *Aboriginal Self-Determination in Australia*, Canberra: Aboriginal Studies Press, 1994.

Christine Jennett and Randal G. Stewart (eds.), *Hawke and Australian Public Policy*, Melbourne: Macmillan, 1990.

Christobel Mattingley and Ken Hampton (eds.), *Survival in Our Own Land*, 2nd edition, Sydney: Hodder and Stoughton, 1992.

Ciaran O'Faircheallaigh, *A New Approach to Policy Evaluation-Mining and Indigenous People*, Aldershot: Ashgate Publishing Limited, 2002.

Clive Hamilton and Sarah Maddison (eds.), *Silencing Dissent-How the Australian Government is Controlling Public Opinion and Stifling Debate*, Sydney: Allen & Unwin, 2007.

Craig McGregor, *Profile of Australia*, London: Hodder and Stoughton, 1966.

D. May, *Aboriginal Labor and the Cattle Industry: Queensland from White Settlement to the Present*, Cambridge: Cambridge University Press, 1994.

Damien Short, *Reconciliation and Colonial Power-Indigenous Rights in Australia*, Aldershot: Ashgate Publishing Limited, 2008.

David B. MacDonald, *Idenity Politics in the Age of Genocide-The Holocaust and Historical Representation*, New York: Routledge, 2008.

David Davies, *The Last of the Tasmanians*, London: Frederick Muller Limited, 1973.

David Day, *Claiming a Continent*, Sydney: Angus & Robertson, 1996.

David Horton (ed.), *Encyclopaedia of Aboriginal Australia*, Canberra: Aboriginal Studies Press, 1994.

David Krech, Richard S. Crutchfield, *Elements of Psychology*, New York: Knopf, 1958.

David Marr, *Panic: Terror! Invasion! Disorder! Drugs! Kids! Blacks! Boats!* Collingwood: Schwartz Media Pty Ltd., 2001.

David McKnight, *From Hunting to Drinking-The Devastating Effects of Alcohol on an Australian Aboriginal Community*, London: Routledge, 2002.

David T. Wellman, *Portraits of White Racism*, Cambridge: Cambridge University Press, 1993.

Dean Jaensch, *The Hawke-Keating Hijack*, Sydney: Allen & Unwin, 1989.

Dennis Woodward, Andrew Parkin and John Summers (eds.), *Government Politics Power & Policy in Australia*, Melbourne: Longman, 1997.

Derek McDougall, *Australian Foreign Relations-Entering the 21st Century*, Frenchs Forest: Pearson Education Australia, 2009.

Dominic O'Sullivan, *Faith, Politics and Reconciliation-Catholicism and the Politics of Indigeneity*, New Zealand: Huia Publishers, 2005.

Don Grant and Graham Seal (eds.), *Australia in the World-Perceptions and Possibilities*, Perth: Black Swan Press, 1994.

Doug Cocks, *People Policy-Australia's Population Choices*, Sydney:

University of New South Wales Press Ltd. , 1996.

Duncan Ivison, Paul Patton and Will Sanders (eds.), *Political Theory and the Rights of Indigenous Peoples*, Cambridge: Cambridge University Press, 2004.

E. Dunning (ed.), *The Sociology of Sport*, London: Frank Cass, 1971.

Elizabeth A. Povinelli, *Labor's Lot-The Power, History and Culture of Aboriginal Action*, Chicago: The University of Chicago Press, 1993.

Erik Paul, *Australia in Southeast Asia-Regionalisation and Democracy*, Copenhagen: Nordic Institute of Asian Studies, 1998.

F. Brennan, *One Land, One Nation: Mabo-Towards 2001*, St. Lucia: University of Queensland Press, 1995.

F. Gale, R. Bailey-Harris and J. Wundersitz, *Aboriginal Youth and the Criminal Justice System*, Melbourne: Cambridge University Press, 1990.

F. K. Crowley (ed.), *Modern Australia in Documents 1939 - 1970*, Vol. 2, Melbourne: Wren Publishing Pty Ltd, 1973.

F. Lancaster Jones, *The Structure and Growth of Australia's Aboriginal Population*, Canberra: Australian National University Press, 1970.

F. S. Stevens (ed.), *Racism: The Australian Experience-A Study of Race Prejudice in Australia*, Vol. 1, *Prejudice and Xenophobia*, Sydney: Australia and New Zealand Book Company, 1971.

Fay Gale, *Urban Aborigines*, Canberra: Australian National University Press, 1972.

Frank Brennan, *Sharing the Country: The Case for Agreement between Black and White Australians*, Ringwood: Penguin Books, 1991.

G. F. Gale and A. Brookman (eds.) *Race Relations in Australia-The Aborigines*, Sydney: McGraw-Hill, 1975.

Galarrwuy Yunupingu (ed.), *Our Land is Our Life: Land Rights, Past, Present and Future*, St. Lucia: University of Queensland Press, 1997.

Geoffrey Stokes (ed.), *The Politics of Identity in Australia*, Cambridge: Cambridge University Press, 1997.

George Manuel and Michael Posluns, *The Fourth World*, Toronto: Collier-Macmillan, 1974.

Getano Lui, *Planning Our Future: Corporate Plan, 1994 - 95*, Thursday Island: Torres Strait Regional Authority, 1995.

Gillian Cowlishaw, *Black, White or Brindle-Race in Rural Australia*, Cambridge: Cambridge University Press, 1988.

Gordon Greenwood, *Approches to Asia: Australian Postwar Policies and Attitudes*, Sydney: Mcgram-Hill Book Company, 1974.

Gough Whitlam, *The Whitlam Government 1972 - 1975*, Melbourne: Penguin Books Australia Ltd, 1985.

Graeme Aplin, S. G. Foster and Michael Mckernan (eds.), *Australians: Events and Places*, Broadway: Fairfax, Syme and Weldon Associates, 1987.

Graeme Neate, *Aboriginal Land Rights Law in the Northern Territory, Vol. 1*, Chippendale: Alternative Publishing Cooperative Ltd. , 1989.

Graham Maddox, *The Howke Government and Labor Tradition*, Ringwood: Penguin Books, 1989.

Gregory Pemberton, *All the Way: Australia's Road to Vietnam*, Sydney: Allen & Unwin, 1987.

H. Arendt, *The Human Condition*, Chicago: University of Chicago Press, 1958.

H. C. Coombs, *Aboriginal Autonomy: Issues and Strategies*, Cambridge: Cambridge University Press, 1994.

H. C. Coombs, *The Role of the National Aboriginal Conference*, Canberra: Australian Government Publishing Service, 1984.

Haig Patapan, *Judging Democracy: The New Politics of the High Court of Australia*, Cambridge: Cambridge University Press, 2000.

Harold Love (ed.) *The Australian Stage*, Sydney: University of New South Wales Press Ltd. , 1984.

Harry Gordon, *An Eyewitness History of Australia*, Sydney: Rigby Limited, 1976.

Heather Goodall, *Invasion to Embassay: Land in Aboriginal Politics in New South Wales, 1770 -1972*, Sydney: Allen & Unwin, 1996.

Henry Reynolds, *Aboriginal Sovereignty*, Sydney: Allen & Unwin, 1996.

Henry Reynolds, *An Indelible Stain?* London: Viking, 2001.

Henry Reynolds, *Dispossession-Black Australians and White Invaders*, Sydney: Allen & Unwin, 1989.

Henry Reynolds, *The Other Side of the Frontier*, Ringwood: Penguin, 1982.

Henry Reynolds, *Why were't We Told? A Personal Search for the Truth about Our History*, Ringwood: Viking, 1999.

Henry Reynolds, *With the White People*, Ringwood: Penguin Books, 1990.

HEROC, *Bringing Them Home: Report of the National Inquiry into the Separation of Aboriginal and Torres Strait Islander Children From Their Families*, Sydney, 1997.

HREOC, *Longing to Return Home...: Information for People Giving Submissions to the National Inquiry into the Separation of Aboriginal and Torres Strait Islander Children from Their Families*, Sydney, 1996.

Hugh Emy, Owen Hughes and Race Mathews (eds.), *Whitlam Revisited: Policy Development, Policies and Outcomes*, Leichhardt: Pluto Press Australia Limited, 1993.

I. Moores, *Voices of Aboriginal Australia: Past, Present, Future*, Springwood: Butterfly Books, 1994.

Ian Brownlie, Q. C. , *Treaties and Indigenous Peoples*, Oxford: Oxford University Press, 1992.

J. Anaya, *Indigenous Peoples in International Law*, New York: Oxford University Press, 1996.

J. Brook and J. L. Kohen, *The Parramatta Institution and the Black Town: A History*, Sydney: University of New South Wales Press Ltd. , 1991.

J. E. Findling, K. D. Pelle (eds.), *Historical Dictionary of the Modern Olympic Movement*, London: Greenwood Press, 1996.

J. J. Fletcher, *Clean, Clad and Courteous: A History of Aboriginal Education in New South Wales*, Sydney: Southwood Press, 1989.

J. P. Lederach, *Sustainable Reconciliation in Divided Societies*, Washington DC: United States Institute of Peace Press, 1999.

J. Pilger, *Hidden Agendas*, London: Vintage, 1998.

J. Sissons, *First Peoples*; *Indigenous Cultures and Their Futures*, London: Reaktion Books, 2005.

James Cotton and John Ravenhill (eds.), *Seeking Asian Engagement-Australia in World Affairs*, *1991 － 1995*, Melbourne: Oxford University Press, 1997.

James Jupp (ed.), *The Australian People: An Encyclopedia of the Nation, Its People and Their Origins*, Cambridge: Cambridge University Press, 2001.

James Walter and Paul Strangio, *No*, *Prime Minister: Reclaiming Politics from Leaders*, Sydney: University of New South Wales Press Ltd. , 2007.

Janeen Webb and Andrew Enstice, *Aliens and Savages*, *Fiction*, *Politics and Prejudice in Australia*, Sydney: Harper Collins, 1998.

Jean Martin, *The Ethnic Dimension*, Sydney: Allen & Unwin, 1981.

Jennifer Sabbioni, Kay Schaffer and Sidonie Smith (eds.), *Indigenous Australian Voices: A Reader*, New Jersey: Rutgers Unversity Press, 1998.

Jenny Hocking and Colleen Lewis (eds.), *It's Time Again-Whitlam and Modern Labor*, Melbourne: Melbourne Publishing Group, 2003.

Jeremy Beckett, *Torres Strait Islanders: Custom and Colonialism*, Cambridge: Cambridge University Press, 1987.

Jesse Russell and Ronald Cohn, *Aboriginal Tent Embassy*, Edinburgh: Lennex Corp Press, 2012.

John Chesterman and Brian Galligan, *Citizens Without Rights: Aborigines and Australian Citizenship*, Cambridge: Cambridge University Press, 1997.

John Docker and Gerhard Fisher (eds.), *Race*, *Colour and Identity in Australia and New Zealand*, Sydney: University of New South Wales Press Ltd. , 2000.

John Howard, *Lazarus Rising—A Personal and Political Autobiography*, Sydney: Harper Publishers Australia Pty Ltd. , 2013.

John Maynard, *Fight for Liberty and Freedom-The Origins of Australian Aboriginal Activism*, Canberra: Aboriginal Studies Press, 2007.

John Molony, *History of Australia-The Story of 200 Years*, Ringwood: Penguin Books Australia Ltd. , 1987.

Judith Pryor, *Constitutions-Writing Nations*, *Reading Difference*, New York: Birkbeck Law Press, 2008.

Julia Gillard, *My Story*, Sydney: Penguin Random House Australia Pty Ltd. , 2015.

Justin Macdonnell, *Arts, Minister: Government Policy & the Arts*, Sydney: Currency Press, 1992.

Keith McConnochie, David Hollinsworth and Jan Pettman, *Race and Racism in Australia*, Wentworth Falls: Social Science Press Australia, 1988.

Kenneth Maddock, *Your Land is Our Land: Aboriginal Land Rights*, Ringwood: Victoria Penguin Books, 1983.

Kevin Gilbert, *Because A White Man' ll Never Do It*, Sydney: Angus and Robertson, 1973.

L. Broom and F. L. Jones, *A Blanket A Year*, Canberra: Australian National University Press, 1973.

Laksiri Jayasuriya, et al (eds.), *Legacies of White Australia: Race, Culture and Nation*, Crawley: University of Western Australia Press, 2003.

Laura Beacroft, Kelly Richard, Hannah Andrevski, and Lisa Rosevear, *Community Night Patrols in the Northern Territory: Toward an Improved Performance and Reporting Framework*, Canberra: The Australian Institute of Crimirology, 2011.

Livio Dobrez (ed.), *Identifying Australia in Postmodern Times*, Canberra: Australian National University, 1994.

Lois O'Donoghue, *One Nation: Promise or Paradox?* Speech at the National Press Club, Canberra: ATSIC, 1992.

Kevin Rudd, *The PM Years*, Sydrey: Pan Macmillan Australia Pty Ltd. , 2018.

Lynne Hume, *Ancestral Power-The Dreaming, Consciousness, and Aboriginal Australians*, Melbourne: Melbourne University Press, 2002.

M. Bachelard, *The Great Land Grab*, Melbourne: Hyland House, 1997.

M. Clark, *The History of Australia*, Westport: Greenwood Press, 2002.

M. Dodson, *Aboriginal and Torres Strait Islander Social Justice Commissioner First Annual Report*, Sydney: The Human Rights and Equal Opportunity Commission, 1993.

M. Grattan (ed.), *Essays on Australian Reconciliation*, Melbourne: Bookman

Press, 2000.

M. Minow, *Between Vengeance and Forgiveness: Facing History after Genocide and Mass Violence*, Boston: Beacon Press, 1998.

M. Sawer, *Public Perceptions of Multiculturalism*, Canberra: Australian National University, 1990.

Malcolm Fraser, *Common Ground-Issues That Should Bind and Not Divide Us*, Toronto: Penguin Books, 2003.

Margaret Ann, *Black and White Australians*, Melbourne: Heinemann, 1976.

Margaret Bowman & Michelle Grattan, *Reformers-Shaping Australian Soceity from the 60s to the 80s*, Melbourne: Collins Dove, 1989.

Margaret Kerr, *The Surveyors-the Story of the Founding of Darwin*, Adelaide: Rigby Ltd, 1971.

Margarita Bowen (ed.), *Australia 2000: the Ethnic Impact*, Armidale: University of New England Publishing Unit, 1976.

Mark Lopez, *The Origins of Multiculturalism in Australian Politics 1945 - 1975*, Melbourne: Melbourne University Press, 2000.

Martin Crotty and David Andrew Roberts (eds.), *The Great Mistakes of Australian History*, Sydney: University of New South Wales Press Ltd. , 2006.

Maryrose Casey, *Creating Frames-Contemporary Indigenous Theatre 1967 - 1990*, St. Lucia: University of Queensland Press, 2004.

Max Griffiths, *Aboriginal Affairs-A Short History*, Kenthurst: Kangaroo Press Pty Ltd, 1995.

Michael Eller, *Human Rights Legislation and the Educational Administrator: An Australian Case Study*, Darwin: Australian Council for Education Administration National Conference, 1992.

Michael Gordon, *Reconciliation-A Journey*, Sydney: University of New South Wales Press Ltd. , 2001.

Michael Leach, Geoffrey Stokes and Ian Ward (eds.), *The Rise and Fall of One Nation*, St. Lucia: University of Queensland Press, 2000.

Michelle Grattan (ed.), *Australian Prime Ministers*, Chatswood: New Holland, 2000.

Murray Goot and Tim Rouse（eds.），*Make a Better Offer：The Politics of Mabo*，Leichhardt：Pluto Press，1994.

N. Chomsky，*Profits over People：Neoliberalism and the Global Order*，New York：Seven Stories Press，1999.

N. G. Butlin，*Economics and the Dreamtime-A Hypothetical History*，Cambridge：The University of Cambridge，1993.

Nicholas Tavuchis and Mea Culpa，*A Sociology of Apology and Reconciliation*，Standford：Standford University Press，1991.

Nicholas Thomas（ed.），*Re-orienting Australia-China Relations 1972 to the Present*，Aldershot：Ashgate Publishing Company，2004.

Nick Cater（ed.），*The Howard Factor-A Decade That Transformed the Nation*，Melbourne：Melbourne University Press，2006.

Nicolas Peterson and Will Sanders（eds.），*Citizenship and Indigenous Australians-Changing Conceptions and Possibilities*，Cambridge：Cambridge University Press，1998.

Noel Gazenave，*The Urban Racial State：Managing Relations in American Cities*，Lanham：Rowmon & Lifflefield Publishers，2011.

Noel Loos and Koiki Mabo，*Edward Koiki Mabo：His Life and Struggle for Land Rights*，St. Lucia：University of Queensland Press，1996.

Nonie Sharp，*No Ordinary Judgement*，Canberra：Aboriginal Studies Press，1996.

P. Alston and M. Chiam（eds.），*Treaty-Making and Australia-Globalisation versus Sovereignty?* Sydney：Federation Press，1995.

P. Alston（ed.），*Towards an Australian Bill of Rights*，Sydney：Human Rights and Equal Opportunity Commission，1994.

P. Clark，*Where the Ancestors Walked：Australia as an Aboriginal Landscape*，Sydney：Allen & Unwin，2003.

P. J. Nixon，*Land and the Aborigines of the Northern Territory*，Canberra：Department of the Interior，1971.

P. Knightley，*Australia：A Biography of a Nation*，London：Jonathan Cape，2000.

P. Nathan，*A Home away from Home：A Study of the Aboriginal Health Service in Fitzroy*, *Victoria*, Bundoora: Preston Institute of Technology, 1980.

P. Statham (ed.), *The Origins of Australia's Capital Cities*, Melbourne: Cambridge University Press, 1989.

P. Toyne and D. Vachon, *Growing up the Country*, Melbourne: Penguin, 1984.

P. Weller, *Malcolm Fraser PM: A Study in Prime Ministerial Power in Australia*, Ringwood: Penguin, 1989.

Patrick Sullivan (ed.), *Shooting the Banker*, *Essays on ATSIC and Self-Determination*, Darwin: North Australia Research Unit, 1996.

Paul Hasluck, *The Chance of Politics*, Melbourne: The Text Publishing Company, 1997.

Paul Kauffman, *Wik*, *Mining and Aborigines*, St. Leonard's: Allen & Unwin, 1998.

Peggy Brook (ed.), *Words and Silences-Aboriginal Women*, *Politics and Land*, Sydney: Allen & Unwin, 2001.

Peter H. Russell, *Recognizing Aboriginal Title-The Mabo Case and Indigenous Resistance to English-Settler Colonialism*, Toronto: University of Toronto Press Incorporated, 2005.

Peter Hanks and Bryan Keon-Cohen (eds.), *Aborigines and the Law: Essays in Memory of Elizabeth Eggleston*, Sydney: Allen & Unwin, 1984.

Peter J. Brain, Rhonda L. Smith, Gerard P. Schuyers, *Population*, *Immigration and the Australian Economy*, London: Croom Helm, 1979.

Peter Read, *A Rape of the Soul so Profound-The Return of the Stolen Generation*, Sydney: Allen & Unwin, 1999.

Peter Read, *Charles Perkins: A Biography*, Ringwood: Penguin, 2001.

Phillip Knightley, *Australia-A Biography of a Nation*, London: Jonathan Cape, 2000.

R. I. Roteberg and D. Thompson (eds.), *Truth v Justice: The Morality of Truth Commissions*, Princeton: Princeton University Press, 2000.

R. Kidd, *The Way We Civilise*, St. Lucia: University of Queensland Press, 1997.

R. M. Berndt (ed.), *Aborigines and Change*, New Jersey: Humanities

Press, 1977.

R. Neill, *White Out: How Politics is Killing Black Australia*, Sydney: Allen & Unwin, 2002.

R. W. Fox, et al. , *Ranger Uranium Environmental Inquiry Second Report*, Canberra: Australian Government Publishing Service, 1977.

Race Discrimination Commissioner, Human Rights and Equal Opportunity Commission, *Battles Small and Great-The First Twenty Years of the Racial Discrimination Act*, Canberra: Australian Government Publishing Service, 1995.

Richard Bartlett, *Native Title in Australia*, Sydney: Butterworths, 2000.

Richard Bartlett, *The Mabo Decision*, Sydney: Butterworths, 1993.

Richard Broome, *Aboriginal Australians: A History Since 1778*, Sydney: Allen & Unwin, 2010.

Richard Broome, *Aboriginal Australians-Black Response to White Dominance 1788 – 1980*, Sydney: Allen & Unwin, 1982.

Richard H. Bartlett, Gary D. Meyers (eds.), *Native Title Legislation in Australia*, Perth: Centre for Commercial and Resources Law, University of Western Australia and Murdoch University, 1994.

Richard Mulgan, *Democracy and Power in New Zealand*, Aucland: Oxford University Press, 1999.

Richard Nile (ed.), *Immigration and the Politics of Ethnicity and Race in Australia and Britain*, Carlton: The Bureau of Immigration Research, 1991.

Richard W. Baker (ed.), *Australia, New Zealand and the United States-International Change and Alliance Relations in the ANZUS States*, New York: Praeger Publishers, 1991.

Robert J. Miller, et al. , *Discovering Indigenous Lands-The Doctrine of Discovery in the English Colonies*, Oxford: Oxford University Press, 2010.

Robert Manne (ed.), *The Howard Years*, Melbourne: An Imprint of Schwartz Publishing, 2004.

Robert Manne, *The Australian Quarterly Essay-In Denial: the Stolen Generations and the Right*, Melbourne: Schwartz Publishing, 2001.

Robert Tickner, *Taking a Stand: Land Rights to Reconciliation*, Sydney: Allen & Unwin, 2001.

Roderic Alley, *The Domestic Politics of International Relations*, Aldershot: Ashgate Publishing Limited, 2000.

Rodney Sullivan, et al. (eds.), *Education For Australia's International Future*, Townsville: James Cook University, 1998.

Roger Maaka and Augie Fleras, *The Politics of Indigeneity-Challenging the State in Canada and Aotearoa New Zealand*, Dunedin: University of Otago Press, 2005.

Ronald Taft, John L. M. Dawson and Pamela Beasley (eds.), *Attitudes and Social Conditions*, Canberra: ANUP, 1975.

Russel Ward, *A Nation for a Continent: the History of Australia 1901 - 1975*, Richmond: Heinemann Educational Australia Pty Ltd., 1977.

Russell Trood and Deborah McNamara (eds.), *The Asia-Australia Survey 1994*, Melbourne: Macmillan Education Australia Pty Ltd, 1994.

S. Cohen, *States of Denial: Knowing about Atrocities and Suffering*, Cambridge: Polity, 2001.

S. Morgan, *Echoes of the Past: Sister Kate's Home Revisited*, Perth: University of Western Australia, 2002.

S. Pritchard (ed.), *Indigenous Peoples, the United Nations and Human Rights*, Sydney: Zed Books/Federation Press, 1998.

S. Stone (ed.), *Aborigines in White Australia*, Melbourne: Heinemann Educational Books, 1974.

Scott Bennett, *Aborigines and Political Power*, Sydney: Allen & Unwin, 1989.

Scott Bennett, *White Politics and Black Australians*, Sydney: Allen & Unwin, 1999.

Simon Marginson, *Educating Australia: Government, Economy and Citizen since 1960*, Cambridge: Cambridge University Press, 1997.

Simon Young, *The Trouble with Tradition-Native Title and Cultural Change*, Sydney: The Federation Press, 2008.

Stephen Castles, Bill Cope, Mary Kalantzis and Michael Morrissey, *Mistaken Identity-Multiculturalism and the Demise of Nationalism in Australia*, Sydney: Pluto Press, 1988.

Susan Ryan and Troy Bramston (eds.), *The Hawke Government-A Critical*

Retrospectvie, Melbourne: Pluto Press Australia, 2003.

T. W. Adorno, et al., *The Authoritarian Personality*, New York: Harper, 1950.

Terence Ball and Richard Dagger, *Political Ideologies and the Democratic Ideal*, New York: Harper Collins, 1995.

The Immigration Reform Group, *Immigration: Control or Bar? —The Background to ' White Australia ' and A Proposal for Change*, Melbourne: Melbourne University Press, 1960.

Tim Rowse, *Indigenous and Other Australians since 1901*, Sydney: University of New South Wales Press Ltd. , 2017.

Tim Rowse, *Indigenous Futures: Choice and Development for Aboriginal and Islander Australia*, Sydney: University of New South Wales Press Ltd. , 2002.

Tim Rowse, *Obliged to be Difficult: Nugget Coombs' Legacy in Indigenous Affairs*, Cambridge: Cambridge University Press, 2000.

Troy Bramston, *Paul Keating: The Big-Picture Leader*, Brunswick: Scribe Publications, 2016, pp. 488 −513.

V. Burgmann and J. Lee (eds.), *Staining the Wattle: A People's History of Australia since 1788*, Fitzroy: Penguin/McPhee Gribble, 1988.

Vanessa Collingridge, *Documents of Australian History*, Scoresby: Five Mile Press, 2008.

Venturino G. Venturini (ed.), *Australia: A Survey*, Wiesbaden: Otto Harrassowitz, 1970.

Wayne Errington and Peter Van Onselen, *John Winston Howard: the Biography*, Carlton: Melbourne University Press, 2007.

W. Hudson and G. Bolton (eds.), *Creating Australia: Changing Australian History*, St. Leonards: Allen & Unwin, 1997.

W. Stanner, *White Man Got No Dreaming: Essays, 1938 −1973*, Canberra: Australian National University Press, 1979.

William W. Bostock, *Alternatives of Ethnicity-Immigrants and Aborigines in Anglo-Saxon Australia*, Melbourne: Corvus Publishers, 1977.

(Ⅱ) Newspaper, Journals or Magazines

"Racist Scum: Pearson Blasts PM", *The Australian*, 1 − 2 November

1997.

"'Unsightly Thing'-Cavanagh Asked to Retract Comment", *The Canberra Times*, 30th March 1974.

"Aboriginal Body Called Apartheid", *The Sunday Mail*, 15th July 1973.

"Aboriginal Body Gaining Support", *The News*, 7th November 1973.

"Aboriginal Leaders Want Federal Control", *The West Australian*, 12 August 1972.

"Aborigine's Cable Seeks U. N. Inquiry", *The Age*, 27 June, 1963.

"Aborigines Seek Wide Power", *The Herald*, 28th March 1974.

"Aboriginies Losing Patience with Labor: NAC Chief", *The Age*, 12 October, 1984.

"ATSIC Abolished after Bill Passes Parliament", *The Sydney Morning Herald*, March 16, 2005.

"Ban-Breakers Drill Noonkanbah", *The Australian*, 30 August 1980.

"Blacks to Tell China", *The Age*, 17 January 1974.

"Downer Fears Phrase will Spilt Australia", *The Age*, 22 August, 1998.

"Fight at Black 'Embassy' Policy Rip out Tents", *The Herald*, 20 July 1972.

"For Aborigines, by Aborigines", *The Telegraphy*, 19th November 1973.

"Native Open 'Embassy' of Their Own", *The Age*, 28 January 1972.

"On the Road for Black Justice", *The Age*, 11 September, 1986.

"PS Man Hits at Ministers", *The Advertiser*, 17 January 1974.

"Sack Cavanagh, Say Aboriginals", *The Sun*, 15th February 1974.

"Shameful Story of Mapoon", *The Tribune*, 8 April, 1964.

"Tension over Young Black's Death Erupts into Violence", *The Age*, 8 October, 1983.

"Tent Embassy Sparks Brawl", *The Age*, 24 July 1972.

"Text of PM Rudd's 'Sorry' Address", *The Age*, February 13, 2008.

"The Aborigines' Voice", *The Advertiser*, 23rd November, 1973.

"Violence Coming: Perkins", *The Canberra News*, 26 November, 1972.

A. Chancellor, "Pride and Prejudice: Easier Said Than Done", *The Guardian*, 17 January, 1998.

Alissa Macoun, "Aboriginality and the Northern Territory Intervention", *Australian Journal of Political Science*, Vol. 46, No. 3, September 2011.

Bryan A. Keon-Cohen (ed.), "The Mabo Litigation: A Personal and Procedural Account", *Melbourne University Law Review*, Vol. 24, 2000.

Colin Tatz, "The Reconciliation Bargin", *Melbourne Journal of Politics*, 25 (1), 1998.

D. Bird Rose, "Land Rights and Deep Colonising: The Erasure of Momen", *Aboriginal Law Bulletin*, Vol. 3, No. 85, 1996.

Dennis Grube, "The Rhetorical Framing of Policy Intervention", *Australian Journal of Political Science*, Vol. 45, No. 4, December 2010.

D. Marsh and A. McConnell, "Towards a Framework for Establishing Policy Success", *Public Administration*, 88 (2), 2010.

D. Roberts, "Reconciliation and the Mabo-Factor", *Kaurna Journal of Higher Education*, Vol. 4, 1993.

Debra Jopson, "First Compensation Win for the Stolen Generation", *The Age*, October 17, 2008.

Eileen Baldry and Sue Green, "Indigenous Welfare in Australia", *Journal of Societal & Social Policy*, Casa Verde Publishing, Vol. 1, 2002.

Erica-Irene Daes, "An Overview of the History of Indigenous Peoples: Self-Determination and the United Nations", *Cambridge Review of International Affairs*, 21 (1), 2008.

F. Brennan, "ATSIC: Seeking a National Mouthpiece for Local Voices", *Aboriginal Law Bulletin*, Vol. 2, No. 3, 1990.

Frank Devine, "Yes, Cry for the Children", *The Australian*, 2 June 1997.

G. Bird and P. O'Malley, "Kooris, International Colonialism and Social Justice", *Social Justice*, Vol. 16, No. 3, 1990.

Gary Foley, "Tragedy for Another Aboriginal Generation in Waiting", *The Age*, 20 July 1995.

Geoff Clark, "Let the White Heat of Anger Glow Again", *The Sydney Morning Herald*, 18 April, 2001.

Greg Gardiner, "Running for Country: Australian Print Media Representation of Indigenous Athletes in the 27th Olympiad", *Journal of Sport and Social Issues*, 27 (3), 2003.

Harry Hobbs, "Constitutional Recognition and Reform: Developing an Inclusive Australian Citizenship through Treaty", *Australian Journal of Political Science*, Vol. 53, No. 2, 2018.

H. Egerton, "Symposium on 'Training Teachers for Aboriginal Education'", *Education News*, Vol. 15, No. 9, 1976.

Helen Arizell, "Aborigines Get a Foot in Canberra's Door", *The Sydney Morning Herald*, 24th November 1973.

Helen Sham-Ho, "Reconciliation Multicultural Australia", *Migration Action*, Vol. xx, No. 2, 1998.

Henry Reynolds, "Racial Thought in Early Colonial Australia", *Australian Journal of Politics and History*, Vol. 20, No. 1, April 1974.

Ian McIntosh, "Australia at the Crossroads", *Cultural Survival Quarterly*, 24 (4), 1999.

Janet Albrechtson, "A Retrograde Step for Indigenous People", *The Australian*, April 5, 2009.

John Fraser, "Black Australia Votes", *The Sun*, 21st November 1973.

John Howard, "I am an Optimist, but This Optimism cannot be Blind", *The Australian*, May 27, 1997.

John Stone, "Convention is no Way to Reconcile the Past", *The Australian Financial Review*, 5 June 1997.

John Stone, "Fifty Years of Unremitting Failure: Aboriginal Policy since the 1967 Referendum", *Quadrant*, Vol. LXI, No. Ⅱ, November 2017.

Jonathan Pearlman, "Nanna Nungala Fejo Shared Sorrow and Joy with PM", *The Sydney Morning Herald*, February 14, 2008.

Lois Foster and Anne Seitz, "The OMA Survey on Issues in Multicultural Australia", *The Australian Quarterly*, Vol. 62, No. 3, Spring 1990.

Lois O'Donoghue, "Practical Reconciliation: a Dismal Failure", *The Age*, 11 December, 2003.

M. Grattan, "Aborigines Embassy? Down but Their Flag Flying High", *The Age*, 22nd July, 1972.

Mattew Burgess and Reko Rennie, "Tears in Melbourne as PM Delivers

Apology-National", *The Age*, February 13, 2008.

Mich Dodson, "We all Bear the Cost if Apology is not Paid", *The Age*, 18 December 1997.

Michael Gordon, "Nation's 'Wound' Closer to being Healed", *The Sydney Morning Herald*, February 13, 2013.

Michael Lavarch, "Native Title Lessons of '93", *The Sydey Morning Herald*, 21 April 1997.

Natasha Robinson, "PM Tackles 'Unfinished Business' of Referendum", *The Australian*, July 24, 2008.

Noel Cazenave & D. A. Maddern, "Defending the White Race: White Male Faculty Opposition to a 'White Racism' Course", *Race & Society*, 2 (1), 1999.

Northern Land Council, "A New Approach to Closing the Gap", *Land Rights News*, Issue 1, April 2019.

P. P. McGuinness, "Reconciling the Theory and Practice of Apologies", *The Age*, 28 May 1997.

Patricia Karvelas, "Brough not in Indigenous War Cabinet", *The Australian*, April 29, 2008.

Patrick Dodson, "Reconciliation Misunderstood", *The Australian*, 13 September 1996.

Patrick Dodson, "Reconciliation and the High Court's Decision on Native Title", *Aboriginal Law Bulletin*, Vol. 3, No. 61, 1993.

Penelope Debelle and Jo Chandler, "Stolen Generation Payout", *The Age*, August 2, 2007.

Peter Rees, "Aboriginal Council Looks at Its Power", *The Sun*, 28th March 1974.

Philop Coorey, "Building a Nation Together", *The Sydney Morning Herald*, February 14, 2008.

Rhonda Evans Case, "Friends or Foe? The Commonwealth and the Human Rights and Equal opportunity Commission in the Courts", Australian *Journal of Political Science*, Vol. 44, No. 1, March 2009.

Robert Manne, "In Denial: The Stolen Generations and the Right",

Australian Quarterly Essay 1, 2001.

Roderic Pitty and Shannara Smith, "The Indigenous Challenge to Westphalian Sovereignty", *Australian Journal of Political Science*, Vol. 46, No. 1, March 2011.

Ron Brunton, "Foster or Fester?" *The Australian*, 12 −13 October 1996.

Sarah Maddison, "Recognise What? The Limitation of Settler Colonial Constitutional Reform", *Australian Journal of Political Science*, Vol. 52, No. 1, 2016.

Scott Robinson, "The Aboriginal Embassy: An Account of the Protest", *Aboriginal History* 18 (1), 1994.

Sean Brawley, "The Department of Immigration and Abolition of the 'White Australia' Policy Reflected Through the Private Diaries of Sir Peter Heydon", *The Australian Journal of Politics and History*, Vol. 41, No. 3, 1995.

Sean Brennan, Vanessa Bosnjak and George Williams, "Rights-based Reconciliation Needs Renewed Action from Canberra", *Alternative Law Journal*, 28 (3), 2003.

Seth Mydans, "Aborigines Cast a Shadow over Australia Labor Party", *The New York Times*, 26th January, 1988.

Simon Cullen and staff, "Election 2013: Tony Abbot Promises $ 45 Million for Indigenous Training, Employment Scheme", *The Sun*, 18 August 2013.

Stephanie Peatling and Jessica Irvine, "Thanks-but Now Let's Talk Compensation", *The Sydney Morning Herald*, February 14, 2008.

Stephanie Peatling, "Leaders Hope Commitment to Fix Disadvantage will Follow Fast", *The Sydney Morning Herald*, February 14, 2008.

Steve Lewis, "Rudd's Ready for the Risk in Saying 'Sorry'", *The Daily Telegraphy*, January 29, 2008.

Tom Calrna Ao, "Australia Survival Day", *Australian Quarterly*, Vol. 86, No. 1, 2015.

Tony Hill, "A Bold, Black Experiment-Canberra Talks Plant Seeds of Success", *The Herald*, 1st April 1974.

Tony O'Leary, "Aborigines to Elect Own National Body", *The Canberra*

Times, 5th October 1973.

Tony Stephens, "The Last of the White Blindfolds", *The Sydney Morning Herald*, February 14, 2008.

Vern Hughes, "Progress from the Grassroots", *The Australian*, 29 July, 2003.

W. C. Rhoden, "Sports of the Times, a Gold Medal is Big Enough for 2 Nations", *The New York Times*, Septermber 26, 2006.

Yuko Narushima, "Intervention in NT Racist: UN Envoy", *The Age*, February 25, 2010.

Yuko Narushima, Edmund Tadros and Leesha Mckenny, "Relief and Renewed Optimism", *The Sydney Morning Herald*, February 14, 2008.

(Ⅲ) **Official Documents or Archives**

"District Welfare Office, Giles District [Alice Springs]", CA2842, National Archives of Australia.

"Evacuation of Aborigines from Operational Areas in Northern Australia, 1942 –1942", A5954 460/13, National Archives of Australia.

"Northern Territory Acceptance Act 1910 ", A1559/1, 1910/20, National Archives of Australia.

Australian Bureau of Statistics, *Deaths, Australia*, Cat No. 3302. 0. , Canberra: Australian Bureau of Statistics, 2001.

Australian Bureau of Statistics, *Prisoners in Australia*, Cat No. 4517. 0, Canberra: Australian Bureau of Statistics, 2001.

Australian Bureau of Statistics, *The Health and Welfare of Australia's Aboriginal and Torres Strait Islander Peoples*, Canberra: ABC, 1999.

Australian Bureau of Statistics, *Year Book Australia 2002*, Cat No. 1301. 0, Canberra: Australian Bureau of Statistics, 2002.

Australian Bureau of Statistics, *Year Book Australia 2003*, Cat No. 1301. 0, Canberra: Australian Bureau of Statistics, 2003.

Australian Constitutional Commission, *Final Report*, Canberra: Australian Government Publishing Service, 1988.

Australian Ethnic Affairs Council, *Australia as a Multicultural Society*, Canberra: Australian Government Publishing Service, 1977.

Commonwealth of Australia, *Ranger Uranium Environmental Inquiry*, *Second Report*, Canberra: Australian Government Printing Service, 1977.

Commonwealth Parliamentary Debates (*House of Representatives*), *Hansard*, 18 February 1971; 4 November 1971.

Commonwealth Parliamentary Debates (*House of Representatives*), *Hansard*, Vol. 82, February 27, 1973.

Commonwealth Parliamentary Debates (*House of Representatives*), *Hansard*, Vol. 88, 1974.

Commonwealth Parliamentary Debates (*House of Representatives*), *Hansard*, Vol. 89, 1974.

Commonwealth Parliamentary Debates (*House of Representatives*), *Hansard*, Vol. 95, 1975.

Commonwealth Parliamentary Debates (*House of Representatives*), *Hansard*, Vol. 81, 1972.

Commonwealth Parliamentary Debates (*House of Representatives*), *Hansard*, June 4, 1992.

Commonwealth Parliamentary Debates (*The Senate*), *Hansard*, Vol. 562, 1974.

Council for Aboriginal Reconciliation, *Going Forward: Social Justice for the First Australians Summary Version*, Canberra: Australian Government Publishing Service, 1996.

Department of Foreign Affairs and Trade, *Human Rights Manual*, 2nd Edition, Canberra, 1998.

Department of Health and Ageing, *National Strategic Framework for Aboriginal and Torres Strait Islander Health 2003 −2013: Australian Government Implementation Plan 2007 −2013*, Canberra: Commonwealth of Australia, 2007.

E. Johnston, *National Report*, *Vol. 2*, Royal Commission into Aboriginal Deaths in Custody, Canberra: Australian Government Publishing Service, 1991.

House of Representatives Standing Committee on Aboriginal and Torres Strait Islander Affairs, *Our Future*, *Our Selves*, Canberra: Australian Government Publishing Service, 1990.

Human Rights Commission, *Annual Report 1981 −82*, *Vol. 1*, *Report for the Period 10 December 1981 −30 June 1982*, Canberra: Australian Government Publishing Service, 1982.

Matthew Gary and Tony Auld, *Towards an Index of Relative Indigenous Socio-Economic Disadvantage-Discussion Paper No 196/2000*, Canberra: Centre for Aboriginal Economic Policy Research, 2000.

Office of Multicultural Affairs, *Issues in Multicultural Australia, 1988*: *Frequency Tables*, Canberra: Australian Government Publishing Service, 1989.

Office of Multicultural Affairs, *National Agenda for a Multicultural Australia*: *Sharing Our Future*, Canberra: Australian Government Publishing Service, 1989.

"Racial Discrimination Act 1975", No. 52 of 1975, A 1559, 1975/52, National Archives of Australia.

Secretariat to the Committee to Advise on Australia's Immigration Politics, *Understanding Immigration*, Canberra: Australian Government Publishing Service, 1987.

SSCCLA, *Senate Standing Committee on Constitutional and Legal Affairs*: *Two Hundred Years Later*, Canberra: Australian Government Publishing Service, 1983.

Statement by the Prime Minister, the Hon P. J. Keating MP, "Government Response to High Court Decision on Native Title", *Prime Minister*, Canberra, October 27, 1992.

1588 年

麦卡桑·普劳斯（Maccassan Praus）航行至北部领地的东北海岸。土著与麦卡桑人之间的贸易一直持续到 1906 年被南澳大利亚政府叫停。

1770 年

詹姆斯·库克船长在与约克角半岛最北端相望的占领岛上升起一面英国国旗，并且声称占领了澳大利亚整个东部海岸。

1788 年

阿瑟·菲利普船长在悉尼湾升起了一面英国国旗，标志着英国在澳洲的殖民地正式建立。

1799 年

土著在帕拉马塔和霍克斯堡（Hawkesburg）地区开展了抵制殖民者的斗争。

1804 年

英国国旗在范迪门地（塔斯马尼亚）升起两年后，殖民者得到授权去射杀土著居民。

1814 年

拉克伦·麦考瑞总督授命在帕拉马塔建立一个为土著提供教育的机构。1828 年，该机构完全关闭。

1824 年

在新南威尔士的贝塞斯特地区，与土著的冲突成为对白人殖民者的一个严重威胁。殖民者为此颁布战争法。

1830 年

塔斯马尼亚的土著被迫安置在弗林德斯岛，那里的生活条件十分恶劣，有多人死亡。土著后又被迁至开普巴伦岛（Cape Barren Island）。

1834 年

西澳大利亚总督詹姆斯·斯特林率领 25 名骑警去对付袭击白人的土著。官方报告说至少有 14 名土著在平贾拉战役（Battle on Pinjarra）中被枪杀。土著方面的记载是一个部落在那次战役中被杀。

1835 年

约翰·巴特曼试图与土著缔结条约。毛毯和商品被用来交换 250000 公顷的土地。这个与土地最初的占有者缔结的唯一条约，并没有得到殖民当局的认可。

1837 年

英国议会一个特别委员会开始对英国所有殖民地的土著情况进行考查。澳大利亚殖民地因其推行种族屠杀政策而备受指责。出于人道主义考量，该委员会遂建议设立"土著保护官"。

1838 年

在新南威尔士靠近英维雷尔（Inverell）的迈耶尔克瑞克，12 名白人枪杀并焚烧了 28 名土著，其中绝大多数是妇女和儿童。枪杀者中有 7 人于当年 12 月被绞死。这是澳大利亚历史上的第一次。

1840 年

土著澳大利亚人在没有获得"治安法官"的允许下被迫使用火器自卫。

1848 年

新南威尔士警察部队被抽调至昆士兰枪杀土著，并为殖民开拓土地。

1851 年

维多利亚殖民地建立。土著保护局随后建立，且一直运转到 1957 年。

1868 年

有 150 名土著在金伯利因拒捕而被杀。当年由清一色土著澳大利亚人组成的板球队离开澳大利亚前往英国访问交流。这是澳大利亚历史上的首次。

1870 年

一条横越澳洲陆地的电报线将阿德莱德与达尔文联系起来，且将土著的土地一分为二。

1876 年

最后一位被公认为纯血统的塔斯马尼亚土著特鲁伽尼尼（Truganini）辞世。同年在新南威尔士，澳大利亚土著提供的证据首次被法庭所采纳。

1883 年

新南威尔士的"土著保护局"建立，并对约 9000 名土著的生活进行所谓的合法管控。

1888 年

"白澳政策"首次出现在由威廉姆·莱恩（William Lane）主办的一份名叫《布默朗报》（*Boomerang*）的周报上。

1890 年

一位名叫皮金（Pigeon）的土著抵抗战士，在西金伯利宣布对白人入侵者发动战争。六年间，他竭力阻止敌人靠近这片土地。而在新南威尔士，"土著保护局"出台了一个"分离"与"同化"的政策。"土著保护局"无视人权，强行从保留地带走孩子，并对这些孩子进行"再社会化"教育。

1897 年

《土著保护与鸦片销售限制条例（昆士兰）》获得通过。

1901 年

各殖民地组建联合体即联邦，《联邦宪法》颁布。土著澳大利亚人享受不到联邦宪法赋予的权利。

1902 年

《1902 年联邦公民权法》剥夺了土著澳大利亚人在联邦选举中的投票权，除非已经获得州选举权。

1905 年

在西澳大利亚，根据《土著法》，土著"首席保护官"是 16 岁以下土著和混血土著孩子的合法监护人。

1908 年

《伤残及老年人抚恤金条例》（*Invalid and Old Age Pensioner Act*）为一些非土著人提供保障，而土著却被排除在受惠人之外。

1909 年

《联邦防务法》（*Commonwealth Defence Act*）排除了土著澳大利亚人参军的可能性。

1911 年

南澳大利亚的《土著法》授权土著"首席保护官"为 21 岁以下土著和混血土著孩子的合法监护人。1939 年，"首席保护官"被"土著保护局"所取代。1962 年，该州取消了对土著和混血土著孩子的监护权。

1912 年

母亲津贴出台，但土著享受不到此项福利。

1918 年

在北部领地，《土著法规条例》禁止在土著保留地开采矿产。

1928 年

在康尼斯通（Conniston），在一名白人猎犬者被杀之后，白人出于报复杀死了 17 名当地土著居民。但在土著的记录中，遇害者人数达几十位。

1934 年

安赫姆地被宣布为土著保留地。

1938 年

1 月 26 日，在悉尼举行澳大利亚土著会议。

1941 年

《儿童资助条例》（*Children Endowment*）获得通过，但是，游牧的或依附的土著却得不到此项资助。

1942 年

达尔文突遭日军轰炸。很多土著被安置在"管制营"（"control camps"），土著尤其是土著妇女的活动在此受到了诸多限制。在安赫姆地，土著为防御日本人入侵而组成了一个特别巡逻队。

1963 年

7 月，那些受到影响的氏族长老起草了反对在戈夫半岛进行开矿的请愿书。8 月 28 日，该请愿书呈交给联邦议会，但因"签名人数不足"而被视为无效。

1965 年

联邦政府对土著采取了一体化政策。昆士兰的土著最终取得了在州选举中的投票权。

1966 年

北部领地的瓦维山牧场工人，用步行的方式对难以忍受的工作环境和工资待遇低下表示抗议。他们在瓦提埃克里克安营扎寨，并要求返还一部分传统土地。

1970 年

"吉布调查组"（Gibb Inquiry）开始对土著的农业财产状况展开调查。

1971 年

隆肯巴牧场工人举行罢工。拉腊基亚人（Larrakia people）在达尔文的巴戈特路（Bagot Road）举行静坐，对侵占他们土地的行为表示抗议。

1972 年

威特拉姆政府推行土著自决政策。土著在堪培拉国会大厦外建起了"帐篷大使馆"。7 月 14 日"全国土著日"（National Aborigines Day）那天，土著举行了全国范围内的罢工。7 月 20 日，警察强行拆毁帐篷使馆。12 月，威特拉姆政府冻结了所有在联邦土著保留地上的开矿和勘探申请。

1973 年

伍德华德法官发布了他的第一份有关北部领地土著土地权调查报告。同年，根据《国籍与公民法》（*Nationality and Citizenship Act*），澳大利亚人不再是英国的臣民，而是澳大利亚公民。

1975 年

"世界土著民族委员会"（World Council of Indigenous Peoples）成立。澳大利亚建立了土著土地基金，用来从联邦政府手中为澳大利亚境内任何地方的土著合作机构购买土地。

1976 年

联邦议会通过了《土著土地权（北部领地）法》，为约 11000 名土著提供了土地所有权的确认。

1977 年

"全国沙眼和眼睛健康项目"（National Trachoma and Eye Health Program）启动。通过对 6000 名土著的调查，发现有过半数的人患有沙眼。在一些地方，患病比例高达 80%。

1978 年

对侵占和亵渎土著圣地的诉讼做出裁决的《北部领地土著圣地条例》获得通过。"金伯利土地委员会"成立。弗雷泽政府给予北部领地以自治地位。11 月 3 日，"北部土地委员会"与澳大利亚联邦政府签订了《兰杰协定》。

1979 年

"土著发展委员会"成立。

1980 年

"皮特简贾贾拉委员会"向土著事务部长反映：在南澳大利亚瓦拉提纳站（Wallatinna Station）进行的名为"图腾行动"的核试验，可能给当地土著带来了核辐射。

1981 年

《皮特简贾贾拉土地权法》（南澳大利亚）获得通过。

1982 年

一个调查在马拉林加进行核试验的皇家委员会成立。

1983 年

一个由 5 名土著组成的代表团赴日内瓦参加联合国原住民人权工作小组委员会会议。

1984 年

9 月，P. 西曼（P. Seaman）领导的土著土地调查组成立。澳大利亚总理鲍勃·霍克宣布，土著对在北部领地上的矿产开发说"是"或"否"的有限权利将被取消。

1985 年

来自北部领地和其他州的联合土地委员会齐赴联邦议会大厦，对拟议中的北部领地土著土地权法的修改以及霍克政府有关"统一的全国土地权"立法的不适当条款表示抗议。西澳大利亚政府拟订了一项土地权提案，但被州议会上院所否决。

1987 年

北部领地举行选举，投票成为土著的一项义务。

1988 年

成立了调查土著监禁致死的皇家委员会。1988 年"澳大利亚日"，白人庆祝澳大利亚建国 200 周年。而土著澳大利亚人及其支持者举行了大规模的游行示威活动，呼吁人们关注土著的遭遇。

1990 年

由各州和地区所选举的土著代表组成的"土著及托雷斯海峡岛民委员会"成立。

1992 年

澳大利亚高等法院就埃迪·马宝以及其他上诉人的案件做出终裁,推翻了殖民前澳洲属"无主地"的谬论。

1993 年

联合国倡议设立"世界土著民族国际年"。时任总理保罗·基廷在雷迪芬发表了具有历史意义的演讲,承认了过去对待土著的不公。

1995 年

调查"被偷的一代"的工作开始启动。调查发现,成千上万的土著孩子在同化政策下被强行带离他们的家庭和社区,直到 20 世纪 60 年代。这期间,"土著保护官"是所有土著孩子的合法监护人。

1996 年①

约翰·霍华德领导的自由党联盟在联邦大选中获胜。在自由党联盟长达十余年的执政期内,土著民族争取自身权益的运动却屡屡受挫。

---

① 为避免不必要的重复,故土著大事年表截止到 1996 年,此后大事件便纳入种族和解进程大事年表中。

附三
种族和解进程大事年表

1937 年

新南威尔士第一任司法部长萨克塞·班尼斯特（Saxe Bannister）向众议院特别委员会呈交一份报告，提出应与土著缔结条约、土著的土地权利应该得到尊重等主张。

1938 年

1 月，"土著进步协会"宣布将在澳大利亚国庆日那天举行悼念活动，并在悉尼举行第一次土著会议。会议决定向全国发出给予土著澳大利亚人以完全公民权的呼吁。

1948 年

首部《国籍与公民法》在保留英国臣民身份时，给予澳大利亚人以单独的公民权，承认一些土著拥有公民权。

1962 年

联邦投票权扩大到包括所有土著。

1967 年

澳大利亚就修改宪法中有关歧视土著的条款举行了全民公决。结果显示，有超过九成的人赞成赋予联邦政府为土著立法的权力，允许在全国人口统计中将土著人口包括进去。

1971 年

7 月 14 日，哈罗德·托马斯设计的土著旗帜于"全国土著日"首次在阿德莱德上空飘扬。

1972 年

威廉姆·麦克马洪总理发表了一个具有象征意义的演讲，宣布澳大利亚将从同化土著政策中转向。威特拉姆政府建立了"土著事务部",并就推行土著自决政策做出坚定承诺。

1974 年

《土著土地基金条例》（*Aboriginal Land Fund Act*）使得具有法人性质的土著机构能够取得土地利益。

1975 年

澳大利亚联邦参议院一致通过由内维尔·邦纳参议员提出的一个议案,即承认土著人民对这个国家的先占权,并且寻求对他们失去家园的补偿。联邦议会还通过了《种族歧视法》。同年,《国家公园和野生动植物条例》（*National Parks and Wildlife Act*）重申:依照法律,没有什么能够阻止土著继续在传统土地上从事狩猎或采集食物以及举行各种传统仪式和宗教活动（用于出售的土地除外）。

1976 年

弗雷泽政府批准通过了《土著土地权（北部领地）法》,并且开始付诸实施。

1978 年

H. C. 库姆斯发起了与土著澳大利亚人缔结条约的运动。

1979 年

"土著条约委员会"成立。"全国土著会议"呼吁联邦政府与土著缔结条约。土著事务部长弗雷德·钱尼欢迎这一倡议,并且承诺将为全国范围内的磋商进程提供资金支持。

1985 年

乌卢努（Uluru）即艾尔斯岩圣地被归还给传统的所有者。

1986 年

教皇约翰·保罗二世访问了艾利斯·斯普林斯,并且发表了一个公开声明。声明说:"有必要对在澳大利亚仍悬而未决的与土著及托雷斯海峡岛民的关系有一个公正和适当的解决"。

1987 年

土著事务部长格里·汉德向联邦议会呈交了一个有关未来的声明,该声明旨在推进与土著澳大利亚人缔结条约的概念被公众所理解和接受。

1988 年

澳大利亚教会领袖们发表了一个题为《澳大利亚社会走向和解——

和解与土著澳大利亚人》（*Towards Reconciliation in Australian Society-Reconciliation and Aboriginal Australians*）的声明，主张公正和适当地解决社会分歧以及消除种族间的不和。

1989 年

《1989 年土著及托雷斯海峡岛民委员会条例》颁布，据此建立了"土著及托雷斯海峡岛民委员会"。次年 3 月 5 日，该机构正式运转。

1990 年

土著事务部长罗伯特·蒂克纳宣布政府打算在土著事务方面寻求更大范围的跨党协定。

1991 年

1 月，土著事务部长罗伯特·蒂克纳公布磋商文件。该文件概括了推进和解的诸多建议，包括开展教育活动以及建立"土著和解委员会"。5 月，土著事务部长提交了"土著监禁致死皇家调查委员会"的报告。皇家委员会对 99 名土著及托雷斯海峡岛民的死因进行了调查。6 月，《土著和解委员会条例》在众议院获一致通过。8 月，该条例在参议院表决通过。

1992 年

2 月，"土著和解委员会"在堪培拉举行第一次会议。6 月，高等法院做出马宝裁定，承认土著及托雷斯海峡岛民与其传统土地之间存在特殊关系。6 月，由伯纳德·纳莫克（Bernard Namok）设计的托雷斯海峡岛民旗帜被"土著及托雷斯海峡岛民委员会"所认可。

1993 年

联合国确定当年为"世界土著民族国际年"。9 月，第一次全国土著商业会议在艾利斯·斯普林斯召开；举办第一个全国和解祈祷周，所有主要宗教组织都给予了支持。12 月，联邦议会通过了《土著土地权法》，承认土著土地所有权。

1994 年

3 月，土著土地和矿业联合委员会（Joint Council on Aboriginal Land and Mining）第一次会议召开。这是矿业公司高级管理人员与土著高级领袖第一次坐到一起商讨相互关注的问题。7 月，团结教会国民大会（Uniting Church National Assembly）正式就过去对土著所犯的错误表示道歉，并承诺与"土著及岛民代表大会"密切合作；"土著和解委员会"在西澳大利亚的金伯利地区为记者举办了第一次文化意识培训课。11 月，

"土著和解委员会"向联邦议会提交了题为《携手并肩：第一步》（*Walking Together: The First Steps*）的工作报告。该报告陈述了"土著和解委员会"第一个任期内所做的和解工作及其经验教训。

1995 年

3 月，"土著和解委员会"向基廷总理呈交《前进：澳大利亚第一民族的社会公平》（*Going Forward: Social Justice for the First Australians*）的报告。这份文件包括 78 个建议，内容涵盖土著民族有权使用土地，对土著的文化和遗产进行保护，向土著提供适当的健康、医疗和其他服务等。5 月 11 日，澳大利亚成立了由联邦检察总长米歇尔·拉瓦克领衔的对"被偷的一代"的真相展开调查的委员会。

1996 年

2 月，来自约克角的土著、畜牧和环境组织签署土地使用协定。这表明利益根本不同的组织能够在土地不同的使用方面达成协议。该协定被看作是朝着一个可能的地区性协定迈出的第一步，而这正是《土著土地权法》所展望的前景。5 月，在由约翰·霍华德、反对党领袖金·比兹利以及民主党领袖谢里尔·克罗特联袂主持的一个午餐会上，"土著和解委员会"提出了设立"全国和解周"的倡议，即始于 5 月 26 日的"全国道歉日"，止于 6 月 3 日的"马宝日"。6 月，"土著和解委员会"主持召开与土著土地权利益攸关方的会议。来自土著组织、牧业、农场、矿业和勘探行业的代表齐聚一堂，就土著土地所有权交换了看法，并就可能达成一致的立场进行了磋商。12 月，高等法院做出了牧场租约与土著土地权共存的"威克裁定"。

1997 年

5 月 8 日，联邦政府颁布了修正过的《十点方案》。26 日，《带他们回家》的报告被提交给联邦议会讨论。26～28 日，由"土著和解委员会"发起召开的"澳大利亚和解大会"在墨尔本召开，有 1800 名代表与会。这次大会成为和解进程中一个具有标志性意义的事件，并且推动了基层的人民和解运动。6 月 2 日，"土著和解委员会"主席帕特里克·道森向联邦议会呈交了《众志成城——向和解迈进》（*Weaving the Threads-Progress Towards Reconciliation*）的报告。

1998 年

2 月，"土著和解委员会"明确了其最后一个任期的三个主要目标：

起草《和解文件》；实现土著人民的社会和经济平等的伙伴关系；推动人民运动以支持 2000 年后的和解进程。5 月 26 日举办了第一个"全国道歉日"活动。7 月 2 日，新的土著土地权法修正案在参议院获得通过。8 月 26 日，联邦议会发表一个声明，就土著过去所受到的不公正对待表示诚挚的遗憾。

1999 年

6 月 2 日，用于全国性讨论的《和解文件草案》发布。8 月，约翰·霍华德总理正式拒绝向"被偷的一代"成员表示道歉。

2000 年

5 月 27 ~ 28 日，"2000 年庆典"在悉尼歌剧院举行，以纪念和解进程已走过十个年头。在此次庆典会上，"土著和解委员会"发布了《2000 年庆典——走向和解》的报告。报告包括两个重要文件，即《走向和解宣言》和《和解路线图》。28 日，数十万人参加了徒步行走悉尼大桥的活动，以支持种族和解事业。9 月 15 日至 10 月 1 日，第 27 届夏季奥运会在悉尼隆重举行。本届奥运会的主题之一就是向世界展示澳洲土著文化。土著著名运动员凯西·弗里曼点燃了奥运会主火炬，并且赢得了女子 400 米田径金牌。

2001 年

10 月 24 日，北部领地首席部长克莱尔·马丁在北部领地立法会议上向"被偷的一代"表示了正式道歉。

2002 年

5 月，高等法院拒绝了由洛拉·丘比洛（Lorna Cubillo）和皮特·冈内（Peter Gunner）提出的对那些被从其家庭和社区偷走的人给予赔偿的诉讼请求。11 月，霍华德宣布对"土著及托雷斯海峡岛民委员会"进行审查，建议加强该委员会地区分支机构的工作。12 月，联邦政府对"土著和解委员会"提交的最终报告《和解：澳大利亚的挑战》做出回应：暗示如果有足够的公众支持，将就删除宪法第 25 条举行全民公决。除此之外，联邦政府并没有做出就报告中提出的建议而采取任何行动的承诺。

2003 年

"土著及托雷斯海峡岛民社会正义专员"威廉姆·乔纳斯（William Jonas）博士发布了他的年度《社会正义报告》，把对土著妇女的监禁视为国家的耻辱。澳大利亚联邦、州和领地政府批准了《土著及托雷斯海峡岛民健康全国战略框架：政府行动框架》。7月，所有的健康部长都在该文件上签了字。

2004 年

10月，霍华德取消了辅助总理的和解部长一职。11月26日，棕榈岛土著社区的300名土著就11月19日当地一名土著被监禁致死举行抗议活动，有9名抗议者被捕，后受到指控。

2005 年

1月，联邦政府宣布将"防止土著家庭暴力法律服务项目"（Indigenous Family Violence Prevention Legal Services Program）扩大两倍，全国的服务网点由现在的13个增加到26个，今后四年的经费为2270万美元。3月16日，联邦议会通过了"土著及托雷斯海峡岛民委员会修正案"，取消了《1989年土著及托雷斯海峡岛民委员会条例》。6月30日，"土著及托雷斯海峡岛民委员会"及其附属机构被取消。

2006 年

7月，建立了由"澳大利亚犯罪委员会"（Australian Crime Commission）领导的"全国土著暴力及儿童虐待情报特别工作组"（National Indigenous Violence and Child Abuse Intelligence Task Force）。该机构的任务就是根据政府出台的全盘方案，应对土著社会的儿童受虐以及暴力问题。8月，北部领地政府成立了一个"调查委员会"（Board of Inquiry），其使命就是对该地区土著儿童受到性侵一事展开调查并提交报告。该委员会还有义务就保护土著儿童免遭性侵提出具体建议。

2007 年

4月，北部领地"调查委员会"发布了《儿童是神圣的》的调查报告。这份报告为霍华德政府出台对北部领地的"干预政策"提供了口实。9月，联合国大会通过了《土著人民权利宣言》，确认了土著人民拥有不受歧视的国际人权，但澳大利亚与美国、加拿大、新西兰四国表示反对。12月3日，陆克文领衔的新工党政府宣誓就职。

2008 年

2月13日，陆克文总理代表政府正式地向"被偷的一代"表示道歉。3月，澳大利亚政府与土著负责健康的领导人签署了一个目的声明，呼吁大家共同努力至2030年实现土著与非土著澳大利亚人在寿命以及健康状况方面平等的目标。3 月末，"人权与机会均等委员会"发布《2007 年社会公正报告》(*Social Justice Report 2007*)。该报告提出了修改北部领地的干预法律以期更好地保护土著儿童和家庭的十点方案。4 月初，有关澳大利亚未来发展前途的高层论坛在堪培拉举行。本次论坛将土著问题列入议事日程，再次显示了工党政府对土著问题的重视。7 月，"消除差距"联盟向联邦政府和反对党递交了一系列全国土著健康平等目标书。所有目标均指向一点，即消除土著与非土著澳大利亚人之间 17 年的寿命差距。10 月，"北部领地紧急状态反应审查委员会"(Northern Territory Emergency Response Review Board) 发布一份报告。该报告为北部领地紧急状态反应的进展提供了一个独立的评估。11 月，"澳大利亚政府委员会"制定了《全国土著改革协定》，承诺使用其一切权力去推动"消除差距"目标的实现。

2009 年

2 月 9~27 日，在联邦议会大厦举办了由著名土著摄影师韦恩·奎利姆和默文·毕肖普主办的题为"道歉——不只是一句话"的摄影展。正是在这次展会上，土著事务部长珍妮·麦克琳宣布建立"土著及托雷斯海峡岛民和解基金会"。4 月 13 日，澳大利亚联邦政府发表正式声明，支持《土著人民权利宣言》。11 月 12 日，"大赦国际"秘书长艾琳·卡恩开始对澳大利亚进行为期一周的访问。访问期间，艾琳·卡恩敦促澳大利亚政府结束其在北部领地的"干预政策"。

2010 年

4 月，陆克文宣布成立一个非选举产生的代表制机构——"澳大利亚第一民族全国会议"。该机构在向政府提供政策建议方面只拥有有限的授权。5 月 26 日"国家道歉日"那天，有 100 多人顶着寒风沿联邦大道大桥向议会大厦进发。游行队伍中途做短暂停留，此举象征着联邦政府两年前向"被偷的一代"所做的道歉并没有走得太远。6 月 21 日，联邦议会通过了恢复《种族歧视法》的修正案。23 日，朱丽娅·吉拉德取代陆克文成为澳大利亚工党领袖，并成为澳大利亚第一位女总理。

2011 年

6 月，澳大利亚政府宣布"干预政策"将在 2012 年 6 月后继续实施，并且发布了一个题为《北部领地更加强劲的未来》的讨论文件。

2012 年

1 月 26 日，"土著大使馆"在堪培拉举行帐篷使馆建立四十周年纪念活动。4 月，一个全国性的"澳大利亚南洋岛民"机构成立。6 月 29 日，被重新标榜为《北部领地更加强劲的未来》的"干预政策"得以继续执行，并作为一项法律而通过。《北部领地更加强劲的未来》聚焦土著认为最重要的问题，如解决过度饮酒问题、确保土著孩子能够上学、为土著提供更多的工作与参与经济的机会。

2013 年

2 月 13 日，为了纪念向"被偷的一代"正式道歉五周年，澳大利亚众议院通过了《承认条例》；3 月 12 日，《承认条例》在参议院获得通过；28 日，该条例正式生效。6 月 26 日，陆克文取代吉拉德再度出任澳大利亚总理。9 月 7 日，自由党联盟领导人托尼·艾伯特在大选中击败陆克文，成为澳大利亚新总理。艾伯特承诺在土著问题上将坚持两党一致政策，并致力于"消除差距"目标的实现。诺瓦·佩瑞斯（Nova Peris）成为北部领地参议员以及进入联邦议会的第一位土著妇女。

2014 年

1 月 26 日，"汤斯维尔委员会"首次正式举行"幸存日"（1 月 24 日）和"澳大利亚日"（1 月 26 日）纪念活动。4 月 11 日，首届"澳大利亚土著时尚周"（Australian Indigenous Fashion Week）在悉尼举行，主要展示全澳境内的土著服装、纺织品以及配饰等。9 月 15 日，托尼·艾伯特在安赫姆地东北部的古尔库拉（Gulkula）进行了为期一周的调研工作，会晤当地土著领袖和社区成员。10 月 21 日，98 岁高龄的澳大利亚前总理戈夫·威特拉姆与世长辞。土著社会给这位总理的土著政策以很高的评价。11 月 27～28 日，全澳境内的传统土地所有者、土著领袖和长老、社区成员参加在艾利斯·斯普林斯举行的"自由峰会"（Freedom Summit），宣布他们的国家和民族享有独立、主权和权威。

2015 年

2 月 1 日，努努库尔—努吉族人（Nunukul-Nughi）利安尼·伊诺克（Leeanne Enoch）成为第一位当选为昆士兰州议员的土著妇女。2 月 9 日，土著在联邦议会大厦门口发起静坐抗议活动，以表达对政府的不满。他们要求澳大利亚政府开始就非殖民化问题与他们进行谈判，以纠正因违反人权而给土著国家和民族所带来的损害。3月19日，全澳境内成千上万的人举行集会，对政府计划关闭西澳大利亚境内约150个偏远的土著社区的决定表示抗议。6月3日，适逢"马宝裁定"23周年纪念日，为纪念埃迪·马宝的遗产，悉尼天文台特地命名了一颗马宝星。8月28日，托尼·艾伯特成为第一位拜谒位于托雷斯海峡墨累岛上埃迪·马宝墓的澳大利亚总理。

附四
译名对照表

A

A Country Unmasked 《撕下面具的国家》

A Guide of the Findings and recommendations of the National Inquiry into the separation of Aboriginal and Torres Strait Islander Children from Their Families 《对土著及托雷斯海峡岛民与他们的家庭分离展开全国调查的结果与建议指南》

A Life in Transition 《转变中的生活》

A Public Establishment 一个公共机构

A Yinjilli Leaflet: Social Services for Aborigines 《伊吉里宣传手册：土著社会福利》

A. Chancellor A. 钱塞勒

A. Haebich A. 赫比希

A. McConnell A. 迈克康奈尔

A. O. Neville A. O. 内维尔

Abel Tasman 阿贝尔·塔斯曼

Aboriginal 土著

Aboriginal Advancement Association 土著促进协会

Aboriginal Advancement League 土著进步联盟

Aboriginal Advancement Trust Account 土著进步信托帐户

Aboriginal Aged Persons Homes Trust 土著老人家园信托

Aboriginal and Islander Congress 土著及岛民代表大会

Aboriginal and Torres Strait Islander　土著及托雷斯海峡岛民

Aboriginal and Torres Strait Islander Commission　土著及托雷斯海峡岛民委员会

Aboriginal and Torres Strait Islander Commission Act 1989　《1989 年土著及托雷斯海峡岛民委员会条例》

Aboriginal and Torres Strait Islander Healing Foundation　土著及托雷斯海峡岛民和解基金会

Aboriginal and Torres Strait Islander Peoples Recognition Act 2013　《2013 年土著及托雷斯海峡岛民承认条例》

Aboriginal and Torres Strait Islander Social Justice Commissioner　土著及托雷斯海峡岛民社会正义专员

Aboriginal Arts Advisory Committee　土著艺术咨询委员会

Aboriginal Arts Board　土著艺术董事会

Aboriginal Arts Council　土著艺术委员会

Aboriginal-Australian Fellowship　土著澳大利亚人友谊会

Aboriginal Australians　土著澳大利亚人

Aboriginal Community Act 1979　《1979 年土著社区条例》

Aboriginal Corporation of the National Aboriginal Conference　全国土著会议土著公司

Aboriginal Councils and Associations Act 1976　《1976 年土著委员会与协会条例》

Aboriginal Development Commission　土著发展委员会

Aboriginal Education Foundation　土著教育基金会

Aboriginal Embassy　土著大使馆

Aboriginal Enterprises Fund　土著企业基金

Aboriginal Health Branch　土著健康局

Aboriginal Hostels Ltd　土著旅社有限公司

Aboriginal Housing and Personal Loans Fund　土著住房与个人信贷基金

Aboriginal Land Commissioner　土著土地专员

Aboriginal Land Fund Act　《土著土地基金条例》

Aboriginal Land Fund Commission　土著土地基金委员会

Aboriginal Land Rights Bill　《土著土地权提案》

Aboriginal Land Rights（*Northern Territory*）*Act*　《土著土地权（北部领地）法》

Aboriginal Land Trusts　土著土地信托

Aboriginal Lands Act　《土著土地权条例》

Aboriginal Lands Trust Act 1966　《1966 年土著土地信托条例》

Aboriginal Law Bulletin　《土著法律公报》

Aboriginal Legal Service　土著法律服务中心

Aboriginal Legal Service of Western Australia　西澳大利亚土著法律服务中心

Aboriginal Loans Commission　土著贷款委员会

Aboriginal Peace Plan　《土著和平方案》

Aboriginal Problem　土著问题

Aboriginal Progress Association　土著进步协会

Aboriginal Protection and Restriction of the Sale of Opium Act（*Qld*）　《土著保护与鸦片销售限制条例（昆士兰）》

Aboriginal Protection Board　土著保护局

Aboriginal Provisional Government　土著临时政府

Aboriginal Publications Foundation　土著出版基金

Aboriginal Reconciliation　土著和解

Aboriginal Secondary Grants Scheme　土著中学助学金方案

Aboriginal Study Grants Scheme　土著助学金方案

Aboriginal Treaty Committee　土著条约委员会

Aborigines Department　土著部

Aborigines Protection Act 1909（*NSW*）　《1909 年土著保护法（新南威尔士）》

Aborigines Welfare Board　土著福利局

Acknowledge　确认

Act of Parliament　《议会条例》

Adelaide's Victoria Square　阿德莱德维多利亚广场

Aden Ridgeway　阿登·里奇威

Adrian McGregor　阿德里安·迈克格雷格

Advertiser　《广告人》

Advisory Council on Multicultural Affairs　多元文化事务咨询委员会

Advisory Opinion on Western Sahara 《西撒哈拉咨询意见》

Advisory War Council 战争咨询委员会

Affirmation 肯定

African Commission on Human and People's Rights 非洲人权与人民权利委员会

Age 《时代报》

Age Discrimination Act 2004 《2004 年年龄歧视法》

Agreement 协议

Akuba 阿库布拉

Al Grassby 阿尔·格拉斯比

Alan Powell 艾伦·鲍威尔

Albanny 阿尔巴尼

Alcoa 阿考亚

Alex Borraine 亚历克斯·鲍雷纳

Alexander Downer 亚历山大·唐纳

Alexandria Land 亚历山大里亚地

Alice Cawte 艾利斯·考特

Alice Springs 艾利斯·斯普林斯

Alice (Mero) Sibley 艾丽丝（梅罗）·西布利

Allan Parry 阿伦·帕里

Allawah Grove Project 阿拉瓦格罗弗项目

Alligator Rivers Region Advisory Committee 阿里盖特河谷地带咨询委员会

Alyawarra 阿亚瓦拉

Amax 阿马克斯

Amnesty International 大赦国际

An Essay on the Inequality of the Human Race 《论人类种族的不平等》

Andrew Enstice 安德鲁·恩斯提塞

Andrew Markus 安德鲁·马库斯

Anindilyakwa Land Council 阿林迪奥亚克瓦土地委员会

Ann Curthoys 安·卡索斯

Anna Haebich 安娜·黑比奇

Anne Louis 安妮·路易斯

Annette Peardon 安尼特·皮尔冬

Annual Report 《年度报告》

ANOP 阿诺普

Anthony Mason 安东尼·梅森

Anzac 澳新军团日

Appropriation（Northern Territory National Emergency Response）Bill（No. 1）2007 – 2008） 《拨款（北部领地全国紧急状态反应）法案（第 1 号）》（2007 ~ 2008 年）

Appropriation（Northern Territory National Emergency Response）Bill（No. 2）2007 – 2008） 《拨款（北部领地全国紧急状态反应）法案（第 2 号）》（2007 ~ 2008 年）

Archeology of the Dreamtime 《梦幻时代的考古》

Archer River 阿彻河

Archibald Meston 阿奇博尔德·梅斯通

Archie Roach 阿奇·罗奇

Arctic Council 北极理事会

Armidale 阿米德里

Arnhem 安赫姆

Arnhem Land 安赫姆地

Arthur Calwell 阿瑟·卡尔维尔

Arthur Philip 阿瑟·菲利普

Ashley Montagu 阿什利·蒙塔古

Assembly of the First Nations of Quebec and Labrador 魁北克和拉布拉多第一民族议会

A-Team A 组

Atomic Energy Act 1953 《1953 年原子能条例》

Audrey Kinnear 奥德雷·肯尼尔

Augusto Pinochet 奥古斯托·皮诺切特

Aunty Beryl Van-Oploo 昂提·拜尔·冯 – 奥普鲁

Aurukun 奥鲁昆

Australia as a Multicultural Society 《作为多元文化社会的澳大利亚》

Australia Day 澳大利亚日

Australian Aboriginal and Islander Congress　澳大利亚土著及岛民代表大会

Australian Aborigines Progressive Association　澳大利亚土著进步协会

Australian Atomic Energy Commission　澳大利亚原子能委员会

Australian Bankers' Association　澳大利亚银行家协会

Australian Bill of Rights　《澳大利亚人权法案》

Australian Chamber of Commerce and Industry　澳大利亚商业和工业委员会

Australian Coal Association　澳大利亚煤炭协会

Australian Conservation Foundation　澳大利亚保护基金会

Australian Council　澳大利亚理事会

Australian Council Act 1975　《1975 年澳大利亚理事会条例》

Australian Council of Churches　澳大利亚教会委员会

Australian Council of Social Service　澳大利亚社会服务委员会

Australian Council of the Arts　澳大利亚艺术委员会

Australian Crime Commission　澳大利亚犯罪委员会

Australian Electoral Office　澳大利亚选举办公室

Australian Ethnic Affairs Council　澳大利亚种族事务委员会

Australian Human Rights Centre　澳大利亚人权中心

Australian Indigenous Doctors Association　澳大利亚土著医生协会

Australian Indigenous Education Foundation　澳大利亚土著教育基金会

Australian Indigenous Fashion Week　澳大利亚土著时尚周

Australian Indigenous Leadership Centre　澳大利亚土著领导技能中心

Australian Industries Preservation Act 1906 – 1909　《1906 ~ 1909 年澳大利亚
工业保留条例》

Australian Institute of Aboriginal Studies　澳大利亚土著研究院

Australian Institute of Multicultural Affairs　澳大利亚多元文化事务协会

Australian Local Government Association　澳大利亚地方政府协会

Australian Mining Industry Council　澳大利亚矿业委员会

Australian Petroleum Exploration Association　澳大利亚石油勘探协会

Australian Reconciliation Convention　澳大利亚和解大会

Australian South Sea Islanders　澳大利亚南洋岛民

Australian Aborigines League　澳大利亚土著联盟

Awakening　觉醒

Ayers Rock　艾尔斯岩

B

B. Bettelheim　B. 贝特尔海姆

Bagot Road　巴戈特路

Bain Attwood　贝恩·阿特伍德

Balance　平衡

Bamaga　巴马伽

Band　帮派

Bangarra Dance Theatre　邦加纳舞蹈剧院

Banjo Woorunmurra　班乔·伍隆穆拉

Barbara Cummings　巴巴拉·卡明斯

Barbara Hocking　巴巴拉·霍金

Barbara Shaw　巴巴拉·肖

Barrie Dexter　巴里·德克斯特

Barunga　巴侬伽

Barunga Statement　《巴侬伽声明》

Basics Card　基本需求卡

Bathurst　贝瑟斯特

Battle on Pinjarra　平贾拉战役

Begone　滚开

Ben Chiefly　本·奇夫利

Ben Mills　本·米尔斯

Ben Schokman　本·肖克曼

Beneficial title　用益权

Bennelong Society　本内朗协会

Benny Mabo　本尼·马宝

Bernard Namok　伯纳德·纳莫克

Bert Groves　贝特·格罗菲斯

Bess Price　贝丝·普赖斯

Better School Plan　《更好的学校计划》

Betterment fee　改良费

Bev Manton　贝夫·曼顿

Big picture　大画面

Bill Geddes　比尔·盖迪斯

Bill Gunn　比尔·冈恩

Bill Hollingsworth　比尔·赫林斯沃思

Bill Jonas　比尔·乔纳斯

Bill of Rights　《权利法案》

Bill Onus　比尔·奥努斯

Billy Craigie　比利·克雷吉

Black　黑人

Black armband history　黑色臂章的历史

Black Friday　黑色星期五

Black Lace　布莱克·莱西

Black oral history　黑人口述史

Black Theatre Arts and Cultural Centre　黑人戏剧艺术和文化中心

Black Theatre Group　黑人剧团

Black Town　黑镇

Board of Inquiry　调查委员会

Bob Carr　鲍勃·卡尔

Bob Collins　鲍勃·科林斯

Bob Hawke　鲍勃·霍克

Bob Weatherall　鲍勃·韦瑟罗尔

Boggabilla　鲍伽比拉

Bomaderry　鲍马德瑞

Bonita Mabo　博尼塔·马宝

Boomerang　《布默朗报》

Boraine　博雷奈

Bourke Aboriginal　伯克土著

Boyd Hunter　博伊德·亨特

Brendan Nelson　布伦丹·纳尔逊

Brian Bourke　布赖恩·伯克

Brian Butler　布赖恩·巴特勒

Brian Harradine　布赖恩·哈拉迪内

Bringing Them Home　《带他们回家》

Bringing Them Home-Community Guide　《带他们回家——社区指导》

Brisbane's Telegraph　《布里斯班电讯报》

British Columbia　不列颠哥伦比亚省

Broome　布鲁姆

Bruce McGuinness　布鲁斯·麦吉尼斯

Bruce Trevorrow　布鲁斯·特雷沃罗

Bryan A. Keon-Cohen　布莱恩·A. 基翁－科恩

B-Team　B 组

Bureau of Immigration Research　移民调查局

Bureau of Indian Affairs　印第安人事务局

C

C. D. Gilbert　C. D. 吉尔伯特

C. Summer　C. 萨默

Cairns Post　《凯恩斯邮报》

Call for Recognition　《呼吁承认》

Canada's National Indian Brotherhood　加拿大全国印第安人兄弟会

Canadian Constitution Act 1982　《1982 年加拿大宪法法》

Canadian Indian Residental Schools Settlement Agreement　《加拿大印第安人
　寄宿学校解决方案》

Canadian Royal Commission on Aboriginal People　加拿大皇家土著民族委员会

Canberra Times　《堪培拉时报》

Candy Williams　坎迪·威廉姆斯

Cape Barren Island　开普巴伦岛

Cape Inscription　碑铭岬

Cape York　约克角

Cape York Land Council　约克角土地委员会

Cape York Land Use Agreement　《约克角土地使用协定》

Carcoar　卡考

Catherine Delahunty　凯瑟琳·德拉汉蒂

Catholic Commission for Justice and Peace　天主教正义与和平委会员

Catholic Leader　《天主教领袖》

Cathy Freeman　卡西·弗里曼

Cathy Freeman：*A Journey Just Begun*　《卡西·弗里曼：一个刚刚开启的旅程》

Cattlemen's Union of Australia　澳大利亚牧人联盟

Cec Brahe　塞克·布拉赫

Cecil Patten　塞西尔·帕滕

Celebes　西里伯斯岛

Celuia Salee　塞卢阿·塞莉

Central and Northern Land Councils　中部和北部土地委员会

Central Land Council　中部土地委员会

Centre for Independent Studies　独立研究中心

Centrelink　福利署

Century mine　世纪矿

Certainty　常态

Charles Harris　查尔斯·哈里斯

Charles Kerr　查尔斯·克尔

Charles Perkins　查尔斯·珀金斯

Cheryl Kernot　谢里尔·克罗特

Chester Williams　切斯特·威廉姆斯

Chicka Dixon　奇卡·迪克逊

Chief Minister　首席部长

Children Endowment　《儿童资助条例》

Christian Ogilvie　克里斯蒂安·奥格尔维

Christine Jennett　克里斯廷·詹妮特

Christine King　克里斯廷·金

Chuck Strahl　查克·斯特拉尔

Clare Martin　克莱尔·马丁

Clem Lloyd　克莱姆·劳伊德

Clyde Holding　克莱德·霍尔丁

Cobourg Peninsula　科布尔半岛

Coen　科恩

Col Hardy　科尔·哈迪

Colin Tatz　科林·塔兹

Collet Barker　科利特·巴克

Colonial Office　殖民局

Colonial Secretary　殖民地大臣

Colonial Stadium　殖民体育馆

Colonial Title Amendment Act　《殖民土地权法修正案》

Coloured Progressive Association　有色人种进步协会

Comalco Act　《科马尔考条例》

Commission　委员会

Commissioner for Community Relations　社区关系专员

Committee of Review of Aboriginal Employment and Training Programs　土著就业及培训项目审查委员会

Committee of Review of the Australian Institute of Multicultural Affairs　澳大利亚多元文化事务协会审查委员会

Committee on Elimination of Racial Discrimination　消除种族歧视委员会

Committee on Northern Territory Constitutional Development　北部领地宪法发展委员会

Committee on the Aboriginal Question　土著问题委员会

Committee to Advise on Australia's Immigration Policies　澳大利亚移民政策咨询委员会

Committee to Defend Black Rights　捍卫黑人权利委员会

Commonwealth Aluminium Coporation Pty Ltd.（Comalco）　联邦铝业有限公司（亦称作"科马尔考"）

Commonwealth Capital Fund for Aboriginal Enterprises　土著企业联邦资本基金

Commonwealth Conciliation and Arbitration Act 1904 – 1910　《1904~1910年联邦调解与仲裁条例》

Commonwealth Defence Act　《联邦防务法》

Commonwealth Department of Health　联邦健康部

Community Development Employment Program　社区发展就业项目

Community Government Councils　社区政府委员会

Community Housing Infrastructure Program　社区住房设施项目

Community Relations Council　社区关系委员会

Community Services（Torres Strait）Act，1984　《1984 年社区服务（托雷斯海峡）条例》

Compact　契约

Comte de Gobineau　科姆特·德·戈比略

Confirmation　确认

Conniston　康尼斯通

Constitutional Centenary Foundation　宪法百年基金会

Control Camps　管制营

Convention against Torture and Other Cruel，Inhuman or Degrading Treatment or Punishment　《反对折磨和其他暴行、非人类或有辱人格的待遇或惩罚的公约》

Convention Concerning Discrimination in Respect of Employment and Occupation　《就业与职业方面歧视公约》

Convention on Biological Diversity　《生物多样性公约》

Convention on Genocide　《种族屠杀公约》

Convention on the Elimination of All Forms of Discrimination Against Women　《消除所有形式的歧视妇女国际公约》

Convention on the Rights of the Child　《儿童权利公约》

Cooktown　库克镇

Cootamundra　考塔蒙德拉

Coroner's Report　《验尸官报告》

Corroboree 2000　2000 年庆典

Corroboree 2000 - Towards Reconciliation　《2000 年庆典——走向和解》

Council for Aboriginal Affairs　土著事务委员会

Council for Aboriginal Reconciliation　土著和解委员会

Council for Aboriginal Reconciliation Act　《土著和解委员会条例》

Council for Aboriginal Rights　土著权利委员会

Council for the Rights of Indigenous Peoples　土著民族权利委员会

Council of Australian Governments　澳大利亚政府委员会

Country Reports on Human Rights Practices 《国别人权状况报告》

Cowal Creek 科沃尔·克里克

Culgoa River 卡戈亚河

Cultural void 文化真空

Cumeroogunga 库梅鲁甘加

Cummera 库迈拉

Cyril Gare 西里尔·加勒

D

D. Marsh D. 马什

Dadbe 达贝

Daly River 达利河

Dame Roma Mitchell 达穆·罗马·米切尔

Damien Short 达缅恩·肖特

Darlene Alvarez Maddem 达琳·阿瓦雷兹·玛登

Darren Hayes 达伦·海耶斯

Darwin Aboriginal Rights Coalition 达尔文土著权利联盟

Daryl Dawson 达伊尔·道森

Daryl Williams 达伊尔·威廉姆斯

David Anderson 大卫·安德森

David Andrew Roberts 大卫·安德鲁·罗伯兹

David Atkins 大卫·阿特金斯

David Davies 大卫·戴维斯

David Malcolm 大卫·马尔科姆

David McKnight 大卫·迈克奈特

David Passi 大卫·帕西

David Ross 大卫·罗斯

David T. Wellman 大卫·T. 韦尔曼

David Tonkin 大卫·汤金

David Trigger 大卫·特里格

Dawar 达瓦尔

Day of Mourning 哀悼日

Dean Brown　迪恩·布朗

Deborah Bird Rose　德博拉·伯德·罗斯

Deborah Robinson　德博拉·罗宾逊

Declaration of the Rights of the Child　《儿童权利宣言》

Declaration on Principles of International Law Concerning Friendly Relations and Cooperation Among States　《国家间友好关系与合作国际法的原则宣言》

Declaration on the Rights of Disabled Persons　《残疾人权利宣言》

Declaration on the Rights of Indigenous Peoples　《土著人民权利宣言》

Declaration on the Rights of Mentally Retarded Persons　《智障人权利宣言》

Declaration Towards Reconciliation　《走向和解宣言》

Denis Jensen　丹尼斯·简森

Department for Community Welfare　社区福利部

Department of Aboriginal Affairs　土著事务部

Department of Immigration, Local Government and Ethnic Affairs　移民、地方政府和种族事务部

Department of Indian Affairs and Northern Development　印第安人事务和北方发展部

Department of Prime Minister and Cabinet　总理与内阁部

Deputy Crown Prosecutor　皇家副检察官

Derek McDougall　德雷克·迈克杜伽尔

Designated group　被指定的群体

Destiny of the Racec　《种族的命运》

Dharug people　达哈努格人

Diana Eades　迪亚娜·伊兹

Dick Adams　迪克·阿达姆斯

Dick Roughsey　迪克·拉夫塞

Dirk Hartog　德克·哈托格

Dirranbandi　迪兰班迪人

Disability Discrimination Act 1992　《1992 年残疾人歧视法》

Disablity Discrimination Commissioner　残疾人歧视专员

Discovery　发现号

District Officer for Native Welfare　地区土著福利官

Djidbidjidbi　迪吉迪比迪吉迪比

Dominic O'Sullivan　多米尼克·奥沙利文

Don Dunstan　唐·邓斯坦

Donald Chipp　唐纳德·奇普

Donald McGauchie　唐纳德·迈克高切

Doug Anthony　道格·安东尼

Doug Nicholls　道格·尼考尔斯

Douglas Drummond　道格拉斯·德鲁蒙德

Dover　多佛

Draft Declaration on the Rights of Indigenous Peoples　《土著人民权利宣言草案》

Dubbo　杜宝

Dutch East Indian Company　荷兰东印度公司

Duyfken　杜伊夫肯号

E

E. Geia　E. 盖亚

E. Hastings　E. 哈斯丁斯

E. S. Bogardus　E. S. 鲍格达斯

Eades　伊兹

Ebenezer Lovett　艾贝内泽尔·拉法特

Economic and Social Council　经济与社会理事会

Eddie Bennell　埃迪·贝内尔

Eddy Mabo　埃迪·马宝

Education of Aborigines and Torres Strait Islander　《土著及托雷斯海峡岛民教育》

Edward M. Curr　爱德华·M. 柯尔

Edward River　爱德华河

Edward Woodward　爱德华·伍德华德

Elizabeth　伊丽莎白

Elizabeth May　伊丽莎白·梅

Elliott Johnston　埃利奥特·约翰斯顿

Employment Equity Act 《就业平等法》

Endeavour 努力号

Environment Protection（*Alligator Rivers Region*）*Act 1978* 《1978 年环境保护（阿里盖特河谷地带）条例》

Environment Protection（*Impact of proposals*）*Act* 《环境保护〈建议的影响〉条例》

Erica-Irene Daes 埃里卡 – 艾琳·戴斯

Erich Fromm 艾里希·弗洛姆

Ernest Wilberforce 欧内斯特·威尔伯福斯

Ernie Dingo 厄尼·丁戈

Eroa 埃诺阿

Erub Island 厄鲁布岛

Escape Cliff 遁崖

Ethnic Affairs Commission 种族事务委员会

Euahlayi 尤阿拉伊人

Eva Valley 伊娃谷

Eva Valley Statement 《伊娃谷声明》

Eve Fesl 伊夫·费思尔

Evelyn Scott 伊夫林·斯科特

Evonne Goolagong Cawley 埃沃尼·古拉纲·考利

Exclusive possession 排他性占有

Expert Panel on Constitutional Recognition of Aboriginal and Torres Strait Islander Peoples 宪法承认土著及托雷斯海峡岛民专家小组

External powers 外部权力

F

F. C. Irwin E. C. 欧文

F. Clark F. 克拉克

F. Lancaster Jones F. 兰开斯特·琼斯

Fairness 公正

Faith Bandler 费斯·班德勒

Families，*Community Services and Indigenous Affairs and Other Legislation*

Amendment (*Northern Territory National Emergency Response and Other Measures*) *Bill 2007*　《家庭、社区服务、土著事务以及其他立法修正（北部领地全国紧急状态反应以及其他举措）案》（2007 年）

Family and Children's Service Agency　家庭和儿童服务机构

Fay Gale　费伊·盖尔

Federal Council for Aboriginal Advancement　土著进步联邦委员会

Federal Council for the Advancement of Aborigines and Torres Strait Islanders 土著及托雷斯海峡岛民进步联邦委员会

Federal Law Review　《联邦法学评论》

Federation of Land Council　土地委员会联盟

Federation Square　联邦广场

Ferry Grunseit　费里·格伦塞特

Festival of the Dreaming　梦之节

Fine print　（条约等）细则

First Optional Protocol　《第一任择议定书》

First People　第一民族

Fitzroy Crossing　弗兹诺伊·克洛辛

Flags Act 1953　《1953 年国旗法》

Flinders Island　弗林德斯岛

Flo Kennedy　弗洛·肯尼迪

Floyd Chermside　弗洛伊德·切姆斯德

Forced assimilation　强制同化

Foreign Policy in Focus　《外交政策聚焦》

Foreigner　外国人

Fort Dundas　邓达斯要塞

Fort Victoria　维多利亚要塞

Fort Wellington　韦林顿要塞

Foundation for Aboriginal Affairs　土著事务基金会

Foundation for Aboriginal and Islander Research Action　土著及岛民调查行动基金会

Framlingham　弗拉姆林汉姆

Fran Bailey　弗兰·贝利

Franciscus de Vitonia　弗朗西斯科·德·维托尼亚

Frank Brennan　弗兰克·布伦南

Frank G. Engel　弗兰克·G. 恩格尔

Frank Walker　弗兰克·沃克

Fraser Island Land Council　弗雷泽岛土地委员会

Fred Chaney　弗雷德·钱尼

Fred Hollows　弗雷德·霍洛斯

Freedom Ride　自由之驾

Freedom Summit　自由峰会

Friendly Games　友好运动会

Friends of the Earth　地球之友

Fringe dwellers　边民

Frodsham　弗罗德沙姆

G

G. Bird　G. 伯德

G. W. Goyder　G. W. 高伊德

Galarrwuy Yunupingu　加拉努伍·尤努平古

Gareth Evans　加雷斯·埃文斯

Garth Nettheim　加思·内特海姆

Gary Ella　加里·埃拉

Gary Foley　加里·福莱

Gary Williams　加里·威廉姆斯

Gatjil Djerrkura　伽提尔·迪耶尔库拉

Geoff Clark　杰夫·克拉克

Geoff Stokes　杰夫·斯托克斯

George Arthur　乔治·阿瑟

George Augustus Robinson　乔治·奥古斯都·罗伯逊

George Brown　乔治·布朗

George Gipps　乔治·吉普斯

George Manuel　乔治·曼纽尔

George Martin　乔治·马丁

George Mye　乔治·迈

George Samuel Windsor Earl　乔治·塞缪尔·温莎·厄尔

George Savell　乔治·萨维尔

George Street　乔治大街

Gerard Brennan　杰拉德·布伦南

Gerry Hand　格里·汉德

Getano Lui　格塔诺·卢

Ghost　幽灵

Gibb Inquiry　吉布调查组

Gippsland　吉普斯兰

Glencoe　格伦科

Glenelg　格伦埃格

Goanna　高阿纳

Going Forward：*Social Justice for the First Australians*　《前进：澳大利亚第一民族的社会公平》

Going Home Conference　返回家园大会

Goolwa　古尔瓦

Goondiwindi　古恩迪温迪人

Gordon Briscoe　戈登·布里斯科

Gordon Bryant　戈登·布莱恩特

Gordon Greenwood　戈登·格林伍德

Gough Whitlam　戈夫·威特拉姆

Gove Peninsula　戈夫半岛

Graeme Kelleher　格雷姆·克勒赫尔

Grant Dradge　格兰特·德拉奇

Grant Watt　格兰特·瓦特

Gravesend　格莱伍森德

Great fact　重要事实

Great uncle　叔祖

Green Party　绿党

Greg Eatock　格雷格·伊陶克

Greg Gardiner　格雷格·加德纳

Greg McIntyre　格雷格·麦金泰尔

Gregory Melleuish　格雷戈里·迈留斯

Groote Eylandt　格鲁特·伊兰特

Gulf of Carpentaria　卡彭塔里亚湾

Gulkula　古尔库拉

Gunditjmara　古恩迪提马拉

Gurindji　古里恩德贾语

Gustav Nossal　古斯塔夫·诺萨尔

H

H. C. Coombs　H. C. 库姆斯

Haddon　哈顿

Halls Creek　豪斯·克里克

Hannah Arendt　汉纳·阿伦特

Harold Blair　哈罗德·布莱尔

Harold Holt　哈罗德·霍尔特

Harold Thomas　哈罗德·托马斯

Harry Gibbs　哈里·吉普斯

Harvey Nicholls Society　哈维·尼考尔斯协会

Hawkesburg　霍克斯堡

Helen Boyle　海伦·博伊尔

Helen Moran　海伦·莫兰

Helen Sham-Ho　海伦·沙姆－赫

Henderson Commission of Inquiry into Poverty　亨德森贫困调查委员会

Henry Reynolds　亨利·雷诺兹

Herald Sun　《先驱太阳报》

Hindmarsh Island　海因德马什岛

Hindmarsh Island Bridge Act　《海因德马什岛桥法》

Historic　历史的

History Wars　历史战

Hobart　霍巴特

Hobbles Danaiyarri　霍布勒斯·达奈亚里

Holdings 所有物

Holroyd River 赫尔诺德河

Hope Vale 霍普·韦尔

House of Assembly 议会

House of Representatives Standing Committee on Aboriginal and Torres Strait Islander Affairs 众议院土著及托雷斯海峡岛民事务常务委员会

Hubert Opperman 休伯特·奥普曼

Hugh Morgan 休·摩根

Hugh Taylor 休·泰勒

Human Rights（Sexual Conduct）Act 1994 《1994年人权（性行为）条例》

Human Rights and Equal Opportunity Act 《人权与机会均等条例》

Human Rights and Equal Opportunity Commission 人权与机会均等委员会

Human Rights Bill 《人权法案》

Human Rights Commission 人权委员会

Human Rights Commission Act 《人权委员会条例》

Human Rights Commissioner 人权专员

Human Rights Day 人权日

Human Rights Resource Centre 人权资源中心

Hyde Park 海德公园

I

Ian Manning 伊恩·曼宁

Ian Mclachlan 伊恩·迈克拉赫兰

Ian Satchwell 伊恩·萨切威尔

Ian Viner 伊恩·维耐尔

Immigration Act 《移民法》

Immigration Reform Group 移民改革小组

Immigration Restriction Act 《移民限制法》

Immigration：a Commitment to Australia 《移民：对澳大利亚的承诺》

In the Hands of Regions：A New ATSIC） 《掌控地方：一个新的土著及托雷斯海峡岛民委员会》

Income Tax Assessment Act 1936 《1936年收入税评估法》

Independent　独立的

Indian　印第安人

Indian Act　《印第安人法》

Indian band　印第安人帮

Indigenous　原住民

Indigenous Advisory Council　土著咨询理事会

Indigenous Economic Strategy　土著经济战略

Indigenous Employment Program　土著就业项目

Indigenous Family Violence Prevention Legal Services Program　防止土著家庭
　暴力法律服务项目

Indigenous Health Equality Council　土著健康平等委员会

Indigenous Land Corporation　土著土地公司

Indigenous Social Justice Association　土著社会正义协会

Indigenous Youth Leadership Program　土著青年领导技能项目

Indigenous Youth Mobility Program　土著青年动员项目

Indirect　间接的

Inspectors of Police　巡官

Integrationist　一体化主义者

Intergovernmental Agreement on Federal Financial Relations　《联邦财政关系
　政府间协定》

Interim Committee for the Australian Schools Commission　澳大利亚学校委员
　会临时委员会

Interim Land Council　临时土地委员会

International Commission of Jurist　国际法学家委员会

International Convention on the Elimination of All Forms of Racial Discrimination
　《消除所有形式的种族歧视国际公约》

International Court of Justice　国际法院

International Covenant on Civil and Political Rights　《公民权利与政治权利
　国际公约》

International Covenant on Economic, Social and Cultural Rights　《经济、社
　会和文化权利国际公约》

International Labor Organisation　国际劳工组织

International Year of the World's Indigenous Peoples 世界土著民族国际年

Intervention 干预政策

Inuit 因纽特人

Inuvialuit 因卢维亚鲁伊特人

Invalid and Old Age Pensioner Act 《伤残及老年人抚恤金条例》

Inverell 英维雷尔

Investigator 考察号

Irene Khan 艾琳·卡恩

Irene Moss 艾琳·莫斯

Irene Stainton 艾琳·斯坦顿

Island Coordinating Council 岛屿协调委员会

Italian Migrant Workers Families 意大利移民工人之家

Itinerant 流动的

J

J. Altman J. 奥特曼

J. Dollard J. 道拉德

J. H. Cann J. H. 坎

J. Johnson J. 约翰逊

J. Jones J. 琼斯

J. P. Lederach J. P. 莱德拉赫

J. Robbins J. 罗宾斯

J. Sissons J. 西桑斯

J. Zubrzycki J. 左布罗兹斯基

Jabiluka 杰比卢卡

Jack Davis 杰克·戴维斯

Jack Patten 杰克·帕特恩

Jackie Huggins 杰基·休金斯

James Cook 詹姆斯·库克

James Cook University 詹姆斯·库克大学

James Dawson 詹姆斯·道森

James Gordon Bremer 詹姆斯·戈登·布雷默

James Killen　詹姆斯·基伦

James Noble　詹姆斯·诺布尔

James Polk　詹姆斯·波尔克

James Rice　詹姆斯·赖斯

James Stirling　詹姆斯·斯特林

James Walter　詹姆斯·沃尔特

Janeen Webb　贾宁·韦伯

Jay Arthur　杰伊·阿瑟

Jean Martin　琼·马丁

Jean-Paul Sartre　让－保罗·萨特

Jeff Kennett　杰夫·肯纳特

Jeff McMullen　杰夫·迈克马伦

Jeffrey Spender　杰弗里·斯彭达

Jennifer Sabbioni　珍妮弗·萨比奥妮

Jenny Macklin　珍妮·麦克琳

Jessie Street　杰西·斯特里特

Jim Cavanagh　吉姆·卡瓦那

Jim Keefe　吉姆·基夫

Jimmy Little　杰米·利特尔

Joe Feagin　乔·费金

Joe McGinness　乔·迈克吉尼斯

John A. Macdonald　约翰·A.麦克唐纳

John Barrow　约翰·巴罗

John Batman　约翰·巴特曼

John Coates　约翰·科茨

John Dalungdalu Jones　约翰·达农达鲁·琼斯

John Gorton　约翰·戈登

John Herron　约翰·赫伦

John Hewson　约翰·休森

John Kerr　约翰·克尔

John Key　约翰·基

John Koowarta　约翰·科瓦塔

John L. Shevwood 约翰·L. 舍夫伍德

John McDouall Stuart 约翰·迈克杜尔·斯图尔特

John Mckinlay 约翰·迈肯莱

John Moriarty 约翰·莫里亚蒂

John Pat 约翰·帕特

John Pilger 约翰·皮尔格

John Toohey 约翰·图希

Joint Council on Aboriginal Land and Mining 土著土地和矿业联合委员会

Jon Altman 乔恩·奥尔特曼

Joseph Banks 约瑟夫·班克斯

Joseph Lyons 约瑟夫·莱昂斯

Josephine Flood 约瑟芬·弗勒德

Josephine Petro-David 约瑟芬·彼德罗－大卫

Josie Crawshaw 乔西·克劳肖

Judith Wright 朱迪思·怀特

Julia Gillard 朱丽娅·吉拉德

Junta 小集团

Justices of the Peace 治安法官

K

Kaititja 凯提特亚

Kakadu 卡卡都

Kakadu National Park 卡卡都国家公园

Kamilaroi 卡米拉诺

Kanakas 卡纳卡人

Karmel Report（*1973*） 《卡梅尔报告》（1973 年）

Karratha High School 卡拉萨高中

Kartanangaruru-Kurintji Peoples 卡塔南伽努努—库林提吉人

Karu Aboriginal Child Care Agency 卡努土著儿童关护中心

Karumba 卡鲁姆巴

Kate Carnell 凯特·卡耐尔

Katherine 卡塞林

Kathy Craigie　凯西·克雷吉

Kathy Mills　凯西·米尔斯

Kava　卡瓦酒

Kay Schaffer　凯·谢弗

Kaye Mundine　凯耶·芒迪恩

Kelvin Condren　凯尔文·康德伦

Kep Enderby　凯普·恩德比

Kerry Nettle　克里·内特尔

Kerry Packer　克里·帕克

Kevin Gilbert　凯文·吉尔伯特

Kevin Rudd　陆克文

Kim Carr　金·卡尔

Kim E. Beazley　金·E. 比兹利

Kimberley　金伯利

Kimberley Land Council　金伯利土地委员会

King O'Malley　金·奥马雷

Knowledge　了解

Koongarra　库恩伽拉

Koori　库里人

Koowarta v. Bjelke-Petersen and Others　科瓦塔诉贝耶克 – 皮特森和其他人案

Kristina Keneally　克里斯蒂娜·基尼利

Kulin　库林人

L

L. R. Hiatt　L. R. 希亚特

Lachlan Macquarie　拉克伦·麦考瑞

Lake Tyres Reserves　特莱斯湖保留地

Land Act 1910（*Qld*）　《1910 年土地法》（昆士兰州）

Lands Acquisition Act 1906　《1906 年土地获取条例》

Larissa Behrendt　拉里萨·布伦特

Larrakia　拉纳基亚人

Las Casas　拉斯·卡萨斯

Laurel Williams 劳里尔·威廉姆斯

Laurie Bryan 劳里埃·布赖恩

Laurie Oakes 劳里埃·奥克斯

Laverton 拉夫顿

Law Reform Commission 法律改革委员会

Lawn Hill 草坪山

Le Geographe 地理号

Le Naturaliste 自然号

Leeanne Enoch 利安尼·伊诺克

Legislative Assembly 立法议会

Legislative Council 立法委员会

Les Coe 莱斯·科

Les Collins 莱斯·科林斯

Les Johnson 莱斯·约翰逊

Les Malezer 莱斯·马莱泽尔

Letters Patent 《专利证》

Lieutenant-Governor 副总督

Link-up 联络中心

Lionel Bowen 尼奥内尔·鲍温

Lionel Murphy 尼奥内尔·莫菲

Lionel Quartermaine 尼奥内尔·夸特梅因

Little Children are Sacred 《儿童是神圣的》

Liya-dhalinymirr 尼亚-迪哈林米尔

Local Government Act 《地方政府条例》

Lois O'Donoghue 路易斯·奥多诺霍

London Aboriginal Information Center 伦敦土著信息中心

London Missionary Society 伦敦传教会

Long Lagoon 朗拉贡

Longreach 朗瑞奇

Lord Bathurst 巴瑟斯特爵士

Lorna Cubillo 洛拉·丘比洛

Lorraine Rekmans 洛兰·雷克曼斯

Lost Generation 失踪的一代

Low Cost Ideas 《低成本理念》

Luis Vaez de Torres 路易斯·瓦兹·德·托雷斯

Lydia George 莉迪亚·乔治

Lyn Craigie 林·克雷吉

M

M. C. Dillon M. C. 迪龙

M. C. Frame M. C. 弗莱姆

M. Meadows M. 梅多斯

M. Minow M. 米诺

M. P. Moynihan M. P. 莫伊尼汉

M. S. Baratz M. S. 巴拉兹

Mabo Judgement 马宝裁定

Maccassan Praus 麦卡桑·普劳斯

Maiga 梅伽

Mainstream Australia 主流澳大利亚

Mainstreaming 主流

Mal Brough 马尔·布拉夫

Malcolm Cooper 马尔科姆·库珀

Malcolm Fraser 马尔科姆·弗雷泽

Malo's Law 《马洛法》

Mandawuy Yunupingu 曼达伍伊·尤努平古

Manuel Aroney 马努尔·阿诺尼

Mapoon 马普恩

Maralinga 马拉林加人

Marananggu 马拉南古

Marcia Langton 马西娅·兰顿

Marcus Einfeld 马库斯·埃因福德

Marcus T. Cicero 马库斯·T. 西塞罗

Margaret Reynolds 玛格丽特·雷诺兹

Margaret Tucker 玛格丽特·塔克

Maria　玛丽亚

Maria Tomasic　玛丽亚·托马西克

Marilyn Wood　玛里琳·伍德

Marion Diamond　马里昂·戴蒙德

Marjorie Thorpe　马乔里·索普

Mark Latham　马克·拉萨姆

Mark Lopez　马克·洛佩兹

Martin Crotty　马丁·克罗蒂

Martin Place　马丁广场

Mary Bennett　玛丽·本内特

Mary Gaudron　玛丽·高德朗

Mary Graham　玛丽·格雷厄姆

Mary Kathleen　玛丽·凯瑟琳

Maryanne Bin Salik　玛丽安娜·宾·萨里克

Max Silva　马克斯·席尔瓦

Megan Davis　迈甘·戴维斯

Melville Island　迈尔维里岛

Mer　梅尔

Meriam　梅里阿姆人

Mervyn Bishop　默文·毕肖普

Métis　梅提斯人

Metropolitan Lands Councils　都市土地委员会

Michael Anderson　米歇尔·安德森

Michael Banton　米歇尔·班通

Michael Cullen　米歇尔·卡伦

Michael G. Anderson　米歇尔·G. 安德森

Michael Gordon　米歇尔·戈登

Michael Kirby　米歇尔·柯比

Michael Knight　米歇尔·奈特

Michael Lavarch　米歇尔·拉瓦克

Michael Long　米歇尔·朗

Michael Mansell　米歇尔·曼索尔

Michael McHugh　米歇尔·迈克休

Michael Pinnock　米歇尔·平诺克

Michael Wooldridge　米歇尔·伍尔德里奇

Mick Dodson　迈克·道森

Mick Miller　迈克·米勒

Midnight Oil　子夜之油

Migration Act　《移民法》

Mililani Trask　米利拉尼·特拉斯克

Milirrpum　米里卢普姆

Mine Warden Court　矿长法院

Mitchellton　米切尔顿

Mobilization of bias　偏见动员

Monte Bello Islands　芒特·贝劳群岛

Moonahcullah　穆纳库拉赫

Moore　摩尔

Mornington Island　莫林顿岛

Mornington Report　《莫林顿报告》

Mossman Gorge　莫斯曼·戈格

Mount Isa　伊萨山

Mount Margaret Mission　玛格丽特山传教站

Mount Painter　画家山

Mt Brockman　布洛克曼山

Mulka Multimedia Centre　穆尔卡多媒体中心

Municipal Councils　市政委员会

Murrawarri　穆拉瓦里人

Murrawarri Republic　穆拉瓦里共和国

Murray Island Council　墨累岛委员会

Murry Island　墨累岛

Murry Island Native Court　墨累岛土著法院

Mutual obligation　相互责任

Myall Creek station　迈耶尔克瑞克站

N

N. C. Ford N. C. 福特

N. Chomsky N. 乔姆斯基

Nabalco Pty Ltd 纳巴尔科有限公司

Nagel 内格尔

Nanette Rogers 纳奈特·罗杰斯

Nanna Nungala Fejo 拉纳·隆伽拉·费耶

Naomi River 劳米河

Natalie Cromb 纳塔利·克罗姆

National Aboriginal Alliance 全国土著同盟

National Aboriginal and Islander Health Organisation 全国土著与岛民健康组织

National Aboriginal and Torres Strait Islander Health Plan 《全国土著及托雷斯海峡岛民健康计划》

National Aboriginal Bank 全国土著银行

National Aboriginal Congress 全国土著会议

National Aboriginal Consultative Committee 全国土著咨询委员会

National Aboriginal Education Committee 全国土著教育委员会

National Aborigines Day 全国土著日

National Agenda for a Multicultural Australia 《澳大利亚多元文化国家议程》

National Black Theatre 全国黑人剧院

National Commission for Truth and Reconciliation 真相与和解全国委员会

National Congress of Australia's First Peoples 澳大利亚第一民族全国会议

National Council of Churches 全国教会理事会

National Development and Infrastructure 国家发展与基础设施部

National Executive Committee 全国执行委员会

National Farmers Federation 全国农场主联盟

National Federation of Land Council 全国土地委员会联盟

National Health Bill 《国民健康法案》

National Health Plan 《国民健康计划》

National Health Reform Agreement 《全国健康改革协定》

National Indigenous Council　全国土著委员会

National Indigenous Reform Agreement　《全国土著改革协定》

National Indigenous Violence and Child Abuse Intelligence Task Force　全国土著暴力及儿童虐待情报特别工作组

National Indigenous Working Group on Native Title　全国土著土地权工作组

National Institute of Economic and Industry Research　全国经济和产业研究所

National Native Title Tribunal　全国土著土地权法庭

National Parks and Wildlife Act　《国家公园和野生动植物条例》

National Partnership Agreement　《全国伙伴关系协定》

National Partnership Agreement on Early Childhood Education　《儿童早期教育全国伙伴关系协定》

National Partnership Agreement on Remote Indigenous Housing　《偏远地区土著住房全国伙伴关系协定》

National Press Club　国家新闻俱乐部

National Reconciliation Week　全国和解周

National Seminar on Aboriginal Arts　全国土著艺术研讨会

National Sorry Day　国家道歉日

National Sorry Day Committee　国家道歉日委员会

National Sports Foundation　全国体育基金会

National Strategic Framework for Aboriginal and Torres Strait Islander Health: Framework for Action by Governments　《土著及托雷斯海峡岛民健康全国战略框架：政府行动框架》

National Trachoma and Eye Health Program　全国沙眼和眼睛健康项目

Nationality and Citizenship Act　《国籍与公民法》

Native　土著

Native Affairs Department　土著事务部

Native Americans　美洲土著人

Native Institution　土著人机构

Native Title Act　《土著土地权法》

Native Welfare Conference　土著福利会议

Native Welfare Council　土著福利委员会

Nelson Mandela　纳尔逊·曼德拉

Nepabunna 内帕布纳

Neville Bonner 内维尔·邦纳

Neville Burke 内维尔·伯克

New federalism 新联邦主义

New Guinea 新几内亚

New Holland 新荷兰

New South Wales Anti-Discrimination Board 新南威尔士反种族歧视局

New South Wales Victims Compensation Tribunal 新南威尔士受害者赔偿法庭

New World of Litigation 新的诉讼世界

Newcastle 纽卡斯尔

Newspoll 新闻民调

Ngarrindjeri 纳伽林德吉里

Ngunawal 尼古纳瓦尔人

Nicholas Tavuchis 尼考拉斯·塔乌奇斯

Nicholas Toonen 尼考拉斯·图伦

Nick Minchin 尼克·明钦

Nicola Roxon 尼考拉·罗克松

Nicolas Peterson 尼考拉斯·皮特森

Nicole Watson 尼科尔·沃森

Noel Cazenave 诺埃尔·卡泽拉夫

Noel Hazzard 诺埃尔·哈扎德

Noel Loos 诺埃尔·卢斯

Noel Pearson 诺埃尔·皮尔逊

Nomadic 游牧的

Nonie Sharp 诺尼埃·夏普

Non-Proliferation Treaty 《核不扩散条约》

Noonkenbah 隆肯巴

Norfolk Island 诺福克岛

Norfolk Island Act 1979 《1979 年诺福克岛条例》

Norma Williams 诺马·威廉姆斯

Normalization 正常化

Norman Bilson 诺曼·比尔逊

North Queensland Land Council　昆士兰北部土地委员会

Northern Land Council　北部土地委员会

Northern Miner　《北方矿工》

Northern Standard　《北方标准》

Northern Territory Aboriginal Constitutional Convention　北部领地土著宪法大会

Northern Territory Acceptance Act 1910　《1910 年北部领地接受条例》

Northern Territory Assembly　北部领地议会

Northern Territory Chamber of Mines and Petroleum　北部领地矿产和石油协会

Northern Territory Emergency Response Review Board　北部领地紧急状态反应审查委员会

Northern Territory National Emergency Response　北部领地国家紧急状态反应

Northern Territory National Emergency Response Act　《北部领地国家紧急状态反应法》

Northern Territory Self-Government Act　《北部领地自治条例》

Northern Territory Times and Gazette　《北部领地时报和公报》

Northern Territory Welfare Ordinance　《北部领地福利法》

Northern Territory（Administration）Act（1910）　《北部领地（管理）条例》（1910 年）

Nourish　培育

Nova Peris　诺瓦·佩瑞斯

NSW Aboriginal Land Council　新南威尔士土著土地委员会

NSW Aboriginal Land Rights Act　《新南威尔士土著土地权法》

NSW Aboriginal Lands Board　新南威尔士土著土地董事会

NSW Aboriginal Legal Service　新南威尔士土著法律服务中心

NSW Parliamentary Select Committee Upon Aborigines　新南威尔士议会土著特别委员会

Nunn　努恩

Nunukul-Nughi　努努库尔—努吉族人

Nyungar　农戛人

O

Oenpelli　欧恩派利

Offences in Public Places Act 1979　《1979 年公共场所犯罪条例》

Office of Multicultural Affairs　多元文化事务办公室

Old gurard　老卫士

Olgas　奥伽斯

Olive Knight　奥利弗·奈特

One nation　一个民族

Ontario　安大略省

Onus of proof　举证责任

Original possessors　最初所有者

Over-policing　过度监管

Oxley　奥克西莱

P

P. Bachrach　P. 巴赫拉赫

P. C. Spender　P. C. 斯彭达

P. H. Bailey　P. H. 贝利

P. J. Boyce　P. J. 鲍伊斯

P. J. Killoran　P. J. 基洛兰

P. McGarry　P. 迈克盖瑞

P. O'Malley　P. 奥马利

P. P. McGuinness　P. P. 麦吉尼斯

P. Seaman　P. 西曼

Pacific Islander Labourers Act　《太平洋岛民劳工条例》

Paddy Cahill　帕迪·卡希尔

Palestine Liberation Organization　巴勒斯坦解放组织

Palm Island　棕榈岛

Papunya　帕庞亚

Parekura Horomia　帕勒库拉·赫洛米亚

Parramatta　帕拉马塔

Pastoral lease　牧场租约

Pat Eatock　帕特·埃陶克

Pat O'Shane　帕特·奥沙内

Patricia Anderson　帕特里夏·安德森

Patricia Carlton　帕特里夏·卡尔顿

Patricio Aylwin　帕特里西奥·阿尔文

Patrick Dodson　帕特里克·道森

Patrick Sullivan　帕特里克·沙里文

Patrick Ventrell　帕特里克·文特里尔

Patrick Weller　帕特里克·韦勒

Paul Coe　保罗·科

Paul Hasluck　保罗·哈斯鲁克

Paul Strangio　保罗·斯特朗基奥

Pauline Hanson　保琳·汉森

Pearl Gibbs　皮尔·吉布斯

Peggy Brook　佩吉·布鲁克

Permit system　许可制度

Personal sorry　个人道歉

Perth　珀斯

Peter Beattie　皮特·贝蒂

Peter Durack　皮特·杜拉克

Peter Gunner　皮特·冈内

Peter H. Kamel　皮特·H. 卡梅尔

Peter H. Russell　皮特·H. 拉塞尔

Peter Howson　皮特·豪森

Peter Nugent　皮特·纽金特

Peter Read　皮特·里德

Peter Reith　皮特·里斯

Peter Yu　皮特·尤

Philip Ruddock　菲利普·罗道克

Philippedes　菲利佩迪斯

Physical　肉体的

Pigeon　皮金

Pilbara　皮尔巴拉

Pinjarra　平贾拉

Pita Sharples　皮塔·沙普尔斯

Pitcairn　皮特凯恩人

Pitjantjatjara　皮特简贾贾拉人

Pitjantjatjara Council　皮特简贾贾拉委员会

Pitjantjatjara Land Rights Act　《皮特简贾贾拉土地权法》

Point Pearce Aboriginal Reserve　皮尔斯角土著保留地

Police Aboriginal Council　警察土著委员会

Policy of Integration　一体化政策

Political ploy　政治计谋

Port Essington　埃辛顿港

Port Phillip Protectorate　菲利普港保护者站

Portland　波特兰

Portraits of White Racism　《白人种族主义的肖像》

Possession Island　占领岛

Post and Telegraph Act　《邮政与电报条例》

Post-assimilation　后同化时期

Practical reconciliation　实际的和解

Primary production　初级生产

Primitive　原始的

Privy Council　枢密院

Protector of Aborigines　土著保护官

Public Interest Advocacy Centre　公共利益倡权中心

Public Order Act 1986　《1986 年公共秩序法》

Public Service Act　《公共服务条例》

Punishment Island　惩罚岛

Q

Queensland Aboriginal Coordinating Council　昆士兰土著协调委员会

Queensland Coast Islands Declaratory Act　《昆士兰沿海岛屿宣示条例》

Queensland Council for the Advancement of Aborigines and Torres Strait Islander　昆士兰土著及托雷斯海峡岛民进步委员会

Queensland Court of Criminal Appeal　昆士兰刑事上诉法院

Queensland Mining Council　昆士兰矿业委员会

Queensland Supreme Court　昆士兰最高法院

Queensland's Department of Aboriginal and Islanders Advancement　昆士兰土著及岛民促进部

R

R. G. Casey　R. G. 凯西

R. J. Ellicott　R. J. 埃利科特

R. Swartz　R. 斯瓦兹

R. T. Fitzgerald　R. T. 费兹杰拉德

R. W. Fox　R. W. 弗克斯

Race Discrimination Commissioner　种族歧视专员

Race election　种族选举

Race power　种族权力

Race Relations Act　《种族关系法》

Race Relations Commissioner　种族关系专员

Racial Discrimination Act　《种族歧视法》

Racial Discrimination Bill　《种族歧视法案》

Racial Hatred Act 1995　《1995 年种族仇视法》

Radcliffe-Brown　拉德克里夫－布朗

Radical title　根本权利

Radium Hill　镭山

Raffles Bay　拉弗雷斯湾

Rainbow Snake　采虹蛇

Ranger Agreement　《兰杰协定》

Ranger Uranium Mines Pty Ltd　兰杰铀矿有限公司

Ray Jackson　雷·杰克逊

Raymattja Marika-Mununggiritj　雷马提亚·马尼卡－穆努吉里提

Recognition，Rights and Reform：A Report to Government on Native Title Social

Justice Measures　《承认、权利与改革：提交给政府有关土著权益的社会公正举措的报告》

Reconciliation Action Plan　和解行动计划

Reconciliation：Australia's Challenge　《和解：澳大利亚的挑战》

Red Island Point　红岛点

Redfern　雷迪芬

Redfern Park Statement　《雷迪芬公园声明》

Regional Partnership Agreements　《地区伙伴关系协定》

Remote Jobs and Communities Program　偏远地区工作和社区项目

Report of the National Inquiry into the Separation of Aboriginal and Torres Strait Islander Children from Their Families　《土著及托雷斯海峡岛民儿童与他们的家庭分离的全国调查报告》

Report of the Ranger Uranium Environmental Inquiry　《兰杰铀矿环境调查报告》

Resident Magistrates　驻地治安官

Restitutive　补偿的

Rex Wild　雷克斯·威尔德

Rhoda Roberts　罗达·罗伯兹

Rhonda Dixon-Grovenor　朗达·迪克逊－格罗弗劳

Ric Birch　里克·比奇

Richard Bartlett　理查德·巴特利特

Richard Blackburn　理查德·布莱克布恩

Richard Broome　理查德·布罗默

Richard Court　理查德·考特

Richmond Road　里士满路

Rick Farley　里克·法利

Rights of traditional usage　传统使用权

Rio-Tinto Zinc Corporation　力拓锌业公司

Roadmap for Reconcilition　《和解路线图》

Rob Borbidge　罗布·博比格

Rob Riley　罗布·赖利

Robbie Thorpe　罗比·索普

Schools in Australia　《澳大利亚的学校》

School of Pacific Administration　太平洋管理学院

Scientific racism　科学种族主义

Scott Bennett　斯考特·本内特

Second Optional Protocol　《第二任择议定书》

Secret Commission Act 1905　《1905 年秘密委员会条例》

Secretariat of the National Aboriginal and Islander Child Care　全国土著及岛
　民儿童关爱秘书处

Secretary of State for War and the Colonies　陆军及殖民地国务大臣

Self-determination　自决

Self-empowerment　自我授权

Self-government　自治

Self-management　自我管理

Senate Legal and Constitutional Affairs Committee　参议院立法和宪法事务委
　员会

Senate Select Committee on the Administration of Indigenous Affairs　参议院土
　著事务管理特别委员会

Senate（*Representation of Territories*）*Act*　《参议院（领地代表）条例》

Senate's Standing Committee on Constitutional and Legal Affairs　参议院宪法
　和法律事务常务委员会

Sex Discrimination Act of 1984　《1984 年性别歧视法》

Sex Discrimination Commissioner　性别歧视专员

Shared responsibility　责任分担

Shelley Reys　舍利·雷斯

Shirley Andrews　雪莉·安德鲁斯

Shirley Smith　雪莉·史密斯

Sidonie Smith　西德列·史密斯

Sigmund Freud　西格蒙德·弗洛伊德

Silas Roberts　希拉斯·罗伯兹

Simon Power　西蒙·鲍威尔

Sister Kate's Home　凯特姊妹之家

Skills for Education and Employment　教育与就业技能

Snowy Mountains　雪山

Social distance　社会距离

Social distance scale　社会距离量表

Social Justice Package　社会公正一揽子方案

Social Justice Report 2007　《2007 年社会公正报告》

Social Science Research Council of Australia　澳大利亚社会科学研究委员会

Social Security and Other Legislation Amendment（Welfare Payment Reform）Bill 2007　《社会安全与其他立法修正（福利支付改革）案》（2007 年）

Social Service Benefits Still Denied to Aborigines　《土著仍然得不到的社会福利》

Social Services Act 1959　《1959 年社会服务法》

Social Services Consolidation Act 1947　《1947 年社会服务加强条例》

Social space　社会空间

Solomon Islands　所罗门群岛

Sonny Sibley　桑尼·西布利

South Africa's Truth and Reconciliaiton Commission　南非真相与和解委员会

South Australian Aborigines' Advancement League　南澳大利亚土著进步联盟

South Australian Colonisation Commission　南澳大利亚殖民化委员会

South Australian Lands Trust　南澳大利亚土地信托

Southern Ocean　南洋

Special Broadcasting Service　特殊广播服务

Special measures　特殊举措

Special Minister for Mabo　马宝事务特别部长

Spirit　神灵

Squatting　非法侵占

Statehood Steering Committee　州地位指导委员会

Station　工作站

Steering Committee for the Review of Government Service Provision　政府服务供给审查指导委员会

Stephen Page　斯蒂芬·佩奇

Stephen Smith　斯蒂芬·史密斯

Stephen Widders　斯蒂芬·威德尔斯

Stereotype 刻板成见

Steve Ciobo 史蒂夫·西奥波

Stewart Harris 斯蒂沃特·哈里斯

Stokely Carmichael 斯图克利·卡米歇尔

Stolen Generations 被偷的一代

Stolen Generations Alliance 被偷的一代同盟

Stone age millionaires 石头时代的百万富翁

Street offences 街头犯罪

Stronger Futures in the Northern Territory 《北部领地更加强劲的未来》

Stuart Macintyre 斯图亚特·麦金泰尔

Student Action for Aborigines 支持土著的学生运动

Sub-Commission on Prevention of Discrimination and Protection of Minorities
禁止种族歧视与保护少数种族专门委员会

Substantive reconciliation 实质性和解

Sue Gordon 休·戈登

Sulaweisi 苏拉威西岛

Sultan of Brunei's Desai Pty Ltd 文莱苏丹德塞有限公司

Supervising Scientist for the Alligator Rivers Region 阿里盖特河谷地带监管
科学家

Survival Day 幸存日

Sweet 斯威特

Sydney Morning Herald 《悉尼先驱晨报》

T

T. W. Adorno T. W. 阿道诺

Tahiti 塔希提

Ted Moses 特德·摩西

Telegraph 《电讯报》

Telling Our Story 《讲述我们的经历》

Ten Year Plan for Aboriginal Health 《土著健康十年计划》

Tennant Creek 坦南特·克里克

Tent Embassy 帐篷大使馆

Territory powers　领地权力

Thayorre　塞约瑞人

The Beds are Burning　《河床在燃烧》

The Cambridge Anthropological Expedition　《剑桥人类探险》

Theresa Clements　特里萨·克莱门茨

Thomas Gray　托马斯·格雷

Thomas Nagel　托马斯·纳格尔

Thursday Island　星期四岛

Tim Fisher　蒂姆·费希尔

Tim Rowse　蒂姆·罗塞

Times　《时报》

Timor　帝汶岛

Titus P. Atticus　提图斯·P. 阿提库斯

Tiwi Land Council　提维土地委员会

Tom and Wendy Chapman　汤姆和温迪·夏普曼

Tom Calma　汤姆·卡尔马

Tony Abbot　托尼·艾伯特

Tony Coorey　托尼·库瑞

Tony Rundle　托尼·朗德尔

Toomelah Inquiry　图姆拉调查

Torres Islander（*Land Holding*）*Act*　《托雷斯岛民（土地所有）条例》

Torres Strait Islander Act　《托雷斯海峡岛民条例》

Torres Strait Island Regional Authority　托雷斯海峡岛屿地方管理局

Torres Strait Regional Council　托雷斯海峡地方委员会

Towards a More Workable Native Title Act　《迈向一个更加可行的土著土地权法》

Towards a National Agenda for a Multicultural Australia　《迈向澳大利亚多元文化国家议程》

Towards Reconciliation in Australian Society-Reconciliation and Aboriginal Australians　《澳大利亚社会走向和解——和解与土著澳大利亚人》

Townsville　汤斯维尔

Traditional Credit Union　传统信用合作社

Trevor Graham 特雷弗·格雷厄姆

Tribalism 部落主义

Trish Crossin 特里希·克罗辛

Truganini 特鲁伽尼尼

Truth 真相

Truth and Reconciliation Commissions 真相与和解委员会

U

U. S. Indian Claims Commission 美国印第安人声索委员会

Ujungpandang 乌戎潘当

Uluru 乌卢努

UN Expert Mechanism on the Rights of Indigenous Peoples 联合国原住民权利专家工作机制

UN Permanent Forum on Indigenous Issues 联合国原住民问题永久论坛

UN Special Rapporteur on the Rights of Indigenous Peoples 联合国原住民权利特别报告员

Uncertainty 无常状态

Undesirable 不受欢迎的

Union Jack 联合王国国旗

United Nations High Commissioner for Human Rights 联合国人权高级专员

Uniting Church National Assembly 团结教会国民大会

Universal Declaration of the Human Rights 《普遍人权宣言》

Universal Periodic Review 普遍定期审议机制

Unseemly words 不当言语

Uranium Mining（Environmental Control）Act 1979 《1979 年铀矿开采（环境管控）条例》

Uranium-Australia's Decision 《铀——澳大利亚的决定》

V

Valerie Linow 瓦莱尼·李洛

Van Diemen's Land 范迪门地

Vanuatu 瓦鲁阿图

Vestey　维斯蒂

Victoria Tauli-Corpuz　维多利亚·托里–科普兹

Victorian Aboriginal Health Service　维多利亚土著健康服务中心

Victorian Aboriginal Land Council　维多利亚土著土地委员会

Victorian Aboriginal Welfare Board　维多利亚土著福利局

Victorian Association for Immigration Reform　维多利亚移民改革协会

Victorian Council for Aboriginal Rights　维多利亚土著权利委员会

Vince Copley　文斯·科普利

Vincent Lingiari　文森特·林吉阿里

Vinegar Hill　醋山

Voting Rights Act　《选举权法》

W

W. Lippman　W. 李普曼

W. R. Geddes　W. R. 盖迪斯

Waanyi　瓦安伊人

Wajer　韦耶尔

Walbiri　瓦尔比里人

Walget　瓦尔格特

Walking Together：The First Steps　《携手并肩：第一步》

Wallatinna Station　瓦拉提纳站

Walter Lippman　沃尔特·李普曼

Warburton Ranges　沃布尔顿山脉

Warden　监狱长

Warra, warra, warra　瓦拉，瓦拉，瓦拉

Warren Mundine　沃伦·芒迪内

Water down　泼冷水

Watkin Tench　沃特金·坦奇

Wattie Creek　瓦提埃克里克

Wave Hill　瓦维山

Wayne Goss　韦恩·戈斯

Wayne Quilliam　韦恩·奎利姆

Weaving the Threads-Progress Towards Reconciliation　《众志成城——向和解
　　迈进》

Weipa　韦帕

Welfare colonialism　福利殖民主义

Welfare Ordinance 1953　《1953 年福利法》

Wenten Rubuntja　温坦·鲁邦杰

Wentworth　温特沃斯

Western Australian Chamber of Mines and Energy　西澳大利亚矿业与能源
　　小组

White Australia Policy　白澳政策

Wik　威克人

Wik Judgement　威克裁定

Wilderness Society　荒野协会

Will Sanders　威尔·桑德斯

William Carey　威廉姆·克里

William Cooper　威廉姆·库珀

William Dampier　威廉姆·丹皮尔

William Deane　威廉姆·迪恩

William Ferguson　威廉姆·弗格森

William Gummow　威廉姆·古默

William Harris　威廉姆·哈里斯

William Janszoon　威廉姆·詹森

William Jonas　威廉姆·乔纳斯

William McMahon　威廉姆·麦克马洪

William Shelley　威廉姆·谢利

William Stanner　威廉姆·斯坦内

Win out　胜过

Winnie Branson　温尼·布兰逊

Winychanam Group　威尼查纳姆部落

Wiradjuri　威拉德吉瑞

Woden　沃顿

Women's Task Force Report on Violence in Queensland　《妇女专门委员会有

后　记

　　书稿几年前就完成了，曾有马上把它变成铅字的念头，但很快就放弃了这一打算。这缘于一位学界前辈在一次会议上的一席话对我的触动。原话我已记不清了，但大意是这样：我们要出学术精品，给后人留下有学术价值的作品。对我而言，听这样的话并不是头一遭，甚至可以说已到了充耳不闻的地步。这次我却因手中有一部待出的书稿而有一丝共鸣。是啊！常听人说，现在最容易做的一件事就是写书和出书。但是，要想出一本好书，一本对学科发展、学术研究以及一般认知有所助益的书，不是每个人都可以做得到的。正是有这样一种"非分之想"，这部作品用去了我十余年的时间。作为一位学人，我认为真正从事学术研究的人都应有这种"非分之想"。诚然，有时很难如愿，但至少我们为此努力过。

　　关于书名，我一直很纠结。这是一个题为"种族和解之路——澳大利亚原住民问题研究"项目的研究成果。这个题目比较特殊，也很有意思，因为主标题与副标题可以互换，其研究主旨与研究思路基本不受影响。这就有了如下选择：或与项目同名，即"种族和解之路——澳大利亚原住民问题研究"；或为"澳大利亚原住民问题研究——以种族和解为线索"；或为"澳大利亚土著问题研究——以种族和解为线索"。后两个名称可以说几乎是一样的，只是"原住民"与"土著"不同而已。在澳大利亚的历史语境中，"原住民"与"土著"的内涵无甚区别，这在本著"序论"的"相关概念的界定与阐释"部分已作说明。考虑到国内澳研学界以及一般读者的认知习惯，拙著名称被确定为"澳大利亚土著问题研究——以种族和解为线索"。

　　我们从事的每一项工作都不是一件孤立的事情，科研工作亦如此。从课题的申报、正式立项到中期成果检查再至结题等，这期间的每一个环节、每一道程序都有众人不同方式的参与。有些是认识的，他们或是自己的亲人、老师和朋友，或是同门、同学和同事；有些不是很熟悉，甚至还不曾谋面。在此谨向他们表示由衷的谢意！并向我的导师钱乘旦教授、倪世雄教授致以最崇高的敬意！没有两位导师的教诲、关心、帮助和鼓励，我在学术之路上恐难如此坚定地往前走。最后还要感谢社会科学文献出版社的桂芳女士，正是她的全面的专业知识和一丝不苟的敬业精神确保了本著的编排校质量达到了预期。

虽不想留有遗珠之憾，但囿于学识、视阈和悟性，书中定有不少不尽如人意甚至舛误之处，祈盼同行批评指正。尽管这听上去是客套话，但的确是我的心声。

著者

2019 年 6 月 30 日于苏州

图书在版编目（CIP）数据

澳大利亚土著问题研究：以种族和解为线索 / 汪诗
明著 . -- 北京：社会科学文献出版社，2019.12
ISBN 978 - 7 - 5201 - 0930 - 7

Ⅰ.①澳…　Ⅱ.①汪…　Ⅲ.①土著人 - 民族问题 - 研
究 - 澳大利亚　Ⅳ.①D761.162

中国版本图书馆 CIP 数据核字（2017）第 136893 号

澳大利亚土著问题研究
　　——以种族和解为线索

著　　者 / 汪诗明

出 版 人 / 谢寿光
责任编辑 / 桂　芳

出　　版 / 社会科学文献出版社·皮书出版分社（010）59367127
　　　　　　地址：北京市北三环中路甲 29 号院华龙大厦　邮编：100029
　　　　　　网址：www. ssap. com. cn
发　　行 / 市场营销中心（010）59367081　59367083
印　　装 / 三河市东方印刷有限公司

规　　格 / 开　本：787mm×1092mm　1/16
　　　　　　印　张：38.25　字　数：646 千字
版　　次 / 2019 年 12 月第 1 版　2019 年 12 月第 1 次印刷
书　　号 / ISBN 978 - 7 - 5201 - 0930 - 7
定　　价 / 198.00 元

本书如有印装质量问题，请与读者服务中心（010 - 59367028）联系